屠海鳴文集

「香港發展一直牽動着我的心」

——學習習近平主席關於「一國兩制」
成功實踐重要講話精神的評論文集

屠海鳴　著

　　2022 年 6 月 30 日下午，中共中央總書記、國家主席、中央軍委主席習近平乘專列抵達香港，出席將於 7 月 1 日舉行的慶祝香港回歸祖國 25 週年大會暨香港特別行政區第六屆政府就職典禮，並視察香港。圖為習近平主席抵達香港時向在場記者問好，向香港同胞致以熱烈祝賀和美好祝願。

自序

「香港發展一直牽動着我的心！」—— 2017 年 6 月 30 日，香港回歸祖國 20 週年之際，中共中央總書記、國家主席、中央軍委主席習近平視察香港，剛下飛機就這樣動情地講到。

「我一直關注着香港，掛念着香港，我的心和中央政府的心始終同香港同胞在一起。」2022 年 6 月 30 日，香港回歸祖國 25 週年之際，習主席再次蒞臨香港，剛一走出專列再次這樣動情地講到。

「全面準確、堅定不移貫徹『一國兩制』、『港人治港』、『澳人治澳』、高度自治的方針，堅持依法治港治澳，落實中央全面管治權，落實『愛國者治港』、『愛國者治澳』原則，支持香港、澳門發展經濟、改善民生、破解經濟社會發展中的深層次矛盾和問題，促進香港、澳門長期繁榮穩定，支持香港、澳門更好融入國家發展大局，為實現中華民族偉大復興更好發揮作用。」在剛剛閉幕的中國共產黨第二十次全國代表大會上，習近平總書記在大會報告中發出鏗鏘有力的聲音。

心相通，夢同圓。香港同胞的福樂安危，在習主席的心中重千鈞！「一國兩制」的香港實踐，有習主席領航指路破浪前行！

學習黨的二十大精神，令我對民族復興中的「香港貢獻」認識更加清晰。在國家現代化和中華民族偉大復興的偉業中，香港不應缺席，也不會缺席。香港的作用發揮得好，既為國家作出貢獻，也為香港創造機遇。二十大報告提及對香港的支持和希望，令香港同胞對未來充滿信心。

重溫習主席關於「一國兩制」的重要講話，令我更加加深了對「一國兩制」實踐規律的認識。「一國兩制」符合國家、民族根本利益，符合香

港、澳門根本利益，得到 14 億內地民眾的力挺，得到香港和澳門居民一致擁護，也得到國際社會普遍贊同。習主席指出：「這樣的好制度，沒有任何理由改變，必須長期堅持！」習主席高屋建瓴的講話，對「一國兩制」港澳實踐給予高度肯定，對港澳同胞以極大激勵。

對照習主席針對香港問題的系列指示精神，令我對香港問題的本質看得更加透徹。香港要保持長期繁榮穩定，必須全面準確貫徹「一國兩制」方針，必須堅持中央全面管治權和保障特別行政區高度自治權相統一，必須落實「愛國者治港」，必須保持香港的獨特地位和優勢。「『一國』原則越堅固，『兩制』優勢越彰顯。」習主席洞察全局的論斷，是實現香港良政善治的指路航燈。

感受習主席對香港同胞的殷切關懷，令我深深感受到領袖與人民的心始終在一起。從對香港大埔重大交通事故遇難者表示哀悼、向遇難者家屬和受傷者表示慰問，到深情悼念國學大師饒宗頤；從對在港的兩院院士來信作出批覆，到指示中央部委出台政策，便利港澳台同胞赴內地學習、工作、定居；從新年問候香港同胞，到勉勵港人「相信自己，相信香港，相信國家」，習主席對香港同胞的關愛，充分彰顯出人民領袖的民本情懷。

領悟習主席治國理政的思想精髓，令我學會了以全局眼光看一域。香港是一個彈丸之地，但由於背靠 960 萬平方公里的廣袤土地、有着上下 5,000 年中華文明的滋養、得到 14 億內地民眾的力挺，變得堅強有力。香港是一個資源貧乏的地方，但因為成功當好了中國與世界之間「連接器」和「聯絡人」，在「國家所需」和「香港所長」之間找到了共振點，抓住了發展機遇，貢獻國家，成就自我。習主席對國家發展的擘劃，啟示我們從國家大局看特區發展。

聆聽習主席在國際舞台上的精彩演講，令我真切感受到大國大黨的大視野、大格局、大手筆、大擔當。2012 年以來，我有機會作為中國企業家代表團成員、跟隨習主席出訪多個國家，或在 APEC 會議等多個外交場合親耳聆聽習主席的重要演講。習主席的演講在世界各地的與會者當中引起強烈共鳴，也深深打動了我。從縱論構建人類命運共同體，到縱論全球治理；從推動「金磚」國家合作，到推動「一帶一路」建設；從闡述中美

兩個大國的相處之道，到闡述中華文化的「和合理念」。習主席回答歷史之問、時代之問、世界之問的演講，啟迪我們以國際視野看「東方之珠」。

我是一名企業家，但我更看重自己學者、新聞工作者的身份。我重新拿起筆，是從 2014 年開始的。那時候，非法「佔中」給香港造成社會混亂，我以筆為刀，開始與反中亂港勢力展開針鋒相對的鬥爭。我放下了自己的企業，幾乎每天在香港、在海內外的重要媒體發聲。同時，我深入觀察思考「一國兩制」的香港實踐。我發現，香港回歸以來遇到的所有矛盾，都可以歸結到兩點：一是如何維護國家安全？二是如何推進民主政制發展？二者怎樣才能並行不悖？習主席關於「一國兩制」的系列重要論述給出了最好答案。

學習領悟習主席講話精神，並聯繫香港實際在媒體上向香港市民、向海內外讀者進行解讀、宣講，漸漸成為我的最關鍵的「必修課」。8 年多來，我撰寫了 300 多篇解讀習主席重要講話精神的政論文章，主要在香港的《大公報》、《文匯報》、《紫荊》雜誌、《今日中國》、《信報》、《經濟日報》、《明報》等媒體上刊發，也發表在內地《人民政協報》、《中國日報》、《光明日報》等很有影響力的中央媒體。迄今為止，我是撰寫學習習主席講話解讀文章最多的香港作者和海外作者，收錄於這本書的是部分作品。

我在國內國際多個場合現場聆聽過習主席講話，對習主席充滿崇敬、愛戴之情。特別是我非常榮幸地出席和參加了習主席在香港回歸祖國 20 週年、25 週年之際，兩次視察香港的多場重要活動。2017 年 6 月 30 日、2022 年 6 月 30 日，習主席在香港兩次親切會見社會各界人士，我都在其中，真切感受到習主席的領袖風範和人格魅力。習主席每次在不同地點、不同場合的重要講話，高屋建瓴、思想深邃；把領袖的講話精神的豐富內涵解讀好，我常常感到力不從心。所幸的是，作為港區全國政協委員，我與內地的各界人士建立了廣泛聯繫，對國情的深入了解，令我打開了眼界。

尤其令人難忘的是，全國政協主席汪洋，全國政協副主席、中央港澳工作領導小組常務副組長、國務院港澳辦主任夏寶龍，多次給予我熱情鼓

勵，令我信心倍增。還令我巨大鼓舞和振奮的是，2021年3月，全國政協成立72年來首次頒發「全國政協委員優秀履職獎」，我是20位獲獎委員之一，也是全國政協特邀香港界別的唯一獲獎者。手捧汪洋主席親自頒給我的獎狀，我更加堅定了積極宣傳好、解讀好習主席重要講話精神的信念和意志！

8年來，我在香港和內地主流媒體刊登政論文章達2,400篇、650多萬字；我在香港出版了《香港普選底線思維》、《香港「一國兩制」底線思維》、《落實中央對港全面管治權的底線思維》、《救救患病的香港》4本書籍。從2022年7月1日起，圍繞學習習主席在香港回歸祖國25週年慶典上的重要講話精神，我在香港和內地主流媒體發表系列評論文章40多篇，在香港和內地做了13場線上線下解讀和宣講報告會；圍繞迎接、宣傳、貫徹黨的二十大精神，我在短短一個多月時間裏，就撰寫了30多篇政論文章。每寫一篇文章、每做一次報告，我都對習主席的重要講話有新認識、新感悟。

兩年多前，我曾經在香港出過一本書《救救患病的香港》，收集了2019年1月至2020年5月在香港媒體發表的195篇抨擊反中亂港勢力的政論文章。這本書「自序」的第一句話是：「香港的確是病了，而且病得不輕！」如果說那本書描述了「病狀」、揭露了「病因」；那麼，習主席關於「一國兩制」和香港問題的深刻論述，就是醫治香港之病的「藥方」，而且已經取得很好的「療效」。兩年多來，在中央的主導下，香港國安法和新選舉制度相繼實施，「愛國者治港」落到了實處；如今，香港實現了由亂到治，正邁向由治及興的新階段。

「願將黃鶴翅，一借飛雲空。」習主席指出：「我們堅信，有偉大祖國的堅定支持，有『一國兩制』方針的堅實保障，在實現我國第二個百年奮鬥目標的新征程上，香港一定能夠創造更大輝煌，一定能夠同祖國人民一道共享中華民族偉大復興的榮光！」

能夠親耳聆聽領袖鏗鏘有力的聲音，能夠撰寫發表如此之多的學習習主席重要講話的體會文章，能夠記錄「一國兩制」香港實踐的歷史進程，能夠在香港輿論鬥爭的一線盡一份綿薄之力，我深感榮幸，深感驕傲！

目錄

第一輯　民族復興的「香港貢獻」

第二輯　「一國兩制」的香港實踐

第三輯　良政善治的指路航燈

第四輯　人民領袖的民本情懷

第五輯　國家大局下的特區發展

第六輯　國際視野下的「東方之珠」

　　2022 年 6 月 30 日下午，中共中央總書記、國家主席、中央軍委主席習近平乘專列抵達香港，出席將於 7 月 1 日舉行的慶祝香港回歸祖國 25 週年大會暨香港特別行政區第六屆政府就職典禮，並視察香港。圖為習近平主席和夫人彭麗媛向歡迎的人群揮手致意。

第一輯

———

民族復興的「香港貢獻」

中共「二十大」與香港發展走向

中國共產黨第二十次代表大會將於 10 月 16 日開幕。作為世界上最大的政黨和世界第一人口大國的執政黨，中國共產黨的歷次代表大會都備受關注。

因為歷次大會都對中國未來五年，甚至更長時期的發展做出謀劃，而中國作為世界第二大經濟體，是 120 多個國家的最大貿易夥伴，中國的發展走向牽動着許多國家的利益、也就牽動着許多人的心。

中共「二十大」召開還處於一個關鍵時期。對外，美西方與中國的對抗還在升級，與中國「脫鈎」的聲音不絕於耳，中國發展面臨的外部環境不確定性增加。

對內，在挺過了疫情前兩年的衝擊後，今年以來中國經濟增長難度越來越大，雖然在全球主要經濟體中仍是「一枝獨秀」，但推動經濟上行顯得比較吃力。香港作為一個外向型的經濟體，與內地和歐美的關聯度都非常大。

最近，隨「二十大」舉行日期的臨近，香港的一些媒體熱衷於猜測下一屆中央政治局委員、政治局常委的人選；其實，中央已經形成了穩健的領導體制，中共「十八大」以來，習近平總書記帶領 14 億中國人民勵精圖治，發生了歷史性變革、取得了歷史性成就。

除中央政治局委員、政治局常委的人選之外，「二十大」對於香港發展的影響同樣值得關注。

「一國」和「兩制」的辯證法

有香港居民擔心，中央集權程度越來越高，會收窄香港的發展空間，令香港的自主性變弱。其實，這種擔心是完全沒有必要的。

中共十九大已將「堅持『一國兩制』和推進祖國統一」確定為「十四條基本方略」之一，相信中共「二十大」仍會有類似的表述。

在內地，中央的權威性越來越強，這是民心所向，也是應對風險挑戰的需要。

在香港，國安法和新選制實施後，「一國」底線更加清晰，「一國兩制」走樣、變形的風險大大降低。

正是基於這一判斷，習近平主席在香港回歸祖國 25 週年慶典上的講話中指出：「『一國』原則越堅固，『兩制』優勢越彰顯。」這句話的邏輯非常清晰：「一國」底線越牢固，「兩制」空間越大；「一國」底線越是不牢固，「兩制」空間越小。

回歸祖國 25 年間，香港事務的所有爭議都是圍繞兩個問題展開：一是如何推進民主政制發展？二是如何維護國家安全？

當香港的民主政制發展危及國家安全時，中央就很不放心。反之，就很放心。過去 10 年，香港由民主政制發展引發的一系列問題，最終觸及了「一國」原則，中央才不得不出手。

那麼，未來的情形如何呢？有香港國安法和新選制護航，可保「一國」基礎穩固，中央很放心。

不妨看看前海深港現代服務業合作區建設吧，其首要目標是「支持香港經濟社會發展」，中央允許前海「推進以法定機構承載部分政府區域治理職能的體制機制創新」。

也就是說，在「社會治理」這個敏感問題上已經突破，允許把香港的社會治理模式引進到前海。

試想，當中央確信「一國」基礎牢固，「二十大」之後，會給予香港更多類似的機會。如此，則「兩制」空間不會收窄，而會擴大。

「興」與「通」的內在邏輯

「香港處於由亂到治邁向由治及興的關鍵時期」——中央對香港局勢的這個認定，短期內是不會變的。與「由亂到治」相比，「由治及興」將是一個較長的過程。

所謂「興」，以筆者之見，至少要在三個方面做得優秀：一是香港經濟走出衰退期，並超過疫前水平；二是香港融入國家發展大局的初期目標實現，對國家的貢獻超過以往任何時候；三是香港的國際競爭力有明顯提升。

中央既然希望香港「興」，就必然支持香港「通」。

因為，香港最大的優勢是「背靠祖國，聯通世界」。香港如果長期封閉起來，與國際國內的聯繫「不暢通、不便捷」，不僅無法在上述三個方面做好，打造「八大中心」就會成為泡影，還會變成「死水一潭」，成為國家的累贅。這絕不是中央希望看到的結果。

在疫情背景下，香港與內地、海外的聯繫大幅度減少，這是暫時的。習近平主席在香港回歸祖國 25 週年慶典上的講話中，闡述「必須保持香港的獨特地位和優勢」重要論斷時講到，香港要「拓展暢通便捷的國際聯繫」。這才是對香港的根本要求。

全球已有 70 多個國家放寬了疫情限制，內地還沒有完全放開，是因為「14 億人」這個數字實在太大，任何數字乘以「14 億」都大的不得了！

疫情防控稍有不慎，一旦出現不可控情況，就會造成不可挽回、無法補救的巨大損失。因此，內地放開防疫限制的節奏必然是緩慢而穩妥的，「小步放鬆」、「鬆一步看一步」是必然選擇。

香港在經歷了第五波疫情的衝擊之後，「抗衝擊力」明顯增強，放寬防疫限制的風險會小一些，完全放開應是大勢所趨。「二十大」之後，相信中央會對香港放寬防疫限制做出更明確、更大力度的支持。

香港的優勢肯定會被放大

相信「二十大」會涉及「一國兩制」的原則問題，不會涉及具體事宜；但「二十大」擘劃的發展藍圖，與香港未來發展密切相關。總體來看，

「二十大」後，香港的優勢肯定會被逐步放大。

中央領導人在談及香港優勢時，都會在「優勢」之前加上「獨特」兩個字，這不是套話，而是表明中央高層一直認為香港的某些優勢具有「不可替代性」。

比如，香港是中國唯一實行普通法的地區。由於具備這一優勢，加之香港多年來的「深耕」，香港做出的國際仲裁得到全球 140 多個國家的認可，香港被評為最受歡迎國際仲裁地，香港國際仲裁中心（HKIAC）是全球第三大首選和使用的仲裁機構，也是歐洲以外最受歡迎的仲裁機構。

隨着中國企業「走出去」的需求越來越大，香港的優勢只會被放大，不會被縮小。

從歷史經驗來看，中共每一次黨代會都會提出一些新理念、新論斷，推動某些領域實現新突破。從現實情況來看，因應美國對華「脫鈎」和「逆全球化」逆流，中國會把開放的大門越開越大。

在這種背景下，把香港的傳統優勢放大，並支持香港打造新優勢，對香港有利，對國家有利，也對全球化有利。香港在國家大局中角色更加吃重，香港的機遇會更多，香港的經濟前景看好。

全國政協副主席、中央港澳工作領導小組常務副組長、國務院港澳辦主任夏寶龍曾以「四個期盼」展望香港的未來。

夏寶龍表示：「期盼未來的香港在國際金融、航運、貿易中心之外，會增添新的桂冠，將成為活力四射、中西合璧、高度文明的現代化國際大都會，將成為全世界都為之心馳神往的新的東方明珠。」

我們有理由相信，中共「二十大」之後，在「一國」底線日益牢固的前提下，香港的未來一定會令人神往！

（原載於《信報》，2022 年 9 月 13 日）

如何看待「一國兩制」實踐的歷史性成就

——十年來「一國兩制」在港澳成功實踐 新聞發佈會系列評論之一

　　在中共二十大召開前夕,中宣部舉行「中國這十年」系列主題發佈會。昨日,國務院港澳辦副主任黃柳權、王靈桂就中共十八大以來「一國兩制」在港澳的成功實踐進行介紹並回答媒體提問。黃柳權表示,十八大以來,「一國兩制」在港澳取得歷史性成就,發生歷史性變革。主要體現在:第一,「一國兩制」理論開闢新境界;第二,「一國兩制」制度體系更加完善;第三,香港澳門保持繁榮穩定的良好局面;第四,香港澳門加快融入國家發展大局。王靈桂表示,「一國兩制」方針是一個完整的體系,全面準確貫徹「一國兩制」方針,關鍵在於把握「一國」與「兩制」的關係。

　　以上解讀全面系統、精準到位,對於香港各界深刻認識「一國兩制」實踐規律、正確把握「一國兩制」的原則和重點、不斷提振「一國兩制」行穩致遠的信心,都具有十分重要的意義。

理論開闢新境界

　　10 年來,習近平總書記對「一國兩制」和港澳工作提出了一系列原創性的新理念、新思想、新戰略,開闢了「一國兩制」理論的新境界。

　　在香港回歸祖國 20 週年慶典上的講話中,習近平總書記明確指出:「我們既要把實行社會主義制度的內地建設好,也要把實行資本主義制度的香港建設好。」總書記還指出:「要始終準確把握『一國』和『兩制』的關係。」「『一國』是根,根深才能葉茂;『一國』是本,本固才能枝榮。」

「兩個建設好」是目標，也是原則，為「一國兩制」注入了新內涵，彰顯了中國傳統文化中的「和合理念」。「一國」和「兩制」關係的論述，闡明「一國兩制」的內在邏輯，是對「一國兩制」理論的深化。

在香港回歸祖國 25 週年慶典上的講話中，總書記強調：「維護國家主權、安全、發展利益是『一國兩制』方針的最高原則。」「『一國』原則越堅固，『兩制』優勢越彰顯。」總書記的這些論述深刻揭示了國家利益與香港利益之間的內在邏輯，二者不是對立關係，而是一個統一體。國家好，則香港好；香港好，國家會更好。

習近平總書記的重要論述是對「一國兩制」理論的豐富和發展，為新時代「一國兩制」實踐提供了根本遵循。

制度築起「防火牆」

10 年來，「一國兩制」在香港的實踐經歷了風風雨雨。從非法「佔中」、「旺暴」，到 2019 年「黑暴」，反中亂港勢力一步步蠶食「一國」根基，明目張膽地與外部勢力勾連，企圖搞一場「顏色革命」。事實暴露出香港的制度體系存在明顯漏洞。基本法 23 條立法問題遲遲沒有解決，選舉審查機制無法有效防止「港獨」勢力滲透。

針對香港局勢一度出現的嚴峻局面，中央審時度勢，加強黨對港澳工作的集中統一領導，對特區行使全面管治權。香港國安法頒佈實施，狂妄一時的「港獨」勢力土崩瓦解，香港局勢實現了由亂到治的重大轉變。此後，在中央的主導下，修訂了香港基本法附件一、附件二，築起了防止「港獨」勢力滲透的「防火牆」。

基本法確定了「一國兩制」、「港人治港」、高度自治的原則。「港人治港」所指是哪些港人？由於落實基本法的機制不健全，這一原則長期被一些人扭曲，造成了認知和行動上的混亂。全國政協副主席夏寶龍兼任中央港澳工作領導小組常務副組長、國務院港澳辦主任後，對「愛國者治港」做出了全面系統的闡述，劃出了「五個善於」和「五有」標準；此後，香港特區選委會選舉、立法會選舉和行政長官選舉成功舉行；在新選制下，「愛國者治港」落到了實處。

10 年來，香港的發展取得舉世公認的成就。主要體現在三個方面：

發展交出好答卷

第一，香港的傳統優勢得到鞏固、並不斷放大。香港居民十分看重普通法制度繼續保持，並形成優勢，香港做出的國際法律仲裁得到全球 140多個國家的認可；香港居民十分看重「自由港」的美譽，香港連年被評為全球最自由經濟體第一位；香港居民十分看重國際金融、航運、貿易中心，香港的「三大中心」地位穩固，並在中央的支持下不斷做大。

第二，香港的新優勢正在培育、並呈現良好勢頭。中央一直支持香港在鞏固傳統優勢的同時，發掘新優勢。國家「十四五」規劃明確指出，支持香港在鞏固傳統「四中心」的同時，打造「新四中心」，國家還支持香港開闢內地市場。

第三，在國家支持下，香港成功化解了風險。新冠疫情爆發兩年半來，國家時刻關心香港同胞的安危，第一時間為香港派人、派物。特別是第五波疫情期間，習近平總書記發出援港抗疫的最高動員令，夏寶龍副主席坐鎮深圳，統一指揮協調援港抗疫的各項工作，幫助香港渡過了難關。

「融入」呈現「加速度」

十年來，中央高度重視港澳發展，國家「十三五」、「十四五」規劃設置「港澳專章」，引導港澳兩個特區搭乘國家發展的「快車」。

習近平總書記親自謀劃、親自部署、親自推動粵港澳大灣區建設，大灣區建設發展規劃綱要給予香港「主場」和「主角」的地位；總書記親自出席港珠澳大橋開通儀式，以此橋開通為標誌，一批交通設施相繼建成開通，橫琴、前海、南沙等重大合作平台建設加快推進。這表明，港澳與內地的「硬聯通」進展明顯。在總書記親自關心下，便利港澳居民在內地工作、學習、定居的政策措施陸續出台、持續完善，科研資金「過河」也變成現實。這表明，港澳與內地的「軟聯通」已經破題。

如今，港澳越來越多的居民認識到，港澳最大發展機遇在內地，充分發揮連接祖國內地的橋樑和窗口作用，港澳必能為中華民族偉大復興作出

不可替代的貢獻。融入國家發展大局是大勢所趨,「融入」已經呈現「加速度」。

　　十年成就,來之不易!巨大成就,彪炳史冊!這得益於習近平總書記的親切關懷和領航掌舵,得益於中國共產黨的正確領導,得益於「一國兩制」的科學性、包容性,得益於 730 多萬香港居民和 14 億內地同胞的精心呵護、共同奮鬥。

　　　　　　　　　　　　　　　　（原載於《大公報》,2022 年 9 月 21 日）

「一國兩制」在港成功實踐揭示了什麼？

—— 十年來「一國兩制」在港澳成功實踐新聞發佈會系列評論之二

前天，在中宣部舉行的「中國這十年」系列主題新聞發佈會，國務院港澳辦副主任黃柳權、王靈桂就中共十八大以來「一國兩制」在港澳的成功實踐進行介紹時表示，十八大以來，黨中央堅定不移全面準確貫徹落實「一國兩制」方針，積極應對港澳發展變化，採取一系列標本兼治舉措，推動「一國兩制」在港澳的實踐劈波斬浪，奮勇向前，取得歷史性成就，發生歷史性變革。具體表現在「一國兩制」理論開闢新境界、「一國兩制」制度體系更加完善、港澳保持繁榮穩定的良好局面、港澳加快融入國家發展大局四個方面。

10 年間，「歷史性」的成就和變化來之不易，四個方面的具體表現引人注目。那麼，「一國兩制」在港成功實踐揭示了什麼道理？

制度優勢是香港的最大優勢

前不久，加拿大菲沙研究所發佈《世界經濟自由度 2022 年度報告》，該報告從五個方面對 162 個國家和地區進行了評級，香港位列全球第一，這也是香港連續 20 多年蟬聯全球最自由經濟體。

這個結果令人聯想到，香港回歸前夕，西方輿論普遍唱衰香港，認為回歸後的香港必然被管治成為「一潭死水」，某些媒體甚至以「香港已死」作標題，部分港人和外來投資者也不看好香港，紛紛撤資、移民。然而，事實證明他們的判斷是錯誤的，香港不僅沒有「死」，而且活得越來越好。

香港能有今天，得益於「一國兩制」的制度優勢。基本法當中最重要的 12 個字是：「一國兩制」、「港人治港」、高度自治。這 12 字的前提和基礎是「一國兩制」。在「一國兩制」下，香港保持了四個方面的優勢：一是自由貿易和投資制度，香港商貿無外匯管制，收匯結匯方便，兌換貨幣自由。二是簡單低稅制，香港的直接稅只有利得稅、薪俸稅和物業稅，且只對來自香港的利潤及收入徵稅。三是法治及司法獨立，香港實行普通法，與世界主要經濟體之間法治體系相通，香港的國際仲裁得到全球 140 多個國家的認可，可以為投資者提供優質的法律服務。四是特區政府依法施政，廉潔高效，令投資者放心。

我們看待香港優勢時，可以列舉出很多，但歸根結底是「一國兩制」的制度優勢。其好處在於：賦予香港特區管理內部事務的權利，有利於市場經濟發展的做法都繼續保留；同時，在香港遇到解決不了的難題時，國家出手解決。這樣一來，香港的傳統優勢不斷鞏固並做大，新的優勢也被發掘出來，遇到風險則有國家力挺，香港前行的腳步始終穩健。

祖國永遠是香港的堅強後盾

今年初爆發的第五波疫情令人記憶猶新。在香港最困難時候，每日確診病例成幾何式增長，醫療資源面臨崩潰，生活物資出現緊缺，全港人心惶惶。國家主席習近平發出全力以赴援港抗疫的最高動員令，全國政協副主席、中央港澳工作領導小組常務副組長、國務院港澳辦主任夏寶龍坐鎮深圳，統籌中央部門、廣東省和深圳市、內地相關省份的援港抗疫事宜，香港所需的人員、物資、設備等迅速抵港，最終打贏了抗疫攻堅戰。國家全力以赴挺港，這僅是其中一例。回歸以來，在香港遭遇亞洲金融風暴、世界金融危機、沙士襲擊、持續「黑暴」的危難時刻，都是國家出手，香港才度過了危機。

國家對香港的支持，不僅體現在危難時刻的集中支援，還體現在危難後的持續支持。國家「十三五」、「十四五」規劃都單列「港澳專章」，粵港澳大灣區規劃、「一帶一路」建設都為香港預留了搭乘「中國號」快車的「座位」。2021 年 9 月，中共中央、國務院印發的《全面深化前海深港

現代服務業合作區改革開放方案》發佈，《方案》開宗明義地指出：「開發建設前海深港現代服務業合作區是支持香港經濟社會發展、提升粵港澳合作水平……」

國家對香港的支持，體現在幫助香港提升國際地位、拓展國際市場。如今，香港特區以「中國香港」的名義參加了超過 220 個不以國家為單位的國際組織；外國在港領事機構有 119 家……

許許多多的事實印證了一個定理：祖國永遠是香港的堅強後盾！

內地是香港的最大經濟支撐

在國際金融中心的排行榜上，紐約、倫敦是公認的第一、第二；過去很長一段時間，國際權威機構的評價是：香港和新加坡並列第三。然而，近年來基本形成定論：香港位列第三。「紐倫港」的説法得到業內的普遍認可。

金融作為現代服務業，其發展壯大必須依託實體經濟。10 年來，中國超越日本成為世界第二大經濟體，且與第一大經濟體美國的差距年年在縮小。香港正是依託中國內地龐大的實體經濟優勢，做大做強了金融業，坐穩了「世界第三金融中心」的寶座。

內地經濟對香港金融業的貢獻可以從兩個方面觀察。一是直接貢獻。統計數據顯示，截至 2022 年 4 月，內地企業在港上市達 1,370 家，佔港交所上市企業總數的 53.3%；市值 37.6 萬億港元，佔港股總市值 77.7%。二是間接貢獻。許多大型跨國公司把香港作為投資內地「跳板」，他們把工廠建在內地，把亞太區域中心設在香港，把資金放在香港的銀行，做大了香港金融的「總盤子」。還有，中央支持香港建成全球最大的人民幣離岸交易中心，也為香港金融業賦能，助力香港做強國際金融中心。

金融業僅是一例，回望過去 10 年，零售、旅遊、餐飲、酒店、交通運輸等行業的繁榮都得益於內地遊客來港。法律服務、會計服務、文化產業的市場空間逐漸擴大，也得益於內地市場需求旺盛。而投資內地的香港企業，既是內地經濟發展的參與者，也是受惠者。事實證明，內地是香港的最大經濟支撐。

回望來路，是為了發現歷史規律，精心謀劃未來。中共十八大以來「一國兩制」在港實踐取得的歷史性成就、發生的歷史性變革，深刻揭示了香港繁榮穩定的內在邏輯。正確認識這一切，形成共識，就能匯聚推進「一國兩制」行穩致遠的磅礴力量，香港的明天就會更加美好。

（原載於《大公報》，2022 年 9 月 22 日）

如何推進「一國兩制」行穩致遠？

——十年來「一國兩制」在港澳成功實踐新聞發佈會系列評論之三

在中宣部日前舉行的「中國這十年」系列主題新聞發佈會上，國務院港澳辦副主任黃柳權、王靈桂表示，中共十八大以來，黨中央堅定不移全面準確貫徹落實「一國兩制」方針，「一國兩制」理論開闢新境界、「一國兩制」制度體系更加完善、港澳保持繁榮穩定的良好局面、港澳加快融入國家發展大局，取得歷史性成就，發生歷史性變革。

「一國兩制」取得的輝煌成就昭示我們，我們要從中華民族偉大復興的高度來認識「一國兩制」港澳實踐的重大意義，堅定不移地推進「一國兩制」實踐行穩致遠。

堅定「長期堅持」的信念

國家主席習近平在慶祝香港回歸祖國 25 週年大會上的講話中強調：「『一國兩制』是經過實踐反覆檢驗了的，符合國家、民族根本利益，符合香港、澳門根本利益，得到 14 億多祖國人民鼎力支持，得到香港、澳門居民一致擁護，也得到國際社會普遍贊同。這樣的好制度，沒有任何理由改變，必須長期堅持！」

習主席的這段話雖然不長，內涵十分豐富。從三個角度闡述了「長期堅持」的理由：從實踐的角度看，「一國兩制」是經過反覆檢驗的好制度；從利益的角度看，「一國兩制」既符合國家和民族利益，也符合港澳利益；從實施過程來看，「一國兩制」既得到中國 14 億人的支持，也得到

國際社會的贊同。三大理由符合實際，令人信服！

　　有一些香港居民之所以對「一國兩制」能否長期堅持存在疑慮，有兩個原因：第一，對基本法的理解有偏差。基本法第 5 條訂明：「香港特別行政區不實行社會主義制度和政策，保持原有的資本主義制度和生活方式，五十年不變。」有人理解為「五十年後要變」。第二，過去，反中亂港勢力故意扭曲「五十年不變」的含義，蠱惑公眾，宣揚 50 年後會變成「一國一制」，香港會變得和內地完全一樣，鼓動港人去「抗爭」。

　　其實，從邏輯上分析，「五十年不變」的含義並不是「五十年後必然要變」；從概念上分析，「五十年」是一個哲學概念，不是一個具體的時間概念。香港基本法是全國人大於 1990 年 4 月審議通過的，那時，「堅持黨的基本路線一百年不動搖！」是內地喊得最響亮的口號，「一百年」也是一個哲學概念，並不意味着「一百年後要動搖」，而是「長期不動搖」。

　　習主席關於「一國兩制」要「長期堅持」的表態，一錘定音。香港各界和廣大市民要堅定「一國兩制」不會變的信念，心有定力，篤行不怠。

築牢「一國」的根基

　　10 年的實踐，加深了人們對「一國兩制」實踐規律的認識。習主席曾經精闢論述「一國兩制」。他在慶祝香港回歸祖國 20 週年大會上的講話中強調：「『一國』是根，根深才能葉茂；『一國』是本，本固才能枝榮。」他在慶祝香港回歸祖國 25 週年大會上的講話中強調：「『一國』原則越堅固，『兩制』優勢越彰顯。」

　　「一國兩制」方針是一個完整的體系。維護國家主權、安全、發展利益是「一國兩制」方針的最高原則，在這個前提下，香港、澳門保持原有的資本主義制度長期不變，享有高度自治權。因此，必須不遺餘力地築牢「一國」根基。如今的香港，在經歷了修例風波之後，雖然已經實現了由亂到治，正在邁向由治及興的新階段，呈現出好的態勢。但「一國」的根基牢固嗎？準確的說：不夠牢固！

第一，基本法 23 條立法至今沒有完成，香港必須履行這一憲制責任。第二，香港教育界的撥亂反正才剛剛開始。「港獨」勢力禍亂教育，幾乎用了一代人的時間，要讓學生從小樹立國家意識，預計也可能要一代人的時間。第三，治理傳媒界的亂象也才起步。保障香港居民的言論自由與維護國家安全並不矛盾，但一些人把言論自由的範圍無限放大，早已碰觸國家安全的底線，卻習以為常，打破固有的觀念和思維方式還要做大量工作，除了法律的「硬矯正」，還需要溝通、交流、引導等方式的「軟矯正」。第四，「去殖民化」的工作還沒有啟動，二戰以後擺脫殖民統治的幾乎所有國家或地區，都不同程度做了「去殖民化」工作，香港回歸至今卻原封不動的保留了許多「殖民痕跡」。

至少要完成以上四個方面的工作，香港才有底氣説「一國」的根基牢固，這還有很長的路要走。

做大「兩制」的優勢

10 年的實踐，加深了人們對「兩制」優勢的認識。習主席在慶祝香港回歸祖國 25 週年大會上的講話中指出：「背靠祖國、聯通世界，這是香港得天獨厚的顯着優勢，香港居民很珍視，中央同樣很珍視。中央政府完全支持香港長期保持獨特地位和優勢，鞏固國際金融、航運、貿易中心地位，維護自由開放規範的營商環境，保持普通法制度，拓展暢通便捷的國際聯繫。」這段話明確指出了香港獨特的優勢，體現出中央對香港優勢非常看重。香港的這些優勢能夠存留至今、並不斷做大，正是因為「一國兩制」的制度安排。

下一步，香港應該在國家的支持下，不斷做大自己的獨特優勢。比如，香港居民非常看重的普通法制度，它是香港連接世界的橋樑。在解決國際爭端、特別是商業企業之間的跨境糾紛方面，香港作出的仲裁受到全世界歡迎。國家「十四五」規劃支持香港打造「八大中心」，其中就有「亞太區國際法律及解決爭議服務中心」。在這方面，香港底子好，國家有支持，完全可以把這一優勢做強做大。

經濟全球化雖遇波折，但不可逆轉；中國經濟發展雖遇風險挑戰，但

作為「全球經濟增長主要引擎」的地位得到公認。認清發展大勢,香港應在放大「兩制」優勢上好好下一番功夫,推動經濟走出低谷、再上台階。

「一國兩制」從構想變成現實是一大創舉,「一國兩制」在港澳的實踐同樣是一大創舉。25 年的生動實踐,特別是 10 年的歷史性成就,令我們對「一國兩制」行穩致遠充滿信心,前行的腳步堅定有力!

（原載於《大公報》,2022 年 9 月 23 日）

觀「二十大」熱詞
預判經濟新走向

　　中國共產黨第二十次全國代表大會（「二十大」）將於 10 月 16 日召開，全世界都非常關注這次大會，因為這不是一個普通政黨的普通會議：按照慣例，作為執政黨，這次大會將對中國未來 5 年、乃至更長時期的發展作出謀劃，而中國是世界第二大經濟體，對世界經濟增長的貢獻率超過 30%，製造業居全球第一、貨物貿易全球第一、還是全球 120 多個國家的第一大貿易夥伴。因此，這次會議對中國經濟發展的謀劃，將對全球經濟發展產生重要影響。

　　一國兩制下的香港，是國內資金流向世界、國外資金流入內地的樞紐，香港在國家大局中的地位和優勢，具有不可替代性，中共「二十大」對香港的影響，更是值得關注。

共同富裕　持續指導發展

　　那麼，中共「二十大」對未來經濟發展會產生哪些影響？至少應從以下四個角度觀察。

　　有哪些熱詞出現？

　　中共的每一次全國代表大會，都會提出一些新理論、新論斷，這一次會提出哪些呢？前不久，《習近平談治國理政》第 4 卷出版發行，書中收錄了中共中央總書記習近平 2020 年 2 月至今年 5 月期間的講話、談話、致辭、演講、賀信等，其中有許多新提法，預測將會寫進「二十大」報告，用以指導發展。在經濟領域，習近平在 2021 年 8 月召開的中央財經委員會會議上講到「共同富裕」，這兩年來，內地許多地方已經在探索「共

同富裕」的路子，相信「共同富裕」會成為熱詞之一。

　　早在 40 多年前，鄧小平就曾經說過一段著名的話：「讓一部分人、一部分地區先富起來，先富帶後，最終實現共同富裕。」過去，「先富起來」做得不錯，但「先富帶後富」還做得不夠，現在到了必須通過各種手段進行調節、實現「共同富裕」的時候了，「共同富裕」被提到前所未有的高度。

　　不妨推演一下下一步，在「共同富裕」的主題下，內地將繼續加大反壟斷力度，將在鄉村振興上加大投資，將對高收入群體的稅收加大，將對資本的野蠻生長持續打擊……

　　「二十大」報告還可能有哪些熱詞？會對中國經濟產生哪些影響？透過熱詞看趨勢，這是觀察「二十大」與內地經濟走向的一個重要角度。

全球看清　美視華最大競爭對手

　　中美經濟會發生多大強度的摩擦？

　　中共「二十大」的召開，恰好處在世界格局發生深刻變化的時間節點上。回顧中共第十九次全國代表大會（「十九大」）至今的 5 年間，中美之間發生了許多引人注目的事情：美國挑起的中美貿易戰、美國限制對華高科技輸出、美國利用「修例風波」攪局香港、美國眾議院議長佩洛西竄訪中國台灣等；如今美國民主、共和兩黨在「反中」立場上前所未有地一致，地球人都看清美國把中國當成最大的競爭對手。

　　在經濟領域，美國國內有不少人主張與中國「脫鈎」。依筆者之見，中美經濟「脫鈎」的可能性極小，聯合國劃分的國際工業體系，分為 39 個大類、191 個中類、525 個小類，中國是門類最齊全的國家，沒有「之一」，一旦「脫鈎」，美國很難找到替代產品，就算找到，也會大幅度抬高美國物價，激起民眾的強烈反彈；但「脫鈎」與反「脫鈎」、制裁與反制裁，肯定會在未來的日子反覆上演，中美鬥法勢必給相關經濟體造成不小的影響。

　　中美關係的複雜性，遠遠不止於經濟問題，在其他領域發生的衝突與對抗，美國利用代理人打擊中國的做法，也有可能影響世界經濟。因此，

中共「二十大」將如何定位中美關係、如何應對美國及其盟國把經濟問題政治化、聯手對中國施壓，都是值得關注的重點，也是觀察世界經濟發展走向的一個「窗口」。

擴開放　應對脫鈎制裁良方

內地擴大開放下一步怎麼走？

內地實施改革開放以來，一直以東南沿海為重點，5年前的中共「十九大」，提出了「形成陸海內外聯動、東西雙向互濟的開放格局」，沿着陸上和海上、東部和西部兩個方向實施開放；那麼，中共「二十大」會不會對「擴大開放」有新定義呢？

提出這個問題，是基於中國面對的外部環境已經發生了急劇變化。美國和西方發達國家對中國的不滿越來越明顯，他們不承認中國為市場經濟國家、不承認中國是發展中國家，認為中國加入世界貿易組織（WTO）佔了很大便宜，有人想把中國逐出世界貿易體系，加之兩年多來疫情影響，中國倡導的一帶一路建設遇到一些困難。

外部環境越是不好，越需要擴大開放，擴大開放是應對脫鈎、封鎖、制裁的最好辦法。習近平主席多次講到：「中國開放的大門不會關上，只會越開越大。」那麼，下一步中國開放的領域、開放的層次，會有甚麼新變化？比如，金融業的開放會走到哪一步？香港是國際三大金融中心之一，也是全球最大的人民幣離岸交易中心，內地金融業的開放深度、廣度、速度，都與香港息息相關。

港當好超級聯絡人　重點在「通」

香港怎樣扮演好自己的角色？

香港最大的優勢是「背靠祖國、聯通世界」，這8個字的核心是兩個字：「靠」和「通」。香港回歸以來的經濟發展證明，國家是靠得住的，香港也發揮好了通道作用，內地和香港的經濟發展形成了良性互動，相得益彰。

從現在的各種情況分析，中共「二十大」對香港優勢和地位的認定，

大致不會有變化，香港依然要扮演好「連接器」、「超級聯絡人」的角色；問題在於，香港如何把這個角色扮演得更加出色？

眼下，香港出現的一些現象不令人樂觀，例如有投資者撤資、有部分市民移民，香港的資本流失和人才流失令人擔憂；如果香港對資本和人才失去了吸引力，其後果是相當可怕的。特區政府喊出了「留人才」、「搶人才」、「育人才」的口號，那麼，用甚麼辦法去「留、搶、育」？當中需要做大量的工作；如何讓資本感到安全？同樣需要政府和業界好好下一番功夫。總之，香港面臨的最大隱患在一個「通」字上，如果不能在「通」字上保持魅力，則未來堪憂！

總體來看，中共「二十大」確定的基調，將會令中國經濟未來更穩健。外面風雨大，走得慢一點沒關係，只要走得穩、不停步，就一定能達到目的。

（原載於《經濟日報》，2022 年 9 月 28 日）

人民領袖贏得全國人民衷心擁戴

—— 喜迎中共二十大系列評論之一

　　還有 8 天，中國共產黨第二十次全國代表大會就將召開。不久前，習近平總書記在廣西以全票當選中共二十大代表。這充分體現了人民群眾對人民領袖的忠誠擁護、衷心愛戴。記得 10 年前，剛剛當選中共中央總書記的習近平講到：「人民群眾對美好生活的嚮往，就是我們的奮鬥目標。」那時候，許多人還沒有完全理解這句話的深刻內涵。10 年過去了，人們看到，習近平總書記領航把舵，「中國號」巨輪破浪前行，人民群眾的所思所盼、所想所念，都化為中國共產黨的具體行動。

　　領袖對人民有多少關懷，人民對領袖就有多少愛戴。中共十八大以來，中國取得的歷史性成就、發生的歷史性變革，極大地提升了 14 億中國人的獲得感、幸福感、安全感。人民領袖贏得全國人民衷心擁戴！

人民領袖的民本情懷

　　習近平總書記深情強調：「江山就是人民，人民就是江山，打江山、守江山，守的是人民的心。」總書記要求全黨堅持「以人民為中心」的發展思想。「以人民為中心」的發展思想核心要義有 3 點：發展為了人民，發展依靠人民，發展成果由人民共享。人民領袖的民本情懷正體現於此。

　　四川省涼山州的阿土列爾村，媒體報道稱其為「懸崖村」。垂直於絕壁的 17 條藤梯曾是村民與外界相連的唯一的路。如今，「懸崖村」村民已整體異地搬遷，擺脫了貧困。大涼山是深度貧困地區，阿土列爾村是貧困村，村民是貧困群眾。「懸崖村」僅是脫貧攻堅戰中的一例，在習近平總

書記的領導下，中國展開了 8 年的脫貧攻堅戰，全國近 1 億農村貧困人口全部脫貧，解決了困擾中華民族幾千年的絕對貧困問題。一個個感人至深的扶貧故事，生動詮釋了「發展為了人民」的施政理念。

武漢、上海、西安，這些千萬級人口規模的城市都曾遭遇新冠疫情的瘋狂襲擊。每到危急關頭，黨中央一聲令下，全國各地緊急馳援，各級黨組織、醫護人員、社區工作者堅守一線，社區居民守望相助，形成了抗擊疫情的巨大合力。中國的抗疫模式是中國共產黨領導下的人民戰爭，集中力量打殲滅戰，以較小代價換來了較好結果。一個個生動的事例詮釋了「發展依靠人民」的施政理念。

過去 10 年，中國織就了世界上最大的社會保障網，城鄉低保對象、特殊困難人員、低收入家庭等做到應保盡保、應救盡救，保障標準也隨着經濟發展逐步提升。一個個「小家大事」詮釋了「發展成果由人民共享」的施政理念。

人民領袖的擔當精神

「我將無我，不負人民。」2019 年的一天，面對外國政要提問，習近平總書記脫口而出的這句話，直擊心靈，令人難忘！

人民領袖是人民推舉出來的，更是領袖一步一個腳印幹出來的。1974 年，21 歲的習近平擔任生產大隊黨支部書記，「讓鄉親們飽餐一頓肉，並且經常吃上肉」是他的心願。1982 年，29 歲的習近平擔任縣委副書記，「渴望盡自己的微薄力量，親手為他們做一點實在事情」。1990 年，37 歲的習近平擔任市委書記，寫下了「為官一任，造福一方，遂了平生意」的詞句直抒胸臆……從最基層的黨支部書記到黨的總書記，「責任擔當」始終是他不變的本色。

「人民群眾最痛恨腐敗，不得罪成百上千的腐敗分子，就要得罪 14 億人民。」——習近平總書記的這句話令人震撼！他接過中共掌舵者接力棒十年來，「打虎」無禁區、「拍蠅」零容忍、「獵狐」撒天網……反腐敗從「形勢依然嚴峻」，到「依然嚴峻複雜」，再到「壓倒性態勢正在形成」，及至「取得壓倒性勝利並全面鞏固」，人民群眾對黨風廉政建設和反腐敗

工作的滿意度越來越高。

「中國改革已進入攻堅期和深水區，需要解決的問題格外艱巨，都是難啃的硬骨頭。」習近平總書記曾如是説。他親自兼任中央全面深化改革委員會主任，大刀闊斧地推動改革轉變政府職能、縮小收入差距、打破壟斷、戶籍制度改革、土地制度改革、金融體系改革等，一些領域改革「膠着狀態」徹底改變。

人民領袖心繫香江

「香港發展一直牽動着我的心！」—— 2017 年 6 月 30 日，香港回歸祖國 20 週年之際，習近平總書記視察香港，剛下飛機就這樣動情地講到。

「我一直關注着香港，掛念着香港，我的心和中央政府的心始終同香港同胞在一起。」—— 2022 年 6 月 30 日，香港回歸祖國 25 週年之際，習近平總書記再次莅臨香港，剛一走出專列就這樣動情地講到。

人民領袖心繫香江。香港居民清晰地記得，從對香港大埔重大交通事故遇難者表示哀悼、向遇難者家屬和受傷者表示慰問，到深情悼念國學大師饒宗頤；從對在港的「兩院」院士來信作出批覆，到指示中央部委出台政策，便利港澳台同胞赴內地學習、工作、定居；從新年問候香港同胞，到勉勵港人「相信自己，相信香港，相信國家」；從親自謀劃、親自推動、親自部署粵港澳大灣區建設，到親自出席港珠澳大橋開通儀式；從針對香港局勢做出「止暴制亂，恢復秩序」的重要指示，到針對香港第五波疫情發出「援港抗疫」的最高動員令。習近平總書記對香港同胞的深情關愛，深深打動了香港居民，激勵香港居民把香港這個家建設好。

在香港回歸祖國 20 週年慶典的講話中，總書記指出「兩個建設好」；在香港回歸祖國 25 週年慶典的講話中，總書記指出：「中央政府完全支持香港長期保持獨特地位和優勢，鞏固國際金融、航運、貿易中心地位，維護自由開放規範的營商環境，保持普通法制度，拓展暢通便捷的國際聯繫。」這擲地有聲的話語，飽含了對香港同胞的巨大關愛，對「一國兩制」行穩致遠的堅定信心。

習近平總書記在 2017 年、2022 年兩次視察香港，所到之處，掌聲不斷、歡聲不息，人們紛紛表達對人民領袖的愛戴之情，現場的熱烈氣氛令人動容。香港同胞熱切期盼二十大擘劃中國發展的美好藍圖，熱切期盼習近平總書記領航把舵，帶領中國人民書寫中華民族偉大復興的輝煌篇章！

　　　　　　　　　　　　（原載於《大公報》，2022 年 10 月 8 日）

十年輝煌成就彰顯巨大制度優勢

—— 喜迎中共二十大系列評論之二

再過 6 天，舉世矚目的中國共產黨第二十次全國代表大會就要勝利召開了！

中共十九大確定了「兩個一百年」奮鬥目標。即在 2021 年建黨 100 週年時，全面建成小康社會；在本世紀中葉，新中國成立 100 週年時，全面建成社會主義現代化強國。中共二十大是在實現第一個百年奮鬥目標、正在邁向第二個百年奮鬥目標時召開的一次重要會議，其重要意義不言而喻。

實現第一個百年奮鬥目標意味着什麼？不妨看看 10 年來的輝煌成就。中國的經濟總量由 2012 年的 53.9 萬億元上升到 2021 年的 114.4 萬億元，佔世界經濟比重從 11.3% 上升到超過 18%，人均國內生產總值從 6,300 美元上升到超過 1.2 萬美元。看速度，中國 10 年間的經濟增速位居全球主要經濟體前列；看體量，中國已是世界第二大經濟體、第一大工業國、第一大貨物貿易國、第一大外匯儲備國，服務貿易、對外投資、國內消費市場規模世界第二；看貢獻，中國經濟連續多年對世界經濟增長貢獻率約 30%，成為世界經濟增長的主要引擎。

非凡 10 年的輝煌成就，為實現第二個百年奮鬥目標奠定了更為堅實的基礎，也彰顯了中國特色社會主義制度的巨大優勢。

舉國體制：集中力量辦大事

習近平總書記多次強調：「我們最大的優勢是我國社會主義制度能夠集中力量辦大事。」這深刻揭示了中國成功的奧秘。社會主義制度是建立

在「以公有制為主體」基礎上的，公有制決定了政府可以統籌調配全國資源力量，達成相應目標任務。這就是成功的「舉國體制」。

乘坐過紐約地鐵、倫敦地鐵的人，如果去中國內地乘坐一下高鐵和城市地鐵，絕對要顛覆以往的認知。中國之所以能「彎道超車」、後來居上，正是得益於舉國體制，能做到集中力量辦大事、辦難事、辦急事。

10 年來，「嫦娥」落月、「天問」探火、神舟飛天、C919 首飛、南水北調、「西電東送」、「中國天眼」落成啟用、「華龍一號」核電機組投入商業運行⋯⋯一個個重大工程相繼問世，令人驚嘆！10 年來，一項項科技創新成果，令人眼花繚亂！全球創新指數報告中，中國從 2013 年的第 35 位躍升至 2021 年的第 12 位。10 年來，香港居民感受到國家「集中力量辦大事」的好處。廣深港高鐵開通，市民可以快捷地出入內地；港珠澳大橋運行，粵港澳三地「一小時生活圈」已經破題。

這些輝煌成就，正是得益於中央的高瞻遠矚、統籌謀劃，把資源集中在重點領域，迅速形成競爭優勢，打通「七經八脈」，釋放出發展的巨大活力。

人民至上：全過程人民民主

習近平總書記 2019 年 11 月 2 日在上海考察時指出：「我們走的是一條中國特色社會主義政治發展道路，人民民主是一種全過程的民主。」首次提出了「全過程人民民主」的概念。

中共十八大以來，「集中力量辦大事」的優勢能夠發揮得這樣好，關鍵在於中國共產黨堅持人民至上，不斷探索「全過程人民民主」，贏得了全國人民的堅定支持。

「全過程人民民主」的核心要義有三：第一，民主是「全鏈條」的。民主貫穿於民主選舉、民主協商、民主決策、民主管理、民主監督 5 個環節；這不同於西方民主，注重「競爭性選舉」環節，而輕視實施環節。第二，民主是「全方位」的。全體人民依法管理國家各項事務，人民群眾暢通表達利益要求，社會各方面有效參與國家政治生活，各類人才通過公開公平競爭進入國家領導和管理體系。第三，民主是「全覆蓋」的。民主覆

蓋了政治、經濟、文化、社會和生態等諸多領域，成為人們生產生活的重要組成部分。

尤其值得關注的是協商民主。在中國內地，就算是西部最偏遠的鄉村，也建立了「一事一議」制度，村裏修一條路、挖一口井、建立一個農產品專業合作社，村民都可以通過協商的方式達成共識。協商民主的真諦是：「有事好商量，眾人的事情由眾人商量」。涉及全國人民利益的事情，由全體人民廣泛商量；涉及一個群眾利益的事情，在這個地方廣泛商量；涉及一部分或特定群體的事情，在這個群體中廣泛商量；涉及基層群眾利益的事情，在基層群眾中廣泛商量。

中國特色：最具包容性的制度

在一些香港居民的認知中，內地實行的社會主義制度是教條、呆板的制度。持這種看法的人，思維還停留在 40 年前。改革開放後，中國共產黨在「社會主義」前面加上了「中國特色」。思路一變天地寬。「中國特色」激發了制度活力，也使社會主義制度的包容性大大增強。中共十八大以來，中國能夠取得輝煌成就，也源於這種制度包容性。

中國特色社會主義制度主要包括以下幾個部分：一是人民代表大會制度。這是通過民主選舉和民主立法，實現黨的主張、人民意願與國家意志相一致。二是中國共產黨領導的多黨合作和政治協商制度。這是通過多種協商渠道，廣泛集中民智、增進民主共識，形成「最大公約數」。三是民族區域自治制度。這是引導各族人民鑄牢中華民族共同體意識，增強凝聚力、向心力。四是基層群眾自治制度。這是由居民（村民）選舉的成員組成居民（村民）委員會，實行自我管理、自我教育、自我服務、自我監督的制度。

尤其重要的是，「一國兩制」是中國特色社會主義制度的重要組成部分。國家主體實行社會主義制度，香港、澳門實行資本主義制度。這種巨大的包容性，全世界絕無僅有！在慶祝香港回歸祖國 25 週年大會上，習近平總書記強調：「『一國兩制』是經過實踐反覆檢驗了的，符合國家、民族根本利益，符合香港、澳門根本利益，得到 14 億多祖國人民鼎力支

持，得到香港、澳門居民一致擁護，也得到國際社會普遍贊同。這樣的好制度，沒有任何理由改變，必須長期堅持！」總書記鏗鏘有力的聲音，再次彰顯了中國共產黨的寬闊視野和博大胸懷。

任何一個政黨、一個國家的成功都不是偶然的，背後必然有清晰的制度邏輯。中國共產黨這個百年大黨能夠領導 14 億多中國人走向輝煌，充分說明中國共產黨是一個偉大的黨，中國特色社會主義制度是一個好制度。

（原載於《大公報》，2022 年 10 月 10 日）

「一國兩制」護佑香港繁榮穩定

—— 喜迎中共二十大系列評論之三

中國共產黨第二十次全國代表大會還有 4 天就要隆重開幕了！大會將回顧總結中共十八大以來取得的輝煌成就，擘劃今後 5 年乃至更長時期中國發展的宏偉藍圖。盛會將至，舉國期待，全球關注。

5 年前，中共十九大把「一國兩制」作為新時代中國特色社會主義思想的 14 個基本方略之一，彰顯了「一國兩制」在國家治理體系中的重要地位，凸顯了香港特區在國家戰略中的特殊地位，表明了在中華民族偉大復興的進程中，香港特區必須作出更大貢獻。

實踐證明，「一國兩制」行得通、辦得到、得人心，是護佑香港長期繁榮穩定的好制度，具有強大生命力。值此中共二十大召開之際，香港同胞和內地民眾一樣，對盛會充滿期待，對未來充滿憧憬。

好制度令香港更加繁榮

這 10 年間，在祖國全力支持下，香港經濟蓬勃發展，國際金融、航運、貿易中心地位穩固，創新科技產業迅速興起，自由開放雄冠全球，營商環境世界一流，包括普通法在內的原有法律得到保持和發展。香港連續 20 多年被評為全球最自由經濟體第一位；在世界競爭力排名中，長期位居前列；過去 10 年裏，香港數次登上全球首次公開招股集資額首位。

香港的經濟繁榮有目共睹。以金融業為例，香港金融業相當於本地生產總值的 23%，在香港經濟的「總盤子」中舉足輕重。有兩組數據顯示，內地經濟快速增長為香港金融業提供了強力支撐。截至 2022 年 4 月，內

地企業在港上市達 1,370 家，佔港交所上市企業總數的 53.3%；市值 37.6 萬億港元，佔港股總市值 77.7%。除了金融業，香港的旅遊、零售、餐飲、酒店、交通運輸等行業，對內地的依賴性也非常大。

香港的繁榮，一方面，得益於香港實行貿易自由、貨幣自由、簡單稅制，以及高效廉潔的政府和良好的司法環境；另一方面，得益於香港發揮好了背靠祖國、聯通世界的優勢，充當外資進入中國內地、內地企業走向世界的「雙向通道」，發揮好了「連接器」「超級聯絡人」的作用。香港一直是內地最大的外資來源地、對外投資最大目的地、對外貿易最大轉口地。以上兩個方面的優勢，歸根結底都源於「一國兩制」的制度優勢。「一國」令香港得到國家不遺餘力的支持，「兩制」令香港保留並不斷做大傳統優勢。「一國兩制」為香港更加繁榮提供了制度保障。

好制度令香港社會大盤穩定

這 10 年間，香港一度出現了嚴峻形勢。從 2014 年的非法「佔中」，到 2016 年旺角暴亂，再到 2019 年持續暴亂，「港獨」勢力一步步浮出水面，與外部反華勢力相互勾結，企圖進行「港版顏色革命」。曾幾何時，香港街頭火光沖天、滿目瘡痍；香港居民，苦不堪言。有關資料顯示，2019 年的持續暴力活動造成 3,000 多人受傷，致使港鐵 1979 年開通以來首次全線停運，暴徒撬起來的磚頭可填滿 48 個籃球場，拆下來的欄杆連起來有 125 座香港國際金融中心二期大廈那麼高。曾經被譽為世界最安全城市之一的香港，卻變得令市民出行提心吊膽、商家營業擔驚受怕、遊人唯恐避之不及。

關鍵時刻，中央果斷出手制定香港國安法，維護國家安全；中央主導完善香港選舉制度，把「愛國者治港」落到實處。國安法賦予香港打擊「港獨」的一柄利劍，新選制築起防止「港獨」滲透的一道「防火牆」。香港逐漸實現了由亂到治，現在邁向由治及興的新階段。這正是全面準確貫徹「一國兩制」方針做出的結果。

允許在一國之內實行兩種社會制度，這是中國共產黨人充滿政治智慧的時代創造，凝結了海納百川、有容乃大的中國智慧。中國共產黨是「一

國兩制」事業的創立者、領導者、踐行者，沒有任何人比中國共產黨更懂得「一國兩制」的寶貴價值，更執着地堅守「一國兩制」的初心。過去10年，以習近平總書記為核心的黨中央審時度勢，針對「一國兩制」實踐中遇到新情況、新問題，加強黨對港澳工作的集中統一領導，作出一系列重大決策，確保香港社會大盤穩定、重回正軌。

好制度令香港發展後勁十足

香港擁有內地城市無法替代的獨特優勢，但香港也有自身無法解決的發展難題。比如，地域狹窄，發展空間受限；產業結構單一，抗風險能力較差等。由於有「一國兩制」的護佑，香港可以把自己的優勢做大，把自己的短板補上。面向未來，香港的發展前景十分廣闊。

國家「十四五」規劃支持香港打造「八大中心」，除繼續保持「老四大中心」外，增加了中外文化藝術交流中心等「新四大中心」地位。「八大中心」都屬於現代服務業。服務業要做大做強，必須以龐大的實體經濟為支撐。內地是世界第二大經濟體，是全球第一製造業大國，第一貨物貿易大國，還是120多個國家的最大貿易夥伴，完全有能力支持香港建好「八大中心」。

粵港澳大灣區建設則可拓展香港發展的地理空間。香港不僅可以把自身的科研優勢與深圳的高端製造業優勢結合起來，延伸產業鏈、價值鏈，而且可以在康養、文化等多個領域合作，破解「坐困愁城」的難題。隨着廣深港高鐵、港珠澳大橋和多個口岸相繼建成開通，前海合作區擴容、升級、粵港澳三地的「硬聯通」和「軟聯通」一步步實現，香港與內地之間的生產要素跨境流動更加快捷，香港居民在內地發展的政策措施持續完善，香港發展的舞台會更加廣闊。

中國倡導的「一帶一路」建設也將為香港帶來巨大機遇。「一帶一路」沿線涉及60多個國家和地區，市場潛力巨大，香港的金融、貿易、航運、會計、法律仲裁、諮詢等現代服務業與內地企業聯手，必能抓住機遇，共同發展。

習近平總書記在慶祝香港回歸祖國25週年大會的重要講話中指出：

「全面準確貫徹『一國兩制』方針將為香港、澳門創造無限廣闊的發展空間。『一國』原則越堅固，『兩制』優勢越彰顯。」「一國兩制」護佑香港劈波斬浪，「一國兩制」還將護佑香港邁向更加美好的明天！香港 700 多萬同胞熱切期待中共二十大為「一國兩制」行穩致遠擘劃美好藍圖。

（原載於《大公報》，2022 年 10 月 12 日）

「中國力量」體現大國大黨
責任擔當

—— 喜迎中共二十大系列評論之四

　　再過兩天，舉世矚目的中國共產黨第二十次全國代表大會就要勝利開幕了！

　　這次大會將回答「中國舉什麼旗？走什麼路？實現什麼目標？」等重大問題。中國共產黨帶領中國人民取得的輝煌成就和成功經驗，世界不得不關注！作為世界第二大經濟體的中國，已經成為世界經濟增長的主要引擎，站在了世界舞台的中央，世界不得不重視！

　　中共十八大以來，在中國共產黨領導下，「中國力量」不僅造福於本國人民，也為世界和平發展注入了強勁動力，體現出大國大黨責任擔當，更為「一國兩制」下的香港提供了廣闊的發展空間。

「中國理念」凝聚發展共識

　　「志同道合，是夥伴。求同存異，也是夥伴。」—— 在 2014 年 11 月 9 日舉行的亞太經合組織工商領導人峰會開幕式上的演講中，習近平總書記如是說。這個金句充分彰顯了「人類命運共同體」的理念。

　　國與國之間如何相處？美國前總統特朗普反覆講「美國優先」。某些西方國家政客有一種深入骨髓的優越感，只求自身發展，不顧他人安危。這種自私、狹隘的發展理念，令國際秩序失衡，矛盾衝突四起。

　　中共十八大後，習近平就任總書記首次會見外國人士時就表示，國際社會日益成為一個你中有我、我中有你的「命運共同體」，面對世界經濟的複雜形勢和全球性問題，任何國家都不可能獨善其身。習近平總書記提

出了「人類命運共同體」的理念，主張旨在追求本國利益時兼顧他國合理關切，在謀求本國發展中促進各國共同發展。此後，「構建人類命運共同體」寫入了《中國共產黨黨章》和《中華人民共和國憲法》。這是新時代中國共產黨對中國人民和世界人民的莊嚴承諾，也是中國對世界各國的莊嚴承諾。

「人類命運共同體」理念逐漸深入人心，越來越多的國家願意與中國交朋友、搞合作。中共十八大以來，有 9 個國家先後同中國建交、復交，中國建交國增至 181 個，中國也成為全球 120 多個國家的第一大貿易夥伴，中國開放的大門越開越大，與世界各國攜手同行。

「中國方案」為世界增加安穩感

進入 2022 年，以俄烏戰爭為標誌，越來越多的國家情願、或不情願地「選邊站」，世界正在面臨被撕裂的危險，經濟「脫鈎」、戰火蔓延、糧食危機、能源短缺，讓未來充滿不確定性。

「世界怎麼了？」「我們怎麼辦？」習近平總書記早就預言「世界百年未有之大變局」。總書記告誡中共領導幹部，要從「兩個大局」思考問題（即：世界百年未有之大變局和中華民族偉大復興的戰略全域）。正是站在這樣的高度思考問題，中國共產黨主張建設開放型世界經濟，積極維護全球產業鏈供應鏈安全穩定，防止國際市場碎片化、合作機制政治化、規則標準意識形態化，積極倡導共商共建共享的全球治理觀，堅持共同、綜合、合作、可持續的安全觀。

從亞太經合組織領導人北京會議到二十國集團領導人杭州峰會，從上合組織青島峰會到金磚國家領導人會晤，從「一帶一路」國際合作高峰論壇到中非合作論壇北京峰會，從博鰲亞洲論壇到亞洲文明對話大會、中國共產黨與世界政黨領導人峰會、《生物多樣性公約》第十五次締約方大會第一階段會議……在一系列重大主場外交活動中，「中國方案」備受世界各國關注。參與國際和地區熱點問題政治解決，參與全球氣候治理，推動加強全球公共衛生治理，發起成立亞洲基礎設施投資銀行、新開發銀行，提出全球發展倡議、全球安全倡議……在一個個實實在在的行動中，「中

國擔當」贏得廣泛點讚。

在這個充滿不確定性的當今世界，中國務實而具有前瞻性的主張和做法，為世界增加了安穩感。

「中國貢獻」贏得世界尊重

新冠疫情是過去 10 年來全球最重大的事件之一，在這場危機中，「中國貢獻」有目共睹。中國真正將疫苗作為公共產品，發起全球疫苗合作行動倡議及「一帶一路」疫苗夥伴關係倡議，舉辦新冠疫苗國際合作論壇及新冠疫苗合作企業對話會，成立金磚國家疫苗研發中國中心，與超過 20 個國家的相關機構合作開展 III 期臨床試驗，同 16 個國家開展疫苗聯合生產。在疫情蔓延的關鍵時刻，中國向世界提供了大量抗疫物資。

反觀美國等西方發達國家，一開始，就製造各種謊言，甚至有無良政客糾集「新八國聯軍」向中國索賠。繼而，出現了美國搶奪口罩的醜聞，柏林市政府在中國訂購的一批口罩，在途經泰國曼谷時遭美國搶奪，形同「當代海盜」。當新冠疫苗研製出來之後，美國又囤積超過需求量數倍的疫苗，而不顧其他國家人民的死活，「疫苗民族主義」的狹隘做法令人不齒，絲毫看不出作為大國的擔當。

抗擊疫情中的表現，僅僅是「中國貢獻」的一部分。中國倡導的「一帶一路」建設為沿線國家帶來了實惠。9 年間，中國在 24 個沿線國家累計投資 430 億美元，為當地創造 34.6 萬個就業崗位。這些年來，中國為非洲國家、南太平洋國家提供無償援助，建設公路、橋樑、港口等大型基礎設施，造福當地人民。「中國貢獻」經常被西方做出種種惡意解讀，但公道自在人心，「中國貢獻」贏得全世界大多數國家的尊重和肯定。

非凡 10 年，見證了中國共產黨這個世界第一大黨的責任擔當，見證了中國在國際事務中協調、引導、塑造和示範的能力不斷提升。有大國大黨的精心呵護，香港這個特別行政區的國際空間也越來越大。如今，香港特別行政區以「中國香港」的名義參加了超過 220 個不以國家為單位的國際組織；外國在港領事機構達到 119 家；香港特區護照免簽證或落地簽證的國家和地區增至 168 個……

習近平總書記指出：「中國共產黨是為中國人民謀幸福的政黨，也是為人類進步事業而奮鬥的政黨。」中共二十大召開，將再次彰顯中國共產黨的宗旨，也必將為「一國兩制」的香港實踐帶來福音。香港居民翹首以待，熱切期盼！

（原載於《大公報》，2022 年 10 月 14 日）

中國式現代化藍圖繪就催人奮進

——學習習近平二十大報告系列評論之一

億萬人民熱切期盼的中國共產黨第二十次全國代表大會昨日在北京開幕。這是在全黨全國各族人民邁上全面建設社會主義現代化國家新征程、向第二個百年奮鬥目標進軍的關鍵時刻召開的一次十分重要的大會。

人民大會堂，華燈璀璨；2,000 多位代表滿懷激情，意氣風發。習近平代表中共第十九屆中央委員會向大會作報告。他強調，從現在起，中國共產黨的中心任務就是團結帶領全國各族人民全面建成社會主義現代化強國、實現第二個百年奮鬥目標，以中國式現代化全面推進中華民族偉大復興。

目標宏偉，藍圖繪就，催人奮進！習近平在報告中指出，在新中國成立特別是改革開放以來長期探索和實踐基礎上，經過十八大以來在理論和實踐上的創新突破，我們黨成功推進和拓展了中國式現代化。中國式現代化是人口規模巨大的現代化，中國式現代化是全體人民共同富裕的現代化，中國式現代化是物質文明和精神文明相協調的現代化，中國式現代化是人與自然和諧共生的現代化，中國式現代化是走和平發展道路的現代化。

對「現代化」認識達到新境界

中國式現代化將凝聚起億萬人民的磅礴力量，「一國兩制」下的香港理應加入到這一偉大進程中，與內地人民攜手創造美好未來！

習近平強調：「中國式現代化，是中國共產黨領導的社會主義現代化，既有各國現代化的共同特徵，更有基於自己國情的中國特色。」這充

分說明，中國共產黨對「現代化」的認識達到了新境界；這充分彰顯，中國面對未來的各種風險挑戰更有志氣、底氣和骨氣；這充分表明，中國共產黨更加自信、更加堅定。

長期以來，美國等西方國家壟斷了「現代化」的定義權。在他們看來，任何國家要實現現代化，必須走他們走過的路，除此之外，別無他途。他們早已習慣於充當「教師爺」，對別國指手畫腳。同時，他們也有一個不好言說的心病：自己曾經靠掠奪殖民地而積累實現現代化的財富，特別擔心中國也如法炮製，因此，時時處處猜忌、抹黑、打壓中國，給中國走向現代化製造重重障礙。

美西方的某些政客，嚴重低估了中國共產黨和中國人民的智慧和能力，忽視了中華文明綿延 5,000 年儲備的養分。「條條道路通羅馬」。中國式現代化的目的是讓全體人民過上好日子，但絕非把自己的幸福建立在別人的痛苦之上，也絕非把一部分的幸福建立在另一部分人痛苦之上。「人口規模巨大」是基於中國超大國家的特殊國情；「共同富裕」是基於「人民至上」的堅定理念；「物質文明和精神文明相協調」是基於人的全面發展；「人與自然和諧共生」是基於經濟社會的永續發展；「走和平發展道路」是基於構建人類命運共同體的遠大理想。總之，中國式現代化的出發點和落腳點都聚焦在一個大大的「人」字上，是為了人的全面發展。

創造人類文明新形態

習近平指出：「中國式現代化的本質要求是：堅持中國共產黨領導，堅持中國特色社會主義，實現高質量發展，發展全過程人民民主，豐富人民精神世界，實現全體人民共同富裕，促進人與自然和諧共生，推動構建人類命運共同體，創造人類文明新形態。」

習近平的這一論述再次說明，中國共產黨具有令人欽佩的創新能力，有能力帶領中國人民創造一個不同於西方文明的人類文明新形態。

中國人口佔世界五分之一，國土面積居世界第三，有 56 個民族，東、中、西部發展不平衡，城鄉二元結構矛盾突出，治理這樣一個大國並非易事。在中國，唯有中國共產黨才能匯聚各方面的力量，以非凡的領導

力、感召力擔起實現中國式現代化的重大責任。社會主義制度具有集中力量辦大事、辦難事、辦急事的優勢；堅持社會主義，才能把資源集中在急需的領域，提升辦事效率，走出一條又好又快發展的捷徑。人民是偉大的創造者，發展全過程人民民主，可以把黨的領導、人民當家做主和依法治國有機結合起來，集中民智，體現民意，造福全民，是最管用的民主。現代化不僅是物質生活的極大豐富，還包括精神生活極大豐富；不是一部分人富裕，而是實現共同富裕；不僅是人的發展，還要人與自然和諧相處；不僅是造福本國人民，還要造福世界人民。

從習近平關於「中國式現代化的本質要求」的論述可以看出，中國共產黨對創造人類文明新形態成竹在胸，不僅有美好藍圖，還有「路線圖」、「施工圖」，具有很強的可靠性、可行性、操作性。

香港應主動參與中國式現代化

1840 年鴉片戰爭以來，中國人經受了太多的苦難，中華民族偉大復興是全體中國人的共同夢想。習近平發出「以中國式現代化全面推進中華民族偉大復興」的號召，香港不應缺席、也不會缺席！「一國兩制」下的香港具有背靠祖國、聯通世界的優勢，完全可以大有作為。

香港在助推「高質量發展」上大有作為。高質量發展需要提升科技創新能力，需要大批創新人才，需要優質的現代服務業做支撐。香港許多領域的創新水平居於世界前列，並擁有世界一流的人才，有 5 間大學進入世界大學前 100 名；香港是國際金融、貿易、航運中心，實行自由貿易和自由貨幣政策；香港實行簡單稅制，在全球稅率最低，連續 20 多年營商環境為全球最優；香港是中國唯一實行普通法的地區，法律仲裁得到全球 140 多個國家的認可……這些獨特優勢是內地任何一個城市無法比擬的，香港完全有能力為國家高質量發展做出貢獻。

香港在助推「走和平發展道路」上大有作為。時下，世界百年未有之大變局加速演進，美國基於對中國崛起的擔憂和猜忌，抹黑、打壓、圍堵中國的節奏在加快。香港是中西文化的交匯點，是中國聯通世界的通道，有責任和義務向世界說好「中國故事」、「香港故事」，讓世人瞭解真實的

中國、真實的香港，提升中國的話語權，為「中國式現代化」營造良好的外部環境。

　　以中國式現代化全面推進中華民族偉大復興！中共二十大向全國各族人民發出勇毅前行的號召，香港居民與祖國內地人民攜手同行，加入國家現代化和民族復興的偉大進程，為美好的明天共同奮鬥！

（原載於《大公報》，2022 年 10 月 17 日）

「一國兩制」長期堅持前景廣闊

——學習習近平二十大報告系列評論之二

習近平在中共二十大報告中指出：「『一國兩制』是中國特色社會主義的偉大創舉，是香港、澳門回歸後保持長期繁榮穩定的最佳制度安排，必須長期堅持。」這一論斷，是基於港澳回歸以來的成功實踐做出的，亦是基於過去 10 年、特別是過去 5 年來香港經歷風風雨雨最終實現由亂到治的歷史性成就做出的。習近平從歷史和現實的角度，從中華民族偉大復興的全域和世界百年未有之大變局的高度，做出這一科學論斷，給香港同胞以信心和力量，「一國兩制」的香港實踐呈現出廣闊前景。

「一國兩制」在國家大局中更加重要

習近平在回顧過去 5 年的工作時指出：「面對香港局勢動盪變化，我們依照憲法和基本法有效實施對特別行政區的全面管治權，落實『愛國者治港』原則，香港局勢實現由亂到治的重大轉折。」在總結新時代 10 年的偉大變革時指出：「我們全面準確推進『一國兩制』實踐，堅持『一國兩制』、『港人治港』、『澳人治澳』、高度自治的方針，推動香港進入由亂到治走向由治及興的新階段，香港、澳門保持長期穩定發展良好態勢。」

無論是回顧過去 5 年、還是過去 10 年，習近平對「一國兩制」實踐取得的突破性進展、標誌性成果給予很高的評價，顯示出「一國兩制」在國家大局中的位置越來越重要。10 年來，「一國兩制」香港實踐遇到的許多新情況、新問題，進一步加深了我們對「一國兩制」實踐的規律性認識；特別是 2019 年的修例風波，讓中央和香港的管治團隊、愛國愛港人士、廣大居民都充分認識到，如果不守牢「一國」底線，反中亂港勢力就會利用國家安全的漏洞，在香港興風作浪，把香港引向動亂的深淵。

但正是由於反中亂港勢力的瘋狂作亂，讓世人看到了維護「一國」原則的重要性和必要性。中央果斷出手，制定香港國安法，「一法定香江」；中央主導下，修訂基本法附件一、附件二，新選制得以實施，從制度上堵住了「港獨」勢力滲透政權機關的漏洞，香港重回正軌。

「一國兩制」經歷嚴峻考驗後，更顯示出其在國家大局中的重要性。在未來的路上，無論是中央、內地民眾，還是特區管治團隊、香港各界和居民，都會加倍珍惜來之不易、安寧穩定的社會環境，加倍呵護「一國兩制」這個好制度。

中國共產黨堅定維護「一國兩制」

習近平在二十大報告中指出：「『一國兩制』是中國特色社會主義的偉大創舉，是香港、澳門回歸後保持長期繁榮穩定的最佳制度安排，必須長期堅持。」這一表述，充分體現了中國共產黨推進「一國兩制」行穩致遠的決心和信心。

「一個國家，兩種制度」是中國共產黨為解決台灣問題提出的，最先在香港、澳門實施。為了香港的繁榮穩定和居民的長遠福祉，多年來，中央對香港保持了最大的包容。香港基本法第 23 條訂明，香港自行立法維護國家安全。這一條款本身就體現了中央對香港的信任，但香港社會遲遲不能就此形成共識，至今沒有完成這一憲制責任。多年來，中央總是不遺餘力地支持香港應對風險，從亞洲金融風暴，到世界金融危機；從沙士到今年的第五波新冠疫情。如果沒有中央的支持，香港早就挺不住了。多年來，中央總是千方百計為香港居民謀福祉，從深港高鐵建設，到港珠澳大橋建設；從科研資金「過河」，到出台便利香港居民到內地學習、工作、定居的政策；從前海現代服務業合作區建設到粵港澳大灣區建設，處處體現出中央對香港的關愛、對「一國兩制」的格外珍惜。

事實證明，中國共產黨是當之無愧的「一國兩制」事業的創立者、領導者、踐行者和維護者。沒有任何人比中國共產黨更懂得「一國兩制」的寶貴價值。中國共產黨的領導是「一國兩制」最可靠、最根本的保證。香港居民沒有任何理由擔心「一國兩制」今後會變。

「兩個支持」為香港帶來利好

習近平在二十大報告中指出：「支持香港、澳門發展經濟、改善民生、破解經濟社會發展中的深層次矛盾和問題，促進香港、澳門長期繁榮穩定，支持香港、澳門更好融入國家發展大局，為實現中華民族偉大復興更好發揮作用。」

「第一個支持」是力挺香港化解內部矛盾和問題。香港發展到今天，形成了諸多獨特的發展優勢，但也有不少短板。看得見的經濟民生難題僅是「冰山一角」；表象之下，是深層次的矛盾和問題。比如，「住房難」的背後是「供地難」；「供地難」的背後，既有香港地域狹小的客觀原因，也有特區政府掌控能力較弱、既得利益集團的掣肘等深層次原因。再比如，青年人學業、就業、創業、置業難度很大，向上流動困難，其背後是貧富差距拉大、社會階層固化等深層次原因。如今，新一屆政府勵精圖治，正在着力解決經濟民生難題。今後如果能夠得到中央強力支持，必能加快破解難題的進度，這對香港來說是天大的好事！

「第二個支持」是為香港提供發展機遇。香港是一個彈丸之地，之所以能發展得好，最重要的是發揮好了背靠祖國、聯通世界的獨特優勢，長期充當內地與世界之間的「轉換器」和「聯絡人」。隨着中國經濟規模的不斷擴大，香港與內地的經濟聯繫越緊密，香港的機遇就越多。今後如果香港能夠得到中央更多支持，以內地的經濟體量看，可以為香港提供更多合作機會，實現互利雙贏。

全國政協副主席、中央港澳工作領導小組常務副組長、國務院港澳辦主任夏寶龍前天下午在參加二十大廣東省代表團討論時指出，二十大報告深刻總結「一國兩制」實踐特別是香港實現由亂到治的歷史性成就，系統闡述堅持和完善「一國兩制」的新理念新思想新戰略，為做好港澳工作提供了根本遵循和行動指南。誠如所言，二十大報告為「一國兩制」的香港實踐指明了航向。

有中國共產黨的堅強領導，國家有力量，香港有信心，「一國兩制」前途遠大，令人振奮！令人憧憬！

（原載於《大公報》，2022 年 10 月 18 日）

「香港貢獻」助力國家發展民族復興

——學習習近平二十大報告系列評論之三

習近平在中共二十大報告中指出:「支持香港、澳門更好融入國家發展大局,為實現中華民族偉大復興更好發揮作用。」這體現出中央對港澳兩個特區的關愛和信任,也是中央對港澳兩個特區的殷切希望和期許。

香港是祖國不可分割的一部分;香港擁有背靠祖國、聯通世界的獨特優勢,其特殊地位和作用是內地任何城市無法替代的。在建設現代化國家和實現中華民族偉大復興的進程中,香港的作用不可或缺。香港的管治團隊、社會各界和廣大居民,應以「跳出香港看香港」的視野,從戰略和全域的高度思考問題、謀劃發展,發揮「香港所長」,對接「國家所需」,做出「香港貢獻」。

助力科教興國戰略

習近平在中共二十大報告中指出:「我們要堅持教育優先發展、科技自立自強、人才引領驅動,加快建設教育強國、科技強國、人才強國」。

科技是第一生產力,人才是第一資源,創新是第一動力。塑造發展新動能、新優勢,離不開教育、科技、人才的支撐。香港的教育資源豐富,有 5 間大學躋身全球大學排行榜百強,有 16 個國家重點實驗室、6 個國家工程技術研究中心,香港科學家屢獲國家科技獎。在許多科研領域,香港在全球處於「領跑」的位置。

香港之長,可以對接國家所需。現時,不少香港高校前往粵港澳大灣區合作辦學,推動兩地高等教育融合發展,為大灣區的發展培養、吸引和

匯聚人才。還有一些高校主動佈局一批跨學科、跨領域的新興前沿交叉學科，與香港校園發揮互補優勢，協同發展。這開了一個好頭！當前，內地急需加強基礎前沿研究，提升原始創新能力。香港一些大學在醫學、數學、化學、計算機科學等基礎研究領域走在世界前列。這些有利條件，可以助力國家突破「卡脖子」技術、助推創科產業邁向中高端。

此外，香港在對接全球科技創新體系、推進國際合作等方面具有獨特的優勢。香港的知識產權保護起步較早、規範完備；香港金融服務水平世界一流；香港的法律服務享譽全球；這些優勢都可以為內地企業走出去、進而融入全球創新網絡提供幫助。未來，只要香港和內地在科技創新上齊心協力、優勢互補，一定會打造國際一流的科創產業鏈，在科教興國戰略中寫下精彩一筆。

助力體制機制創新

習近平在中共二十大報告中指出：「推進高水平對外開放，穩步擴大規則、規制、管理、標準等制度型開放，加快建設貿易強國，推動共建『一帶一路』高質量發展，維護多元穩定的國際經濟格局和經貿關係。」

在世界百年未有之大變局加速演進的背景下，以美國為首的西方發達國家對中國展開了新一輪封鎖，「與中國脫鈎」的聲音喧囂塵上。美西方越是企圖孤立中國，中國越是要高水平對外開放。習近平多次指出：「中國開放的大門不會關上，只會越開越大。」開放，意味着不同經濟體之間的規則、規制、管理、標準必須接軌，這就需要創新。香港在這方面具有優勢，完全可以做出應盡的貢獻。

香港是中國唯一適用普通法的地區，與歐美國家的法律制度相通，做出的法律仲裁得到世界 140 多個國家的認可；香港實行簡單稅制，有利於吸引投資；香港實行貨物貿易自由政策，進出口手續十分簡便；香港實行金融自由政策，貨幣可以自由進出，被譽為「自由港」。香港能夠做到以上諸多「自由」，連續多年被評為世界最自由經濟體，關鍵是有一整套管用的制度，擁有科學完備的監管措施，確保了市場要素自由而有序地流動，避免陷入「一管即死，一放就亂」的怪圈。

中國要實現高水平對外開放，就必須在「制度型開放」上實現新突破，香港的成功經驗可以提供借鑑。在制度創新方面，內地的慣常做法是：先試點，後鋪開。中央已經佈局前海深港現代服務業合作區作為制度創新的「試驗田」，允許在前海進行經濟、科技、貿易、社會治理等多領域創新。放眼未來，整個粵港澳大灣區就是一個巨大的創新空間。「一個國家，兩種制度，三個關稅區」——這決定了制度創新的空間很大，可以用「大破大立」來形容。制度創新在前海成功，可複製到大灣區，繼而可以一步步複製到全國。

助力人民幣國際化

習近平在中共二十大報告中指出：「我們要堅持以推動高質量發展為主題，把實施擴大內需戰略同深化供給側結構性改革有機結合起來，增強國內大循環內生動力和可靠性，提升國際循環質量和水平，加快建設現代化經濟體系」。

這裏所指的「提升國際循環質量和水平」，離不開現代金融業的支持，而「人民幣走出去」是其中一個重要課題。香港長期是僅次於紐約、倫敦的國際金融中心，現在是全球最大的人民幣離岸交易中心，這僅僅是一個開端。在全球支付貨幣的排行榜上，美元長期佔 40% 以上，歐元佔 36-37%，合計佔比近 8 成；排名第三位的英鎊佔比 5-6%。人民幣於去年 12 月份佔比曾達到 2.7%，為全球第四位支付貨幣。但這個佔比太小，未來發展空間還很大，香港可以發揮自身優勢，助力人民幣國際化。

不妨再聚焦「一帶一路」建設，也是人民幣國際化的一個好機會。「一帶一路」沿線涉及 60 多個國家和地區，今後 20 年需要巨額投資。無論是「中國建造」、「中國製造」承接建設項目，還是沿線國家投資基礎設施項目，都需要高水平的金融服務，香港金融業與中國企業攜手，一起開發「一帶一路」沿線的金融業務，一方面可把香港的金融業做大，另一方面，可以利用這個契機，推動更多貿易和建設項目用人民幣結算。

全國政協副主席、中央港澳工作領導小組常務副組長、國務院港澳辦主任夏寶龍在參加二十大廣東省代表團分組會議討論時指出：「有習近平

作為黨中央的核心、全黨的核心掌舵領航，有習近平新時代中國特色社會主義思想科學指引，『一國兩制』事業一定能夠越走越穩、越走越好。」「一國兩制」行穩致遠，香港在許多領域可為國家現代化持續做出貢獻，國家富強、民族復興必將惠及港人、潤澤香江。香港明天更美好，國家明天更美好！

（原載於《大公報》，2022 年 10 月 19 日）

習近平總書記
對港澳「兩個支持」的深意

　　前、昨兩天，內地民眾都在熱議習近平總書記所作的中共二十大報告，本港和海外輿論對二十大也非常關注。俗話說：「外行看熱鬧，內行看門道」。二十大與香港到底有多大關係？「門道」究竟在哪裏？

　　依筆者看，習近平總書記談到「一國兩制」時有兩句話很值得關注。一句是：「支持香港、澳門發展經濟、改善民生、破解經濟社會發展中的深層次矛盾和問題。」還有一句是：「推進粵港澳大灣區建設，支持香港、澳門更好融入國家發展大局，為實現中華民族偉大復興更好發揮作用。」這兩句話可以概括為「兩個支持」。

　　作為中共最重要的代表大會，港澳話題不可或缺，但也不會佔用太大的篇幅。香港不少居民對內地的話語體系不太熟悉，也鮮有人去深入研究。其實，5 年一度的代表大會最重大、最主要、最關鍵的就是大會報告。報告的用詞非常考究，此次報告中「兩個支持」其中蘊含着為港澳賦能的深刻內涵。

「支持」的含義很豐富

　　在內地的官方話語體系中，「支持」是出現頻率很高的一個詞彙。也許有人會認為，「支持」是套話、官話、空話。其實完全不是；「支持」的含義很豐富，至少包括以下幾個層面：

　　第一，給予道義上的支持。主要是表明立場和態度，也就是「聲援」的意思，雖然沒有什麼具體的實惠，但可以形成一種聲勢。

　　第二，給予平等競爭機會的支持。比如，國家第四批預備航天員的選

拔，不僅面向內地，也面向港澳，這也是首次對港澳地區開放名額。又比如，中央有關部委出台政策，允許香港高校和科研機構申請中央財政科技計劃項目，人們稱之為「科研資金過河」。

第三，給予普惠政策的支持。比如，2017 年，在習近平主席親自關心下，中央有關部委出台便利港澳台居民赴內地學習、工作、定居的政策。在內地工作的港澳台居民，可以和內地居民一樣購買社保和公積金。

第四，給予特殊政策的支持。最典型的事例是 2003 年沙士過後，為了刺激消費，支持香港拉動經濟，《內地與香港關於建立更緊密經貿關係的安排》（CEPA）出爐。

第五，給予人力物力財力的全面支持。比如，香港第五波疫情爆發後，習近平主席發出援港抗疫的最高號令，「香港所求，中央照單全收」，從運送醫療物資、生活物資，到派遣醫療隊；從派出專家組指導，到派出施工隊伍建設方艙醫院，不遺餘力，全力以赴。這樣的支持力度最大、覆蓋面最廣。

中央有意為香港解難題賦能

習近平總書記講到的「第一個支持」的思考路徑和發展脈絡是：「破解經濟社會發展中的深層次矛盾和問題。」這說明，中央有意為香港解決內部問題賦能。

國家「十四五」規劃明確了香港「八大中心」定位，中央若在 8 個方面為香港賦能，必能令香港發展進入新境界。

比如「國際金融、航運、貿易中心」建設。過往，在中央支持下，「滬港通」「深港通」為香港金融業擴大了業務範圍，香港還建成了全球最大的人民幣離岸交易中心。下一步，隨着內地經濟發展，對金融服務的需求旺盛，定會對香港開放更多的金融合作項目，這些都會變成「真金白銀」。

又比如「國際航空樞紐」建設。香港地域狹窄，修建大型機場受限，中央允許香港與珠海合作建設機場，這是一個良好開端。如果把思路再打開一下，這種合作模式還可以在大灣區廣東一方複製。香港優質的航空服務與內地資源優勢相結合，就會讓香港航空業「借地生財」，大大拓展業

務範圍。

除了經濟領域之外，在破解民生難題上，中央為香港賦能也有很大空間。比如，香港最突出的民生難題是「住房難」、「供地難」。粵港澳大灣區建設綱要已經明確「共同家園」的概念。也就是説，港人今後生活工作的空間不會局限於香港，而可以向大灣區的廣東九市拓展。此前，中央授權澳門特區管理橫琴部分區域，令不少港人眼熱。那麼，如果香港與內地的合作融洽，不排除今後中央會授權香港特區管理某一塊區域，香港的可用地面積增加，也會間接地緩解「供地難」的狀況。

二十大報告涉及的是大方向、大原則，不會涉及具體事項；但香港各界不妨深入分析一下，找到發力點，假以時日，必能令中央的「支持」化為具體的政策紅利。

中央有意為香港「融入」賦能

習近平總書記講到的「第二個支持」，涉及到「融入國家發展大局」，這也預示着中央今後會為「融入」賦能。

香港與內地之間的往來，受制於疫情已經兩年有餘。這種狀況不可能維持太久，一旦疫情結束，「融入」必然加快節奏。為了把失去的時間搶回來，相信中央出台政策，推進「融入」提速，香港也應及早謀劃，在「融入」過程中，發揮香港所長，既貢獻國家，又發展自身。

比如，前海的定位就是面向香港，是為香港提供了一塊「試驗田」。在這塊「試驗田」裏，香港可以「先行先試」。香港與內地要打破制度藩籬，要實現規則對接、標準對接，香港應主導整個「試驗」過程，激發創新活力。

融入國家發展大局，不僅僅是香港向內地挺進，還包括香港與內地「併船出海」，一同遠航。「中國製造」、「中國建造」聲名遠揚，實力不可小覷。香港的專業服務在全球享有良好聲譽。香港若在金融、會計、法律服務等方面與內地企業合作，攜手闖國際市場，一定會把香港專業服務的蛋糕做大。

融入國家發展大局，還意味着香港可以在國家擴大開放中發揮更大作

用。國家「雙循環」戰略，難點在「外循環」，香港作為「超級聯絡人」，可以在引進資金、技術、人才方面繼續發力。以上這些領域的合作，相信都會得到中央的支持。這些支持有的是單方面的，有的是多方面的，有的是全方位的。

二十大報告提出的「兩個支持」的大前提、大動力是什麼？全國政協副主席、中央港澳工作領導小組常務副組長、國務院港澳辦主任夏寶龍前天下午在參加廣東代表團討論時指出，習近平總書記和黨中央審時度勢、果斷決策，採取一系列標本兼治的舉措，制定香港國安法、修改完善香港選舉制度、落實「愛國者治港」、「愛國者治澳」等，有力打擊了反中亂港亂澳勢力，一舉終結了香港維護國家安全「不設防」的歷史，推進香港進入由亂到治走向由治及興的新階段，港澳工作取得一系列突破性進展、標誌性成果。

習近平總書記對港澳「兩個支持」釋放的信號十分明確，香港社會各界應該意識到，隨着香港實現由亂到治、正在邁向由治及興的新階段，中央真心實意地支持香港發展經濟、改善民生、破解內部治理難題。因為，中央確信，「愛國者治港」已經落到實處，香港與內地的對抗情緒大大減弱，配合度日益增強，給香港的支持不會被「誤讀」，也不會付之東流。

（原載於《信報》，2022 年 10 月 18 日）

讀二十大報告
領悟 3 對重要關係

　　中共中央總書記習近平日前所發表的二十大報告，在香港引發熱議，社會各界和廣大居民普遍認為報告中的涉港內容，為香港未來的發展，呈現了廣闊的前景。由於香港歷史、文化、教育的特殊性，同一份報告在不同居民的眼裏，會解讀出不同的含義。這是因為各人視角不一樣，對中國國情的認識水平不一樣，對中國共產黨的認知不一樣，對世界百年未有之大變局和中華民族偉大復興全域下中國面臨風險挑戰的理解也不一樣。

　　香港居民只有熟悉內地的話語體系，才能對報告中的措辭以及背後的邏輯有所認識和領悟；只有深入瞭解習近平治國理政思想的全貌和深刻內涵，才不致於糾結一些細枝末節；只有看懂弄清大黨大國的擔當，才能理解報告的每句話都有所指、精準到位。

實現高質量發展　須有開放環境

　　習近平總書記作的二十大報告，氣勢恢宏，博大精深，我們如何以宏闊的視野和敏銳的觀察力來洞悉其中奧秘，筆者對報告中的 3 對重要關係談一己之見。

怎樣看待發展與安全的關係？

　　中共二十大報告指出：「必須堅定不移貫徹總體國家安全觀，把維護國家安全貫穿黨和國家工作各方面全過程，確保國家安全和社會穩定。」並對「如何推進國家安全體系和能力現代化」作了詳細闡述。

　　在海外，有人對中國強調「國家安全」非常敏感，認為未來中國在國

家安全上會「收緊」，民眾會越來越不自由，人權保障堪憂；中國會走向封閉，與世界「脫鈎」，云云。這樣的「預感」是不可靠的，也是毫無依據的。不妨從以下幾個角度觀察：

第一，二十大報告講的國家安全是一個完整的體系，不僅涉及到人們熟知的政治安全、國土安全、軍事安全、經濟安全，還包括科技安全、文化安全、網絡安全、糧食安全、能源安全，以及應對自然災害等，如果僅簡單地把報告所稱的「國家安全體系建設」解讀為「加大對民眾的控制」，是完全不符合事實的，也是極其狹隘的。

第二，二十大報告強調國家安全，是因為中國作為一個大國，面臨的安全風險很大，必須有所準備。俗話說：「天塌下來有大個子頂着」。以國際地位、綜合實力來看，中國就是那個「大個子」。「小個子」承擔的責任小、風險小，可以對自己的安全漠不關心；「大個子」就不一樣了，對自身安全的關心，是對自己負責任的表現，也是對身邊一大批人負責任的表現。

第三，二十大報告強調國家安全的同時，依然強調：「發展是黨執政興國的第一要務」，「高質量發展是全面建設社會主義現代化國家的首要任務」。要實現高質量發展，必須有開放的環境，中國重視「內循環」，並不代表要放棄開放。相反，中國希望與美國等西方國家保持良好關係，習近平總書記曾講過一個金句：「寬廣的太平洋有足夠的空間容納中美兩個大國」，倡議建立新型大國關係。因此，中國絕不會用安全取代發展，那不符合建設「中國式現代化」和實現中華民族偉大復興的邏輯。

怎樣看待鬥爭與改革的關係？

中共二十大報告多處提到了「鬥爭」。指出：「務必敢於鬥爭、善於鬥爭」。於是，有人認為，內地將回到「文革」時期，「抓鬥爭」搞得人人自危。這些觀點同樣是站不住腳的。報告所說的「鬥爭」內涵十分豐富，至少包括以下內容：

4 方面鬥爭，與改革開放不矛盾

第一，與國際反華勢力鬥。中國崛起是以和平方式進行的，過去 40 年來，中國沒有打仗。而某些大國平均兩三年就要挑起一場代理人戰爭、或親自參與戰爭。經常挑起戰爭的人反而炒作「中國威脅論」，對此，中國不得不進行針鋒相對的鬥爭。

第二、與分裂勢力鬥。「港獨」勢力已經被打垮，但不可掉以輕心。「台獨」勢力仍然十分高調，與「台獨」勢力鬥，這是必須的。此外，「藏獨」、「疆獨」勢力並沒有完全消亡。只要分裂勢力存在一天，鬥爭就不能停止，這符合主權國家維護國家安全的邏輯。

第三，與制約發展的內部頑瘴痼疾鬥。改革是一場深刻的社會變革，中國在建設現代化國家和實施「中國式現代化」目標的過程中，需要革除積弊。面對各種矛盾和問題，必須要保持鬥爭精神，逢山開路，遇水搭橋，不達目的，決不罷休！

第四，與自身的貪污腐敗現象鬥。習近平總書記曾說：「寧可得罪千百人，決不辜負 14 億」，中國共產黨弛而不息地開展黨風廉政和反腐敗鬥爭，這也是一種鬥爭。

由此觀之，「鬥爭」與改革開放並不矛盾；而在一些領域，鬥爭本身就是改革，是為了執政黨更廉潔、國家發展更好；這樣的鬥爭有什麼不好呢？

怎樣看待共同富裕與尊重資本的關係？

中共二十大報告提到「共同富裕」，於是，有人立即聯想到「打土豪，分田地」，將其解讀為「殺富濟貧」，也就是所謂的「共產」。這是想當然得出的結論，純粹是一種誤讀。

從非公經濟的角度看，報告強調「兩個毫不動搖」：毫不動搖鞏固和發展公有制經濟；毫不動搖鼓勵、支持、引導非公有制經濟發展。從資源配置的角度看，報告重申「市場在資源配置中決定性作用」。從分配制度的角度看，報告指出：「我們要完善分配制度，堅持按勞分配為主體、多種分配方式並存。」從法治建設角度看，報告明確「必須更好發揮法治固

根本、穩預期、利長遠的保障作用」。綜合這些信息,絲毫看不出「殺富濟貧」的意圖。

分階段落實共同富裕 尊重資本

事實上,二十大報告提出的「共同富裕」,是允許有適度差距、分階段實現的共同富裕,承認共同富裕的差別性、相對性,不是整齊劃一的平均主義那一套。因此,「共同富裕」與尊重資本、發展非公經濟不是對立的關係。

習近平總書記作的中共二十大報告被稱為「綱領性文件」,是用來指導全域的,「不偏不倚」是最基本的要求。讀這份報告,也應該以「不偏不倚」的心態去讀,如果刻意要從這份報告當中尋找「專制」、「封閉」、「殺富濟貧」的蛛絲馬跡,只會人為地製造緊張氣氛,把別人帶到溝裏。

那香港如何在助推祖國實現「中國式現代化」中有所作為?全國政協副主席、中央港澳工作領導小組常務副組長、國務院港澳辦主任夏寶龍在 3 天前的中共二十大廣東省代表團分組會議討論時說得非常明白:二十大報告系統闡述堅持和完善「一國兩制」的新理念新思想新戰略,為做好港澳工作提供了根本遵循和行動指南。有習近平新時代中國特色社會主義思想科學指引,「一國兩制」事業一定能夠越走越穩、越走越好。確實如此,在經歷了風風雨雨之後,香港居民已經並且將變得更加理性、更加成熟。

（原載於《經濟日報》,2022 年 10 月 19 日）

從新領導團隊看「兩個確立」的決定性意義

——慶祝中共二十大勝利閉幕系列評論之一

　　備受關注的中共二十大前天閉幕；在昨天召開的二十屆一中全會上，習近平、李強、趙樂際、王滬寧、蔡奇、丁薛祥、李希當選為中共中央政治局常委，習近平擔任中共中央總書記，中共新一屆領導團隊由此誕生。

　　這次大會最最重要的成果是從思想上、組織上確立了習近平同志黨中央的核心、全黨的核心地位，確立習近平新時代中國特色社會主義思想的指導地位。「兩個確立」是站在中華民族偉大復興戰略全域和世界百年未有之大變局的制高點，着眼於實現第二個百年奮鬥目標做出的決定。是關乎國家前途命運的根本性問題。

　　「一國兩制」下的香港，與祖國血脈相連、命運與共。「兩個確立」預示着祖國未來可期，香港未來可期，「一國兩制」的香港實踐必能取得更加輝煌的成就。

「兩個確立」是歷史的選擇

　　核心，從來不是自封的，而是歷史的選擇。所謂「時勢造英雄」，就是當歷史發展到某一階段，處於緊要關頭時，需要有一人振臂一呼、力挽狂瀾，帶領人們走出困境，再造輝煌。這個人就是團隊的核心。

　　熟悉中國共產黨歷史的人都知道，在毛澤東成為領導核心之前，中國共產黨長期在困境中徘徊，在經歷無數次挫折之後，黨內逐漸認同毛澤東的理念和做法，毛澤東成為黨的第一代領導核心。在鄧小平成為黨的領導核心之前，中國的社會主義建設遭遇了重重挫折和困難，鄧小平「貧窮不

是社會主義」、「不管白貓黑貓，抓到老鼠就是好貓」等觀點，以及務實貼地的施政風格，得到了黨內的高度認同，鄧小平逐漸成為黨的第二代領導核心。

習近平擔任中共中央總書記 10 年來，中國發生了巨大變化。從經濟發展看，中國經濟總量從 10 年前的 53.9 萬億攀升到去年的 114.4 萬億，成為全球第二大經濟體，年均增速是全球主要經濟體中最高的；從深化改革來看，最難啃的「硬骨頭」一個個被「啃」下，各個領域的制度建設更加規範完備；從擴大開放看，中國以東南沿海為開放前沿的格局漸漸改變，海陸內外聯動、東西雙向互濟的開放格局正在形成；從科技創新來看，中國在諸多領域從「跟跑」到「並跑」、「領跑」，實現高水平科技自立自強、建設科技強國，成為新的奮鬥目標；從「一國兩制」的實踐看，香港國安法和新選制實施，徹底扭轉了香港局勢，完全改變了國家安全不設防的局面，香港實現了由亂到治，正在邁向由治及興的新階段。

以上看得見、摸得着、感觸深的變化，正是「黨和國家的事業取得歷史性成就、發生歷史性變革，實現一系列突破性進展，取得一系列標誌性成果」的生動註解。「兩個確立」是歷史選擇，是歷史必然！

「兩個確立」是人民的選擇

人民就是江山，江山就是人民。核心，是人民的選擇。中國有 14 億多人口、56 個民族，地區之間發展不平衡，城鄉二元社會特徵明顯，人民日益增長的美好生活需要與發展不平衡、不充分之間的矛盾突出。

習近平擔任中共中央總書記 10 年來，堅持以人民為中心的發展理念，令人民得到了實惠，人民對執政黨的認同度、滿意度越來越高。從抗擊疫情來看，中國堅持動態清零政策，以較小的成本，取得了較好的成效；新冠疫情雖然給經濟發展造成不利影響，但中國保證了極低的發病率、死亡率和住院率，以及社會、經濟的平穩運行。從精準扶貧來看，8 年脫貧攻堅戰，近 1 億人口擺脫了絕對貧困，堪稱人類減貧歷史上的一大奇蹟。從社會保障來看，中共十八大以來，是中國社會保障制度改革力度最大、發展速度最快的時期，建成了具有鮮明中國特色、世界上規模最

大、功能完備的社會保障體系。從黨的自身建設來看,「打虎」、「拍蠅」、「獵狐」不手軟、不停歇,黨風廉政和反腐敗鬥爭取得了壓倒性勝利並全面鞏固,贏得了黨心民心。

生命是最寶貴的,堅持「人民至上、生命至上」的理念組織抗疫,贏得了民心;貧窮是困擾中國人的千年魔咒,脫貧攻堅的顯著成果,贏得了民心;社會保障事關千家萬戶,改善民生的多重舉措,贏得了民心;人民群眾最痛恨腐敗,反腐敗促使黨風政風煥然一新,贏得了民心。「兩個確立」是人民選擇,是民心所向!

「兩個確立」是時代的選擇

習近平在二十屆中共中央政治局常委同中外記者見面時講到:新征程上,我們要始終保持昂揚奮進的精神狀態。新征程上,我們要始終堅持一切為了人民、一切依靠人民。新征程上,我們要始終推進黨的自我革命。新征程上,我們要始終弘揚全人類共同價值。習近平清晰地闡明了新領導團隊的歷史使命和責任擔當,響亮地回答了時代之問。

核心,是時代的選擇。時下,中國人民邁上全面建設社會主義現代化國家新征程,向第二個百年奮鬥目標進軍,以中國式現代化全面推進中華民族偉大復興。然而,民族復興的偉業,並不是敲鑼打鼓、輕輕鬆鬆就能實現的。前行的路上風高浪急,甚至會遭遇驚濤駭浪。

如今,世界百年未有之大變局加速演變,以新冠疫情大流行、俄烏戰爭為標誌,許多國家自願或不自願地「選邊站」,一些國家把意識形態凌駕於國際準則之上,二戰後形成的國際秩序面臨嚴重挑戰,全球化面臨倒退的風險。中國已走進世界舞台的中心,美西方對中國的猜忌、抹黑、圍堵、打壓越來越明顯,中國面臨的外部環境並不樂觀。越是在這個時候,越是需要堅強的領導核心,越是需要習近平發揮掌舵領航的關鍵作用,越是需要全黨、全國人民團結一心,應對未來可能出現的風險挑戰。「兩個確立」是時代選擇,是大勢所趨!

香港與祖國內地雖有「兩制」之別,但「一國」之同是前提和基礎。回歸以來的實踐充分證明:香港最堅強的後盾是祖國,香港最大的機遇在

內地，香港最根本的優勢是「一國兩制」。國安家好，國泰民安。有習近平領航掌舵，有中國共產黨長期執政，香港保持長期繁榮穩定就有了根本保證。「兩個確立」是遵循歷史規律、把握歷史主動、應對風險挑戰的重大抉擇，對於內地、對於香港都具有決定性意義。

（原載於《大公報》，2022 年 10 月 24 日）

從「七個必須」看「一國兩制」香港實踐的着力點

——慶祝中共二十大勝利閉幕系列評論之二

中共二十大勝利閉幕。前昨兩天，國務院港澳辦召開黨組擴大會議、香港中聯辦召開領導班子會議，分別傳達學習黨的二十大和二十屆一中全會精神，研究部署學習宣傳貫徹工作。

全國政協副主席，國務院港澳辦黨組書記、主任夏寶龍指出，黨的二十大報告深刻總結「一國兩制」實踐特別是香港由亂到治的歷史性成就，系統闡述堅持和完善「一國兩制」的新理念新思想新戰略，強調「一國兩制」這一最佳制度安排必須長期堅持，這是對「一國兩制」成功實踐的充分肯定和高度凝練，是向全世界作出的鄭重宣示，為做好港澳工作提供了根本遵循。夏寶龍強調，深入學習貫徹黨的二十大精神要做到「七個必須」。

中聯辦會議指出，要全面把握黨中央對香港工作的各項決策部署，全面準確、堅定不移貫徹「一國兩制」、「港人治港」、高度自治的方針，堅持依法治港，維護憲法和基本法確定的特別行政區憲制秩序，堅持和完善「一國兩制」制度體系，堅持落實中央全面管治權和保障特別行政區高度自治權相統一，堅定落實「愛國者治港」原則，支持行政長官和特區政府依法施政、提升全面治理能力和管治水平，支持香港發展經濟、改善民生、破解經濟社會發展中的深層次矛盾和問題，支持香港鞏固提升獨特地位和優勢，在新時代新征程中更好發揮作用。香港中聯辦主任駱惠寧主持會議並講話。

夏寶龍的「七個必須」和中聯辦領導班子會議的相關要求，清晰地劃

出了「一國兩制」香港實踐的着力點。香港管治團隊和社會各界應把握要點，抓住關鍵，以二十大精神指引「一國兩制」香港實踐。

堅守「一國」底線築牢根基

習近平在二十大報告中指出：「要全面準確、堅定不移貫徹『一國兩制』、『港人治港』、『澳人治澳』、高度自治的方針」。以往還多次強調，「一國」是根，根深才能葉茂；「一國」是本，本固才能枝榮。「一國」原則越堅固，「兩制」優勢越彰顯。這些重要論述，深刻揭示了「一國兩制」的本質。

「一國兩制」要行穩致遠，首先要正確理解「一國」和「兩制」的關係，這是確保「一國兩制」香港實踐沿着正確軌道前行的前提和基礎。新一屆特區政府就任以來，在憲法和基本法教育、推動教育界撥亂反正等方面積極作為，體現出落實「一國兩制」方針「第一責任人」的擔當精神，香港推進良政善治呈現出好勢頭。

香港的這些積極變化僅僅是開始，夏寶龍強調「必須全面準確、堅定不移貫徹『一國兩制』方針」，必須堅持落實中央全面管治權和保障特別行政區高度自治權相統一，必須堅定落實『愛國者治港』、『愛國者治澳』原則」。夏寶龍這一表態，是希望香港管治團隊未來無論遇到什麼驚濤駭浪，都要清醒地認識到，確保「一國兩制」不走樣、不變形是永遠的責任；落實中央的全面管治權是永遠的責任；把「愛國者治港」落到實處是永遠的責任。香港中聯辦的會議也希望香港管治團隊只有信念堅定，初心不改，堅守「一國」底線，才能讓香港繁榮穩定的根基牢不可破。

發揮「兩制」優勢激發活力

習近平在二十大報告中指出：「堅持依法治港治澳，維護憲法和基本法確定的特別行政區憲制秩序」「支持香港、澳門發展經濟、改善民生、破解經濟社會發展中的深層次矛盾和問題。」「推進粵港澳大灣區建設，支持香港、澳門更好融入國家發展大局，為實現中華民族偉大復興更好發揮作用。」

憲法和基本法共同構成了香港的憲制秩序，香港國安法是遵循憲法和基本法的原則制定實施的。時下，依法治港關鍵有二：一是落實好香港國安法，二是完善與基本法相銜接的法律制度。夏寶龍強調「必須堅持依法治港治澳」，提示香港管治團隊必須履行好憲制責任，查找法律漏洞並及時補救，落實法律規定決不打折扣。

香港具有背靠祖國、聯通世界的獨特優勢，香港是中國唯一實行普通法的地區，香港做出的法律仲裁得到全球 140 多個國家的認可；香港法治環境好、政府廉潔指數高，連續 26 年被評為全球最自由經濟體⋯⋯這些優勢，香港非常珍惜，中央也非常珍惜。夏寶龍強調「必須發揮香港、澳門的優勢和特點」，提示香港管治團隊和社會各界，要上下齊心，呵護好、並不斷做大這些優勢。

香港的民生難題不少，特別是「住房難」牽涉到千家萬戶，破解難題用時長、涉及的利益相關方多、阻力大。夏寶龍強調「必須支持港澳發展經濟、改善民生、破解經濟社會發展中的深層次矛盾和問題」，香港中聯辦也提出這方面要求。這再次表明，中央真心關愛香港同胞。過往，每當香港遇到危難，中央都力挺香港渡過難關。今後，中央對香港的支持不會減弱、只會加強。國務院港澳辦、香港中聯辦學習貫徹二十大精神釋放的信息，令香港市民對發展經濟、改善民生更有信心。

建立統一戰線形成合力

習近平在二十大報告中指出：「團結奮鬥是中國人民創造歷史偉業的必由之路」、「加強海內外中華兒女大團結，形成同心共圓中國夢的強大合力。」

「一國兩制」是中國特色社會主義制度的重要組成部分，體現了中國共產黨的宏闊視野和寬闊胸襟。「一國兩制」符合國家、民族根本利益，符合香港、澳門根本利益，得到 14 億多祖國人民鼎力支持，得到香港、澳門居民一致擁護，也得到國際社會普遍贊同。因此，推動「一國兩制」行穩致遠，不僅是中央和港澳兩個特區的責任，也是海內外一切致力於中華民族偉大復興的人們共同的責任。在民族復興的旗幟下建立共襄「一國

兩制」偉業的統一戰線，這是我們必須做好的事情。

夏寶龍強調「必須構建國內外更廣泛支持『一國兩制』的統一戰線，促進香港、澳門長期繁榮穩定，推動『一國兩制』事業越走越穩、越走越好」，期待香港管治團隊和社會各界，要向海外説好「香港故事」，讓更多人瞭解香港、瞭解中國。香港中聯辦會議啟示我們，凝聚共識，匯聚合力，築牢團結奮鬥的基礎，為「一國兩制」行穩致遠注入巨大動力。

學好二十大精神是推進「一國兩制」香港實踐的「必修課」。夏寶龍的「七個必須」和中聯辦領導班子會議的相關要求，是深刻領悟二十大精神，準確把握「一國兩制」的理論邏輯、科學邏輯和實踐邏輯提出的，香港管治團隊和社會各界應從「七個必須」切入，找準「一國兩制」香港實踐的着力點。

（原載於《大公報》，2022 年 10 月 26 日）

從黨章修正案
看中國式現代化美好前景

——慶祝中共二十大勝利閉幕系列評論之三

連日來，香港社會同祖國內地一樣，掀起了學習宣傳貫徹中共二十大精神的熱潮。中共二十大通過了《中國共產黨章程（修正案）》，將中共十九大以來的重大理論創新成果寫入了黨章。黨章是黨的行動綱領，在中國邁向第二個百年奮鬥目標的關鍵時刻，黨章修改的這些內容，體現了中國共產黨領導中國人民致力於國家現代化、實現中華民族偉大復興的決心和信心。

香港各界在學習黨的二十大精神時紛紛表示，從黨章修正案可以看到中國式現代化的美好前景，也預示着香港的發展將得到中國共產黨的更多護佑，為「一國兩制」香港注入了強大動力；可以看到中國特色社會主義制度更加成熟、更加定型；可以看到「一國兩制」作為中國特色社會主義制度的重要組成部分，前景更加廣闊。

「兩個確立」具有決定性意義

「兩個確立」指的是：確立習近平同志黨中央的核心、全黨的核心地位，確立習近平新時代中國特色社會主義思想的指導地位。「兩個確立」是新時代最大政治成果、最重要歷史經驗、最客觀實踐結論，對推進中華民族偉大復興歷史進程具有決定性意義。

歷經 40 多年的改革開放，中國的發展已經到了一個緊要關頭。改革開放之初，當中國的經濟規模還比較小、民眾還比較貧窮的時候，西方發達國家不會把中國視為競爭對手，反而願意向中國輸出成套設備，賺取豐

厚利潤，繼而願意在中國投資建廠，利用中國廉價的勞動力，以及寬鬆的環保政策，以較低的成本生產出產品，再佔領中國這個大市場。如今，中國已成為世界第二大經濟體、世界第一製造業大國、世界第一貨物貿易國，也是全球最大的新興市場，在一些領域的科技創新從「跟跑」、「並跑」，到「領跑」。以美國為首的西方國家轉變了對中國的態度，開始把中國列為最大戰略競爭對手，視中國為最大威脅，處處給中國製造麻煩。

中國曾以西方發達國家為師，虛心學習西方的市場經濟經驗和先進的管理技術，但「老師」沒有理由禁止「學生」超越自己。中國不斷地向美國闡述建立「不衝突不對抗、相互尊重、合作共贏」新型大國關係的道理，但美國並不理會，依然抹黑、打壓、圍堵中國，其他西方發達國家也跟隨美國。這恰是中國實現現代化的最大風險點！

目標越遠大，風險挑戰越嚴峻，使命任務越艱巨，就越需要領導核心掌舵領航，越需要科學理論指引方向。「兩個確立」的決定性意義，就在於促使全黨和全國人民團結得如鋼鐵一般，以應對未來可能出現的驚濤駭浪。因此，「兩個確立」是實現國家現代化和中華民族偉大復興的根本保證。

任務和目標彰顯責任擔當

黨的二十大提出，以中國式現代化全面推進中華民族偉大復興，並將此確定為新時代新征程中國共產黨的中心任務。黨的二十大提出，全面建成社會主義現代化強國，總的戰略安排是分兩步走：從 2020 年到 2035 年基本實現社會主義現代化；從 2035 年到本世紀中葉把我國建成富強民主文明和諧美麗的社會主義現代化強國。黨章據此作出相應修改。

黨章中明確了中心任務和宏偉目標，這彰顯出中國共產黨的責任和擔當。中國共產黨在中國長期執政，堅持以人民為中心的思想，一貫將國家、民族和人民的利益放在第一位，自覺肩負起歷史責任。

近代以來，中國曾有多次走向現代化的機會，但一次次被內外各種勢力無情打斷。百餘年前，中國共產黨誕生之時，中國處於內憂外患之中，經過一代代人的努力，從站起來、富起來，正在邁向強起來的新階段，中

國比歷史上任何時候都接近國家現代化和民族復興的目標。這一次,再也不能錯失良機!這是全黨的共識。

就在前幾天,習近平總書記帶領新當選的中共中央政治局常委走進延安,重溫歷史。習近平總書記指出,全黨同志要站穩人民立場,踐行黨的宗旨,扎實推進共同富裕,讓現代化建設成果更多更公平惠及全體人民;全黨同志要大力弘揚自力更生、艱苦奮鬥精神,集中精力辦好自己的事情,把國家和民族發展放在自己力量的基點上。七常委的「延安行」,再次彰顯以天下興亡為己任的擔當精神。有這樣的執政黨及領導團隊,令中國人民對未來充滿信心,也為「一國兩制」的香港實踐提供了政治保證。

「一國兩制」入黨章給香港注入動能

此次黨章修正案,涉及堅持社會主義基本經濟制度、全過程人民民主、統籌發展和安全等內容,還將十九大以來的成功經驗、建黨 100 週年時總結概括的建黨精神等內容寫進了黨章。

香港各界留意到,此次黨章修改,還寫入了「全面準確、堅定不移貫徹『一個國家、兩種制度』的方針」,這是前所未有的。這充分體現了中國共產黨對「一國兩制」的高度重視和真心呵護,充分體現了「一國兩制」在國家大局中的重要地位,充分體現了中央推進「一國兩制」行穩致遠的堅定決心,充分體現了中央對港澳同胞的關心支持。

中國共產黨作為「一國兩制」的創立者、領導者、踐行者和維護者,比任何組織、任何人更加珍惜「一國兩制」。在香港,總有人擔心「一國兩制」會變,其實這是多餘的擔憂。習近平總書記在香港回歸祖國 20 週年慶典講話中指出:「我們既要把實行社會主義制度的內地建設好,也要把實行資本主義制度的香港建設好。」他在香港回歸祖國 25 週年慶典上的講話中指出:「『一國』原則越堅固,『兩制』優勢越彰顯」。兩次重要講話均釋放出「一國兩制」不會變、不動搖的強烈信號。十九大報告將「堅持『一國兩制』和推進祖國統一」作為新時代堅持和發展中國特色社會主義基本方略的重要內容。中共二十大把「一國兩制」寫入黨章,使這一制度成為黨的行動綱領的一部分,為「一國兩制」再加了一重「保險」。

全國政協副主席，國務院港澳辦黨組書記、主任夏寶龍在港澳辦黨組擴大會議學習時強調，黨的二十大精神是指引當前和今後一個時期黨和國家事業發展的總綱領，必須深入學習、準確把握其精髓要義和豐富內涵。香港中聯辦在傳達學習貫徹黨的二十大精神時強調，要深刻認識黨的二十大的里程碑意義，深刻把握大會提出的一系列重要思想、重要觀點、重大戰略、重大舉措。確實是這樣，香港最大的支撐在祖國，最大的機遇在內地，最大的優勢是「一國兩制」。執政黨對「一國兩制」的堅定支持，使「一國兩制」的香港實踐更具確定性，為香港由治及興提供強勁動能。

　　國家有力量，民族有希望，「一國兩制」有政治保證，香港展現出美好的發展前景。香港發揮自身所長，貢獻國家所需，也必將共享國家現代化和民族復興的偉大榮光！

（原載於《大公報》，2022 年 10 月 29 日）

中共新領導班子誕生
釋放哪些信息？

中共二十大日前閉幕，在隨後舉行的中共第二十屆一中全會上，選舉出了新一屆中央領導班子。習近平、李強、趙樂際、王滬寧、蔡奇、丁薛祥、李希當選為中央政治局常委，習近平擔任中共中央總書記。

對於新領導班子，內地民眾普遍表達了喜悅之情，新班子選出當日，就有網民依據 7 位常委的排列順序取其名字中的一個字，表達對中國共產黨、對中國的美好願景：有和（平），有富（強），有快（樂），有安（寧），有（奇）蹟，有（祥）和，有（希）望。

中國共產黨是執政黨，香港是中國的一分子。香港社會對中共新領導班子十分關注。那麼，從新班子誕生釋放了哪些信息呢？筆者認為，至少有以下信息值得關注。

習近平贏得黨心民心

中共二十大通過了《中國共產黨黨章（修正案）》，把習近平新時代中國特色社會主義思想明確為黨的指導思想，把「確立習近平同志黨中央的核心、全黨的核心地位」寫入黨章。習近平在擔任了兩屆總書記後，再次當選總書記，進入第三個任期。這說明，中共十八大以來的 10 年間，習近平治國理政的業績贏得了黨心民心。

中國共產黨是全世界第一大黨，擁有 9,600 多萬黨員，這個數字若放在全世界看，相當於世界人口排名第 15 位越南的總人口。中國擁有 14 億多人，佔全世界總人口的五分之一，相當於歐洲人口的兩倍（截止 2022年 10 月，歐洲 50 個國家總人口 7.4 億）。中國還是一個城鄉差距比較大

的國家，有一半人口生活在鄉村，其中有一部分人生活在自然條件極其惡劣的高原、山區，以及沙漠邊緣。以上因素決定了治理好中國並不是一件容易的事情；同樣一個政策，適合 A 地，卻可能不適合 B 地、C 地。

10 年前，當習近平就任總書記時，改革的遇到情形是，好吃的「肉」都已經吃了，剩下的都是難啃的「硬骨頭」；而改革開放以來「摸着石頭過河」積累下來的社會矛盾也非常突出，民眾對吏治腐敗、社會不公、資源消耗、環境污染等問題都不滿意。

習近平就任總書記時說：「人民群眾對美好生活的嚮往就是我們的奮鬥目標」，當時有人習慣性地認為這僅僅是政治口號；中央以「頂層設計」推進系統性改革，當時有人認為阻力重重；中央出台「八項規定」、整治「四風」、推動反腐敗，當時有人認為最終會「走過場」、「一陣風」。但出人意料的是，習近平說到做到，帶領執政團隊把這些事都落到了實處。

8 年脫貧攻堅，中國近 1 億人擺脫了絕對貧困；成立中央深化改革委員會，習近平親自擔任主任，中國各領域的改革從「各自為陣」轉為「系統性改革」，改革的效率和效果俱佳；推動高質量發展，資源消耗逐步降低，生態環保明顯改善；整頓吏治尤其令民眾滿意，公款消費、大吃大喝銷聲匿跡了；反腐敗無禁區、全覆蓋，十八大以來落馬的將軍級軍官合計就有一個連，針對民眾反應強烈的「黑社會」與「保護傘」問題，前幾年又開展了「打黑除惡」。

習近平這 10 年治國理政的業績得到了黨內外高度認可，「兩個確立」便順理成章，連任擔任總書記也是眾望所歸。

常委來自「五湖四海」可優勢互補

領導一個大黨、帶領一個大國走向現代化，實現一個民族的偉大復興。這個擔子實在是太重了！千鈞重擔，關鍵在於選擇什麼樣的團隊來扛。不妨從以下幾個角度觀察一下中共新領導班子：

從職業起點看，7 位常委大多都有下鄉的經歷，1977 年內地恢復高考後，他們才有機會考上大學。曾在中國社會的最底層歷練，懂民間疾苦，後來進入大學，具備專業特長和寬闊視野。從專業背景看，有經濟學、法

學、理學、工商管理等。

從履歷看，除了王滬寧是學者出身，其他 6 位都有豐富的基層工作經驗，且從政軌跡遍佈中國東西南北。習近平履歷最豐富，從陝北一個村子的支部書記，到縣委書記、市委書記、省委書記，一直到總書記，從政經歷遍佈西北、華北、東南、華東；李強曾在華東的浙江省任省長，在江蘇省任省委書記，在上海市任市委書記；趙樂際曾在西部的青海省、陝西省任省委書記；王滬寧曾是復旦大學國際政治系的教授和學者；蔡奇曾在東南的福建、浙江擔任過市委書記，後任北京市委書記；丁薛祥長期在經濟發達的上海市任職，擔任過教授級高級工程師；李希當過區委書記、市委組織部長、市委副書記，後來分別在東北的遼寧省和華南的廣東省任省委書記。

「居廟堂之高，則憂其民」。7 位常委來自東西南北，拼起來就有一份完整的「中國地圖」，他們知民情、接地氣，可以優勢互補，能夠形成廣泛的凝聚力。

新團隊有應對風險挑戰的能力

在新冠疫情世紀大流行的背景下，許多國家政府暴露出治理能力的不足；而俄烏戰爭爆發 8 個月來，歐盟主要國家領導人的能力越來越受到民眾質疑，人們感嘆：「歐洲沒有政治家、只有政客」。政客只有為黨派利益而爭鬥，不會為民眾福祉而奮鬥。

再看中國，中國共產黨長期執政，這決定了考慮任何事情都眼光長遠，不是走一步看兩三步，而是看十步百步。中共新班子的選舉突出政治標準，所謂「政治標準」，最重要的是對黨忠誠、對人民負責。這就如同一個創業團隊，對團隊忠誠、對客戶負責，這是最重要的兩點。嚴守這個標準，就一定能把投機者拒之門外，把想幹事、會幹事、能幹成事的人選進團隊。

7 位常委有 6 位是「50 後」、1 位「60 後」，他們的職業生涯與中國改革開放 40 多年高度重疊，經歷過國家從封閉走向開放，在大風大浪中從基層一路走來，這本身就說明，在每一個重大考驗面前，都交上了一份優

異答卷。同時，他們的職業生涯中，也經歷了中國從全球治理變革的參與者到推動者、引領者的過程，也有應對外部世界驚濤駭浪的足夠能力和信心。特別是有幾位擁有長期擔任地方「主官」的履歷，處理過各種各樣的大事、急事、難事，駕馭複雜局面的能力非一般官員可比。這令人們有理由相信，這是一個能拚能打、能應對風險挑戰的團隊。

國安家好，國泰民安。國家好，香港可以「背靠大樹好乘涼」，獲得的機遇會更多。從這個角度看，新領導班子誕生釋放的信息，對香港來說是重要的、積極的、正面的。

（原載於《信報》，2022 年 10 月 25 日）

「二十大」預示制度成熟
中國道路更加自信

備受關注的中共二十大日前閉幕，大會通過了習近平總書記代表十九屆中央委員會所作的報告。俗話說：「外行看熱鬧，內行看門道」。如何看出其中的「門道」呢？從中共二十大可以看出，中國逐漸形成了一套成熟、定型的制度。

改革開放之初，西方發達國家曾是中國的老師，希望中國擺脫前蘇聯的發展模式，按照西方國家的模式實現現代化。在中國，鄧小平有句名言：「摸着石頭過河」，就是鼓勵大家不爭論、多探索。1992 年，鄧小平又說過：「恐怕再有 30 年的時間，我們才會在各方面形成一整套更加成熟、更加定型的制度。」

30 年過去了，我們看到中國的制度體系越來越成熟、定型。中國走的這條路，既不同於前蘇聯，也不同於西方國家，而是融合了公有制、市場經濟、儒家文化等多種元素，這條路的名字叫做「中國特色社會主義道路」。

中國特色 超越制度之別

鄧小平時代是一個讓人們放開手腳大膽探索的時代。大膽探索的成果，用傳統社會主義的理論無法解釋。於是，在「社會主義」的前面加上「中國特色」四個字，道理就講通了。

幾十年探索下來，驀然回首，人們發現「中國特色」已超越了社會主義和資本主義的制度之別。比如，傳統社會主義否定私有制，中國特色社會主義主張「以公有制為主體、多種所有制共同發展」；如今，非公有制

經濟已佔據內地經濟半壁江山；傳統社會主義否定市場經濟，中國特色社會主義主張「市場只是一種手段，資本主義可以用，社會主義也可以用」。最典型的例子莫過於「一國兩制」：若按傳統社會主義的理念，「一個國家，兩種制度」根本就行不通，但中國共產黨把「一國兩制」納入到「中國特色社會主義制度」的框架之內，成功地解決香港、澳門回歸的問題，並使港澳發展得越來越好。「中國特色」令許多看似無解的難題找到了答案。

「中國特色」其實是「中國智慧」的體現。它來源於中華文化中的「和合理念」。「君子和而不同」「家和萬事興」……儒家文化為「中國特色」提供了充足養分。習近平總書記在二十大報告中指出：「既不走封閉僵化的老路，也不走改旗易幟的邪路，堅持把國家和民族發展放在自己力量的基點上，堅持把中國發展進步的命運牢牢掌握在自己手中。」這表明，中國要堅定地沿這條路走下去。

中國式現代化 文明新形態

中國要實現什麼目標呢？習近平總書記在二十大報告中指出：「以中國式現代化全面推進中華民族偉大復興」。

「中國式現代化」是一個嶄新的概念，有 5 個基本特徵：是人口規模巨大的現代化、是全體人民共同富裕的現代化、是物質文明和精神文明相協調的現代化、是人與自然和諧共生的現代化、是走和平發展道路的現代化。二十大報告還指出，中國式現代化最終要「創造人類文明新形態」。

眾所周知，「現代化」過去一直是由西方發達國家定義的，西方國家也向世界各地輸出他們的價值觀和民主模式，但在全世界絕大多數國家都是失敗的，並沒有給那裏的人民帶來幸福。熟悉西方國家「發家史」的人都知道，某些西方國家的現代化進程有極其不光彩的一面，一些國家就曾經靠掠奪海外殖民地完成了原始積累。因此，西方定義的現代化並非最佳，也不符合大多數國家的國情。

習近平總書記提出的「中國式現代化」有現代化特徵，又有中國特色。「物質文明和精神文明相協調」、「人與自然和諧共生」，與西方定義

的現代化有相似之處。「人口規模巨大」、「共同富裕」、「和平發展」則是中國特色。「中國式現代化」的概念打開了人們的思維的空間：原來，邁向現代化還有這樣一條路可走！

全過程人民民主 刷新民主內涵

在中國特色社會主義制度框架下如何發展民主呢？習近平總書記在二十大報告中指出：「全過程人民民主是社會主義民主政治的本質屬性，是最廣泛、最真實、最管用的民主。」「要健全人民當家作主制度體系，擴大人民有序政治參與，保證人民依法實行民主選舉、民主協商、民主決策、民主管理、民主監督」。

長期以來，「民主」的定義權也被西方壟斷。西方特別重視「民主選舉」這個環節，在這方面投入大量人力物力，每隔幾年就有一次社會大動員。而當選舉投票結束後，「民主」往往進入了「休眠期」，公眾對執政黨的所做所為無法制衡。這種民主模式雖有很多優點，但並不完美，也不應成為民主的「唯一模式」、「終極模式」。

「全過程人民民主」刷新了「民主」的內涵，為人們認識「民主」打開了一扇窗口。「民主選舉、民主協商、民主決策、民主管理、民主監督」構成了「全鏈條」、形成了「全覆蓋」。以「民主監督」為例，在新冠疫情防控方面，中國某地一旦出現疫情擴散、造成損失，必然有一些官員被處分、免職，有的甚至被追究法律責任。而美國等西方國家有那麼多人染疫死亡，卻沒聽說過政府官員被追責。這能說西方的民主模式完美無缺、中國的民主模式一無是處嗎？

作為世界第一大黨，中國共產黨怎樣看待世界？怎樣與各國相處？習近平總書記在二十大報告中指出，促進世界和平與發展，推動構建人類命運共同體。習近平說：「我們真誠呼籲，世界各國弘揚和平、發展、公平、正義、民主、自由的全人類共同價值，促進各國人民相知相親，尊重世界文明多樣性，以文明交流超越文明隔閡、文明互鑒超越文明衝突、文明共存超越文明優越，共同應對各種全球性挑戰。」

世界上總有一些人對中國共產黨充滿偏見，認為是一個偏執、狹隘的

政黨，這是不符合事實的。這些年來，中國開放的大門越開越大。如今，當西方有人提出與中國經濟「脫鈎」時，中國卻用「推進制度型開放」來回應，也就是說，不僅引進國外的資金、人才、技術，還要改革自己的制度以適應對方。現在，中國與世界上 180 多個國家建交，成為 120 多個國家的最大貿易夥伴，倡導 60 多個國家和地區共建「一帶一路」。這些都是「弘揚全人類共同價值」「構建人類命運共同體」的體現。

寫入黨章　一國兩制加一重「保險」

再以「一國兩制」為例，中共二十大還把「全面準確、堅定不移貫徹『一個國家、兩種制度』的方針」寫入黨章。為「一國兩制」加了一重「保險」。這也體現出中國共產黨的大格局。

中共二十大傳遞的信息非常豐富，預示着中國制度更加成熟、「中國道路」更加自信。這才是我們應當關注的重點。

（載於《信報》，2022 年 10 月 26 日）

「二十大」關鍵詞啟迪
「一國兩制」香港實踐

　　舉世矚目的中國共產黨第二十次代表大會不久前召開，習近平總書記代表中共十九屆中央委員會向大會做了報告，全面回顧總結了過去 5 年和進入新時代 10 年的偉大變革。

　　連日來，香港社會對中共二十大保持了前所未有的關注，許多人渴望從大會報告中解讀出更多與香港有關的信息。然而，香港不少居民對內地的話語體系不太熟悉，對中共歷屆代表大會的新論斷、新提法缺少系統性認知，對內地 10 年來發生的一系列變革性實踐、突破性進展、標誌性成果缺乏感同身受，難免陷入「只見樹木不見森林」的窘境。

　　如何解讀二十大報告？它給「一國兩制」的香港實踐帶來什麼啟示？不妨從報告中的幾個關鍵詞入手來瞭解和感悟。

中國式現代化

　　習近平總書記在報告中指出：「從現在起，中國共產黨的中心任務就是團結帶領全國各族人民全面建成社會主義現代化強國、實現第二個百年奮鬥目標，以中國式現代化全面推進中華民族偉大復興。」

　　「中華民族偉大復興」這個詞並不陌生，這一次在前面加上了「中國式現代化」。報告指出，中國式現代化是人口規模巨大的現代化，是全體人民共同富裕的現代化，是物質文明和精神文明相協調的現代化，是人與自然和諧共生的現代化，是走和平發展道路的現代化。

　　長期以來，「現代化」的定義權被美國等西方發達國家壟斷。在他們看來，任何國家要實現現代化，必須走他們走過的路。他們還有一個不好

言說的心病：西方的現代化曾經靠掠奪殖民地而積累財富，他們特別擔心中國也如法炮製，因此，時時處處猜忌、抹黑、打壓中國，給中國走向現代化製造重重障礙。

「中國式現代化」這個概念的提出，打破了西方「現代化」的定義權的壟斷。報告指出，「中國式現代化」將創造人類文明新形態。這預示着，中國不僅是製造業大國，還是制度創新大國，將創造出一種有別於西方的現代化模式，為人類文明做出「中國貢獻」。

香港是現代化的國際大都市，是高度發達的資本主義社會；香港居民對現代化的理解，全部來自於西方。「中國式現代化」打開了我們認識現代化的另一扇窗口。香港如何參與「中國式現代化」？這個課題已經擺在了面前，應引起香港社會各界的重視。

全過程人民民主

習近平總書記在報告中指出：「全過程人民民主是社會主義民主政治的本質屬性，是最廣泛、最真實、最管用的民主。」

如何認識「全過程人民民主」？核心要義有三：第一，民主是「全鏈條」的。民主貫穿於民主選舉、民主協商、民主決策、民主管理、民主監督 5 個環節；這不同於西方民主，注重「競爭性選舉」環節，而輕視實施環節。第二，民主是「全方位」的。全體人民依法管理國家各項事務，人民群眾暢通表達利益要求，社會各方面有效參與國家政治生活，各類人才通過公開公平競爭進入國家領導和管理體系。第三，民主是「全覆蓋」的。民主覆蓋了政治、經濟、文化、社會和生態等諸多領域，成為人們生產生活的重要組成部分。

這裏尤其值得關注的是協商民主。協商民主的真諦是：「有事好商量，眾人的事情由眾人商量」。在內地，協商民主的氛圍很濃厚，民眾的接受度非常高，就算是在最偏僻的小山村裏，修一條路、挖一口井，村民以「一事一議」的方式決策。協商民主體現了中華文化的精髓，中國的鄉村治理幾千年來都是靠協商民主來維持。在商業社會，這種協商民主的基因也延續到各類商業協會、同鄉會等組織，匯聚起了團結奮鬥的合力。如

今，中國共產黨將其制度化，成為「中國式民主」的一部分，值得稱道。

香港曾出現較長時間的「政治爭拗」現象。曾幾何時，「愛國 = 賣港」，「愛港 = 反中」，非黑即白，非友即敵，社會對立情緒非常突出。深層次原因是缺少「協商文化」的滋養、沒有形成「有事好商量」的氛圍。「全過程人民民主」啟示我們，對民主的理解不能太狹隘，應該以更寬的視野重新認識民主。

「以人民為中心」的人權觀、發展觀

習近平總書記在報告中指出：「我們深入貫徹以人民為中心的發展思想」、「江山就是人民，人民就是江山。中國共產黨領導人民打江山、守江山，守的是人民的心」、「站穩人民立場、把握人民願望、尊重人民創造、集中人民智慧」……這些表述集中體現了「以人民為中心」的人權觀、發展觀。

「以人民為中心」的人權觀、發展觀在中國抗疫當中表現得最明顯。中國堅持動態清零的政策，防疫措施全球最嚴，防疫效果也是最好的，是世界主要大國中新冠肺炎發病率最低、死亡人數最少的國家。這背後的道理很簡單，經濟暫時蒙受一些損失沒有關係，以後還可以努力追趕上，但人的生命只有一次，任何人的生命都是寶貴的，必須最大限度地保護人民的生命健康。

兩年多來，美國超過 100 萬人死於疫情，英國、法國、意大利等歐洲國家因疫死亡人數也不少，香港第五波疫情已導致逾萬人離世，其中大部分是老年人。但有一種奇談怪論，認為這符合「物競天擇，適者生存」的自然法則。持這種觀點的人其實不配生活在高度文明的現代社會，而應放逐到原始森林中去，讓他們去「物競天擇」。給老者、弱者以溫暖和關愛，是一個文明社會的良知。中國共產黨「以人民為中心」的人權觀、發展觀，才體現了文明社會的本質。這不得不令人敬佩！

香港是一個高度文明的現代化大都市，歷來重視保障人權，但在涉及到人的生命權、健康權的時候，如果表現出無所謂的態度，則是對文明社會的極大諷刺。

新發展理念

習近平總書記在報告中指出：「必須完整、準確、全面貫徹新發展理念，堅持社會主義市場經濟改革方向，堅持高水平對外開放，加快構建以國內大循環為主體、國內國際雙循環相互促進的新發展格局。」

新發展理念即創新、協調、綠色、開放、共享的發展理念。創新發展，注重的是解決發展動力問題；協調發展，注重的是解決發展不平衡問題；綠色發展，注重的是解決人與自然和諧問題；開放發展，注重的是解決發展內外聯動問題；共享發展，注重的是解決社會公平正義問題。

新發展理念構成了一個完整的系統，體現了中國共產黨對發展的認識達到了一個新境界。發展不是低層次重複，而是不斷創新；不是竭澤而漁，而是可持續；不是單兵突進，而是協同配合；不是封閉起來，而是敞開大門；不是一部分人得利，而是全體人民受益。新發展理念是對改革開放以來「以經濟建設為中心」的糾偏，關係到中國發展全域的一場深刻變革。這是習近平總書記於 2015 年 10 月在黨的十八屆五中全會上提出的，此次在前面加上「必須完整、準確、全面貫徹」，說明貫徹新發展理念「還在路上」，需要持續用力。

香港可以助力內地貫徹新發展理念。香港是國際金融、貿易、航運中心，實行自由貿易政策和自由貨幣政策，資金自由出入；香港實行簡單稅制，在全球稅率最低，連續 20 多年營商環境為全球最優；香港是中國唯一實行普通法的地區，法律仲裁得到全球 140 多個國家的認可⋯⋯這些獨特優勢是內地任何一個城市無法比擬的，香港完全有能力為國家實現高水平開放、高質量發展作出貢獻。

總體國家安全觀

習近平總書記在報告中指出：「我們貫徹總體國家安全觀，以堅定的意志品質維護國家主權、安全、發展利益⋯⋯」「要增強維護國家安全能力，堅定維護國家政權安全、制度安全⋯⋯」

總體國家安全觀是一個重大理論創新，是習近平總書記於 2014 年 4 月提出的，其背景是基於中國不斷變化的發展環境。時下，中國迎來了

1840 年鴉片戰爭以來最好的發展時期，步入了世界舞台的中心。越是在這個時候，面對的風險和挑戰越大。過去我們順勢而上，機遇好把握；現在我們頂風而上，把握機遇的難度就大了。過去世界局勢相對平穩，風險和挑戰比較容易看清；現在世界百年未有之大變局加速演變，風高浪急，暗流湧動，對風險和挑戰的認識和把握難度很大。過去中國經濟規模不大、發展水平較低，同別人的互補性多一些；現在中國成為全球第二大經濟體，在許多領域從「跟跑」變成了「並跑」、「領跑」，同別人的競爭性就越來越多。這些變化，給國家安全帶來深刻影響，傳統的安全觀已經不足以應對風險和挑戰。

這一次，習近平總書記特別強調「要增強維護國家安全能力」。由此聯繫到香港，眼下雖有國安法護航，但香港沒有完成「23 條立法」，仍沒有履行憲制責任；「23 條立法」不能無限期地拖下去。還有，香港還有哪些法例與國安法衝突？也必須全面清理、並盡快修訂。總之，落實總體國家安全觀，香港不能例外。

自我革命

習近平總書記在報告中指出：「經過不懈努力，黨找到了自我革命這一跳出治亂興衰歷史週期率的第二個答案，確保黨永遠不變質、不變色、不變味。」

1945 年 7 月，黃炎培與毛澤東在延安的窰洞裏有一段對話。他問：「中國共產黨如何跳出歷史週期率的支配？」毛澤東回答：「只有讓人民來監督政府，政府才不敢鬆懈。只有人人起來負責，才不會人亡政息。」這段對話被後人稱為「窰洞對」，是中國共產黨跳出治亂興衰歷史週期率的第一個答案。

習近平總書記所說的「自我革命」，就是刀口向內，切除肌體的毒瘤。中共十八大以來，中國共產黨開展了史無前例的反腐敗鬥爭，以「得罪千百人、不負 14 億」的使命擔當袪痾治亂，「打虎」、「拍蠅」、「獵狐」多管齊下，反腐敗鬥爭取得壓倒性勝利並全面鞏固，黨風、政風、社會風氣煥然一新，得到內地民眾的大力支持和國際社會的普遍認可。

在一般人的認知中，一個政黨給自己「做手術」不可能成功。中國共產黨進行自我革命的成功，徹底顛覆了許多人的認知。香港是一個多元社會，對西方反腐敗的套路比較熟悉，殊不知自我革命同樣可以達到良好效果。這也啟示人們，沒有一個政黨可以隨隨便便、輕輕鬆鬆地取得成功。中國共產黨歷經百年而風華正茂，的確是歷史的選擇、時代的選擇、人民的選擇！香港某些人對中國共產黨的認知，乃至於對內地的整體認知，有的停留在上世紀六七十年代、有的停留在上世紀 90 年代，殊不知中國共產黨具有與時俱進的品質，總是在前進的邏輯中前進，在發展的邏輯中發展。

　　透過「二十大」關鍵詞，看到的是中國的關鍵問題。細細體會其中的深意，對於香港實現良政善治、推進「一國兩制」行穩致遠，大有裨益！

（原載於《今日中國》，2022 年 11 月）

構建支持「一國兩制」的統一戰線

　　中共二十大閉幕後，內地和香港都掀起了學習熱潮。習近平總書記在中共二十大報告中指出：「團結奮鬥是中國人民創造歷史偉業的必由之路」；「加強海內外中華兒女大團結，形成同心共圓中國夢的強大合力。」

　　如何領悟和貫徹習近平總書記的這一重要理念？近日，中共二十大文件及學習輔導讀物在北京公開發行，在《黨的二十大報告輔導讀本》這本書中，收錄了全國政協副主席、國務院港澳辦主任夏寶龍的《「一國兩制」這一好制度必須長期堅持》一文。

　　該文談到學習和貫徹二十大報告的「七個必須」，其中之一是：「必須構建國內外更廣泛支持『一國兩制』的統一戰線。」

　　「統一戰線」簡稱「統戰」，人們對這個詞並不陌生。但把「統一戰線」與「一國兩制」聯繫起來，這是首次。二十大報告的這個新提法，值得關注。

「修例風波」令中央意識到統戰重要性

　　習近平總書記在二十大報告中是這樣講的：「發展壯大愛國愛港愛澳力量，增強港澳同胞的愛國精神，形成更廣泛的國內外支持『一國兩制』的統一戰線。堅決打擊反中亂港亂澳勢力，堅決防範和遏制外部勢力干預港澳事務。」

　　回想起習近平總書記在「七一」重要講話指出：「香港居民，不管從事什麼職業、信奉什麼理念，只要真心擁護『一國兩制』方針，只要熱愛香港這個家園，只要遵守《基本法》和特別行政區法律，都是建設香港的

積極力量，都可以出一份力、作一份貢獻。」

這裏對「積極力量」的定義，超越了身份、意識形態等界限，看重的是共同目標。

把兩段話對照來看，「統一戰線」與「一國兩制」的聯繫，早已埋下伏筆。由此，可以大致梳理出二者產生聯繫的內在邏輯。

那麼，為什麼中央會如此重視「統一戰線」呢？眾所周知，2019 年的「修例風波」不僅對香港社會造成了很大影響，也令中央重新審視「一國兩制」在港實踐的利弊得失。

中央會繼續全方位力挺香港

「統一戰線」的核心原理是：你是什麼出身？你信仰什麼？你屬於哪個政治集團？這些都不重要，只要我們擁有一個共同的目標，我們就可以站在一條戰線上，攜手合作，為共同目標奮鬥。

那麼，中央以「統戰思維」審視「一國兩制」，釋放了什麼訊號呢？

第一，中央繼續堅持對「一國兩制」的定義權。中國共產黨是「一國兩制」的創立者、領導者、推動者和維護者，「一國兩制」的核心要義已通過《基本法》做出了定義，中央不會允許有人以「兩制」之別否定「一國」之同，這是確保「一國兩制」不走樣、不變形的前提。

第二，中央會以更開放的姿態，接納一切支持「一國兩制」的人。無論你屬於哪個政治派別，過去曾做過什麼事情，只要刷新認知，真心誠意地支持「一國兩制」，都可以成為朋友。

第三，中央將以更多的事實證明「一國兩制」是個好制度。港澳兩個特區回歸以來取得的成功，已經充分證明「一國兩制」是好制度，但這還不夠，還需要繼續證明。

二十大報告明確了「兩個支持」：「支持香港、澳門發展經濟、改善民生、破解經濟社會發展中的深層次矛盾和問題。」「支持香港、澳門更好融入國家發展大局，為實現中華民族偉大復興更好發揮作用。」

時下，香港經濟還未走出衰退期，「住房難」等民生難題才剛剛開始破解，過去每到關鍵時刻，中央全力「挺港」，相信未來在香港遇到自身

難以克服的困難時，中央會繼續全方位力挺香港。

港澳兩個特區將發揮特殊作用

要「形成更廣泛的國內外支持『一國兩制』的統一戰線」，港澳兩個特區可以做些什麼呢？

夏寶龍在解讀二十大精神的文章中講到3層意思：一是要加強愛國愛港力量的建設，增強凝聚力，提高包容性，在愛國愛港愛澳旗幟下畫出最大同心圓。二是要講好「一國兩制」成功實踐的港澳故事，更廣泛地形成國際社會對「一國兩制」的認同和支持。三是「一國兩制」在香港、澳門的實踐不斷取得新的更大成功，必將為實現國家完全統一提供重要借鑒、發揮重要作用。

第一層意思，夏寶龍主要是講給港澳兩個特區的管治團隊聽的。他過往闡述「愛國者治港」時提出了「五個善於」的標準，其中就有「善於團結方方面面的力量，做有感召力的愛國者」。

他說：「以海納百川、有容乃大的胸襟，團結一切可以團結的力量。打破門戶之見，遇事多溝通、多交流、多諒解、多補台，在愛國愛港的旗幟下促成最廣泛的團結，在建設更美好的香港這一大目標下匯聚最強大的合力。」這次他提出的「提高包容性」也是此意。

第二層意思，夏寶龍主要是講給香港澳門社會各界聽的。港澳兩個特區具有背靠祖國、聯繫世界的獨特優勢；那麼，就要利用這個優勢，把「一國兩制」的成功之處展示給世界、講述給世界，贏得國際社會的認同支持。

第三層意思，夏寶龍是講給所有人聽的。「一國兩制」在港澳兩個特區的成功，還將為「一國兩制」的「台灣方案」提供借鑒，香港澳門可以為祖國完全統一作出特殊貢獻。這就要求「一國兩制」繼續走向成功，積累更多經驗。

通過「構建國內外更廣泛支持『一國兩制』的統一戰線」的新提法還能看到什麼？可以預見，在這一重大主題下，港澳兩個特區還有許多事情可以做。

比如，在美西方試圖孤立中國的國際環境下，中國主張、中國方案、中國特色社會主義制度、中國式現代化、中華民族偉大復興……這些新理念新概念都需要向國際社會講述，香港恰是最佳講述者。

「統戰」僅僅是夏寶龍這篇輔導文章中的一小部分；夏寶龍從 3 個方面解讀了「一國兩制」必須長期堅持，以及怎樣長期堅持的深刻道理，對於香港各界學深悟透二十大報告大有裨益。

（原載於《信報》，2022 年 11 月 1 日）

推動高質發展激活市場
港大有可為

　　香港回歸後，中國共產黨每屆全國代表大會對中國經濟未來的整體謀劃，都深刻影響香港的經濟發展。中共中央總書記習近平在二十大報告中，多次提及「高質量發展」一詞，一國兩制下的港澳地區，如何實現高質量發展呢？報告指出：「鞏固提升香港、澳門在國際金融、貿易、航運航空、創新科技、文化旅遊等領域的地位」，同時還明確「支持香港、澳門更好融入國家發展大局」。

　　《黨的二十大報告輔導讀本》近日在國內公開發行，當中收錄了全國政協副主席、國務院港澳辦主任夏寶龍的《「一國兩制」這一好制度必須長期堅持》一文。文中講到：「我們要放眼世界格局劇烈變化，立足國家現代化建設總體要求，以『港澳所長』對接『國家所需』，加強對港澳經濟社會發展的戰略謀劃和頂層設計，推動港澳更好服務國家事業發展全局。」

　　夏寶龍文章中的這段話，可以看作是洞悉二十大報告「港澳部分」的「窗口」，推動高質量發展，香港大有可為。

戰略謀劃頂層設計 需「有為政府」

　　習近平在七一重要講話中，曾提及「把有為政府同高效市場結合起來」，這是希望政府不能簡單地「守攤子」；在經濟上行的時候，「守攤子」尚可無虞，但在經濟下行的時候，僅憑「守」是守不住的。

　　夏寶龍的文章中提到「戰略謀劃和頂層設計」，正是深刻領悟了習近平的重要講話要義，希望港澳兩個特區從昔日的「積極不干預」、「大市

場小政府」，向「有為政府」和「高效市場」更好結合的方向邁進。

受新冠疫情影響，全球經濟不景氣，而俄烏戰爭對全球經濟帶來的負面影響已經顯現，除了影響俄羅斯和烏克蘭兩國，歐洲亦陷入能源危機；美國接連不斷地加息，在吸引投資流向美國的同時，從世界各經濟體「吸血」。疫情下香港內外「封關」久矣，經濟活力原本已不足，全球經濟環境的惡化，令香港走出經濟衰退期的難度增大。

特區政府不能「坐等花開」，須主動作為。在競爭最激烈的領域，港府須敢於引領、全力承擔和加速推動；在市場優勢可發揮作用的領域，港府則可透過創造有利的環境和條件，把市場的力量釋放出來，這才是把「有為政府同高效市場結合起來」的恰當做法。

須找準發力點 鞏金融中心不鬆勁

夏寶龍的文章中提到：「要引導特別行政區政府準確識變、科學應變、主動求變，找準港澳發展的方向和重點，鞏固發展香港國際金融、航運、貿易中心，大力培植新興產業，全面提升競爭力。」

金融業是香港競爭力很強的產業，但並非高枕無憂。今年4月，新加坡的外匯交易量增長 0.3% 至每天 5,495 億美元，一舉超過了香港，成為亞太地區最大的外匯市場，引起業界高度關注；這也給香港提了一個醒，香港鞏固世界第三大金融中心地位決不能鬆勁！

應該說，特區政府和香港金融界已感到了壓力，主動想辦法、找出路。將舉行的香港金融領袖投資峰會，就是為金融業「加一把勁」的有力舉措，算是在金融領域一個發力點。

還有幾個發力點，行政長官李家超上月發表施政報告當中已經明確，例如成立「引進重點企業辦公室」，引進世界各地高潛力、具代表性的重點企業；成立「共同投資基金」，在吸引企業落戶的同時，可以按企業或個別項目參與共同投資，帶動本地的產業發展和就業潛力；成立「香港投資管理有限公司」，策略性地推動目標產業發展，並賺取投資回報。

以上舉措有的放矢，比較貼地，但從長遠來看，要做到「準確識變、科學應變、主動求變」非一日之功，要做到招招都點中「穴位」並非易

事，還須繼續努力、不斷發功。

瞄準「三個第一」增競爭力輻射力

中共二十大報告裏有許多「金句」，其中「科技是第一生產力，人才是第一資源，創新是第一動力」，令人印象深刻。香港要提升競爭力、吸引力和輻射力，應始終瞄準以上「三個第一」做文章。

夏寶龍在文章中提到：「要支持特別行政區政府持續優化營商環境，積極引進高端人才、先進技術等創新要素，不斷提升港澳作為國際大都市的吸引力和輻射力。」表明了中央有意在這些方面給香港賦能，香港應看到希望，保持信心。

近來，本港各界普遍擔憂的是人才流失，特區政府也意識到危機，出台了「搶人才」的新政，李家超多次用「搶人才」這樣的詞彙來替代「吸引人才」。

「搶人才」體現了求賢若渴的心態，但高端人才僅僅靠「搶」，是「搶」不來的，重要的是要打造有利於高端人才工作生活的環境，包括要有高端的公司、高端的合作夥伴、高端的配套資源、高端的工作條件、高端的生活服務等。這樣的環境不是一天兩天能夠打造出來的，因此引進高端人才，還須久久為功；同樣道理，引進先進技術，也必須先有先進技術生存的「土壤」，這也需要下一番苦功夫。

大格局大手筆 積極用好大灣區

香港要實現高質量發展，離開內地的支持是不可能的，這點絕大部分人都有認知；那怎樣與內地對接？夏寶龍在文章中提到：「要不斷創新體制機制，支持特別行政區更加深入對接國家『十四五』規劃、粵港澳大灣區建設和『一帶一路』高質量發展等，特別是積極建好大灣區、用好大灣區，在融入國家發展大局的過程中實現自身更好更大發展。」

夏寶龍所說的「建好大灣區、用好大灣區」非常重要。粵港澳大灣區是三地的共同家園，不能狹隘地理解為「香港參與大灣區建設是給內地做貢獻」，雖然在粵港澳三地當中，香港的優勢明顯，很多作用也不

可替代，但要看到香港的短板也很明顯，例如缺少高端製造業、發展空間狹窄、生活成本太高等。香港應有大格局、大手筆，真心實意地建好大灣區，並在建設的過程中提前謀劃今後怎樣用好大灣區，這才是聰明的選擇。

夏寶龍解讀二十大報告的文章 6,600 多字，如同搭建起了二十大精神與港澳實際之間的「思想通道」，內涵豐富、分析透徹，細細讀之，對貫徹落實二十大精神、謀劃香港高質量發展大有益處。

（原載於《經濟日報》，2022 年 11 月 2 日）

生動實踐彰顯「一國兩制」生機活力

——《黨的二十大報告輔導讀本》中
關於「一國兩制」文章的系列評論之一

習近平在二十大報告中指出：「『一國兩制』是中國特色社會主義的偉大創舉，是香港、澳門回歸後保持長期繁榮穩定的最佳制度安排，必須長期堅持。」

昨天，《大公報》、《文匯報》全文刊登了全國政協副主席、國務院港澳辦主任夏寶龍在《黨的二十大報告輔導讀本》中的重要文章：《「一國兩制」這一好制度必須長期堅持》。文章指出：「習近平總書記所作的黨的二十大報告，貫通歷史、現實和未來，揭示規律、方向和大勢，從全局和戰略高度，深刻總結『一國兩制』實踐取得的歷史性成就，系統闡述新時代堅持和完善『一國兩制』的新理念新思想新戰略，科學擘劃『一國兩制』事業發展的宏偉藍圖。」

文章強調：「這些重要論述標誌着我們黨對『一國兩制』實踐規律的認識和把握達到新高度，豐富了我們黨治國理政的新經驗，是習近平新時代中國特色社會主義思想的新成果，為做好新時代港澳工作提供了根本遵循和行動指南。」

時下，香港各界正掀起學習二十大精神的熱潮。如何全面準確領悟習近平關於「一國兩制」的重要論述？夏寶龍的輔導文章為人們提供了指引。文章第一部分回答了「為什麼說『一國兩制』是一個好制度」，有助於我們深刻理解「一國兩制」的實踐規律。

這是維護國家安全的好制度

一個制度好不好，首先要看這個制度的前提和基礎。「一國兩制」的前提和基礎是「一國」。在此基礎上，考慮到香港幾代民眾在資本主義制度下生活了百餘年，中央允許香港繼續保持原有的制度不變、生活方式不變、法律基本不變。這體現了中央對香港居民的關照，但任何人都不能據此而無視「一國」原則。

2019 年發生的修例風波是對「一國」原則的嚴重挑戰。正如夏寶龍在輔導文章中所指出：「正是由於黨中央全面準確堅定不移貫徹『一國兩制』方針，支持香港特別行政區依法止暴制亂、恢復秩序，制定實施香港國安法，修改完善香港選舉制度，這一系列標本兼治的重大舉措，有力打擊了反中亂港亂澳勢力，一舉終結了香港維護國家安全『不設防』的歷史，徹底粉碎了港版『顏色革命』，確保特別行政區管治權牢牢掌握在愛國者手中，中央全面管治權得到有效落實，國家安全得到有力捍衛。」

在「一國兩制」之下，中央擁有對香港的全面管治權，擁有對基本法的解釋權和修改權，這是維護國家安全的根本保證。「港獨」勢力無論多麼猖狂，都「跳不出如來佛的手心」。

這是保持長期繁榮穩定的好制度

香港回歸前，西方媒體集體唱衰香港，部分港人移民海外，部分投資者從香港撤資。後來卻陸續歸來。資本是有靈敏嗅覺的，哪裏的利潤最豐厚，就會流向哪裏。「用腳投票」是最能體現真實意圖的投票方式。那些回流的資本和香港居民，早已用行動為「一國兩制」投下了信任票。

香港的發展成就也為「一國兩制」投下了信任票。回歸以來，香港本地生產總值年均實際增長 2.7%，比同期全球發達經濟體平均增速高 0.8 個百分點，即使受疫情持續影響，2021 年香港人均本地生產總值仍達 49 萬美元，超過英國和歐元區、歐盟、歐洲平均值。

「一國兩制」為何能在香港取得成功？夏寶龍在輔導文章中揭示了兩大奧秘。第一，每當香港遭遇風險，中央都會力挺香港。第二，每當香港處於發展的關鍵時刻，中央都為香港注入強勁動能。回歸至今，香港不僅

國際金融、貿易、航運中心地位穩固，而且在中央的支持下打造新「八大中心」，特別是習近平總書記親自謀劃、親自部署、親自推動的粵港澳大灣區建設，為港澳發展提供了難得機遇、廣闊空間和強勁動能。

這是保障港人利益的好制度

英國統治香港百餘年間，香港毫無民主可言。香港的民主政制發展真正起步，是回歸祖國後開始的。按照「一國兩制」、「港人治港」、高度自治的原則，回歸後的特區政府主要官員均由香港居民擔任，香港居民享有比歷史上任何時期都廣泛的權利和自由。

夏寶龍在輔導文章中特別指出：「香港新選舉制度的實施，充分體現廣泛代表性、政治包容性、均衡參與性、公平競爭性，符合『一國兩制』方針、符合香港實際的民主道路越走越寬廣。」誠如所言，完善後的新選制，選委會由 1,200 人增加到 1,500 人，立法會議席由 70 席增加到 90 席；選委會由四大界別擴大為五大界別，行政長官候選人須獲得選委會不少於 188 名委員、每個界別不少於 15 名委員的提名。

回歸以來，香港的社會事業得到持續發展。如今，香港擁有 46 名國家兩院院士、5 所世界百強大學；香港男女居民的預期壽命分別達到 83 歲、87.7 歲。這一切都充分說明，「一國兩制」是能夠保障香港居民根本利益和福祉的好制度。

這是促進和平發展的好制度

中英兩國就香港問題談判前有一個小插曲：1982 年 9 月，英國首相戴卓爾夫人懷揣着馬島戰爭勝利的自信來到北京，就香港前途問題與中國領導人會談。她只講管理權，拒絕就主權問題進行談判。鄧小平斬釘截鐵地說：「如果港英政府在 1997 年之前挑起嚴重對抗或從香港撤走大批資金，中國將被迫不得不對收回（香港）的時間和方式另做考慮。」那次會談之後，「鐵娘子」恢復了理性，中國政府提出了「一國兩制」解決香港問題的主張。

夏寶龍在輔導文章中指出：「按照『一國兩制』方針，通過外交談判

和平解決歷史遺留的領土問題，這在人類政治實踐中是一個創舉，改變了歷史上但凡收復失地都要兵戎相見、大動干戈的所謂『定式』。香港、澳門保持長期繁榮穩定的事實雄辯證明，我們黨既能把實行社會主義制度的內地建設好，也能把實行資本主義制度的香港、澳門建設好。」這些論述，深刻揭示了「一國兩制」是促進世界和平與發展的好制度，是中國共產黨和中國政府對人類政治文明作出的一大貢獻。

　　「『一國』原則越堅固，『兩制』優勢越彰顯。」習近平的科學論斷深刻揭示了「一國」與「兩制」之間的內在邏輯。一個制度好不好，事實最有說服力。夏寶龍的輔導文章有助於香港居民全面理解「『一國兩制』是個好制度」的深刻道理，堅定推進「一國兩制」的信心和決心。

（原載於《大公報》，2022 年 11 月 2 日）

「七個必須」揭示「一國兩制」實踐規律

——《黨的二十大報告輔導讀本》中
關於「一國兩制」文章的系列評論之二

習近平在二十大報告中指出：「『一國兩制』是中國特色社會主義的偉大創舉，是香港、澳門回歸後保持長期繁榮穩定的最佳制度安排，必須長期堅持。」

前天，《大公報》、香港《文匯報》全文刊登了全國政協副主席、國務院港澳辦主任夏寶龍在《黨的二十大報告輔導讀本》中的重要文章：《「一國兩制」這一好制度必須長期堅持》。如何長期堅持？文章指出，關鍵是做到「七個必須」：必須全面準確、堅定不移貫徹「一國兩制」方針；必須堅持落實中央全面管治權和保障特別行政區高度自治權相統一；必須堅定落實「愛國者治港」、「愛國者治澳」原則；必須堅持依法治港治澳；必須發揮香港、澳門的優勢和特點；必須支持港澳發展經濟、改善民生、破解經濟社會發展中的深層次矛盾和問題；必須構建更廣泛的國內外支持「一國兩制」的統一戰線。

「七個必須」揭示了「一國兩制」的實踐規律，有助於香港各界學習領會二十大報告關於「一國兩制」和港澳工作的重要論述。

「一國」是「兩制」的前提和基礎

習近平在二十大報告中指出：「要全面準確、堅定不移貫徹『一國兩制』、『港人治港』、『澳人治澳』、高度自治的方針」。

夏寶龍的文章在闡述「必須全面準確、堅定不移貫徹『一國兩制』方

針」時講到，全面準確，就是要確保不走樣、不變形；堅定不移，就是要確保不會變、不動搖。他進一步分析：全面準確貫徹「一國兩制」方針，關鍵是把握好「一國」與「兩制」的關係。「一國」是「兩制」的前提和基礎，「兩制」從屬和派生於「一國」。沒有「一國」這個前提「兩制」就無從談起。上述解讀，講到了「一國兩制」的根子上。香港回歸後納入了國家治理體系，香港今天所擁有的一切，都緣於一個中國。如果沒有中央授權，香港就不可能實現「港人治港」、高度自治。

只有真心認同和維護「一國」原則，就不難理解「必須堅持落實中央全面管治權和保障特別行政區高度自治權相統一」；只有中央和特區的權力統一，才能形成「一國兩制」香港實踐的合力；也不難理解「必須堅定落實『愛國者治港』、『愛國者治澳』原則」；只有愛國者，才能全面準確貫徹「一國兩制」方針。

依法治港是必由之路

習近平在二十大報告中指出：「堅持依法治港治澳，維護憲法和基本法確定的特別行政區憲制秩序。」

夏寶龍的文章在闡述「必須堅持依法治港治澳」時講到：「依法治理是最可靠、最穩定的治理。」「只有堅持依法治港治澳，『一國兩制』之路才能走對走穩。」這些話，是在洞察香港由亂到治的全過程後得出的精闢結論。基本法 23 條訂明，香港應自行立法維護國家安全。但香港社會遲遲未能就此形成共識，反中亂港勢力卻利用國家安全不設防的漏洞，製造了 2019 年的持續暴亂。嚴峻的局勢令中央不得不出手制定香港國安法，並主導完善香港選舉制度。國安法出台前夕，一幫亂港頭目就紛紛宣佈「隱退江湖」；國安法生效後，街頭暴亂銷聲匿跡，「一法定香江」的威力有目共睹！新選舉制度實施後，更是將「港獨」分子擋在了政權架構的門外，良政善治由此開啟。

依法治港，最根本的是依據憲法、基本法、香港國安法，不容其他任何法律凌駕於其上。這是基本常識，也是依法治港必須遵循的原則。

發揮香港優勢是戰略考量

習近平在二十大報告中指出:「發揮香港、澳門優勢和特點,鞏固提升香港、澳門在國際金融、貿易、航運航空、創新科技、文化旅遊等領域的地位,深化香港、澳門同各國各地區更加開放、更加密切的交往合作。」

夏寶龍的文章在闡述「必須發揮香港、澳門的優勢和特點」時講到,這是實行「一國兩制」方針的重要戰略考量。只要有利於港澳長期保持獨特地位和優勢,有利於港澳同世界各地開展更加開放、更加密切的交往合作,有利於港澳更好融入國家發展大局,中央都不遺餘力予以支持。

中央總是站在全局的高度考慮問題。香港自由開放雄冠全球、營商環境世界一流、法治水準廣受讚譽、國際資本人才匯聚、中西文化薈萃交融,以及繼續保持普通法制度等。這些獨特優勢,香港居民十分珍惜,中央也十分珍惜。發揮好這些獨特優勢,既有利於香港繁榮穩定,也有利於國家繁榮富強。香港居民大可不必擔心失去優勢,而應在「香港所長」與「國家所需」之間大膽地挖掘機遇,在貢獻國家的同時,實現自身更大發展。

中央支持是最強動能

習近平在二十大報告中指出:「支持香港、澳門發展經濟、改善民生、破解經濟社會發展中的深層次矛盾和問題。」「推進粵港澳大灣區建設,支持香港、澳門更好融入國家發展大局,為實現中華民族偉大復興更好發揮作用。」

夏寶龍的文章在闡述「必須支持港澳發展經濟、改善民生、破解經濟社會發展中的深層次矛盾和問題」時講到,當前,港澳長期積累的經濟結構失衡、發展動能不足、住房困難、貧富懸殊等經濟民生深層次矛盾和問題凸顯,這些都需要靠發展來解決。

中央的支持是香港最強勁的發展動能。國家「十四五」規劃明確支持香港打造「八大中心」,前海深港現代服務業合作區允許香港「先行先試」,「一帶一路」建設、粵港澳大灣區建設為香港提供了廣闊舞台。為推進「一國兩制」行穩致遠,中央會持續不斷地為香港賦能。

統一戰線是克敵制勝的法寶

習近平在二十大報告中指出：「發展壯大愛國愛港愛澳力量，增強港澳同胞的愛國精神，形成更廣泛的國內外支持『一國兩制』的統一戰線。」

夏寶龍的文章在闡述「必須構建更廣泛的國內外支持『一國兩制』的統一戰線」時講到，近年來，港澳社會之所以戰勝各種風險挑戰、保持穩定發展，「一國兩制」實踐之所以能夠不斷取得成功，很重要的一條就是做到了把一切可以團結的力量團結起來，把一切可以調動的積極因素調動起來。

夏寶龍所講的正是統一戰線的力量。「一國兩制」要長期堅持下去，獲得的認同和支持越多越好，特別是在世界百年未有之大變局加速演進的大背景下，美西方基於對中國崛起的猜忌和恐懼，不斷抹黑、圍堵、打壓中國，尤其需要贏得全世界友好國家和友好人士對「一國兩制」的支持，統一戰線是克敵制勝的法寶。

「七個必須」是深刻領會二十大精神、聚焦「一國兩制」實踐中的關鍵問題提煉出來的。從「七個必須」的角度思考「一國兩制」的香港實踐，有助於我們走得更穩、走得更遠。

（原載於《大公報》，2022 年 11 月 3 日）

「五個着力」指明
香港由治及興廣闊路徑

——《黨的二十大報告輔導讀本》中
關於「一國兩制」文章的系列評論之三

習近平所作的二十大報告，深刻總結「一國兩制」實踐取得的歷史性成就，系統闡述新時代堅持和完善「一國兩制」的新理念新思想新戰略，科學擘劃「一國兩制」事業發展的宏偉藍圖。

近日，《大公報》、香港《文匯報》全文刊登了《黨的二十大報告輔導讀本》一書中收錄的全國政協副主席、國務院港澳辦主任夏寶龍的《「一國兩制」這一好制度必須長期堅持》一文。夏寶龍在文中指出，從「五個着力」入手，奮力譜寫「一國兩制」事業新篇章。即：大力推動港澳經濟高質量發展，着力夯實「一國兩制」行穩致遠的基礎；不斷完善特別行政區治理體系，着力提升全面治理能力和管治水平；下大力氣改善民生，着力提升港澳居民的幸福感、獲得感、安全感；進一步健全特別行政區維護國家安全的制度機制，着力鞏固國家安全屏障；鞏固發展愛國愛港愛澳統一戰線，着力匯聚「一國兩制」行穩致遠的磅礡力量。

「五個着力」是在深刻領會習近平關於「一國兩制」重要論述後提出的，指明香港由治及興廣闊路徑，有助於準確把握國家發展戰略與「一國兩制」實踐之間的關係，把二十大精神落實到「一國兩制」的香港實踐之中。

聚焦「高質量發展」發力

習近平在二十大報告中指出：「發揮香港、澳門優勢和特點，鞏固提

升香港、澳門在國際金融、貿易、航運航空、創新科技、文化旅遊等領域的地位，深化香港、澳門同各國各地區更加開放、更加密切的交往合作。推進粵港澳大灣區建設，支持香港、澳門更好融入國家發展大局，為實現中華民族偉大復興更好發揮作用」。

夏寶龍在文章中闡述「大力推動港澳經濟高質量發展，着力夯實『一國兩制』行穩致遠的基礎」時講了3層意思：一是加強對港澳經濟社會發展的戰略謀劃和頂層設計，推動港澳更好服務國家事業發展全局；二是大力培植新興產業，全面提升競爭力；三是推進高質量發展，特別是積極建好大灣區、用好大灣區，在融入國家發展大局的過程中實現自身更好更大發展。

以上3點正是站在港澳工作全局講的，更對香港如何推進高質量發展指明了方向。特區政府應從昔日的「積極不干預」、「大市場小政府」向「有為政府」和「高效市場」更好結合的方向邁進，以「香港所長」對接「國家所需」，主動做好長遠謀劃。香港的金融、貿易、航運競爭力很強，營商環境也是世界一流，但香港不能滿足於此，要用好中央支持，打造出更多具有國際競爭力的產業。尤其值得注意的是，香港不能把參與大灣區建設簡單地理解為「完成國家任務」，而要把自己當成大灣區的主人，真心實意參與建好大灣區，並在建設的過程中提前謀劃「今後怎樣用好大灣區」這個重要課題，在融入國家大局中實現互利雙贏。

增強「第一責任人」意識

習近平在二十大報告中指出：「堅持行政主導，支持行政長官和特別行政區政府依法施政，提升全面治理能力和管治水平」、「支持香港、澳門發展經濟、改善民生、破解經濟社會發展中的深層次矛盾和問題」、「堅決打擊反中亂港亂澳勢力，堅決防範和遏制外部勢力干預港澳事務」。

夏寶龍在文章中闡述「着力提升全面治理能力和管治水平」時強調，要堅持和完善行政主導體制；要完善特別行政區司法制度和法律體系；要廣泛吸納愛國愛港愛澳立場堅定、管治能力突出、熱心服務公眾的優秀人才進入政府；要引導特別行政區政府轉變治理理念、改進政府作風、強化

基層基礎、提高治理能力。夏寶龍在文章中闡述「着力提升港澳居民的幸福感、獲得感、安全感」時強調，要支持特別行政區政府把居民對美好生活的期盼作為施政最大追求，要更加關心關愛青年。夏寶龍在文章中闡述「着力鞏固國家安全屏障」時強調，要進一步健全特區維護國家安全的制度體系和執行機制，要繼續深入實施香港國安法。

以上 3 個方面啟示我們，必須增強行政長官和特區政府當家人和第一責任人的意識。在完善「一國兩制」的制度體系方面，中央有主導和指導的責任，行政長官和特區政府也必須主動作為。比如，「23 條立法」是特區必須履行的憲制責任，至今沒有完成，不能再無限期地拖下去。又比如，破解土地房屋、扶貧助弱安老等方面的深層次矛盾和問題，更是特區政府不可推卸的責任，必須拿出更果敢的魄力、更有效的舉措，以實實在在的成效贏得民心。還有「青年問題」，國家支持香港青年赴內地創業，出台了許多優厚政策，包括支持港青到深圳前海創業，實現自己的夢想。香港也要積極想辦法，拓寬青年的發展空間。總之，要敢於擔當、主動作為、善作善成。

以「統一戰線」匯聚磅礴力量

習近平在二十大報告中指出：「形成更廣泛的國內外支持『一國兩制』的統一戰線」。

夏寶龍在文章中闡述「鞏固發展愛國愛港愛澳統一戰線，着力匯聚『一國兩制』行穩致遠的磅礴力量」時講了 3 層意思：一是要增強凝聚力，擴大團結面，提高包容性，在愛國愛港愛澳旗幟下畫出最大同心圓；二是要講好「一國兩制」成功實踐的港澳故事，更廣泛地形成國際社會對「一國兩制」的認同和支持；三是「一國兩制」在香港、澳門的實踐不斷取得新的更大成功，必將為實現祖國完全統一提供重要借鑒、發揮重要作用。

以上 3 點啟示我們，特區政府要以海納百川、有容乃大的胸襟，打破門戶之見，超越政治光譜之別，團結一切可以團結的力量，凝心聚力求發展；香港社會各界要主動把「一國兩制」的成功故事講述給世界，把「聯通世界」的作用發揮得更好；香港還要繼續探索「一國兩制」下的發展之

路，以香港的成功經驗為「一國兩制」的「台灣方案」提供借鑒，為祖國完全統一作出特殊貢獻。

　　中國共產黨是「一國兩制」的創立者、領導者、踐行者和維護者，二十大報告明確指出「一國兩制」必須長期堅持，香港居民應該堅定「一國兩制」香港實踐的信心和決心，從夏寶龍文章中所講的「五個着力」上找準施策重點，推進「一國兩制」事業越走越穩、越走越好。

（原載於《大公報》，2022 年 11 月 4 日）

2022 年 7 月 1 日上午，慶祝香港回歸祖國 25 週年大會暨香港特別行政區第六屆政府就職典禮在香港會展中心隆重舉行。中共中央總書記、國家主席、中央軍委主席習近平出席並發表重要講話。圖為習近平主席步入會場。

第二輯

「一國兩制」的香港實踐

只有牢牢把握「一國兩制」 根本宗旨才能行穩致遠

——學習習近平主席關於 「一國兩制」系列重要講話之一

中共中央總書記、國家主席、中央軍委主席習近平將於 6 月 29 日至 7 月 1 日前來香港，出席慶祝香港回歸祖國 20 週年大會暨香港特區第五屆政府就職典禮，並視察香港。這是香港 700 萬同胞政治生活中一件最重要的大事。香港同胞期待，全國人民喜悅，全球華人關注。站在新歷史節點，重溫中共十八大以來習近平主席關於「一國兩制」系列重要講話，對於繼續推進「一國兩制」事業具有重大意義。

2015 年 12 月，習近平主席在會見進京述職的香港特首梁振英時強調，中央貫徹「一國兩制」方針堅持兩點：一是堅定不移，不會變、不動搖；二是全面準確，確保「一國兩制」在香港的實踐不走樣、不變形，始終沿着正確方向前進。「不走樣、不變形」的標準是什麼？此前在 2014 年 12 月，習近平主席在參加澳門回歸祖國 15 週年慶祝活動時說，繼續推進「一國兩制」事業，必須牢牢把握「一國兩制」的根本宗旨，共同維護國家主權、安全、發展利益，保持香港、澳門長期繁榮穩定。這是習主席對「一國兩制」偉大事業的出發點、根本點、關鍵點的重要論述和概括。只有不忘初心，才能砥礪前行。

既要維護國家主權、安全、發展利益，又要保持香港、澳門長期繁榮穩定，兩者不可偏廢。這就是「一國兩制」的根本宗旨。今天，我們在喜迎香港回歸祖國 20 週年的日子裏，深刻學習和領會習主席這一重要講話精神，就需要深刻認識香港與中央的關係、政治與經濟的定位、歷史與未

來的選擇。這是認識和把握「一國兩制」根本宗旨的三個不可或缺的維度。只有對根本宗旨認識正確、領會深刻、把握準確，牢記我們為什麼而出發，香港才能行穩致遠。

香港與中央的關係

古人云：「差之毫釐，謬以千里。」最近幾年來，香港之所以政治爭拗不斷，社會撕裂加劇，「港獨」勢力抬頭，政治生態惡化，追根溯源，是一些人沒有正確認識和把握香港與中央的關係，在一些人的潛意識裏，香港和中央是「平起平坐」的關係，是「主體對等」的關係，這實質是把香港當成了一個獨立的政治實體看待，這是對「一國兩制」的曲解和誤讀。

香港和中央是什麼關係？我們須從習主席的講話尋找其內在邏輯。習主席曾指出：「必須把堅持『一國原則』和尊重兩制差異、維護中央權力和保障特別行政區高度自治權、發揮祖國內地堅強後盾作用和提高港澳自身競爭力有機結合起來，任何時候都不能偏廢。只有這樣，才能把路走對了走穩了，否則就會左腳穿着右腳鞋 —— 錯打錯處來。」這「三個有機結合」實質上表明了三個原則：「一國」先於「兩制」，中央高於地方，前沿和後盾都重要。

香港和中央是什麼關係？我們還須從憲法和基本法中尋找依據。香港特別行政區是根據中華人民共和國憲法授權成立，香港特區的高度自治權是基本法授權。由此可見，中央與香港特區的關係是授權與被授權的關係，香港不是一個獨立的政治實體。在此基礎上，也就不難理解香港的高度自治不是「完全自治」，不能將高度自治解讀為「中央除了外交和國防之外，其他都不管。」更不能把香港與中國的關係比作愛爾蘭和英國的關係。高度自治是中央擁有對香港全面管治權的情況下，授予香港一部分自治權力。之所以授權給香港，就是確保在國家主體實行社會主義制度的前提下，允許香港繼續實行資本主義制度，保持原有的社會制度不變、生活方式不變、法律基本不變。

政治與經濟的定位

最近幾年來，香港「泛政治化」越演越烈，一個重要原因是「角色迷失」。一些人竭力主張把特區在國家框架內的作用定位於政治，讓特區在「一國」中扮演政治上的反對者角色，甚至有人希望香港演變成為顛覆中央政府和制度的基地。

「一國兩制」體制下的香港，到底應該扮演什麼角色？我們必須認真領會習主席講話精神。2014 年 12 月 26 日，習近平主席在會見進京述職的香港特首梁振英時強調，香港政制發展應該從本地實際出發，依法有序進行；應該有利於居民安居樂業，有利於社會繁榮穩定，有利於維護國家主權、安全、發展利益。「三個有利於」的標準，指明了香港政制發展必須遵守的原則，也勾勒出了香港角色的輪廓。

「一國兩制」體制下的香港，到底應該扮演什麼角色？我們還須從基本法裏面找依據。基本法中有三句話：「一國兩制，港人治港，高度自治。」「一國兩制」明確了香港保持資本主義制度，這是對香港政治制度的定義；「港人治港」須與「一國兩制」聯繫起來解讀，只有既愛國、又愛港的人承擔治港重任，才能使國家和香港的利益都得到關照，所以必須由「愛國愛港者治港」，這是對管治者的定義；高度自治主要體現在基本法賦予香港特區的各項權力之中，比如：行政管理權、立法權、司法獨立權和終審權，具體內容分佈於有關條款中，這是對香港所授權力的定義。基本法對香港的政治制度、管治者條件、權力範圍都做出了定義，實質上就是明確了香港的角色定位。

根據基本法對香港的角色定位，香港在政治上必須堅守三條底線。中聯辦領導曾概括為「三個不容許」：不容許任何人從事任何形式的危害國家主權安全的活動，不容許挑戰中央的權力和香港基本法的權威，不容許利用香港對內地進行滲透顛覆活動，破壞內地的社會政治穩定。根據基本法對香港的角色定位，香港在經濟上有巨大的拓展空間，可以背靠祖國、面向世界，守「一國」之本、據「兩制」之力，在國家發展戰略中發揮獨特作用，不斷提升國際競爭力，書寫新的「香江傳奇」。由此可見，香港只有擯棄重政治、輕經濟的做法，才能走出困境，步入坦途。

歷史與未來的選擇

在香港，一些人把 2047 年定義為香港的轉折點，宣稱屆時「五十年不變」到期，「一國兩制」可以終結，香港可以進行所謂「自決」、走向「獨立」。這是極其荒謬的說法，有意曲解「一國兩制」，誤導香港市民。

「一國兩制」是基本國策，並非權宜之計。「一國兩制」構想的提出，是為了解決中英、中葡之間的歷史遺留問題，但這一偉大構想變成現實，卻是着眼未來的選擇。正如習主席在參加澳門回歸 15 週年慶祝活動時指出：「『一國兩制』是國家的一項基本國策。牢牢堅持這項基本國策，是實現香港、澳門長期繁榮穩定的必然要求，也是實現中華民族偉大復興中國夢的重要組成部分，符合國家和民族根本利益，符合香港、澳門整體和長遠利益，符合外來投資者利益。」既然是基本國策，就具有長期性、穩定性，不是可以隨意改變的。

「五十年不變」到期怎麼辦？取決於五十年間的實踐。「一國兩制」從提出到實施可分為三個階段。第一階段為 1984 年中英談判到 1997 年香港回歸，中心任務就是保障中國恢復行使對香港的主權，實現平穩過渡；第二階段為 1997 年到 2047 年，也就是鄧小平先生說的「五十年不變」期間，中心任務是實踐「一國兩制」；第三階段是 2047 年以後。第三階段怎麼辦？關鍵看第二階段實踐得如何？如果「一國兩制」不走樣、不變形，既能保障國家的利益，也能保障香港的利益，總體上是成功的，就不可能改變，也沒有必要改變。

香港沒有權力進行所謂的「前途自決」。「一國兩制」是基本國策，是根據全國人民的意志制定的，寫入了中華人民共和國憲法。如果要改變，也要問一問全國人民答應不答應，而不是僅僅聽取香港市民的意見。道理很簡單：香港不是一個民族，不是一個獨立的政治實體，基本法序言開宗明義：「香港是中國不可分割的一部分」，香港沒有權力進行所謂的「前途自決」。

牢牢把握「一國兩制」的根本宗旨，就是牢記初心，牢記我們為什麼而出發。學習習近平主席關於「一國兩制」系列重要講話精神，回望來路，胸懷初心，不斷前進，香港才能行穩致遠，路子越走越寬！

（原載於《大公報》，2017 年 6 月 26 日）

堅決維護以基本法為基礎的
憲制秩序

—— 學習習近平主席關於
「一國兩制」系列重要講話之二

中共中央總書記、國家主席、中央軍委主席習近平將於 6 月 29 日至 7 月 1 日前來香港，出席慶祝香港回歸祖國 20 週年大會暨香港特區第五屆政府就職典禮，並視察香港。這則重要新聞正式頒佈後，引起全港市民熱烈期待，企盼習主席蒞臨香江，親身感受「一國兩制」實踐取得巨大成就，為繼續推進「一國兩制」事業指明方向。

「一國兩制」在香港為什麼能夠取得舉世矚目的成功？一個重要的秘訣在於兩個字：法治。習主席關於「一國兩制」的重要講話中始終貫穿着「依法治港」這條主線。昨天，習近平主席在國家博物館參觀香港回歸祖國 20 週年成就展時指出：「我們要繼續堅定不移全面準確貫徹『一國兩制』方針，嚴格按照憲法和香港特別行政區基本法辦事，更好推動香港各項事業發展」。他在分別會見現任行政長官梁振英和候任行政長官林鄭月娥時都曾強調，要確保香港在「一國兩制」方針和基本法規定的軌道上穩步前進。他在參加澳門回歸祖國 15 週年慶祝活動時說，繼續推進「一國兩制」事業，必須堅持依法治港、依法治澳，依法保障「一國兩制」實踐。依法治港，是習主席治國理政思想的重要體現，是依法治國的重要組成部分，是「一國兩制」的題中要義，是港人的福祉所在，是香港保持繁榮穩定的堅強保障。今天，我們學習習近平主席關於「一國兩制」系列重要講話精神，就要堅決維護以基本法為基礎的憲制秩序，確保「一國兩制」在香港的實踐不脫離正確軌道。

正確認識基本法的精髓

　　香港是一個法治社會，法治精神是香港的核心價值。然而，近年來，一些人只講「兩制」、不講「一國」，只講民主、不講法治，只講「國際慣例」，不講法律依據。屢屢衝擊底線，挑戰基本法權威，已經到了令人震驚的地步。憲法具有最高法律地位和法律效力，基本法是落實「一國兩制」的憲制性法律，在香港具有憲制地位。2016 年 7 月 1 日，在慶祝中國共產黨成立 95 週年大會上，習近平總書記指出，我們將嚴格按照憲法和基本法辦事，支持行政長官和特別行政區政府依法施政、履行職責。

　　嚴格按照憲法和基本法辦事，首要一條是正確認識和把握法律的精髓，否則，就迷失了方向，模糊了主線，忽略了重點。基本法序言雖然僅有 300 多字，卻蘊含着基本法的精髓。序言指出，香港自古以來就是中國的領土，鴉片戰爭以後被英國佔領，其後中英兩國政府簽署聯合聲明，確認中國政府於 1997 年恢復對香港行使主權。為了維護國家的統一和領土完整，保持香港的繁榮和穩定，並考慮到香港的歷史和現實情況，國家根據中國憲法第 31 條設立香港特別行政區，並按照「一個國家，兩種制度」的方針，不在香港實行社會主義的制度和政策。

　　這裏的三處表述，必須精準理解和把握。一是「恢復對香港行使主權」。也就是説，香港的主權一直屬於中國，只是在英國佔領期間無法行使主權，自 1997 年 7 月 1 日起恢復行使主權。由此可見，「香港不屬於中國」的論調於法無據；二是設立香港特別行政區的目的是：維護國家領土完整、保持香港繁榮安定、照顧歷史事實。從三大目的排序可以看出，先國家、後香港，最後照顧歷史事實。這表明，「一國」為先、「一國」為大、「一國」為重，是必須遵循的原則，如果拋開「一國」講「兩制」，就違背了基本法的精神；三是設立香港特區的依據。「根據中國憲法第 31 條設立香港特別行政區」，換句話説，是中國憲法給香港特區頒發了「出生證」，國家是本根，香港是枝葉，如果連一個中國都不承認，香港特區也就失去了存在的理由。所以，習主席強調指出的：「嚴格按照憲法和基本法辦事」，一針見血，決不能走形變樣！

正確認識「行政主導」的原則

　　香港政治架構的性質是什麼？有些人解讀為「三權分立」、「立法主導」、「司法主導」，這是用西方思維誤讀和曲解香港。「一國兩制」是一大創舉，全世界無先例可尋、無現成模式可套，對香港政治架構的解讀，只能從基本法裏面找依據。系統分析基本法的精神、原則和具體條款，不難看出，香港政治架構屬「行政主導的三權制衡制度」。「行政主導」主要體現在行政長官對外、對上代表香港，對中央負責，是「雙首長」，負有「雙責任」；「三權制衡」主要體現在處理特區內部事務時，行政、立法、司法機關相對獨立、相互制衡，形成民主監督機制。

　　行政長官每年都要進京述職，而不是行政、立法和司法機關的三「巨頭」一起進京述職，這就是「行政主導」原則的體現之一。2014 年 12 月 26 日，習主席在會見進京述職的香港行政長官梁振英時說：「希望香港各界珍視法治環境，確保香港在『一國兩制』方針和基本法規定的軌道上穩步前進。」2017 年 4 月 11 日，習主席在會見新當選的特區第五任行政長官林鄭月娥時說：「希望你全面準確貫徹落實『一國兩制』方針和基本法，團結包容，戮力同心，銳意進取，為香港發展進步作出貢獻。」習主席反覆強調堅持「一國兩制」方針、維護基本法權威，這是中央對香港的要求，都是透過行政長官傳達。

　　中共中央政治局常委、全國人大常委會委員長張德江今年 5 月在紀念香港基本法實施 20 週年座談會上發表講話，依法進一步明確了中央的權力。除直接行使外交、國防權之外，中央擁有六項權力：特區法律備案審查權；行政長官和主要官員任命權；基本法解釋權和修改權；特區政制發展問題決定權；中央政府向特首發出指令權；聽取行政長官述職和報告權。六項權力當中有四項與行政長官直接關聯，另外兩項有間接關聯。這充分體現了「行政主導」的原則。

正確認識全國人大的憲制地位

　　在近年來的政治爭拗中，一些人公然對抗全國人大，蔑視全國人大的憲制地位，竟然有議員在立法會講台上撕毀全國人大八三一決定樣本，狂

妄之極，令人憤慨！作為全黨、全國人民的核心和領袖，習主席多次強調，要確保香港在「一國兩制」方針和基本法規定的軌道上穩步前進。如何確保不「脫軌」？全國人大常委會是國家最高權力機關，肩負着維護憲法和基本法尊嚴的憲制責任，具有崇高的憲制地位。在基本法的實施過程中，全國人大常委會根據憲法和基本法賦予的職權，有權對基本法做出解釋和修改，有權就特區政制發展問題做出重大決定，所作出的解釋具有最終性，與基本法具有同等法律效力，必須得到一體遵循。同時，依據基本法作出的有關決定，在特區具有法律約束力。

回歸以來，全國人大用權十分謹慎，但對於「一人一票選特首」這樣的重大改革，全國人大依據基本法「循序漸進」的原則，審議並通過政改方案，行使決定權，明確方向、原則和底線；對於「港獨」勢力入侵立法會的緊急情況，全國人大行使釋法權，定紛止爭。這均是履行憲制責任和憲制權力，是習主席強調的「確保香港在『一國兩制』方針和基本法規定的軌道上穩步前進」的重要舉措，合法合規，合情合理，天經地義，無可指責。

「依法治港」是維護國家主權、安全、發展利益，實現香港繁榮穩定的重要保障。中共十八大以來，習主席對於「一國兩制」的重要論述，始終貫穿着「依法治港」的主線，為應對複雜局面、處理棘手事件提供了法律準繩，也是近年來香港紛爭不斷而大盤穩定的奧秘所在。正如香港中聯辦領導所說：「這些重要論述，都體現了以習近平同志為核心的黨中央治國理政新理念新思想新戰略，體現了我們黨對『一國兩制』規律性認識的進一步深化，是對『一國兩制』理論的豐富和發展，是在香港繼續成功推進『一國兩制』實踐的重要指南。」

（原載於《大公報》，2017 年 6 月 27 日）

精心做好「三個結合」
才能走出發展新路

—— 學習習近平主席關於
「一國兩制」系列重要講話之三

　　明天是香港回歸祖國 20 來一個極其重要的日子。中共中央總書記、國家主席、中央軍委主席習近平將親臨香港,出席慶祝香港回歸祖國 20 週年大會暨特區第五屆政府就職典禮,並視察特區。回歸祖國 20 年,是香港的大日子,也是國家的大日子。作為全國各族人民的核心和領袖,習主席親臨香港,充分表明對「一國兩制」在港實踐的高度重視,對香港繁榮穩定的高度期許,對香港市民的高度關懷。

　　中共十八大以來,習主席對港澳實踐「一國兩制」多次發表重要講話。2014 年 12 月,在參加澳門回歸祖國 15 週年慶祝活動時,習主席強調,必須把堅持一國原則和尊重兩制差異、維護中央權力和保障特別行政區高度自治權、發揮祖國內地堅強後盾作用和提高港澳自身競爭力有機結合起來,任何時候都不能偏廢。

堅守「一國」之本　釋放「兩制」紅利

　　「三個有機結合」的論述,直指港澳繁榮穩定的核心問題,點明了要害,抓住了實質,指出了方向。這是習主席洞察國內與國際兩個環境、統籌政治與經濟兩個大局、着眼歷史與未來兩個視角,對港澳提出的殷切希望和要求。對於香港來說,精心做好做實做到「三個有機結合」,才能在「一國兩制」體制下走出一條發展新路。

　　習主席在講到「堅持一國原則和尊重兩制差異」時,將「一國」置於

「兩制」之前，這清楚地表明，「一國」是前提、是基礎、是不可動搖的根本。如果以「兩制」差異為由對抗「一國」原則，更是毫無道理！習主席的這一要求，體現了基本法的精神和原則，既與鄧小平先生當年的論述一脈相承，又有鮮明的針對性和現實性。對於當前的香港來說，重在堅守「一國」之本。道理很簡單：守本，才能獲利。

守「一國」之本，才能避免社會動盪。20 年前，中英兩國能夠實現香港政權的順利交接，沒有出現社會震盪，一個重要的原因是香港各界和廣大市民普遍認同和維護「一國」原則。在「一國」原則下，香港的防務、外交等權力由英方移交給中方，同時，中央授權香港依據基本法組建行政、立法、司法機構，施行高度自治，港人的生活沒有因為政權交接受到影響。今天如果有人要動搖「一國」原則，就如同要把一棵大樹連根拔掉，非但毫無道理，也會付出沉痛代價。

守「一國」之本，才能提升香港國際地位。20 年前，不少人擔心回歸後香港在國際上被「矮化」，20 年過去了，借助國家提供的大平台，香港不僅沒有被「矮化」，而且被不斷「拔高」。香港以中國政府代表團成員或其他適當身份參與的以國家為單位參加的政府間國際組織有 41 個，參與的不限主權國家參加的政府間國際組織了 37 個，國際地位不斷提升；已有 157 個國家和地區給予香港特區護照持有人免簽證或落地簽證安排，香港市民在國際上普遍感受到尊重。這是過去 20 年中國國際地位一路颷升給香港帶來的好處。眼下，中國仍呈現上升態勢，香港必能從中收穫更多紅利。今天如果有人還要動搖「一國」原則，如同拆自己的台，是極其愚蠢。

守「一國」之本，才能實現港人政治訴求。回歸 20 年來，「港人治港」、高度自治變成了生動現實。正如中聯辦領導所言：「香港居民所珍視的法治、自由、人權、公正、廉潔等核心價值觀仍然廣受尊崇，言論自由、新聞自由、遊行集會的自由等較之回歸前有增無減，香港仍然是公認的全世界最自由的地方之一。」這一切，源於中央向港人兌現了「兩制」承諾，說明中央真心誠意地推進「一國兩制」，如果不要「一國」之本，誰來保證港人的這些政治訴求？對照和學習習主席的這一重要論述，值得

港人深刻體會、總結和反思。

認清權力邊界　確保依法用權

習主席強調，維護中央權力和保障特別行政區高度自治權的有機結合。就是希望香港要依法用權，中央授予香港的權力，香港要用好；中央沒有授予香港的權力，香港不能僭越基本法的規定而肆意搶奪。平心而論，回歸 20 年來，香港在依法用權上做得並不完美，以習主席的這一要求審視香港現實，當務之急必須做好兩件事情。

一是認清權力關係、權力邊界和中央的 6 項權力。基本法在香港具有憲制地位，基本法的精神、原則和具體條款必須得到尊重。中央與香港的權力關係是「授權」與「被授權」的關係，而不是「分權」的關係。基本法還對中央和香港的權力邊界做出了規定，屬香港特區內部事務的事情，由香港自主管理；涉及到國家主權、安全、發展利益的事情，由中央直接行使管治權。這就是劃出了權力邊界。

二是盡快啟動「23 條」立法。基本法明確授權香港特區就「國家安全」問題立法，然而，此事至今懸而未決。在香港，只要有人提起「23 條立法」，就被攻擊為「干涉香港內部事務」、「限制人身自由」。在「一國兩制」體制下如何制定維護國家安全的法律？這確實是個難題。但不能因為其難，就拖延、就拒絕、就對抗。香港既然是中國的領土，就決不能成為國家安全的「法外之地」。——這是必須遵循的法理邏輯。如果對「23 條立法」的授權置之不理，是對基本法的蔑視，是對國家的不尊重、對香港的不負責任。正如中聯辦主任張曉明日前在接受中央媒體採訪時所說：「『港獨』活動公開化，已提醒人們在香港特別行政區必須盡快完成基本法第 23 條立法，不能無限期拖延下去。」

依託堅強後盾　提自身競爭力

習主席強調，發揮祖國內地堅強後盾作用和提高港澳自身競爭力有機結合起來。這是着眼於國際國內兩個發展環境做出的判斷，對於香港長遠發展具有重要指導意義。從國際環境來看，香港的風險增大。英國脫歐，

使歐盟失去了一根巨柱；美國戰略收縮，吸引資本回流，對亞太地區來説無異於釜底抽薪；各發達經濟體增長乏力，推動世界經濟前行的動力不足。香港屬外向型經濟，這一切，無一例外地會波及香港。特別是金融系統的風險因素在不斷聚集，作為世界金融中心的香港，面臨的挑戰顯而易見。

從國內環境來看，香港的優勢明顯。近年來，中國對世界經濟的貢獻率連年提升，成為公認的「新引擎」；而中國倡導的「一帶一路」建設，為未來全球經濟持續增長提供了可能；「十三五」規劃把香港納入統籌考慮，而大灣區建設又為香港提供了機遇。中央非常關照香港發展，樂為香港提供機遇。習主席曾説過，希望香港抓住國家制定「十三五」規劃、實施「一帶一路」建設等帶來的機遇，進一步謀劃和推進香港長遠發展。

依託國家戰略，香港可以在「一帶一路」戰略中發揮「超級聯絡人」的獨特作用，把金融、法律、會計、國際仲裁等領域的業務做好，收穫不菲的紅利。香港還可以通過參與大灣區建設，與區域內的城市取長補短，化解自身發展空間狹小的難題。在香港，有些人認為這是完成「國家任務」，擔心「經濟統戰」。這既是短視，又心懷偏見。「國家所需」為香港提供了巨大市場，也為香港提供了提升自身競爭力的機會，面對「中國機遇」，許多國家和地區求之不得，香港切不可因這種論調錯失了機遇。

習主席「三個有機結合」的重要論述，涉及到制度安排、權力保障和經濟發展，是保持香港繁榮穩定的關鍵所在，是解決香港各種新情況新問題指路明燈，是維護香港廣大同胞福祉的方向路徑。

準確學習好、把握好、貫徹好習主席提出的「三個有機結合」，香港一定能走出一條於國家有益、於自身有利、為後代積福的嶄新發展之路，書寫「一國兩制」更加輝煌燦爛的篇章！

（原載於《大公報》，2017 年 6 月 28 日）

習主席視察香港是
為「挺港」而來

香港回歸 20 週年的大日子一天天臨近，獅子山下，維港兩岸，喜慶的氣氛越來越濃。國家主席習近平將於 6 月 29 日至 7 月 1 日首次以國家元首的身份前來香港，出席香港回歸祖國 20 週年紀念大會暨特區第五屆政府就職典禮，並視察特區。這表明，習主席心繫香港同胞福祉，期望香港持續繁榮穩定，對「一國兩制」在港的成功實踐肯定，對港人 20 年來做出的努力讚許，對香港的未來充滿信心。

習主席即將視察香港的消息一經傳開，香港社會普遍感到興奮，但也許有些人會將此視為「搞事」的機會，給回歸 20 年的大日子添亂、添堵。如真有此心，還是放棄為好。因為，習主席得到國際社會普遍尊重、內地民眾真心擁戴，讓香港市民感到親切。習主席此番視察香港，理應受到全體港人的尊重和禮遇。若逆人心而行事，必遭天譴！

贏得國際社會高度尊重

習主席就任國家元首不到 5 年時間，足跡遍佈五大洲，既有美、俄、英、法、德等大國，也有斐濟、密克羅尼西亞、瓦努阿圖這樣的南太平洋島國；既有非洲大陸上中國的傳統友邦，也有加勒比海地區的發展中國家。習主席所到之處，受到了當地政府和民眾的普遍尊重和高度禮遇。在習主席很多次重要的出訪活動中，筆者作為中國企業家代表團成員，親眼目睹這些盛況。習主席 2015 年 10 月訪英，被稱為「超級國事訪問」、「開啟中英關係的黃金時代」，英國女王夫婦陪同習主席夫婦乘坐皇家馬車前往白金漢宮。2013 年 6 月的「習奧會」和 2017 年 4 月的「習特會」，奧

巴馬和特朗普均在自己的私人莊園親自接待習主席，以朋友相待。那些記憶猶新的場面，讓人感受到世界級領袖的個人魅力，認識到禮儀之邦的文明水準，體會到大國之間的氣度與包容。

習主席之所以受到國際社會的尊重和禮遇，因為他向世界展示了中國作為一個負責任大國的形象，也展示了大國領袖的個人魅力。面對「逆全球化」的寒流，他倡導「一帶一路」全球戰略，推動建立亞投行、設立絲路基金。「一帶一路」涵蓋亞太、歐亞、中東、非洲地區，將惠及 60 多個國家、40 億人口，重塑世界經濟版圖；面對發展不平衡、環境與資源危機、恐怖主義泛濫等人類的共同難題，他提出構建「人類命運共同體」，主張各國攜手應對挑戰，並宣佈中國免除一些欠發達國家的債務，向一些發展中國家援建基礎設施；面對傳統大國對新興大國猜忌和防範，他提出建立「新型大國關係」，主張大國之間「不衝突不對抗、相互尊重、合作共贏」。這不僅會使大國之間和睦相處，還可以避免「城門失火殃及池魚」，造福相關國家……「中國方案」、「中國擔當」、「中國智慧」得到越來越多國家認可，習主席在國際舞台上受到越來越多國家的尊重歡迎。

獲得內地民眾真心擁戴

「習核心」並非憑空而來，乃民意使然。習近平成為國家最高領導人之後，整頓吏治，鏟除積弊；深化改革，攻堅破難；向西開放，激活全域。可以說開一代新風，贏得了民心。

先說「整頓吏治」。古有「刑不上士大夫」之說，內地曾有「刑不上常委」現象。然而，習打破了規矩，周永康等「大老虎」一個個被拿下，背後經過了多少博弈，有幾多曲折？可想而知。「老虎蒼蠅一起打」，「反腐無上限」，「反腐不留死角」，已被越來越多事實印證。當「治標」初見成效，「治本」之策最近一年多陸續出台，內地的官場生態已明顯好轉。習用事實兌現了「人民群眾的期盼，就是我們的奮鬥目標」的承諾。

再說「深化改革」。習近平上台前的 10 多年裏，內地的改革幾乎停

頓，習曾感言，改革開放搞了 30 多年，好吃的「肉」都吃掉了，到了他接任的時候只剩下「硬骨頭」了。啃「硬骨頭」，習展現出非凡膽略和超常韌性，軍隊改革打破了建國 60 多年來的架構，「二孩」政策突破了實施計劃生育 30 多年的局限，還有諸多領域的改革正在往「深水區」推進，總體而言，雖不能說「重整河山」，卻可說「突破重圍」，不乏可圈可點之處。

再說「向西開放」。中國的東南方向有「第一島鏈」，或稱為「C 形包圍圈」，掣肘中國崛起。習上台之後，倡導「一帶一路」，力推向西開放，而中國高鐵的橫空出世，使陸運比之海運更快，向西開放的條件具備，推進速度出乎預料。習近平大處着眼，下活了一盤大棋，中國的崛起勢不可擋。

治國理政有以上三大亮點，習主席獲全國民眾真心擁戴，就不足為奇。

香港市民感到和藹親切

2008 年 7 月，時任國家副主席、主管港澳事務的習近平曾經視察香港，他冒着細雨，看望兩個香港普通家庭。問柴米油鹽，談房價物價，還邀請他們「多回內地看看」。兩家人的感受是：「和藹，親切」。

從貧瘠的陝北黃土高原走出來的習近平，對基層民眾始終懷着特殊的感情。「居廟堂之高，則憂其民」，在他的身上表現得非常明顯。就任國家主席之後，每年接受香港行政長官述職，他都要談到民生，希望特區政府發展經濟、改善民生、紓解民怨。他對香港情況瞭如指掌，洞若觀火。「滬港通」、「深港通」、大灣區建設，都是為香港長遠發展搭橋鋪路，是中央堅定的支持香港之策。相信習主席此次來港，一定也是「挺港」之行。

針對香港近年來出現的「泛政治化」現象，習主席多次提到「依法治港」，這與香港所珍視的法治精神高度契合。「依法治港」的涵義，就是維護以憲法和基本法為基礎的憲制秩序，這是為香港好，為國家好。基本法是「戒尺」、不是「彈簧」，敬畏法律，社會有序，港人才能安居樂業，

「東方之珠」才能熠熠生輝，這也是絕大多數香港市民所期望的。

　　當然，作為政治人物，不可能讓所有人滿意，對於那些「本土自決」、「香港獨立」取態的人來說，習主席的感召力，恰恰是他們不願看到的，他們可能要發出點「聲音」、搞出點「動靜」，但這些「小動作」不可能給他們自己臉上「貼金」，反而會丟醜。奉勸這些人還是想一想，在紀念回歸這樣的大日子裏，勿失禮於天下，勿失禮於 13 億同胞，也勿讓自己處於尷尬境地！

（原載於《信報》，2017 年 6 月 28 日）

習主席視察香港
為「一國兩制」注入新動力

　　6 月香江，天藍氣清；回歸廿載，喜迎主席！今天對於 700 萬香港市民來說，是一個期待已久的重要日子，是一個總結成就的重要節點，是一個開啟未來的重要時刻。今天中午，中共中央總書記、國家主席、中央軍委主席習近平將抵達赤鱲角國際機場，出席慶祝香港回歸祖國 20 週年大會暨香港特別行政區第五屆政府就職典禮，並視察香港特別行政區。與習主席一起蒞臨香港還有主席夫人、香港市民十分愛戴的彭麗媛教授，有中央領導和中央代表團。香港市民明白，這是一次極其珍貴、記載歷史、回憶無窮的視察訪問。習主席的親自蒞臨，不只是出席一次紀念大會、見證新一屆特區政府的成立，更帶來了中央政府、全國各族人民對香港、對香港全體同胞的關心、支持與愛護；是香港在回歸祖國 20 週年的這一重要時間節點上、在推動「一國兩制」在香港全面準確貫徹落實的重要基礎上、在香港迎接嶄新未來的發展方向上，國家最高領導人帶給香港社會的具有開創性的一次歷史性機遇。許多年來，特別是中共十八大以來，習主席關心香港市民根本福祉傾注心血，支持香港整體長遠發展鼓勵鞭策，推動「一國兩制」事業行穩致遠開啟未來，市民記憶猶新、感激不盡、銘記於心；香港社會各界相信，習主席的視察必定會對「一國兩制」偉大事業的全面發展注入新的動力，必定會對香港社會的團結發展帶來新的啟示，必定會對香港繁榮穩定和市民福祉提出新的願景。

　　習主席上一次來港已是 9 年前，市民猶記他視察奧運馬術比賽場所留下的親切身影與諄諄教誨。隨着時代巨輪的前進，過去 9 年來香港發生種種新變化，香港應如何向前發展、如何克服困難瓶頸、如何鞏固強化競爭

實力，都在考驗着香港社會各界。習主席的這次蒞港視察，對推動香港的發展、凝聚社會的力量、迎接新的挑戰，具有極其重要的歷史性意義。

關心香港市民根本福祉傾注心血

習主席一直非常關心香港的各項事業發展，從如何提升整體競爭力、鞏固強化香港自身特色，到關心香港各階層市民的根本福祉，傾注了大量心血。香港特區充分發揮「一國兩制」制度優勢，保持繁榮穩定，各項事業全面發展，被公認為全球最具競爭力的地區之一和最自由經濟體。所有這一切，離不開以習近平總書記為核心的黨中央推動「一國兩制」方針的堅定決心和信心，離不開中央政府春風化雨般的關懷相助，離不開全國各族人民血濃於水的大力支持。特別是中共十八大以來，習主席關心香港、支持香港、愛護香港，700 萬市民都會記得這 5 年來一次次的重要會面、一次次的重要批示、一次次的重要講話。以香港如此小的城市，能得到國家領袖如此多的關注，是極其罕見的。

習主席關心香港市民的福祉，例子不勝枚舉。事實上，每當到了最需要時刻，習主席總是能予以市民最堅強的關懷。例如，在香港遊客於菲律賓馬尼拉市中心遭歹徒劫持，導致 8 人遇害事件上，特首梁振英曾披露，2013 年亞太經合組織領導人非正式會議期間，習主席主動詢問香港與菲方就人質事件的會談情況，當場責成我國有關部門迅速跟進。在中央政府嚴厲敦促和特區政府積極跟進下，菲方當局其後正式向受害者及家屬正式致歉。2012 年 10 月，南丫島水域發生撞船事故，造成 37 人遇難、100 多人受傷。習主席專門打電話暸解有關情況，指示特區政府全力做好失蹤人員搜救、傷患救治及家屬撫慰等工作，要求中央有關部門全力配合特區政府，提供所需的一切協助。所有這一切，當中體現出來的對香港的城市、社會、市民的關愛之心、關懷之情、關心之切，相信每一位市民都會心存感念，難以忘懷！

支持香港整體長遠發展鼓勵鞭策

香港是一個小型的經濟體，極易因為國際政治經濟環境的動盪而受到

衝擊，但所幸得益於國家的不斷發展，香港能在日益激烈的區域競爭中保持實力。20 年來不斷克服各種新問題、新情況，取得令人矚目的成就。所有這一切離不開中央政府以及歷屆中央領導人的支持，特別是在過去 5 年來，在習主席的親切關懷下，推出了一個又一個的「惠港」政策，更在一些重大的國家發展戰略上，專門為香港闢出專門的政策以凸顯香港作用與地位。可以說，過去 5 年香港能有如此良好的發展，根本原因就在於習主席和中央領導對香港繁榮穩定和長遠發展的支持、鼓勵與鞭策。

例如，在香港最具競爭力的金融領域，得益於中央政府的大力支持，跨境人民幣業務蒸蒸日上，全球最大離岸人民幣業務中心的地位巋然不動。從 2014 年起陸續推出的「滬港通」、「深港通」以及今年 5 月獲批的「債券通」，這「三通」有力地促進了兩地資本市場互聯互通、共創雙贏。又比如，5 年來，「個人遊」試點城市逐步擴大，香港居民在內地開辦個體工商戶及香港專業人士北上執業獲得許可，東深供水工程得到全力保障。更重要的是，在「十三五」、「一帶一路」、「大灣區」建設等重大規劃與發展戰略上，香港都得到極其重要的「關注」。「亞投行」中，香港是以唯一非主權地區身份加入，從此開啟全面參與「一帶一路」建設的新的歷史征程。即將有重大舉措的「大灣區」建設，香港亦將發揮「龍頭」的強勢地位……所有這些，都是習主席為核心的中央領導親自「拍板」下的成果，也是對香港的鞭策與鼓勵，香港社會沒有理由不抓緊機遇。

（原載於《大公報》，2017 年 6 月 29 日）

習主席的祝福、支持和謀劃未來感動全港

　　昨日的香港，驕陽似火，藍天湛湛。即將迎來回歸祖國 20 週年的香港，從赤鱲角國際機場到維港兩岸，從小學校園到社區會堂，700 萬市民都在等候一個期盼已久的重要時刻到來。中午 12 時正，中共中央總書記、國家主席、中央軍委主席習近平乘專機着陸，當習主席與夫人彭麗媛偕手走出機艙門的一刻，香港沸騰了。國家最高元首視察香港，香港市民深深明白，這具有非凡的歷史意義，對香港未來的發展與福祉具有極其重要的作用。習主席甫下機即通過媒體向香港 700 萬同胞表達了親切的慰問與良好的祝願，並以 3 句話概括了此行目的：「表達祝福」、「體現支持」、「謀劃未來」。雖然機場講話並不長，但高度體現了習主席對香港的關心與愛護，全面展示了中央政府對香港各項事業發展的支持與鼓勵，深刻概括了全國各族人民對香港繼續繁榮穩定的期望與信心；而當中一句：「香港一直牽動着我的心」，飽含了一位國家最高領導人對香港這片土地的深深愛護與濃濃的情感，打動了無數香港市民。可以說，主席一席話，溫暖了人心、激勵了士氣，更指引了方向！

　　香港市民盼望的這一天終於來臨。昨日中午 12 時正，專機徐徐降落在香港國際機場。隨着香港警員樂隊奏響熱情喜慶的歡迎曲奏鳴，現場立即沸騰了起來。習主席和夫人彭麗媛教授在特首梁振英伉儷陪同下，一同前來迎接的人員親切握手。機場上，數百名各界群眾代表揮舞手中的國旗、區旗和鮮花，熱烈歡迎習主席的到來。時隔 6 年，習主席再次踏上香港這塊土地，展露出來的愉快、深情、堅毅的表情，告訴香港所有市民，主席是從內心熱愛香港、熟悉香港、關愛香港。而他在機場的

講話中，充分表達了國家元首對香港這座城市、對香港所有同胞深厚的感情；祝福、支持、謀劃未來，對香港社會各界來說，是行穩致遠的鼓勵、綱領和目標。

祝福香港再創輝煌 溫暖人心

習主席對現場記者說的第一句話，是請記者轉達對香港廣大市民的誠摯問候和良好祝願。他飽含感情地說：「時隔 9 年，我再一次踏上香港這片土地，感到很高興。香港一直牽動着我的心，再過兩天，就是香港回歸祖國 20 週年。這無論是對國家還是對香港都是一件大事、喜事。」這句話通過電視直接傳遞到正在收看收聽現場報道的香港市民時，一股濃濃的感動油然而升。國家最高領導人下飛機的第一句話，是表達了主席對「一國兩制」事業的堅定支持，是表達了主席對香港同胞的無限關愛，是表達了主席對香港回歸祖國 20 年來各項成就的高度肯定，每一位香港人無不為此而感動。事實上，習主席自 2008 年視察香港後，已經過了 9 年時間。在這段不平凡的時間裏，香港每發生的任何一件大事，習主席都給予了高度的關注。尤其是在過去 5 年來，香港克服了一個又一個的巨大挑戰與考驗，背後無不是習主席與中央政府的大力支持的結果。因此，「香港一直牽動着我的心」，既是情感的真摯流露，牽掛的溫馨展現，亦是在說明香港所經歷過的不平凡的歷程。

習主席接着指出，此行主要是三個目的，第一是「表示祝福」。他說：「熱烈祝賀香港特別行政區成立 20 週年取得的巨大成就，衷心祝願香港再創輝煌。」市民知道，主席此次視察香港，其中一個重要行程是出席回歸慶典與第五屆特區政府的成立典禮；更重要的是，「一國兩制」這一偉大的事業在經歷過了 20 年的運作後，會有怎樣的變化與發展，是主席一直高度關注的工作。事實證明，香港成功落實「一國兩制」取得了舉世公認的成就，當中固然有些波折，但成功是無可辯駁的事實。主席為香港各界同胞努力的成果送上滿滿的祝賀，更為香港未來的發展送上衷心的祝福，這是對「一國兩制」在香港成功實踐的肯定，是對香港這座城市繁榮穩定的肯定，是對香港市民努力奮鬥的肯定，也是對香港未來發展的堅定信心。

支持香港各項事業 激勵士氣

　　習主席說的第二個目的是「體現支持」，他指出：「20 年來中央一直是香港的堅強後盾。中央將一如既往地支持香港發展，改善民生。」「支持」二字看似普通，但實際上絕不平凡，是中央政府一直以來對港政策的真實體現。值得注意的是，主席這精煉的一句話包含了兩重意義。第一重意義是在指出一個道理，即香港之所以能在回歸 20 年來不斷克服困難並取得巨大成就，固然是廣大市民的共同努力、是特區管治團隊的不懈努力，更是中央政府 20 年來一直大力支持的結果。中央的「堅強後盾」，道出了中央的地位、角色與政策，也道出了香港在面對問題時可以依靠的力量、可以信賴的支持、可以放心去發展的保障。

　　第二重意義在於，表達了中央對香港各項事業發展的支持，尤其是在「改善民生」方面。眾所周知，香港回歸祖國以來，曾多次遭遇重大的國際性金融危機，而每一次危機香港都能安然渡過，不僅渡過更是利用每一次機遇拓展出新的發展空間，中央支持是最關鍵的因素。當然，香港發展面臨新的問題與挑戰，習主席的講話，是在再次重申中央的政策，即會「一如既往地支持香港發展，改善民生」。實際上，主席昨日抵港後已立即展開各項視察行程，包括到西九龍見證香港特區與故宮博物院簽署香港故宮文化博物館合作協議、觀看了小粵劇演唱者。協議的簽署，標誌着香港西九龍發展乃至是整固香港文化事業發展邁開新的步伐，對提升香港的競爭力，具有重要推動作用。而在接下來兩天，主席還可能視察港珠澳大橋等與基建民生相關的工作，這都是習主席關心支持香港提升各項事業發展水平的證明，是激勵香港社會謀求更大更好發展的鞭策，是動員香港各界人士團結和諧前行的期望。

謀劃香港未來發展 指引方向

　　習主席送給香港同胞的第三句話是「謀劃未來」，他說：「我們願同香港各界一道，回顧香港 20 年來不平凡的歷程，總結經驗，展望未來，確保『一國兩制』行穩致遠。」回歸 20 年是一個重要的承上啟下的時間節點，總結過去是為了未來更好的發展，更重要的是，一些涉及重大的原

則性問題、涉及未來治還是亂的重大方向性問題，都需要作出謀劃。只有「一國兩制」得到正確的全面貫徹落實，香港的繁榮穩定才能得到保障，市民的福祉才能得到維護。這是對香港「行穩致遠」的方向性指引，具有極其重要的意義。

　　實際上，昨日習主席在特首梁振英陪同下，會見了香港特別行政區現任行政、立法、司法機構負責人，並發表了重要講話。他明確指出，「一國兩制」在香港的實踐是非常成功的。按照「一國兩制」偉大構想，香港實現了和平回歸，改變了歷史上但凡收復失地都要大動干戈的所謂定勢，這在古今中外都是很少見的。他希望大家服務香港、服務國家的初心始終不變，繼續關心香港和國家發展，繼續支持新任行政長官和特別行政區政府依法施政，促進香港和內地交流合作，引領青年一代繼承好愛國愛港光榮傳統，為把香港建設得更加美好、為實現中華民族偉大復興的中國夢作出新的貢獻。這是指出了一些關鍵的原則性問題，相信在接下來的兩天裏，主席還會有更多的方向性指示、指引和指導。

　　習主席在機場講話簡明扼要，他表示期待接下來親身感受香港這些年發展的新氣象、新變化，並以這麼一句話結尾：「我相信，通過在港的一系列活動，一定會增強我們發展香港、建設香港的信心！」習主席的「表達祝福」、「體現支持」、「謀劃未來」，既是春風化雨、無微不至的親切關懷，亦是肝膽相照、風雨同舟的激勵打氣，更是長風破浪、氣魄雄偉的指路導航，聚人心、振民心、顯信心！可以相信，習主席在香港的視察，將對香港未來的發展起到深刻的影響與大力的推動作用，「一國兩制」的落實與香港的繁榮穩定也必將得到更堅實的保障。

（原載於《大公報》，2017 年 6 月 30 日）

習主席「三個相信」
點燃全港同胞愛國建港熱情

　　東方之珠二十載，主席關懷動人心！昨日在港展開第二天視察行程的中共中央總書記、國家主席、中央軍委主席習近平，不顧辛勞、馬不停蹄地到訪多個地區，廣泛地與各界人士會面，察港情、體民意、析建議、鼓士氣，一詞一語無不體現對香港的關心與支持。在出席特區政府舉辦的歡迎晚宴時，習主席發表了重要的演講，向香港同胞講了意寓深遠的「三個相信」：「相信自己」、「相信香港」、「相信國家」。這三個「相信」，從每一個香港市民的個體，講到整個香港社會，再歸結到國家民族，由局部到整體，由歷史到未來，由個人到國家，深刻地闡述了在「一國兩制」之下的香港，只要能堅定信念，發揮自身固有的優勢，在國家的大力支持與無可比擬的發展先機之下，就必定能在未來得到更大更好發展。習主席的一席話，深深觸動香港市民內心。尤其是在當前存在的對香港未來前途、對提升競爭力、對化解社會內部問題等信心不足的情況下，具有強大的感染力與指引作用，激發了全港市民身為中國人的由衷自豪之情，更加堅定了市民齊心協力建設好香港、貢獻國家的信念。習主席「三個相信」是鼓勵、是支持、是鞭策，更是無可比擬的「正能量」，振聾發聵，對香港未來的發展必將產生非常深遠的積極影響。

　　習主席的每一場活動都吸引着香港市民的高度關注。自首日正式抵港後，習主席與夫人彭麗媛，昨日行程由早到晚，排得滿滿，幾乎沒有休息時間。早上到石崗軍營檢閱了威武雄壯的駐港部隊，其後到元朗八鄉參加少年警訊的活動，關心香港的青少年發展；稍後又分別出席了多場會見活動，廣泛與社會各界人士會面，發表了多場重要講話。而昨晚在歡迎晚宴

上的講話，更是切中了當前香港發展信心不足的問題，點出了香港應具備的信心與視野，指出了香港未來發展前景，具有高度的啟示意義。

相信自己　中國人是了不起的

筆者有幸應邀出席了歡迎晚宴，親耳聆聽了習主席的「三個相信」的重要論述。習主席在講話中先是回顧了香港回歸 20 年以來的發展，指出了香港之所以能取得今日成就的根本原因。其後，主席語重心長地道出了「三個相信」。當中第一個「相信」，就是「相信自己」。這裏的「自己」，固然是指每一個香港市民的個體，但同時還有一重更深刻的寓意。正如主席一開始時指出的「中國人是了不起的」。香港同胞首先是中國人，我們自己中國人具有的優秀品質，自己的民族源遠流長，自己的文化為人類文明作出了重要貢獻。不認識到這些，也就無法對自己能否建設好香港抱有信心。主席的第一個「相信」，是在希望香港同胞認識自己的根本，認識到自己的優點與長處。

為了增進市民的「相信自己」，習主席講述了香港由一個小漁村發展到今天的歷程，指出這是一代又一代香港同胞打拚而來：「香港同胞所擁有的愛國愛港、自強不息、拚搏向上、靈活應變的精神，是香港成功的關鍵所在。」這句話告訴了全體香港同胞，別忘了自己的這些特質。不僅如此，習主席還對香港為國家作出的貢獻予以了高度肯定。他說：「我要特別指出的是，香港同胞一直積極參與國家改革開放和現代化建設作出了重大貢獻，對此，中央政府和全國人民從未忘記。香港同胞不僅完全有能力、有智慧把香港管理好、建設好、發展好，而且能夠繼續在國家發展，乃至世界舞台上大顯身手。」啟發對「自己」的認識，重振香港的發展，習主席的話具有無窮的激勵作用。

相信香港　續寫獅子山下新傳奇

對自己身為中國人的自信，還要認識到香港整個社會長久以來形成的一些有利條件與獨特優勢。習主席不厭其煩地逐一點出香港的優勢，例如經濟高度自由開放，人員、貨物、資金等要素自由流動等，這是吸引國際

資本、留住本地資本的重要因素；以及香港法律、會計、監管等制度同國際接軌、服務業完備、政府廉潔高效、營商環境便利，深得外來投資者信任。香港是重要的國際金融、航運、貿易中心，是連接內地和國際市場的重要中介，是國家「引進來、走出去」的雙向服務平台，等等。這是香港社會引以為傲的獨特競爭優勢。

習主席進一步指出，在香港過去形成的優勢基礎上，香港還有一個其他地區所不具備的優勢，這就是「一國兩制」的制度優勢，不僅能分享內地的廣闊市場和發展機遇，而且經常作為國家對外開放先試先行的試驗場，佔得發展先機。主席以富有情感色彩的語句指出：「香港只要鞏固和提升這些優勢，就一定能夠留住並吸引各方投資和人才。在經濟全球化和區域合作中把握機遇，促進本地創新創業，開發新的增長點，續寫獅子山下發展新故事，繁榮新傳奇。」這是多麼激勵人心的語句，聽到主席的如此鼓勵以及如此高度的肯定與期望，香港豈會沒有更好的發展？

相信國家 永遠是最堅強後盾

國家從來都是香港的「靠山」，不論是回歸前還是回歸後。而隨着祖國的日益強大，隨着國家綜合實力的不斷提高，香港的這一「靠山」也必定更加強大與穩固。習主席在第三個「相信」中，點出了近年來國家所取得的成就，指出經過 40 年改革開放，中國實現了從站起來到富起來再到強起來的偉大飛躍。例如，我國是全球第二大經濟體、世界第一製造大國和貨物貿易大國、第一外匯儲備大國，是全球經濟增長的最大貢獻者。我國科技實力日益強大，高性能計算機、載人航天、探月工程、量子通訊、北斗導航、載人深潛等尖端成就相繼問世，高鐵走向世界，自行研發的大飛機首飛成功。我們朋友圈越來越大，倡導的亞投行已批准成員達 80 個，發起的「一帶一路」倡議有 100 多個國家、地區和國際組織積極參與，如此等等。

習主席指出這些客觀事實，是一堂生動的國情課，更是一堂震撼人心的歷史課。不認識到國家的強大事實，也就看不到香港的機遇；不認識到這些強大背後所反映出來的歷史背景，也就無法對香港未來發展有更

準確的把握。正如習主席一針見血指出的：「祖國日益繁榮昌盛，不僅是香港抵禦風浪、戰勝挑戰的底氣所在，又是香港探索新路向、尋找發展新動力，開拓發展新空間的機遇所在。」新路向、新動力、新空間，這三個「新」，正是體現「相信國家」的內涵與美好前景，香港市民焉不感到振奮！

無數的事實、無數的例子在說明一條顛撲不破的道理：「國家好，香港會更好。」習主席在講話的最後，用了一首香港市民十分熟悉的歌曲歌詞作結：「自信好要緊，應該放開胸襟，願望定會一切都變真。」他並指出，「只要我們相信自己、相信香港、相信國家，堅持全面準確貫徹落實『一國兩制』、『港人治港』、高度自治方針，和香港特別行政區基本法，聚精會神搞建設、一心一意謀發展，齊心協力，團結奮鬥，就一定能夠開創香港更加美好的明天。」習主席的講話，是無可比擬的「正能量」，震撼人心、鼓舞人心、激勵人心，點燃了香港同胞的愛國熱情以及建設好香港的信念熱情，在主席的支持與鼓勵下，香港的明天必定更加美好！

（原載於《大公報》，2017 年 7 月 1 日）

習主席冀香港各界
做好「四個表率」的深刻寓意

提要

習主席寄語香港各界做好「四個表率」語重心長、寓意深刻。支持特區政府依法施政，點到了要害；匯聚愛國愛港正能量，着眼於「養氣聚神」；關心青年成長成才，接地氣、暖人心放眼未來；推動香港和祖國共同發展，造福兩地、無上光榮。

中共中央總書記、國家主席、中央軍委主席習近平昨天在視察香港的繁忙行程中，特意抽出時間會見香港各界代表。習主席滿懷深情地希望大家做好「四個表率」：帶頭支持林鄭月娥行政長官和新一屆特別行政區政府依法施政，帶頭維護社會和諧穩定，帶頭關心青年，帶頭推動香港與內地交流合作。這是着眼於香港與國家、眼前與長遠、發展與穩定的大局，對香港各界的殷切期望，既是為了香港好、國家好，更是為了今天好、明天好。

昨天，筆者有幸現場聆聽了習主席的重要論述。習主席視野開闊、胸懷坦蕩、言辭懇切，令人欽佩。他說，「我也真想不出還有什麼政治智慧，比當初採用『一國兩制』更高明的了」；「有問題不可怕，關鍵是想辦法解決問題，困難克服了，問題解決了，『一國兩制』的實踐也就前進了。」這些話樸實無華，而又內涵深刻，既為香港未來指路，令人有醍醐灌頂之感，又似朋友之間拉家常，讓人倍感親切。

參加昨日會見的全港各界 200 多位代表，都是香港的各行各業的精英，理應做好「四個表率」，為「一國兩制」在香港成功實踐再立新功。

顧大局，支持特區政府依法施政

習主席強調，香港各界應帶頭支持林鄭月娥行政長官和新一屆特別行政區政府依法施政，當好民眾和政府之間的橋樑和紐帶，促進政策落實，推動經濟發展和民生改善。

習主席的這句話點中了要害，有三個關鍵字值得深思：「行政長官」、「特區政府」、「依法施政」。最近幾年，香港在「一國兩制」實踐中遇到了一些新情況、新問題、新挑戰，「一國兩制」面臨走樣、變形的危險，就是源於對這三個關鍵字理解不深、把握不準。先說「行政長官」。一些人認為，行政長官由誰來當？由香港市民說了算，中央只須「禮節性任命」；行政長官只對香港市民負責，毋須對中央負責。這是對行政長官職責的曲解。行政長官是「雙首長」、須「雙負責」，不僅對香港負責，還要對中央負責；再說「特區政府」。一些人宣揚，香港的政治體制屬於「三權分立」、「立法主導」、「司法主導」，這同樣是一種曲解。綜合研讀分析基本法的精神、原則和具體條款，香港的政治體制屬於「行政主導的三權制衡體制」。從對上、對外的角度看，行政長官代表香港，具有超然於三權之上的法律地位；從香港內部看，行政、立法、司法三權相對獨立、相互制衡。最後說「依法施政」。一些人對特區政府施政之策大加指責，這也不對，那也不行，那麼特區政府如何施政才是對的？要有個標準。顯然，這個標準理應是基本法，而不是港英時代的法律，更不是所謂的「國際慣例」，依據基本法施政，才是依法施政。

釐清了以上三個概念，香港各界帶頭支持特區政府依法施政才有底氣和力量，才能顧全國家和香港的大局，落實好「一國兩制」。

促和諧，匯聚愛國愛港正能量

習主席強調，香港各界應帶頭搞好團結，維護社會和諧穩定，消減戾氣，增進和氣，弘揚正氣，匯聚愛國愛港強大正能量。

習主席洞察香港的「氣場」，希望香港在「養氣聚神」上多下工夫，消戾氣，增和氣，揚正氣。「養氣聚神」靠什麼？要靠「和」文化。「和」文化是中華文化的精髓所在。在世界文明古國中，為什麼唯有中國沒有

解體、消亡？是因為中國人有蘊涵天人合一的宇宙觀、協和萬邦的國際觀、和而不同的社會觀、人心和善的道德觀。「家和萬事興」、「君子和而不同」、「和氣生財」，這些理念深深地印在中國人的頭腦裏、這種基因牢牢地延續在中國人的基因中。綜觀上下五千年，無論是面對內憂外患，還是自然災害，中國雖有山河破碎的危難，終能重整河山，國家一統。「和」文化形成強大的凝聚力、向心力，也造就了無堅不摧的戰鬥力。

今天的香港，特別需要「和」文化的滋養。香港與內地山水相連，同宗同文，本為一體，雖有百年飄零，但不能改變歷史，不能改變事實。「兩制」之間需要磨合，但「一國」根本不容改變，這是原則和底線。香港各界應該理直氣壯地維護「一國」原則，弘揚正氣；千方百計溝通協調，增進和氣；義正辭嚴地反對「港獨」，消減戾氣。形成愛國愛港的強大氣場，助香港行穩致遠。

望未來，關心青年成長成才

習主席強調，香港各界應帶頭關心青年，幫助他們解決實際的問題，為他們成長成才創造良好條件，使愛國愛港光榮傳統薪火相傳，使「一國兩制」事業後繼有人。

習主席的這句話接地氣、暖人心。實踐「一國兩制」，今天，要靠當下的社會各界精英，明天要靠回歸後成長起來的一代青年。青年愛國愛港，則「一國兩制」無憂；青年茫然不知所措，則前途不可預知。綜觀近年來香港出現的政治爭拗，一些青年學生做了一些不該做的事情，這固然與他們涉世未深有關，但不能忽視他們面對的生存壓力，當他們面臨就業、創業、置業困難的時候，當他們向上流動處處碰壁的時候，心中的抱怨情緒鬱結，找不到出路，看不到前途，難免被誤導和蠱惑。任何一個關心香港未來的人，都應該不遺餘力地關心青年成長成才。

香港各界代表深耕於各自領域，應該從關心自己業界的年輕人做起，給他們提供學習歷史、瞭解內地的條件，讓他們有國家視野和國家觀念；給他們提供幹事創業的機會，讓他們得到鍛煉，增長才幹；給他們解決生活困難的關照，讓他們感到長輩的慈愛、家的溫暖。總之，我們不僅要造

就一個有「愛國愛港」強大氣場的香港，還要營造一個有「光」和「熱」的香港，讓青年看到希望、感到溫暖，有歸宿感、獲得感、成就感、幸福感，年輕人就會為這個家園不懈奮鬥。

助交流，推動香港和祖國共同發展

習主席強調，香港各界應帶頭推動香港同內地交流合作，發揮各自的專長，為促進兩地的共同發展，多獻策、多出力、多擔當。

習主席的這段話，點出了香港各界的職責於義務所在。回歸 20 年來，香港背靠祖國、面向世界，據「一國」優勢，獲「兩制」之利，經濟發展取得了驕人的成就。儘管經濟發展速度相對於內地較慢，但仍保持了 3.2% 的增長率，在世界發達經濟體中居於前列，若不是一路飆升的內地經濟助推香港發展，恐怕香港很難有這樣的業績。而在回歸後的兩次金融危機、以及 2008 年非典中，都是祖國內地為香港提供了強大支撐。如今，國家正在實施十三五規劃、「一帶一路」戰略、大灣區建設，再次為香港提供了機遇，搭乘國家的快車，香港才能走得更快更穩。

但是，今天的香港仍然有一部分人習慣於用政治語言解讀經濟戰略，畫地為牢，坐困愁城。若任憑這些人誤導市民，這只會讓香港的路子越走越走窄。香港各界精英應主動擔負起兩地溝通的責任，盡自己所能，讓香港在與內地合作中獲得巨大的能量。必須看到，香港與內地的經濟融合、共同發展是大勢所趨，不可阻擋，在這一進程中多獻策、多出力、多擔當，是造福兩地、澤被子孫、無上光榮的事情。習主席的講話定方向、定目標、定辦法，香港各界應該立即去做，做有所成，不辜負習主席的殷切期望、親切鼓勵！

（原載於《文匯報》，2017 年 7 月 1 日）

習主席「四個始終」為香港指路領航

提要

　　如果把香港比喻為一艘船，國家是載舟之水，憲法和基本法劃出了航線、明確了航行規則，發展為航船提供動力，和諧穩定的環境是安全保障。習主席「四個始終」的重要論述，正是聚焦以上四個方面，為香港指路領航。

　　過去 20 年，「一國兩制」在香港的實踐取得了舉世公認的成就，以回歸 20 週年慶典為標誌，「一國兩制」在香港的實踐步入了新階段。香港這艘航船如何行穩致遠？中共中央總書記、國家主席、中央軍委主席習近平在慶祝香港回歸 20 週年大會講話中提出了「四個始終」：始終準確把握「一國」和「兩制」的關係，始終依照憲法和基本法辦事，始終聚焦發展這個第一要務，始終維護和諧穩定的社會環境。「四個始終」聚焦香港繁榮穩定的必要條件，具有鮮明的原則性、針對性、現實性，為香港指路領航。

固本培元，始終準確把握「一國」和「兩制」關係

　　習主席強調，必須牢固樹立「一國」意識，堅守「一國」原則，正確處理特別行政區和中央的關係。任何危害國家主權安全、挑戰中央權力和香港特別行政區基本法權威、利用香港對內地進行滲透破壞的活動，都是對底線的觸碰，都是絕不能允許的。

　　萬事有源，萬物有本。在「一國兩制」的實踐中，「一國」是根本，

如果不承認這個「本」，香港特區就沒有存在的必要，「港人治港」、「高度自治」就沒有存在的理由；如果不珍惜這個「本」，香港就喪失了「背靠大樹好乘涼」的優勢，就會在前行的道路困難重重。如果說香港是一艘船，國家就是載舟之水，如果沒有了水，無論多麼豪華氣派的船，也只能擱淺。

香港回歸 20 年，如同中國古代男子「弱冠」之年，回歸 20 年慶典就是行「成人禮」。成年之前的困惑、焦慮、茫然、叛逆，以及對大是大非問題懵懵懂懂，都可以理解、諒解；但成年之後就不一樣了，必須有原則、有主見、有理性、有底線，首要一條，就是弄清楚「我是誰？」這個根本。必須明確「一國」與「兩制」的幾個關鍵問題：香港的所有自治權是中央透過基本法賦予的，不是從英國人那裏繼承的；中央與香港的關係是「授權」與「被授權」的關係，不是「分權」的關係；香港是中國的一個特別行政區，不是獨立的政治實體。未來的路上，無論遇到什麼大風大浪，堅持這個「本」，就會有定力、有決斷、有擔當，處變不驚，泰然自若。

依法治港，始終依照憲法和基本法辦事

習主席強調，始終依照憲法和基本法辦事。在落實憲法和基本法確定的憲制秩序時，要把中央依法行使權力和特別行政區履行主體責任有機結合起來；要完善與基本法實施相關的制度和機制；要加強香港社會特別是公職人員和青少年的憲法和基本法宣傳教育。

「一國」之下「兩制」如何相處？這是引發諸多爭議、困擾香港多年的問題。習主席此番講話說得非常清楚：「始終依照憲法和基本法辦事」。道理很簡單：憲法是國家根本大法，是全國各族人民共同意志的體現，是特別行政區制度的法律淵源。基本法是根據憲法制定的基本法律，是「一國兩制」方針的法律化、制度化。

香港廣大市民歷來尊崇法治為香港的核心價值，依法辦事與港人的價值觀並不矛盾。那麼，問題出在哪裏？一是法律的銜接上出了問題。一些人認為，憲法、基本法與香港的原有法律分屬不同法系，回歸後既然「香

港原有法律基本不變」，就應該遵循原有法律。這是基本法的曲解，基本法第 160 條規定：「香港特別行政區成立時，香港原有法律除由全國人民代表大會常務委員會宣佈為同本法抵觸者外，採用為香港特別行政區法律，如以後發現有的法律與本法抵觸，可依照本法規定的程序修改或停止生效」。二是基本法的宣傳教育上出了問題。基本法早在 1990 年就頒佈了，但不少香港市民仍然認為除國防和外交外，所有其他事務屬於香港特別行政區自治範圍內，這是對基本法的嚴重誤讀。打個比喻，如果說香港是一艘航船，基本法就劃出了航道、明確了航行規則。如果大家都不知道航道寬窄、吃水深淺、航行注意事項，這條船還怎樣航行呢？由此觀之，習主席上述「有機結合」、「完善制度和機制」、「加強基本法的宣傳教育」，是多麼重要，多麼中肯，多麼貼切！

增強動力，始終聚焦發展這個第一要務

習主席強調，發展是永恆的主題，是香港的立身之本，也是解決香港各種問題的金鑰匙。大家一定要珍惜機遇、抓住機遇，把主要精力集中到搞建設、謀發展上來。

如果把香港喻為一艘航船，國家是大海，憲法和基本法劃出了航道、明確了航行規則，那麼，發展就是這艘船的動力所在。如果香港這艘船的動力不足，仍然會航行緩慢。因而，習主席說發展是「香港的立身之本」，說得非常到位。過去幾年，香港的「泛政治化」越演越烈，一些人熱衷於政治爭拗，讓香港成了一個內耗不斷的「政治城市」。有人甚至不顧事實地宣揚：回歸後中央「矮化香港」、「擠壓港人生存空間」等等。如果繼續這樣下去，香港經濟停滯不前、民生難題長期得不到改善，香港的國際競爭力下降，無異於自己矮化自己，自己擠壓自己的生存空間。

回歸 20 年來，中央對香港的發展給予了大力支持。習主席此番視察香港期間表示，中央有關部門正在積極研究出台便利香港同胞在內地學習、就業、生活的具體措施，為香港同胞到內地發展提供更多機會和便利。習主席在會見新任特首林鄭月娥時，還專門就如何務實推進香港參

與「一帶一路」建設，打造綠色金融平台，在生物醫療、人工智能等領域加強與大灣區其他地區的合作、實現互補共贏，作出了明確指示。可以看出，中央支持香港發展是不遺餘力的，香港應該聚焦發展，抓住機遇，奮起直追。

和而不同，始終維護和諧穩定社會環境

習主席強調，香港是一個多元社會，對一些具體問題存在不同意見甚至重大分歧並不奇怪，但如果陷入「泛政治化」的旋渦，人為製造對立、對抗，那就不僅於事無補，而且會嚴重阻礙經濟社會發展。只有凡事都着眼大局，理性溝通，凝聚共識，才能逐步解決問題。

為什麼「一個國家實現兩種制度」這個創意能從中國人的頭腦中產生？為什麼「一國兩制」的實踐二十年來在香港、澳門取得了巨大成功？這都源於中國的「和」文化。數千年來，天人合一的宇宙觀、協和萬邦的國際觀、和而不同的社會觀、人心和善的道德觀，體現在中國人的一言一行中。「和」文化的核心理念是「求同存異」，我們可以不同，但我們不可以進行你死我活的爭鬥。「一國兩制」從偉大構想到生動實踐，超越了政治信仰之爭、黨派之爭、社會制度之爭，體現了中華文化「海納百川」的氣度，體現了中國人的思想境界。

香港這艘船要行穩致遠，除了要有水、有航道、有動力，還要有和諧穩定的航行環境。不僅要排除外部不和諧因素的干擾，更重要的是這條船上的人，不能沉湎於內鬥，而應同舟共濟、齊心協力。習主席說：「只要愛國愛港，誠心誠意擁護『一國兩制』方針和香港特別行政區基本法，不論持什麼政見或主張，我們都願意與之溝通。」釋放出中央對香港的最大誠意，香港各界和廣大市民應該登高望遠、大處着眼，維護香港和諧穩定的局面。「弱冠」之年的香港，切不可小孩子氣、小家子氣，自己折騰自己。

習主席「四個始終」的要求，針對性強、寓意深刻，值得我們深入思考，逐一對照，認真領會，正如中聯辦領導總結、概括、解讀習主席香港之行 6 項重要成果時所說，習主席一系列重要理念、思想和主張，針對性

都很強，「對『一國兩制』在香港的實踐行穩致遠、對香港特別行政區提高管治水平、謀劃長遠發展，都有重要指導作用」。確實是這樣，習主席的「四個始終」重要論述，是繼續推進「一國兩制」向前的需要，是香港確保繁榮穩定的需要，更是香港 700 萬同胞福祉所在。

（原載於《文匯報》，2017 年 7 月 3 日）

習主席香港之行六大重要成果彰顯「情、理、義」

在全港市民由衷感激、滿懷信心、依依不捨的注目下，前天中午 1 時許，中共中央總書記、國家主席、中央軍委主席習近平結束對香港 3 日視察，乘坐專機離開香港。一直陪同主席此次香港之行的中聯辦領導在機場發表講話，轉達主席對記者朋友的問候，從展現關懷、體現支持、闡明政策、正本清源、指路領航、加油鼓勁六個方面的成果，來概括、總結、解讀習主席視察香港的重要意義。

中聯辦領導說，習主席在港 49 小時、出席了 20 場重要活動、展現六個方面重要成果。從主席一踏上赤鱲角機場表露的「香港一直牽動着我的心」，到在慶祝大會強調的「四個始終」；從檢閱駐港部隊，到視察少年警訊活動中心；從參觀西九文化區，到考察港珠澳大橋和香港機場；從會見各界人士提出的「四個表率」，到出席特區政府晚宴表明的「三個相信」，這一幕幕生動的畫面，一次次親切的囑咐，一句句深情的期望，集中體現了中國傳統文化中的三個字：情、理、義。讓香港 700 萬同胞充分感受到領袖的關懷、充分感受到祖國的溫暖，充分感受到做一個中國人香港人的驕傲！主席的香港之行使廣大市民極大的增強了實施「一國兩制」偉大事業的信心，倍添了對未來發展經濟改善民生的力量，堅定了維護和諧穩定環境的意志。可以説，習主席的香港之行，是凝聚人心之行，是提振民心之行，是鼓舞信心之行！

習主席一下飛機就説：「香港一直牽動着我的心」。這一句真情告白，令全港市民非常感動。讓人聯想到 2008 年，他以國家副主席的身份視察香港，走進兩戶普通市民家中，問柴米油鹽，問就業崗位，問物價上漲，

其情其景，記憶猶新；讓人聯想到 2010 年 8 月，21 名香港遊客在菲律賓遭歹徒劫持，導致 8 人遇難，習主席立即責成有關部門跟進，敦促菲方妥善解決；讓人想到 2012 年 10 月 1 日，香港南丫島發生撞船事故，造成 37 人遇難，習主席專門打電話瞭解情況，要求有關部門配合特區政府，提供一切協助……一枝一葉總關情。這麼多年以來，習主席時刻牽掛着香港同胞。

情滿香江的視察之行

此次習主席視察香港，無論是西九文化區、港珠澳大橋建設工地的建設者，還是參與會見的各界人士，或是與主席近距離接觸的小朋友，無不感受到習主席的親民風格。這幾天，習主席的風采、魅力、親和力，通過媒體廣泛報道，風靡全港；與主席一同來港展開愛心之旅的主席夫人彭麗媛教授，探幼稚園、訪安老院，其熱情親情真情，不僅感染無數老人幼兒，更喚起全港市民對主席夫人的鍾愛擁戴之情。

在香港視察時，習主席強調：「從中央來說，只要愛國愛港，誠心誠意擁護『一國兩制』方針和香港特別行政區基本法，不論持什麼政見或主張，我們都願意與之溝通。香港雖有不錯的家底，但也面臨很大的挑戰，經不起折騰，經不起內耗。」言辭之懇切，態度之真誠，讓人動容；習主席希望各界人士關愛香港青年，為青年成長成才提供條件，接地氣、暖人心，讓香港青年感受希望與力量；習主席鼓勵大家相信自己、相信香港、相信國家，鼓舞士氣、振奮人心；習主席的親切話語、鼓勵、期望，都讓人感受到祖國是香港的主心骨，只要背後有強大的祖國，眼前就沒有跨不過的坎，未來就沒有趟不過的河。

中聯辦領導總結說：「這幾天，新媒體上為中央、為祖國點讚的聲音更多了，習主席在香港的『粉絲』量也更『海』了。」確實是這樣，血濃於水，骨肉相連。習主席對香港同胞的問候、祝福、關心、鼓勵，展現的是一家人的真愛，是割不斷的親情，是時光流逝卻綿延不絕的牽掛。習主席與香港同胞心連心！

「理」透紙背的循循善誘

　　過去 20 年，「一國兩制」在香港的實踐效果如何？習主席説：「『一國兩制』在香港的實踐取得了舉世公認的成功。『一國兩制』是歷史遺留的香港問題的最佳解決方案，也是香港回歸後保持長期繁榮穩定的最佳制度安排，是行得通、辦得到、得人心的。」

　　這個評價至情至理。回首過去，香港雖然經歷了非法「佔中」、「旺角暴亂」、議員宣誓風波等政治事件，但「依法有序」仍是主流；香港雖然經濟增長比內地緩慢，但在世界經濟發達體中仍位居前列。香港的「三大中心」地位穩固，香港的傳統優勢並未減弱，香港的國際地位普遍提升。回歸之前，某些西方媒體以「香港已死」為題分析香港九七後的「慘景」並沒有變成現實。中國人連一個啟德機場都管不好」的預言也早已破產。對此，香港同胞深有感受，正如中聯辦領導所説：「香港市民最希望從習主席口中聽到的一句話就是『一國兩制』方針不會變，這一願望無疑是實現了。」

　　習主席以「弱冠」喻回歸 20 週年。他説：「香港已經回歸祖國 20 年。依照中國的傳統，男子二十謂之弱冠，今天就是香港特別行政區的成年禮。」已經成年的香港，如何擺脫童年時期的天真幼稚？如何擺脫少年時期的迷茫、困惑和叛逆？如何變得更加成熟穩健？習主席提出四點意見：第一，始終準確把握「一國」和「兩制」的關係。第二，始終依照憲法和基本法辦事。第三，始終聚焦發展這個第一要務。第四，始終維護和諧穩定的社會環境。

　　這四點意見蘊含着諸多深刻道理，可以説「理」透紙背。一是香港的「角色」問題。香港是一個經濟城市，而不應是政治城市；香港和中央的關係是從屬關係，而不是對等關係。二是「依法治港」的原則問題。所謂「依法」核心是維護憲法和基本法為基礎的憲制秩序，香港和內地雖屬不同法系，但絕不允許把其他法律凌駕於憲法和基本法之上，更不能以「國際慣例」代替法律。三是發展問題。經濟發展才有實力惠民生、解民憂，紓解民怨，發展是不能放棄的主線。四是社會環境問題。「家和萬事興」。凡事要有商有量，社會和諧穩定，才能專心做事，有所作為。中聯辦領導

概括説：「習主席的系列講話，對『一國兩制』在香港的實踐行穩致遠、對香港特別行政區提高管治水平、謀劃長遠發展，都有重要指導作用。」習主席講的這些道理，一針見血，切中要害，情真意切、語重心長，為香港繼續前行「指路導航」。

義薄雲天的挺港理念

在前天的慶祝大會上，習主席的話擲地有聲：「不斷推進『一國兩制』在香港的成功實踐，是中國夢的重要組成部分。」「我們既要把實行社會主義制度的內地建設好，也要把實行資本主義制度的香港建設好。」這個表態，超越了黨派和政治體制的局限，而是把中華民族利益放在至高無上的地位，體現了中華文化中「重義輕利」、「義薄雲天」的價值觀。香港與內地既為一家人，那麼，國家任何時候都要力挺香港，這是責任、是義務，義不容辭，天經地義！

中聯辦領導還總結説：「習主席在所有場合的講話，都表達了對香港的高度重視、對香港同胞的親切關懷和對香港發展的堅定支持。」回首過去 20 年，中央政府一直是這樣做的。回歸之時，內地經濟遠遠落後於香港，但中央在香港不取一分一文。而香港每次遇到危難，中央都鼎力相助。1997 年亞洲金融風暴、2008 年世界金融危機、2003 年沙士，中央不僅助港渡過難關，還在事後出台惠港政策，拉動香港經濟增長。這一切，彰顯了一個大寫的「義」字。

展望未來，中央在「十三五」規劃中設立港澳專章，規劃大灣區建設，實施「滬港通」、「深港通」，支持香港在「一帶一路」戰略中扮演「超級聯絡人」角色，幫助香港以「中國香港」身份加入各類國際合作組織。這一切，無一不是為香港發展「搭台」。就在習主席視察香港前夕，中央對港出台「負面清單」政策，為香港又送一個大禮包。這一切，同樣彰顯了一個大寫的「義」字。

儘管香港與內地實施不同的社會制度，但「一國」之下，「義」字為先，還有什麼好説的呢？香港遇到的困難，就是國家的困難，祖國始終是香港的堅強後盾！

中聯辦領導的講話，全面深刻概括、總結、解讀習主席此番視察香港六個方面的重要成果，意義重大，彌足珍貴。這些成果所體現出來的「情、理、義」，是對中國傳統文化的最好詮釋、續寫和傳播。祖國為根，文化為魂，香港一定能與祖國齊進步、共繁榮、同圓夢！

（原載於《大公報》，2017 年 7 月 3 日）

如何解讀習主席
視察香港的 6 項成果？

在香港回歸祖國 20 週年之際，習近平主席視察香港 3 日，出席了 20 場活動，與香港各界廣泛接觸，發表了一系列重要講話。一直陪同主席此次香港之行的香港中聯辦領導，從六個方面概括、總結、解讀習主席視察香港的重要意義：展現關懷、體現支持、闡明政策、正本清源、指路領航、加油鼓勁。可以說，習主席此行內容豐富，意義重大，成果豐碩。如何解讀這 6 項成果呢？從歷史和全域的角度來看，筆者認為，其中的三個方面最重要。

對「一國兩制」在港實踐作定論

幹好任何一件事情，一靠團結，二靠總結。團結可以形成合力，總結可以理出經驗教訓，揚長避短，把事情做得更完美。

香港回歸祖國 20 週年是一個重要的時間節點，也是回顧總結經驗和教訓的最佳時機。從時間角度看，20 年正好處於「五十年不變」的中間時段；從現實角度看，近年來「一國兩制」在港實踐遇到了一些新情況、新問題，很有必要進行總結。在這個關鍵點，人們都希望國家最高領導人出面「一錘定音」。習主席這個時候來到香港，順應了港人期盼。

如何評價過去 20 年「一國兩制」在香港的實踐？習主席在慶祝大會上說：「『一國兩制』在香港的實踐取得了舉世公認的成功。」、「實踐充分證明，『一國兩制』是歷史遺留的香港問題的最佳解決方案，也是香港回歸後保持長期繁榮穩定的最佳制度安排，是行得通、辦得到、得人心的。」

這是完全符合客觀事實的結論。20 年的歷程並非一帆風順，但事實

不能否認。當初香港居民希望不變的東西，都沒有變。香港的資本主義制度沒有變，港人的生活方式沒有變，香港的法律基本沒有變。除此之外，香港作為全球金融、貿易、航運中心沒有變，香港強勁的綜合競爭力沒有變，香港作為「自由港」的地位沒有變。20年來，香港也發生了許多變化，經濟總量變大了，財政盈餘和外匯儲備增多了，人均壽命增加了，國際地位提高了，這些「變」，都是人們希望看到的。不被浮雲遮望眼，登高望遠觀大局，「一國兩制」成功不容置疑！

過去20年，香港實踐「一國兩制」也並非完美無缺。習主席坦率指出：「香港維護國家主權、安全、發展利益的制度還需完善，對國家歷史、民族文化的教育宣傳有待加強，社會在一些重大政治法律問題上還缺乏共識，經濟發展也面臨不少挑戰，傳統優勢相對減弱，新的經濟增長點尚未形成，住房等民生問題比較突出。」

習主席的點評準確到位。平心而論，香港回歸以來的失誤不少。比如：「23條」立法問題至今懸而未決，致使維護國家安全出現法律盲點；對中小學生的國民教育嚴重缺失，致使年輕一代國家觀念、歷史觀念、民族觀念淡薄；「泛政治化」造成社會割裂，內耗不斷，致使發展經濟、改善民生的政策難以落地。等等。這些都是香港應該汲取的教訓。習主席全面、客觀、科學、準確地總結過去，啟迪未來，對香港來說，是一筆寶貴的精神財富，值得珍惜！

為香港未來發展指明方向

回顧過去，是為了在未來的路上走得更好。慶祝回歸祖國20週年，最重要的意義在於謀劃未來。香港今後的路應該怎樣走？

習主席說，繼續深入推進「一國兩制」實踐，因為「一國兩制」符合香港居民利益，符合香港繁榮穩定實際需要，符合國家根本利益，符合全國人民共同意願。習主席再次強調，「中央貫徹『一國兩制』方針堅持兩點，一是堅定不移，不會變、不動搖；二是全面準確，確保『一國兩制』在香港的實踐不走樣、不變形，始終沿着正確方向前進。」方向決定未來。許多市民希望聽到國家最高領導人表態：「一國兩制」不會變！這次

聽到了，香港發展的大方向定了！

　　方向既定，卻不能忘記原則和前提條件。須注意：與「不會變、不動搖」相對應的是「不走樣、不變形」。如何繼續確保「不走樣、不變形」？習主席提出了「四個始終」的要求：始終準確把握「一國」和「兩制」的關係，始終依照憲法和基本法辦事，始終聚焦發展這個第一要務，始終維護和諧穩定的社會環境。「四個始終」內涵豐富，寓意深刻。這實際上是提醒港人須明白幾個常識問題：「我是誰？」、「我應遵循的辦事規則是什麼？」、「我奔跑的動力來自哪裏？」、「哪些內外因素會影響我？」。打個比喻，如果香港是一列火車，國家就是香港依託的大地，而不是並行的另一列火車；憲法和基本法設定了火車的軌道，脫軌就會翻車，十分危險；火車奔跑的動力來自於車上，需要車上的人齊努力，增添動力；火車能否跑得更穩、更快、更遠？還取決於內部和外部環境，外部沒有山洪、泥石流衝擊軌道，內部的人也不能吵吵鬧鬧、意見不一，讓火車走走停停。唯有如此，火車才能正點到達目的地。習主席的論述，值得深思！

給香港市民送來「大禮包」

　　習主席此行不僅總結過去、指點未來、加油鼓勁，還為 700 多萬香港市民帶來了「大禮包」。

　　習主席視察了西九文化區、港珠澳大橋和機場第三跑道等建設項目，先後出席興建香港故宮文化博物館合作協議和推進大灣區建設框架協議的簽署儀式。這些項目是中央大力支持香港的重要成果，習主席為其「站台」，彰顯了他對這些項目的重視。

　　習主席表示，中央政府將一如既往地支持行政長官和特區政府依法施政，支持香港發展經濟、改善民生，支持香港在推進「一帶一路」建設、粵港澳大灣區建設、人民幣國際化等重大發展戰略中發揮優勢和作用。習主席還表示，中央有關部門正在積極研究出台便利香港同胞在內地學習、就業、生活的具體措施，為香港同胞到內地發展提供更多機會和便利。習主席在會見新任特首林鄭月娥時，還專門就如何務實推進香港參與「一帶一路」建設，打造綠色金融平台，在生物醫療、人工智能等領域加強與大

灣區其他地區的合作、實現互補共贏，作出了明確指示。

從以往的經驗來判斷，國家最高領導人關心的領域，就是中央有關部委工作的着力點，就是中央政策惠及的重點。習主席此番香港之行所關心的問題，必能得到中央的後續支持。這個無形的「大禮包」含金量有多少？香港市民不必着急，慢慢打開來看，必有更多驚喜！

習主席此番視察香港期間，展現了對香港同胞的滿腔真情，闡釋了「一國兩制」理論，體現了中央對香港的擔當，其影響將在日後持續釋放。正如中聯辦領導在總結主席香港之行時所説：「這些都有利於香港社會凝聚共識，激勵香港社會各界人士自覺融入到為中華民族偉大復興中國夢而共同奮鬥的壯闊征程中」。習主席已經「指路導航」，香港應該到了「家和萬事興」時候了！

（原載於《明報》，2017 年 7 月 5 日）

把握「一國」和「兩制」的關係進入新境界

—— 回顧習主席視察香港一週年的新氣象系列評論之一

　　時光荏苒，歲月如梭。轉眼之間，中共中央總書記、國家主席習近平視察香港並出席回歸 20 週年紀念活動即將迎來一週年的重要時刻。香港同胞清晰地記得，習主席視察香港 49 小時，出席 20 多場活動，不辭辛苦，日夜奔波，情暖香江，心繫同胞。在慶祝香港回歸祖國 20 週年大會暨香港特別行政區第五屆政府就職典禮上的講話中，習主席就香港更好地落實「一國兩制」提出了「四個始終」的要求。首要一條是「始終準確把握『一國』和『兩制』的關係。」他說：「要把堅持『一國』原則和尊重『兩制』差異、維護中央權力和保障香港特別行政區高度自治權、發揮祖國內地堅強後盾作用和提高香港自身競爭力有機結合起來，任何時候都不能偏廢。」

　　堅守「一國」之本，善用「兩制」之利。一年來，特區的行政、立法、司法機關以及香港各界在落實「一國兩制」上進行新實踐、新探索，把握「一國」和「兩制」的關係進入了新境界。

國家觀念、民族觀念逐漸增強

　　把握好「一國」和「兩制」的關係，首先要尊重「一國」是前提、是根本這個大原則。過去一年，特區政府、香港各界和廣大市民對這一原則的認識和把握日漸精準。

　　去年 10 月，行政長官林鄭月娥發佈的任內首份施政報告中提出了

「三個有責任」。她説：「我們每一個熱愛香港的人都有責任全面準確地確保『一國兩制』在香港沿着正確方向前進、都有責任向任何衝擊國家主權、安全、發展利益的行為説『不』、都有責任培養下一代成為具國家觀念、富香港情懷和對社會有承擔的公民。」她還宣佈，中國歷史將於下學年在初中成為獨立必修科。「三個有責任」聚焦維護「一國」原則的重點問題，直擊要害，發自肺腑，説出了香港同胞的心裏話，引起了全港各界人士的共鳴。中史必修」有益於學生建立正確的價值觀，成長為有責任感、有國家觀念的公民，得到社會普遍好評。

去年 11 月，特區政府邀請中央宣講團來港宣講中共十九大精神，特區以往曾邀請中央官員宣講政策，邀請來港宣講中共黨的代表大會精神尚屬首次。通過宣講，特區政府主要官員對「習思想」有了深刻理解，對民族復興大勢、國家發展大局有了更多瞭解，對新時代香港責任和香港機遇有了更清晰的認識。

今年 4 月，香港友好協進會和港區省級政協委員聯誼會邀請香港中聯辦領導作主題演講，分享全國「兩會」精神。中聯辦領導以飽滿深情引導港人回顧人民領袖習主席全票當選、憲法宣誓、閉幕講話等歷史時刻，以寬闊視野分析世情、國情、港情，釐清了國家戰略給香港帶來的發展機遇，講者聽者互動，引起強烈共鳴，在全港社會引起廣泛反響。

心中有國家、有民族，肩上就有責任、有義務。從 26 位香港「少年警訊」成員給習主席寄去賀年卡，到 24 位港區「兩院」院士致信習主席願為建設創新型國家效力，再到各界人士對國學大師饒宗頤先生的追思，都可以清楚地看到，香港同胞的國家觀念、民族觀念日漸增強，「共擔民族復興的歷史責任，共享祖國繁榮的偉大榮光」的主動性越來越強。

對底線原則的把握更加精準

把握好「一國」和「兩制」的關係，關鍵要把握好「一國兩制」的底線原則。習主席在去年「七一」講話中闡明了中央的底線原則。他指出：「任何危害國家主權安全、挑戰中央權力和香港特別行政區基本法權威、利用香港對內地進行滲透破壞的活動，都是對底線的觸碰，都是絕不能允

許的。」過去一年，香港行政、立法、司法機關在維護底線原則上做出了不懈努力。

高等法院日前對「旺角暴亂」的涉案人員作出判決，梁天琦暴動罪及襲警罪成立，獲刑 6 年；同案的盧建民、黃家駒分別獲刑 7 年和 3 年半。發生在 2016 年春節的旺角暴亂至今讓人心有餘悸。數百人衝上街頭，用棍棒和板磚向正常執法的警察「開戰」，燒車、打人、破損公物，瞬間讓祥和的街區陷入騷亂。對梁天琦等人的判決，是對香港法治的尊重，是「底線不可觸碰」的最好證明。

針對一些體育賽事上有人「噓國歌」的現象，去年 11 月 4 日，十二屆全國人大常委會通過決定，在香港基本法附件三中增加全國性法律《中華人民共和國國歌法》。今年 3 月，特區政府政制及內地事務局向立法會遞交《國歌法》香港本地立法的討論文件，推動人大常委會決定在港落實，為維護國家尊嚴奠定法律基礎。

針對立法會「拉布」、「流會」的現象，立法會修訂《議事規則》，其內容包括立法會全體委員會會議法定人數由全體議員一半下調至 20 人；除與撥款法案有關外，其他二讀法案在負責議員發言後就須交付內務委員會處理；對瑣屑無聊或無意義的修正案或動議，立法會主席可不予接納；主席可命令於任何時間恢復會議或召開會議等。規則修訂後，有效消除了「為反而反」的現象，提高了議事效率。香港中聯辦領導 4 月 23 日在立法會近距離同 51 名議員會面交流，特別以三種「政權力量」來強調立法會在特區的重要角色，有力的促進了立法會議事文化的明顯改變。

融入國家發展大局步伐明顯加快

把握好「一國」和「兩制」的關係，還須在「國家所需」與「香港所長」之間找到契合點，在服務國家的同時成就香港。實現這個目標，當務之急是在融入國家發展大局上實現突破。

早前，深港高鐵「一地兩檢」方案在立法會高票通過，並寫入香港法律文本，香港即將進入「高鐵時代」。基礎設施的對接是融入國家發展大局的前提和基礎，「融入」的大文章才剛剛開頭。一年來，香港融入國家

發展大局的步伐明顯加快。

香港積極融入粵港澳大灣區建設。一年來，林鄭及特區政府相關官員多次赴廣東九市考察，立法會議員亦赴大灣區相關城市考察。香港特區與廣東省共建落馬洲創科中心落地，這個一平方公里的「飛地」解決了香港地域狹小的難題，創科發展的前景可期。香港主動參與「一帶一路」建設。繼「滬港通」之後，「深港通」變成現實。以此為契機，香港在打造全球最大人民幣離岸中心方面取得進展。同時，特區政府還舉辦多場論壇，邀請中央領導和專家學者，共商參與「一帶一路」大計。香港得到了中央多項新政支持。就在這一年，中央先後出台了便利港澳居民赴內地學習、就業、生活的政策，落實香港居民在內地的「國民待遇」。科技部、財政部還出台新政，解決科研經費「過河」問題。

事實證明，只要尊重「一國」原則，就能準確把握「一國」和「兩制」的關係；只要準確把握「一國」和「兩制」的關係，就能走出「政治爭拗」的泥潭，發揮好「一國兩制」的獨特優勢，維護「香港好，國家好；國家好，香港更好」的良好局面。把握「一國」和「兩制」關係進入新境界，預示着「一國兩制」定能行穩致遠，香港的明天必定更加美好！

（原載於《大公報》，2018 年 6 月 25 日）

依照憲法和基本法辦事
開創新局面

—— 回顧習主席視察香港一週年的
新氣象系列評論之二

去年「七一」，中共中央總書記、國家主席習近平在慶祝香港回歸祖國 20 週年大會暨香港特別行政區第五屆政府就職典禮上的講話中，就香港更好地落實「一國兩制」提出了「四個始終」的要求，其中第二條是「始終依照憲法和基本法辦事」。習主席指出：「在落實憲法和基本法確定的憲制秩序時，要把中央依法行使權力和特別行政區履行主體責任有機結合起來；要完善與基本法實施相關的制度和機制；要加強香港社會特別是公職人員和青少年的憲法和基本法宣傳教育。這些都是『一國兩制』實踐的必然要求，也是全面推進依法治國和維護香港法治的應有之義。」

普及憲法和基本法卓有成效

一年來，香港特區行政、立法、司法機關以及社會各界，牢牢把握「始終依照憲法和基本法辦事」這個大原則，聚焦熱點事件，着力重點環節，在憲法和基本法的再學習再普及、依法制裁違憲違法行為等方面施良策、有亮點、善作為，依照憲法和基本法辦事開創新局面，香港社會逐漸走出「政治爭拗」的泥潭，社會秩序呈現出和諧向好局面。

今年全國「兩會」一個重大議題是修憲，修憲一個最大亮點是把習近平新時代中國特色社會主義思想載入憲法。這和香港有什麼關聯？「兩會」閉幕後，應香港友好協進會和港區省級政協委員聯誼會邀請，香港中聯辦領導作了主題演講。堅持「『一國兩制』和推進祖國統一」是習近平新時

代中國特色社會主義思想 14 個基本方略之一。「習思想」入憲，意味着香港按照「一國兩制」方針實行「港人治港」、高度自治有了更堅實的憲制保障。憲法並不遙遠、並不抽象，與香港發展、港人生活息息相關。

　　一年來，在行政長官、特區政府、香港中聯辦和社會各界的推動下，憲法和基本法再學習再普及取得了實效。本港市民釐清了「憲法—基本法—本地法律法規」之間的邏輯關係，進一步弄明確了三個基本認知。第一，憲法是香港特區的「出世紙」。憲法第 31 條規定：「國家在必要時得設立特別行政區。在特別行政區內實行的制度按照具體情況由全國人民代表大會以法律規定。」第二，憲法是特區制度的法律淵源。香港基本法序言指出：「根據中華人民共和國憲法，全國人民代表大會特制定中華人民共和國香港特別行政區基本法，規定香港特別行政區實行的制度和政策，以保障國家對香港的基本方針政策的實施。」第三，香港的高度自治權源於憲法。憲法第 62 條規定的全國人民代表大會行使的職權中有一項：「決定特別行政區的設立及其制度」。正是依據這一條，基本法明確了「按照『一個國家，兩種制度』的方針，不在香港實行社會主義的制度和政策」、「全國人民代表大會授權香港特別行政區依照本法的規定實行高度自治，享有行政管理權、立法權、獨立的司法權和終審權」等重大原則。

　　通過憲法和基本法的再學習再普及，本港市民對憲法和基本法的認識水平明顯提高，為依法辦事提供了良好基礎。

依法取消「辱國議員」資格大快人心

　　一邊競選立法會議員、試圖鑽進現有政治架構內，一邊卻不斷發出違憲違法辱國言論、試圖推翻現有政治架構。這樣的咄咄怪事，曾經在香港出現數例，激起全城、全國、全世界華人的憤怒和聲討。過去一年，這些議員的資格被依法剝奪，大快人心！

　　去年 8 月，終審法院拒絕游蕙禎、梁頌恆的申請上訴。游、梁二人於 2016 年 10 月 12 日立法會宣誓就職時，公然宣揚「港獨」及發表「支那」辱國言論。之後，香港高等法院裁定他們違反基本法和《宣誓及聲明條例》，宣告兩人自宣誓當日起已喪失議員資格，並指人大釋法對香港法院

具有約束力，而「法院不干預立法會」的原則並不適用，強調容許他們重新宣誓在法律上並不可能。終審法院拒絕游、梁的申請上訴，意味着「剝奪梁游議員資格」一錘定音。

去年 7 月 15 日，香港高等法院判決羅冠聰、梁國雄、劉小麗、姚松炎 4 名立法會議員的宣誓沒有法律效力，其議員資格被取消。以上四人於 2016 年 10 月 12 日立法會宣誓就職時，或私自篡改誓詞、或改變宣誓形式，均屬於「作出不莊嚴和不真誠的表現」。

法院依法判決取消以上 6 人的議員資格，是依法辦事的典型案例，維護了憲法和基本法的權威，發揮了正本清源的作用，對於遏制「港獨」、維護法治具有特殊意義。

完善與基本法相銜接的制度穩步推進

憲法和基本法作為構成香港憲制基礎的根本大法，明確了諸多原則性、方向性的重大問題，全面準確落實「一國兩制」，確保不變形、不走樣，還需要完善與基本法相銜接的制度和機制。過去一年，香港行政、立法、司法機構為此做出了不懈努力。

香港高等法院判定取消 6 名議員的議員資格，正是依據全國人大常委會對香港基本法第 104 條作出的司法解釋、《宣誓及聲明條例》的條文及參考相關案例做出的判決。這是「人大釋法」與「法院判決」實現有效銜接的經典案例，值得稱道。

《中華人民共和國國歌法》頒佈後，全國人大常委會決定在香港基本法附件三中增加這一法律。特區政府很快向立法會遞交國歌法香港本地立法的討論文件。這是推動全國性法律在港落實的重要舉措，是特區政府積極履行憲制責任的具體體現。

《廣深港高鐵（一地兩檢）條例》近日獲政府刊憲，正式成為香港法例。利港利民的「一地兩檢」得以落地，得益於立法會修訂《議事規則》。修訂後的規則有效防止了「拉布」、「流會」現象，提高了立法會議事效率。這是立法會完善與基本法相銜接的制度取得的實效。

過去一年，香港諸多愛國社團和有識之士呼籲盡快推動「23 條立

法」，行政長官林鄭月娥多次表示，推動「23 條立法」是香港必須履行的憲制責任，香港有責任維護國家安全。雖然「23 條立法」至今還沒有時間表，但共識正在形成，「是否立法？」已沒有太大爭議，「何時立法？」、「怎樣立法？」成為人們思考和討論的重點，各方面條件越來越有利於立法。

習近平主席高度重視憲法實施和憲法宣傳教育。習主席多次強調：「堅持依法治國首先要堅持依憲治國，堅持依法執政首先要堅持依憲執政。」香港是法治社會，憲法和基本法構成香港的法治根基。過去一年，無論是從思想認識、國家意識、愛國精神，還是從具體事件來看，在維護法治根基這個大原則上，香港社會態度堅決，積極有為，這是可喜變化，值得肯定、值得點讚！

（原載於《大公報》，2018 年 6 月 26 日）

聚焦發展第一要務實現新突破

—— 回顧習主席視察香港一週年的
新氣象系列評論之三

　　去年「七一」，中共中央總書記、國家主席習近平在慶祝香港回歸祖國 20 週年大會暨香港特別行政區第五屆政府就職典禮上的講話中，就香港更好地落實「一國兩制」提出「四個始終」的要求，其中第三條是「始終聚焦發展這個第一要務。」習主席指出：「發展是永恆的主題，是香港的立身之本，也是解決香港各種問題的金鑰匙。」「香港背靠祖國、面向世界，有着許多有利發展條件和獨特競爭優勢。特別是這些年國家的持續快速發展為香港發展提供了難得機遇、不竭動力、廣闊空間。香港俗語講，『蘇州過後無艇搭』，大家一定要珍惜機遇、抓住機遇，把主要精力集中到搞建設、謀發展上來。」

　　習主席對香港發展的殷殷關切，啟發港人深刻反思。平心而論，近年來香港出現的一些社會矛盾，除了政治原因之外，發展不快、發展不充分、發展不平衡、發展質量不高、普通市民對發展的獲得感不強，都是重要原因。習主席對香港發展的希望和要求，激勵港人不懈奮鬥。一年來，林鄭月娥領導的新一屆特區政府以時不我待的責任感和緊迫感推動發展，創科發展邁出新步伐，融入大灣區展現新姿態，參與「一帶一路」建設搶抓新機遇，聚焦發展第一要務實現了新突破。

創科發展邁出新步伐

　　一個有雄心、有權威、有作為的政府是經濟發展的重要驅動力量。新一屆特區政府成立以來，行政長官林鄭月娥帶領執政團隊，極力推進創新

及科技發展，致力於打造香港發展新優勢。

　　林鄭月娥上任後的首份施政報告中表示，政府從研發資源、匯聚人才、提供資金、科研基建、檢視法例、開放數據、政府採購和科普教育八大方面入手，加強創科發展。為了推進創新科技，林鄭親自領導一個高層次、跨部門的「創新及科技督導委員會」，她還改組特區政府「中央政策組」為「政策創新與統籌辦事處」，負責政策研究及創新和跨部門協調工作；並將政府的「效率促進組」歸入創新及科技局，以提高政府在創科方面的工作效率。特區政府計劃在本屆政府 5 年任期結束前，將香港本地研發總開支，由目前佔生產總值的 0.73% 增加至 1.5%。同時，力推香港與深圳共同發展落馬洲河套地區「港深創新及科技園」，這意味着香港的科研優勢與深圳的高端製造優勢今後將在這個平台上對接，貫通創科產業的上、中、下游，把香港的創新潛力轉化為現實效益。

　　特區政府力推創科發展，抓住了香港發展的關鍵。創新是發展的第一動能。香港擁有良好的科研資源，但把科研成果轉換創新產品的能力不足，在這方面，香港已經落後於深圳、北京等許多城市。特區政府找準切入點，補上短板，必能迎頭趕上。

　　讓人倍感振奮的是，香港的創科發展得到了習主席的親切關懷。今年 5 月 14 日，習主席在給 24 位香港兩院院士的來信批覆中明確表示，支持香港成為國際創新科技中心。習主席的重要指示，馬上成為中央部委鼎力支持的方向。科技部、財政部迅速出台新政，解決科研經費「過河」問題，香港的創新科技呈現出良好發展勢頭。

融入粵港澳大灣區展現新姿態

　　香港的發展進入新時代，怎樣才能實現健康、高質量、可持續發展？今年全國「兩會」上，香港中聯辦領導在香港代表團發言中析港情、理思路，提出了十分中肯的意見。新時代改革開放為香港融入國家發展大局提供了時代機遇、戰略機遇，粵港澳大灣區建設為香港融入國家發展大局提供了戰略支撐和重要平台，建設創新型國家為香港融入國家發展大局和創建「新優勢、新中心」提供了不竭動力。利用好「一機遇、一平台、一動

力」，香港發展之路一定更加寬廣。

　　過去一年，香港在融入大灣區方面更加積極主動。林鄭月娥及政府相關官員帶隊，多次造訪廣東相關城市，特區政府政制及內地事務局還設立「粵港澳大灣區發展辦公室」，專責協調相關中央部委及廣東省和澳門特區政府，以及特區政府相關政策局及部門，協助港人港企發掘更多發展機遇。香港各界的認識也在漸漸轉變，以往一些人認為這是「完成國家任務」，現在認識到這是「挖掘香港發展機遇」。香港的研發能力、國際化程度、全球金融中心，這些方面是香港的優勢，但香港土地資源匱乏、製造業式微，是不可否認的劣勢。香港如能與大灣區其他城市對接，就能取得「一加一大於二」的效果。從被動接受到主動作為，香港在大灣區建設上的「角色轉換」，展現出喜人的新姿態。未來如能以務實態度，持續推動產業對接、創新平台對接、粵港澳政策對接、制度對接，必能在鞏固傳統優勢的同時，打造出新優勢，實現高質量發展。

參與「一帶一路」建設把握新機遇

　　今年 5 月，在汶川特大地震 10 週年前夕，川港高層會晤暨川港合作會議第一次會議在成都舉行，「川港合作」就此揭開序幕。這是香港與內地第四個省份、西部第一個省份建立長效合作機制。雙方合作的重點是共同參與「一帶一路」建設。

　　為什麼要建立「川港合作」的長效機制呢？除了兩地同胞在 10 年災後重建的親情因素以外，從國家發展戰略看，中國正在構建「陸海內外聯動、東西雙向互濟」的開放格局，西部從內陸腹地一下子變成了開放前沿。以四川為例，蓉歐班列的開通，使成都到歐洲的貨運距離從海運的一個多月，縮短到火車運輸的 10 天左右。西部的優勢是資源富集，勞動力豐富且成本不高，高端製造業也有一定實力；短板主要體現在：基礎設施條件不如東部，營商環境與東南沿海有較大差距，貿易、金融、物流、法律、會計、國際仲裁等領域的人才不足，等等。「西部所缺」恰恰是「香港所長」，二者可以形成互補。「川港合作」意味着香港參與「一帶一路」的深度和廣度都進一步拓展，達到了一個新層次、新領域、新境界。

除了與內地省份合作，一年來，林鄭月娥和特區政府還積極尋求與其他經濟體合作，包括與「一帶一路」沿線經濟體簽訂自由貿易協定、促進和保護投資協定和全面性避免雙重課稅協定、與法國等歐盟國家攜手開拓商機等等。這一切表明，香港參與「一帶一路」的視野更加開闊、措施更加務實、對機遇的把握更加精準到位。

習主席在參加今年全國「兩會」廣東代表團審議時強調：「發展是第一要務」，「構建推動經濟高質量發展的體制機制是一個系統工程，要通盤考慮、着眼長遠、突出重點、抓住關鍵」。按照習主席的指示，發展是永恆的主題。香港無論是保持國際金融、航運、貿易中心地位，還是建設國際創科中心；無論是提升綜合競爭力，還是改善民生福祉，這都需要通過發展來實現。一年來，人們欣喜地看到，香港逐漸擺脫「政治迷霧」，重新聚焦發展，從認識到行動都實現了新突破。這是香港之福、國家之幸，必將為推進「一國兩制」行穩致遠提供不竭動力。

（原載於《大公報》，2018 年 6 月 27 日）

維護和諧穩定的社會環境
有了新作為

—— 回顧習主席視察香港一週年
新氣象系列評論之四

去年「七一」，中共中央總書記、國家主席習近平在慶祝香港回歸祖國 20 週年大會暨香港特別行政區第五屆政府就職典禮上的講話中，就香港更好地落實「一國兩制」提出了「四個始終」的要求，其中第四條是「始終維護和諧穩定的社會環境。」習主席指出：「香港是一個多元社會，對一些具體問題存在不同意見甚至重大分歧並不奇怪，但如果陷入『泛政治化』的漩渦，人為製造對立、對抗，那就不僅於事無補，而且會嚴重阻礙經濟社會發展。凡事都着眼大局，理性溝通，凝聚共識，才能逐步解決問題。香港雖有不錯的家底，但在全球經濟格局深度調整、國際競爭日趨激烈的背景下，也面臨很大的挑戰，經不起折騰，經不起內耗。只有團結起來、和衷共濟，才能把香港這個共同家園建設好。」一年來，香港特區行政、立法、司法機關，以及社會各界和廣大市民共同努力，邪氣、扶正氣、促和氣，違法亂港之人受到法律懲罰，愛國愛港力量日益壯大，基層民眾福祉不斷改善，維護和諧穩定的社會環境有了新作為。

「違法達義」受到法律懲罰

曾幾何時，香港社會瀰漫着一股歪風，有人以追求其心中的理想或自由行使法律賦予的權力為由，肆意作出違法行為。這股歪風源於戴耀廷宣揚的歪理邪說 ——「違法達義」。香港高等法院以多個案例給「違法達義」判了「死刑」。

今年 1 月 17 日，高等法院對非法「佔中」期間違反禁制令的黃之鋒、羅冠聰、周永康等人作出改判，判決監禁 6 至 8 個月。法官的判詞指出：「一些有識之士鼓吹『違法達義』的口號、鼓勵他人犯法。該等認識公然蔑視法律，不但拒絕承認其違法行為有錯，更視之為光榮及值得感到自豪的行為。該些傲慢和自以為是的想法，不幸對部分年輕人造成影響，導致他們在集會、遊行或示威行動時隨意做出破壞公共秩序及公眾安寧的行為」；「使用暴力的犯案者即使因其道德或政治信念而犯案，甚至稱為勢所迫，也不能成為求情或輕判的理由。法庭都會嚴厲判罰，否則法律保障可能會蕩然無存。」

今年 6 月 11 日，高等法院對「旺角暴亂」的策劃指揮者梁天琦等人作出判決，判決梁天琦暴動罪及襲警罪成立，監禁 6 年；同案的盧建民、黃家駒分別獲刑 7 年和 3 年半。法庭強調，政治因素不是法庭審案量刑考慮的因素，無論任何人、持任何政治主張，若作出犯法行為，都不能因動機的所謂崇高而逃避法律制裁。

「有序民主」氛圍日漸濃厚

法官的以上判詞義正辭嚴，有理有據，可圈可點，非常精彩！這既是對「違法達義」行為作出具阻嚇性的判決，更是對「違法達義」歪理邪說做出定性的宣判。以上案例提醒市民尤其是年輕人，違法暴力必然失去合法的集會自由，犯暴動罪受到法律懲罰更是咎由自取。

「拉布」、「流會」、無休止的「點人頭」，香港立法會發生的這些現象，使關係港人福祉的諸多議案一再擱淺，久拖不決，這是「無效民主」的最真實體現。在宣誓就職典禮上公然宣揚「港獨」立場的候任議員，在不被確認議員資格後，竟然強闖立法會。這是「無序民主」的真實寫照。一些人「逢中必反」、「逢特區政府必反」、「為反而反」到了走火入魔的地步。這些現象決非民主之幸，實乃民主之恥！

過去一年，上述現象得到有效改變，「有序民主」、「有效民主」的氛圍日漸濃厚。新一屆特區政府成立後的第四天，行政長官林鄭月娥就出席立法會答問會。她表示，政府官員與立法會議員之間缺乏信任，導致特區

政府未能及時有效地落實貫徹相關政策，任內將增加與議員會面的頻率，希望以身作則，改善溝通聯繫。林鄭的善意溝通及親和姿態，打破了對峙僵局。今年4月，由立法會經濟發展事務委員會主席林健鋒倡議和擔任團長，來自不同政黨的32位立法會議員造訪廣東深圳、東莞、佛山、廣州等五市，特區政府亦派出4位局長與之同行。在一連三天的行程中，全體議員表現出了較強的責任感，主動積極參與，既能遵守規矩，也無「失禮」言行，獲得了大灣區各市發展近況的第一手資料，開闊了眼界，凝聚了共識，增強了互信，為香港政壇帶來一股新風。不久前，立法會通過了廣深港高鐵「一地兩檢」條例，雖然其過程難說一帆風順，但與以往「拉布」不斷的現象相比，決策效率還算較高，不能不說是一個巨大進步。對此，立法會議員、民建聯主席李慧瓊深有感觸的說：「絕大部分立法會議員深愛香港，願意為香港發展找到出路、找好出路」。

深層次矛盾逐步化解

深諳香港民情的人都明白，近年來「香港問題」的癥結並非民主欠佳，而是民生欠佳，社會底層人士、特別是年輕人就業、創業、置業困難，向上流動受阻，社會怨氣較大。同時，港府多年奉行「謹慎理財」原則，財政盈餘雖多，投資民生、投資未來的錢卻不多。在這種背景下，一些別有用心之人借「民主自由」之名搞事，使香港步入了「泛政治化」的泥潭。新一屆特區政府成立後，轉變思路，大手筆解決深層次社會矛盾。

一年來，特區政府加大投入惠民生。在解決住房問題上，致力縮短公屋輪候時間，幫助公屋住戶循置業階梯上移；設立中產家庭可負擔的「港人首置上車盤」；加強對有經濟需要在職家庭的支援。在扶貧方面，實施改善「低收入在職家庭津貼計劃」、「免入息審查的公共交通費用補貼計劃」，還推出「拾遺補漏」措施，針對無交薪俸稅、在港無物業群體發放紅包，惠及280萬人。

一年來，特區政府大幅減稅促就業。將企業首200萬元利得稅率由16.5%降至8.25%，其後利潤繼續按16.5%徵收。同時，首200萬元的合資格研發開支可獲300%扣稅，餘額則獲200%扣稅。中小企是香港經濟

的骨幹，減輕稅負助力中小企業成長，而中小企業則可為社會提供大量就業崗位。

　　此外，在青年政策方面，重點關注青年的學業、事業及置業，並鼓勵青年議政、論政及參政，青年人加入特區政府各委員會；在教育方面，將中國歷史列為初中獨立必修科，期望學生建立正面的價值觀，成為具國家觀念、富香港情懷和對社會有承擔的公民。以上舉措，都利於紓解人們心中怨氣，從根本上化解社會矛盾。

　　「香港的發展一直牽動着我的心。」習主席對香港、香港同胞的關愛、情感和期待，鼓舞激勵 700 萬港人奮發有為，正如中聯辦領導在香港公開宣講十九大、全國「兩會」精神時的那句名言：「我們將以更宏大的視野來審視國家與香港的昨天，把握國家與香港的今天，謀劃國家與香港的明天，珍惜好、維護好、鞏固好、提升好當前香港來之不易的良好態勢。」

　　「和氣致祥，乖氣致異。」過去一年，香港的和氣上升，乖氣下降，和衷共濟的局面正在形成，值得稱道！「一國兩制」包含了中華文化中的和合理念，體現的一個重要精神就是求大同、存大異，「家和萬事興」，只要擁有和諧穩定的社會環境，定能推進「一國兩制」行穩致遠，我們的共同家園必定更加美好！

（原載於《大公報》，2018 年 6 月 28 日）

相信國家民族復興的腳步
不可阻擋

——與祖國同命運共擔當應對
由美國挑起的貿易戰系列評論之一

7月6日0時01分（北京時間7月6日12時01分），美國開始對價值340億美元中國產品加徵25%的關稅，打響了貿易戰第一槍。特朗普總統還威脅將對價值5,000億美元的中國產品加徵關稅。為了捍衛國家核心利益和人民群眾利益、維護貿易自由和多邊體制，中國不得不採取對等的反制措施，對美國340億美元產品加徵25%的關稅，同日同時生效。由美國挑起的經濟史上最大規模貿易戰就此爆發。

美國執意發動貿易戰，旨在徹底打垮中國，遏制中國崛起。香港作為重要的轉口貿易地，在這場貿易戰中難以置身其外。如何應對這場危機？去年七一期間，中共中央總書記、國家主席習近平視察香港時講的三句名言言猶在耳：「相信自己，相信香港，相信國家。」中國今非昔比，香港700萬市民要相信國家，冷靜觀察，理性分析，增強信心，沉着應對，與祖國同命運、共擔當，應對由美國挑起的這場貿易戰。只要我們團結一致，共克時艱，中華民族偉大復興的腳步不可阻擋！

美國真實目的是遏制中國崛起

特朗普在發動這場貿易戰之前找了很多理由，比如，「中國偷竊知識產權」、「中國不遵守WTO規則」、「美國在與中國的貿易中吃虧」等等。這些理由或無中生有、或小題大做、或借題發揮，但特朗普這個「大嘴」有一句話説到了點子上，他説「中國製造2025」將挑戰美國科技領先的

地位。擔心別人跑得太快追上自己，自己不跑快一些，而是不准別人跑。世界上哪有這樣的道理？

貿易戰僅是一個手段，打擊「中國製造 2025」僅是一個開始。事實上，美國擔心中國全方位崛起觸動自己的既得利益。儘管中國多次表明，願意與美國建立不衝突、不對抗、相互尊重的新型大國關係，美國前國務卿提勒森等人對此也表示認同，但隨着提勒森等鴿派人士被逐出白宮，班農等鷹派佔據要職，白宮已形成了一個「遏華」決策團隊，他們認同「修昔底德陷阱」理論，相信新興大國崛起必然對抗守成大國，甚至發生戰爭的「歷史經驗」，無視中國的誠意，執意打壓中國。近年來，中國周邊出現的南海危機、東海危機、中印邊界衝突，以及本港發生的非法「佔中」事件、「港獨」勢力冒頭，背後都有美國的「貢獻」。因此，我們不要心存幻想，特朗普的「美國優先」翻譯得直白一些就是「美國獨霸世界」，美國要長期獨霸世界，「遏制中國」就是其必然選項和既定戰略。

中國有實力打好打贏一場持久戰

眼下，人們有一個普遍的認識：貿易戰第一回合，中美實力對等，都是 340 億美元的加稅清單，但下一步美國「子彈」更加充足。按照美國的統計，中國每年向美國出口 5,056 億美元的商品，美國每年向中國出口 1,304 億美元的商品。就算是中國對 1,304 億商品全部加徵關稅，也抵不過 5,056 億。這樣算賬是沒有錯。這也是美國主動挑起貿易戰的實質，是中國不願意打貿易戰的原因。此前，中美進行了多輪談判，中國願意合作的誠意十足，但特朗普出爾反爾，再度揮舞起「關稅大棒」。這再次說明，美國不是要幾個錢那麼簡單，而是逼着中國充當其「經濟藩屬」，逼着 13 億多中國人長期為其「打工」、接受其壓榨。這樣的條件豈能答應？

如果我們把目光放長遠一些，跳出貿易戰看貿易戰，從民族復興、世界大局、全球化發展大勢的角度看貿易戰，中國不但沒有退卻的理由，而且有實力打好打贏一場持久戰：其一，中國有市場優勢。中國擁有 13 億人的巨大市場，這個市場還在以驚人的速度擴大，這也是許多發達國家願意「以技術換市場」在華投資的原因，任何一個力圖推動經濟發展的國家

都捨不得這個市場；其二，中國有全產業鏈優勢。半個世紀前，以美國為首的西方發達國家對中國實行全面經濟封鎖，逼着中國自己建立起了完善的工業體系。如今的中國，從一顆螺絲釘到火箭、衛星、航母都可以生產，美國的基礎科學和高端芯片及操作系統遠遠領先於中國，但中國並非所有領域都落後，美國也並非所有領域都領先。只要中國奮起直追，補上短板，依託強大的製造能力，會改變現狀的；其三，中國有體制優勢。社會主義制度有一個鮮明特徵是：「集中力量辦大事」。中國的全社會組織能力、集體行動能力超強，「九八抗洪」、抗擊沙士、「汶川地震」等重大事件都體現出這一強烈特徵，這是美國無法比擬的；其四，中國有道義優勢。美國到處「退群」，推卸國際責任；揮舞關稅大棒，設置貿易壁壘；奉行「美國優先」理念，處處樹敵拉仇恨，激起了包括其鐵杆盟友在內的反感和憤怒。而中國提倡「人類命運共同體」，尊重多邊貿易體制，願意承擔國際義務，得到了一致好評，擁有與他國合作的良好基礎。

香港有責任與祖國同命運共擔當

由美國挑起的中美貿易大戰剛剛拉開序幕，許多細節問題還看不清楚。但有一點是明確的：香港難以置身其外！

香港的進、出口商品貿易量排名全球第七。2017 年，香港自中國內地進口貨物價值 20,301 億港元、出口到內地 21,058 億港元；香港從美國進口貨物價值 2,137 億港元，出口到美國 3,302 億港元。中國內地和美國分別是香港第一大和第六大進口來源地，是香港第一大和第二大出口目的地。香港製造業式微，進出口的大部分貨物實際上屬於轉口貿易，中美貿易大戰必然影響香港的轉口貿易，繼而波及其他行業。

值此關鍵時刻，香港有責任、有義務、有必要與祖國同命運、共擔當，共同應對這場由美國挑起的貿易戰。理由有三：第一，國家是香港的強大後盾。「一國兩制」下的香港自回歸之日起就納入國家治理體系，在涉及到國家主權、安全和發展利益的重大原則問題上，須和祖國站在一起。同時，祖國內地是香港發展的最大依託和強大保障，在亞洲金融風暴、全球金融危機等歷次危機中，都是國家不遺餘力出手相助，才讓香港

渡過難關。而香港未來的發展，同樣需要國家的鼎力支持；第二，貿易戰不得人心。美國發動的貿易戰，破壞全球貿易體系，不僅拿中國開刀，也對德國、加拿大、英國、法國、日本等自己的盟友毫不手軟，倒行逆施，以鄰為壑，激起公憤。香港唯有對其説「不」，才能站在道義的制高點；第三，貿易戰對香港影響深遠。香港與內地分屬不同關稅區，雖然現在還看不到對香港的傷害程度，但絕不能心存僥倖。以中美貿易戰為開端，如果下一步美加、美歐、美日貿易戰全面爆發，勢必演變為一場貿易混戰，香港屬外向型經濟，貿易、金融、航運、股市、匯市、樓市無不受其影響。從這個角度講，香港必須與祖國內地緊緊並肩攜手，以戰止戰，把貿易戰的損失降低到最低限度。

習近平總書記在中共十九大報告中指出：「中華民族偉大復興，絕不是輕輕鬆鬆、敲鑼打鼓就能實現的。」由美國挑起的貿易戰再次印證了總書記的英明判斷。美國執意要阻止中華民族偉大復興，但包括香港同胞在內的中國民眾不會受制於人、任人擺佈，民族復興的腳步不可阻擋，中國將按照自己的既定節奏向前邁進！

（原載於《大公報》，2018 年 7 月 8 日）

相信香港抵禦風險的能力越來越強

——與祖國同命運共擔當應對由美國挑起的貿易戰系列評論之二

　　由美國挑起的中美貿易戰於 7 月 6 日打響，這是世界經濟史上最大規模的貿易戰。這場貿易戰將直接影響香港近 700 億港元的轉口生意。在 7 日舉行的香港科技大學論壇上，特區行政長官林鄭月娥不點名地批評了「單一國家」破壞了多邊貿易體制和經濟全球化的法律秩序。林鄭特意引述國家主席習近平在國際論壇發表的講話，指「你可以把門關上，將風雨阻隔，但關上門，同時會令屋內的人不能接觸空氣與陽光」。林鄭認為習主席講話的這個寓意值得深思。她還堅定表示香港會保持警惕，評估貿易戰帶來的影響。

　　香港如何應對這場危機？讓人不由地記起習近平主席去年七一視察香港時講的「三個相信」：「相信自己，相信香港，相信國家。」面對今次危機，我們要看到隨着「一國兩制」在國家大局中地位日益提升，要相信香港抵禦風險的能力越來越強。讓我們與祖國同命運、共擔當，攜手應對由美國挑起的貿易戰，把眼前的損失降到最低，並藉此調整貿易結構，推動經濟轉型升級，邁向高質量發展的新階段。

貿易結構出現新變化

　　據統計，今次貿易戰直接涉及到內地經香港轉口至美國的貨值約 530 億港元、美國經香港轉口至內地的貨值逾 100 億港元，兩者合計約 700 億港元，佔香港貿易總額的一成多至兩成。至於貿易戰對本港經濟帶來的間

接影響，要視具體情況而言。若生產者完全承擔關稅費用，成本就由出口方負擔，從而影響企業盈利；若成本可轉嫁給消費者，就會令貨價上升，影響入口方的通脹。無論是哪種情況，作為轉運方的香港，貿易量都會下滑，並給相關產業造成負面影響。

這場貿易戰來得快、來得大、來得猛，香港在短期內無疑將會受到傷害，這是我們無能力改變的。但從長遠來看，香港完全可以通過優化貿易結構來化解風險，我們不能「把雞蛋放在一個籃子裏」，要「多條腿走路」。相信香港，就要看到貿易結構出現的新變化。

過去兩年，在國家推動「一帶一路」建設的大背景下，香港積極扮演「超級聯繫人」的角色，不斷拓展市場，在「一帶一路」沿線國家和服務貿易領域着力，已出現一些可喜的變化。目前，東盟已取代美國，成為香港第二大的貿易夥伴，隨着「一帶一路」向縱深推進，以及粵港澳大灣區建設的推進，香港與內地、香港與「一帶一路」沿線國家合作的空間將進一步拓展，許多國家和地區都會成為香港新的貿易夥伴，此消彼長，隨着對美貿易比重下降，危機就會逐步化解。

打造新優勢邁出新步子

貿易、航運、金融是香港的三大支柱產業，也是香港的傳統優勢。三者互為支撐，可以說「一榮俱榮，一損俱損」。這種產業結構本身就暗藏着風險，國際市場「打個噴嚏」，香港市場就會「感冒」。香港在發展之路上要走穩、走遠、走好，還須打造新優勢，形成多點多極多柱支撐的格局。

今年3月的全國「兩會」期間，香港中聯辦領導就曾提出：「建設創新型國家為香港融入國家發展大局和創建『新優勢、新中心』提供了不竭動力」。香港可以依託科研優勢，打造國際創科中心；依託金融優勢，打造國際資本配置和管理中心；依託通訊基礎設施優勢，打造國際數據中心。這些建議引人深思，對於謀劃香港中長期發展具有啟示作用。

值得欣慰的是，特區政府和各界有識之士都認識到了這一點。相信香港，就要看到香港打造新優勢邁出了新步子。最近一年，特區政府從研發

資源、匯聚人才、提供資金、科研基建、檢視法例、開放數據、政府採購和科普教育八大方面推進創科發展,明確提出將按照習主席的指示,加快建設國際創科中心。特區政府計劃 5 年內將香港本地研發總開支,由目前佔生產總值的 0.73% 增加至 1.5%。香港與深圳共同發展落馬洲河套地區「港深創新及科技園」也已簽署協議。香港在人工智能、生物醫藥等方面全球領先,下一步,香港的科研優勢與深圳的高端製造優勢一旦實現對接,則可催生新的產業,並佔據產業鏈上游,將改變過分依賴服務業的現狀,貿易戰對香港帶來的損傷將會逐漸減弱。

相信香港,還應該看到,中國內地擁有一套完整的工業體系,這在全世界是不多見的。香港幾乎所有優勢都可以找到與內地的對接點,只要對接成功,就能形成一個產業鏈,香港經濟就多一個支撐點,令香港的發展之路越走越寬、風險越來越小。香港繼續在這方面多謀劃,則能找到更多出路。

中央挺港力度持續增強

「一國兩制」下的香港具有明顯的制度優勢。習主席去年七一期間視察香港以來,特別是中共十九大把「『一國兩制』和實現祖國統一」列為堅持和發展中國特色社會主義的基本方略之後,香港社會各界和廣大市民明顯感覺到,中央挺港的力度持續增強。

習主席去年七一視察香港期間,親自見證了粵港澳三地簽署合作協議。去年 8 月和 12 月,中央部委兩次出台便利香港居民赴內地學習、創業、就業的政策,落實香港居民在內地的國民待遇。今年 5 月 14 日,習主席在給 24 位兩院院士的來信批覆中明確表示,支持香港成為國際創新科技中心。科技部、財政部迅速出台新政,解決科研經費「過河」問題。今年 6 月,主管港澳事務的中共中央政治局常委、國務院副總理韓正到粵港澳大灣區視察,此後,又在北京會見林鄭月娥,聽取她對大灣區建設規劃的意見和建議。這一切表明,香港在國家發展大局中的地位日益重要,中央真心希望香港與祖國內地同發展、共繁榮。

相信香港,就要看到香港「一國兩制」的制度優勢。這種制度設計的

好處有二：一是盡享「一國」之利。香港回歸後納入了國家治理體系，國家在實施重大戰略時，將香港納入「總盤子」，通盤考慮，明確香港的定位，根據香港的實際情況，為香港「量身定做」相關政策，充分釋放香港的「能量」，且在香港遇到危機的時候，國家都會出手，鼎力相助；二是發揮「兩制」優勢。由於香港回歸後依然保持原有的資本主義制度不變，法律基本不變，生活方式不變，香港原有的優勢非但沒有削弱，還在不斷增強。比如，香港自由港的地位沒變，香港作為全球金融、貿易、航運中心的地位沒變，香港依然是世界最自由經濟體，依然是「購物天堂」。如此一來，香港的發展左右逢源，既有靈活性，又有抗風險能力。擁有這樣的制度優勢，那麼，無論遇到多少風風雨雨，香港都不是孤軍奮戰，背後有 960 萬平方公里的土地和 13 億人民，有習主席的親切關懷和堅強領導，有強大的中央政府有力支持，香港抵禦風險能力一定會越來越強。

貿易戰沒有贏家，這是國際社會的共識。由美國挑起的中美貿易戰，不僅損害當事雙方利益，也勢必傷及全球產業鏈上各方的利益。香港在這場貿易戰中也不可避免地會受到一些損失，但只要我們不慌亂、不迷茫、不焦躁，站穩腳跟，經受住第一波衝擊，從長計議，保持信心，精心謀劃，相信香港一定能變壞事為好事，開闢一片新天地。

（原載於《大公報》，2018 年 7 月 9 日）

相信自己
香港的未來就在我們手中

——與祖國同命運共擔當應對
由美國挑起的貿易戰系列評論之三

　　由美國挑起的這場世界經濟史上最大規模的貿易戰，給全球經濟帶來深遠影響，其負面效應將在未來的日子裏逐步顯現，如果貿易戰持續蔓延，不僅延緩全球經濟復甦，且有可能出現類似於 1929 年的全球經濟危機，人們對此充滿憂慮。這次貿易戰直接影響香港近 700 億港元的轉口生意，必然造成貿易萎縮。貿易、金融、航運是香港的三大支柱產業，且互為支撐，貿易戰對香港的間接影響，還將持續顯現。

　　危機面前，我們應該保持什麼樣的心態？習近平主席去年七一視察香港時充滿深情地說：「相信自己，相信香港，相信國家。」今天的香港在國家大局中地位日益提升，有祖國內地的堅強後盾，有香港多年來應對各種風險的積累的豐富經驗，我們要相信自己，香港 700 萬市民團結起來，共克時艱，堅持把自己的事情辦好，讓自己變得越來越強大，就能增強「免疫力」。讓我們與祖國同命運、共擔當，攜手應對由美國挑起的貿易戰，香港的未來就在我們手中！

從三方面保持和諧穩定的好勢頭

　　相信自己，塑造未來，就要珍惜、保持、維護香港和諧穩定的好勢頭。林鄭月娥就任特區新一屆行政長官一年多來，香港社會和諧氛圍日益濃厚。全面準確落實「一國兩制」原則，維護憲法和基本法構成的憲制秩序，特區行政、立法、司法機關，以及社會各界和廣大市民共同努力，

邪氣、扶正氣、促和氣，違法亂港之人受到法律懲罰，「泛政治化」現象受到遏制，愛國愛港力量日益壯大，基層民眾福祉不斷改善，香港社會的和氣上升，乖氣下降，出現了和諧穩定的好勢頭。應對這場貿易戰，我們要從三個方面着力保持這種好勢頭。

一是以大局意識凝聚共識。應對外部的衝擊，首先要內部團結。團結的基礎和前提是維護國家利益、民族利益、香港利益。危機當前，無論哪個政黨、持什麼政見、代表哪個界別，都應該以大局為重，為了民眾的福祉，為了香港的未來，各界攜手，凝心聚力，共克時艱。

二是以防止內耗聚集合力。立法會「拉布」、「流會」、無休止地「點人頭」，曾使關係港人福祉的諸多議案一再擱淺。一些議員「逢中必反」、「逢特區政府必反」、「為反而反」，幾乎走火入魔，貽誤大事。「港獨」勢力肆無忌憚地衝擊法律底線，製造暴力事件，繼而試圖滲透立法會，在現有建制架構內「播獨」。這種無原則、無底線、無秩序的「民主」，並非「民主之榮」，而是「民主之恥」。過去一年來，這種現象受到了遏制。當下，我們要防止以上現象反彈，決不能讓香港再度陷入內耗的泥潭。

三是以改善民生築牢基礎。香港近年來出現的社會撕裂現象，主要原因是民生問題。持續改善民生，讓基層民眾有更多的獲得感，是破解難題的關鍵所在。林鄭和她的團隊上任以來，一改過去「守財奴」的做法，用好用活財政盈餘，在住房、就業、扶貧、教育、青年事業等方面加大投入，並減稅讓利於中小企業，以減稅促就業。這些措施的正面效果已經顯現。

當下，應該在改善民生上持續用力，築牢和擴大社會和諧的基礎。

以大視野構建多元發展的新格局

相信自己，塑造未來，需要檢視原有的發展路徑，拓寬思路，謀劃構建多元發展新格局。由美國挑起的貿易戰殃及全球，不得人心；但換個角度看，貿易戰以一種特殊的方式對香港經濟的抗風險能力進行了一次測試。測試的結果提醒我們，香港過分依賴服務業的格局必須改變。改變，必須從放寬視野開始。

其一，既要重視「高效益」，又要重視「抗風險」。香港的貿易業能發展到今天的水平，既是自身的條件所決定的，也與大多數發達經濟體的選擇一致。過去 20 年，各發達經濟體大都選擇了「去實向虛」的產業發展方向，將製造業轉移到新興市場國家。香港物流業發達，發展服務業條件優越；香港地域狹小，難以為製造業提供更大空間，「去實向虛」，不無道理。但現在回頭來看，虛擬經濟的「風險指數」越來越高，無論是索羅斯發起的 97 亞洲金融風暴，還是這次特朗普挑起的中美貿易戰，都印證了這一點。怎樣把握好「高效益」與「抗風險」之間的分寸？香港的實體經濟佔多大份額比較合適？香港「再工業化」的路子該如何走？這些問題都值得我們深入思考。

其二，既要放眼世界，又要北望神州。香港長着一張「國際臉」，長期以來，習慣於面向世界。但現在的世界變了，一些傳統市場國家衰落，一些新興市場國家崛起，中國已經成為世界第二大經濟體、第一大工業品製造國、第一大貨物貿易國。香港不能只看世界、不看內地。如果能對世界和中國內地做 360 度的全景觀察，就能發現香港產業發展的路子其實很寬，在許多領域可以找到與內地的共振點。比如，香港的科研優勢與珠三角的高端製造業對接，就能打造出具有全球競爭力的創新產品，繼而打造新的產業鏈，並佔據產業鏈的上游。

用香港精神凝聚共克時艱的強大合力

相信自己，塑造未來，就要有足夠的信心，不能忽視精神的力量。去年「七一」期間，習主席視察香港時指出：「香港從一個默默無聞的小漁村發展成為享譽世界的現代化大都市，是一代又一代香港同胞打拼出來的。香港同胞所擁有的愛國愛港、自強不息、拼搏向上、靈活應變的精神，是香港成功的關鍵所在」。

面對這場貿易戰給香港帶來的困難，我們更應深刻理解一代代香港人在經年打拼中鑄就的香港精神，弘揚香港精神，凝聚共擔風險、共渡難關的力量。

香港精神與中華民族精神一脈相承，香港精神既有民族精神的共性，

又有香港地域文化的個性。「愛國愛港」是香港精神的基礎。國家與香港同為一體，愛國與愛港相輔相成。「國家好，香港好；香港好，國家更好」這個被香港同胞普遍認同的觀點，是對「愛國」與「愛港」邏輯關係的最好詮釋，形成了香港精神的堅實基礎。「自強不息、拚搏向上、靈活應變」是香港精神的特徵。百年香港，幾經變遷，歷史風雲，激盪香江。無論處於怎樣艱難的境地，香港同胞毫不畏懼，頑強奮鬥，百折不撓，創造了多少香江傳奇！

一次危機，便是一次磨礪，亦是一次精神力量的爆發。中聯辦領導在香港公開宣講十九大和全國「兩會」精神時，多次強調這麼一個觀點：「讓香港同胞在堅守『一國』之本、善用『兩制』之利中有更多獲得感和幸福感，進而增強對國家、對共產黨作為執政黨的認同，不斷激發香港同胞『共擔歷史責任、共享偉大榮光』的使命感和自豪感。」是的，今天全面增強對民族、國家擔當使命的深刻認識，是獲得感的前提；深入提升對國家、共產黨作為執政黨的高度認同，是自豪感的基礎。

愛拚才會贏，有夢才會有明天。香港的未來就在我們手中，相信自己，一定會比昨天做得更好，一定會比前人做得更好，一定會比他人做得更好。戰勝眼前困難，再寫香江傳奇！

（原載於《大公報》，2018 年 7 月 10 日）

總書記關愛：
以制度建設挺港維護長治久安

——習主席心繫香江系列評論之一

　　中共中央總書記、國家主席、中央軍委主席習近平將出席慶祝香港回歸祖國 25 週年大會暨香港特別行政區第六屆政府就職典禮。消息一出，香江歡騰！

　　時下的香港，正處於由亂到治邁向由治及興的關鍵時刻，新選制下產生的行政長官和政府班子肩負着開啟香港發展新篇章的神聖使命和重大責任。習主席將出席慶祝大會暨就職典禮，體現出對「一國兩制」在港實踐成就的高度肯定；習主席將為新一任行政長官和政府班子監誓，體現出堅定維護憲法和基本法構成的憲制秩序；習主席將向政府新班子提出依法施政的要求，體現出對香港發展的高度重視；習主席將出席慶祝大會暨就職典禮，體現出對香港同胞的巨大關愛和領袖風範。

　　往事如昨，歷歷在目。5 年前，習主席視察香港時曾飽含深情地說：「香港的發展一直牽動着我的心」。他勉勵香港同胞：「相信自己，相信香港，相信國家」。5 年來，習主席的話時時激勵香港同胞迎難而上，不懼風雨，不畏艱險。習主席領航把舵，14 億人齊心呵護，730 萬香港同胞勇毅前行，香港這條船越過急流險灘，終於迎來了「風正一帆懸」的美好時光！

　　香港發生的深刻變化，緣於習主席堅定支持香港特區加強制度建設，用好制度維護長治久安。

國安法：「一法安香江」

香港同胞不會忘記，2019年11月14日，正在巴西訪問的習主席就香港局勢發表講話。習主席指出，香港持續發生的激進暴力犯罪行為，嚴重踐踏法治和社會秩序，嚴重破壞香港繁榮穩定，嚴重挑戰「一國兩制」原則底線。止暴制亂、恢復秩序是香港當前最緊迫的任務。

那時的香港，滿城慘狀，一派狼藉。蒙面暴徒打砸港鐵、巴士、機場設施，肆意滋擾商場、打砸沿街商舖，圍毆虐打遊客行人，甚至當街行刺議員、「火燒活人」……後來的統計顯示，「黑暴」造成3,000多人受傷，致使港鐵全線停運，暴徒撬起來的磚頭可填滿48個籃球場，拆下來的欄杆連起來有125座香港國金中心二期大廈那麼高。

習主席的講話義正辭嚴，字字千鈞，發出了止暴制亂、恢復秩序的最強音。隨即，特區政府堅決落實習主席指示精神，香港警隊勇毅出擊，成功平息了理大、中大的大規模暴亂，香港局勢出現明顯轉折。

香港同胞不會忘記，2020年5月，在習主席的指導關心下，中央出手制定香港國安法，並在香港實施。國安法起到了「一法安香江」的作用。反中亂港勢力土崩瓦解，黑衣暴徒受到法律懲罰，市民可以安心出行了，商舖可以安心營業了，孩子可以安心上學了……香港市民擔驚受怕的日子一去不復返！

國安法如同守護神，既保障了國家安全，又護佑香港同胞的和平安寧。

新選制：「愛國者治港」落到實處

香港同胞不會忘記，2021年1月27日，習主席在聽取香港特區行政長官林鄭月娥述職報告時指出：「只有做到『愛國者治港』，中央對特別行政區的全面管治權才能得到有效落實，憲法和基本法確立的憲制秩序才能得到有效維護，各種深層次問題才能得到有效解決，香港才能實現長治久安，並為實現中華民族偉大復興作出應有的貢獻。」

把「愛國者治港」落到實處，必須依靠制度的加持。2014年之後，反中亂港勢力大搞「政治攬炒」，煽動暴徒打砸立法會大樓，乞求外國

制裁中國、制裁香港，企圖奪取香港的管治權。造成這種局面的根本原因，是香港原有的選舉制度缺少「把關」功能，給「港獨」分子鑽進了政權機關。

香港同胞不會忘記，在習主席的指導關心下，2021 年 3 月，全國人大做出關於完善香港選舉制度的決定。之後，全國人大常委會修改基本法附件一、附件二，完善了香港選舉制度。去年 9 月至今年 5 月，新選制下的選委會選舉、立法會選舉和行政長官選舉成功舉行，當選人士全部是愛國者。

今年 5 月 30 日，習主席會見候任特首李家超時指出：「實踐證明，新選舉制度對於落實『愛國者治港』、保障香港市民行使當家作主權利、推動形成社會各階層各界別齊心協力建設香港的良好局面都發揮了決定性作用。這是一套符合『一國兩制』方針、符合香港實際、符合香港發展需要的政治制度、民主制度，必須倍加珍惜，長期堅持。」

「倍加珍惜，長期堅持」，在香港引起強烈反響；制度的連續性、穩定性，令香港實現良政善治成為可能，令香港未來的確定性增強，令香港市民對美好生活的嚮往變成現實。

再出發：制度建設仍在路上

香港同胞不會忘記，2017 年 7 月 1 日，在出席慶祝香港回歸祖國 20 週年大會暨香港特別行政區第五屆政府就職典禮時，習主席指出：「在落實憲法和基本法確定的憲制秩序時，要把中央依法行使權力和特別行政區履行主體責任有機結合起來；要完善與基本法實施相關的制度和機制；要加強香港社會特別是公職人員和青少年的憲法和基本法宣傳教育。」

在習主席的指導關心下，香港完善與基本法實施相關的制度和機制邁出了重要一步，但對標基本法的要求，香港還有不少「落下的功課」要補上。回歸 25 年了，「23 條立法」至今沒有解決。同時，香港在教育、傳媒等重點領域撥亂反正，同樣需要制度和機制的加持。重回正軌再出發，新一屆特區政府「以結果為目標解決問題」，必能展現新作為、見到好成效。

以制度建設力挺香港維護長治久安，習主席對香港的關愛，化為守護香港的制度和機制，確保「一國兩制」始終沿着正確軌道前進，這是國家之幸、香港之福，值得香港同胞感恩和銘記，也必將鐫刻在中華民族偉大復興的歷史豐碑上！

（原載於《大公報》，2022 年 6 月 27 日）

以創新發展挺港提升競爭能力

——習主席心繫香江系列評論之二

中共中央總書記、國家主席、中央軍委主席習近平將出席慶祝香港回歸祖國 25 週年大會暨香港特別行政區第六屆政府就職典禮，令香港社會各界和廣大市民備受鼓舞！

「香港發展一直牽動着我的心」，習主席 5 年前視察香港時如是說，觸動了無數人的心絃。5 年來，習主席關愛香港的點點滴滴，令香港同胞難以忘懷；特別是習主席關心支持香港創新發展，為香港全面提升競爭力指明了方向、提供了遵循，並化為具體的規劃、方案和生動實踐，以及一項項科技創新成果。香港的創新科技發展重新煥發活力，迎來創科的春天！

習主席的指示帶來創科的春天

「香港創科事業迎來了大發展的春天！」今天，許多有識之士談論香港創新科技發展時，都發出如此感慨。香港同胞不會忘記習主席對香港創科事業的巨大關愛。

2017 年 6 月，24 名在港中國科學院院士、中國工程院院士給習近平總書記寫信，表達了報效祖國的迫切願望和發展創新科技的巨大熱情。習主席在給院士們的回信中，高度肯定香港科技界長期以來為香港和國家發展作出的重要貢獻，並指出：「要重視香港院士來信反映的問題，抓緊研究制定具體政策，合理予以解決，以支持香港科技界為我們建設科技強國、為實現中華民族偉大復興貢獻力量。」

國家有關部門立即全面落實習主席指示精神，支持香港科研人員深入

參與國家科技計劃,有序擴大和深化內地與香港科技合作;2019 年 2 月,《粵港澳大灣區發展規劃綱要》印發,強調香港要「大力發展創新及科技事業,培育新興產業」;2021 年 3 月,「十四五」規劃綱要明確支持香港建設國際創新科技中心……

「科技是第一生產力」、「創新是推動發展的第一引擎」。然而,長期以來,香港的創科發展並不理想。第一屆特區政府提出的「數碼港」計劃由於種種原因發展並不理想;特區政府關於設立創新及科技局的議案,也由於昔日亂港勢力的阻撓在立法會擱置數年。由於政府長期沒有專門的部門統籌創科,香港錯過許多機遇,成為創科賽道上的「落伍者」,令許多有識之士扼腕嘆息!

創業熱土點燃創新夢想

習主席發出重要指示,中央為香港賦能,香港再次發力,重整資源,發掘優勢,堅定地向着「建設國際創新科技中心」的目標邁進。

「我們創業的舞台更廣了,創新的空間更大了!」在深圳前海,許多港青發出這樣的感嘆。香港同胞不會忘記習主席對前海這片創新熱土的關愛。

2018 年 10 月 24 日至 25 日,習主席在考察深圳時指出,深圳要扎實推進前海建設,拿出更多務實創新的改革舉措,探索更多可複製可推廣的經驗,深化深港合作,相互借助、相得益彰,在共建「一帶一路」、推進粵港澳大灣區建設、高水平參與國際合作方面發揮更大作用。

2021 年 9 月,中共中央、國務院印發《全面深化前海深港現代服務業合作區改革開放方案》,第一句話開宗明義:「開發建設前海深港現代服務業合作區是支持香港經濟社會發展……」。「香港」成為《方案》的關鍵詞。

香港一些領域的科研水平在全球處於領跑、並跑位置,但科研成果「從試驗室到工廠」這一步卻走得艱難。其中一個重要原因,是缺少高端製造業的支撐。《方案》提出,促進港澳和內地創新鏈對接聯通,推動科技成果向技術標準轉化。香港地域狹小,要把科技成果轉化為優勢產品

和產業，缺少足夠的地理空間。《方案》提出，前海合作區總面積擴大 7 倍，為香港創科產業發展提供了廣闊空間。

正是在習主席親切關懷下，前海成為香港創新科技與深圳高端製造業的對接點，成為香港科研人員二次創業的主戰場，成為無數香港青年的夢工場。

大灣區提供創新機遇

「粵港澳大灣區為我們提供了創新的巨大機遇。」香港科技界、企業界人士普遍這樣認為。香港同胞不會忘記，粵港澳大灣區建設是習主席親自謀劃、親自部署、親自推動的重大國家戰略。

香港同胞清晰地記得，2017 年 7 月 1 日，在習主席見證下，國家發改委、香港、澳門、廣東共同簽署了《深化粵港澳合作 推進大灣區建設框架協議》。2017 年 10 月 18 日，習主席在中共十九大報告中提出，要支持香港、澳門融入國家發展大局，以粵港澳大灣區建設、粵港澳合作、泛珠三角區域合作等為重點，全面推進內地同港澳互利合作，制定完善便利港澳居民在內地發展的政策措施。2017 年 12 月 18 日，在中央經濟工作會議上，習主席指出，粵港澳大灣區建設要科學規劃，加快建立協調機制。2018 年 10 月 23 日，習主席出席港珠澳大橋開通儀式並宣佈大橋正式開通。2019 年 2 月 18 日，中共中央、國務院發佈了《粵港澳大灣區發展規劃綱要》……

粵港澳各有優勢，大灣區為三地合作創新提供了廣闊舞台，香港的資金、人才等優勢與廣東的高端製造業及資源優勢完美結合，釋放出巨大能量，帶動大灣區全面提升競爭力，成為世界一流灣區，成為世界經濟增長極之一。

在習主席的親切關懷下，創新驅動發展戰略在大灣區已初見成效。從聚焦人工智能、生物醫藥等領域的香港科學園，到河套深港科技創新合作區的福田國際量子研究院；從「大疆無人機」、「雲洲無人船」等項目成功落地，到粵港澳大灣區內創新要素加速流轉和重大科技創新項目不斷湧現，大灣區為香港創科發展提供了巨大機遇。

以創新發展挺港提升競爭能力，習主席對香港創新發展的關愛，激勵港人以百倍努力書寫新的香江傳奇，以「香港所長」助力「國家所需」，在中華民族偉大復興的征程中作出「香港貢獻」。

（原載於《大公報》，2022 年 6 月 28 日）

以暖心舉措挺港增進民生福祉

——習主席心繫香江系列評論之三

中共中央總書記、國家主席、中央軍委主席習近平將出席慶祝香港回歸祖國 25 週年大會暨香港特別行政區第六屆政府就職典禮。這說明中央對「一國兩制」在港實踐的巨大成就給予高度肯定。連日來，香港社會各界和廣大市民備受鼓舞，熱切盼望習主席為香港重回正軌再出發、書寫發展新輝煌作出重要指示。

5 年前，在香港回歸祖國 20 週年之際，習主席視察香港。一下飛機，他就飽含深情地說：「香港發展一直牽動着我的心。」這句話感動了無數香港市民。人們真切地感受到，習主席對 730 萬香港同胞的殷殷深情。這麼多年，習主席始終把香港同胞的民生冷暖放在心上，以暖心舉措挺港增進民生福祉，讓香港同胞時刻感受到祖國大家庭的無比溫暖。

心繫香港民生福祉

「萬家憂樂在心頭」。香港同胞不會忘記，2008 年，時任國家副主席的習近平來到香港視察，專門抽出時間深入社區，瞭解普通市民生活、聽取同胞心聲。當聽到香港市民對物價上漲感受強烈時，他說，價格的上漲有多種原因，解決的辦法，一是政府要控制物價，二來是要發展經濟，增加收入，對於低收入的群體要多些支持和幫助。習主席短短幾句話，樸實無華，傳遞出對香港同胞的濃濃真情。

香港同胞不會忘記，2017 年 7 月 1 日，在慶祝香港回歸祖國 20 週年大會暨香港特區第五屆政府就職典禮上，習主席要求新一屆政府「要以人為本、紓困解難，着力解決市民關注的經濟民生方面的突出問題，切實提

高民眾獲得感和幸福感」；2019 年年末，在會見香港特區行政長官林鄭月娥時，習主席再次叮囑「要做好與社會各界對話和改善民生等工作。」民生無小事，習主席對香港基層市民的殷殷關切之情，令人感動！

這些年來，香港的民生難題凸顯。諸如住房、安老、扶貧等深層次矛盾，如果長期得不到解決，必然危及香港長期繁榮穩定。雖然實行資本主義制度的香港，奉行自由競爭、強調效率優先，但香港作為現代化國際大都市，決不能無限制地擴大貧富差距，令社會走向兩極分化的境地。

習主席從維護香港長期繁榮穩定的高度觀察民生問題，要求特區政府把改善民生作為大事來抓，體現人民領袖高瞻遠矚的寬闊視野和為民、憂民、親民、愛民、惠民的偉大情懷。

在習主席的關心下，特區政府改善民生的力度逐步加大。2021 年施政報告中，特區政府用於醫療和社會福利的經常開支，4 年間增幅分別為53% 和 62%。這些真切的變化，令香港市民從中受惠。

深情關愛「內地港人」

「一枝一葉總關情」。香港同胞不會忘記，習主席時時惦念香港的民生。在習主席的親自關懷下，國家部委推出一項項針對性強、含金量高的措施，為香港同胞帶來實惠。

第七次全國人口普查顯示，有超過 37 萬香港居民長期工作生活在內地，相等於香港總體人口的 5%。「內地港人」這個特殊群體長期扮演着香港和內地之間的「聯絡人」角色，為內地發展和香港繁榮做出了貢獻。然而，由於「兩制」之別，「內地港人」在住房、醫療等諸多方面存在不便。習主席得知這一情況後迅速做出批示，要求中央有關部門迅速解決。

2018 年，中央有關部委出台政策，全面取消港澳人士在內地就業需辦理許可的要求；在內地就業的港澳人士可繳存住房公積金，享有與內地居民同等待遇；在內地居住並符合資格的香港居民可申領居住證，依法享有 3 項權利、6 項基本公共服務及九項便利，涵蓋許多範疇。2019 年，廣東省又出台在大灣區九市實行「港人港稅」的政策，為香港居民到大灣區就業創業提供了政策環境。

一個個難題的破解，一次次新政出台，承載着領袖關懷，承載着中央關愛，承載着同胞情誼，令香港同胞深深感受到祖國的溫暖。習主席心繫14億中國人的衣食住行，也關切37萬「內地港人」的所思所盼。香港同胞感受到，習主席始終把「人民群眾對美好生活的嚮往」，放在心中最高的位置。

指導香港戰勝疫情

危難時刻見真情。香港同胞不會忘記，今年春節期間，第五波新冠疫情襲擊香港，疫情社區爆發，醫院人頭湧動，生活物資供應緊張……一時間，香港人心惶惶。

2月16日，習主席指示：「要把盡快穩控疫情作為當前壓倒一切的任務，動員一切可以動員的力量和資源，採取一切必要措施」，「確保香港市民的生命安全和身體健康，確保香港社會大局穩定」。習主席「三個一切」「兩個確保」的重要指示，體現了人民至上、生命至上的執政理念，為香港抗疫指明了方向，發出了內地援港抗疫的動員令。

很快，中央成立了由相關部門和有關專家、廣東省和深圳市、特區政府三方共同組成的工作協調機制，並成立若干專班，全力以赴援港抗疫。一批批急需的醫療和生活物資及時運抵香港，一個個方艙醫院項目快速建成使用，一隊隊疫情防控專家和醫護人員逆行馳援香港……到5月份，第五波疫情明顯得到控制，在中央的全力支援下，香港又一次渡過難關！

習主席的巨大關愛，祖國內地的鼎力相助，令香港同胞越來越深刻地認識到：祖國永遠是香港抵禦風浪、戰勝挑戰的最大支撐！香港與內地同胞永遠是血濃於水的一家人！未來無論遇到多少風風雨雨，只要有習主席把舵領航，只要14億人團結一心，就沒有戰勝不了的困難！

民生連着民心，維港連着中南海。以暖心舉措挺港增進民生福祉，習主席對香港同胞的關愛，已化作香港重回正軌再出發的巨大動力，在中華民族復興的征程中，730萬香港同胞必將寫下精彩的一筆！

（原載於《大公報》，2022年6月29日）

從習主席親臨香港
看「一國兩制」新視角

　　香港回歸 25 週年的日子將至。中共中央總書記、國家主席、中央軍委主席習近平將親臨香港，出席慶祝香港回歸祖國 25 週年大會暨香港特別行政區第六屆政府就職典禮。

　　習主席決定親臨香港的消息一出，香港社會各界和廣大市民都感到由衷的喜悅和振奮！習主席將為新一屆行政長官和政府班子監誓，體現出堅定維護憲法和基本法構成的憲制秩序；習主席將向政府新班子提出依法施政的要求，體現出對香港發展的高度重視；習主席在本港疫情反覆的背景下毅然決定親臨香港，體現出對香港同胞的巨大關愛。習主席將於七一親臨香港，顯示了中央堅定推進「一國兩制」行穩致遠的決心，也為我們觀察「一國兩制」提供了新視角。

香港發展成果超出預期

　　習主席最近一次針對香港的重要講話，是 5 月 30 日會見候任行政長官李家超時說的。他說：「今年適逢香港回歸祖國 25 週年。25 年來，儘管經歷了許多風雨挑戰，但『一國兩制』在香港的實踐取得了舉世公認的成功。」

　　習主席對香港的評判非常客觀準確。有數據可為這個評判提供有力支撐：

　　體現經濟實力的數據：1997 年，香港本地生產總值為 1.37 萬億港元，2021 年為 2.86 萬億港元，年均實質增長 2.7%。回歸初，香港特區財政儲備 3,700 億港元，現在，增至 9,000 多億港元；回歸初，香港的外匯

儲備 800 多億美元，現在增至 4,650 億美元。

　　體現民生福祉的數據：回歸前，香港的人均預期壽命男性為 76.8 歲，女性為 82.2 歲；現在，男性升至 83.0 歲，女性升至 87.7 歲。

　　體現國際地位的數據：回歸前，外國在港領事機構 88 家，現在增至 119 家；回歸初的兩年，香港特區護照免簽證或落地簽證的國家和地區 40 個，現在增至 168 個。

　　體現香港國際金融、貿易、航運中心的數據：研究機構發佈的全球金融中心指數排名中，香港總排名常年居全球第三位。根據世界貿易組織統計，2020 年，香港是全球第六大商品輸出地，以集裝箱吞吐量計算，香港在全球排名第九。

　　此外，在眾多世界知名機構的評估報告和排名榜上，香港還有個「654321」的成績單：在全球數據中心市場排名中，香港位居第六；在經濟體全球競爭力排行中，香港位居五；香港是全球第四大外匯市場；在全球最便利營商地排名中，香港位列第三；香港是全球第二大生物科技集資中心；在經濟自由度指數中，香港多年排名第一。

　　西方媒體曾預言，回歸後，香港人恐怕連一個啟德機場都管理不好。25 年過去了，香港不僅管好了自己的機場，而且，香港國際機場第三跑道已基本建設完成。香港各領域的發展成就都超出了預期。

中央真心支持香港發展

　　5 年前，在習主席來港視察前夕，24 名在港中國科學院院士、中國工程院院士給習主席寫信，表達了報效祖國的迫切願望和發展創新科技的巨大熱情。

　　習主席當即作出重要指示：「要重視香港院士來信反映的問題，抓緊研究制定具體政策，合理予以解決，以支持香港科技界為我們建設科技強國、為實現中華民族偉大復興貢獻力量。」

　　2019 年 2 月，《粵港澳大灣區發展規劃綱要》印發，強調香港要「大力發展創新及科技事業，培育新興產業」；2021 年 3 月，「十四五」規劃綱要明確支持香港建設國際創新科技中心；2021 年 9 月，《全面深化前海深

港現代服務業合作區改革開放方案》提出，要「大力發展粵港澳合作的新型研發機構，創新科技合作管理體制，促進港澳和內地創新鏈對接聯通」。

中央對香港的支持還不限於此，概括來說，就是支持「老四中心」和「新四中心」建設。這背後的道理很簡單，國家好，香港好；香港好，國家更好。「兩制」並行，相得益彰，不是權宜之計，而是長遠之策。

打破「五十年要變」的焦慮

習主席會見李家超時還指出：「中央全面準確貫徹『一國兩制』方針的決心從沒有動搖，更不會改變。」這給香港同胞吃了一顆定心丸。習主席此次來港出席大會和典禮，估計會重申這一立場。

基本法第5訂明：「香港特別行政區不實行社會主義制度和政策，保持原有的資本主義制度和生活方式，五十年不變。」25年來，一些人對「五十年不變」憂心忡忡，陷於「五十年後要變」的焦慮。

其實，「五十年不變」是一個哲學概念。鄧小平先生曾經說「堅持基本路線一百年不動搖」，並非「一百年後就可以動搖。」無論是「五十年」、還是「一百年」，都是「長期」的意思。

5年前，在慶祝香港回歸祖國20週年大會暨香港特別行政區第五屆政府就職典禮講話中，習主席指出：「我們既要把實行社會主義制度的內地建設好，也要把實行資本主義制度的香港建設好。」「兩個建設好」的論述，就是從另一個角度清晰地表明瞭「一國兩制」不會變、不動搖。這背後的邏輯是：既然「一國兩制」取得了舉世公認的巨大成就，事實證明是好制度，又有什麼理由讓「兩制」變「一制」呢？

在香港國安法和新選制實施後，香港未來的確定性大大增加，更不會「兩制」變「一制」了。徹底打破「五十年要變」的焦慮。該幹啥幹啥，不要在這個問題上糾結。

回歸商業城市本色

5年前，習主席在慶祝香港回歸祖國20週年大會暨香港特區第五屆政府就職典禮講話中，提出了「四個始終」的要求，「始終聚焦發展這個

第一要務」是其中之一。

　　習主席講到，香港雖有不錯的家底，但在全球經濟格局深度調整、國際競爭日趨激烈的背景下，也面臨很大的挑戰，經不起折騰，經不起內耗。他還用「蘇州過後無艇搭」鼓勵香港抓住機遇、專心發展經濟。習主席 5 年後再次來港，其實也有檢閱「發展這個第一要務」的深意。

　　香港原本就是一個商業城市，獅子山下，維港兩岸，流傳着許多商界傳奇。不知從何時起，香港迷失了方向，成了一座政治城市，陷入了政治爭鬥的紛亂。基本法訂明香港是中國的一個特別行政區，直轄於中央人民政府，身份地位早已透過法律確定，沒有任何爭論的空間。回歸 25 年的香港，應變得更加成熟穩健，學會「一國」之下「兩制」的相處之道，回歸商業城市本色才是正道！

　　習主席曾經飽含深情地説：「香港發展一直牽動着我的心」。從習主席關心什麼、看重什麼，可以洞察「一國兩制」的成功之道，可以悟出香港走向未來的底氣與力量所在。

（原載於《信報》，2022 年 6 月 28 日）

習主席殷切關懷
暖香江共創未來

　　金紫荊廣場，鮮豔的五星紅旗與香港特區區旗迎風招展；維港兩岸，鮮花巡遊的彩船裝扮一新。五光十色迎「七一」，同心向前譜新篇。香港，即將迎來回歸祖國 25 週年的高光時刻！

　　在這個大喜的日子裏，中共中央總書記、國家主席、中央軍委主席習近平將出席慶祝香港回歸祖國 25 週年大會暨香港特別行政區第六屆政府就職典禮。這彰顯出對 730 萬香港同胞的關心厚愛，這體現出對「一國兩制」在港實踐成就的高度肯定，這寄託着對「香港明天更美好」的殷切期望。

　　習主席殷殷關懷，情暖香江，令香港同胞感受到偉大祖國的無限溫暖，增添了團結一心共創未來的信心和決心。香港各界和廣大市民熱切期盼習主席為香港指方向、謀未來。香港與祖國同呼吸、共命運，一定能共同書寫中華民族偉大復興的新篇章！

領袖關懷，香港同胞心向祖國

　　習主席將出席香港回歸慶典，令香港同胞歡欣鼓舞，習主席親切關懷香港的往事再現眼前——

　　在習主席親切關懷下，香港恢復了祥和安寧的社會秩序。2019 年發生的修例風波，令香港淪為動亂之地。暴徒肆意打砸，當街縱火，「私刑」路人，「裝修」門店，刺殺議員，火燒活人……市民提心吊膽，整日生活在惶恐之中。關鍵時刻，習主席發出「止暴制亂，恢復秩序」的重要指示，特區政府積極作為，香港警隊重拳出擊。特別是中央出手制定香港國安法後，香港重回安寧，市民再享安樂。

在習主席親切關懷下，香港戰勝了來勢凶猛的第五波疫情。今年春節期間，第五波疫情爆發，單日確診病例從數百、數千到數萬，呈幾何增長，醫療資源擠兌，生活物資短缺，香港人心惶惶。關鍵時刻，習主席作出「三個一切」、「兩個確保」的重要指示，中央全力支持香港抗疫，一批批物資源源不斷運抵香港，一隊隊醫療人員星夜馳援香港，一個個方艙醫院快速建成投入使用。經過艱苦卓絕的努力，第五波疫情得到有效控制。

在習主席親切關懷下，港人的創業舞台越來越大。習主席作出批示，「內地港人」在住房、就業等方面遇到的難題很快解決；習主席親自回信，在港的兩院院士的建議迅速落實，科研資金「過河」變成現實；習主席親自謀劃、親自部署、親自推動，粵港澳大灣區將成為共同家園，前海成為香港青年的創業熱土，香港將徹底擺脫「坐困愁城」的境地。領袖關懷，令730萬香港同胞與14億內地同胞的心貼得更緊，攜手創偉業，一起向未來！

領袖信任，管治團隊勵精圖治

習主席將出席香港回歸慶典，並為行政長官和政府班子監誓，令特區管治團隊精神振奮。提升管治能力，書寫發展新篇，管治團隊全力以赴，信心倍增！

不經風雨，不知道麗日和風的可貴。走出了「泛政治化」泥潭的香港，如今迎來了回歸以來政治生態最好的時期。習主席領航把舵，國安法「一法安香江」，新選制落實「愛國者治港」，及時糾正了「一國兩制」在港實現出現的變形、走樣現象。新選制下產生的新管治團隊定當勵精圖治、積極作為。

勵精圖治，從「補課」做起。香港回歸25年，「23條立法」至今沒有解決，尚未履行憲制責任；憲法和基本法教育嚴重缺失，青年一代的國家、民族、歷史觀念有待加強；正本清源、撥亂反正才剛剛開始，完成「二次回歸」還有很長的路要走。管治團隊責任在肩，不容懈怠。

勵精圖治，從市民最關切的事情做起。香港住房難、就業難、貧富差距拉大……這些民生難題已到了非解決不可的時候。管治團隊唯有攻堅克難，盡快施策見效，才能贏得民心。

勵精圖治，從全面提升香港的競爭力做起。香港擁有諸多優勢，但面對世界百年未有之大變局加速演進的複雜局勢，唯有加快融入國家發展大局，在「香港所長」與「國家所需」的結合點上着力，才能提升競爭力。管治團隊唯有胸懷大局、重點突破，才能做強香港實力。

領袖信任，是香港實現良政善治的最大依靠，習主席出席特區政府就職典禮，給整個管治團隊以巨大精神動力，為「愛國者治港」鼓勁打氣，為重回正軌再出發加油！

領袖指航，「一國兩制」行穩致遠

習主席將出席香港回歸慶典，令香港各界和廣大市民熱切期盼。25年來，「一國兩制」在香港的實踐取得了舉世公認的成功。

中共十八大以來，習主席站在戰略和全域的高度，就香港工作發表一系列重要講話，作出一系列重要指示，為推動「一國兩制」行穩致遠指明了方向，提供了遵循。

習主席曾用「三個有利於」深刻闡釋「一國兩制」的好處：「實行『一國兩制』，有利於維護國家根本利益，有利於維護香港根本利益，有利於維護廣大香港同胞根本利益。」

習主席曾以「三個最大」深刻闡釋「一國兩制」下港澳兩個特區的優勢：「對香港、澳門來說，『一國兩制』是最大的優勢，國家改革開放是最大的舞台，共建『一帶一路』、粵港澳大灣區建設等國家戰略實施是新的重大機遇。」

習主席曾以「兩個堅持」深刻闡釋中央貫徹「一國兩制」方針的立場：「一是堅定不移，不會變、不動搖；二是全面準確，確保『一國兩制』在香港的實踐不走樣、不變形，始終沿着正確方向前進。」

領袖指航，「一國兩制」在港實踐雖經風雨挑戰，但取得了巨大成功。如今，香港正處於由亂到治邁向由治及興的關鍵時期，香港同胞熱切期盼習主席為「一國兩制」前行指引方向！紫荊花開喜迎盛典，「東方之珠」更加璀璨。習主席殷殷關懷，溫暖香江共創未來！

（原載於《大公報》，2022 年 6 月 30 日）

習主席的心
始終和香港同胞在一起

　　盼啊盼，終於盼到了這一天！中共中央總書記、國家主席、中央軍委主席習近平和夫人彭麗媛昨天下午乘專列抵達香港。在車站發表的簡短講話中，習主席深情地說：「我一直關注着香港，掛念着香港，我的心和中央政府的心始終同香港同胞在一起。」此情此景，令人再次想起 5 年前習主席講到「香港發展一直牽動着我的心」這句名言。

　　隨後，習主席在香港會展中心分別接見了香港各界人士和紀律部隊代表。筆者作為各界代表中的一員，從現場熱烈的氣氛中，深深感受到習主席的領袖情懷和魅力，深深感受到習主席對香港同胞的關愛之情，深深感受到香港各界人士對習主席的崇敬愛戴之情，心情無比激動。

　　習主席的心始終和香港同胞在一起！領袖的肺腑之言，體現出對香港這片特殊土地的特殊感情，體現出對 730 萬香港同胞的真情厚愛，體現出對「一國兩制」行穩致遠的堅定信心，體現出對中華民族偉大復興中國夢的不懈追求！

心在一起，緣於血脈相連

　　無論曾經分離了多少春秋，無論經歷了多少風風雨雨，香港，始終是祖國的「心頭肉」，始終是中華民族大家庭中的重要一員！

　　「洋裝雖然穿在身，我心依然是中國心」。香港與祖國內地的心從來就沒有分離過。從省港大罷工中粵港兩地相互呼應，到抗日烽火中東江縱隊保衛港九；從香港同胞支援內地建設，到內地引東江水為港「解渴」。雖然經歷英國百多年的殖民統治，香港與祖國內地一體同心、血脈相連。

回歸後，香港與內地聯繫更加緊密、感情更加親近。1998 年南方洪災，香港同胞捐款捐物，為災區群眾送去溫暖；2008 年汶川特大地震，香港同胞為災區捐款 200 億多港幣⋯⋯災難無情人有情，無論是災難救援還是災區重建，隨處可見香港的「身影」。

2003 年沙士襲擊香港，內地醫護人員急赴香港，與香港醫護人員攜手抗疫，擊退疫情；今年初，香港第五波新冠疫情爆發，特區政府向中央提出請求，習主席發出「三個一切」、「兩個確保」的重要指示，「香港所求，照單全收」。一批批急需的醫療和生活物資及時運抵香港，一個個方艙醫院項目快速建成使用，一隊隊疫情防控專家和醫護人員逆行馳援香港⋯⋯祖國永遠是香港的堅強後盾。心在一起，因為我們「根」在一處。如今的香港，是中西文化的交匯點，但中華文化始終佔據主導地位；如今的香港，是全球最自由、最活躍的大市場，但祖國內地是香港經濟的最大支撐。

習主席的心始終和香港同胞在一起，彰顯出血脈親情，割捨不斷！

心在一起，緣於責任在肩

1997 年 7 月 1 日，回歸後的香港正式納入國家治理體系，「一國兩制」在港實踐正式起步。從那時起，中央對香港承擔着一份沉甸甸的責任。

這責任，包括堅決維護香港社會穩定。2014 年之後，香港逐步陷入了「泛政治化」泥潭，最終發生了 2019 年的持續暴亂，「平安之都」淪為「暴亂之地」。關鍵時刻，習主席發出「止暴制亂，恢復秩序」的最強音，特區政府和香港警隊果敢作為，迅速扭轉了局勢。

這責任，包括確保「一國兩制」不變形、不走樣。「港獨」勢力浮出水面，不斷做大，嚴重挑戰「一國兩制」方針，嚴重危害國家安全，中央主動出手，制定香港國安法，「一法安香江」，令「港獨」勢力土崩瓦解；中央主導，完善香港選舉制度，把「愛國者治港」落到了實處，令香港開啟良政善治新局面。國安法和新選制確保了「一國兩制」始終沿着正確的方向前行。

這責任，包括支持香港全面提升競爭力。香港回到祖國的懷抱，理應比以往發展得更好。從「十三五」、「十四五」規劃，到「一帶一路」建設；

從粵港澳大灣區由藍圖變為現實，到港珠澳大橋順利開通；從前海深港現代服務業合作區，到河套深港科技創新合作區……中央支持香港融入國家發展大局，給香港長遠發展注入強大動力。這責任，包括支持香港不斷增進民生福祉。針對香港住房難、就業難等長期積累的深層次矛盾，中央要求香港特區政府盡快化解，以施政實效贏得民心，切實提高民眾獲得感和幸福感。

習主席的心始終和香港同胞在一起，體現出中央對香港的責任，彰顯出領袖對香港同胞的關愛。

心在一起，緣於有夢同圓

19 世紀中葉的鴉片戰爭，導致香港被迫割讓英國，中華民族近代以來的屈辱也從那一刻開始。25 年前，香港回歸祖國，不僅洗刷了百年恥辱，更標誌着中華民族復興開啟了新征程。

習主席指出：「我們比歷史上任何時期都更接近中華民族偉大復興的目標。」在民族復興的征程中，香港不能缺席，也不會缺席！心在一起，緣於共同的夢想。實現中華民族偉大復興的中國夢，是時代的召喚，是民族的使命。身處在我們這個時代的中國人，不論在什麼地方，都應該為此作出貢獻，有一分熱、發一分光。

習近平主席曾指出：「實現中華民族偉大復興，港澳同胞大有可為，也必將帶來香港、澳門發展新的輝煌。」香港具有市場化、國際化、法治化和人才眾多、文化多元、基礎設施先進、營商環境優良等特色優勢，祖國內地具有經濟韌性好、潛力足、迴旋餘地大等諸多優勢，二者優勢互補，相得益彰，定能奏出攜手共進的華美樂章。

習主席的心始終和香港同胞在一起，激勵香港同胞共同譜寫中華民族偉大復興的時代篇章，共享祖國繁榮富強的偉大榮光。

「我的心和中央政府的心始終同香港同胞在一起。」這句話傳遞出真情厚愛，溫暖香江兩岸；這句話傳遞巨大力量，推進「一國兩制」實踐行穩致遠！

（原載於《大公報》，2022 年 7 月 1 日）

香港始終與祖國血脈相連

——學習習主席在香港回歸祖國 25 週年慶典上的
重要講話精神系列之一

　　昨日，慶祝香港回歸祖國 25 週年大會暨香港特別行政區第六屆政府就職典禮在會展中心隆重舉行，中共中央總書記、國家主席、中央軍委主席習近平出席並發表重要講話。

　　習主席指出：「中華民族 5,000 多年的文明史，記載着華夏先民在嶺南這片土地上的辛勤耕作。鴉片戰爭以後的中國近代史，記載着香港被迫割讓的屈辱，更記載着中華兒女救亡圖存的抗爭。中國共產黨團結帶領人民進行的波瀾壯闊的百年奮鬥史，記載着香港同胞作出的獨特而重要的貢獻。有史以來，香港同胞始終同祖國風雨同舟、血脈相連。」

　　中華 5,000 年文明史，中國百餘年近代史，中國共產黨百年奮鬥史，把香港放在這三個時間軸線上審視，可以得出一個清晰的結論：香港始終與祖國血脈相連。

香港自古以來就是中國領土

　　「我從哪裏來？要到哪裏去？」弄清這兩大問題，是一個人思想成熟的重要標誌。回歸 25 年的香港，恰似古人所稱的「逾弱冠之年」，理應變得更加成熟穩健。習主席指出的三條時間軸線，正是指引香港同胞回顧來路、認清前路，從而走向更加美好的未來。

　　長期以來，人們對香港歷史的認識，習慣於從英國殖民統治說起，這種認識是不完整、不科學的。香港的人類活動歷史早就從新石器時代開始了。沿 5,000 年的時間軸線觀察，香港與祖國內地同根同源。

在香港的大嶼山上，有一座 5,000 年的古窰，至於史前新石器時代的石刻散見在香港各地，雖然前人刻鑿的意義和創作者身份已不可考，但可以深信的是，這裏的避風港和淡水灣曾經吸引不少航行的古人在此停留。據史書記載，先秦時期，嶺南（包括香港）為百越之地。秦朝先後在南方建立了南海、桂林、象郡三個郡，香港隸屬南海郡番禺縣，從那時起，香港便置於中央政權的管轄之下。明朝萬曆元年（公元 1573 年）起，朝廷從東莞縣劃出部分地方成立新安縣，為後來的香港地區。直到公元 1841 年被英國強佔時，香港一直屬廣州府新安縣管轄。

由以上歷史變遷可以看出，5,000 多年前，香港地區的人類活動與中原地區的人類活動遙相呼應；2,000 多年前，香港作為嶺南地區的一部分納入了中國版圖。僅僅是在 1841 年至 1997 年這 156 年間，香港才被英國殖民統治。因此，習主席指出：「中華民族 5,000 多年的文明史，記載着華夏先民在嶺南這片土地上的辛勤耕作」。香港基本法序言指出：「香港自古以來就是中國的領土」。

香港與祖國命運與共

1840 年鴉片戰爭是中國百餘年近代史的開端。1841 年 1 月 26 日，英國強佔香港島；1898 年 6 月 9 日，英國強迫清政府簽訂《展拓香港界址專條》，強行租借九龍半島界限街以北、深圳河以南的地區，以及 200 多個大小島嶼，租期 99 年（至 1997 年 6 月 30 日），構成了今天的香港地區。

沿中國百餘年近代史的軸線看，香港始終與祖國內地風雨同舟、命運與共。2021 年 10 月，「光影記憶百年風華 ——《國家相冊》大型圖片典藏展」在香港中央圖書館開幕，展出了一批珍貴的影像資料。

這當中，有香港海員罷工勝利後、歡慶的人群擠滿街頭的歷史瞬間。1922 年 1 月爆發的香港海員大罷工，罷工總人數達 10 萬人，歷時 56 天；這當中，有省港罷工委員會委員合影。1925 年 6 月，為支援上海人民五卅反帝愛國運動，廣州和香港爆發規模宏大的省港大罷工，罷工人數達 25 萬，長達 16 個月之久。這當中，有香港新界的烏蛟騰烈士紀念園抗日英烈紀念碑。烏蛟騰村是港九大隊的重要據點之一，香港淪陷期間，日

軍曾對烏蛟騰及鄰近村莊發動 10 餘次掃蕩，不少村民為保障遊擊隊安全壯烈犧牲。港九大隊成員逾千人，大多數為香港新界居民，隸屬於廣東人民抗日遊擊總隊。

歷史事實清楚地告訴人們，儘管香港處於英國殖民統治下，但香港同胞始終與祖國同呼吸、共命運。因此，習主席指出：「鴉片戰爭以後的中國近代史，記載着香港被迫割讓的屈辱，更記載着中華兒女救亡圖存的抗爭。」

香港與內地攜手共進

香港背靠祖國、聯通世界。沿中國共產黨百年奮鬥史的軸線來看，香港在不同歷史時期，都與祖國內地攜手共進。

抗戰時期，八路軍駐香港辦事處在皇后大道中 18 號秘密成立；日軍佔領香港後，香港、廣東黨組織和抗日遊擊隊秘密營救被困的愛國民主人士和文化界知名人士 300 多人。新中國成立後，由於西方世界對中國長期進行經濟封鎖，香港是內地聯繫世界的其中一個通道，內地建設所需要的許多緊缺物資，通過香港轉入內地。香港在國家建設中發揮了不可替代的獨特作用。改革開放後，香港投資者率先進入內地。2018 年 11 月，習主席在接見港澳慶祝改革開放代表團時高度評價「港澳貢獻」。他指出，40 年改革開放，港澳同胞是見證者也是參與者，是受益者也是貢獻者。港澳同胞同內地人民一樣，都是國家改革開放偉大奇蹟的創造者。

事實說明，香港與祖國內地攜手共進。因此，習主席指出：「中國共產黨團結帶領人民進行的波瀾壯闊的百年奮鬥史，記載着香港同胞作出的獨特而重要的貢獻。」

「有史以來，香港同胞始終同祖國風雨同舟、血脈相連。」——習主席的科學論斷啟示我們，從歷史長河看待香港與祖國內地的關係，才能深刻理解「一國兩制」的制度邏輯，才能在未來無論遇到多少風風雨雨，都堅定不移地推進「一國兩制」行穩致遠。

（原載於《大公報》，2022 年 7 月 2 日）

「一國兩制」是好制度
必須長期堅持

——學習習主席在香港回歸祖國 25 週年慶典上的 重要講話精神系列之二

　　中共中央總書記、國家主席、中央軍委主席習近平在慶祝香港回歸祖國 25 週年大會暨香港特別行政區第六屆政府就職典禮講話中指出：「『一國兩制』的根本宗旨是維護國家主權、安全、發展利益，保持香港、澳門長期繁榮穩定。『一國兩制』是經過實踐反覆檢驗了的，符合國家、民族根本利益，符合香港、澳門根本利益，得到 14 億多祖國人民鼎力支持，得到香港、澳門居民一致擁護，也得到國際社會普遍贊同。這樣的好制度，沒有任何理由改變，必須長期堅持。」

　　國務院港澳辦日前發佈的《深情的關懷 堅定的信心 殷切的希望》一文中指出，習主席的重要講話如陽光驅散雲霧，指引人們跳出一時一事、一地一己的局限，以歷史縱深的眼光認清「一國兩制」成功實踐「青山遮不住，畢竟東流去」的浩蕩大勢……

　　香港中聯辦發文指出，習近平主席發表的重要講話，深刻闡述了全面準確理解和貫徹「一國兩制」方針的重大理論和實踐問題，具有重要里程碑意義。

從根本宗旨看「一國兩制」之好

　　習主席高度概括「一國兩制」必須長期堅持的深刻道理；學習習主席重要講話精神，需要多角度深刻認識「一國兩制」是好制度。

　　習主席指出：「『一國兩制』的根本宗旨是維護國家主權、安全、發展

利益，保持香港、澳門長期繁榮穩定。」此語內涵深刻，引人深思。

中央決定在港澳實行「一國兩制」的根本宗旨，都是為了國家好，為了香港、澳門好，為了港澳同胞好。由於「一國兩制」是人類歷史上的一大創舉，兩種社會制度能不能和諧相處？不少人充滿疑慮；更有一些人以狹隘的視角看待「一國兩制」，認為「兩制」難免衝突；或憂心忡忡，擔心到了 50 年就要變。

從實踐效果看「一國兩制」之好

「一國兩制」集中體現了中華傳統文化中「和合」理念：「和」，指和諧、和平、祥和；「合」是結合、合作、融合，只要有利於「和」，持不同立場和價值觀的人完全可以合作。在「一國兩制」架構下，「維護國家主權、安全、發展利益」和「保持香港、澳門長期繁榮穩定」之間並不矛盾。

習主席強調的「一國兩制」的根本宗旨，清晰地告訴人們，只要港澳堅守這個最高原則，在「一國」之下尋找「兩制」空間，不僅不會受到制約，而且會得到中央的大力支持，發展舞台更大、發展機遇更多。

習主席指出：「『一國兩制』是經過實踐反覆檢驗了的，符合國家、民族根本利益，符合香港、澳門根本利益。」此語直擊要害，一語中的！

習主席這次重要講話，除了繼續從經濟活力、營商環境等方面高度評價「一國兩制」取得豐碩成果之外，還有兩大新意：其一，把香港對國家發展和民族復興所做的貢獻作為「一國兩制」成功的首要標誌，更加注重從國家整體發展看待「一國兩制」。習主席指出：「回歸祖國後，香港在國家改革開放的壯闊洪流中，敢為天下先，敢做弄潮兒，發揮連接祖國內地同世界各地的重要橋樑和窗口作用，為祖國創造經濟長期平穩快速發展的奇蹟作出了不可替代的貢獻。」

其二，把香港的民主政制發展成果作為「一國兩制」成功的重要標誌，更側重從治理體系和治理能力的角度看待「一國兩制」。習主席指出：「制定香港國安法，建立在香港特別行政區維護國家安全的制度規範，修改完善香港選舉制度，確保了『愛國者治港』原則得到落實。香港特別行政區的民主制度符合『一國兩制』方針，符合香港憲制地位。」

由此可見，「一國兩制」的成功，涵蓋經濟、政治、社會等諸多領域，是治理能力和治理水平全方位的體現，是行得通、辦得到、得人心的，證明我們有能力實現「兩個建設好」。

從制度保障看「一國兩制」之好

習主席指出：「『一國兩制』得到14億多祖國人民鼎力支持，得到香港、澳門居民一致擁護，也得到國際社會普遍贊同。」此語擲地有聲，令人鼓舞！

「一國兩制」之所以能得到廣泛認同，還因為它能得到堅實的制度保障，能夠做到長期堅持。其一，「一國兩制」以憲法所規定的國家根本制度為堅實保障的好制度。社會主義制度是國家根本制度，中國共產黨的領導是中國特色社會主義制度的最本質特徵和最大優勢。「一國兩制」是黨領導的中國特色社會主義事業的重要組成部分。保持香港長期繁榮穩定是黨團結帶領人民實現中華民族偉大復興中國夢的不可或缺的一環。因此，中國共產黨在中國長期執政，是能夠長期堅持「一國兩制」的最大邏輯、最強保障和最大底氣。其二，「一國兩制」能夠抵禦風險挑戰，有強大的制度韌性和蓬勃生命力。香港之所以能永葆生機活力，在於充分發揮「兩制」優勢，保持自由開放，在融入國家發展大局中激發新動能，在與內地優勢互補中共同發展。

「『一國』原則越堅固，『兩制』優勢越彰顯。」習主席深刻揭示了「一國」與「兩制」之間的內在邏輯。隨着對「一國兩制」的規律認識得越來越清晰，隨着「一國兩制」制度體系越來越完善，我們在「一國兩制」下駕馭複雜局面的能力會越來越強，排除干擾破壞的能力會更強。因此，無論遇到什麼困難，「一國兩制」都不會變、不動搖。

「這樣的好制度，沒有任何理由改變，必須長期堅持。」習主席鏗鏘有力的聲音響徹香江，響徹中國，響徹世界。「一國兩制」必將行穩致遠，香港的明天更加美好！

（原載於《大公報》，2022 年 7 月 4 日）

把香港管治權牢牢掌握在愛國者手中

——學習習主席在香港回歸祖國 25 週年慶典上的重要講話精神系列之三

中共中央總書記、國家主席、中央軍委主席習近平在慶祝香港回歸祖國 25 週年大會暨香港特別行政區第六屆政府就職典禮講話中，用 4 個「必須」精闢總結了 25 年來香港「一國兩制」實踐的經驗和啟示。其中之一是「必須落實『愛國者治港』」。

習主席指出：「政權必須掌握在愛國者手中，這是世界通行的政治法則。世界上沒有一個國家、一個地區的人民會允許不愛國甚至賣國、叛國的勢力和人物掌握政權。把香港特別行政區管治權牢牢掌握在愛國者手中，這是保證香港長治久安的必然要求，任何時候都不能動搖。守護好管治權，就是守護香港繁榮穩定，守護 700 多萬香港居民的切身利益。」

世界通行的政治法則

國務院港澳辦日前發佈的《深情的關懷 堅定的信心 殷切的希望》一文中指出，習主席指出的「四個必須」，深刻闡明了香港「一國兩制」實踐過去為什麼能夠成功、未來如何取得更大成功，把對「一國兩制」實踐的規律性認識提升至新的境界。深入學習習主席重要講話精神，必須認真領會「把香港特別行政區管治權牢牢掌握在愛國者手中」的深意，無論如何都不能有絲毫鬆懈，都要始終堅定不移地落實好「愛國者治港」。

習主席指出：「政權必須掌握在愛國者手中，這是世界通行的政治法則。世界上沒有一個國家、一個地區的人民會允許不愛國甚至賣國、叛國

的勢力和人物掌握政權。」

習主席一語中的，這句話揭示了一個普遍性的政治規律。環顧全球的主權國家，無論實行什麼社會制度，無論處於什麼發展階段，無論曾經有什麼樣的歷史文化，從政者都必須效忠自己的國家，這是基本的政治倫理。在美英等西方國家，無論是競選國家領導人，還是競選地區領導人，一旦發現候選人在「效忠國家」方面有瑕疵，必然會遭到輿論的強烈批評。曾經有媒體報道某位總統候選人有逃避兵役的經歷，很快成為眾矢之的，最終只能黯然退場。

要求從政者必須愛國，這是最基本要求。但由於香港某些人過往在這個問題上認識不清，甚至有人借「兩制」之別，故意淡化、模糊化「效忠國家」的要求，令這個常識性問題變得十分重要，有必要反覆講這個道理。這正是習主席再次強調「政權必須掌握在愛國者手中，這是世界通行的政治法則」的用意。

保證香港長治久安的必然要求

習主席指出：「把香港特別行政區管治權牢牢掌握在愛國者手中，這是保證香港長治久安的必然要求，任何時候都不能動搖。」習主席高瞻遠矚，這句話對於「一國兩制」在港實踐具有重要的指導意義。習主席曾多次強調，「一國」是根，根深才能葉茂；「一國」是本，本固才能枝榮。這些精闢論述闡明了「一國」和「兩制」的邏輯關係，揭示了堅守「一國」之本的極端重要性。

回歸以來，由於對憲法和基本法的宣傳教育不夠深入，一些人對「一國」和「兩制」的關係認識不清、把握不準，有的認為「一國」和「兩制」是並列的，可以「平起平坐」；有的認為「愛國」和「愛港」是分離的，甚至有人故意把兩者對立起來，製造矛盾，引發混亂。當持以上觀點的人進入香港的政權機關，必然會利用公權，故意挑戰中央權威，把香港社會引入了動亂境地。

25 年前香港回歸祖國後，中央擁有對香港的全面管治權。在此基礎上，按照「一國兩制」、「港人治港」、高度自治的原則，中央把一部分管治權授

予香港。那麼，香港政權機關的每一位公職人員都必須明白：手中的權力來自中央，必須向中央負責。如果不能做到這一點，就沒有資格履行公職。

真正的愛國者，能明白手中管治權的來源，能真心向中央負責，則不會濫用管治權，也才能維護香港長治久安。習主席強調「把管治權牢牢掌握在愛國者手中」，這是從治港實踐中得出的啟示，是中央對香港提出的要求，也是為對維護香港長治久安的重要警示！

守護港人利益的根本保證

習主席指出：「守護好管治權，就是守護香港繁榮穩定，守護 700 多萬香港居民的切身利益。」

習主席此語內涵深刻，對於發展具有香港特色的民主政制具有重要的指導意義。管治權是重要的民主權利。在英國統治香港的 156 年間，香港居民沒有管治權。回歸祖國後，「港人治港」得到全面落實，香港的民主才真正起步。「港人治港」的前提是什麼？是「一國兩制」，如果沒有這一偉大的制度創舉，港人不可能治港。而「一國」與「兩制」二者之間，「一國」是前提。因此，掌握香港管治權的人必須是愛國者。

唯有愛國者，才會真心認同中央對香港全面管治權，不會去故意碰觸底線，而會把落實中央全面管治權和行使香港高度自治權相結合，找到「一國」之下「兩制」和諧相處的平衡點，從而令香港居民享受到更多的紅利。唯有愛國者，才會真心推動香港融入國家發展大局，抓住發展機遇，擴大香港空間，為市民帶來實惠。唯有愛國者，才會真心把香港當成自己的家園，能做長遠考慮，千方百計想着如何把香港建設好，找到市民訴求與管治方式之間的共振點，努力改善民生。

因此，習主席說「守護好管治權就是守護香港居民切身利益」，這個道理十分深刻，值得每一位香港居民深入思考。

把香港管治權牢牢掌握在愛國者手中！這是習主席站在歷史、現實和未來的高度、從維護國家利益和香港市民福祉的角度提出的要求。牢記囑託，踔厲奮發，香港定能續寫「一國兩制」新篇章！

（原載於《大公報》，2022 年 7 月 5 日）

堅持中央管治權和
特區高度自治權相統一

——學習習主席在香港回歸祖國 25 週年慶典上的
重要講話精神系列之四

中共中央總書記、國家主席、中央軍委主席習近平在慶祝香港回歸祖國 25 週年大會暨香港特別行政區第六屆政府就職典禮重要講話中，用「四個必須」精闢總結了 25 年來香港「一國兩制」實踐的經驗和啟示。

「四個必須」深刻闡明了香港「一國兩制」實踐過去為什麼能夠成功、未來如何取得更大成功，把對「一國兩制」實踐的規律性認識提升至新的境界。國務院港澳辦日前發佈的《深情的關懷 堅定的信心 殷切的希望》一文對「四個必須」做出了深入解讀。

「四個必須」的重要一條就是「必須堅持中央全面管治權和保障特別行政區高度自治權相統一」的重要性。深刻領會習主席這一重要論述，對於認識「一國兩制」的本質和規律至關重要。

中央全面管治權是源頭

習主席指出：「香港回歸祖國，重新納入國家治理體系，建立起以『一國兩制』方針為根本遵循的特別行政區憲制秩序。中央政府對特別行政區擁有全面管治權，這是特別行政區高度自治權的源頭，同時中央充分尊重和堅定維護特別行政區依法享有的高度自治權。」

領會習主席這段話的深刻內涵可以從幾個關鍵詞入手：「全面管治權」、「高度自治權的源頭」、「依法享有的高度自治權」。

先看「全面管治權」。上世紀 80 年代，中英兩國政府就香港問題談判

時，英方曾試圖「以主權換治權」，被中方斷然拒絕。1997 年 7 月 1 日，我國恢復對香港行使主權，中央政府對香港擁有全面管治權，這是不爭的事實，這也是實行「一國兩制」的前提和基礎。

再看「高度自治權的源頭」。中央按照「一國兩制」、「港人治港」、高度自治的原則，把另一部分權力授予香港特區。因此，香港的高度自治權的源頭是中央的全面管治權。

最後看「依法享有的高度自治權」。香港享有哪些高度自治權？要看法律是如何授權的。基本法訂明瞭香港特區的地位、香港居民的權利和義務、香港特區行政、立法、司法的職權。因此，討論香港的高度自治權，必須去讀基本法，緊扣「依法」二字，香港不能超越授權範圍。

「兩權」統一銜接是關鍵

習主席指出：「落實中央全面管治權和保障特別行政區高度自治權是統一銜接的，也只有做到這一點，才能夠把特別行政區治理好。」

習主席在這裏講的關鍵詞是「統一銜接」，有兩層重要意涵：第一，特區所享有的高度自治權是中央全面管治權所授予的，兩者原本就是一個整體，不能割裂開來。第二，中央全面管治權和香港的高度自治權之間必須做好銜接，如果銜接不好，就要出問題。比如，基本法 23 條規定，要求香港自行立法維護國家安全，這充分考慮到香港地位的特殊性，也體現出中央對香港的高度信任。但香港至今沒有完成「23 條立法」，結果造成了國家安全的巨大漏洞。

那麼，香港還有沒有「兩權」銜接不好的地方呢？當然有。比如，以往沒有嚴格要求香港公職人員在任職前「宣誓效忠」，這些年，明確了規則；以前，立法會議員選舉的資格審查不嚴格，致使「港獨」分子成功參選，現在新選制加強了資格審查，確保「入閘」的人士全部是愛國者。

我們必須看到，建立「兩權」銜接機制才剛剛起步，必須對香港各個領域梳理一番，凡是與基本法相衝突的規則必須廢除，凡是基本法有要求、至今仍是空白的，要建立規則。總之，基本法不能懸在空中，要讓基本法的要求落地落實。學習貫徹習主席的這段講話，香港必須在「兩權」

銜接上做大量工作，補上以往「落下的課程」。

「行政主導」須落實

習主席指出：「特別行政區堅持實行行政主導體制，行政、立法、司法機關依照基本法和相關法律履行職責，行政機關和立法機關既互相制衡又互相配合，司法機關依法獨立行使審判權。」當中的關鍵詞是：「行政主導」，「相互制衡、相互配合」「依法獨立行使審判權」。

先看「行政主導」。行政權在三權當中居於主導地位，因為行政長官是「雙首長」，必須「雙負責」。特區政府擔負着管治香港的主體責任，香港管治出了任何問題，負第一責任的是行政長官和特區政府。權力和責任成正比，有多大的責任，就應有多大的權力。所以，行政長官的權力超然於行政、立法和司法三權之上。

再說「相互制衡、相互配合」。香港是中國的一個特別行政區，不能用西方國家「三權鼎立」的模式去解讀香港的政治體制。香港特區的三權之上還有中央的權力，在出現不可調和的矛盾時，中央可以出面解決。所以，行政機關和立法機關是「既互相制衡又互相配合」的關係。

最後說：「司法機關依法獨立行使審判權」。這句話通常被概括為「司法獨立」，但「司法獨立」這個概念過於籠統，容易忽略一些前提條件。這裏的前提條件是「依法」。「法」包括：香港基本法、香港國安法，以及香港現行的法律。司法機關絕對沒有僭越基本法和國安法的特權！

細細領會習主席這段論述，應該釐清一個道理：必須依法落實「行政主導」，香港才能治理好。

習主席關於「堅持中央全面管治權和保障特別行政區高度自治權相統一」的論述，內涵豐富，針對性很強，是解決「一國兩制」實踐中重大問題的根本遵循；香港管治團隊須從這一論述中汲取智慧和力量，不斷提升香港的管治水平，開啟良政善治新局面。

（原載於《大公報》，2022 年 7 月 6 日）

保持香港獨特地位和優勢
符合國家根本利益

——學習習主席在香港回歸祖國 25 週年慶典上的
重要講話精神系列之五

中共中央總書記、國家主席、中央軍委主席習近平在慶祝香港回歸祖國 25 週年大會暨香港特別行政區第六屆政府就職典禮講話中，用「四個必須」精闢總結了 25 年來香港「一國兩制」實踐的經驗和啟示。「四個必須」的重要一條就是：「必須保持香港的獨特地位和優勢。」

習主席強調：「背靠祖國、聯通世界，這是香港得天獨厚的顯著優勢，香港居民很珍視，中央同樣很珍視。中央政府完全支持香港長期保持獨特地位和優勢。」習主席的話，字字千鈞，句句入理，説到了香港同胞的心坎上，令香港同胞對「一國兩制」的前景信心倍增！

國務院港澳辦日前發佈的《深情的關懷 堅定的信心 殷切的希望》一文講到，香港同胞更加深切地感受到人民領袖始終心繫百姓福祉，更加深切地感受到「中央政府所做的一切，都是為了國家好，為了香港、澳門好，為了港澳同胞好」，更加深切地感受到香港和祖國緊密相連，香港同胞和祖國人民的心貼得更緊了。

香港與國家的根本利益是一致的

習主席指出：「中央處理香港事務，從來都從戰略和全域高度加以考量，從來都以國家和香港的根本利益、長遠利益為出發點和落腳點。香港的根本利益同國家的根本利益是一致的，中央政府的心同香港同胞的心也是完全連通的。」

習主席站在戰略和全域的高度，深刻指明了香港和國家根本利益的一致性。如何認識香港和國家根本利益的一致性？筆者認為，至少有以下三個角度：

從實行「一國兩制」的初心來認識。上世紀 80 年代，當香港回歸擺上議事日程的時候，到底在香港實行什麼社會制度？中央是經過充分討論的。之所以允許香港保持資本主義制度不變，正是為了讓香港繼續保持繁榮穩定，同時，繼續扮演「超級聯絡人」角色，為內地改革開放發揮獨特作用。因此，香港保持資本主義制度不變，是香港的初心，也是中央的初心。

從「兩個建設好」的角度來認識。習主席在香港回歸 20 週年慶典講話中指出：「我們既要把實行社會主義制度的內地建設好，也要把實行資本主義制度的香港建設好」。這表明，進入新時代後，中央推進「一國兩制」實踐的決心更加堅定，希望香港在資本主義制度下發展得越來越好。這和香港居民的想法完全是一致的。

我們再看，中國改革開放後，在「社會主義」前面加上了「中國特色」。中國特色社會主義理論認為，兩種社會制度都是人類文明的成果，可以共存共生、相互借鑒。社會制度只是手段，增進人民福祉才是最終目的。中國特色社會主義理論的包容性很強，「一國兩制」正是其重要組成部分。

「香港優勢」恰是「國家所需」

習主席指出：「背靠祖國、聯通世界，這是香港得天獨厚的顯著優勢，香港居民很珍視，中央同樣很珍視。中央政府完全支持香港長期保持獨特地位和優勢，鞏固國際金融、航運、貿易中心地位，維護自由開放規範的營商環境，保持普通法制度，拓展暢通便捷的國際聯繫。」

習主席指出的這些特殊優勢，是香港引以為傲的，也是香港的核心競爭力，香港同胞十分珍惜。過去，反中亂港勢力整天抹黑稱，中央要令「兩制」變「一制」，令香港喪失固有優勢云云。這些觀點是極其荒謬的！試想，香港如果變成了另一個內地城市，對內地有什麼好處？相反，如果

香港繼續保持現在的獨特地位和優勢，更有利於內地的改革開放。

香港實行普通法制度，香港做出的國際仲裁獲得全球 140 多個國家的認可，這對於內地企業做好國際貿易有巨大幫助；香港是國際金融中心，外資進入內地市場，內資進入國際市場，香港是最理想的「跳板」；香港是國際化大都市，是中西文化的交匯點，是理想的全球頂尖人才聚集地。香港的地位和優勢，是內地任何一個城市無法取代的，對國家有大用處。

面向未來，中央只會支持香港做大「聯通世界」的獨特優勢，而決不會削弱之。國家「十四五」規劃已經明確，在支持香港提升鞏固「老四中心」的同時，支持香港打造「新四中心」。這表明，中央支持香港長期保持獨特地位和優勢，是一項長期戰略，而不是權宜之計。學習領會習主席重要講話精神，香港同胞要和中央想在一起，共同把香港的獨特優勢做大。

期待民族復興中的「香港貢獻」

習主席指出：「中央相信，在全面建設社會主義現代化國家、實現中華民族偉大復興的歷史進程中，香港必將作出重大貢獻。」

認真學習領會習主席的這段話，香港管治團隊和社會各界須有大視野、大胸懷、大格局。1840 年後香港被英國殖民統治，恰是中華民族近代以來走向衰落的開始；1997 年香港回歸祖國，恰是中華民族偉大復興的重要標誌。今天，我們比歷史上任何時候都更加接近中華民族偉大復興的目標，我們應以宏闊的歷史視野看待香港、謀劃未來。香港的發展，不僅關係到 730 萬香港居民的福祉，還要為國家發展做出貢獻。

粵港澳大灣區建設是習主席親自謀劃、親自部署、親自推動的國家戰略，香港應更加積極主動地參與大灣區建設，與有關各方合力推進制度創新，攻堅克難；同時，放眼全國，在「國家所需」和「香港所長」之間尋找合作機遇，既助力國家，又發展自己。總之，在國家發展和民族復興的征程中，香港應勇於擔當，主動作為，不能只打自己的「小九九」。

登高望遠，綜觀全域，才能認清問題的本質。習主席的論述啟發我

們，在看待和處理「一國兩制」實踐中出現的問題時，必須跳出一時一事、一地一己的局限，從全域看局部，從長遠看當下。香港，應具備這樣的眼光和格局！

（原載於《大公報》，2022 年 7 月 7 日）

把握好提高治理水平的關鍵點

——學習習主席在香港回歸祖國 25 週年慶典上的重要講話精神系列之六

中共中央總書記、國家主席、中央軍委主席習近平在慶祝香港回歸祖國 25 週年大會暨香港特別行政區第六屆政府就職典禮講話中指出:「當前,香港正處在從由亂到治走向由治及興的新階段,未來 5 年是香港開創新局面、實現新飛躍的關鍵期。機遇和挑戰並存,機遇大於挑戰。中央政府和香港社會各界人士對新一屆特別行政區政府寄予厚望,全國各族人民對香港滿懷祝福。」習主席對新一屆特區政府團結帶領社會各界實現良政善治提出了 4 點希望。

國務院港澳辦日前發佈的《深情的關懷 堅定的信心 殷切的希望》一文中指出,習主席提出的希望和要求,意義重大,內涵深遠,語重心長,為新一屆特區政府依法施政,團結帶領社會各界着力破解香港當前最直接、最突出、最迫切的問題,推進「一國兩制」行穩致遠指明了努力方向,提供了根本遵循。

特區政府須按照習主席要求,認真把握提高治理水平的關鍵點,用實實在在的業績回報習主席的關懷、中央的信任和市民的期待。

強化「第一責任人」意識

習主席指出:「行政長官和特別行政區政府是香港的當家人,也是治理香港的第一責任人。」習主席強調「當家人」和「第一責任人」的概念,就是要進一步明確責任。可以這樣理解:如果香港管治得好,首先應該受到表彰的是特首和特區政府;如果香港管治出了問題,首先應該被問責的

是特首和特區政府管治團隊。

習主席這句話的背後有堅實的法律支撐。基本法確立了香港特區「行政主導，三權分置，司法獨立，行政長官代表特區向中央負總責」的政治制度。「行政主導」意味着行政在三個機關中的責任最大；行政長官「負總責」，意味着是責任更大。把行政長官和特區政府統一定位為「第一責任人」非常明確。這啟示人們，行政長官和特區政府必須強化「第一責任人」意識。在國安法和新選制實施後，影響「行政主導」的不利因素已被排除，今後，行政長官和特區政府不能以客觀原因推卸治理香港的責任！

「有為政府」應結合「高效市場」

習主席指出：「要轉變治理理念，把握好政府和市場的關係，把有為政府同高效市場更好結合起來。」

習主席的這個指示具有很強的針對性。特區政府曾長期奉行不干預的自由政策，政府在經濟領域採取「積極不干預」的態度。但任何事情都是利弊共存，拿捏不準則負面效應凸顯。第一，「積極不干預」，是「積極」多一點、還是「不干預」多一點？這需要把握好火候。第二，在經濟領域採取「積極不干預」，不等於在社會、民生等領域也「積極不干預」。比如，為市民提供公共產品和公共服務，這是政府不可推卸的責任，政府應該主動作為。近年來，香港治理暴露出問題的重要原因是政府主動作為不夠，「積極不干預」被泛化，致使經濟、社會、民生領域的諸多問題久拖不決、越拖越大。

對照習主席指示的深意，特區政府管治團隊應該明白，「不干預」不能成為「不作為」的擋箭牌；把「有為政府」與「高效市場」更好結合起來，才是努力的方向。

用好中央「三個全力支持」

習主席用「三個全力支持」來闡述中央將為香港賦能：「中央全力支持香港抓住國家發展帶來的歷史機遇，主動對接『十四五』規劃、粵港澳大灣區建設和『一帶一路』高質量發展等國家戰略。中央全力支持香港同

世界各地展開更廣泛、更緊密的交流合作，吸引滿懷夢想的創業者來此施展抱負。中央全力支持香港積極穩妥推進改革，破除利益固化藩籬，充分釋放香港社會蘊藏的巨大創造力和發展活力。」

第一個「全力支持」是幫助香港融入國家發展大局。香港最大的機遇在內地。中央希望香港搭上內地經濟發展的快車，快速向前。第二個「全力支持」是幫助香港走向世界。隨着中國國際地位的提升，香港國際交往的舞台更廣闊，中央支持香港提升國際地位。第三個「全力支持」是幫助香港激發內生動力。香港經濟雖然有不錯的底子，但創新的內生動力不足。中央支持香港補上這一短板。「三個全力支持」幫到了香港的緊要之處。中央如此給力，香港更須努力！特區政府一定要用好中央支持，在這三個方面要有大動作，力求大突破。

把全社會期盼作為施政的最大追求

習主席指出：「新一屆特別行政區政府要務實有為、不負人民，把全社會特別是普通市民的期盼作為施政的最大追求，拿出更果敢的魄力、更有效的舉措破難而進，讓發展成果更多更公平惠及全體市民，讓每位市民都堅信，只要辛勤工作，就完全能夠改變自己和家人的生活。」

施政之要，在於民心。時下，公務員普遍認為自己很努力，但市民對政府的滿意度卻不高。一個重要的原因就是沒有緊貼民心施政。特區政府把全社會特別是普通市民的期盼作為施政的最大追求，就是要把「以人民為中心」的思想貫穿始終。對照習主席的要求，特區政府還有很大的努力空間。比如，貧富差距拉大、社會階層固化。許多青年人發現，無論如何努力，都無法改變命運，灰心喪氣，乾脆「躺平」。這説明「社會公平」出了問題。解決這些問題，不能奢望市場自身去調節，政府須拿出更果敢的魄力、更有效的舉措。

提升治理水平是一個系統工程，但只要抓住關鍵點持續發力，必能事半功倍。習主席為香港提高治理水平指明了方向和重點，特區政府應團結社會各界及廣大市民，一齊努力，爭取早見成效。

（原載於《大公報》，2022 年 7 月 8 日）

擔起共同維護和諧穩定的重大責任

——學習習主席在香港回歸祖國 25 週年慶典上的重要講話精神系列之七

　　中共中央總書記、國家主席、中央軍委主席習近平在慶祝香港回歸祖國 25 週年大會暨香港特別行政區第六屆政府就職典禮講話中對香港提出了 4 點希望。其中講到：「希望共同維護和諧穩定。」國務院港澳辦日前發佈的《深情的關懷 堅定的信心 殷切的希望》一文中指出，習近平主席提出的希望和要求，意義重大，內涵深遠，語重心長，為推進「一國兩制」行穩致遠指明了努力方向，提供了根本遵循。沒有和諧穩定的社會環境，什麼事情也做不了。在經歷了風風雨雨之後，人們痛感香港不能亂也亂不起，更深感香港發展不能再耽擱，要排除一切干擾聚精會神謀發展。香港要保持長期繁榮穩定，香港居民既是建設者，也是受惠者，香港居民應該擔負起共同維護和諧穩定的重大責任。

守護家園人人有責

　　習主席指出：「香港居民，不管從事什麼職業、信奉什麼理念，只要真心擁護『一國兩制』方針，只要熱愛香港這個家園，只要遵守基本法和特別行政區法律，都是建設香港的積極力量，都可以出一分力、作一份貢獻。」

　　習主席的這段話釋放出清晰的信號，香港是國家的一部分，香港是730 萬香港居民的家園，香港社會環境如何，受影響最大、最直接、最現實的還是香港同胞。因此，每一位香港居民都要擔負起建設香港的責任，共同把香港這個家建設好、守護好。

回想 3 年前的「黑暴」，一群自稱「愛香港」的人，把香港踐踏得面目全非；一群呼喊着「民主、人權、自由」的人，公然剝奪他人免於恐懼的自由，令學生失去了上學的自由，打工仔失去了上班的自由，店主失去了開業經營的自由，普通市民失去了享受正常生活的自由。每到週末有暴亂，不少香港居民只能舉家到深圳躲避。黑色恐怖籠罩下的香港，還有家的樣子嗎？還能讓人安居樂業嗎？受傷最深的不是別人，正是香港居民。

經歷風雨之後，才懂得陽光的可貴。習主席忠告香港居民要熱愛香港這個家園、同心呵護香港這個家園，這是肺腑之言，也是中央對香港的要求和期待。香港居民應該從中體會到領袖對香港同胞的真心關愛，放下歧見，凝聚共識，共建家園。

每個人的能力有大小，每個人的政見可不同，但在維護香港和諧穩定的這件事情上，每個人都應擔起責任、做出貢獻。

弘揚主流價值觀和優良傳統

習主席指出：「希望全體香港同胞大力弘揚以愛國愛港為核心、同『一國兩制』方針相適應的主流價值觀，繼續發揚包容共濟、求同存異、自強不息、善拼敢贏的優良傳統，共同創造更加美好的生活。」

習主席的這段話第一個亮點是強調「主流價值觀」。香港是一個多元社會，人們習慣於用「價值觀多元」來概括香港的特色。在經歷「黑暴」之後，我們應深刻地認識到，一個社會可以是開放多元的，但必須有「主流價值觀」做引領。「多元」是好事，但如果「多元」過了頭，則會使整個社會失去凝聚力，如同一盤散沙，脆弱不堪。香港應該有什麼樣的「主流價值觀」？習主席指出兩點：一是以愛國愛港為核心，二是同「一國兩制」方針相適應。這兩點說到了要害之處。國家的根本利益與香港的根本利益是一致的，「愛國愛港」理應成為核心。「一國兩制」方針既「求同」又「存異」，香港主流價值觀理應符合「一國兩制」方針。

習主席的這段話第二個亮點是強調「優良傳統」。「包容共濟、求同存異、自強不息、善拼敢贏」是香港的優良傳統，曾經創造了不朽的「香江傳奇」。香港回歸後，這些優良傳統在某些時段弘揚得好，在有些時段

弘揚得不好。比如，2014 年至 2019 年期間，香港社會「包容共濟、求同存異」的優良傳統被丟棄，一些人反中仇共，幹了大量傷害內地同胞感情的事情，甚至在香港街頭說普通話都會遭到攻擊，令親者痛、仇者快。如今，香港重回正軌再出發，必須把曾經丟棄的優良傳統找回來。

香港青年大有可為

習主席指出：「我們還要特別關心關愛青年人。青年興，則香港興；青年發展，則香港發展；青年有未來，則香港有未來。」他強調：「要引領青少年深刻認識國家和世界發展大勢，增強民族自豪感和主人翁意識。要幫助廣大青年解決學業、就業、創業、置業面臨的實際困難，為他們成長成才創造更多機會。我們殷切希望，每一個香港青年都投身到建設美好香港的行列中來，用火熱的青春書寫精彩的人生。」

習主席對香港青年寄予厚望，對青年工作的要求也非常明確：第一，全社會要關心青年，為他們的成長創造更好條件；第二，青年要加倍努力，書寫精彩人生。

習主席的講話在香港青年當中引起熱烈反響。近日，香港中聯辦、全國青聯共同舉辦「用火熱的青春書寫精彩的人生」主題學習匯報會，聚焦學習宣傳貫徹習主席在香港回歸祖國 25 週年慶典的重要講話精神，全港各界青年代表分別以學習、交流、科創、抗疫、守護、融合、使命、追夢等 8 個主題，學原文、談體會、見行動，暢談青春故事。中聯辦副主任陳冬以對領袖飽滿的深情，從「做愛國愛港的主人翁、科創發展的生力軍、建設香港的實幹家、無悔青春的追夢人」四個角度與港青交流，引起青年朋友的強烈共鳴。大家紛紛表示，習主席對香港青年特別關心關愛，讓大家備受鼓舞，在中華民族偉大復興的進程中，香港青年大有可為。

香港是全體居民的共同家園，守護家園的和諧穩定，特區政府承擔着主體責任；每一位香港居民也肩負着重要責任；香港青年是未來的主人，更是責無旁貸。深入學習習主席重要講話精神，必須扎扎實實從承擔責任做起！

（原載於《大公報》，2022 年 7 月 9 日）

牢記殷切囑託　共建美好家園

——學習習主席在香港回歸祖國 25 週年慶典上的重要講話精神系列之八

在香港回歸祖國 25 週年之際，中共中央總書記、國家主席、中央軍委主席習近平親臨香港，出席慶祝香港回歸祖國 25 週年大會暨香港特別行政區第六屆政府就職典禮，發表重要講話，並視察香港。

習主席的重要講話，高度評價香港「一國兩制」成功實踐，深刻總結「一國兩制」實踐規律，對建設好治理好香港提出重大要求，深刻闡述了全面準確理解和貫徹「一國兩制」方針的重大理論和實踐問題。國務院港澳辦日前發佈的《深情的關懷 堅定的信心 殷切的希望》一文中指出，習主席的重要講話為推進「一國兩制」行穩致遠指明了努力方向，提供了根本遵循。

連日來，特區政府管治團隊和各社會組織、團體紛紛舉辦學習交流活動，掀起了學習習主席重要講話的熱潮。人們普遍認為，習主席重要講話堅定了香港實踐「一國兩制」的信心，為香港在新階段開創新局面注入了強大精神動力。

習主席與香港同胞的心在一起

習主席此次香港之行，密集出席 10 多場活動；習主席所到之處，掌聲不斷、歡聲不息，人們紛紛表達對習主席的愛戴之情。「我的心和中央政府的心始終同香港同胞在一起。」習主席的這句肺腑之言，在香港同胞的心中久久迴蕩。

在香港局勢實現由亂到治的重大轉折邁向由治及興的關鍵時期，香港居民熱切期盼習主席為香港前行領航指路。習主席在疫情出現反覆的情況

下抵港視察，足以說明對香港同胞的真情厚愛，對「一國兩制」行穩致遠的堅定信心，給香港居民以巨大鼓舞。

香港中聯辦召開領導班子（擴大）會議，集體進一步學習習主席重要講話精神，強調着力在融會貫通、學以致用、推動落實上下工夫，不斷深化對「一國兩制」實踐的規律性認識，以習主席重要講話精神為指引，開創工作新局面。

在管治團隊舉辦的公務員座談會上，有政府官員表示，習主席對香港的厚愛有加。這些年來，儘管特區政府的管治能力有諸多不足，儘管香港在維護國家安全方面不如人意，但習主席站在戰略和全域高度，對「一國兩制」在港實踐給予充分肯定，這是鼓勵，更是鞭策！有市民表示，中央一直離我們很近，習主席時刻都在關心我們。經歷這麼多風風雨雨後，我們更真實地感受到，中央是真心的為香港好。回想幾個月前第五波疫情襲擊香港，在許多人悲觀失望的時候，習主席一聲號令，內地支援香港的人員和物資源源不斷抵港，讓香港再次渡過了難關，再次印證了祖國是香港堅強後盾這個定理。

全力以赴謀發展惠民生

習主席指出：「新一屆特區政府要務實有為、不負人民，把全社會特別是普通市民的期盼作為施政的最大追求，拿出更果敢的魄力、更有效的舉措破難而進，讓發展成果更多更公平惠及全體市民。」

這些天，剛剛就任的特區政府班子已經行動起來。政府已成立由司長級官員帶領的 4 個小組，分別負責各項工作推進，包括土地房屋供應統籌組等；同時，還將設立「特首政策組」，協助特首及時掌握民情。李家超要求各司局長在問題萌芽時主動介入、落場指導，分秒必爭，做到「一加一大於二」。有政府主要官員表示，習主席關於「行政長官和特別行政區政府是香港的當家人，也是治理香港的第一責任人」的論斷，對於特區政府提升管治能力具有重大指導意義。現在，掣肘政府依法施政的不利因素已經去除，政府必須扛起「第一責任」，沒有任何懈怠的理由。

在港區省級政協委員聯誼會的座談會上，許多政協委員表示，習主席

講話為香港指明了方向，同時表明中央力挺香港。香港融入國家發展大局的「接口」在不斷增多，與世界的連接會不斷緊密，法治地位將更加穩固，香港迎來了發展的春天。全社會聚焦經濟民生，「東方之珠」必將創造新的輝煌。

誓為民族復興作出「香港貢獻」

習主席在講話中指出：「中央相信，在全面建設社會主義現代化國家、實現中華民族偉大復興的歷史進程中，香港必將作出重大貢獻。」這句話在香港社會各界引起強烈反響。

本港極大多數愛國社團都召開了各種形式的學習會。福建社團聯會認為，香港的管治團隊和社會各界應該以更宏闊的視野、更大的擔當看待發展，不能停留在簡單地自我發展、與內地融合發展，而要誓為中華民族偉大復興中作出「香港貢獻」。在暨南大學舉行的專家學者視頻學習會上，大家認為，香港始終是一個具有標誌性意義的地方。近代以來中華民族的磨難是從 1840 年後香港被英國殖民統治開始的；如今，國家要強盛，民族要復興，香港不僅不能缺席，還應作出更大貢獻。

本港工商界也踴躍發表感想，許多代表人士認為，習主席上次來港曾講到「兩個建設好」，這次來港講到：「『一國兩制』是經過實踐反覆檢驗了的，這樣的好制度，沒有任何理由改變，必須長期堅持！」這不僅是給香港居民吃了定心丸，更是為香港工商界放心大膽的與內地攜手發展注入了新能量；一心一意謀發展才是正道，為民族復興作出「香港貢獻」是義不容辭的責任。

習主席講到：「要幫助廣大青年解決學業、就業、創業、置業面臨的實際困難，為他們成長成才創造更多機會。」很多港青認為，習主席關心青年人的困難、困惑、困境，溫暖了香港青年的心，令青年對未來充滿信心。作出「香港貢獻」，青年責無旁貸，必將大有作為。

牢記習主席殷切囑託，共建香港美好家園。人們紛紛表示，習主席香港之行傳遞關懷、信心和希望；習主席的重要講話指導香港開創新局面、實現新飛躍。回歸 25 年，香港正青春！邁步新征程，香港已起步！

（原載於《大公報》，2022 年 7 月 11 日）

把握歷史邏輯　明確發展方向

—— 解讀夏寶龍在「學習貫徹習主席重要講話
精神專題研討會」致辭系列評論之一

　　昨日，由全國港澳研究會舉辦的「學習貫徹習近平主席在慶祝香港回歸祖國 25 週年大會暨香港特別行政區第六屆政府就職典禮上重要講話精神」專題研討會在北京進行。全國政協副主席、中央港澳工作領導小組常務副組長、國務院港澳辦主任夏寶龍出席研討會，並作了題為《以習近平主席重要講話精神為指引 奮力譜寫「一國兩制」實踐新篇章》的致辭。

　　夏寶龍表示，習近平主席重要講話蘊含着厚重的歷史邏輯，在香港由亂到治走向由治及興的重要歷史關頭指路領航，在「一國兩制」事業發展史上具有里程碑意義；習近平主席重要講話以宏闊的歷史視野，理清了香港發展的歷史脈絡，回答了「香港從哪裏來？要到哪裏去？」的歷史之問，就像一座燈塔，為香港發展廓清迷霧，指引香港開創更加美好的未來。

　　夏寶龍的解讀，為我們深刻領會習主席重要講話精神打開了思路。沿時間的軸線，準確把握香港發展的歷史邏輯，香港才能沿着正確的方向前行。

「香港的根在祖國！」

　　夏寶龍在致辭中講到，習主席的重要講話鮮明標識了「一國兩制」香港實踐在中華民族偉大復興戰略全域中的坐標，充分肯定香港在我國革命、建設、改革各個歷史時期所作出的獨特而重要貢獻，充分表明香港在中華民族偉大復興歷史進程中的重要地位，指出香港在鑄就

中華民族偉大復興偉業中所肩負的歷史使命。香港的根在祖國,「一國兩制」在香港的實踐,必須錨定這一坐標,始終與中華民族偉大復興同向同行。

夏寶龍的解讀,引導我們深刻領會習主席的重要論述,錨定「一國兩制」香港實踐的歷史坐標。過往,人們在談論香港歷史時,習慣於以「香港開埠以來⋯⋯」開頭,「開埠」固然是香港從小漁村嬗變為港口城市的開端,但如此「斷章取義」,顯然不符合歷史事實,更折射出視野的狹窄。香港早在 5,000 多年前就有古人類活動,香港在 2,000 多年前就作為嶺南地區的一部分納入中國版圖。這才是歷史的全貌!香港的發展也從來不是孤立的,無論是英國統治的 156 年間,還是回歸祖國後的 25 年,香港與祖國內地都保持着密切聯繫,香港的繁榮更是得益於在不同歷史時期發揮好了「背靠祖國,聯通世界」的特殊地位和優勢。

中央始終為國家好香港好

「樹高千尺終有其根」。夏寶龍的解讀使我們更明白:「香港的根在祖國」,這是香港發展的邏輯起點!

夏寶龍在致辭中講到,習主席指出「『一國兩制』的根本宗旨是維護國家主權、安全、發展利益,保持香港、澳門長期繁榮穩定」。這一重要論述,指明了「一國兩制」實踐的出發點和落腳點。中央政府所做的一切,都是為了國家好,為了香港、澳門好,為了港澳同胞好。

夏寶龍的解讀,引導我們深刻領會習主席重要論述,牢牢把握「一國兩制」香港實踐的發展方向。1840 年以來中國近代的屈辱和辛酸,自香港被英國殖民統治開始;香港回歸是洗刷百年屈辱的大事。中央從來都是站在戰略和全域的高度考慮問題,並非簡單地把香港收回了事,而是要讓香港回歸後不僅保持繁榮穩定,而且要在國家的支持下發展得更好,令香港成為世人傾慕的都會,這才是實行「一國兩制」的初心!

初心照鑒真心。中央一再強調,要把維護國家主權、安全、發展利益作為最高原則,並非對香港不夠寬容大度,而是基於「國安家好」的樸素邏輯。香港雖然是一個發達的經濟體,但由於經濟體量小、地域狹窄、發

展空間受限，如果失去國家這艘航母的護佑，前途堪憂！因此，當「一國兩制」在港實踐出現變形、走樣時，中央果斷糾偏、糾錯，令其重回正軌，這是為了維護國家的根本利益，也是為了維護香港的根本利益，絕不是要令「兩制」變「一制」！

只要堅守「一國」原則，香港擁有廣闊的發展空間。國家「十四五」規劃支持香港打造「八大中心」、粵港澳大灣區建設綱要支持港澳和廣東九市在諸多領域「先行先試」，前海合作區為香港提供「試驗場」……中央挺港惠港的真心日月可鑒！從初心看真心。夏寶龍的解讀使我們更明白：中央所做的一切，都是為了國家好、香港好。這是實行「一國兩制」的出發點和落腳點！

貫徹「一國兩制」的意志堅如磐石

夏寶龍在致辭中講到，習近平主席指出「一國兩制」是經過實踐反覆檢驗了的，這樣的好制度，沒有任何理由改變，必須長期堅持。這一鄭重宣示，充分彰顯了中央堅定不移貫徹「一國兩制」方針的歷史自信和堅如磐石的意志。

夏寶龍的解讀，引導我們深刻領會習主席重要論述，築牢「一國兩制」香港實踐的堅定信心。25 年的實踐證明，「一國兩制」不僅是當時解決香港、澳門回歸問題的最佳制度安排，更是保持香港長期繁榮穩定的制度安排。25 年的實踐證明，香港的經濟規模擴大了、國際競爭力提高了、港人的幸福指數攀升了，香港與祖國聯繫更加緊密了、與世界的聯接更加廣泛了，「一國兩制」是辦得到、行得通、得人心的好制度。25 年實踐還證明，外部勢力利用香港圍堵中國、阻撓中華民族偉大復興的賊心不死，必須守住「一國兩制」底線，與反中亂港勢力及其背後的美西方外部勢力作長期鬥爭。

夏寶龍的解讀使我們更明白：任何時候，無論遇到任何困難，都要全面準確地貫徹「一國兩制」方針，決不允許「一國兩制」走樣變形！這是我們必須堅守的原則底線。

回望歷史，是為了在未來的路上走得更好。把握歷史邏輯，是為了

瞄準正確的前進方向。夏寶龍的解讀，讓我們進一步認識到，習主席重要講話是「一國兩制」香港實踐的根本遵循，是香港邁向美好未來的指路航燈。

（原載於《大公報》，2022 年 7 月 19 日）

把握理論邏輯　增強制度自信

——解讀夏寶龍在「學習貫徹習主席重要講話精神專題研討會」致辭系列評論之二

在全國港澳研究會前日舉行的「學習貫徹習近平主席在慶祝香港回歸祖國 25 週年大會暨香港特別行政區第六屆政府就職典禮上重要講話精神」專題研討會上，全國政協副主席、中央港澳工作領導小組常務副組長、國務院港澳辦主任夏寶龍出席並致辭。

夏寶龍在致辭中表示，習主席重要講話蘊含着科學的理論邏輯，深刻闡明「四個必須」的規律性認識，揭示了「一國兩制」實踐過去為什麼能夠成功、未來如何取得更大成功的密碼。「四個必須」是「一國兩制」理論的豐富和發展，是「一國兩制」實踐行穩致遠的科學指引。

夏寶龍的解讀，令我們對「四個必須」的領悟更加深入。準確把握習主席講話的理論邏輯，將增強我們對「一國兩制」的制度自信，未來無論遇到什麼風風雨雨，都矢志不渝，步履鏗鏘！

「最高原則」必須遵從

夏寶龍講到，習主席鮮明提出「維護國家主權、安全、發展利益是『一國兩制』方針的最高原則」這一重要論斷，一語中的、切中要害。夏寶龍的解讀，引導我們深刻領會「必須全面準確貫徹『一國兩制』方針」的深刻內涵。

習主席多次強調，「一國」是根、是本，「兩制」是枝、是葉。根深才能葉茂，本固才能枝榮。所謂「全面準確」，就是要把堅守「一國」之本放在首位。

回歸 25 年間,香港在維護國家主權、安全、發展利益方面總體上是合格的,但也有反中亂港勢力企圖把「兩制」凌駕於「一國」之上。透過夏寶龍的解讀,我們進一步認識到,習主席明確提出「最高原則」的概念,就是要清晰地告訴人們:香港是中華人民共和國的一個特別行政區,要牢記「身份」、認清定位;社會主義制度是中華人民共和國的根本制度,香港居民必須自覺尊重和維護國家的根本制度;「一國」是「兩制」的前提和基礎,如果本末倒置,香港的繁榮穩定和市民的長遠福祉就無從談起。

「兩權統一」才能治理好香港

夏寶龍講到,一方面,中央全面管治權是特別行政區高度自治權的源頭;另一方面,中央全面管治權很大程度上通過特別行政區依法行使高度自治權來實現。夏寶龍從這兩個角度解讀,引導我們深刻領會習主席指出的「必須堅持中央全面管治權和保障特別行政區高度自治權相統一」。

「兩權統一」的背後是堅實的法理邏輯。中央全面管治權和特區的高度自治權是「源」與「流」的關係。「源」與「流」是一個整體。過往,部分香港居民對「兩權」的關係認識不清,甚至把二者對立起來,更有「港獨」分子公開鼓噪香港的高度自治權是從港英政府那裏繼承下來的,不承認中央的全面管治權。習主席明確「兩權統一」,一錘定音,不容置疑!

明確了「兩權統一」的道理,還要落實好,才能把香港特區治理好。對保障特區高度自治權,習主席在講話中用了「充分尊重」和「堅定維護」兩個很有分量的詞。夏寶龍解讀,這表明中央始終堅定支持香港實行行政主導體制,始終堅定支持香港行政、立法機關良性互動,始終堅定支持香港司法機關依法獨立行使審判權。夏寶龍的解讀令我們更深刻地認識到:堅決落實「兩權統一」是把香港治理好的關鍵所在。

「愛國者治港」至關重要

夏寶龍講到，落實「愛國者治港」「愛國者治澳」，必須對一切反中亂港、反中亂澳勢力堅決打擊、不留縫隙。夏寶龍一針見血的解讀，引導我們深刻領會習主席「必須落實『愛國者治港』」的重要論斷。

習主席指出：「把香港特別行政區管治權牢牢掌握在愛國者手中，這是保證香港長治久安的必然要求，任何時候都不能動搖。」這一論斷源於「一國兩制」的法理基礎和實踐啟示。從理論層面看，「一國」是「兩制」的前提和基礎，「愛國」定當是治港者的必備條件。從實踐層面看，過往由於立法會選舉把關不嚴，致使一些「港獨」分子登堂入室，他們癱瘓政權機關，挑戰中央權威，蠶食基本法根基。總結回歸 25 年的經驗教訓，必須把「愛國者治港」叫響，並一以貫之地落實。

夏寶龍直截了當地指出：「全體港澳居民都應警惕反中亂港、反中亂澳分子賊心不死，美西方外部勢力不會甘心，隨時可能反撲。」這是提醒人們注意：落實「愛國者治港」不會一帆風順，要做好長期鬥爭的準備。

「保持香港優勢」是長久之策

夏寶龍講到，習主席把「保持香港的獨特地位和優勢」上升到「一國兩制」實踐規律的高度來加以強調，足見對香港是何等的重視和厚愛。夏寶龍的解讀，引導我們深刻領會習主席「必須保持香港的獨特地位和優勢」的豐富內涵。

習主席指出：「背靠祖國、聯通世界，是香港得天獨厚的顯著優勢，中央政府完全支持香港長期保持獨特地位和優勢。」在昨日舉行的全國港澳研究會學術年會上，香港中聯辦副主任陳冬在致辭時，充滿深情地暢談了學習習主席重要講話精神的四個方面的體會。他表示，習主席指出的「完全支持」、「長期保持」，講到了香港居民的心坎上。在內外環境發生深刻變化的今天，中央政府仍然從戰略和全域高度，考量和珍視香港的獨特地位和優勢。大家都感動不已，非常振奮！

陳冬副主任講的對！他的暢談，同樣引起與會者強烈共鳴。香港回歸後能夠取得舉世公認的成就，一個重要原因就是充分發揮了獨特的優勢。

25 年間中央十分珍惜、精心呵護、不斷做大「香港優勢」。中央從來都是從戰略和全域出發，「保持香港的獨特地位和優勢」完全是長久之策！

　　夏寶龍解讀，「四個必須」釐清了「一國兩制」科學的理論邏輯，增強了「一國兩制」的制度自信。有習主席重要講話指引，站在新起點上的 730 萬香港人信心百倍！

（原載於《大公報》，2022 年 7 月 20 日）

把握實踐邏輯　實現良政善治

—— 解讀夏寶龍在「學習貫徹習主席重要講話
精神專題研討會」致辭系列評論之三

中共中央總書記、國家主席、中央軍委主席習近平在慶祝香港回歸祖國 25 週年大會重要講話中，對香港提出「四點希望」。

日前，全國政協副主席、中央港澳工作領導小組常務副組長、國務院港澳辦主任夏寶龍在學習貫徹習主席重要講話精神專題研討會上致辭。他表示，習主席重要講話蘊含着鮮明的實踐邏輯。「四點希望」根植新時代「一國兩制」實踐，具有鮮明的問題導向、目標導向和結果導向，為香港實現長治久安和長期繁榮穩定提供了行動指南。他用「四個落到實處」深入解讀了習主席的「四點希望」。

夏寶龍的解讀，引導我們準確領會習主席的「四點希望」，牢牢把握習主席重要講話鮮明的實踐邏輯，匯聚起「一國兩制」香港實踐的磅礴力量。

努力建設「有為政府」

夏寶龍講到：「突出有為政府建設，把『着力提高治理水平』落到實處。」夏寶龍的解讀，讓我們對習主席指出的「當家人」和「第一責任人」、「有為政府同高效市場更好結合起來」有了更深刻的領悟。

習主席指出：「行政長官和特別行政區政府是香港的當家人，也是治理香港的第一責任人。」「要轉變治理理念，把握好政府和市場的關係，把有為政府同高效市場更好結合起來。」這兩句話在香港引起強烈共鳴。

長期以來，香港奉行「有限政府」的理念。這固然有很多好處，也造

就了香港自由、寬鬆的市場環境。但回歸 25 年的實踐證明，市場不是萬能的，在市場調節作用失靈的時候，就會滋生社會矛盾。香港房價畸高、貧富差距拉大等深層次矛盾越積越多，難以化解，正是「有限政府」長期以來「有限作為」的結果。

政府要負起責任，政府要積極有為！習主席的重要講話對特區政府極大觸動。在日前舉行的全國港澳研究會學術年會上，香港中聯辦副主任陳冬列舉了李家超行政長官和特區政府上任以來主動作為的許多事件，展現出敢於擔當、善作善成的新風尚，讓市民看到了「以結果為目標」的施政新氣象。陳冬副主任的一番客觀評價，充分表明新一屆特區政府正朝着建設「有為政府」的目標努力，令人欣慰，令人振奮！

用足用好「中央支持」

夏寶龍講到：「聚焦實現更好發展，把『不斷增強發展動能』落到實處」。他說，「三個全力支持」為香港送上了一份「大禮包」，特區政府和香港社會各界要倍加珍惜、用足用好。

「三個全力支持」涉及香港融入國家大局，涉及香港擴大與世界的交流合作，涉及香港的內部改革。中央在這三個方面的支持，着眼於為香港「補短板」、「鍛長板」，為香港發展賦能。中央送上了「大禮包」，香港要主動「接禮包」。「十四五」規劃、粵港澳大灣區建設和「一帶一路」高質量發展等國家戰略，為香港預留了很多「接口」；中國國際地位不斷提升，以「中國香港」身份參與國際合作的機會越來越多；中央定位前海合作區是面向香港的改革創新「試驗田」。這一切，都是為香港騰飛鋪設「跑道」。

夏寶龍的解讀，令我們更加明白，香港應主動承接機遇，努力實現發展基礎更牢固、動能更強勁、空間更廣闊，推動香港在新的起點上實現更好發展。

用工作實效回應民眾期盼

夏寶龍講到：「有力回應民眾期盼，把『切實排解民生憂難』落到實

處。」他說:「習主席重要講話通篇貫穿着以人民為中心的發展思想,希望新一屆特區政府務實有為、不負人民,把全社會特別是普通市民的期盼作為施政的最大追求,讓市民有更多、更直接、更實在的獲得感、幸福感、安全感。」

「以人民為中心的發展思想」核心要義是:發展為了人民,發展依靠人民,發展成果由人民共享。夏寶龍的解讀為我們釐清了一個樸素的道理:無論是實行社會主義制度的內地,還是實行資本主義制度的香港、澳門,都必須把「以人民為中心的發展思想」貫穿施政的全過程。

回顧過往,為什麼市民對政府的信任度不高呢?正是由於施政理念出現偏差。過分看重自由競爭而忽略了社會公平,過分倚重精英群體而忽視了基層市民,過分強調客觀條件而忽視政府責任。如此一來,對民生問題重視不夠、解決不力。比如,公屋輪候期限越來越長,令多少人望眼欲穿啊!

如今的香港,迎來了回歸以來施政環境最好的時期,特區政府應在「排解民生憂難」上盡快破題、盡快見效,莫再蹉跎歲月,讓「黑髮人」等成了「白髮人」!

共建共享美好家園

夏寶龍講到:「團結凝聚各方力量,把『共同維護和諧穩定』落到實處。」他用「團結一切可以團結的力量,調動一切可以調動的積極因素」來詮釋「共同維護」的重要性。

習主席指出:「香港居民,不管從事什麼職業、信奉什麼理念,只要真心擁護『一國兩制』方針,只要熱愛香港這個家園,只要遵守基本法和特別行政區法律,都是建設香港的積極力量,都可以出一分力、作一份貢獻。」習主席的講話體現出濃濃的家國情懷,彰顯出宏闊視野和寬廣胸懷,傳達出對香港同胞的深情厚愛。

夏寶龍的解讀,讓我們對習主席重要講話有了更深刻的領悟。香港好,香港居民受益;香港不好,香港居民遭殃。回歸後,香港居民真正當家做主。中央希望香港居民以主人翁意識,主動擔當責任,攜手共建家

園，決不能存有「事不關己」的心態、「隨波逐流」的心態、「一看形勢不妙就開跑」的心態。如果把香港這個家拱手讓給反中亂港勢力，任其胡作非為，港人安居樂業將從何談起？

習主席「四點希望」為香港實現良政善治指明方向；夏寶龍的深入解讀提示我們，牢牢把握習主席重要講話鮮明的實踐邏輯，香港就一定能在新的起點上開創新局面。

（原載於《大公報》，2022 年 7 月 21 日）

用好惠港「大禮包」
實現發展新突破

—— 解讀夏寶龍在「學習貫徹習主席重要講話
精神專題研討會」致辭系列評論之四

中共中央總書記、國家主席、中央軍委主席習近平在香港回歸祖國
25 週年大會重要講話中對香港提出「四點希望」。其中之一是「不斷增強
發展動能」，表明了中央對香港「三個全力支持」。

不久前，全國政協副主席、中央港澳工作領導小組常務副組長、國務
院港澳辦主任夏寶龍在學習貫徹習主席重要講話精神專題研討會上的致辭
中指出，「三個全力支持」為香港增效賦能，完全契合香港長遠發展的實
際需要，為香港送上了一份「大禮包」。特別行政區政府和香港社會各界
要倍加珍惜、用足用好中央「三個全力支持」，抓住機遇、乘勢而上，努
力實現發展基礎更牢固、動能更強勁、空間更廣闊，推動香港在新的起點
上實現更好發展。

當下，香港正處於由亂到治轉向由治及興的關鍵期，也處於發展動能
的轉換期。夏寶龍用「增效賦能」來詮釋「三個全力支持」，可以理解為
這個「大禮包」是一個「能量包」，香港要用好中央惠港「大禮包」，不
斷增強新動能，努力實現發展新突破。

從融入中增強發展動能

習主席指出：「中央全力支持香港抓住國家發展帶來的歷史機遇，主
動對接『十四五』規劃、粵港澳大灣區建設和『一帶一路』高質量發展等
國家戰略。」

夏寶龍的解讀清晰地告訴香港同胞：香港要積極地從融入國家發展大局中獲取發展動能。融入國家發展大局是中央提出來的，但香港不能把它當作「國家任務」來看待。融入國家大局並非國家單方面受益，而是香港和國家都受益的大好事。站在國家的角度看香港，香港作為普通法管轄區和「資金自由港」，是內地任何一座城市無法比擬的，香港的優勢不可替代。站在香港的角度看國家，中國作為世界第二大經濟體，且經濟規模在全球經濟的佔比還在逐年提升，內地對香港提供的巨大機遇，也是全球任何一個經濟體無法比擬的，同樣不可替代。

回歸 25 年的實踐證明，如果沒有中央支持香港抗擊 1997 年和 2009 年的兩次重大金融風險、沒有內地企業源源不斷到香港上市、沒有內地迅速成長的巨大市場，香港的金融、貿易、航運中心不僅難以發展壯大，極有可能早就衰落了。如今，不僅香港的「三大國際中心」地位穩固，而且國家「十四五」規劃支持香港建設「八大中心」，粵港澳大灣區建設為香港拓展發展空間，「一帶一路」建設為香港和內地「並船出海」提供機遇，這樣的發展環境和機遇千載難逢。

香港作為一個現代服務業十分發達的經濟體，若與內地的實體經濟緊密結合，就能催生巨大的發展動能。這其中蘊含的經濟原理，應引起香港管治團隊和社會各界的足夠重視。

從合作中增強發展動能

習主席指出：「中央全力支持香港同世界各地展開更廣泛、更緊密的交流合作，吸引滿懷夢想的創業者來此施展抱負。」這段話有兩層含義：一是支持香港參與國際交流合作，二是香港作為國際大都會的地位還要不斷提升。

夏寶龍的解讀清晰地告訴香港同胞：香港要積極地從擴大與世界交流合作中獲取發展動能。過去，一些別有用心之人鼓噪「兩制」變「一制」，中央要「控制香港」、「矮化香港」。這完全是無稽之談！

回歸至今，外國在港領事機構從 88 家增加到 119 家；香港特區護照免簽證或落地簽證的國家和地區由 40 個增至 171 個；香港特區政府以

「中國香港」的名義參加了超過 220 個不以國家為單位參加的國際組織，這表明，中央真心支持香港參與國際交流，擴大發展空間。

「背靠祖國，聯通世界」是香港的最大優勢。下一步，香港應聚焦三個問題：國家發展需要什麼？世界市場上有什麼？香港能做什麼？在整合國際國內兩個市場、兩種資源上多用力。有祖國內地這個龐大的經濟體，有香港聯通世界的固有優勢，在中央的全力支持下，香港不僅可以扮演好中國內地企業「走出去」的「超級聯絡人」，香港也完全可以成為全球許多經濟體的「超級聯絡人」，擁有不可替代的獨特優勢，積蓄起強勁的發展能量。

從改革中增強發展動能

習主席指出：「中央全力支持香港積極穩妥推進改革，破除利益固化藩籬，充分釋放香港社會蘊藏的巨大創造力和發展活力。」

夏寶龍的解讀清晰地告訴香港同胞：香港要積極地從推進改革中獲取發展動能。一個社會一旦階層固化，就失去了活力。當下的香港已出現這種情況，由於特區政府長期採取「積極不干預」的政策取向，由市場來調節利益關係，使香港形成了寡頭壟斷的經濟模式，特別是不少青年人就業、創業、置業困難，看不到前途和希望。這是影響香港競爭力的最大隱患！

透過夏寶龍的精準解讀，讓我們深刻領悟到習主席講的「破除利益固化藩籬」指向明確、含義深刻。行政長官和特區政府是管治香港的第一責任人。所謂「管治」不是簡單的管住不出亂子，還要釋放社會的創造力和發展活力。政府必須打造公平競爭的環境，讓每一位香港居民、每一位來港創業就業的人士，都能通過自身努力改變命運、實現夢想。要打造這樣的環境，唯一的出路是改革，透過改革增添新的發展動能，這是香港必須跨越的「坎」。

當然，改革並非容易事，涉及到利益格局的調整，特別是從既得利益集團「虎口奪食」，搞不好就會造成經濟社會秩序失衡。但我們要看到，有中央全力支持，以國家經濟實力和抵禦風險的能力，足以應對改革中遇

到的任何危機。所以，香港要抓住機遇，從改革中增強發展動能。

習主席重要講話字字珠璣，「含金量」很高；夏寶龍的解讀讓我們明白，中央給香港送上了一個能量十足的「大禮包」。用好這個「大禮包」，香港才能實現發展新突破。

（原載於《大公報》，2022 年 7 月 23 日）

堅持以人民為中心
切實排解民生憂難

——解讀夏寶龍在「學習貫徹習主席重要講話精神專題研討會」致辭系列評論之五

　　中共中央總書記、國家主席、中央軍委主席習近平在香港回歸祖國25週年大會重要講話中，對香港提出「四點希望」。其中之一是：「切實排解民生憂難。」

　　不久前，全國政協副主席、中央港澳工作領導小組常務副組長、國務院港澳辦主任夏寶龍在學習貫徹習主席重要講話精神專題研討會上致辭中指出，習主席重要講話通篇貫穿着以人民為中心的發展思想，提示香港管治團隊要聚焦「把全社會特別是普通市民的期盼作為施政的最大追求」這個重點。用實實在在的工作成效回應民眾期盼。

　　透過夏寶龍的解讀，香港管治團隊和愛國愛港人士都應深刻領悟習主席重要講話的深意，堅持以人民為中心，切實排解民生憂難。

把維護市民利益放在首位

　　習主席指出：「新一屆特別行政區政府要務實有為、不負人民，把全社會特別是普通市民的期盼作為施政的最大追求」。

　　施政理念決定施政方向、重點、措施、目標。夏寶龍的解讀，讓我們清晰地認識到，習主席重要講話釋放出一個重要信號：特區管治團隊必須明確施政理念，把以人民為中心貫穿施政全過程，把維護市民的利益放在首位。

　　香港是一個多元社會，各個社會階層都有自己的訴求和期盼。作為管

治者，應該最關注哪些人的訴求和期盼呢？這是必須弄清楚的問題。顯然，普通市民是「大多數」，他們的喜怒哀樂，關係着這座城市的興衰榮辱；他們的辛勤付出，造就了這座城市的繁榮穩定。我們承認精英階層對社會發展進步發揮着巨大作用，但如果沒有廣大市民的積極參與配合，無論多麼美好的藍圖，最終都無法付諸實施。

香港也是一個商業社會，是一個推崇市場競爭的城市。作為管治者，同樣必須考慮激發全社會的創新創造活力，要讓奮鬥者、有為者有利可圖，不能搞絕對平均主義。這個理念沒錯，但也要看到，香港作為一個文明程度很高的城市，必須有社會良知和道德底線。看看那些至今居住在「劏房」「籠屋」裏的 20 多萬市民，再看處於貧窮線以下的逾百萬市民，他們淒慘的生存狀況與「東方之珠」美譽是多麼的不協調！

對照習主席的要求，特區政府需要先打開施政理念這個「總開關」，只有把普通市民的期盼作為施政的最大追求，才能積極主動、心甘情願地去排解民生憂難。

瞄準「急難愁盼」解決問題

習主席指出：「當前，香港最大的民心，就是盼望生活變得更好，盼望房子住得更寬敞一些、創業的機會更多一些、孩子的教育更好一些、年紀大了得到的照顧更好一些。」

這段話指出了「民生憂難」的重點。透過夏寶龍的解讀，令我們更加明確，住房、創業、教育、安老領域的問題已到了非解決不可的時候。

「住房難」的背後是「供地難」，折射出香港「小政府」、「弱政府」的弊端；政府掌握的土地資源太少，填海造地投資太大，且遠水解不了近渴。政府對於解決「住房難」長期有心無力。創業難、就業難的背後，既有疫情的直接影響，更深層次的原因是，寡頭壟斷的經濟模式下，「大樹底下不長草」，中小企業生存艱難。教育存在的問題是，基本法教育長期缺失，青少年沒有構建起以愛國愛港為核心、同「一國兩制」方針相適應的主流價值觀。安老停滯不前的焦點是，全社會對老人的關照不夠，第五波疫情造成 9,000 多人死亡，其中大部分是老年人，説明安老體系存在系

統性風險。

習主席講到:「行政長官和特別行政區政府是香港的當家人,也是治理香港的第一責任人。」解決「急難愁盼」問題,政府必須扛起主體責任,社會各界應該積極支持政府辦實事,形成排解民生憂難的巨大合力。

拿出有效措施破難而進

習主席指出:「拿出更果敢的魄力、更有效的舉措破難而進,讓發展成果更多更公平惠及全體市民,讓每位市民都堅信,只要辛勤工作,就完全能夠改變自己和家人的生活。」

習主席這句話分量很重。「拿出更果敢的魄力、更有效的舉措」,說明以往特區政府做事魄力不果敢、採取的措施也沒有取得實效。「讓發展成果更多更公平惠及全體市民」,說明以往香港「分蛋糕」的功課做得不好,發展成果的分享不夠公平,特別是基層市民得到的實惠不多。習主席一針見血地指出了香港社會分化的深層次原因,令人驚醒,發人深思!

夏寶龍講到:「特區政府要立足當前,謀劃長遠,一步一個腳印,一件一件幹起來,用實實在在的工作成效回應民眾期盼,讓市民有更多、更直接、更實在的獲得感、幸福感、安全感。」這句話背後的「潛台詞」是:落實,落實,再落實!解決民生難題,香港以往有一種不好的風氣,「說的多,做得少」,甚至有些人把「說了」就當成「做了」。浮在面上,不下深水,令矛盾越積越多。夏寶龍用「更多、更直接、更實在」的表述,說明以往存在「不多、不直接、不實在」的現象。這是用重槌擊鼓,催人奮進!透過夏寶龍的解讀,我們更清晰地認識到,中央對往屆特區管治團隊解決民生難題的效果並不滿意,新政府必須雷厲風行,抓實見效,再也不能拖拖拉拉、蹉跎歲月!

香港中聯辦副主任陳冬在全國港澳研究會學術年會上致辭時指出,新一屆政府的主要官員上任以來,均全力以赴、主動作為,展現出敢於擔當、善作善成的新風尚,讓市民看到了「以結果為目標」的施政新氣象。確實態勢不錯,仍須努力!

以人民為中心的發展思想的核心要義是：發展為了人民，發展依靠人民，發展成果由人民共享。學習貫徹習主席重要講話，必須牢牢記住並真心踐行之。香港的管治團隊應交上一份令人民滿意、讓中央放心的答卷！

（原載於《大公報》，2022 年 7 月 25 日）

　　2022 年 7 月 1 日上午，慶祝香港回歸祖國 25 週年大會暨香港特別行政區第六屆政府就職典禮在香港會展中心隆重舉行。中共中央總書記、國家主席、中央軍委主席習近平出席並發表重要講話。

第三輯

———

良政善治的指路航燈

習主席闡釋治港方略
體現中央誠意

在香港民主政治發展進入了關鍵、歷史性的重要時刻，國家主席習近平在會見香港工商專業界訪京團時發表了重要講話。習主席從歷史的角度、時代的角度、全域的角度，深刻分析了當前的國際國內形勢，闡述了香港在國家大局中的地位，從國家和香港共創輝煌的出發點，深刻闡釋了中央的治港方略，他談到了「三個堅定不移」：中央政府將堅定不移貫徹「一國兩制」方針和基本法，堅定不移支持香港依法推進民主發展，堅定不移維護香港長期繁榮穩定。再次表明了中央對香港的基本方針政策沒有變，也不會變。

習主席講話高瞻遠矚、內涵豐富、言辭中肯、情真意切，對香港發展經濟、改善民生，依法有序推進民主和維護社會和諧穩定，具有十分重要的指導意義。

香港長期繁榮穩定是「中國夢」不可或缺的章節

習主席的講話從全域和戰略的高度，全面描繪了中華民族偉大復興的「中國夢」。「中國夢」是包括港人在內的全體華人的偉大夢想，港人應該站在這個高度來看待香港與祖國的關係，從而明確以下兩點認識：

一是祖國始終是香港的堅強後盾。「船小好調頭，船大抗風浪」，這個道理並不艱深。儘管香港在很多方面有許多優勢，但香港畢竟是一隻小船；而祖國內地已經是世界第二大經濟體，是一艘超級巨輪。在遭遇大風大浪時，小船往往面臨着滅頂之災，而大船卻能做到「任憑風吹浪打，勝似閒庭信步」。香港要長期繁榮穩定，依靠這艘超級巨輪的庇護是最明智

的選擇。事實上，香港回歸以來，無論是在沙士肆虐的緊要關頭，還是席捲全球的金融風暴期間，中央政府都及時出手相助，為香港築起了「防波堤」、「避風港」，祖國的堅強後盾，是香港長期繁榮穩定的基石。二是香港必須在國家的發展中尋找機遇。習主席在最近的「兩亞行」和兩個月前的「拉美行」中都表明了中國政府的態度：歡迎發展中國家搭乘中國發展的快車。許多國家領導人對此非常感動。這個表態不是空話，「一帶一路」建設的宏偉設想得到了眾多國家的呼應，「兩洋鐵路」等一批項目也在緊鑼密鼓地論證實施。中國已非百年前積貧積弱的中國，也非改革開放前貧窮落後的中國，而是一個有着巨大拉動力的經濟體，許多國家夢寐以求搭乘「中國快車」。而作為中國大家庭中的一員，香港決不能對此視而不見，應該把握歷史機遇，深化與內地的合作，拓展發展空間，唯如此，才能從國家的發展中找到自己的機遇，保持香港的發展活力，正如習主席在講話中所説：「我們對祖國和香港的未來充滿信心」。

基本法是香港的根基不可撼動

習主席在會見香港工商專業界訪京團時説：「辦好香港的事情，關鍵是要全面準確理解和貫徹『一國兩制』方針，維護基本法權威。」

如果把香港比喻為一棵枝繁葉茂的樹，基本法就是根。無論這棵樹上長出什麼果子，經濟之果、民生之果、政制之果，其養分都來源於根。任何時候、任何情況、任何環境下，根基不可撼動。

人類歷史的發展自有其內在邏輯，只有那些符合歷史發展規律的制度，才能被人們認可和接受。基本法中明確了「一國兩制」的制度安排，這種制度安排不是「天上掉下來的」，而是「土裏長出來的」。因為，它符合香港實際，是歷史發展的必然選擇。「一國兩制」既尊重了中國的主權與領土完整，又尊重了香港特有的制度、文化和生活方式。它既是中國特色社會主義的重要組成部分，也是人類歷史上的一種制度創新。

香港回歸 17 年來，這種制度安排為香港的繁榮穩定發揮了積極作用。今天回過頭來看，香港的市場活力沒有因為回歸而有絲毫減弱，由於有中央政府的鼎力支持，香港抗風險能力大大提升。而港人的生活方式也

沒有變，正如鄧小平所預言的那樣：「馬照跑，舞照跳」。

然而，「樹欲靜而風不止」，總有一些人把香港當成「亂中反共」的「橋頭堡」，利用香港與內地的制度差異、風俗習慣差異，或製造事端，或小題大做，或借題發揮，欲把香江之水攪渾，自己好渾水摸魚，從中爭奪香港的管治權。對此，港人要明辨是非，深刻認識「一國兩制」的意義，堅定維護基本法的權威。千萬不可「只見樹木，不見森林」，因小而失大。

中央真心希望香港依法推進民主發展

習主席在會見香港工商專業界訪京團時談了「三個堅定不移」，其中之一就是「堅定不移支持香港依法推進民主發展」，這是國家最高領導人的表態，再次體現了中央的誠意。

民主是個好東西。但如果民主的實現方式不好，就未必是好東西。從「阿拉伯之春」到中亞的「顏色革命」，特別是敘利亞危機和烏克蘭被殘酷撕裂的現實，我們應該明白這個道理。

習主席講話中在「推進民主發展」前面有個關鍵詞「依法」，就是說，普選必須在法制的軌道上運行，必須遵循基本法和人大決定。

基本法和人大決定確定了普選「循序漸進」的原則、行政長官必須「愛國愛港」的原則，這是從維護香港長期繁榮穩定的角度考慮做出的規定，真心誠意地搞普選，不能只管眼前，不計長遠，只顧局部，不顧全域。

習主席的講話，從長遠和發展的角度，從歷史和時代的角度，從國家和香港共創未來的角度，充分體現了對廣大香港同胞的親切關懷。講話語重心長，意味深邃，港人應該體會到其中的深意，依法有序推進民主，堅決維護和諧穩定。

（原載於《文匯報》，2014 年 9 月 24 日）

習主席「三個有利於」指明
香港政改應遵循的原則

提要

習主席「三個有利於」的論述，聚焦當下困擾香港的政治、經濟、民生三大熱點，彰顯了對港人福祉的關切，表明「反佔中」的鮮明態度；彰顯了對香港長遠發展的關切，表明中央重視香港競爭力的提升；彰顯了落實中央全面管治權的關切，表明落實「一國兩制」堅定不移的立場。既指明了香港政改出路，也指明了香港長遠發展應該遵循的原則，值得港人深思。

國家主席習近平 26 日會見赴京述職的香港特區行政長官梁振英時表示，中央對梁振英和特區政府的工作是充分肯定的。同時指出，香港政制發展應該從本地實際出發，依法有序進行；應該有利於居民安居樂業，有利於社會繁榮穩定，有利於維護國家主權、安全、發展利益。確保香港在「一國兩制」方針和基本法規定的軌道上穩步前進。

「三個有利於」聚焦當下困擾香港的政治、經濟、民生三大熱點，關切國家根本利益、香港整體利益和港人長遠福祉，把準脈搏，切中時弊，既指明了香港政改出路，也指明了香港長遠發展應該遵循的原則，值得港人深思。

「有利於居民安居樂業」彰顯了對港人福祉的關切，
表明了「反佔中」明態度

持續 79 天的非法「佔中」行動，成為香港回歸以來最大的一次「民

生災難」：交通受阻，店舖歇業，就業受損，股市狂跌，外資撤離，「東方之珠」一派民生雕敝的景象。除了這些看得見的傷痕，更深的傷痕是社會的撕裂，兄弟成仇，夫妻反目，父子隔閡，「佔中」人士與「反佔中」人士持續對抗……。可以説，非法「佔中」給香港不僅造成了外傷，更造成了內傷，不僅傷及了民生，更傷及了民心。

港英政府統治香港百年，並未一人一票選港督，如今，香港要在「一國兩制」的框架下一人一票選特首，這無疑是一次歷史性的進步，也是一個全新的事物。怎樣走好政改這一步？雖然沒有現成的經驗可借鑒，但依法普選的路徑從來都是清晰的，溝通對話的渠道從來都是暢通的，中央推進普選的誠意從來都是不容置疑的。香港各界完全可以以理性務實的態度對待，以依法有序的方式推進，完全沒有必要鬧得滿城風雨，搞得民不聊生，亂的天怒人怨。

「悠悠萬事，民生為大」。香港還有許多民生問題亟待解決，比如，公屋緊缺，貧困人口增加，就業崗位吃緊，人口老齡化嚴重，等等。香港經不起折騰，市民也不需要折騰。習主席指出香港政改要有利於市民安居樂業，彰顯了對港人福祉的關切，表明了「反佔中」的鮮明態度。

「有利於社會繁榮穩定」彰顯了對香港長遠發展的關切，表明了中央重視香港競爭力的提升

香港曾是祖國內地對外開放的窗口，在國家發展的大局中舉足輕重。改革開放之初，鄧小平先生就曾説過，在中國「再造幾個香港」，那時，香港地位不可替代。而今天的中國，能夠與香港媲美的城市不止一個，從經濟角度考量，在中國的大棋局中，香港地位和作用不再那麼「唯一」重要。近日，第四屆香港論壇暨第十三屆中國城市競爭力排行榜頒佈的 2014年的「中國城市競爭力排行榜」，上海在綜合競爭力排行榜中繼續居首，香港居第二。而在「2014 中國城市成長競爭力排行榜」中，香港則下滑至第十三位。放眼亞太地區，香港的競爭力同樣存在下降的風險。

經濟發展風雲變幻，此消彼長，時運轉換，本不可怕。可怕的是當危機來臨時沒有意識到危機，當走下坡路的時候，仍然放不下「巔峰時刻」

的優越感，而某些港人正是有這種傾向。在他們看來，香港似乎有足夠本錢折騰，為了自己定義的「真普選」，把營商環境攪得一團糟、一團黑也無所謂。

中央政府始終關切香港的發展，從抗擊非典，到應對全球金融危機，每到緊要關頭，都對香港施以援手，而最近的「滬港通」更為香港帶來利好消息。習主席提出香港政改要有利於社會繁榮穩定，正是基於對香港長遠發展的關切，希望香港繼續保持強勁的競爭力。

「有利於維護國家主權、安全、發展利益」彰顯落實中央全面管治的關切，表明了落實「一國兩制」堅定不移的立場

非法「佔中」行動表明，一些香港人對「一國兩制」的內涵理解不夠、把握不準、認識不深，更有一些別有用心的人故意曲解，鼓噪什麼「兩制核心論」。試問，皮之不存，毛將焉附？沒有「一國」，何來「兩制」？

香港是中國的一個特別行政區，但不管怎樣「特別」，也不會特別到不要「一國」的地步。某些人試圖擺脫基本法另起爐灶，某些人提出普選的「國際標準」混淆視聽，某些人請「洋大人」來港指點迷津，更有甚者，公然揮舞港英政府的旗幟招搖過市，這都是對國家主權、安全、發展利益的公然挑戰。

「一國」是「兩制」的「根」，「兩制」是一國的「果」。中央對香港有全面管治權，依照基本法和全國人大決定推進政改，這是唯一合法的政改路徑，反對派想借此機會挑戰基本法，挑戰中央政府底線，是沒有出路的，也是不會成功的。

習主席指出香港政改要有利於維護國家主權、安全、發展利益，表明中央落實「一國兩制」堅定不移的立場，是對反對派的一記警鐘，也是今後香港社會各界行事應該堅持的一條基本原則。

（原載於《文匯報》，2014 年 12 月 29 日）

三個角度認識中央推進政改誠意

「只要有百分之一的希望，就要做百分之百的努力」——這是中央官員支持通過普選方案的最新表態。其實，中央推進政改的態度是一貫的、誠意是十足的。早在去年 12 月 26 日，國家主席習近平在北京會見行政長官梁振英時就表示，中央政府堅定不移地支持特區按照基本法和全國人大常委會有關決定的規定推動政改。並提出了「三個有利於」的原則：應該有利於居民安居樂業，有利於香港社會繁榮穩定，有利於維護國家主權、安全、發展利益。值此普選方案投票的關鍵時刻，我們有必要從三個角度充分認識和理解中央的誠意。

從「國家與香港」的角度

認識和理解中央的誠意，首先要思考一個問題：國家與香港是什麼關係？香港是中國的一個特別行政區，香港不是一個獨立的政治實體，香港特區政府與中央政府、香港立法會與全國人大常委會不是平起平坐的關係。這原本是個常識，卻讓反對派的鼓噪把一些市民的認知攪亂了，需要正本清源。

中央真心誠意希望香港政改向前走，這樣至少有以下 3 點好處。

其一，香港政改成功，可以為港人謀取更多福祉。香港的政治制度是從英國殖民統治過渡而來，回歸前是英人專制，回歸後是「港人治港」，主要體現在「精英治港」，因為特首是由選委會投票選舉的，而非全體公民投票選舉。以 2017 年特首選舉為開端，開啟 500 萬人「一人一票」選特首的新紀元，今後「港人治港」的民主成分更大，這將為社會各階層謀

取更多福利提供機遇。

其二，香港政改成功，將為「一國兩制」提供範本。「一國兩制」提出至今，西方社會都有不同解讀，質疑其可行性，如果香港政改成功，則可以消弭這些懷疑，印證「一國兩制」的生命力是強勁的，也是可以複製的，為最終解決台灣問題提供依據。

其三，香港政改成功，也將為內地的民主政治建設提供參考。內地實行的社會主義制度雖然與香港的資本主義制度有本質區別，但同為一個國家、同為華人社會，民主政制發展遇到的問題往往是相似的，如果把香港政改看做一個「試驗田」，這個「試驗田」的某些經驗教訓也是內地可以借鑑的。

有以上三大好處，推進香港政改，中央何樂而不為呢？

從「民主與民生」的角度

認識和理解中央的誠意，還須思考一個問題：政改的目的是什麼？是為了民生改善、經濟發展，是為了港人長遠福祉。

但是，過度的爭拗、乃至對抗，特別是去年持續 79 天的非法「佔中」行動，已經讓香港內耗加劇、人心分離、社會撕裂、民生凋敝、營商環境變得糟糕、國際競爭力明顯下降。政改耗費了特區政府太多的時間、精力和太多的社會資源，使得特區政府無暇處理經濟、房屋土地、醫療、社會保障等亟待處理的問題，久而久之，矛盾越積越多，今後解決起來付出的成本更大。而世界經濟論壇、瑞士洛桑國際管理學院、新加坡國立大學亞洲競爭力研究所，以及中國社會科學院等發表的各種競爭力報告都指出，社會內耗將使香港的競爭力進一步削弱。可以說，政制之爭「累港久矣」。

如果此次政改方案不能通過，港人「一人一票」選特首夢想化為烏有，那麼此番所有努力都付諸東流。何年何月再啟動政改？不可預知。況且以後政改啟動，新的爭拗又起，香港會繼續糾纏在沒完沒了的政改爭拗中，何時才完結？

民主是個好東西，但實現民主也要講究成本，無休止地爭拗，會耗費社會資源、吞噬民生成果，「欲速則不達」，這也是中亞、中東、北非一

些國家「越民主越貧困」現象的原因。在香港政改問題上，中央並非誠意不夠，而是堅持基本法規定的「循序漸進」原則，這是基於對「民主與民生」關係的深刻認識，從減少社會震蕩、實現有序民主、降低民主成本的角度考慮，讓政改沿着法治的軌道運行。

從「頂線與底線」的角度

認識和理解中央的誠意，還必須換位思考。那麼，站在中央的角度看香港政改，「頂線」在哪裏？「底線」又在哪裏？顯然，「頂線」是希望香港 2017 年行政長官普選方案在立法會獲得通過，實現「一人一票」選特首，繼而實現 2020 年普選立法會議員。「底線」是香港政改必須遵守基本法和全國人大決定。

「頂線」必須追求，但絕不能為了「頂線」而放棄「底線」。為什麼？因為，「頂線」達不到，以後還可以再努力，但如果放棄「底線」，就會全盤皆輸。英美法等國家從民主制度的確立，到「一人一票」選舉，經歷了一百至兩百年，香港的民主起步始於 1997 年，到 2017 年「一人一票」選舉只有 20 年，步子已經很快了，就算再等等，也沒什麼了不起。但如果為了追求速度，而動搖基本法的根基，就等於變相放棄「一國兩制」的制度安排。

習近平主席曾說：「不能犯顛覆性錯誤。」放棄「底線」就是犯了「顛覆性錯誤」。「治大國如烹小鮮」，必須小心翼翼，如果放棄「底線」，危及國家安全，那麼，香港政改造成的負面影響不僅殃及本港，還會影響國家大局，局面不可收拾。

中央堅持「底線」，反對派卻解讀為中央沒有誠意，這顯然是曲解中央意圖。「底線」決不能放棄，「頂線」有百分之一的希望，也要做百分之百的努力，這才是中央的真實意圖。

（原載於《大公報》，2015 年 6 月 12 日）

習近平接見梁振英彰顯中央
對特區政府執政能力高度信任

國家主席習近平 23 日在接見赴京述職的特首梁振英時，對梁振英和特區政府一年來工作充分肯定，彰顯了中央對特區政府執政能力高度信任。一年來，特區政府不畏艱難，全面準確實踐「一國兩制」，統籌謀劃經濟可持續發展，多措並舉推動民生改善，業績不俗，值得點讚。

習近平主席在接見赴京述職的梁振英時表示，今年以來，梁振英行政長官帶領特別行政區政府貫徹落實「一國兩制」方針和基本法，為依法推進香港政制發展、發展經濟、改善民生付出了艱辛努力，在許多領域取得了積極進展，香港經濟社會大局保持總體穩定。中央對梁特首和特別行政區政府的工作是充分肯定的。

回首 2015 年，香港可謂多事之秋。政改方案被無情否決，「一人一票選特首」的夢想化為泡影；反對派議員不斷「拉布」，民生項目在立法會處處受阻；「泛政治化」現象越演越烈，暴力「趕客」、港大風波、「一地兩檢」爭議等讓人匪夷所思的事件頻頻上演；香港旅遊、商業、餐飲酒店等行業遭受去年「佔中」重創之後，至今難以重振……在這樣艱難複雜的執政環境下，特區政府不畏艱難，引導香港各界堅持發展經濟、改善民生、促進和諧，業績不俗，習主席的充分肯定，彰顯中央對特區政府執政能力高度信任。

全面準確實踐「一國兩制」的能力

香港是中國的一個特別行政區，不是一個國家，也不是一個獨立的政治實體。這決定了香港特區政府和行政長官的首要職責是對中央政府負

責，中央考察特區政府和行政長官履職業績的第一個指標是：是否全面準確的貫徹落實「一國兩制」。2015 年，梁振英和特區政府做得如何呢？應該說，面對各種風浪和挑戰，既心有定力、陣腳不亂，又戰術靈活、不教條呆板。

首先從推進政改之事上可見一斑。針對 2017 年「一人一票」選舉行政長官的方案，反對派議員一再蠻橫無理地提出種種要求，拋出所謂「國際標準」，試圖推翻基本法和人大八三一決定規定的基本原則和框架，另起爐灶搞一套，從而選出一個不符合「愛國愛港」條件的特首，以搶奪香港的管治權。在這個大是大非問題上，梁振英和特區政府堅決維護基本法和人大決定的權威，在原則問題上寸步不讓，顯示出不同尋常的戰略定力。與此同時，梁振英和特區政府官員主動與反對派議員進行溝通，傾聽各方建議，最終公佈的普選方案就吸納了許多建設性的建議。普選方案公佈之後，政府的政改「三人組」走進社區，為市民釋疑解惑。這些都顯示出了戰術上的靈活性。雖然由於反對派的阻撓，普選方案最終未獲立法會通過，但綜觀政改全程，梁振英和特區政府可謂立場鮮明、處置有度。

統籌謀劃經濟可持續發展的能力

香港的發展面臨許多深層次矛盾和問題。從眼前看，經濟增長緩慢，「十二五」期間，全國的經濟增長在 7-8% 之間，而香港僅保持在 2-3% 之間；營商環境不佳，「佔中」傷痕尚未癒合，暴力「趕客」事件又頻頻出現，旅遊、零售等服務業受到重創。從長遠看，創新能力不足，多項國際知名機構的排名榜顯示，香港的競爭力下滑；發展經濟的專注力不夠，香港社會越來越呈現「泛政治化」傾向，政治偏見阻滯經濟發展項目的實施，已成不容忽視的現實。在這種施政環境下，梁振英和特區政府在發展經濟方面又做得如何呢？應該說，既聚焦當下，又謀劃長遠，應該給一個高分。

力推設立創科局可為一例。當今世界，科技創新已經成為經濟增長的主要推動力，許多國家和地區的政府序列中都有主抓科技創新的機構，而香港特區政府長期「缺位」。創科局在立法會的審議長達 3 年，反對派提

出的問題多達 1,000 多項，堪稱「奇蹟」。儘管阻力重重，特區政府仍鍥而不捨，不遺餘力的與議員溝通，最終促成了創科局不久前成立。

謀劃「超級聯絡人」的角色定位又是一例。「十三五」期間，「一帶一路」和亞投行建設將全面鋪開，如何在國家戰略中佔據一席之地並收穫紅利？特區政府找準香港在現代服務業上的獨特優勢，定位於當好「超級聯絡人」，這將有利於鞏固香港國際金融中心、貿易中心和航運中心的地位，為香港贏得許多發展機遇。此次赴京述職，梁振英再次提出，希望中央能夠在「十三五」規劃中，加入香港作為資產管理中心以及支持香港在科技方面扮演「超級連絡人」角色，體現出其謀劃發展的長遠眼光和擔當精神。

多措並舉推動民生改善的能力

香港面臨的民生問題錯綜複雜，許多深層次的複雜矛盾實際上是長期積累、一朝顯現的。破解難題，既要解燃眉之急，又要謀根治之策。梁振英和特區政府做得如何呢？應該說，既微觀着眼，又宏觀着力，開局良好，前景可期。

本屆特區政府上任伊始就重點推動兩件事：一是扶貧，二是建屋。從微觀看，改善民生有「落地」措施。比如，法定最低工資水平調高，每小時達到 32.5 元；落實資助優質幼稚園政策，促使本港超過 14 萬名學童就讀於非牟利幼稚園；發放長者津貼，使得香港貧窮人口貧窮率已經明顯下降；提供就業崗位、控制物價水平，使失業率處於 3.2% 的低水平，基本消費物質通脹緩和至 2.6%，等等。從宏觀看，改善民生有長遠謀劃。比如：本屆政府首次劃定了貧窮線，把扶貧作為一項長期工作來推動。再比如：政府採取「供應主導」的策略破解建房用地難題，近 5 年將約 150 幅用地改作房屋發展，可供興建逾 21 萬個單位。政府還將推展新界東北發展區、東涌新市鎮擴展、洪水橋新發展區、元朗南房屋用地計劃，土地供應超過 1,000 公頃。同時，還針對維港以外填海等項目進行可行性研究；這幾天，政府又在積極進行退休保障的全民諮詢工作。

發展經濟、改善民生都需要一個長期過程，不可能立竿見影，一蹴而

就，但特區政府的努力，讓市民看到了希望。確實，正如習近平主席指出的：「謀發展、保穩定、促和諧是香港廣大市民的共同願望。」相信梁特首和特區政府在未來歲月中，會朝這個目標和方向堅持不懈努力的。

（原載於《文匯報》，2015 年 12 月 24 日）

習近平「四不」原則
再次亮明「一國兩制」底線

　　行政長官梁振英日前赴京述職，國家主席習近平 12 月 23 日在接見他時指出，近年來，香港「一國兩制」實踐出現了一些新情況，強調中央貫徹「一國兩制」方針堅持兩點。一是堅定不移，不會變、不動搖。二是全面準確，確保「一國兩制」在香港的實踐不走樣、不變形，始終沿着正確方向前進。這一表述再次彰顯了中央處理各類複雜問題的「底線思維」，亮明了中央對香港實踐「一國兩制」的底線，值得香港社會各界和廣大市民深思。

「不會變、不動搖」的充分理由

　　香港反對派議員今年六月否決普選方案之後，政改進程戛然而止。一些港人擔心：中央會不會因此而收緊對港政策？許多市民困惑：「一國兩制」如何實踐？此次習主席強調貫徹「一國兩制」方針堅定不移，不會變、不動搖，給香港和國際社會吃了一顆「定心丸」。之所以「不會變、不動搖」，筆者認為，理由有三：

　　其一，「一國兩制」是解決港澳問題的長久之策。眾所周知，港澳兩地回歸前夕，如何收回主權，中英、中葡之間進行了較長時間的磋商，形成了共識，發佈了聯合聲明。如何落實中央在港澳兩地的治權，中央和港澳兩地的各界進行了廣泛溝通協商，把「一國兩制」的原則通過基本法確立了下來。「一國兩制」是中央和港澳兩地，以及國際社會普遍接受的政治安排，不是權宜之計，而是長久之策，不會輕易變動。

　　其二，「一國兩制」在澳門的實踐非常成功。澳門回歸之後的發展成

就讓世界矚目：回歸 15 年間，澳門生產總值年均增長 16%，財政收入增長超過 9 倍，社會保障支出增長超過了 13 倍，失業率逐年下降至 1.7%。如今，澳門人均 GDP 位列亞洲第二、世界第四，人均壽命居世界經濟體第二。愛國愛澳成為社會主流價值觀，不同族群和諧相處，城市活力四射。可以說，澳門演繹了「小城大事」的精彩，印證了「一國兩制」的巨大魅力。

其三，「一國兩制」在香港的實踐雖有波折，但總體是成功的。從經濟上看，香港連續 21 年獲評為全球最自由經濟體；香港 2012 年起一直居全球最具競爭力經濟體前十位；香港回歸 18 年間，股市總值增加逾 3 倍。從政制發展來看，回歸後香港民主進程從未停步，如不是反對派的阻撓，香港將在 2017 年實現「一人一票選特首」。可以說，「一國」給定力，「兩制」出活力，「一國兩制」讓香港收穫了雙重紅利。

「不走樣、不變形」的深刻含義

如今，「一國兩制」在香港的實踐中出現了一些新情況，主要體現在一些人對「一國兩制」的片面理解和任意歪曲。比如：只講「兩制」，不講「一國」；只要民主，不要法治；只顧香港利益，不顧國家利益。習主席強調「全面準確，確保『一國兩制』在香港的實踐不走樣、不變形」。筆者認為，也至少有三層含義：

其一，「一國兩制」的定義權在中央，不容任意解讀。一些人曲解「高度自治」，把「高度自治」解讀為「完全自治」，抵制甚至否認中央對香港的全面管治權。實際上，主權和治權的移交是國與國之間的事情，香港回歸，是英國人把主權和治權一起交給中國中央政府，中央政府掌握對香港的主權，再把一部分治權授予香港。中央和香港的權力，以及各自權力的來源問題，是涉及「一國兩制」核心問題。這些問題早已明確，現在有人故意混淆概念，任意解讀，是別有用心。「一國兩制」的定義權在中央，不容任意解讀。「一國」與「兩制」是先與後、源與流的關係，沒有「一國」，「兩制」只能是無源之水、無本之木。

其二，實踐「一國兩制」遇到的具體問題只能依據基本法和全國人大

決定來處理。基本法明確了香港特區的地位和享有的權力，作為一項根本大法，基本法不可能對具體事務做出詳細的規定，而全國人大擁有對基本法的解釋權，所以，針對具體問題，必須依據全國人大決定來處理。在2017年行政長官普選過程中，反對派提出所謂「國際標準」、「公民提名」等概念，完全違反基本法和全國人大決定，是完全沒有法律依據的，如果按照他們的意願制定普選方案，「一國兩制」就會走樣、變形、失敗。

其三，任何挑戰「一國兩制」的做法都是徒勞無益的。香港事務純屬中國內部事務，香港的任何事情只能依據基本法、在「一國兩制」的框架下解決。但一些外國勢力透過本港反對派頻頻製造事端，試圖挑戰基本法，把香港的事情鬧大，把水攪渾，演變成「國際事件」，從而讓香港變成圍堵中國的橋頭堡。習主席強調「不走樣、不變形」，既是對香港的要求，也是對外國勢力的警示：不要想在香港撈到什麼好處，中國是有底線的！

「四不」原則促使香港少走彎路

「一國兩制」是一個偉大創新，在實踐過程中難免會走一些彎路。但不走彎路、少走彎路，降低實踐成本，仍然是應該追求的不二目標。香港實踐「一國兩制」出現的新情況表明，香港走彎路的風險依然很大。回頭看，政改之爭耗時22個月，最終以反對派否決方案而告終，無功而返。反對派試圖脫離基本法的框架，另起爐灶，搞一套自己的普選方案，根本就不可能實現，其結果是引發社會對立情緒至今遺禍猶存。往前看，「泛政治化」現象越演越烈，一些人「逢中必反」、「逢特區政府必反」，已經到了走火入魔的地步，這種現象如果延續下去，香港將深陷政治爭拗的泥潭而錯失發展良機。

習主席強調的「四不」原則，正是從國家和香港的長遠利益出發，為香港的發展指明了出路。遵守之，則少走彎路；違反之，則誤入歧途。

（原載於《大公報》，2015年12月28日）

習近平治國理政五種思維方式
給香港的啟迪

提要

最近，有一本書成為世界各國觀察中國發展走向的一個窗口，被譯成英、法、俄、阿、西、葡、德、日等多語種出版發行，海外發行達40萬冊，刷新了中國國家領導人著作海外發行的最高紀錄，而該書的總發行量已經超過400萬冊，書名是《習近平談治國理政》。

習近平主政中國已經3年。任何不帶偏見的人都會承認，這3年，中國政治、經濟、軍事、外交等諸多領域正在發生根本性的變化。這些變化為何發生？中國將走向何處？都能從《習近平談治國理政》一書中找到答案。習近平能夠在一個情況十分複雜的國家穩健有序地推進各項改革。筆者認為，他倡導的戰略思維、辯證思維、法治思維、歷史思維、底線思維五種思維方式發揮了重要作用。如今，「一國兩制」下的香港遇到了一些新情況、新問題，如何看待和處理這些情況和問題？五種思維方式給香港重要啟迪。

戰略思維啟迪港人正確認識世情、國情和港情

掌握戰略思維，須從時間和空間兩個維度觀察問題，從而找準自己的優勢劣勢、發展定位。從時間的維度看，當今世界已步入了創新驅動發展的新階段，中國自鴉片戰爭以來在內憂外患干擾下錯失了多次發展機會。這一次已經緊緊把握住了機遇，正在推進創新發展。如果不出意外，到2049年，中國可以重回世界強國的位置。從1840年國運開始衰弱，到

1949 年一窮二白，再到 2049 年的民富國強，中國兩百年間走過「Ｖ」字形路線。從空間的角度看，中國已經走到了世界政治經濟的中心，中國是聯合國常任理事國，是世界第二大經濟體，是世界貿易大國、製造業大國，對全球經濟增長的貢獻率達 30%，中國正在推進的「一帶一路」建設將重塑世界經濟格局。許多發達國家領導人多次表示，如果沒有中國參與，當今世界的許多問題無法解決。

時間和空間兩個維度觀察的結論顯而易見，中國正在「走上坡路」，實力雄厚、潛力巨大。香港雖然有諸多優勢，但地域狹窄、產業單一、經濟規模小、抗風險能力低，此乃先天不足。「背靠大樹好乘涼」。如果香港能審時度勢，在國家戰略中發掘自身機遇，做「國家所需，香港所長」的事，就能走出一條好路子，反之則前途渺茫。

辯證思維啟迪港人正確認識兩大關係

掌握辯證思維，須全面、客觀、多角度觀察問題。以辯證思維分析香港面臨的矛盾和問題，港人應正確認識兩大關係。

一是「一國」與「兩制」的關係。「一國」與「兩制」不是對立關係，而是辯證統一的關係。如果只講「一國」不講「兩制」，香港將失去發展活力；如果只講「兩制」不講「一國」，香港會走向分裂。「一國」給定力，「兩制」出活力，二者相得益彰，香港才有希望。

二是香港與中央的關係。一方面，香港是中國的一個特別行政區，是中國的一部分，不是一個獨立的政治實體，更不是一個國家，因此，香港與中央不是「平起平坐」的關係，而是從屬關係。另一方面，由於香港這個是行政區比較「特別」，香港與中央的關係，不同於內地省份與中央的關係，中央不會管得太多。在涉及到國家主權、安全、利益等重大問題上，中央行使管治權，其他內部事務由香港自行處理。

法治思維啟迪港人維護法律權威

「法者，治之端也」。「法律是治國之重器，良法是善治之前提」。一個國家、一個地區如果沒有法律作為「硬約束」，一切就會亂套。

基本法在香港具有憲制地位。回歸後，除了與基本法相抵觸的法律條款外，香港整體上保留了原有的法律體系。基本法和香港的各項法律是維護香港繁榮穩定的「定海神針」，任何人都沒有權力不受法律的約束。但現在香港出現了一些不正常的現象，從政改爭拗到非法「佔中」，從港大學生會衝擊校委會到「旺角暴亂」，一些人肆無忌憚地挑戰法律權威，試圖越過法律紅線爭取民主，將香港引向危險境地。

習近平強調：「沒有法律之外的絕對權力」。在法律的框架內表達民主訴求，這才是正路。法治思維啟迪港人認識、遵守、維護法律權威。

歷史思維啟迪港人正視香港的發展進步

從歷史的角度觀察問題、分析問題，這樣有助於看清事物的變化過程、發展規律，也才能得出正確判斷。這是歷史思維的主要內涵。

香港的一些年輕人正是缺少歷史思維，才屢屢做出錯誤判斷。比如，有人罵特首是「無管王」、「土皇帝」，就暴露出對歷史的無知。回歸後的香港，行政、立法、司法各自獨立，互相制衡，是一種非常民主、科學的制度安排。回顧英國殖民香港時，28 任總督全部由英國女王任命，港人無權選舉，當時的立法局也僅僅是一個諮詢機構，無權制衡港督，港督才是名副其實的「無管王」、「土皇帝」。再比如，激進本土組織拋出「香港民族」的概念，完全是無稽之談！香港原本是廣東的一個小漁村，港人是中國廣東人的一部分，無論從歷史文化、生理特徵、宗教信仰的角度看，都不具備成為一個民族的條件，有人卻為此出書，大造輿論，竟然還有一些年輕人盲從、輕信，跟着起哄。

對歷史的無知，會導致對未來的迷茫。由於脫離祖國的時間太久，港人特別是年輕人尤其需要補上歷史思維這一課。

底線思維警示分離主義沒有出路

習近平主政之後要求各級幹部在處理複雜問題時，首先要考慮到最壞結果，劃出一條底線，情況無論多麼糟糕，也必須守住底線不動搖，在此基礎上，努力追求最好的結果。這就是底線思維。

底線思維之於現時的香港有什麼深意？顯然，中央決不允許「港獨」勢力坐大，決不允許某些國家的政治代理人掌握香港的管治權，決不允許香港變成敵對勢力圍堵中國的「橋頭堡」！這是原則，也是底線。因而，凡是危害國家主權、安全、利益的事情，中央不會坐視不管。現在，激進本土派的做法正在朝「港獨」方向發展，他們以為自己使出的伎倆可以瞞天過海，這是低估了中央的決心和判斷力。底線早已劃定，分離主義沒有出路！

（原載於《文匯報》，2016 年 2 月 15 日）

從習近平治國理政務實風格
看香港未來

　　3 年前，當習近平作為中共第五代領導人走上執政前台的時候，世界各國的政要都在猜測他的施政風格，並觀察中國將走向何處？3 年過去了，習近平的施政風格已經清晰地展現在世人面前，他謀事大氣、做事務實、毅力非凡、堅守底線，讓人印象深刻，而全球發行量已逾 400 萬冊的《習近平談治國理政》一書，字裏行間也透射出這些鮮明的特徵。

　　每一位領導人都有自己的風格，當年鄧小平的風格極大影響了香港回歸進程和回歸後港人的生活方式；今天，透過習近平治國理政的風格，我們也可以觀察香港的未來。

謀事大氣　港發展空間將獲拓展

　　習近平是用中國眼光看世界的領袖，也是用世界眼光看中國的政治家。他走訪了五大洲許許多多個國家，提出了打造「人類命運共同體」、打造「亞太命運共同體」、構建「新型大國關係」的理念，他有清晰的鄰國觀、亞太觀、國際觀；他提出的建設「絲綢之路經濟帶」和「21 世紀海上絲綢之路」，得到了沿線國家和受輻射國家的積極響應；以亞投行建設為開端，這個倡議已經從紙上的方案變為實際行動。

　　回首中國改革開放，30 多年走過的路，鄧小平時代的重點是東南沿海開放開發，江澤民時代啟動了西部大開發戰略，習近平提出的「一帶一路」建設，聯動了亞洲、非洲、歐洲的 65 個國家，把中國經濟版圖重塑與世界經濟版圖重塑通盤謀劃，既可以解決中國資金、中國製造、中國技術的出路，也為沿線國家和受輻射國家注入了活力，一舉多得，可謂大思

路、大手筆、大氣魄。

國家戰略與香港發展密切相關,「一帶一路」建設將為香港提供很多發展機遇。香港現代服務業發達、熟悉國際貿易規則,如果能夠定位於「國家所需,香港所長」,扮演好「超級聯絡人」的角色,就能在「一帶一路」建設中收穫不菲的紅利。在許多國家爭相搭乘「中國快車」的情況下,考慮到香港擁有的獨特優勢,以及香港的特殊地位,中央更願意把機會留給香港,香港的發展空間將由此放大。

做事務實 港破解難題必獲支持

習近平的從政履歷是從中國最貧瘠的地方陝北農村開始的,他對草根階層有着真摯樸素的情感,他的行事風格也深深地打上了這些烙印。他說話做事接地氣,不繞圈子,不擺架子,講求效率。

過去 3 年,在習近平的推動下,困擾中國發展的許多難題開始逐一破解。比如,在經濟領域,建設自貿區、推進人民幣國際化;在民生領域,全面放開「二孩生育」、擴大就業、精準扶貧;在國防領域,全面實施軍隊改革、大規模裁軍;在外交領域,大國外交、周邊外交、與發展中國家的外交都有實質性突破。可以說,這 3 年幹了好多年,甚至 10 多年的事,「習氏風格」由此可見一斑。

香港的發展現在也遇到了不少難題,比如,經濟增長動力不足、貧富差距拉大、人口老齡化嚴重、年輕人就業困難、草根階層向上流動性降低、社會階層固化,等等。按照「一國兩制」的制度安排,中央不會插手香港的具體事務,破解這些難題要靠港人自己。但是,一旦遇到危難、困局,僅憑香港的能力無法化解時,只要港人提出要求,相信中央一定會全力挺港。

毅力非凡 對港政策堅定不動搖

習近平是一個富有主見而又毅力非凡的人,3 年來,中國的內政外交面臨很多挑戰,一些「硬骨頭」能不能啃得動?當初許多人並不看好,現在回頭看,結果都超乎預期。習近平在多個外交場合說過,我們不惹事,

但也不怕事。柔中帶剛，以柔克剛。比如，在應對釣魚島和南海局勢上，中國一改過去的被動姿態，步步為營，穩扎穩打，既贏得了主動權，又捍衛了國家主權。

這裏，還可以舉一個實例。習近平兼任中央全面深化改革領導小組組長。他站在改革第一線，直面困難、矛盾和問題，大有「改革不達目標決不罷休」的勁頭，不留退路。在《習近平談治國理政》一書中，多次出現這樣的句子：「敢於啃硬骨頭，敢於涉險灘」、「要有釘子的精神」、「堅持不懈，久久為功」……這些個性化的表述，體現出他非凡毅力。

習近平的非凡毅力源於他對世情、國情的深刻洞察和精準把握。世界眼光和基層閱歷，使他在駕馭複雜局面時心中有數，自信滿滿，他清楚自己的底牌，也明白對方的底牌，還知道什麼時候出牌，化解困難矛盾問題時就能做到遊刃有餘。

「一國兩制」在香港的實踐，現在雖然遇到了一些新情況，但從長遠角度來看，這只是前進中的困難。習近平去年年底會見進京述職的特首梁振英時，堅定的表示：中央貫徹「一國兩制」的方針堅定不移，不會變、不動搖。充分顯示出中央對香港未來的信心和決心，以習近平和他的執政團隊展現出的頑強毅力，無論前面有多少風風雨雨，都將全力推動「一國兩制」在香港的實踐和落實。

堅守底線「一國兩制」不走樣變形

「一國兩制」在香港的實踐出現了一些新情況，習近平語重心長地說，要全面準確理解「一國兩制」，確保「一國兩制」在香港的實踐不走樣、不變形。這句話不是隨便說說而已，這是原則，也是底線。

聚焦習近平這 3 年，堅守底線，說到做到，是其施政的一個鮮明特徵。以香港政改為例，反對派提出離譜的方案，試圖另起爐灶，挑戰基本法的權威，並發起了長達 79 天的非法「佔中」，反對中央支持的普選方案。他們蠱惑市民，中央會在最後一刻做出讓步，結果如何呢？中央沒有讓步。道理很簡單：與其「走錯一步」，不如「原地踏步」。而最近發生的「旺角暴亂」表明，激進分離勢力試圖用暴力向特區政府和中央施加

壓力，這是又一次挑戰底線。此次事件中，中央力挺特區政府依法處置暴徒，從香港中聯辦的三個「強烈譴責」，就堅定的表達了中央的立場和底線。這說明以習近平為核心的執政團隊時刻堅守底線不動搖，任何讓「一國兩制」走樣變形的做法都是徒勞的。「一國兩制」也一定在香港有美好的未來。

（原載於《大公報》，2016 年 2 月 19 日）

習主席肯定梁振英
為「一國兩制」作重要貢獻

在香港第五屆行政長官選舉即將拉開大幕的重要時刻，在香港即將迎來回歸祖國 20 週年的重要關頭，在「一國兩制」於香港實踐在基本法軌道上向前推進的重要節點，國家主席習近平昨日會見了任內最後一次赴京述職的行政長官梁振英。習主席對梁振英過去 4 年多來的施政給予了非常高的評價。既肯定了他對推動香港各項事發展所付出的努力，更肯定了他貫徹落實「一國兩制」與基本法的堅定立場。尤其值得注意的是，習主席明確指出梁振英在遏制「港獨」和處置街頭暴力活動，能嚴格按照「一國兩制」、基本法和人大釋法，維護了國家主權安全發展利益，維護了香港經濟發展和社會穩定；而梁振英的一系列工作，為「一國兩制」事業和香港繁榮穩定作出了重要貢獻。可以説，習主席的一席話，全面概括了梁振英的施政成績，是罕見的評價、肯定、稱讚，更是對香港未來的殷切希望和指引。這對香港當前的政治形勢的發展，對確保「一國兩制」實踐不變形不走樣，對香港堅決貫徹執行中央政策，具有高度的指導與啟示意義，值得各界認真學習體會。

此次是梁振英自 2012 年上任以來的第五次述職，亦是他宣佈放棄參選連任決定後、任內的最後一次赴京述職。儘管習主席 11 月已經在秘魯利馬 APEC 峰會期間，會見了梁振英，但在正式的述職中，國家主席會如何評價這位為香港發展作出艱辛努力與重大貢獻的行政長官，依然備受全港各界高度關注。與過去 4 次述職不同的是，此次習主席公開講話的時間是最長的一次，對梁振英以及特區政府的評價與意見，亦是過去所無法比擬的。國家最高領導人的會見有如此安排，顯然具有特殊的政治意涵；而

會面中的重要講話，更具有高度的指導意義。

全面肯定 4 年多來的施政

習主席在講話中，先是評價過去一年來梁振英的工作，進而對過去 4 年多來梁振英的工作再作一個總結性概括和評價。主席表示：「前不久，你宣佈因家庭原因不參選連任下任行政長官，中央尊重並理解你的決定。4 年多來，你和特區政府全面準確貫徹『一國兩制』方針和基本法，秉持『穩中求變，適度有為』的施政理念，立足當前謀劃長遠，在打基礎、利長遠方面，做了很多實事，為『一國兩制』事業和香港繁榮穩定作出了重要貢獻。」這段話可以從三個層面理解：一，對梁振英不連任的決定表示理解和尊重；二，對梁振英 4 年來的具體工作給予充分肯定和認可；三，對梁振英擔任特首以來的不辱使命的表現作出國家層面的評價和稱讚。

全社會都看到，梁振英在擔任行政長官以來，面對的是極其艱難的施政環境，從一開始就受到反對派的瘋狂攻擊，從反「國教」、斯諾登事件、79 天的非法「佔中」、「旺角暴亂」、反「港獨」，以及從政治經濟社會民生等各方面對梁振英作出各種抹黑與阻撓。但梁振英能憑藉堅強的忠誠、意志和毅力，排除各種困難，全面準確貫徹「一國兩制」與基本法方針，一步步推進香港各項事業的發展，用梁振英自己的話說是「粒粒皆辛苦」，有今天的局面殊為不易。正如習主席所指出的，「立足當前謀劃長遠」、「在打基礎利長遠方面做了很多實事」，為「一國兩制」事業和香港繁榮穩定作出了重要貢獻。梁振英過去 4 年多以來的施政成績，得到「習核心」的全面積極評價，既是對反對派近期散播的「中央不信任梁振英」、「中央放棄梁振英」言論的最有力反駁，亦是對未來香港社會發展給予的明確信息。

高度評價堅定不移的立場

習主席兩次提及「港獨」，而在聽取梁振英述職時，習主席非常明確地強調了行政長官政治立場的重要性。他在一開始評價梁振英過去一年的工作時這麼表示：「一年來，在中央政府的支持下，你帶領特區政府穩健

施政，在土地房屋、安老扶貧、科技創新等方面做了大量工作，取得了明顯進展。在遏制『港獨』和依法處置街頭暴力活動等重大問題上，嚴格按照基本法、全國人大常委會對基本法的解釋和特別行政區法律辦事，維護了國家主權、安全、發展利益，維護了香港經濟發展和社會穩定。中央對你和特區政府的工作充分肯定。」這段話亦可以從三方面理解，一是肯定梁振英應對「港獨」及「旺角暴亂」的艱辛工作；二是強調特首必須嚴格按照基本法及全國人大釋法、香港法律來辦事；三是作為特區政府的最高負責人，必須時時將國家的主權、安全與發展利益放在至高位置。

事實證明，梁振英過去 4 年來，在盡可能團結社會各界市民的情況下，堅持堅定的政治立場，在應對一些複雜敏感的政治問題上，從不會以犧牲國家的利益作為代價。他勇於與反對派作針鋒相對的鬥爭，在「佔中」事件上能成功化解了反對派以及外國勢力的政治陰謀，在「旺角暴亂」事件中能及時有效依法處置，在應對「港獨」肆虐時能果斷遏制。這些堅定的立場，得到香港市民的高度認可，亦得到全國人民的支持，更得到國家領導人的充分肯定。習主席特別強調：「中央政府堅定支持香港特別行政區政府依法遏制『港獨』活動。我想強調的是，『一國兩制』符合國家利益和港人福祉，符合包括香港同胞在內的全國人民的共同心願。中央政府、香港特別行政區政府和香港社會，要堅定信心，堅守底線，堅決維護確保『一國兩制』在香港的實踐在基本法軌道上向前推進。」這是對香港社會發出的強而有力的信息，中央明確底線，絕不會對「港獨」等勢力作出任何妥協。梁振英即便不再連任，未來任何人當特首，在此原則問題上都不可能有變化、有鬆動、有敷衍。

明確規範特首的必備標準

中央希望香港能在「一國兩制」及基本法方針下繼續朝着繁榮穩定的方向發展，中央希望香港好，希望香港經濟平穩，希望香港市民安居樂業。習主席指出：「香港回歸祖國即將步入第 20 年頭，『一國兩制』在香港的實踐取得的成績有目共睹。『一國兩制』是一項全新的事業，實踐中出現新情況新問題是正常的。當前，香港社會、政治、經濟發展平穩，中

央政府和廣大香港市民一樣，都希望進一步發展經濟、改善民生，希望社會和諧市民安居樂業。」這是中央對香港的真誠用心，對香港政策的出發點。對「一國兩制」的堅定信心。然而，不得不承認的是，香港政治形勢複雜，反對派以及外國政治勢力從未停止過對香港的破壞，有些人則極力利用即將到來的行政長官選舉，意圖破壞甚至扶植自己的代言人上台。這些都對香港未來的發展造成不必要的干擾。

而習主席對梁振英的高度肯定，實際上是在規範、樹立行政長官所必備的標準。回顧過去述職，習主席對梁振英無不給予極高的評價用詞，例如從「奮發進取」、「務實有為」，到「認真貫徹」、「着力解決」；從「勤勉工作」到「依法有序推進」、「保持了香港大局穩定」；再到「付出了艱辛努力」、「取得了積極進展」等等。而從不例外的是，每次述職都得到「充分肯定」的四字評語。以國家最高領導人對一個地區性行政首長的評價而言，這是非常罕見的，足以體現中央對行政長官要具備條件的清晰態度。如果香港要繼續保持更好發展，則梁振英在任內的一些做法、立場與態度，毫無疑問應當是未來行政長官參照的其中一個具體標準。

習主席的充分肯定與高度評價，固然是對梁振英所說的，但何嘗不是對 700 萬香港市民而說的。中央希望香港堅守「一國兩制」與基本法方針，希望維護國家的主權安全與發展利益，希望維護香港的發展與穩定，這是絕不會改變的大政方針。香港社會應當認真學習體會習主席的講話精神要義，為推動「一國兩制」在香港的實踐不斷前行、發展、進步而不懈努力。

（原載於《文匯報》，2016 年 12 月 24 日）

習主席充分肯定梁振英工作
釋放三條重要信息

提要

在香港第五屆行政長官選舉啟動的關鍵時刻，習主席對梁振英工作的充分肯定和高度評價，說明中央極其信任梁振英，所謂「中央棄梁」之說不攻自破，反對派宣揚的所謂「換人換制度」純屬白日做夢，而習主席對梁振英施政亮點的點評，也實質上指明了下屆特首的施政重點。

國家主席習近平上週五對赴京述職的行政長官梁振英的工作，給予充分肯定和高度評價。綜觀習主席的評語，既有對他一年來工作的肯定，也有對他任職 4 年多來的肯定；既有對其抓經濟、民生工作的肯定，也有對遏制「港獨」、維護國家主權、安全和發展利益的肯定；既有對特區政府施政團隊的肯定，也有對梁振英本人的肯定；既有對過去業績的肯定，也有對他因家庭原因作出的決定表示理解和尊重。與前四次述職的評價相比，習主席此次評價更全面、更具體、更有分量，釋放出 3 條重要信息值得本港社會各界和廣大市民關注和深思。

「中央棄梁説」不攻自破

習主席説：「一年來，在中央政府的支持下，你帶領特區政府穩健施政，在土地房屋、安老扶貧、科技創新等方面做了大量工作，取得了明顯進展。在遏制『港獨』和依法處置街頭暴力活動等重大問題上，嚴格按照基本法、全國人大常委會對基本法的解釋和特別行政區法律辦事，維護了國家主權、安全、發展利益，維護了香港經濟發展和社會穩定。中央對你

和特區政府的工作充分肯定。」

習主席指出：「4 年多來，你和特區政府全面準確貫徹『一國兩制』方針和基本法，秉持『穩中求變，適度有為』的施政理念，立足當前謀劃長遠，在打基礎、利長遠方面，做了很多實事，為『一國兩制』事業和香港繁榮穩定作出了重要貢獻。」

一句「充分肯定」針對「一年來」，對照前四次述職時習主席的評價，這一句每年都有，今年也不例外，也就是說，年年都獲得了「優等」成績。一句「重要貢獻」針對「4 年多來」，對照中央對歷屆特首的評價，這一句是最高評價，點到了要害，說到了絕處，分量之重，極少極少的人可以相比。梁振英已宣佈不參加下屆特首選舉了，此番赴京完成任內最後一次述職，最後述職能夠獲得最高領導的最高評價，這表明中央是充分信任、極其信任、非常信任梁振英的。

近來，反對派使出「無中生有」、「搬弄是非」的慣用手法，炒作「中央棄梁」話題，說什麼梁振英棄選，因家庭原因是假，被中央拋棄是真；他們欣喜若狂，彈冠相慶，認為這是「倒梁」的勝利。習主席對梁振英的評語充分表明，這些說法純屬無稽之談，不攻自破。

「換人換制度論」弄巧成拙

習主席說：「中央政府堅定支持香港特別行政區政府依法遏制『港獨』活動。我想強調的是，『一國兩制』符合國家利益和港人福祉，符合包括香港同胞在內的全國人民的共同心願。中央政府、香港特別行政區政府和香港社會，要堅定信心，堅守底線，堅決維護確保『一國兩制』在香港的實踐在基本法軌道上向前推進。」

這段話清晰地表明，在維護「一國兩制」、反對「港獨」的問題上，中央堅定不移，沒有任何妥協的空間。梁振英宣佈不參加下屆特首選舉後，反對派「判斷」出「中央棄梁」，繼而「推斷」梁振英以往堅守「一國兩制」的強硬路線不可能持續，於是繼續「推斷」2017 年行政長官選舉是一次既換人、又換制度的時機，於是，拋出「換人換制度」的主張。這個邏輯漏洞百出，也許連他們也不會相信，但他們重演「無中生有——

設置話題 —— 惡意炒作」的把戲，目的就是欺騙市民，攪亂社會，騙取市民的信任和支持。

反對派一貫喜歡提新概念、玩小邏輯、搞小動作，他們低估了本港市民的智商。豈不知絕大多數市民頭腦是清醒的，能夠認清歷史發展的大邏輯，能夠分清國家、民族和香港的真關係，也能夠識破漂亮辭藻背後的陰謀和詭計。綜觀中國數千年歷史，國家強盛，則天下一統；國家衰弱，則四分五裂。這是中國歷史發展的大邏輯。今日中國，是 1840 年鴉片戰爭以來最強盛的時期，憑什麼放棄「一國兩制」、或任其走樣變形？香港是中國不可分割的一部分，香港人是中國人的一部分，憑什麼只要「兩制」、排斥「一國」？特區政府隸屬於中央人民政府，行政長官必須維護「一國兩制」，基本法中有明確規定，2017 年選特首是正常的換屆選舉，憑什麼要「換制度」？反對派自以為很高明，很會利用民意，其實思維混亂，弄巧成拙。

遏「港獨」、推經濟、改民生是施政重點

習主席在談到梁振英一年來的工作時，提到了特區政府在土地房屋、安老扶貧、科技創新等方面做了大量工作，取得了明顯進展；在遏制「港獨」等重大問題上，嚴格依法辦事，維護了國家主權、安全、發展利益，維護了香港經濟發展和社會穩定。

看書看意，聽話聽音。習主席的這番評價，立起下屆特首的標準，也指明了下屆特首的施政重點，無論誰當特首，都必須在遏制「港獨」、發展經濟、改善民生三個方面加大力度。

回顧梁振英任職 4 年多來，反對派以及外國勢力從未停止過對香港的干擾和破壞，上任伊始，就受到反對派的瘋狂攻擊。此後，反「國教」、斯諾登事件、非法「佔中」、「旺角暴亂」等一系列事件表明，反對派在外部勢力介入和參與下，一手抹黑梁振英和特區政府，策劃「街頭政治」，製造事端，催生和庇護「港獨」，一手玩弄「立會政治」，「拉布」、「流會」不斷，阻撓特區政府發展經濟和改善民生項目的落地。香港的政治生態之惡劣、施政環境之複雜、政府做事之艱難，為回歸以來之最。梁振英

能夠始終堅守「穩中求變，適度有為」的施政理念，駕馭複雜局面，守住了遏制「港獨」的底線，並在公屋建設、安老扶貧、科技創新等方面有所成效，實屬不易！那麼，下屆特首能否交出令中央滿意、令市民滿意的成績單？首先應該明白：遏制「港獨」、發展經濟、改善民生是三大重點，應該早謀劃、多作為、守底線、強推進。只有在這三個方面拿出令人信服的業績，才是合格的特首。很接地氣的「習核心」，非常瞭解、洞察、掌控香港社會的政治、經濟、民生情況，主席的評語和指示，為下屆特首的施政重點，指明了方向、制定了目標、規範了準則；相信下屆特首也一定能夠按照主席的要求、中央的政策，交出一份令主席滿意、令中央滿意、令全港社會滿意的合格答卷。

（原載於《文匯報》，2016 年 12 月 28 日）

習主席握手祝賀梁振英當選的政治寓意

全國政協十二屆五次會議昨日閉幕，梁振英以超過九成八的得票率，超高票當選為全國政協副主席，兩名香港人同時擔任此職，亦是首次有現任特首晉升為國家領導人，意義非比尋常。而更重要的是，投票結束後，習近平主席與梁振英熱烈握手祝賀，交談長達 40 秒鐘，其後中央政治局常委李克強、張德江、俞正聲、劉雲山、王岐山、張高麗等黨和國家領導人亦分別與梁振英握手祝賀。如此高規格的待遇，不僅為全國政協會議中所罕見，更是歷次港人當選中所未見的。一是超高票當選，二是超高規格祝賀，已釋放出非常清晰的信息。中央對梁振英過去 5 年任內的工作是充分肯定的，對貫徹落實「一國兩制」的立場是堅定不移的，對香港的支持與關心也是始終如一的。這對眼下即將舉行的行政長官選舉同樣有着重要的寓意，各界應當從中領會中央的精神和期望，選出一位符合中央要求的行政長官。

儘管各界均預期梁振英會以高票當選，但當電子熒幕打出 2,066 票支持、得票率逾九成八的結果時，人民大會堂響起熱烈掌聲。投票的結果和熱烈掌聲，充分代表中央領導、全國政協和全國各族人民的支持與鼓勵，更是對他過去工作的充分肯定。特別是在全場政協委員的注目下和掌聲中，習主席在主席台上與梁振英長時間熱烈握手，所寓含的意義已經超乎尋常。

對梁工作評價「一錘定音」

全國「兩會」的開閉幕式的電視直播，每年都會吸引內地和本港很多

觀眾；昨天在本港更是如此，許多市民都想看一下梁特首當選為國家領導人，到底高票可以高到什麼程度。

從電視畫面清晰的看到，當政協會議閉幕後，習主席在離場之前主動走向梁振英，大力握手表示祝賀，時間長達 40 秒鐘，其後 6 名中央政治局常委亦逐一與梁握手。習主席這一握，可謂非比尋常，不僅體現了中央對梁振英的高度肯定，也無異於粉碎本港一切謠言，同時也是向香港各界發出明確清晰的信息。

過去一段時間來，香港一些反對派不斷散播謠言，聲稱梁振英「被迫」棄選、中央「遺棄」他、UGL 事件「還未完」等等，更有報章連續數月抹黑攻擊。而習主席的握手祝賀說明了，中央對梁振英是充分信任的，對他的成績是充分稱讚的，對特區政府的工作是充分肯定的。中央更期待他在新的更高的崗位上繼續為國家、為香港服務。習主席握手時間長達 40 秒，可謂力比千鈞，一錘定音。

實際上，中央對梁振英的支持與肯定從未有過變化。過去 5 年來，習近平主席每一次會見梁振英都有「充分肯定」4 個字。去年 12 月 23 日，習主席在接見任內最後一次赴京述職的梁振英時，更特別提到他在遏制「港獨」、依法處置街頭暴力等重大問題上的堅定立場。習主席指出，梁振英及特區政府嚴格按照香港基本法、全國人大常委會對基本法解釋以及特區法律辦事，維護了國家主權、安全、發展利益，維護香港經濟發展和社會穩定社會發展。眾所周知，梁振英 5 年任內，有效應對了非法「佔中」與「港獨」威脅，全力維護「一國兩制」事業與港人的根本利益。儘管反對派不斷抹黑攻擊，但獲「增補」為全國政協委員、高票當選為全國政協副主席、得到習主席的熱烈握手祝賀，足以說明了中央的鮮明態度和一貫立場，反對派的一切謊言均已破產。

中央表明對特首人選態度

在今年全國「兩會」召開之前，香港一些輿論關注習主席會否會見港澳代表委員並發表講話，認為從中可以瞭解中央對特首人選的態度。雖然日理萬機的習主席未有到港澳團組參加討論，但藉着梁振英的高票當選握

手祝賀，實際上已經傳遞出了同樣的政治寓意。

可以這樣理解，這實際上是對香港成功落實「一國兩制」事業的肯定，更是在指出中央對未來行政長官的具體標準要求，應當以梁振英為榜樣參照；而充分肯定梁振英反「港獨」的工作，實際上也在表明對遏制「港獨」的嚴正態度，尤其是對香港特區在維護國家主權安全與發展利益的原則問題上，絕無妥協的餘地。這對正在本港進行中的特首選舉，顯然具有高度的指向意義。

雖然國家領導人沒有明確指出支持哪一位候選人，但連日來中央的態度已經有了明確清晰的體現。張德江委員長在會見港澳政協委員時明確指出：「下一任行政長官必須要強烈的擔當精神和駕馭複雜局勢的能力，能夠得到中央的充分信任，團結香港各界人士抓住機遇，共謀發展，促進和諧。在此中央希望行政長官選舉平穩順利。」「希望大家本着對國家、對香港的高度責任感，以國家發展大局和香港整體利益為重，堅定投票，支持符合中央要求的行政長官人選，確保選舉依法平穩順利進行」。結合當前情況，誰才是符合中央要求的人選？誰是能如同梁振英一般忠實履行職責、貫徹中央治港方針政策的候選人？習主席的握手，答案已經呼之欲出。

香港未來發展必如虎添翼

習主席的握手，除了對選舉有重要政治寓示，對香港未來發展亦有重要意義。根據基本法，特首具有雙重角色，即是作為特區之首，亦是特區政府之首；既向香港負責，更向中央政府負責，具有重要的憲制角色和地位。因此，如果特首同時擔任全國政協副主席，既體現了「一國兩制」下的「一國」的意涵，更對日後進一步支持香港各方面發展，提供了必要的便利幫助。過去香港發展一直落後於周邊地區，經常有輿論認為香港無法抓住國家發展的機遇，被「邊緣化」。如今有特首能直接參與到全國政協的工作，參政議政，對第一時間掌握國家大政方針政策，對促進香港融入國家發展，顯然具有非常積極的促進作用。

反對派攻擊稱現任特首不應兼任國家領導人職位，這是完全錯誤的。

特首梁振英擔任全國政協副主席，一不會影響特區內部事務，二不會牽涉到具體的國家政策制定，三沒有貶損特區的政治地位，根本不可能出現所謂的破壞「一國兩制」情況出現。香港特區有兩位全國政協副主席，其中一位還是現任特首，是對香港政治地位與角色的重視。恰恰相反的是，如果香港沒有一人出任國家領導人行列，這才是怪事。

當然，香港特區內部事務繁重，未來又處於新老兩屆政府的重要交接期，梁振英未必能按要求出席全國政協的重要會議，需要請假亦是情理之中的事。但請不請假，並不會損害其身為全國政協副主席的身份。現在不過是有人「看不慣」就攻擊批評，這顯然是錯誤的，亦是對「一國兩制」的嚴重曲解。

梁振英高票當選全國政協副主席、習主席的長時間熱烈握手祝賀，粉碎了一切涉梁謠言，體現了中央對梁振英工作的肯定，但同時對香港發出的清晰信息，中央希望香港選出一位符合中央要求的行政長官人選、希望香港未來在新格局下能有更好的發展，全面準確確保「一國兩制」在香港的實踐不走樣、不變形，始終沿着正確方向前進。

（原載於《大公報》，2017 年 3 月 14 日）

習主席讚林鄭
籲香港「戮力同心」的重要啟示

國家主席習近平昨日下午在中南海會見了抵京接受中央政府任命的候任行政長官林鄭月娥。這是在香港即將迎來回歸祖國 20 週年的重要時刻，國家最高領導人接見來自香港的候任特首，亦是對「一國兩制」在香港成功實踐、繼續推進的一次重要會面，具有高度的啟示意義。在接見時，習主席發表重要講話，包含三大方面內容：第一，高度肯定林鄭月娥。愛國愛港立場堅定，對國家和香港「有心有力有承擔」，符合中央一貫的標準；第二，指出香港機遇與挑戰。香港經歷不少風雨，長期積累的矛盾及問題逐步顯露，是挑戰和風險也是機遇和希望，特首責任重大、使命光榮；第三，表明中央堅定態度。中央堅持「一國兩制」方針的決心堅定不移，期望「團結包容戮力同心」，為香港發展作出貢獻。習主席的 3 點指示既相互密切關聯，又相互促進推動，不僅僅是對下任特首及特區政府的大力支持，更是對整個香港未來發展的鞭策鼓勵。「有心有力有擔當」與「團結包容戮力同心」的評語和指示，包含了以習主席為核心的黨中央、中央政府對香港的殷切希望與切實要求。全港各界須認真思考習主席的講話，放下歧見，團結一致，以回歸 20 年為起點與契機，共同努力開創香港更美好的未來。

林鄭月娥從 3 月 26 日當選到昨日上午正式從國務院總理李克強手中接過任命令，相隔只有短短半個月時間，如此快的程序，除了說明選舉的公平公正外，亦在說明林鄭月娥得到中央的充分信任與認可。而國家主席習近平下午的會見和發表的重要講話，更是進一步體現了這一點。一位得到中央高度認可、市民充分支持的政界人士擔任下屆特首，無疑對香港極

其重要。習主席三個方面的重要講話，對香港的現在、未來都具有高度啟示意義。

讚林鄭「有心有力有承擔」的用意

林鄭月娥符合中央對特首的一貫標準。但自特首選舉開始以來，她就不斷遭到反對派抹黑，即便她在選舉中以高票數當選，攻擊亦沒有停止過。反對派的意圖十分明顯，就要通過打擊林鄭以破壞下屆政府的有效施政。但昨日習主席在會見中的講話，站在中央的角度對林鄭作出評價，可以說是徹底打破了反對派及其幕後勢力的陰謀，亦是向社會發出強烈的信號。習主席指出：「你在政府工作了 36 年，特別是香港回歸後在特區政府擔任過多個重要職務，愛國愛港立場堅定，勤勉務實，敢於擔當，行政經驗豐富，具有駕馭複雜形勢的能力，在香港社會認可度很高，對國家和香港有心、有力、有擔當，符合中央對行政長官的一貫標準。你成功當選，實至名歸。」

「愛國愛港立場堅定」、「勤勉務實敢於擔當」、「有心有力有擔當」、「在香港社會認可度很高」、「有駕馭複雜政治形勢的能力」，這些高度的肯定和充分的評價，與選舉之前不斷強調的四大標準「愛國愛港、中央信任、有管治能力、港人擁護」完全一致，充分體現林鄭月娥得到中央的信任與認可。更重要的一點是，這亦回答了為什麼林鄭月娥能以高票當選的根本原因。作為一名直轄於中央的地區領導人，必須具備什麼樣的政治意識、管治能力，從林鄭月娥的身上已可找到答案。中央支持力挺林鄭，為香港未來 5 年的發展提供了至關重要的保障。

指出積累矛盾顯露的風險與挑戰

除了對未來特首的稱讚與支持，值得香港全社會高度關注的還在於，香港目前的發展並非一帆風順，甚至可以說是隱憂處處。習主席在講話中的第二個方面，一針見血地指出香港需要認識到的嚴峻問題。習主席指出：「今年是香港回歸祖國 20 週年。20 年來，『一國兩制』在香港的實踐取得巨大成功。憲法和基本法規定的特別行政區制度有效運行，香港保持

繁榮穩定，國際社會給予高度評價。與此同時，作為一項開創性事業，『一國兩制』在香港的實踐也需要不斷探索前進。20年來，香港經歷了不少風風雨雨，這個階段有挑戰和風險，也充滿機遇和希望。作為新一任行政長官，你責任重大、使命光榮。」

香港回歸祖國20年來，成績是舉世矚目、有口皆碑，但毋庸諱言問題與挑戰同樣嚴峻。經濟上競爭力停滯不前，固有優勢不斷消逝；社會上不同利益階層的分化對立日益嚴重，需要全面審視與化解；政治上反對派虎視眈眈，潛在的極端分離勢力更是不斷製造事端，法治挑戰依然嚴峻。這些都是多年積累的問題。所以，習主席以「風風雨雨」來形容，但與此同時更點出「挑戰和風險」、「機遇和希望」兩者並存的道理。這番話的意義在於，在「一國兩制」的偉大事業進程中，有中央的大力支持，有香港各界的共同努力，挑戰也可以變成機遇，風險也可以轉化為希望，關鍵是事在人為，絕非不可解決。

「團結包容戮力同心」的殷切希望

從對林鄭的充分肯定到對香港現狀的深刻分析，習主席在講話中還發出了積極的呼籲。習主席明確向林鄭月娥指出：「中央堅持『一國兩制』、『港人治港』、高度自治的決心堅定不移，不會變、不動搖，將全力支持你和新一屆特別行政區政府依法施政。希望你不負重託，帶領特別行政區政府和社會各界，緊緊依靠廣大香港同胞，全面準確貫徹落實『一國兩制』方針和基本法，團結包容，戮力同心，銳意進取，為香港發展進步作出貢獻。」這番話既是對林鄭的鞭策鼓勵，更是給香港社會一粒「定心丸」，表明中央對香港的政策一如既往，同時是在向香港700萬市民發出殷切的呼籲。

過去一段時間，有人不斷製造對立與矛盾，甚至攻擊中央對港的方針政策，意圖按自己的意圖重新建立香港的憲制秩序。如果按反對派的這種做法，不僅「一國兩制」將不可能成功落實，整個香港社會都將陷入巨大的內鬥災難中。習主席強調了對「一國兩制」方針的堅定態度，也對香港特區的未來發展提出了切實要求。未來特首固然要團結各界，但全社會亦

當要明白一個道理，如果繼續內部分化與嚴重內鬥，香港是不可能有繁榮穩定的明天的。只有團結包容、戮力同心，再加上管治團隊的銳意進取，香港才能迎來更好的未來。

再過兩個多月，香港即將迎來回歸祖國 20 週年的重要時刻，而新一屆特首亦將正式上任。在此關鍵的歷史關頭，習主席昨日親切會見候任特首並發表重要講話，對林鄭以及下屆特區政府管治團隊、對全香港社會各界市民，都具有極其重要的啟示意義。支持林鄭月娥依法施政，團結一致共同努力，香港在落實「一國兩制」這一偉大事業才能繼續保持繁榮穩定，這不僅符合國家的利益、符合特區的利益，更符合全體市民的利益。認真思考、全面領會、貫徹落實習主席的重要講話，並化作未來各項事業的推動力，對香港未來發展至關重要！

（原載於《大公報》，2017 年 4 月 12 日）

習近平勉勵林鄭
「責任重大，使命光榮」的
深刻啟迪

提要

習近平主席勉勵林鄭「責任重大，使命光榮」，應該給香港同胞以深刻啟迪。這是對林鄭寄予厚望，也是對香港各界和廣大市民寄予厚望，更是對香港的明天寄予厚望。香港社會各界和廣大市民應該全力支持林鄭和新一屆特區政府依法施政，不負習主席和中央的厚望。

國家主席習近平日前在京會見了新當選並獲中央政府任命的香港特別行政區第五任行政長官林鄭月娥。習主席說：「作為新一任行政長官，你責任重大、使命光榮。中央堅持『一國兩制』、『港人治港』、高度自治的決心堅定不移，不會變、不動搖，將全力支持你和新一屆特別行政區政府依法施政。」習主席希望林鄭月娥不負重託，帶領特別行政區政府和社會各界，緊緊依靠廣大香港同胞，全面準確貫徹落實「一國兩制」方針和基本法，團結包容，勠力同心，銳意進取，為香港發展進步作出貢獻。

習近平勉勵林鄭「責任重大，使命光榮」，是對林鄭寄予厚望，也是對香港各界和廣大市民寄予厚望，更是對香港的明天寄予厚望。廣大市民應該從「責任與使命」中讀出香港經濟發展、民生改善、社會和諧的殷切希望，並為之不懈努力。

擴大共識，支持林鄭依法施政

習主席說：「中央堅持『一國兩制』、『港人治港』、高度自治的決心

堅定不移，不會變、不動搖」。這是在深刻洞察香港政治生態後做出的重要表態。在中央看來，香港儘管有「港獨」勢力冒頭，有境外勢力滲透，有港英時代的政治人物不甘寂寞，但愛國愛港陣營始終佔據主流地位，且不斷壯大，此次林鄭以 777 票的高票當選特首就是例證。中央對林鄭是充分信任的，對「一國兩制」在香港的成功實踐是高度肯定的，對香港的前途是充滿信心的。

習主席對香港的肯定和信任，為香港繼續成功實踐「一國兩制」注入了精神動力。作為新任行政長官，林鄭清楚地認識到，行政長官絕不是政務司司長的「加強版」，而是香港貫徹落實「一國兩制」方針政策和基本法的第一責任人，其職能可概括為「三者」：「一國兩制」的堅定執行者、憲法和基本法的堅定維護者、法治的堅定捍衛者；行政長官必須正確處理「三個關係」：正確處理堅持一國原則和尊重兩制差異的關係，正確處理維護中央權力和保障特別行政區高度自治權的關係，正確處理國家主權、安全、發展利益和香港繁榮穩定的關係。基於對行政長官職責準確認識，林鄭把「確保『一國兩制』在香港的落實不走樣、不變形」作為首要任務。這是原則，也是底線，完全符合基本法精神和中央的要求，是林鄭作為行政長官，既對香港負責，又對中央負責的具體表現。

作為香港市民，在經歷了過去幾年的政治爭拗之後，越來越多港人對「一國兩制」和基本法有了更全面、更準確、更深入的理解，中央擁有哪些憲制權力？中央授予香港哪些權力？哪些問題屬於「一國」的範疇？哪些屬於「兩制」的範疇？在大多數港人的頭腦裏變得越來越清晰。未來 5年，香港要發展，必須守住「一國兩制」和基本法的底線，走出政治爭拗的泥潭。香港市民應該不斷擴大這一共識，支持林鄭依法施政，勠力同心共謀發展。

勸反對派放棄爭鬥，勿阻政府發展經濟

習主席說：「20 年來，香港經歷了不少風風雨雨，這個階段有挑戰和風險，也充滿機遇和希望」。此語點出了香港今天所處環境的複雜性。去年以來，全球經濟不確定因素增加，除了全球經濟持續低迷，英國脫

歐、特朗普上台後「逆全球化」而行，都使風險增加。香港是外向型經濟，與世界經濟聯繫很廣、切入很深、互動性很強，全球經濟稍有風吹草動，必然波及香港。如何把握機遇、化解風險、有所作為？是香港必須面對的課題。

林鄭對香港經濟了若指掌，她主張積極有為。她認為，政府不單要當好「服務提供者」和「監管者」，還要成為「促成者」及「推廣者」。她對經濟發展的主張可以用兩句話概括：用好「存量」，做大「增量」。用好「存量」，就是要善於用好財政盈餘，為經濟「供氧輸血」，通過財政、稅收政策調整，發展創新科技產業，為中小企業和初創企業減輕稅務負擔，吸引海外和內地的公司到香港投資和成立辦事機構。做大「增量」，就是要發揮背靠祖國的優勢，抓「一帶一路」、「粵港澳大灣區城市群」等歷史機遇，聚焦「國家所需、香港所長」下足工夫，開拓發展新天地。

林鄭「積極有為」經濟政策能否落地？今後還需要立法會的支援。從過往的情況看，一些反對派議員已經形成了「逢中必反、逢特區政府必反、逢特首必反、為反而反」的習慣，給許多經濟民生專案貼上「政治標籤」，或擱淺、或否決，令好項目無法落地。如果真的為香港好，反對派今後切勿以政治目的阻擊政府「積極有為」的經濟發展政策，同心同力把有利於香港經濟發展的事情辦好。

各界應聚焦民生，助力林鄭化解民生難題

習主席勉勵林鄭「責任重大，使命光榮」，其中一項重要的責任就是改善民生、紓解民怨、提升香港社會的和諧度。香港本是一個商業城市，香港的國際地位來源於經濟地位，但由民生問題長期積累、集中爆發，在一些別有用心之人的蠱惑下，民生議題被置換為民主議題，令香港局勢複雜、社會撕裂。

林鄭改善民生的思路非常清晰，她多次表示，眼下香港民生問題的重點和難點是住房，而房價畸高的癥結是土地問題。香港有大概 1,100 平方公里的土地面積，但開發的土地僅佔約 26%。林鄭說：「我們不是沒有土

地，而是沒有開發土地的共識，或者是決心不夠」。她決心未來在土地供應方面多下一些工夫。她說：「只要為香港好、為市民好，政府官員不應該害怕，怕就沒有創新的動力去改變現狀。」

林鄭化解房價畸高難題的決心很大，也體現了她一貫「好打得」的硬淨作風。如果林鄭的想法能在未來 5 年實現，觸發民怨的房價問題將徹底解決，讓香港市民普遍受益，特別是基層民眾和年輕人。因此，香港各界應該支持下屆政府改善民生的一系列舉措，特別是地產企業，應該認識到房價畸高給香港帶來的危害，支持而不是阻止政府增加土地供應。

青年是香港希望，應發揮建設性作用

習主席勉勵林鄭「責任重大，使命光榮」，還意味着林鄭作為新一屆行政長官，肩負着培育青年、傳承愛國愛港傳統的歷史使命。

青年是香港的未來，是社會最有活力、最有創新力和對推動社會發展最具潛力的一代。林鄭月娥在青年問題上早已成竹在胸，她說：「要讓下一代成為對國家有認同感、愛香港，而且具有國際觀的一代」。如何做好青年工作，她概括為「三業」、「三政」。她說：「要幫助青年人的學業、事業、置業，也要給青年人議政、論政和參政提供更多的機會。」對青年，她不僅敞開心扉，而且敞開大門。比如：吸納更多年輕人加入問責班子，設立由政務司司長統籌的青年發展委員會，並聘請年輕人加入政府研究政策。

從過往情況來看，一部分港青在社會貧富差距拉大的事實面前產生了挫敗感、沮喪感，怨氣在心，以致於有過激言行，這都是可以理解和諒解的。過去的事已經過去，重要的是今後。林鄭對青年問題思考得很深，態度開明，措施務實，青年應該從中看到希望，積極回應林鄭的善意，在香港的發展中發揮建設性作用。

香港當下面臨的困難不少，林鄭月娥任重道遠，習主席對她給予高度評價：「愛國愛港立場堅定，勤勉務實，敢於擔當，行政經驗豐富，具有駕馭複雜局面的能力，在香港社會認可度一直很高，對國家和香港有心、

有力、有承擔，符合中央對行政長官的一貫標準」。只要廣大市民勠力同心，相信林鄭、支持林鄭，香港就一定能續寫「香江傳奇」，不負習主席和中央的厚望。

（原載於《文匯報》，2017 年 4 月 13 日）

從林鄭訪京感受中央對香港發展的高度重視

　　行政長官林鄭月娥昨日結束在北京的訪問。此次是習主席視察香港後，新特首及管治班子上任以來的首次進京，亦是林鄭落實新施政理念的首次內地訪問，意義不同尋常。而從整個訪問行程及其所取得的效果來看，充分體現出中央對香港發展的高度重視。第一，在短短 3 天半時間裏，特首獲得了多達 16 個部門、機構的主要負責人的會見和座談，層次之高、領域之廣、次數之密，這是過去所未見的；第二，每次會面，都得到有關部門非常具體的支持與承諾，更簽署或安排了多項經濟文化合作協議；第三，在涉及「一帶一路」、「粵港澳大灣區」等重大國家發展規劃政策上，各部門都極力讓香港「早得先機」，充分支持，全方位配合。這些事實再一次說明，中央對香港發展給予了高度重視，千方百計協助香港謀取更好發展，而香港亦出現可喜的局面。國家的支持是香港發展的最堅實保障，當前香港迎來了新的歷史機遇，社會各界應當充分利用新一屆政府良好開局的有利環境、珍惜中央的各項實質挺港措施，齊心協力抓緊機遇謀發展。一旦再錯失機遇，繼續浪費在政治爭拗當中，香港再難保持領先地位。

　　行政長官林鄭月娥上任一個多月，便取得了良好的開局，各項新措施有序推進、新問責官員逐批上任，而儘管社會內部對一些議題還存有分歧，但息政爭、謀發展已成為主流意見。這固然是特首及管治班子的努力體現，也是廣大市民的積極支持成果，但更與中央政府大力支持分不開。中央不僅為香港創造了良好的發展環境，更在一切力所能及的方方面面，給予香港全力支持。這些支援在林鄭短短的數日訪京行程中得到了集中的

體現和充分的反映。

3 天獲安排與 16 部門會面

從 8 月 6 日抵京到昨天傍晚返港，林鄭月娥在 3 天半時間裏，總共得到了 16 個國家部委、機構主要負責人的會面和座談。細數之下，包括：外交部部長王毅、發展和改革委員會主任何立峰、國務院港澳辦主任王光亞、教育部部長陳寶生、商務部部長鍾山、文化部部長雒樹剛、中國人民銀行行長周小川、中國銀行業監督管理委員會主席郭樹清、國家旅遊局局長李金早、亞洲基礎設施投資銀行行長金立群、中國證券監督管理委員會副主席姜洋、中國保險監督管理委員會副主席陳文輝、中國鐵路總公司總經理陸東福等等。以上部委主要負責人可謂「粒粒皆星」，集中在 3 天逐一與香港特首會見，層次之高、領域之廣、次數之密，是過去所未見的，這反映出了怎樣的政治意義？如果不是中央的大力支持和安排，這是絕不可能出現的。

習主席在今年 7 月 1 日出席慶祝香港回歸祖國 20 週年大會暨香港特別行政區第五屆政府就職典禮上發表重要講話時特別指出：「中央有關部門還將積極研究出台便利香港同胞在內地學習、就業、生活的具體措施，為香港同胞到廣闊的祖國內地發展提供更多機會，使大家能夠在服務國家的同時實現自身更好發展，創造更加美好的生活。」1 三個部委負責人在非常繁忙的情況下，仍然安排出寶貴的時間與香港特首會面，這就是在堅決貫徹習主席的講話精神，全力落實支持香港各項經濟民生社會發展事務上來。在香港「一國兩制」進程中，這可能只是一個典型的案例，但香港市民可從中充分感受到來自於中央的大力支持的關愛之情、感受到「一國兩制」實踐不會變、不動搖的堅強信心！

簽署安排多項經濟文化協議

還令本港社會各界紛紛稱讚的是，林鄭與中央各部委主要負責人的會面，儘管時間很緊湊，每次的會面時間亦不是很長，但絕非「禮節性」的客套會面，而是談到十分具體的合作議題和支持香港的具體措施。短短 3

天半，就簽署或安排 4 項經濟文化合作協議，例如，與國家旅遊局簽署的《關於進一步深化內地與香港旅遊合作協議》，進一步加強雙方在旅遊發展的交流合作；兩地將在《內地與香港關於建立更緊密經貿關係的安排》框架下，逐步擴大開放香港獨資旅行社經營內地居民團隊出境遊業務，並建立定期溝通協調機制，研究和磋商區域旅遊合作和監管等議題。林鄭還與故宮博物院協商更多的利港文化合作項目。

除此之外，在更重要的國家規劃框架下，中央部委亦給予了香港非常大的支持。在「一帶一路」建設方面，國家發改委同意與香港協商簽署合作協議，以香港的優勢為本，訂定重點的合作領域以期更好發揮香港所長；在「粵港澳大灣區」發展方面，林鄭和財政司司長陳茂波十分看重粵港澳大灣區發展規劃的工作，期望與國家發改委就規劃的相關議題緊密交流，以確保能充分發揮國家在「十三五」規劃賦予香港的獨特任務和功能，這亦得到了中央相關部門的積極回應；而在支持香港發展「綠色金融」服務政策上，中央各部委亦作出了很正面的表態。所有這些，無不體現出中央對香港的支持，當中一句「以香港優勢為本」、「更好地發揮香港所長」，令人感動，令人難忘！中央真是時時為香港着想，處處希望香港發展更好。

開局良好中央對港寄予厚望

林鄭月娥上任以來的一個多月，取得了良好的開局，這樣的發展形勢和進展，絕非「偶然」，是習主席「七一」視察香港後才全面呈現出來的。習主席在香港作系列重要講話時曾指出：「香港背靠祖國、面向世界，有着許多有利發展條件和獨特競爭優勢。特別是這些年國家的持續快速發展為香港發展提供了難得機遇、不竭動力、廣闊空間。香港俗語講，『蘇州過後無艇搭』，大家一定要珍惜機遇、抓住機遇，把主要精力集中到搞建設、謀發展上來。」主席對香港的諄諄教誨，不僅成為林鄭和她的管治團隊的動力，也印在每一位香港市民心中，並逐步落實到推動社會凝聚共識、推動支持特區政府依法施政、推動經濟民生等各項政策當中。如何繼續把握機遇集中精力謀發展，中央對香港寄予了厚望，林鄭的訪京行程與

成果，是這一厚望與支持的進一步體現。

　　中聯辦領導昨日在出席香港各界慶國慶籌委會上有一個非常精闢的總結：「這 5 年來香港出現的許多現象，既有其客觀必然性，也有其階段性特徵。經過各方面的共同努力，也包括經歷了一些爭論和較量之後，人們對『一國兩制』的認識更全面、更準確、更深刻了，有關法律制度更健全了，社會正氣進一步上揚，人心更加思穩、思進了。許多朋友對我們說，以習近平總書記出席香港回歸 20 週年慶祝活動取得圓滿成功為標誌，香港局勢正出現回歸以來具有根本性意義的好轉，香港的發展前景令人鼓舞。」中聯辦領導的深刻總結，道出了香港局勢扭轉的根本原因，這對特區未來的發展，無疑是一個重要的啟示。

　　林鄭月娥的首次訪京「收穫滿滿」，香港再現「機遇處處」，她昨晚在總結行程時，感謝中央的大力支持，也期待與社會各界一道努力落實各項利港措施。從這一次訪京行程和成果，看到了香港新的目標、新的路徑、新的氛圍，這對香港 700 多萬市民來說是一個好消息；對香港社會的未來發展是一個好預兆；對香港提升各方面競爭力是一個好措施。在中央的大力支持下，香港社會只要能排除干擾，遵循習主席的指示，集中精力聚焦到發展上來，必定可以取得更好更大更穩的發展，香港必將迎來新的歷史機遇。

（原載於《大公報》，2017 年 8 月 10 日）

如何準確理解中央對港的「全面管治權」？

　　習近平所作的十九大報告，是新時代一份具有重大歷史意義的報告。報告闊劃宏偉藍圖，確立治國方略，提出行動綱領，高屋建瓴、氣勢恢弘、思想深邃，不僅對國家也必將對整個世界的發展產生極其深遠的影響。報告同時以前所未有的篇幅論及中央對港對澳的大政方針，再次強調了中央的「全面管治權」。連日來，香港社會對此作出了熱烈的討論，但在認識上未必人人理解到位。有必要指出，「全面管治權」並非首次提出，過去報告中沒有寫不代表不存在；過去沒有強調，不代表中央沒有行使權力。實際上，應當從三個角度去理解：一，「全面管治權」源自於憲法與基本法，絕非「無中生有」；二，中央對港的「全面管治權」與特區所享有的「高度自治權」兩者並不矛盾，是授權與被授權關係；三，準確理解「全面管治權」對推動「一國兩制」的全面準確落實，具有重要意義，切勿被別有用心者誤導，破壞危害香港的繁榮穩定。

　　習近平新時代中國特色社會主義思想，將堅持「一國兩制」列入新時代堅持和發展中國特色社會主義的基本方略，有着深刻的理論支撐。無論是從篇幅上還是內容上，十九大報告有關港澳的論述，重視程度之高，可謂歷次黨代會前所未有。充分體現了習近平對港澳同胞的親切關懷、對港澳發展的大力支持、對港澳未來的美好祝願。作為「一國兩制」最直接的受益者、貢獻者、實踐者，香港社會各界應認真研讀報告，全面透徹地理解中央對港的方針政策。當中的「全面管治權」，可以説是一把鑰匙，幫助各界準確理解「一國兩制」內涵。

全面管治權源自於憲法與基本法

首先應當明確的是，全面管治權絕非新的提法，更非新增的權力，而是中央依憲法及基本法規定所固有的權力，這一權力自 1997 年 7 月 1 日香港回歸祖國後，便是客觀存在的事實。國務院港澳辦領導於十九大期間，在接受媒體採訪時強調指出：「香港回歸祖國時，移交的不僅僅是一個空洞的主權，不限於國防和外交等事務，而是包括整個香港的治權。」香港回歸祖國，中央是在恢復行使包括「管治權」在內的完整主權，中央對香港擁有全面管治權。正是在此基礎上，基本法規定了中央對香港特區行使管治權的方式，也就是規定了一部分權力由中央政權機構直接行使，一部分權力由全國人大授予香港特區依照基本法的規定行使，這就是我們通常所説的「高度自治權」。沒有中央的授權，也就沒有特區的高度自治權。從另一角度而言，維護中央的全面管治權，就是維護國家主權，維護香港特區高度自治權的來源。

不認識到憲法及基本法的立法原意與清晰的條文規定，也就無法準確理解中央對港行使全面管治權的內涵。近年來，香港社會有些人鼓吹香港有所謂「固有權力」，聲稱「高度自治權」不是中央授予、宣揚所謂的「本土自決」，甚至是「香港獨立」。這種荒謬的言論，其根本目的，是要通過否認中央的全面管治權，來否認國家對香港恢復行使主權這一事實。而否認中央對香港的管治權，其實質是企圖把香港變成一個獨立、半獨立的政治實體，把香港從祖國分裂出去。對此，中央政府絕對不會聽之任之，特區政府和全體市民也絕對不能視若無睹。不論這些人如何歪曲，都無法改變憲法與基本法賦予中央全面管治權這一無可辯駁的事實。

全面管治權與高度自治權不矛盾

有些人退而求其次，散播錯誤言論稱，一旦中央擁有對港「全面管治權」，就意味着「高度自治權」不復存在，兩種權力是「互相排斥」的關係、「非此即彼」，云云。這種論調居心惡毒，是利用普通市民對基本法的不瞭解而試圖離間中央與特區關係。事實上，中央擁有的全面權力，絕不意味着減少或損害特區根據基本法所擁有的本地自治權力。港澳的高度

自治權源於主權國家內部中央對地方的特殊授權，派生於中央對港澳的全面管治權。先有中央的「全面管治權」，才有港澳的「高度自治權」。主次地位、主導與派生關係，兩者不混淆，也不會存在所謂的「矛盾」。

習近平在十九大報告中明確指出：「必須把維護中央對香港、澳門特別行政區全面管治權和保障特別行政區高度自治權有機結合起來，確保『一國兩制』方針不會變、不動搖，確保『一國兩制』實踐不變形、不走樣。」習近平的話已經清楚表明「保障特區自治權」，說明中央對港澳的全面管治權不會削弱「港人治港」、「澳人治澳」、高度自治。今天，處理好兩者之間的授權和分權關係，關鍵是要按憲法和基本法辦事，把兩者有機結合起來而不是互相對立和排斥。舉例而言，中央負責領導和管理與香港有關的外交事務，但這不意味着香港特區不可以與外國發展合作關係；反過來說，特區依法選舉產生行政長官，但必須得到中央的認可和任命。兩種權力的相互關係，回歸 20 年的實踐已經十分清晰，絕不含糊，更不矛盾。

準確理解切勿被別有用心者誤導

中央對港的「全面管治權」不是「新生」事物，雖然過去提法不盡相同，但本質或所體現的權力關係卻是一致的。實際上，早在 2014 年的《白皮書》，已經對此作了非常詳盡的闡述。習近平、李克強、張德江、俞正聲都曾對此作出重要論述。此次中央再次重申對港澳的「全面管治權」，其根本出發點與落腳點，都是為了「一國兩制」的成功落實，正如香港中聯辦領導在十九大期間接受記者採訪時指出：「維護國家主權、安全和發展利益，是香港長治久安、繁榮穩定的前提和基礎，事關『一國兩制』實踐的正確方向，事關香港市民的共同福祉。」對於如何正確理解中央與特別行政區的關係，十九大報告的重要論述，起到正本清源、匡正祛邪、釋疑解惑、凝聚共識的積極效果。深入理解、全面準確認識，是當前各界所迫切需要的。

但本港有一些別有用心者，千方百計歪曲、抹黑報告內容，試圖以此來誤導香港市民，以達到其不可告人的政治目的。香港社會各界應對此抱

以警惕，全面準確理解中央對港的方針政策、全面準確理解「一國兩制」方針的內涵。正所謂「不忘初心」，不忘中央在謀劃「一國兩制」方針時明確提出的各項基本原則，即：「一國兩制」是中央在「一國」的大前提下允許在特別行政區繼續實行資本主義制度；「港人治港」必須是由「以愛國者為主體的港人」來治港，而不能相反；高度自治是中央擁有對香港全面管治權的情況下，按基本法的規定賦予特區的自治權力。

全面準確貫徹「一國兩制」方針，牢牢掌握憲法和基本法賦予的中央對香港、澳門全面管治權，這是中央的堅定表態。憲法和基本法共同構成特區政權架構、政治運作、社會治理體系的憲制基礎。要堅決維護、充分發揮憲法和基本法的「定海神針」、「壓艙石」作用，確保「一國兩制」實踐始終沿着正確方向前進。

全面準確理解中央治港方針政策，正確理解中央對港的「全面管治權」，關係到香港每一位市民的切身利益和共同福祉。中聯辦領導在接受記者採訪時深情地說到：「香港要以更宏大的視野來連接國家與香港的昨天，審視國家與香港的今天，謀劃國家與香港的明天。」確實是這樣，香港社會各界只有緊緊抓住中國特色社會主義進入新時代的契機，積極融入中華民族偉大復興的進程，才能在「一國兩制」的正確軌道上行穩致遠。

（原載於《大公報》，2017 年 10 月 23 日）

中央宣講團助港
認清大勢把握未來

　　中央宣講團一連兩天在香港舉辦多場宣講會，全面系統地向香港特區政府和社會各界宣講中共十九大精神要義。這是回歸以來首次有如此高級別的宣講團來港，也是首次有以特區政府官員、高級公務員為主要對象的黨代會精神宣講活動，意義非比尋常。而中央宣講團成員、中央文獻研究室主任領導，中聯辦領導，中央宣講團成員、中央財經領導小組辦公室領導，從不同主題與角度切入，結合香港的實際情況，全面深入地闡述了十九大的重大意義以及對香港的深遠影響。從兩日來的社會反響來看，宣講活動取得了空前的成功，引起了熱烈的迴響，並取得了顯著的成果：一，有效促成了社會形成學習十九大精神的風氣；二，進一步提高了各界的國家意識、國家觀念與愛國精神；三，強化了市民抓緊機遇融入國家大局的發展意識、為建設國家貢獻力量的使命意識。同時應當指出的是，宣講活動結束，不意味着學習十九大精神就此結束，未來特區政府以及社會各界仍需要以各種方式，繼續深入學習並貫徹十九大精神，以共同努力推動「一國兩制」事業不斷向前發展。

　　十九大對國家乃至整個世界的未來都將產生深遠影響，可以毫不誇張地説，當前全世界都在研究十九大報告內容。而全國上下也都掀起了學習十九大精神的熱潮。香港儘管實行「一國兩制」，但國家的重大戰略方向、執政黨的歷史使命、未來各行各業的發展前景，這些都要求香港各界必須改變過去被動認識的態度，應當主動、積極、快速地把握好十九大精神。此次中央宣講團的全面深入宣講，無疑有助香港社會認清大勢、把握未來。

形成社會學習十九大精神風氣

應當承認，儘管回歸已經 20 年，但香港市民對於中共黨代會的認識、瞭解乃至關注程度都無法與內地相比。正因此之故，香港失去了一次又一次提升自我發展水平的大好機遇，社會各界早已作出了深刻的反省。此次十九大舉世矚目，社會已經形成了共識，應當通過好好理解十九大精神以推動香港抓緊機遇融入國家發展大局。因此，當中央宣講團來港消息公佈後，立即引起各界高度關注，而一連兩天 3 場的宣講活動，有的儘管並非對外的，但市民都通過傳媒報道瞭解並學習宣講團所宣講的內容，不同的輿論平台、傳播媒介也都看到熱烈的討論。而唯一的一場開放給社會各界人士的宣講活動，會場更是全場爆滿，許多人即便沒有座位也願意長久站着聆聽，這種場景香港已經很久沒有見到過了，也從側面說明香港市民對十九大的期待和希望。

可以說，宣講團的多場活動，已經有效地推動香港社會形成學習十九大精神的社會風氣。尤其是宣講團成員在香港宣講傳遞出來的重要信息，更在不同群體間廣泛傳遞。例如，中聯辦領導對十九大報告中涉港部分的闡述，對十九大的重要成果和十九大報告主要內容進行的解讀，用「充分民主、高度開放、氣氛熱烈、格局大氣」四句話對大會全過程作了概括，並圍繞「新時代」這條主線，以詳實的數據和案例全面介紹了 5 年來的歷史性成就和歷史性變革、新時代的內涵和意義等，系統講解了十九大提出的新思想、新目標、新任務、新舉措和新部署。這些宣講對十九大精神所涉及的具體的政策、未來的方向等，都作了很透澈的闡釋，讓香港市民更容易理解、更容易聽懂，也更容易貫徹落實到現實生活當中。當一種風氣成形，對未來更有效的推動政策，無疑是起了一個非常好的促進作用。

提高各界國家意識與國家觀念

如果說香港需要在全域的高度去理解十九大精神，那麼中聯辦領導的講話則是對香港更好理解國家與香港的關係進行了深刻解讀。結合香港實際情況，因應香港所存在的問題，進一步強化「國家」的主旨意識。領導在講解中結合習近平總書記今年「七一」視察香港系列重要講話，圍繞

「國家意識、愛國精神、國家觀念」，重點從如何正確認識把握憲法和基本法、中央全面管治權和特區高度自治權、融入國家和自身發展、中央政府和特區政府、「港事港辦」、「港式思維」和「內地方式」、「北京思維」、「一國」和「兩制」等「六對關係」，解讀了十九大報告關於港澳部分的論述。這些內容，對提高香港政府官員和社會各界從十九大精神中領會自身的角色和使命，對強化香港市民的國民身份認同，都具有十分積極的作用。

中央宣講團在香港宣講中，多次凸顯了國家與民族意識，宣講團成員在宣講中亦指出，「一國兩制」對國家的統一和長治久安意義重大，要嚴格按照憲法和基本法全面準確地落實「一國兩制」。香港青年人要在提高國家認同感的基礎上，在香港有優勢的地方發揮所學，才更能發揮「一國兩制」的優勢。這些以十九大為主題的講解，雖然只有 3 場，但卻產生了很好的反響，尤其是對香港特區高級公務員、香港社會精英以及年輕朋友而言，幫助他們站在新的高度上去領會理解十九大精神，認清香港的角色定位，理解並掌握香港的根本命脈，鞏固並強化國家民族意識、推動未來工作都極其重要。

強化市民發展意識與使命意識

發展是硬道理，但過去一段較長時間香港社會對發展的方向感到迷茫，對發展的路徑也感到無所適從，更在周邊城市的大發展中要麼自慚形穢，要麼無動於衷，不瞭解也不明白未來發展之路。習近平總書記視察香港後令香港社會掃除了迷霧，堅定了信心，也看到了未來的發展希望。

十九大報告更是以前所未有的篇幅談到及支持香港的發展。中央宣講團對十九大精神的宣講，是進一步強化了市民謀發展意識，也是進一步指明要融入國家發展大局的認識，更是希望香港社會承擔責任與民族復興的使命。正如中聯辦領導所指出的，「一國」是「兩制」的根本前提，沒有「一國」就沒有「兩制」。希望香港發揮自身所長，抓住機遇，融入國家發展的大勢，共擔民族復興的歷史責任，共享祖國繁榮富強的偉大榮光。

而中央宣講團成員以詳實的數據及事實說明，國家發展對香港是巨大

的機遇。十九大在「三步走」發展戰略目標和「兩個一百年」奮鬥目標的基礎上，進一步提出決勝全面建成小康社會的任務，並對以後 30 年作出分兩個階段完成全面建設社會主義現代化強國的戰略安排，充分反映了新的發展理念，反映了新時代社會主義現代化建設的全面性要求，反映了我國社會主要矛盾的變化對黨和國家事業發展的新要求，反映了中華民族從富起來到強起來的光輝前景。國家好、香港好，有祖國作為堅強後盾，有國家的大力支持，香港必定可以在發展自身的同時，為民族的偉大復興貢獻出自己應有的力量。

在中央宣講團來港之前，香港中聯辦領導班子成員，對學習貫徹落實十九大精神，作了多層次、廣領域、全覆蓋的公開宣講，取得了可喜的效果；經過此次中央宣講團在港系列宣講活動，香港社會各界對十九大精神內涵有了更準確的理解與把握，社會形成了前所未有的學習十九大的風氣，各大社團、學校、組織，乃至眾多專業團體及智庫等，都在認真研究十九大精神、研究對香港的機遇。更難能可貴的是，國家意識與國家觀念在香港社會中得到了進一步的增強，使命意識也得到有效的理解與掌握，這是可喜的成果。社會各界應當充分利用此次宣講團的機會，在未來一段時間裏進一步學習十九大精神，爭取讓十九大核心要義成為每一位香港市民都認知認可的內容，推動「一國兩制」事業更好地向前發展。

（原載於《大公報》，2017 年 11 月 25 日）

習主席讚林鄭挺香港
釋放哪些重要信號？

提要

習主席對特首林鄭月娥和香港特區政府的積極作為充分肯定，對全面準確貫徹「一國兩制」再次提出要求，對香港融入國家發展戰略、共襄民族復興偉業提出希望，指明了「一國兩制」行穩致遠的關鍵所在。

國家主席習近平上周五會見了赴京述職的香港特別行政區行政長官林鄭月娥，聽取了她對香港當前形勢和政府工作的匯報。習主席對林鄭上任以來帶領管治團隊依法施政、積極有為、聚焦經濟、改善民生的工作給予了充分的肯定，並提出了香港特區要更好融入國家發展大局、主動對接國家發展戰略的明確要求。習主席希望林鄭帶領香港特別行政區政府，廣泛團結社會各界人士，抓住機遇，共謀發展，與祖國人民共襄中華民族偉大復興的偉業。

習主席的講話指向明確、內涵豐富、寓意深刻，對於特區政府依法施政，對於特區全面準確貫徹「一國兩制」方針，對於香港在國家戰略和復興偉業的大視野下謀求發展，都具有非常重要的指導意義。講話釋放的以下幾個重要信號，值得特區政府、香港社會各界和廣大市民認真思考、全面領會。

「被動」變「主動」值得讚賞

習主席在聽取林鄭的匯報後，用 3 句話評價林鄭和新一屆特區政府 5 個多月以來的工作：「就任以來依法施政，積極作為，聚焦發展經濟、改

善民生，推出一系列政策，加強與各界溝通，促進社會穩定，實現良好開局，得到香港社會各界廣泛認同」、「中央充分肯定林鄭月娥和新一屆特區政府的工作」、「林鄭月娥帶領管治團隊及時學習十九大精神，邀請和配合中央宣講團來港，做法是好的」。話雖不多，卻精準到位，十分深刻。習主席對特區政府不畏艱難、積極作為、變「被動」為「主動」的做法十分讚賞。有兩個關鍵詞值得細細解讀。

一是「積極作為」。以「好打得」著稱的林鄭，上任以來延續了她的硬淨作風，面對香港長期積累的矛盾和問題，沒有畏手畏腳，而是敢打敢拚。在經濟發展上，搶抓粵港澳大灣區建設機遇，積極與國家部委對接，落實國家惠港政策，走訪長三角、珠三角相關城市，尋找合作對接點；在民生改善上，提出為教育撥款 50 億方案，提升醫療系統及服務水平，力推扶貧安老助弱的措施落地，為青年創業就業謀出路，讓發展成果惠及全體港人；在修補社會裂痕上，特區政府依法起訴「佔中」、「旺暴」的違法人員，遏制了「港獨」勢力蔓延，並注重與各政治派別溝通，贏得了各界信任，出現了政通人和的好氣象。

二是「做法是好的」。中共十九大後，林鄭邀請和配合中央宣講團來港，宣講活動受到特區政府官員、公務員、香港各界的普遍歡迎，這是香港在中聯辦領導一系列公開、集中、深入宣講十九大精神後，又一次大規模、高規格、大範圍的宣講中共黨代會精神，收到良好效果。正如中聯辦領導所說，宣講有助於香港同胞深入理解十九大報告貫穿的以人民為中心的思想，支持香港融入國家發展大局，把握好國家發展帶來的巨大機遇和紅利，將不斷激發香港同胞「共擔民族復興的歷史責任，共享祖國繁榮富強的偉大榮光」的使命感和自豪感。

中央的原則底線毫不動搖

習主席在談到全面準確貫徹「一國兩制」時說了兩句關鍵的話：「十九大報告把堅持『一國兩制』和推進祖國統一確定為新時代堅持和發展中國特色社會主義基本方略的重要內容，表明中央對港澳工作的重視，表明中央實踐『一國兩制』是長期、堅定不移的」、「成功推進『一國兩制』事業，

關鍵是要全面準確貫徹『一國兩制』、『港人治港』、『澳人治澳』、高度自治方針，嚴格依照憲法和基本法辦事，為此要把中央對特別行政區的全面管治權和特區的高度自治權有機結合」

習主席的第一句話表明了中央的原則底線毫不動搖。「一國兩制」不是權宜之計，而是基本國策，所謂「基本國策」，就是具有長期性、穩定性的國家政策。中共十九大又把「一國兩制」確定為新時代堅持和發展中國特色社會主義 14 個基本方略之一，表明「一國兩制」在國家大局中的地位更加重要。對此，香港市民應從兩個方面理解：一方面，不要擔憂中央的政策會變，會把香港變成另一個上海、北京、或者深圳；另一方面，也不要幻想「五十年不變」到期的 2047 年，香港可以「自決」走向「完全自治」，搞變相「獨立」。習主席在七一香港回歸 20 週年慶典上講到「兩個發展好」：要把社會主義的內地發展好，也把資本主義的香港發展好。「一國」為本，「兩制」並存，和而不同，這個原則底線從未改變、毫不動搖！

習主席的第二句話點出了準確貫徹「一國兩制」的着力點。原則底線如何維護？中央的全面管治權和特區的高度自治權如何才能結合好？當務之急是做好基本法與具體法律之間的銜接，比如「23 條立法」至今懸而未決，令「港獨」勢力有了可乘之機，嚴重影響香港的社會穩定和諧。林鄭明確表示：「為 23 條立法是我們特區在憲制上的責任！」當下，香港各界正在進行深入討論，共識正在漸漸形成，呈現出良好開端，應該盡快啟動立法程序。

以「融入」「共襄」理念謀劃香港未來

習主席在談到香港未來發展時指出：「十九大報告提出支持香港融入國家發展大局，為香港發展指明方向」、「希望林鄭月娥帶領特區政府，廣泛團結各界，抓住機遇，與祖國人民共襄中華民族偉大復興的偉業」這兩句的話核心內涵是「融入國家發展大局」、「共襄民族復興偉業」。

「融入國家發展大局」是利港利國之事。不忘初心，方得始終。香港回歸之初，「維護香港的長期繁榮穩定」就被確定為目標。如何繁榮？在

世界發達經濟體經濟增長乏力的今天，唯有依靠祖國，香港經濟才有出路和希望，聚焦「國家所需，香港所長」，以「一帶一路」、大灣區建設為契機，融入國家發展戰略，可以實現互利共贏。如何穩定？「一國兩制」下的香港，唯有「對錶」總體國家安全觀，在維護國家主權、安全和發展利益上，只有「一國」之本，沒有「兩制」之分，要毫不含糊，才能消除亂源，實現社會和諧有序。

「共襄民族復興偉業」同樣是利港利國之事。中華民族的偉大復興，不僅僅是內地民眾的責任，其成果也不僅僅由內地民眾來分享。「共襄」與「共享」辯證統一，內地與香港共擔責任。香港各界對此應該形成廣泛共識，支持特首和特區政府為此所做的各項工作。

以「融入」和「共襄」理念謀劃香港未來，香港才能真正把握好「一國」之下「兩制」的相處之道，趨利避害，事半功倍，「一國兩制」也定會行穩致遠。

（原載於《文匯報》，2017 年 12 月 18 日）

習主席肯定林鄭工作
支持香港發展的深刻寓意

　　在香港特區總體形勢不斷好轉之際，中共中央總書記、國家主席習近平昨日會見了首次前來述職的香港特區行政長官林鄭月娥。這是十九大後，國家主席習近平首次對香港工作發表公開指示。也是習主席在短短半年內的第三度會見林鄭，舉國矚目，意義重大。此次習主席會見林鄭，對特首和特區政府工作評價、對治港方針政策、對未來工作要求三方面作了重要指示。習主席的指示，不僅對香港當前工作指路導航，也為香港在「一國兩制」道路上的行穩致遠，提出了要求、講清了重點、指明了方向。

　　習主席昨天用「很高興地看到」6個字來形容當前香港的發展形勢，充分肯定了林鄭和她管治團隊的工作，並再次強調要全面準確貫徹「一國兩制」、將中央政府的全面管治權與特區的高度自治權有機結合起來，嚴格按憲法與基本法辦事；同時在「廣泛團結各界」、「抓住機遇」、「共謀發展」等方面，對林鄭、特區政府和香港社會提出了具體的要求。值得注意的是，習主席以十分欣賞的態度，指出林鄭主動邀請中央宣講團到港宣講十九大精神，「做法都是好的」，這是對香港未來如何更準確貫徹中央對港方針政策、如何更準確落實「一國兩制」，給出了具導向性的要求。特區政府管治團隊以及香港社會各界，均需認真學習領會主席的講話，齊心協力將香港政通人和、穩步發展的形勢鞏固、保持、發展下去。

　　今年6月29日，習主席以「香港始終牽動着我的心」來表達對香港的無限熱愛、關心和支持，香港市民對此無不感動。實際上，僅以會面次數而言，在短短6個月內，習主席分別在視察香港、在越南出席亞太經合組織領導人會議，以及此次的述職，三度公開會見了林鄭。若再算上今年

4 月，則已是一年內的第四次。雖非每次會見都有公開的談話，但主席對香港發展的重視、惦記、關愛，卻是有目共睹的。而在昨日的會見當中，習主席的重要講話更全面、更到位、更有分量的展現了對香港、對香港 700 多萬同胞的一往情深。

充分肯定工作　讚得到廣泛認同

習主席在會見的開場白中，先是回憶了過去兩次會見林鄭的場面。包括今年七一期間，親赴香港出席慶祝香港回歸祖國 20 週年大會暨新一屆香港特別行政區政府的成立典禮，見證了新一屆政府官員宣誓就職，以及在越南峴港的同林鄭的會面。習主席對林鄭說：「我很高興地看到，你就任行政長官以來，帶領管治團隊依法施政，積極作為，聚集發展經濟、改善民生，推出一系列政策舉措，加強同各界人士的溝通，促進了社會的穩定，實現了良好開局，得到了香港社會各界廣泛認同。中央對你和新一屆特區政府這段的工作，是充分肯定的。」這一番話，除了是對林鄭工作的高度肯定外，亦對香港當前的政治經濟社會態勢不無重大啟示。

習主席高度概括了林鄭過去半年以來的工作表現，當中有 4 個重點：「依法施政、積極作為」、「聚焦發展、改善民生」、「加強溝通、促進穩定」、「開局良好、廣泛認同」。前三者是具體的工作表現，最後一點是工作成效。值得注意的是，習主席是用「很高興地看到」，這表明黨和國家最高領導人對香港新一屆特區政府成立半年來工作的總體評價，「充分肯定」已經說明了林鄭表現得到認可、獲得稱讚。過去半年來，尤其是以習主席視察香港為重要標誌，香港社會總體發展出現了根本性改變。這是習主席與中央政府支持的結果，是全國民眾支持的結果，也與林鄭和她帶領的管治團隊分不開。只有「取得好的開局」，才能迎來「充分肯定」，兩者是因果關係。

重申對港方針　籲依憲依法辦事

在肯定林鄭工作之後，習主席將會見重點移到了闡述中央對港的方針政策上，並從兩個層面表達了中央的態度，一是中央落實「一國兩制」的

堅定不移，二是對香港特區落實「一國兩制」的具體要求。在第一點上，習主席明確指出：「我在中共十九大報告中，把堅持『一國兩制』和推進祖國統一，確定為新時代堅持和發展中國特色社會主義基本方略的重要內容，意義是重大的。這不僅表明中央對港澳工作的重視，而且表明中央在香港澳門實行『一國兩制』方針是長期的、堅定不移的。」習主席又一次強調堅定不移的態度，既是重申了中央的立場，也是對香港社會的一些錯誤言行的有力駁斥。香港落實「一國兩制」絕不會因外部形勢的變化而輕易改變，更不會因反對派及外國勢力的干預或破壞而產生動搖，這一點香港市民可以完全放心。

中央的堅定態度是香港貫徹「一國兩制」大政方針的基礎。如何具體落實、對照、執行，還要靠香港社會各界的努力。習主席就此指出：「我也多次講過，在香港、澳門成功推進『一國兩制』事業，關鍵是要全面準確地貫徹『一國兩制』、『港人治港』、『澳人治澳』、高度自治的方針，嚴格依照憲法及基本法辦事。為此，要把維護中央對香港特區的全面管治權和保障特區的高度自治權，有機結合起來。」從習主席的多次重要講話和十九大報告，都一再強調了這個「有機結合」，也一再強調必須「嚴格依照憲法及基本法辦事」。習主席格外重視、多次強調這一核心要點，充分說明其重要性外，亦是對特區內部對此落實不到位的警醒，值得社會各界認真反思，在未來實踐中貫徹始終、執行到位、推動全面。

提出工作要求　繼續「好的做法」

習主席在會見林鄭的第三個方面講話中，對香港未來發展作出了重要指引。習主席指出：「我在中共十九大報告中還提出，要支持香港融入國家發展大局，這為香港發展也是指明了方向，也是香港與內地優勢互補、合作共贏的必然選擇。希望林鄭特首帶領香港特別行政區政府，廣泛團結社會各界人士，抓住機遇，共謀發展，同祖國人民共襄中華民族偉大復興的偉業。」這段話有兩層意思，一是提醒香港各界，中央已經指明了未來發展方向，應當齊心協力，共同努力去推動這一目標的達成。二是要求特首和特區政府管治團隊要「廣泛團結各界人士」、「抓住機遇共謀發展」、

「共襄復興偉業」。第二點中，也是在說明，香港不僅要建設好自己，也要在民族復興的偉大征程中擔負好歷史使命。

使本港市民高度關注的是，習主席在肯定林鄭工作之時，特別提到：「我也注意到，中共十九大召開以後，你帶領特區政府管治團隊，及時學習領會黨的精神，邀請和配合中央宣講團到香港開展宣講活動，這些做法都是好的。」習主席這一段話雖然看似簡單，但實際上卻蘊含了中央對特區政府工作的重大政治要求。什麼是「好的做法」？好的做法就是及時學習領會中央政策，及時主動採取積極落實中央政策的具體措施，及時根據中央的要求展開的相關工作。如果無法理解到這一點，也就無法準確貫徹落實中央對港的大政方針。

習主席會見林鄭的講話，既是對特首與特區政府管治團隊講的，也是對全港社會講的。各界必須認真學習思考並領會習主席的重要講話內容，以確保「一國兩制」在香港的成功落實。

中聯辦領導昨日在《人民日報》海外版發表了文章《深入推進香港「一國兩制」實踐》，當中指出：「我們將以更宏大的視野來審視國家與香港的昨天，把握國家與香港的今天，謀劃國家與香港的明天，珍惜好、維護好、鞏固好、提升好當前香港來之不易的良好態勢。」此次習主席對香港工作的明確要求、希望和指引，加上李克強總理、張德江委員長同林鄭會面時提出的具體工作意見，相信會對未來特區政府的管治、香港社會的和諧、香港的未來發展，都將起到重要的、積極的、深刻的推動作用。

（原載於《大公報》，2017 年 12 月 15 日）

習主席寄語「祖國做後盾，香港更美好」的深刻寓意

2017 漸行漸遠，2018 的曙光照亮香江兩岸。在新舊交替之際，港人再次感受了國家主席習近平對香港的牽掛和關愛。習主席在 2018 年新年賀詞中充滿深情地説：「香港回歸祖國 20 週年時，我去了香港，親眼所見，有祖國做堅強後盾，香港保持了長期繁榮穩定，明天必將更加美好。」習主席的熱情寄語，傳遞着對 700 萬香港市民的親切關懷，表達了對香港未來發展的殷切希望，體現出中央推動「一國兩制」行穩致遠的堅定決心和信心。

祖國做後盾，香港更美好。香港各界和廣大市民深深感受到習主席寄語的深刻內涵，走進新時代的香港，與祖國人民共擔民族復興的歷史使命，齊努力、共奮進，合力書寫新篇章！

祖國綜合實力提升港人無比自豪

習主席在賀詞中説，2017 年，我們召開了中國共產黨第十九次全國代表大會，開啟了全面建設社會主義現代化國家新征程。我國國內生產總值邁上 80 萬億元人民幣的台階。我國科技創新、重大工程建設捷報頻傳。「慧眼」衛星遨遊太空，C919 大型客機飛上藍天，量子計算機研製成功，海水稻進行測產，首艘國產航母下水，「海翼」號深海滑翔機完成深海觀測，首次海域可燃冰試採成功，洋山四期自動化碼頭正式開港，港珠澳大橋主體工程全線貫通，復興號奔馳在祖國廣袤的大地上……我為中國人民迸發出來的創造偉力喝彩！

祖國做堅強後盾香港發展機遇多

對於當代中國人民的創造偉力，香港同胞感同身受。香港市民在世界各地旅遊、求學、經商的比重遠遠高於內地，隨時可以感知到中國國力強盛帶來的變化。最近 5 年，越來越多的人把驚訝的目光投向中國內地，人們感嘆「天眼」、天宮、「蛟龍」、「悟空」、「墨子」一個個重大科技創新成果出現在中國。越來越多的人把羨慕的目光投向中國人，高鐵、支付寶、網購、共享單車……中國人開啟了人類最新的生活方式。越來越多的人把欽佩的目光投向中國政府。也門、埃及發生騷亂，中國的軍艦和飛機最先到達，第一時間把包括港澳同胞在內的中國人接回家；新西蘭地震、尼泊爾地震，滿天都是中國租用的飛機，有人驚嘆：「中國人又先撤了！」在海外，中國護照已經被賦予了特殊意義：現在還不能讓你免簽去很多國家，但能在你遭遇危險時，帶你回家！

國家強盛，香港受益。國家綜合實力提升，香港同胞感同身受、無比自豪！

習主席在賀詞中說，過去一年，中國在國內主辦了幾場多邊外交活動，包括首屆「一帶一路」國際合作高峰論壇、金磚國家領導人廈門會晤、中國共產黨與世界政黨高層對話會等會議。大家都贊成共同推動構建人類命運共同體，以造福世界各國人民。習主席在賀詞中還說，對人類和平與發展，中國作為一個負責任大國，也有話要說。中國始終做世界和平的建設者、全球發展的貢獻者、國際秩序的維護者。

習主席賀詞中有幾個關鍵詞值得關注：「一帶一路」、「金磚國家領導人廈門會晤」、「中國共產黨與世界政黨高層對話會」、「全球發展的貢獻者」。這些關鍵詞折射出中國的國際影響力、塑造力的空前提升，折射出中國共產黨的影響力、感召力、凝聚力的空前提升。「背靠大樹好乘涼」。祖國一直是香港的堅強後盾。隨着中國越來越接近世界舞台的中心，祖國對香港的支撐力將更加堅強有力，將給香港發展帶來更多機遇。

做「全球發展的貢獻者」，意味着中國將為全球治理提供更多的「中國方案」、貢獻「中國智慧」，在重塑全球經濟格局的過程中，具有不可輕視的話語權。香港在金融、貿易、法律、仲裁、醫療、影視等領域人才

濟濟，在「中國方案」中，「香港創意」不可或缺。香港可以借助國家的平台，搶到「第一單」。

中共與世界政黨高層對話會是迄今為止全球規模最大的政黨對話會，近 300 個政黨和政治組織領導人赴會，「中國為什麼能？」「中共為什麼能？」許多人帶着這樣的問題到中國「取經」。這意味着中共的執政能力得到了廣泛認可。中共的執政根基穩固，政通人和，是內地民眾之福，也是香港同胞之福，可以預言，今後中央「挺港」、「惠港」之舉會更多、更及時，落實也更到位。

「一帶一路」、「金磚國家」則是具體的合作平台，背後是巨大的市場。毋庸置疑，中國在其中發揮着主導作用，香港如能聚焦「國家所需，香港所長」，一定能找到合作的切入點，當好「超級聯絡人」，既助力國家發展，又使本港的發展趕上了「頭班車」。

祖國強大「一國兩制」不走樣不變形

習主席在賀詞中説，2018 年是全面貫徹中共十九大精神的開局之年。中共十九大描繪了我國發展今後 30 多年的美好藍圖。九層之台，起於累土。要把這個藍圖變為現實，必須不馳於空想、不騖於虛聲，一步一個腳印，踏踏實實幹好工作。

習主席所説的「我國發展今後 30 多年的美好藍圖」，包括「一國兩制」在港澳的實踐。對此，十九大報告指出：「堅持愛國者為主體的『港人治港』、『澳人治澳』，發展壯大愛國愛港愛澳力量，增強香港、澳門同胞的國家意識和愛國精神，讓香港、澳門同胞同祖國人民共擔民族復興的歷史責任、共享祖國繁榮富強的偉大榮光。」習主席所説的「一步一個腳印，踏踏實實幹好工作」，包括全面準確地推動「一國兩制」實踐，確保不走樣、不變形。

如何確保「一國兩制」不走樣、不變形？習主席去年七一參加香港回歸 20 週年慶典時有清晰地闡釋。他説：「任何危害主權安全、挑戰中央權力和香港特別行政區基本法權威、利用香港對內地進行滲透破壞的活動，都是對底線的觸碰，都是絕不能允許的。」

「底線」已經劃定，關鍵在於落實。祖國的繁榮發展、日益強大，為「確保『一國兩制』實踐不走樣、不變形」提供了堅強保證。2017 年，有 6 名宣揚「港獨」的議員被依法褫奪議席，「佔中」、「旺暴」中的多名肇事者受到法律制裁，「港獨」勢力受到空前打擊。《國歌法》本地立法勢在必行，基本法 23 條立法也可能擺上議事日程，有望在 2018 年塵埃落定。「一國兩制」在港實踐「跑偏」的現象正在糾正，憲法和基本法的權威得到有效維護。

　　新時代，新使命，新作為，新夢想。正如香港中聯辦領導不久前在《人民日報》海外版發表署名文章指出：「我們將以更宏大的視野來審視國家與香港的昨天，把握國家與香港的今天，謀劃國家與香港的明天，珍惜好、維護好、鞏固好、提升好當前香港來之不易的良好態勢。」聆聽習主席的新年賀詞，站在 2018 年的起跑線上，我們有理由相信：有祖國做堅強後盾，「一國兩制」實踐必將取得更大成功！香港明天必將更加美好！

（原載於《大公報》，2018 年 1 月 2 日）

習總書記重要指示
為香港創新科技開啟歷史性機遇

　　香港創新科技發展迎來前所未有的大發展機遇！昨天，香港中聯辦網站和新華社、中央電視台等都公佈了這樣一條重要新聞：香港的 24 名「兩院」院士給習近平總書記寫信，表達了報效祖國的迫切願望和發展創新科技的巨大熱情後，獲得總書記的親自批覆，並進一步指出「一個促進」、「兩個支持」，即促進香港同內地加強科技合作，支持香港成為國際創新科技中心，支持香港科技界為建設科技強國、為實現中華民族偉大復興貢獻力量。

　　「一個促進」、「兩個支持」是總書記關心香港、支持香港、愛護香港的又一重要體現。而這一最新的重要指示，對香港未來發展將產生極其深遠的影響：第一，明定位。肯定香港科技界的整體水準與歷史貢獻，首次以「一支重要力量」來形容；第二，指方向。積極推動香港創科界謀劃未來，首次指出對建設「國際創新科技中心」的支持；第三，定目標。樹立香港科技界貢獻國家與民族發展的崇高宗旨。

　　習近平總書記的重要指示，不僅是對香港創科界的重大支持與鼓勵，更是對全香港 700 多萬市民的關愛和厚望。香港科技創新力量從此告別了「單打獨鬥」、「目標不清」的階段，將正式作為「國家創新體系」和「國家創新力量」的重要組成部分，未來也必將能獲得更多更大的政策、資金、平台的支持。香港科技界迎來大發展的春天，社會各界應充分學習領會總書記的講話精神，集中精力、摒棄分歧，全力打造國際創科中心，為國家、為香港、為未來作出更大的貢獻。

明定位 高度肯定港科技界實力貢獻

　　總書記的重要指示，洞察全域、高屋建瓴，每一句話語都具有特殊的意義，也專門有所指向，值得各界細細咀嚼。總書記一開始就對香港科技界給予高度的肯定，他指出：「香港擁有較雄厚的科技基礎，擁有眾多愛國愛港的高素質科技人才，這是我國實施創新驅動發展戰略、建設創新型國家的一支重要力量。長期以來，香港科技界為香港和國家發展作出了重要貢獻。」

　　總書記這段話有 3 層意思。第一層，對香港特區的科研實力和科研隊伍的水準水平，從更全域的高度予以肯定。事實上中央要支持香港發展創新科技，必然是香港有此方面先天的優勢，只有「較雄厚的科技基礎」才能有更高的發展，否則一切都是免談；第二層，總書記特別提到香港「擁有眾多愛國愛港的高素質人才」，這更進一步，說明當前香港科技界人才隊伍的政治面貌，是有着「愛國愛港」的特質，這一評語彌足珍貴；第三，確認香港科技界是我國實施創新驅動發展戰略、建設創新型國家的「一支重要力量」，點出香港科技界可以在哪些方面發揮自身力量。

　　這是總書記對香港科技界一次明確的定位，說明香港不僅有人才、有科技人才，而且有「愛國愛港的科技人才」；不僅可以為香港發展作貢獻，更可以在國家「創新驅動發展戰略」中發展巨大作用。歷史上香港科技界就為國家發展作出了重要貢獻，只要明確這一重要的定位，未來不論角色重要性還是發展空間的廣闊度，都必將能再上一個更新的更高的台階。

指方向 積極推動港創科謀劃未來

　　在肯定了香港科技實力、明確了香港科技界發展的定位後，總書記為香港科技力量如何發展，提供了一條清晰的發展方向。他強調：「促進香港同內地加強科技合作，支持香港成為國際創新科技中心，發揮內地和香港各自的科技優勢，為香港和內地經濟發展、民生改善作出貢獻，是在香港實行『一國兩制』的題中應有之義。」

　　促進香港與內地加強科技合作，雖然過去國家一直如此，但此次顯然

完全不同。「支持香港成為國際創新科技中心」，這是國家最高領導人首次對「國際創新科技中心」的表態支持。過去中央對香港的各種定位都僅提及三個「中心」，即支持香港保持並發展「國際金融、航運、貿易中心」地位，此次總書記的指示，說明香港未來將再多一個重要的發展引擎，這不僅對科技界是重大利好，對全港社會都是巨大的好消息。

實際上，根據總書記重要指示精神，科技部、財政部已多次召開專門會議，表明將香港科技創新力量作為國家創新體系和創新實力的重要組成部分，從國家整體科研佈局和支撐香港自身發展兩個層面，研究加強內地與香港科技合作的相關舉措，並會同中聯辦充分聽取香港特區政府和科技界的意見建議，先行試點，特事特辦，堅決迅速做好貫徹落實工作。而就在昨日下午，科技部同時公佈了有 11 條內容的鼓勵香港科研機構參與中央財政科技計劃的相關規定，這顯然是更為具體的支持措施，相信類似的政策會陸續推出，對香港科研人員是極大的鼓舞、激勵和鞭策！

定目標 樹立貢獻國家民族崇高理想

國家支持香港各項事業的發展，但香港在尋求發展的同時，也需要思考什麼才是香港最適合的方向、什麼才最符合國家與香港的最大利益。實際上，在創科發展上，香港過去曾蹉跎了多年，近年來更直接被周邊地區拋離，原因正在於，香港未能融入到國家發展大局，未能在國家發展中發揮香港的重要作用，同時也未能形成一個必要的合力，作出香港應有的貢獻。

「一個促進」、「兩個支持」，當中支持香港成為國際創新科技中心，這不能看作是終極目標，也只是一個局部的短中期的目標，香港的發展，需要為國家發展發揮更積極的作用，即總書記所指出的「支持香港科技界為建設科技強國、為實現中華民族偉大復興貢獻力量」、「要重視香港院士來信反映的問題，抓緊研究制定具體政策，合理予以解決，以支持香港科技界為我們建設科技強國、為實現中華民族偉大復興貢獻力量。」

香港是我國實施創新驅動發展戰略、建設創新型國家的一支重要力量。這支重要的力量，應當要有更遠大的、更崇高的目標，這就是要為國

家建設成科技強國，要為實現民族偉大復興，作出應有的積極貢獻。從近期發生的中美貿易戰中興公司遭到重創的例子可見，在未能掌握核心科技情況下，中國的科技企業的生存無法獲得應有的保障。假若香港的創科能發揮這方面的作用，能為國家建設創新型國家提供類似的重大支持，那麼，不僅香港的科技界將得到巨大的發展空間，整個香港的重要性也必將大幅提升。因此，為國家的發展、為民族的復興，既是香港科技界的崇高目標和努力方向，也是全香港市民的共同的意志和擔當！

去年 7 月 1 日，習近平總書記在出席香港回歸祖國 20 週年大會致辭中指出，「香港背靠祖國、面向世界，有着許多有利發展條件和獨特競爭優勢。特別是這些年國家的持續快速發展為香港發展提供了難得機遇、不竭動力、廣闊空間。香港俗語講，『蘇州過後無艇搭』，大家一定要珍惜機遇、抓住機遇，把主要精力集中到搞建設、謀發展上來。」如今總書記再次為香港發展明定位、指方向、定目標，是關心支持香港的又一有力體現。香港各界尤其是科技界，應當把握好這一重大的歷史發展機遇，牢記使命、集中精力、不懈努力，為香港建設國際創科中心、為祖國建設創新型國家、為民族的偉大復興，貢獻越來越重要的力量與作用。

（原載於《大公報》，2018 年 5 月 15 日）

習總書記指示催人奮進
香港創科發展邁上新征程

　　習近平總書記日前批覆香港 24 名「兩院」院士來信指出：「香港擁有較雄厚的科技基礎，擁有眾多愛國愛港的高素質科技人才，這是我國實施創新驅動發展戰略、建設創新型國家的一支重要力量。長期以來，香港科技界為香港和國家發展作出了重要貢獻。」總書記的重要指示在香港科技界、教育界和社會各界迅速引起強烈反響。

　　昨天上午，香港中聯辦召開領導班子會議。中聯辦領導滿懷深情的說，總書記的重要指示，充分體現了總書記對香港、香港同胞和香港發展的重視與關懷，我們要支持特區政府和香港社會各界將發展創科事業的強烈共識轉化為具體行動，加快建設國際創新科技中心，促進香港經濟新一輪轉型發展，推動「一國兩制」成功實踐行穩致遠。中聯辦領導還以《國家科技發展新形勢，香港創科發展新機遇》為題作專題報告。中聯辦領導班子成員認真學習總書記重要指示精神，大家一致認為，總書記的指示內涵深刻、催人奮進，既是對香港科技基礎和香港愛國愛港科技人才為國家與香港發展所做貢獻的肯定，也是對香港科技力量在我國實施創新驅動發展戰略、建設創新型國家中重要作用的肯定；更體現了以習近平總書記為核心的黨中央對香港科技界的重視和關懷，使香港科技界和廣大香港同胞受到極大鼓舞，對我們做好「一國兩制」下支持香港創科發展具有重要指導意義。

　　昨天下午，在「內地與香港創科合作研討會」上，香港特區行政長官林鄭月娥致辭表示，這不單是為香港科技創新發展打下「強心針」，更盛載着習主席對香港科技人員以至全體港人的重視和愛護。她說：「我對香

港創新科技發展充滿信心,在習主席的親自關心、中央的大力支持和各位科技界領軍人物的積極參與和出謀獻策下,特區政府一定會繼續不懈努力。」

有習總書記的親自關心,有特區政府不遺餘力地推動,有國家部委和中聯辦的大力支持,相信香港的創科工作一定能開啟新的征程。

中央為香港創科發展注入強勁動力

習總書記在去年七一講話中,對香港貫徹落實「一國兩制」提出了「四個始終」的重要論述,其中之一就是「始終聚焦發展這個第一要務」。在習總書記的親自關心下,科技部和財政部出台的規定,讓香港的院校和機構可以直接向中央申請項目。這再次表明,習總書記一直心繫香港發展,再次表明香港創新科技在國家戰略和香港發展中的重要地位。

林鄭月娥特首表示,透過「中央財政科技計劃」資助本港科研工作,有利促進香港與內地加強科技合作,發揮香港與內地各自的科技優勢,為日後的落馬洲河套地區「港深創新及科技園」打好基礎,為在粵港澳大灣區建設國際科技創新中心搭橋鋪路,也為本屆政府致力推動創科發展提供源源不絕的動力。

正如林鄭所言,中央的大力支持,將為香港的創科發展提供動力。早在 2004 年,科技部與香港特區政府便成立了「內地與香港科技合作委員會」,負責制定和統籌兩地的科技交流和合作。過去 10 多年,兩地共同推行了不少措施,包括鼓勵香港科技人員參與國家重大科技項目;推薦香港專家進入「國家科技專家庫」;建立國家重點實驗室香港夥伴實驗室、國家工程技術研究中心香港分中心和國家高新技術產業化夥伴基地等。

以上舉措為香港的創科發展奠定穩固的基礎,也為「一國兩制」制度下內地和香港創科合作發揮了「探路」的作用。正是「探路」過程中,科研人員發現了一些制約雙方合作的體制機制上的「瓶頸」問題,中央部委出台規定,解決「資金不過河」的難題。兩地創科合作跨出歷史性的一步,說明中央真誠希望香港與內地緊密合作。以此為開端,相信今後中央支持內地與香港合作的政策將會越來越多、越來越實、越來越有力。

香港須在科研成果轉化上多用力

林鄭月娥特首的致辭表現出推進香港創科發展強烈的責任感、使命感和緊迫感，作為一位服務香港 30 餘年的「老公務員」，林鄭對港情了如指掌。她說「作為行政長官，我在推動創科發展上，可以說是不遺餘力。」她列舉了自己推進創科發展的諸多事件，並回顧去年 10 月發表任內首份的施政報告中就提出了要循 8 個方向加強創科發展。

林鄭所言，香港各界感同身受。香港科技資源的富集程度全球少有，香港 5 所大學躋身全球 100 強，擁有 43 位中國「兩院」院士，在華南地區處於領先地位。香港 6 所高校共有國家重點實驗室夥伴實驗室 16 家，香港 3 所高校、香港應用技術研究院設立了 6 家國家工程技術研究中心香港分中心。但讓人遺憾的是，香港在科技成果的轉化上與內地許多城市很大差距，一河之隔的深圳早已把香港甩在身後。

香港為何落後？一個重要原因，是近年來受到政治爭拗的影響。眾所周知，為了推進創科發展，在梁振英擔任特首的上屆政府早就提出設立創科局的方案，可是在立法會一次又一次受阻，曠日持久的「拉布」，使創科局遲遲不能降生，直到 2015 年才得以成立。由於長期沒有一個專門的機構推動創科發展，無法及時有效整合各種資源、搭建政策橋樑，使香港的科研資源得不到充分利用。創科局成立之後，這種局面才得以逐步改善。

如今，中央極力支持香港科技創新，香港有豐富的科研資源，粵港澳大灣區建設又為香港提供了平台，可以說「天時、地利、人和」有利因素盡享，香港理當積極作為，補上「轉化不足」的短板，迎頭趕上，全力打造世界科技創新中心。

在「融入」大背景下拓寬發展之路

總書記在批覆中指出：「香港擁有較雄厚的科技基礎，擁有眾多愛國愛港的高素質科技人才，這是我國實施創新驅動發展戰略、建設創新型國家的一支重要力量。長期以來，香港科技界為香港和國家發展作出了重要貢獻。」這是黨和國家的最高領導人對香港科技界的充分認可和肯定。這

啟示我們，香港只要以「融入國家發展大局」的視野下謀發展，就一定能找到更多機遇。在昨天下午舉行的研討會上，國家科技部、財政部、國務院港澳辦和香港特區政府官員就此進行了深入研討，思維碰撞，開闊視野，拓展思路，可以說，讓許多與會者打開了思想的「天窗」。

香港如何在融入國家發展大局中搶抓更多機遇？今年 3 月的全國「兩會」期間，香港中聯辦領導就曾指出，建設創新型國家為香港融入國家發展大局和創建「新優勢、新中心」提供了不竭動力。比如，香港可依託國家和「一帶一路」廣闊市場，打造世界科技創新中心、國際數據中心、國際資本配置和管理中心，使香港成為東西方創新型經濟交流合作的樞紐；又比如，香港可將自己的科技創新資源與廣東的高端製造業對接，通過「產業鏈—資金鏈—創新鏈」的跨境協調整合，打造「香港—深圳—東莞—廣州」創新走廊，使香港科技研發成果迅速轉化成產品，孵化出一大批高成長性的創科企業，並在大灣區創科產業價值鏈中佔據上游。這些中肯之言，「一語點醒夢中人」。誠如中聯辦領導所言，做好「融入」的大文章，香港的發展之路會越走越寬。

總書記關愛香港，林鄭月娥特首和特區政府不遺餘力推動，中央部委鼎力支持，內地省份真誠合作，特區科技界和社會各界奮起直追，香港在創新之路上一定能書寫新輝煌！

（原載於《大公報》，2018 年 5 月 16 日）

把握「一國兩制」大前提
尋找「最大公約數」

——學習中央領導關於內地與港澳交流
合作事項指示精神系列文章之一

日前在成都舉行的川港高層會晤暨「川港合作會議」第一次會議上，國務院港澳辦領導與大家分享了最近中央領導同志在談到內地與港澳交流合作事項時所強調的一些指示精神。中央領導指示，要始終把堅持「一國兩制」方針作為處理涉港澳事務的大前提。習近平總書記多次強調，「一國兩制」符合國家利益，符合港澳整體利益和長遠利益，中央將堅持「一國兩制」方針不改變、不動搖，這個立場是堅定不移的。我們研究和處理涉港澳的事務，不同於研究和處理內地某個省份的內部事務或內地不同省份之間的事務，既要強調「一國」，也要尊重「兩制」，還要考慮到三地分屬三個關稅區、使用 3 種貨幣等差異，要將維護中央全面管治權和保障特別行政區高度自治權有機結合起來。這一點把握好了，我們與港澳各界人士的「最大公約數」就有了。

中央領導的指示，明確了始終把握「一國兩制」這個大前提的重要性。這是對中央部門、內地各地區負責同志的要求，對香港各界同樣具有啟迪作用和指導意義。應該認識到，「一國兩制」是正確處理香港與中央關係的制度保證，是香港與內地省份和諧相處的制度保證，是維護香港長期繁榮穩定的制度保證。香港今後的發展之路能否走得順利？都離不開這個大前提，無論什麼時候、無論遇到什麼難題、無論出現什麼狀況，香港同胞都應把握這個大前提，找到「最大公約數」。

把握大前提，正確處理與中央關係

香港納入國家治理體系已 20 年有餘，一個國家實行兩種制度，中國內地實行社會主義制度，香港保持資本主義制度不變。這個制度安排早已寫入憲法和基本法。然而，從過去的實踐來看，在對「一國兩制」的把握上，仍有許多不盡如人意的地方。主要表現在重「兩制」之別、輕「一國」之本，把「一國」和「兩制」的關係攪顛倒了，由此導致對中央的全面管治權與香港的高度自治權認識不清，不能處理好香港與中央的關係。

「一國」是根本，「兩制」是枝葉；「一國」是源，「兩制」是流。這是一個基本的政治常識。試想，如果連一個中國的原則都不要了，香港回歸祖國還有什麼意義？特區還有什麼存在的理由？內地的社會主義制度與香港的資本主義制度可以並存，但「一國」和「兩制」絕對不是並列關係。悟透了這一點，才能明白中央與香港的關係是「授權」與「被授權」的關係，中央對香港擁有全面管治權；同時，中央把一部分涉及香港內部事務的權力授予香港。至於哪些權力授予了香港？哪些權力仍在中央手中？基本法寫得很清楚。香港只能在授權範圍內行使高度自治權，不可擅自越權行事，這是基本的政治規矩，每一位從政者必須嚴守規矩。

「一國兩制」是大規矩，處理具體事項有一系列小規矩。只要大家都守規矩，一切事情都好辦。中央尊重「兩制」，香港要尊重「一國」，始終把握「一國兩制」的大前提，就不會出現分歧和「摩擦」。

把握大前提，與內地省份和諧相處

五一二汶川特大地震 10 週年前夕，「川港合作會議」成立，這是香港與第五個內地省份、也是與第一個中西部省份建立長效合作機制。從香港融入國家發展大局的長遠角度看，類似的長效合作機制還會不斷增多。因為，許多內地省份欲「南下」，香港要「北上」、「西進」、「東出」，合作的空間非常大。這就有一個重要的問題不可迴避：香港如何與內地省份和諧相處？筆者認為，還是要始終把握「一國兩制」的大前提。

以往，香港與內地在相處過程中有一些不愉快的事情。比如：由狙擊「水客」而升級的「驅蝗行動」，由高鐵「一地兩檢」而演繹出的「割地

論」，由「內地遊客小孩隨地便溺」的孤立事件而得出「內地人素質低」的結論，甚至有人遊行公開高喊「內地人滾出去！」凡此種種，小題大做者有之，捕風捉影者有之，主觀臆斷者有之，以偏概全者有之，都帶有明顯的歧視，甚至敵視的味道。由於有「言論自由」、「新聞自由」的理由護航，往往形成一種歧視內地人的社會輿論。這是非常傷感情的現象，不利於香港與內地和諧相處。反觀內地，從未出現類似傷感情的輿論傾向，媒體反而經常有批評「遊客不文明行為」的文章或聲音。

一個國家為什麼要實行兩種制度？就是因為經濟基礎、發展階段、文明水平等方面有差異，同時還有歷史遺留問題須解決，如果內地與香港經濟、文化、政治生態都高度一致，那還有什麼必要搞「兩制」呢？因此，港人應把握「一國兩制」的大前提，以更加包容、理解、平常的心態看待內地，今後與內地省份和諧相處。

把握大前提，維護香港繁榮穩定

中央領導的指示再次表明，中央堅持「一國兩制」方針不改變、不動搖，這個立場是堅定不移的。這是給香港各界的一顆「定心丸」，也回擊了「中央要把香港變成另一個北京、上海」的謠言。香港同胞應該把握「一國兩制」的大前提，放心大膽地謀發展。

把握「一國兩制」的大前提，就是要堅守「一國」之本，盡享「大樹底下好乘涼」的便利。中國 12 萬億的經濟體量，6.7% 的增長速度，13 億多人的巨大市場，這其中蘊藏着多少商機？稍有經濟常識的人閉着眼睛都能判斷出來。中央處處想着香港，希望香港搭乘國家發展快車，不斷出台便利香港居民到內地學習交流、創業就業的政策。「天時、地利、人和」的優越條件盡顯，香港有什麼理由和國家鬧彆扭？有什麼理由放縱那些挑戰「一國」原則的人？任何一位有良知的人都應該堅守「一國」之本，維護憲法和基本法構成的憲制秩序。

把握「一國兩制」的大前提，就是要用好「兩制」優勢，與內地形成互補，實現互動雙贏。由於香港「保持原有的社會制度和生活方式不變」，這使香港擁有許多優勢。比如，香港原有的法律基本不變，與西方

發達國家的法律接近。再比如，英語仍是香港的官方語言之一，港人與英語國家溝通更為便利。這些都是「兩制」帶來的優勢。隨着國家構建對外開放新格局，將有越來越多的內地企業「走出去」，香港據己優勢，與內地的合作機遇多多，大有用武之地，應在經貿合作上好好下一番工夫。

把握「一國兩制」大前提，尋找「最大公約數」。對於內地和香港來說，都是一個長期而重要的課題，中央部委、內地省份在思考這個課題，香港各界也應該思考這個課題，一起書寫香港與內地同發展、共進步、齊繁榮的新篇章。

（原載於《大公報》，2018 年 5 月 14 日）

掌握互相尊重原則，
共襄「一國兩制」大業

——學習中央領導關於內地與港澳交流
合作事項指示精神系列文章之二

　　國務院港澳辦領導日前在川港高層會晤暨「川港合作會議」第一次會議上的講話中，分享了中央領導同志最近關於內地與港澳交流合作事項的指示精神。中央領導指示，要互相尊重，換位思考，特別是要充分尊重特區政府的意見。比如，處理港澳的事情，同時有幾個方案都可以接受的，應盡量採用特區政府所提方案；中央制定的有利於港澳的政策措施，可以由行政長官和特區政府宣佈的，盡量由行政長官和特區政府宣佈。要讓港澳社會充分感受到中央對行政長官和特區政府的支持，維護行政長官的權威，強化行政主導，並且要注意用港澳社會容易認同和接受的方式、語言做好中央有關政策舉措的宣介工作，以取得最佳社會政治效果。

尊重「兩制」是戰略選擇和大局思考

　　中央領導的指示，充分體現習近平總書記對「一國兩制」成功實踐的重要論述和對港對澳系列講話精神，充分體現了對「兩制」的尊重，充分體現了對特區政府的尊重，充分體現了對香港同胞的尊重，釋放了貫徹「一國兩制」方針的最大誠意，這對於香港來說是極大的鼓舞和鞭策，我們有理由相信，無論未來的路上遇到什麼風險和挑戰，「一國兩制」的航船一定能夠破浪前行，行穩致遠。

　　中共十九大報告把「一國兩制」列為堅持和發展中國特色社會主義的14個基本方略之一，表明「一國兩制」在國家大局中的地位明顯提升。

十九大後，中央領導提出了關於內地與港澳交流合作事項指示，同樣釋放了堅決貫徹「一國兩制」方針的誠意和決心。無論是從宏觀導向、還是從微觀操作來觀察，都可以看出，中央尊重「兩制」是一種戰略選擇和大局思考，並非權宜之計。

　　為什麼說尊重「兩制」是一種戰略選擇和大局思考？港人需要換位思考，站在國家發展背景、中華傳統文化、民族復興夢想的高度來觀察「一國兩制」大業。從國家發展背景的角度看，在聯合國 5 個常任理事國當中，中國是至今唯一沒有完成國家統一大業的國家，歷史反覆證明，國家統一是人民之福，國家分裂是人民之禍，中國比任何國家都渴望統一。

　　港澳與內地雖有「兩制」之別，但有「一國」之同，中央十分看重和珍惜這種制度安排；從中華傳統文化的角度看，「君子和而不同」、「家和萬事興」、「和為貴」、「和氣生財」，「和」文化的理念在中國深入人心，浸潤在社會生活的方方面面，港澳與內地有所不同，但同為一個國家，「求大同、存小異」有何不可呢？

　　從中華民族偉大復興的角度看，實現中國夢需要凝聚一切致力於民族復興的人，連那些已加入別國國籍的華裔都需要團結，港澳同胞更是需要團結和依靠的力量，有什麼必要把「一國兩制」變成「一國一制」呢？豈不是因小失大！

中央尊重「兩制」的誠意有目共睹

　　綜觀香港回歸 20 餘年，中央一貫以包容的心態對待香港，給了足夠充分的時間讓香港逐步適應納入國家治理體系的新環境，對「兩制」的尊重有目共睹，對香港的禮遇人所共知，特別是中共十八大以來，習近平總書記對香港、香港同胞、香港未來的關懷、重視和支持，更是照亮維港兩岸、溫暖全城人心！

　　比如習近平總書記日理萬機，工作非常繁忙，可每年總要安排時間，專門聽取梁振英、林鄭月娥前後兩任特首的述職和工作匯報，並對香港的發展提出重要指示。再比如，我們看一下特區行政長官進京述職的儀式問題。述職的性質屬匯報工作，內地任何一個省區市政府官員向中央匯報工

作都是在辦公室裏進行，嚴肅認真，一絲不苟。以往港澳特區行政長官述職則是安排在會客廳裏進行，客客氣氣，禮遇有加。但這樣的安排反而讓一些人認為香港和中央是「平起平坐」的關係，所以最近兩年改了，這是一種矯正，是正本清源。

中央對香港的尊重，不僅體現在形式上，還體現在實質內容上。比如「23 條立法」問題。香港作為中國的一部分，理所當然負有維護國家主權、安全和發展利益的憲制責任，世界上任何一個國家都不會允許境內某個地方成為顛覆國家政權的基地。但考慮到香港原有法律體系與基本法銜接工作的複雜性，考慮到「兩制」的特殊性，考慮到港人的適應性，中央以足夠的耐心等待香港各界形成共識後再推動立法，「23 條立法」至今懸而未決。再看看同為特區的澳門，早已完成「23 條立法」，至今風平浪靜，並無什麼不適應。

還有，香港以中國政府代表團成員或其他適當身份參與的以國家為單位參加的政府間國際組織有 41 個，參與的不限主權國家參加的政府間國際組織有 37 個，有 157 個國家和地區給予香港特別行政區護照持有人免簽證或落地簽證安排。這些都是中央大力支持的結果，體現了中央對「兩制」的尊重、對香港的關愛。

相互尊重才能實現「兩個建設好」

習近平總書記在去年七一香港回歸祖國 20 週年大會上的講話中強調：「我們既要把實行社會主義制度的內地建設好，也要把實行資本主義制度的香港建設好。」怎樣才能實現「兩個好」？離不開「相互尊重」的取態和氛圍。中央尊重「兩制」，香港各界也應以同樣的態度與中央相處。檢視回歸 20 多年來，香港做得如何呢？筆者認為，有幾個問題值得反思。

其一，是否存在「講共享太多、講共擔太少」的問題？綜觀過往政治人士的公開講話，不乏體現國家意識、民族意識的亮點金句，但也有不少人一講到國家，向民眾傳遞的信息盡是從國家可以得到好處，很少講香港也應為國家、為民族多盡一份責任。特別是一些立法會議員，甚至個別政

府問責官員，都不大注意「共擔共享」的辯證關係，給人的印象是香港只須索取、毋須奉獻。

其二，是否存在「過分強調自己與內地的區別而淡化『一國』原則」的問題？「兩制」之別主要體現在「香港保持原有的社會制度和生活方式基本不變」，「基本不變」不等於「完全不變」，在涉及「一國」原則問題時，就是要旗幟鮮明地「變」，要與中央保持高度一致，否則憲法和基本法中「香港是中國不可分割的一部分」豈不是成了一句空話？

其三，是否存在「大是大非面前不敢堅守原則」的問題？觀察過去幾年香港的政治爭拗，某些人以「學術自由」、「言論自由」為由，蓄意挑戰「一國」底線、挑戰基本法權威，廣大愛國愛港人士進行了大力反擊，但不可否認，也有個別公職人員關鍵時刻含糊其辭。這說明，要麼是認識模糊，沒有底氣；要麼是畏手畏腳，怕得罪人。這是不該有的現象。

中央領導指示相關部門，要互相尊重，換位思考，特別是要充分尊重特區政府的意見。香港特區政府、社會各界和廣大市民也應以包容的心態看待問題，尊重「兩制」、尊重中央、尊重內地，大家相互尊重，力求最佳社會政治效果，共襄「一國兩制」的偉大大業，正如中聯辦領導在公開宣講十九大和全國「兩會」精神時多次指出的：「香港融入國家發展大局，不僅要從歷史角度、國家角度、全球角度去認識，還須從香港角度去認識，要看到香港的機遇，主動參與、積極作為，一定會成就香港的未來。」

（原載於《大公報》，2018 年 5 月 17 日）

聚焦民生大課題
增強民眾獲得感

—— 學習中央領導關於內地與港澳交流 合作事項指示精神系列文章之三

國務院港澳辦領導日前在川港高層會晤暨「川港合作會議」第一次會議上的講話中，分享了中央領導同志最近關於內地與港澳交流合作事項的指示精神。中央領導指示，要更加注重改善民生，特別是讓廣大普通民眾有實實在在的獲得感。內地出台的有關港澳的政策措施，不僅要有利於促進港澳經濟發展，而且要有利於促進港澳民生改善，不僅要有利於港澳工商界投資興業，而且要有利於增進普通港澳市民的福祉，特別是有利於年輕人拓展發展空間。中央政府有關部門要繼續出台便利港澳居民在內地學習、就業、創業、生活的政策措施。

這一指示精神，清晰地表達了以習近平總書記為核心的黨中央、中央政府對港澳同胞的真心關愛，折射出中央更加看重「挺港」、「挺澳」政策的「民生效益」，釋放了中央將繼續為港澳居民送「民生禮包」的明確信號。認真領會中央領導的指示精神，對於香港來說，可以從全域視野考量民生問題，可以從社會各階層把握未來發展方向，可以從全方位把內地和香港改善民生的資源整合，做大做好做快「民生蛋糕」。

中央一貫支持港府改善民生

香港回歸 20 年來，中央對香港改善民生的支持是長期的、一貫的、堅決的；既有宏觀的，也有微觀的；既有直接的，也有間接的。比如，每年香港行政長官進京述職，中央領導都會就改善民生提出一些要求，特區

政府據此謀劃來年的民生計劃。再比如，2003年，中央政府與香港簽署的《關於建立更緊密經貿關係的安排》（CEPA），既是一個經貿安排，也有民生考量。

中共十八大以來，以習近平總書記為核心的黨中央更是真情關愛香港同胞。去年七一，習總書記視察香港期間多次談到民生問題，當時就表示中央有關部門將積極研究出台便利港澳同胞在內地學習、就業、生活的具體措施。到了8月份，國務院港澳辦集中公佈了一批中央各部門出台的便利港澳同胞在內地學習、就業、生活的政策措施。去年底，習近平主席會見赴京述職的行政長官林鄭月娥，3天後，國務院港澳辦即公佈新一批港澳居民在內地發展、生活、學習的便利措施。包括「在內地就業的港澳居民享有住房公積金待遇」、「港澳及華僑學生獎學金管理辦法」、「國家社科基金向在內地高校和科研院所工作的港澳研究人員開放國家社科基金各類項目申報」3項新政。這些政策的出台，標誌着香港居民獲「國民待遇」的範圍越來越寬，為香港居民打開了一條條進入內地的通道，從而為香港居民分享內地發展成果提供了便利條件。

由以上做法可見，中央關注和支持香港改善民生的做法是多層次、多角度、常態化的，香港民眾的福祉，從來都是中央制定對港政策的重要參照坐標。

以「獲得感」促「人心回歸」

中央領導指示中提到兩個「不僅有利於、而且有利於」，加重了中央挺港政策中的「民生分量」，同時強調：「特別是讓廣大普通民眾有實實在在的獲得感。」也就是説，好政策要讓民眾得實惠，不能「大水漫灌」、「跑冒滴漏」，而要使每一項政策都能非常精準地讓普通民眾受益。

這一條指示是非常難能可貴的。回顧過往20年香港的發展，雖然經濟增長在世界發達經濟體中並不遜色，但房價畸高、年輕人就業置業創業艱難，及向上流動困難，讓本港市民特別是一些年輕人積累了不少怨氣，這些社會積怨一經某些別有用心之人利用，便引發社會動蕩，近年來香港發生的「佔中」、「旺暴」等事件，都有這些因素的發酵。經濟發展了，

但大多數社會成員並沒有從中得到明顯好處，也就是沒有明顯的獲得感。如果説過去 20 年「人心回歸」的效果不佳，那麼，這就是一個重要原因！

這種狀況不能持續下去。「主權回歸」是第一步，「人心回歸」才是香港繁榮穩定的內在動力，也是「一國兩制」行穩致遠的關鍵所在。促進「人心回歸」是一堂「必修課」。正是站在全域高度、長遠角度審視香港的回歸之路，中央領導特別重視增強普通民眾的獲得感。

中央領導關注的焦點，也是特區政府和香港各界的着力點。眾所周知，在「一國兩制」政治體制下，中央並不干涉香港內部事務，不可能「一竿子插到底」，只能提原則性要求、出台大政策。因此，特區政府和社會各界要攜手努力，按照中央領導這一指示精神，做好「增強民眾獲得感」的課題，不遺餘力地推動「人心回歸」。

多方給力推動民生改善

中央領導指示中提到兩個「不僅有利於、而且有利於」，明確要求內地在制定對港政策時，把發展經濟和改善民生兩個問題通盤考慮。中央領導同時明確指出，中央政府有關部門要繼續出台便利港澳居民在內地學習、就業、創業、生活的政策措施。

這就清晰地指出了中央幫助港澳改善民生的方向。其一，內地省份在與港澳合作的過程中，不能把「利潤」作為唯一的追逐目標，還要考慮這些合作的項目要給港澳民眾帶來幸福感、安全感、獲得感。比如，能否給港澳居民帶來更多就業崗位？能否給港澳的年輕人提供更多的創業機會？能否有助於港澳居民向內地流動？能否有利於降低港澳居民的生活成本、改善生活環境？等等。其二，中央政府作為宏觀政策的制定者，將用好政策槓杆，繼續出台惠及港澳居民的政策措施。

有中央持續給力，有內地省份持續給力，今後，港澳的民生課題更好做。對於香港來説，關鍵是要「跳出香港看香港」，站在全域高度來謀劃，把中央政策、內地機遇和本港實際結合起來，破解民生難題。比如「如何破解香港房價畸高的難題？」港府推動建造公屋，這是一個辦法，除此之外，還應放眼粵港澳大灣區來想辦法，能不能在大灣區發展康養產

業、引導本港老人到內地居住？再比如「如何幫助年輕人就業創業？」除了在香港範圍內想辦法，能不能為出台政策、鼓勵年輕人到珠三角創業？等等。總之，應該意識到，破解香港的民生難題，如今不是香港「單兵作戰」，背後有中央政府、有內地省份的大力支持，各方合力，難事不難！

習近平總書記在紀念馬克思誕辰 200 週年大會上講話中指出：「我們要始終把人民立場作為根本立場，把為人民謀幸福作為根本使命。」中央領導的指示精神，彰顯了總書記「人民性」思想的深刻內涵，彰顯了以習近平總書記為核心的黨中央、中央政府希望香港同胞有更多「獲得感」的真誠願望，彰顯了「一國兩制」的巨大優勢，香港解決民生難題有了巨大動力，也讓香港居民對未來生活充滿信心！

（原載於《大公報》，2018 年 5 月 18 日）

按照市場化國際化要求
推進特區與內地合作

——學習中央領導關於內地與港澳交流
合作事項指示精神系列文章之四

　　在不久前於成都舉行的川港高層會晤暨「川港合作會議」第一次會議上，國務院港澳辦領導與大家分享了中央領導同志最近關於內地與港澳交流合作事項的指示精神。中央領導指示，要按照市場化機制、規則和國際化標準推進港澳與內地的合作項目，特別是像港珠澳大橋等重大工程建設，必須以工程質量和法定程序為優先考慮，嚴格依法辦事；而且，要認真評估港澳主流民意和社會反應，把好事辦好。

　　中央領導的指示，從市場化運作、國際標準、民心民意三個角度對內地與港澳的合作提出了要求、講明了準則、明確了方向。一個項目能否順利實施？實施的效果如何？對照這 3 點要求、準則和方向，就能做出基本判斷。因此，中央領導的指示，對於推進香港與內地合作項目具有重要的指導意義。

聚焦市場，激發活力

　　中央領導要求按照市場化機制、規則推進港澳與內地的合作項目。這一點要求直擊要害。市場在資源配置中具有決定性作用。以市場為導向，按照市場化的機制運作，按照市場規則「出牌」，這是推進特區與內地合作項目的一個基本前提。

　　以「川港合作」為例，四川省期待與香港在 5 個方面加強合作，包括「一帶一路」建設、自貿區建設、以金融為重點的專業服務、旅遊業發

展、人文交流。其中涉及到許多具體合作事項，比如：擴大四川蔬菜、肉類等優質農產品輸港供應；香港金融機構到川設立分支機構，川企在香港上市融資；香港的物流、會計、諮詢、法律等服務企業到川落戶；香港企業到四川投資旅遊、體育、健康等產業融合發展項目，等等。這些領域應該是川港合作的重點，是兩地政府極力支持的。但必須讓企業成為市場化運作的主體，讓兩地的企業與企業對接，找到一個符合市場規則的合作方式，政府不可由於合作心切而越俎代庖。只有企業自身有合作的動力，能嚐到甜頭、看到前景，才能激發出創業的活力，政府要做的是維護良好的營商環境。

應該看到，內地的市場環境越來越好。習近平總書記在十九大報告指出：「加快完善社會主義市場經濟體制」。其中涉及的諸多領域改革都致力於改善市場大環境。譬如：「深化國有企業改革，發展混合所有制經濟。」「全面實施市場准入負面清單制度，清理廢除妨礙統一市場和公平競爭的各種規定和做法，激發各類市場主體活力。」「深化商事制度改革，打破行政性壟斷，防止市場壟斷，加快要素價格市場化改革，放寬服務業准入限制。」等等。事實上，在十八大以後，以上的諸多改革已經開始試點，如今全面全領域全方位鋪開。這一切，都為「按照市場化機制、規則推進港澳與內地的合作項目」提供了有利條件。

對標國際，站在前沿

中央領導要求按照國際化標準推進港澳與內地的合作項目，這一項準則極具前瞻性。我們講香港與內地「併船出海」，並非簡單併個「混裝船」，而是要併更多的「航母」出海，要通過合作把各自的優勢發揮到極致，併出高質量，併出競爭力，併出強大實力，甚至通過「併船」而成為某些領域國際標準的制定者、引領者、發起者。

比如，特首林鄭月娥日前在川港合作會議上就希望川港聚焦三個方向，其中一個是把握「雙創」發展機遇。論創新創業，香港具有非常豐富的科研資源，但在科研成果轉化為創新產品方面，用力不夠，成效不佳。

下一步香港與內地在「雙創」方面的合作應該把握三個關鍵環節：一

是在項目的選擇上，眼光放長遠一些，瞄準今後 10 年、20 年，甚至 30 年來選項目，確保推出的產品始終在國際市場上處於領先位置，不被超越；二是在採用技術標準上，用最嚴格的標準，確保推出的產品是最優質的，在國際市場上最有競爭力；三是在合作方式上，學習借鑒發達國家的經驗，探索建立最先進、最科學、國際領先的合作機制，確保合作項目推進的質量、速度和效益都達到最佳。

按照國際化標準推進合作，我們應該看到內地在一些領域有許多優勢。

比如，在大型基礎設施建造、大型工程設備製造等領域，中國的實力全球首屈一指。如果這些優勢能夠與香港的科研、貿易、金融、會計等方面的優勢結合起來，達到「一加一大於二」的效果，我們就能有許多創新，能夠成為許多新領域國際標準的制定者，如此一來，我們的合作項目競爭力就會顯得非常強大。

聚焦民意，彰顯效益

中央領導以粵港澳大橋建設為例，要求認真評估港澳主流民意和社會反應，把好事辦好。習近平總書記在十九大報告中指出「堅持以人民為中心的理念」。香港與內地今後合作項目將會很多，在實施每一個項目時，我們都要把「人民滿意不滿意？」作為一個衡量項目成敗的重要標準。這是必須牢牢把握的一個方向。

前不久，在川港合作會議上，特首林鄭月娥希望川港聚焦三個方向，其中之一是「促進民心相通」。四川省領導則回應，要深入開展「青年人才交流計劃」。這個交流計劃正是立足於民心相通，可見兩地政府官員都聚焦民意。如何讓合作項目更好地體現民意呢？筆者認為，須把握以下 3 點：一是在遴選合作項目時，要注重平衡。不僅要選擇那些能產生利潤的經濟項目，還要選擇並不產生經濟效益、卻有明顯社會效益的民生項目；二是在合作項目的運作上，要充分聽取民意。有些項目從長遠來看是惠民工程，短期卻需要民眾做出犧牲；有些項目對大多數人來說是件好事，卻會讓極少數人利益受損。這就需要與民眾溝通，大家的事大家商量着辦，

找到最佳解決方案;三是在項目效果的評估上,要聽民眾評判。

　　評判項目的實施效果,當然有許多技術標準,但「民意」這個標準不可或缺,應建立科學合理的評價機制,確保「民意」的分量更重。

　　香港中聯辦領導上個月在分享全國「兩會」精神時強調,在融入國家發展大局中香港迎來三大機遇:一是新時代改革開放為香港融入國家發展大局提供了時代機遇和戰略機遇;二是粵港澳大灣區建設為香港融入國家發展大局提供了戰略支撐和重要平台;三是建設創新型國家為香港融入國家發展大局和創建「新優勢、新中心」提供了不竭動力。「三大機遇」當前,香港應主動對接國家戰略,與內地省份溝通,調研具體合作項目,探索建立長效合作機制。只要我們認真領會、對照遵循、全面貫徹中央領導的指示精神,務實穩健推進,就一定能開啟合作新征程,闖出一片新天地,書寫「共擔共享」新輝煌!

(原載於《大公報》,2018 年 5 月 21 日)

香港建設國際創科中心
將極大增強民眾獲得感

習近平總書記在日前舉行的中國科學院、中國工程院院士大會上的講話中指出：「科學技術從來沒有像今天這樣深刻影響着國家前途命運，從來沒有像今天這樣深刻影響着人民生活福祉。」而在此前的 5 月 14 日，習近平總書記對香港 24 名「兩院」院士的來信做出批覆，明確指出「一個促進」、「兩個支持」，即促進香港同內地加強科技合作，支持香港成為國際創新科技中心，支持香港科技界為建設科技強國、為實現中華民族偉大復興貢獻力量。

由以習近平總書記為核心的黨中央、中央政府的大力支持，為香港建設國際創科中心注入了巨大動力，不僅令香港科技界歡欣鼓舞，也讓特區政府和香港民眾對未來發展充滿信心。因為，建設國際創科中心，不僅能夠推動經濟高質量運行，也將極大增強民眾的獲得感、幸福感和安全感。

「再工業化」促就業創業機會增加

綜觀今日香港的經濟與民生，雖然經濟增長速度在全球發達經濟體中名列前茅，但本港居民的獲得感並不明顯，其中感受最深的是就業崗位不足、創業機會不多、房價畸高而導致居住成本太高。這是為何？中金公司曾經拋出一份主題策略報告《三城記》，將香港、深圳、新加坡進行了對比，可以從中窺見其奧秘。《報告》顯示：近年來，香港製造業在 GDP 中的佔比為 1%；全社會的研發投入僅佔 GDP 的 0.7%，而新加坡是 2.1%，深圳是 3.5-4%；深圳每千人中研發和技術人員就有 17 個，是新加坡的 2 倍，是香港的 6 倍⋯⋯可見，香港製造業空心化、過度依賴服務業，是

制約經濟發展的主要原因。此外，香港房價畸高，使房地產成為經濟發展的風險點，也成為影響民生的風險點。

上一屆特首梁振英看到了香港可持續發展的短板，數年前開始着手推動創科發展的工作，特區政府創科局於 2015 年 11 月成立，並提出了「香港再工業化」方案。港府決心在兩三年內，扭轉製造業佔本地生產總值比例的下降趨勢。「再工業化」並非要將土地和勞動密集的舊生產模式重新帶回香港，而是通過政策推動，發展科技含量高的新興產業。「再工業化」將充分釋放香港的科研潛能、推動經濟高質量發展，這是顯而易見的，不必贅述。單是從民生角度分析，其作用也是不可低估的。新興產業的發展，必然增加就業崗位、提供創業機會，對於香港許多年輕人來說，將有更多的用武之地，尋找到更多就業崗位，發現更多創業機會，也多了向社會上層流動的通道，而囊中不再「羞澀」，也將減輕買房置業的經濟壓力，香港市民特別是年輕人的獲得感將會明顯增強。

特區政府創科局成立，特別是林鄭月娥擔任特首後，更是明確了香港創科的重點是智慧城市、健康老齡、人工智能、金融科技等領域。

創科發展促市民幸福指數提升

其實，這些領域與 700 萬港人的福祉息息相關，若實施到位、取得成效，將促使市民幸福指數大大提升。

以「智慧城市」為例，智慧城市是運用信息和通信技術手段感測、分析、整合城市運行核心繫統的各項關鍵信息，從而對包括民生、環保、公共安全、城市服務、工商業活動在內的各種需求做出智能響應，實現城市智慧式管理和運行。香港是國際化大都市，人口密度大，人員流動性大，城市管理難度大，智慧城市建設將使市民出行更便捷、居住更舒適，提升香港家園的舒適度，普羅大眾的獲得感將一躍千里。

再以「健康老齡」為例。香港社會老齡化程度高，香港地域狹窄，房價畸高，要讓老年人獲得舒適的居住環境並非易事，但香港擁有世界一流的醫療健康優勢，人均壽命在全世界居於前列。聚焦「健康老齡」領域，不僅可以發揮香港的醫療健康優勢，培育一個龐大的產業體系，同時，也

可以為香港居民養老提供高質量的服務。下一步，如果能夠在粵港澳大灣區建設中，與廣東的城市合作，在珠三角聯手發展安養產業，則可以讓更多的香港老人到珠三角居住，提升老齡人口的生活質量。

又以「人工智能」為例，香港在這個領域的研發走在了世界前列，如果能將研發成果變成產品，構建一個產業體系，除了可以實現巨大經濟效益，也令本港居民首先受益。人工智能將把人們從繁重繁瑣的工作中解放出來，讓人輕鬆愉悅地工作，這一領域有明顯的「民生價值」，市民的獲得感不言而喻。

高質量發展促民生改善

全港市民都清晰地看到，林鄭月娥就任特首後，對創新科技的支持力度前所未有。特區政府已訂下目標，在本屆政府 5 年任期結束前，將香港本地研發總開支提升至每年約 450 億港元，即相對本地生產總值的比率，由 0.73% 增加至 1.5%。為鼓勵全社會增加研發投入，特區政府還推出了高達 300% 的超級稅務優惠，即企業的首 200 萬元合乎資格的研發開支，可獲 300% 扣稅，餘額則會獲得 200% 扣稅，而且扣稅額不設上限。財政司司長陳茂波公佈的今年財政預算，也為創新科技預留額外 500 億港元。

有人對比香港、深圳和新加坡三個城市經濟發展後，得出了一個結論：有雄心、有權威、敢作為的政府是經濟發展的重要驅動力量。香港長期奉行自由貿易，採用積極不干預經濟政策，謹守「量入為出」的理財原則，但事實證明，這種「不干預」、「不規劃」、「不強力推動」，帶來的是發展滯後。林鄭月娥和她的管治團隊對創科的強力推進，一定會有明顯效果。特別是落馬洲河套區「港深創新及科技園」建設，這塊一平方公里的「飛地」，解決了香港地域狹窄的難題，是廣東支持香港發展的最好體現。

粵港澳大灣區建設啟動後，相信類似的合作還會增多，將為香港發展新興產業提供不少平台，而國家部委的有關政策，也幫助香港居民更便利到內地就業、學習、居住，享受國民待遇。這一切，為香港創科發展提供了有利條件，香港建設國際創科中心前景可期。

中聯辦領導在向中央駐港機構、主要中資企業幹部公開宣講中共十九大精神時，有一段話引起與會者強烈的共鳴，也引起社會各界特別的關注。他指出：「要深入理解十九大報告貫穿的以人民為中心的思想，支持香港融入國家發展大局，把握好國家發展帶來的巨大機遇和紅利，讓香港同胞在堅守『一國』之本，善用『兩制』之利中有更多的獲得感和幸福感，進而增強對國家、對共產黨作為執政黨的認同，不斷激發香港同胞『共擔民族復興的歷史責任，共享祖國繁榮富強的偉大榮光』的使命感和自豪感。」

隨着國際創科中心建設的推進，香港經濟發展的質量和速度都將提升，香港的可用財力將逐步增加，而殷實的「錢袋子」是改善民生的依託，未來林鄭月娥領銜的特區政府將有更大能力改善民生，香港民眾的獲得感也將會更實在、更貼切、更期盼！

（原載於《大公報》，2018 年 6 月 4 日）

香港建設國際創科中心
是融入國家發展大局的最好契機

連日來，習近平總書記在中國科學院、中國工程院院士大會上的重要講話精神，以及此前給香港 24 位「兩院」院士來信批示精神在香港各界引起強烈反響，有日益強大的祖國做後盾，香港社會各界對建設國際創科中心充滿信心。習近平總書記批示「兩院」院士來信後，科技部、財政部隨即出台了支持港澳地區科技創新發展的新規定，解決科研經費「過河」問題。近日，香港中聯辦召開會議學習傳達總書記講話和批示精神，表示將從 5 個方面推動香港創科工作：一是不斷加深對創新驅動發展重要性、緊迫性的認識，把支持特區政府發展創科擺在更加重要的位置；二是推動和配合做好中央對港科技政策供給，努力實現中央惠港科技政策在港「上岸、落地、落實」；三是充分發揮中央支持香港創科發展體制機制的作用，促進香港經濟發展和民生改善；四是促進粵港澳大灣區科技創新融合發展，發揮好香港在提升國家科技事業國際化水平中的作用；五是深入貫徹人才是第一資源方針，吸引凝聚國際高端人才，支持特區政府大力培養培育香港青年創新創業人才。

由此可見，無論是中央、還是香港，對香港建設國際創科中心這件事，在認識上高度契合，在籌劃上滿懷信心，在行動上快捷高效，呈現出喜人的局面。香港如何做好「融入國家發展大局」這道歷史命題？筆者認為，建設國際創科中心是融入國家發展大局的最好契機。

創新科技是兩地最佳結合點

自 2008 年金融危機以來，各國普遍認識到，全球經濟要復甦，必須

轉變發展動能。發達經濟體要擺脫過分依賴虛擬經濟的發展模式，發展中國家要擺脫過分依賴廉價勞動力，以及以透支資源、犧牲環境為代價的發展模式。發展的新動能是什麼？創新。中共十八大以來，按照習近平總書記治國理政思想，內地已經掀起了創新創業熱潮。在這種背景下，創新科技是香港和內地的最佳結合點，理由有二：其一，香港的科研優勢與內地的製造業優勢可以互補。香港科研實力雄厚，有 5 所大學躋身全球 100 強，擁有 43 位中國「兩院」院士，香港 6 所高校共有國家重點實驗室夥伴實驗室 16 家，香港 3 所高校、香港應用技術研究院設立了 6 家國家工程技術研究中心香港分中心。內地製造業實力雄厚，特別是珠三角經過「騰籠換鳥」，製造業已經邁向中高端水平。雙方既有合作空間，也有合作意願，搭上國際創科中心的平台，雙方完全可以取長補短，互利共贏。

其二，香港的市場優勢與內地的資源優勢可以互補。香港的市場開放程度高，是國際公認的自由港，無論是貨物貿易，還是知識產權交易，香港都能為之提供便利、快捷、低成本的服務，這是優勢。香港也有劣勢，就是地域狹窄，發展實體經濟空間不夠。內地地域遼闊，特別是珠三角地區，不僅有土地資源，還有完善的基礎設施、發達的物流。如果通過建設國際創科中心，把香港的市場優勢與內地的資源優勢有效結合，則能做大「高端製造業」這塊「大餅」，攜手邁向全球產業鏈的上游。

創科中心建設將帶來體制機制變革

對於香港來說，不僅要看到建設國際創科中心帶來的「顯效應」，還要看到「潛效應」。且舉一例：習近平總書記對香港「兩院」院士的來信做出批覆，明確指出「一個促進」、「兩個支持」，即促進香港同內地加強科技合作，支持香港成為國際創新科技中心，支持香港科技界為建設科技強國、為實現中華民族偉大復興貢獻力量。科技部、財政部立即出台了支持港澳地區科技創新發展的新規定。

按這個規定，香港和澳門地區的大學和科研機構可以通過競爭擇優方式承擔「中央財政科技計劃」項目，並獲得項目經費資助，實現了本港科技界近年爭取的科研資金「過河」安排。

科研資金「過河」僅是一個開端，習近平總書記批示的「兩個支持」具有極其豐富的內涵，不僅包括戰略規劃、資源配置、財力支持，更重要的是體制機制變革，讓創新資源在香港和內地之間更加順暢地流動。體制機制變革至少可以在三處突破：一是構建科研項目共建共享機制。以往內地與香港的科研「各有天地」，溝通合作不夠，主要原因是體制機制的制約較多。下一步，在建設國際創科中心過程中，可以按照「一盤棋」的思路，兩地深度合作，共同完成課題，共享研發紅利；二是打造科技人才流動新機制。

香港和內地之間的人才流動，現在還受到學術認證、職務職稱、社會福利等因素的束縛，在建設國際創科中心過程中，可以為科技人才的自由流動「鬆綁」；三是創新內地地方政府與香港的合作機制。現在，內地省份與香港的合作，在許多方面還有賴於中央政府「給政策」，隨着國際創科中心建設、粵港澳大灣區建設的推進，內地與香港的合作事宜將會大幅度增加，中央政府勢必給地方政府「放權」，推動香港和內地建立全新的合作機制。

創科中心建設有利於盤活人才資源

經濟競爭歸根結底是人才的競爭。香港建設國際創科中心，有利於盤活國際人才和國內人才兩大資源，使香港成為創新人才的「高地」，這對於香港長遠發展具有戰略意義。客觀地分析，現時的香港雖然人才雲集，但人才結構不盡完美。一是現代服務業人才充足、實體經濟人才不足；二是科研人才充足、高端製造業的應用型人才不足。建設國際創科中心的過程，也是建設人才「高地」的過程。香港可以扮演好三個角色：一是國際人才的「集散地」。香港是國際化大都市，在參與全球競爭中積累了良好的商業信譽、國際商業網絡和全球人脈資源，加之背靠祖國，商機多多，打造國際人才「集散地」，條件得天獨厚；二是內地人才的「輸入地」。隨着內地深入實施「創新驅動」戰略，對創科人才的需求量增加，香港完全可以為內地延攬人才；三是高端人才的「窪地」。隨着內地與香港之間人才流動藩籬逐步被打破，內地可以為香港補充實體經濟等方面亟需的人

才，香港也可以面向全球吸收所需人才，形成人才「窪地」。綜上所述，
建設國際創科中心是香港融入國家發展大局的最好契機。香港中聯辦領導
在公開宣講「兩會」精神時指出：建設創新型國家為香港融入國家發展大
局和創建「新優勢、新中心」提供了不竭動力。中聯辦領導還舉例說：「如
果香港能將科技創新資源與廣東的高端製造業對接，通過『產業鏈—資金
鏈—創新鏈』的跨境協調整合，打造『香港—深圳—東莞—廣州』創新走
廊，香港的發展之路就會越走越寬。」誠如中聯辦領導所言，只要我們把
「建設國際創科中心」這個「功課」做好，就能加快融入國家發展大局的
步伐，盡早分享兩地合作的紅利，共享祖國繁榮富強的偉大榮光。

（原載於《大公報》，2018 年 6 月 6 日）

習主席引用「艱難困苦，玉汝於成」給香港的啟示

　　「艱難困苦，玉汝於成」，在南非約翰內斯堡舉行的金磚國家工商論壇上，中國國家主席習近平引用這句中國古語，形容中國不畏艱險走過的不平凡歷程，穿越風雨取得的不平凡成就。新華社前天晚上發佈署名「宣言」的文章《風雨無阻創造美好生活》，以雄辯的事實闡述了中國人民戰勝困難、創造美好生活經歷。文章指出：「有風有雨是常態，風雨無阻是心態，風雨兼程是狀態……無論什麼樣的風雨，都無法阻擋中國人民奔向美好生活的腳步。」

　　昨天，香港中聯辦的領導將新華社的這篇雄文，用微信等多種形式推薦給港區全國人大代表、政協委員、愛國愛港社團領袖，這些本港社會的代表人士又馬上將雄文發到各自的領域、行業、社團、階層、社區……一時間，習主席「艱難困苦，玉汝於成」的總結、激勵和昭示，在香港市民中經久傳播。

　　在中美貿易戰爆發、世界貿易規則受到嚴峻挑戰、中國崛起受到外部阻撓的大背景下，這一切具有特殊意義。早在去年 10 月，習近平總書記在中共十九大報告中就指出：「中華民族偉大復興，絕對不是輕輕鬆鬆、敲鑼打鼓就能實現的。全黨必須準備付出更為艱巨、更為艱苦的努力。」正如總書記所預判的那樣，在改革開放 40 週年的時間節點，中國遭遇了美國挑起的貿易戰。經過一段時間的觀察，人們已經清楚地看到，事情絕不是「貿易戰」那麼簡單，美國的戰略是全方位阻止中華民族偉大復興。對此，中國不可能為了眼前的利益，接受美國的經濟奴役。中國將按照自己的節奏，堅定不移地推進改革開放，堅定不移地維護全球貿易規則，堅

定不移地維護發展中國家利益。

在這種情形下，中國發展遇到的困難是可想而知的。這些困難會給香港帶來哪些影響？我們該如何看待困難、化解困難？如何推進「一國兩制」行穩致遠？習主席引用「艱難困苦，玉汝於成」的古語，給香港700萬同胞以諸多啟示。

以底線思維正視困難

中美貿易戰對中國到底會造成多大影響？我們不妨按最壞的結果推算。2017 年，中國貨物出口 15.33 萬億元人民幣，折合約 2.3 萬億美元。按美國的統計，2017 年中國對美出口商品價值 5,056 億美元（比中國的統計多 1,000 億美元）。也就是説，對美貨物出口約佔中國出口貿易的五分之一。2017 年，出口對中國經濟增長的貢獻率為 9.1%。按 2017 年中國經濟增幅 6.9% 測算，就算今後中國對美出口「零」，$6.9\% \times 0.091 \times 0.2 = 1.258\%$。也就是説，最壞的結果是拉低中國經濟增幅 1% 左右。事實上，無論貿易戰怎麼打，中國對美貨物出口不可能為零。

那麼，中美貿易戰對香港會造成多大影響？也按照最壞的結果推算。2017 年，中美貿易經過香港轉口的金額為 3,507 億港元。僅佔香港進出口貿易總額 8.2 萬億港元的 4.3%，就算是中美貿易戰不斷升級令經香港的中美貿易「歸零」，香港受到的直接影響非常有限。考慮到中美貿易戰對香港金融、航運等現代服務業的間接影響，可以肯定的是，香港的經濟增幅將被拉低，但被拉低的幅度遠遠小於內地。

正視困難，明確底線，並以「底線思維」分析問題、尋找應對之策，這是化解風險的基本思路。這場貿易戰是美國主動挑起的，不是我們能夠左右的，我們能做的是把損失降到最低限度。對於香港來説，當務之急是不要浮躁，要冷靜觀察、客觀分析、精準評估，在此基礎上，相信特首林鄭月娥和特區政府、相信中央涉港部門、相信全港社會各界會拿出切實可行的辦法。

以辯證思維分析問題

針對中美貿易戰，一些西方媒體最近宣揚中國面臨「很大壓力」，美國總統特朗普也不斷向兩黨議員和選民展示其「戰績」，宣稱「中國迫於壓力會很快妥協」。西方在拋售「中國崩潰論」、「中國威脅論」之後，現在又多了一個「中國壓力論」，似乎中國面臨多重危機，已經撐不住了。

這種論調顯然過於樂觀。任何一個具備基本常識的人都會認為：中國遠沒有那麼脆弱！貿易戰僅僅是一個開端，由於中國對美貿易的巨大順差，美國抵制中國商品的籌碼多一些，但其最終結果也就是達到雙方「貿易平衡」，按照特朗普的說法是「不讓美國再吃虧」，還不至於給中國經濟造成「傷筋動骨」的損失。以辯證思維看待貿易戰對中國的影響，至少要看清以下兩點：

其一，要看到中國抵禦風險、消化問題的強大能力。遠的不說，僅從 2008 年說起，那一年，北京奧運會讓中國在國際舞台上大放異彩，被西方稱為「中國元年」。但那一年中國經歷了許多困難。年初華南地區經歷了罕見的冰凍災害；3 月 14 日拉薩發生震動世界的打砸搶燒事件；5 月 12 日發生了四川汶川特大地震，奪取 8 萬多人的生命，致數百萬人無家可歸，是新中國成立以來嚴重的自然災害；也是那一年，中國 A 股從上一年 10 月份的 6,124 點一直跌到 1,664 點，成為中國股市開市以來最為嚴重的股災。

但在這樣的災難面前，中國沒有受到較大影響，10 年前中國是世界第三大經濟體，今天的中國經濟總量超過 10 萬億美元，成為世界第二大經濟體，經濟總量大約是日本、德國、英國的總和。

其二，要看到中國正在發生的積極變化。中國有句古語「塞翁失馬，焉知非福」。美國對中國發起貿易戰，中國不得不應戰。中國前期會受到一些損失，但從長遠來看，這未必是壞事。美國以「惡意提醒」的方式，讓中國從上到下都認識到了科技創新的重要性，中央已經調整貨幣和財政政策，引導資源向創新領域、實體經濟匯聚，企業的創新熱情也空前高漲，中國正在推動高質量發展，隨着創新能力的增強，中國的發展將進入新境界，在開放合作中將把握更多的主動權。

以大局思維推進融合

中美貿易戰會使中國經濟經歷一段困難時期。香港應該怎麼辦？姑且不論從道義的角度講，香港應與祖國內地共克時艱。單從經濟的角度講，香港也應做出這樣的選擇，以大局思維謀劃未來，加快融入國家發展大局。理由有二：

其一，祖國內地是香港發展最大的依靠對象。「一國兩制」下的香港是中國不可分割的一部分，國家在制定發展規劃時，通盤考慮謀劃香港的發展，特別是粵港澳大灣區建設中，讓香港發揮優勢、補齊短板，給香港注入活力。國家在推進「一帶一路」建設中，讓香港扮演「超級聯絡人」的重要角色，為香港提供機遇。國家出台便利港人到內地學習、工作、居住的政策，讓港人分享發展紅利。國家在香港遭遇風險時，果斷出手，不遺餘力地給予幫助……這一切，讓香港市民充分感受到「背靠大樹好乘涼」的益處。

其二，中國經濟的基本特徵並沒有改變。一場中美貿易戰，暴露出中國科技創新與美國的巨大差距，雖然眼前會遭遇一些困難，但中國經濟發展長期向好的基本面沒有變，經濟韌性好、潛力足、迴旋餘地大的基本特徵沒有變，持續增長的良好支撐基礎和條件沒有變，經濟結構調整優化的前進態勢沒有變。特別是中國擁有 14 億人的巨大市場，且購買力不斷增強，這讓不少國家眼熱。這些條件決定了願意與中國做生意的人會越來越多，而不是越來越少。

「艱難困苦，玉汝於成」習主席引用的這句古訓，啟示港人看清歷史潮流，認準發展方向，激勵港人不懼風雨，一路向前！

（原載於《大公報》，2018 年 8 月 9 日）

習主席讚林鄭和特區政府「志不求易、事不避難」的重要意義

　　國家主席習近平昨日會見赴京述職的香港特區行政長官林鄭月娥時指出，一年來，林鄭月娥行政長官帶領香港特區政府勇於擔當、積極作為，堅定維護「一國兩制」方針和基本法，認真謀劃香港長遠發展，積極參與粵港澳大灣區建設和共建「一帶一路」，着力破解事關廣大居民切身利益的問題，努力為青年人成長和發展創造條件，體現了「志不求易、事不避難」的精神，取得了良好成績。中央對林鄭月娥行政長官和特別行政區政府的工作是充分肯定的。習主席同時強調，面向未來，我們將堅持「一國兩制」方針不動搖，支持香港、澳門融入國家發展大局，培育新優勢，發揮新作用，實現新發展，作出新貢獻。

維護「一國兩制」，勇於擔當

　　習主席對林鄭和特區政府做出「志不求易、事不避難」的評價，説明以習近平總書記為核心的黨中央、中央政府對特區管治班子一年來的施政業績高度認可，體現出對香港參與國家新一輪改革開放的高度期許，彰顯了對「一國兩制」在香港得到全面準確落實的熱切希望，對香港的長遠發展具有重要的指導意義。

　　習主席讚揚林鄭和特區政府勇於擔當、積極作為，堅定維護「一國兩制」方針和基本法。這是習主席對林鄭和特區政府勇於擔當精神的充分肯定。

　　「一國兩制」下的香港，是中國不可分割的一部分。憲法和基本法共同構成了香港的憲制秩序。這些都是必須堅持的原則，是處理香港與國家

關係的立足點和出發點。沒有絲毫模糊的空間！

在重大原則問題上，林鄭從來不說含含糊糊的話。在去年 10 月發佈的任內首份施政報告中，林鄭明確指出：「我們每一個熱愛香港的人都有責任全面準確地確保『一國兩制』在香港沿着正確方向前進、都有責任向任何衝擊國家主權、安全、發展利益的行為說『不』、都有責任培養下一代成為具國家觀念、富香港情懷和對社會有承擔的公民。」此言直擊要害，發自肺腑，擲地有聲。在今年 10 月發佈任內的第二份施政報告中，她再次指出：面對香港社會近年出現的複雜情況和新矛盾，特首和特區政府對任何鼓吹「港獨」，危害國家主權、安全及發展利益的行為絕不容忍。態度鮮明，立場堅定！

在重大原則問題上，林鄭從來不做遮遮掩掩的事。面對反對派的重重阻力，她毫不猶豫地推行「中史必修」，從今年起，中國歷史被確定為初中的獨立必修科，此舉有利於培養學生成為具有國家觀念、香港情懷、社會擔當的公民。今年 10 月，特區政府禁止「香港民族黨」播「獨」，不續簽外國記者會第一副主席馬凱的簽證。儘管此舉引來反對派的不滿，有人乘機興風作浪，但林鄭說到做到，敢作敢為，令人敬佩！

破解民生難題，不畏艱難

習主席高度讚揚林鄭和特區政府，着力破解事關廣大居民切身利益的問題，努力為青年人成長和發展創造條件。這是習主席對林鄭和特區政府攻堅克難作風的充分肯定。

香港在長期發展中積累了一些民生難題，諸如房價畸高、貧富差距拉大、年輕人就業創業置業困難、社會階層固化等等。這些問題的形成經歷了一個漫長過程，化解難題同樣需要一個較長過程。但只要着手化解，就能點燃市民的希望和信心。香港市民清晰地看到林鄭和特區政府不畏艱難，腳踏實地，一步一步地攻堅克難。

從去年開始，特區政府就縮短公共出租房屋（公屋）輪候時間，幫助公屋住戶循置業階梯上移；設立中產家庭可負擔的「港人首置上車盤」。實施改善「低收入在職家庭津貼計劃」、「免入息審查的公共交通費用補

貼計劃」，還推出「拾遺補漏」措施，針對無交薪俸稅、在港無物業群體發放紅包，惠及 280 萬人。

今年 10 月，林鄭在發佈任內的第二份施政報告中又提出改善民生的諸多舉措。比如，容許改裝整幢工廈為過渡性房屋。香港有 124 幢市區工廈適合改裝為住宅用途，若全數用作發展過渡性房屋，可望在未來 10 年提供 1.8 萬個單位。又比如，實行公營校教職全面學位化。此舉每年額外經常支出 47 億元，教育投入增加，有利於打造優質教育。再比如，落實取消強積金「對沖」。整個資助計劃的承擔額將大幅增加至 293 億元，這將有效解決困擾「打工仔」多年的問題。

特別值得一提的是，林鄭非常關注青年的學業、事業及置業，並鼓勵青年議政、論政及參政，青年人加入特區政府各委員會。為青年鋪就了表達訴求的通道。

拓展發展空間，目光長遠

習主席高度讚揚林鄭和特區政府，認真謀劃香港長遠發展，積極參與粵港澳大灣區建設和共建「一帶一路」。這是習主席對林鄭和特區政府發展理念的充分肯定。

林鄭上任至今，特別是今年以來，在謀劃香港長遠發展上表現出非凡見識與魄力，尤其在以下四個方面的突破可圈可點：一是加速推進香港融入粵港澳大灣區，突破了現有發展格局。林鄭多次帶隊，與國家有關部委對接，與廣東省政府及九市政府商討，破解「融入」難題，特區政府還組織立法會議員北上深圳等市，促進溝通，擴大共識。特區政府還成立了粵港澳大灣區建設督導委員會，林鄭親自任主席。二是主動參與「一帶一路」建設，突破了思維定勢。香港以往與內地的合作，主要側重於存量資源的整合。今年以來，林鄭強化「併船出海」的思路，注重雙方攜手闖國際市場，打造增量資源，突破了以往的思維定勢。三是力推創新科技，突破了以往的發展方式。香港是國際金融、貿易、航運中心，林鄭就任以來，在創科發展上着力不少，投入大量資金，支持科研人才培育及成果轉化，致力於把香港打造成國際創科中心，此舉將為香港再造新優勢，為

香港長遠發展埋下伏筆。四是拋出「明日大嶼願景」，突破了現有城市框架。林鄭提出新造一個可供百萬人居住的人工島，這可以為本港七分之一的居民提供一個新家園，並將其打造為香港的第三商業中心，在建設過程中還將提供約 34 萬個就業職位，一舉多得，看得遠，謀得深，其影響將遠遠超過被港人津津樂道多年的「玫瑰園計劃」。

在國家改革開放 40 週年的關鍵時間節點，習主席對林鄭和特區政府做出「志不求易、事不避難」的評價，啟迪港人要志存高遠、不畏艱難，以擔當精神、務實作風和新的發展理念破解發展難題，一路前行；激勵港人以更加積極主動的姿態，參與國家新一輪改革開放，與祖國同發展共繁榮，在下一個 40 年共同書寫新的「中國奇蹟」。

（原載於《大公報》，2018 年 12 月 18 日）

習主席講話激勵香港同胞再創新的更大奇蹟

　　四十載驚濤拍岸，九萬里風鵬正舉。在昨天隆重舉行的慶祝改革開放40週年大會上，中共中央總書記、國家主席、中央軍委主席習近平發出了「將改革開放進行到底」的時代最強音。習主席的重要講話，把中國改革開放40年放在5,000年中華文明史、170年中國近代史的歷史背景下觀察，放在世界風雲變幻的時代背景下審視，總結輝煌成就，分析寶貴經驗，闡述發展動力，明確奮鬥目標，堅定了億萬人民把改革開放推向新境界的堅定信心，激發了海內外同胞繼續投身改革開放的滿腔熱情。這是對改革開放最好的紀念，是對「中國道路」的最好標識，是對全體中華兒女最有感召力的召喚！

　　「一國兩制」是在改革開放的背景下完成了從構想到實踐的轉化。港澳回歸以來的事實充分證明，「一國兩制」具有強大的生命力。「一國兩制」下的香港，與祖國同呼吸共命運、同發展共繁榮。習主席的重要講話，令香港同胞感同身受，心潮澎湃，激情滿懷，激勵香港同胞更加積極主動地參與國家新一輪改革開放，創造中華民族新的更大奇蹟。

改革開放是幹出來的

　　習主席在慶祝大會上指出：「40年來取得的成就不是天上掉下來的，更不是別人恩賜施捨的，而是全黨全國各族人民用勤勞、智慧、勇氣幹出來的！」

　　習主席此言一語中的，直擊要害。遙想40年前，剛剛結束「文革」動亂的中國內地，經濟處在崩潰邊緣，百姓溫飽難以保證。以鄧小平為代

表的中國共產黨人，果斷地開啟了改革開放大幕。「實踐是檢驗真理的唯一標準」、「殺出一條血路來」、「時間就是金錢，效率就是生命」、「空談誤國，實幹興邦」、「學習女排，振興中華」、「不爭論，埋頭幹」、「悶聲發大財」……這些改革開放各個時期的流行語清晰地表明：改革開放的 40 年，就是埋頭實幹的 40 年！

大膽地試，勇敢地改，踏實地幹，幹出了一片新天地。40 年前，中國的經濟總量僅佔全球的 1.8%，如今，佔全球的 15% 左右；40 年前，中國人均 GDP 僅為 385 元人民幣，如今，人均 GDP 接近 1 萬美元；40 年前，中國老百姓每賺 100 元錢，要拿出 60 元左右購買食品，如今，中國老百姓恩格爾系數下降到 29.3%；40 年前，「中產階級」對於中國老百姓來說還是一個陌生、模糊的概念，如今，中國中等收入群體已達 3 億多人……

內地人常說：「實幹出真知」，香港人常說：「愛拚才會贏」。實幹，是解決一切難題的有效辦法。今天的香港，在發展經濟、改善民生、推進民主等方面遇到一些新情況、新問題，不同社會階層存在分歧，甚至產生隔閡。國家改革開放 40 年的成功實踐啟示我們，怨天尤人無益，空談美夢無用，加劇「政治爭拗」更是添亂，不要相互指責「你不行」，而要多想「怎樣才行？」；不應沉湎於「政治爭拗」，而應聚焦經濟民生。真抓實幹，香港的發展之路才會越走越寬，香港的市民生活才會越過越好！

中國的路 要中國人自己走

習主席在慶祝大會上指出：「在中國這樣一個有着 5,000 多年文明史、13 億多人口的大國推進改革發展，沒有可以奉為金科玉律的教科書，也沒有可以對中國人民頤指氣使的教師爺。中國特色社會主義道路是當代中國大踏步趕上時代、引領時代發展的康莊大道，必須毫不動搖走下去。」

在某些西方人的眼裏，世界上只有兩條道路，一是西方自由民主的資本主義道路，二是前蘇聯封閉僵化的社會主義道路。沒有第三條道路可走，非此即彼，不可兼容。然而，中國改革開放 40 年實踐雄辯地證明，富於智慧的中國人走出了一條讓西方世界意想不到的路子。這條路，既讓中國擺脫了貧窮、解決了溫飽、實現了富裕，又使「集中力量辦大事」的

社會主義制度優越性得到充分發揮。更讓西方世界沒有想到的是，社會主義和資本主義兩種制度還可以在一個國家內部兼容，「一國兩制」的「香港故事」、「澳門故事」竟然如此精彩！那些以西方思維觀察中國的「理論」統統失效了，在「中國威脅論」和「中國崩潰論」的交替喧囂中，中國一步步走向強盛。

中國特色社會主義道路，是中國人在沒路的地方踏出來的，是從荊棘叢生的地方開闢出來的。不是從教科書上找到的，也不是以「教師爺」自居的洋人指出來的。「一國兩制」是「中國特色社會主義」的重要組成部分。國家改革開放 40 年的成功實踐啟示我們，推進「一國兩制」行穩致遠，我們沒有教科書可以參考，也沒有「洋先生」可以請教，必須依據憲法和基本法、依據國情港情，毫不動搖、堅定不移地走自己的路。

走過千山萬水 仍需跋山涉水

習主席在慶祝大會上指出：「我們現在所處的，是一個船到中流浪更急、人到半山路更陡的時候，是一個越進越難、越進越險而又不進則退、非進不可的時候。改革開放已走過千山萬水，但仍需跋山涉水。」

一切過往，皆為序章。40 年很長，幾乎是兩代人的命運更迭。40 年很短，在歷史的長河中僅是浪花一朵。習主席深刻地把改革開放 40 年，放在中華民族偉大復興的大背景下觀察之後警示國人：在這個千帆競發、百舸爭流的時代，我們絕不能有半點驕傲自滿、故步自封，也絕不能有絲毫猶豫不決、徘徊徬徨，必須勇立潮頭、奮勇搏擊！

誠如習主席所言，今天的中國正是到了「船到中流浪更急、人到半山路更陡的時候」。當我們弱小的時候，人家不足為慮，甚至還會露出笑臉，表示同情；當我們日益強大的時候，勢必會變成人家的一塊「心病」；儘管我們提倡構建人類命運共同體、建立新型大國關係，但滿腦子都是「冷戰思維」、「叢林法則」的某些人，仍然難以接受中國強大的事實，仍然不相信「中國永不稱霸」的承諾。中國遇到越來越多的麻煩，經常「躺着中槍」。某些國家讓中國「中槍」的理由千奇百怪，匪夷所思。越是到這樣的時候，我們越不能鬆勁。自鴉片戰爭 170 多年來，中華民族

有多次實現復興的機會，都被外國列強粗暴打斷。這一次，我們無論如何也不能讓悲劇重演！我們要以「逆水行舟」、「滾石上坡」的危機感、緊迫感和責任感，繼續把改革開放向前推進。

　　繼續把改革開放向前推進，是全體中國人民的共同使命。香港肩負着推進「一國兩制」行穩致遠的重要責任，香港在「一帶一路」建設、粵港澳大灣區建設中發揮着特殊作用，香港在國家對外開放新格局中有着重要地位。繼續推進新一輪改革開放，香港義不容辭！「在新時代創造中華民族新的更大奇蹟！」「創造世界刮目相看的新的更大奇蹟！」香港同胞將按照習主席「四個更加積極主動」的要求，攜手內地書寫同發展共繁榮的嶄新篇章！

（原載於《大公報》，2018 年 12 月 19 日）

習主席囑林鄭堅定止暴制亂
恢復秩序的深意

在「修例風波」持續 5 個月、也是香港飽受暴亂破壞的 150 天之際，國家主席習近平在上海會見了出席第二屆中國國際進口博覽會的香港特區行政長官林鄭月娥。會見中，習主席對林鄭過去的工作給予了充分肯定，強調中央對她的高度信任，並明確指出：「止暴制亂、恢復秩序仍然是香港當前最重要的任務。依法制止和懲治暴力活動就是維護香港廣大民眾的福祉，要堅定不移。」

當此關鍵時刻，習主席的會見和發表的重要講話，具有極其深遠的意義，釋放出強烈的政治訊息。除了傳遞出中央堅定支持林鄭月娥和管治團隊依法施政、粉碎了那些「倒林鄭」的政治謠言之外，更重要一點在於，強調了香港未來一個階段的核心工作方向，也即必須堅定止暴懲暴，絕不能動搖！這既是對維護香港市民根本利益、推動香港形勢朝穩定方向發展的總體要求，也是對特區政府各項工作作出的新指示，更是對全香港社會發出的依法施政「總動員令」。全港市民都必須按照習主席講話要求，堅定支持林鄭月娥和特區政府，堅定支持恢復秩序，唯有這樣，香港才能獲得重回正軌、重新出發的生機。

止暴制亂是第一要務

「香港一直牽動我的心」的習主席，對香港的社會形勢十分暸解和清楚。過去 5 個月來，香港已由「動感之都」慘變「暴力之都」。雖然隨着形勢的發展，暴徒人數不斷下降，但香港局勢依然複雜嚴峻。暴力、違法活動仍然沒有得到完全遏制，甚至於在某些時候、在某些地區，暴徒變本

加厲，用喪失理智的瘋狂行為製造一樁樁令人髮指的罪行，襲警常態，「私了」成瘋。所有事實都在說明，做不到止暴制亂，香港的一切政治民生社會經濟範疇的發展，都不可能有任何發展，繼續任由暴亂踐踏下去，香港只有死路一條。

維護香港穩定是當前的一個大前提，但同時也要看到，在暴力肆虐之下，在外國勢力瘋狂干預之下，社會上有些人害怕了、退讓了、軟弱了，不僅對暴徒予以縱容的態度，更是反向對特區政府和依法治港的警隊施加壓力。若這種錯誤思潮不斷蔓延下去，不僅會嚴重誤導公眾，甚至將摧毀本已取得的來之不易的制暴成果。因此，習主席明確指出的「止暴制亂、恢復秩序仍然是香港當前最重要的任務」，已經點出了問題的核心。「當前最重要的任務」，說明這是具有壓倒一切的先決條件和頭等大事。香港必須盡快做到止暴制亂和恢復秩序，任何試圖動搖這一中心工作要求的因素，都應全力以赴予以克服和排除。

貫徹落實須堅定不移

習主席在第二屆中國國際進口博覽會開幕的繁忙國務活動中，會見林鄭和發表香港工作重要講話，十分不易。如何全面準確貫徹落實，是決定香港未來發展成敗的關鍵。正如習主席所說，過去 5 個月來，林鄭帶領特區政府尤其是警隊，全力以赴，克服了大量困難、排除了種種阻力，艱難地推進止暴制亂的工作，取得了一定的成效。然而，暴徒死心不息，外國勢力不斷切換亂港手段，總體形勢距離中央要求仍然還有很大差距。客觀原因可以理解，但在止暴制亂的鬥爭意志，在具體執行的手段方式，在適應新形勢所必須採取的應對方法，仍然有較大的空間可以改進和努力。

習主席指出：「依法制止和懲治暴力活動就是維護香港廣大民眾的福祉，要堅定不移。」這既是道出了止暴制亂的根本目的，也是對特區政府提出的原則要求。實際上，林鄭代表特區政府頒佈的《禁蒙面法》之前，同樣遭到各種的阻力，但實行至今的一個月以來的事實說明，這是非常有效和必須的手段。在當前的嚴峻形勢下，一方面要堅定止暴制亂的決心和信心，另一方面更應當思考運用更多類似的積極有效措施。特區政府的各

個部門和所有公務員，都應該抱着同樣的信念，堅定地貫徹執行這一原則要求，絕不容懈怠。

維護穩定是共同責任

習主席語重心長地說：「依法制止和懲治暴力活動就是維護香港廣大民眾的福祉。」今天香港的止暴制亂，絕不僅是特區政府或警隊的工作，每一位熱愛香港的市民都有不可推卸的責任和義務。當前的種種事態說明，暴亂的目的、矛頭所向，根本與修例無關。暴徒及亂港政客心甘情願充當外部勢力和反中亂港勢力的傀儡，不惜做出暴力違法的惡行，目的就是要攪亂香港、癱瘓特區政府，進而奪取特區的管治權。如果任由這種形勢發展下去，香港必將墮入無底深淵。

「上下同欲者勝」，只有全港市民共同發聲、共同努力、共同向暴力說不，止暴制亂才能獲得全面的成效。習主席指出：「希望香港社會各界人士全面準確貫徹『一國兩制』方針和基本法，齊心協力，共同維護香港的繁榮穩定。」這是對全港社會各界提出的殷切希望，是維護香港繁榮穩定的「總動員令」。暴徒之所以肆無忌憚，並非因為他們人多，而是他們用暴力阻嚇住了香港市民。如果市民堅定地表達維護「一國兩制」的堅強意志，堅定地遏止暴亂，暴亂也就離末日不遠。止暴制亂，這是全香港社會共同的工作，沒有人可以置身度外。

習主席會見林鄭的重要講話，是對全港 700 萬市民的殷殷囑咐和真誠要求，對推動香港形勢朝積極方向發展，對凝聚社會最廣泛的民心民意，具有無可比擬的作用和意義。全港社會都應該萬眾一心，眾志成城，讓香港全面恢復秩序的一天早日到來。

（原載於《大公報》，2019 年 11 月 6 日）

習主席就當前香港局勢的講話字字千鈞

香港時間前天晚上，正在巴西利亞出席金磚國家領導人會議的國家主席習近平，就當前香港局勢發表重要講話。習主席指出，香港持續發生的激進暴力犯罪行為，嚴重踐踏法治和社會秩序，嚴重破壞香港繁榮穩定，嚴重挑戰「一國兩制」原則底線。止暴制亂、恢復秩序是香港當前最緊迫的任務。我們將繼續堅定支持行政長官帶領香港特別行政區政府依法施政，堅定支持香港警方嚴正執法，堅定支持香港司法機構依法懲治暴力犯罪分子。中國政府維護國家主權、安全、發展利益的決心堅定不移，貫徹「一國兩制」方針的決心堅定不移，反對任何外部勢力干涉香港事務的決心堅定不移。

「三個嚴重」，定性暴力犯罪

與 10 天前在上海會見特區行政長官林鄭月娥時的講話相比，習主席此番講話內涵更加豐富、態度更加堅決。講話僅 200 多字，但字字千鈞，寓意深刻！在香港暴亂不斷升級的關鍵時刻，國家最高領導人的講話，發出了止暴制亂、恢復秩序的最強音！

對香港發生的打砸縱火、癱瘓交通、無差別殘害市民等行為如何定性？習主席一針見血地指出：「激進暴力犯罪行為」。這些行為的本質是什麼？習主席用了「三個嚴重」：嚴重踐踏法治和社會秩序，嚴重破壞香港的繁榮穩定，嚴重挑戰「一國兩制」原則底線。

5 個多月來的亂局發展到今天，暴徒的本來面目暴露無遺，他們自稱是和平示威者，卻無差別地殘害手無寸鐵的市民；自稱沒有「大台」，卻

有組織、有預謀地縱火、襲警；自稱「捍衛民主」、「捍衛自由」，卻只要求自己實施暴力的自由，而罔顧市民免於恐怖的自由。暴徒的所作所為，遠遠超出「和平集會」、「言論自由」的範疇，是典型的恐怖主義行為，突破了香港社會賴以正常運行的三條底線：法治底線，香港繁榮穩定的底線，「一國兩制」的底線。

「底線思維」是習主席治國理政的理論體系中的一個亮點。所謂「底線思維」，就是在面對紛繁複雜的局勢時，要爭取最好的結果，但要有清晰的底線。習主席對當前香港局勢「三個嚴重」的定性，就是以「底線思維」分析問題，指出了「激進暴力犯罪行為」的極其危險性，警告暴徒不要玩火自焚！

「三個堅定支持」，捍衛法治秩序

習主席強調，止暴制亂、恢復秩序是香港當前最緊迫的任務。中央將繼續堅定支持行政長官帶領香港特別行政區政府依法施政，堅定支持香港警方嚴正執法，堅定支持香港司法機構依法懲治暴力犯罪分子。

在「一國兩制」的制度安排下，中央並不干涉香港內部事務，但當香港社會發生動蕩的時候，支持香港恢復社會秩序，是中央的憲制責任。持續5個多月的動蕩，已經令香港近乎「無政府狀態」。動蕩局勢不僅令香港經濟陷入嚴重衰退，而且也危及國家安全，習主席指明了香港當前最緊迫的任務，支持特區政府、警隊、司法機關共同捍衛法治秩序。

第一個「堅定支持」至少有兩層含義：其一，中央對林鄭高度信任，對林鄭及特區政府過去5個月工作給予充分肯定，反中亂港勢力散佈「中央對林鄭不滿」的消息純屬謠言。其二，最近一個多月來，林鄭會同行政會議依據《緊急法》，出台了「禁止蒙面遊行」等做法，中央是堅定支持的；同時，支持政府根據事態發展的需要，繼續依法止暴制亂。

第二個「堅定支持」也有兩層含義：其一，中央對香港警隊5個月以來的艱辛付出給予高度肯定，包括：專業精神、嚴謹作風、頑強意志，更包含了對一線警員的關愛關心。其二，表達了對香港警隊的鼓勵和期許，希望香港警隊能夠不畏艱難、頑強作戰、嚴正執法，徹底平息這場暴亂。

第三個「堅定支持」表明，止暴制亂、恢復秩序是香港特區行政、立法、司法機關共同責任，中央希望香港司法機關忠實地履行基本法賦予的職責，法官要效忠法律，不能讓政治凌駕於法律之上，對暴力犯罪要依法嚴懲，判例要具有阻嚇作用，真正做到公正司法，維護公平正義。

「三個堅定不移」，維護國家安全

習主席強調，中國政府維護國家主權、安全、發展利益的決心堅定不移，貫徹「一國兩制」方針的決心堅定不移，反對任何外部勢力干涉香港事務的決心堅定不移。

第一個「堅定不移」表明，香港亂局並非「香港內部事務」那麼簡單，暴徒侮辱國旗國徽、圍攻中聯辦、襲擊新華社亞太分社和大公報、打砸中資金融機構和中資企業等行為，都是挑戰一個中國原則，危及國家主權、安全和發展利益。對此，中央決不會坐視不管！

第二個「堅定不移」表明，儘管暴徒及幕後黑手不斷挑戰「一國兩制」底線，但中央既不會令「一國兩制」變成「一國一制」，也不會令香港變成一個獨立的政治實體，脫離中央的管轄，「一國兩制」不是權宜之計，而是基本國策，不會變，不動搖。

第三個「堅定不移」表明，外部勢力企圖在香港發動「顏色革命」，其目的是令香港變成圍堵中國內地的基地，遏制中國崛起。這是赤裸裸的霸權主義！中國堅決反對，不會讓他們的圖謀得逞。

「香港一直牽動着我的心」的習主席，始終惦記着香港。正在巴西出席金磚國家領導人會議期間，習主席就當前香港局勢發表重要講話，深刻表明中國政府嚴正立場，給香港市民以信心和力量。黑色恐怖壓不垮香港，香港一定會迎來撥雲見日的一天！

（原載於《大公報》，2019 年 11 月 16 日）

習主席講話指路引航
中聯辦解讀透徹入理

香港中聯辦近日召開領導班子會議，深入學習貫徹習近平總書記在北京會見香港澳門各界慶祝國家改革開放 40 週年訪問團的重要講話精神。

會議認為，習近平總書記的重要講話暖人心、鼓幹勁、明方向，高瞻遠矚，催人奮進，要從「兩個建設好」的歷史定位和政治站位，以及「完善和發展中國特色社會主義制度，推進國家治理體系和治理能力現代化」的目標任務，深刻學習領會習近平總書記重要講話的豐富內涵和重大意義。一是要深刻認識習近平總書記重要講話，是對改革開放經驗和啟示「港澳篇」的高度總結；二是要深刻認識習近平總書記重要講話，是對「一國兩制」和改革開放相得益彰關係的深刻揭示；三是要深刻認識習近平總書記重要講話，是對新時代改革開放再出發的莊嚴宣示和對包括港澳同胞在內的中華兒女的強大精神感召。

聚焦「一次總結」，發揮優勢助發展

習主席重要講話指路引航，中聯辦解讀透徹入理。本港各界人士應該深入學習思考，在學深悟透講話精神的基礎上，推動香港融入國家發展大局，參與新一輪改革開放，為中華民族的偉大復興貢獻「香港力量」。

習近平總書記指出：「40 年來，港澳同胞在改革開放中發揮的作用是開創性的、持續性的，也是深層次的、多領域的」，並把港澳同胞和社會各界人士在改革開放中發揮的作用精闢概括為投資興業的龍頭作用、市場經濟的示範作用、體制改革的助推作用、雙向開放的橋樑作用、先行先試的試點作用和城市管理的借鑒作用。

改革開放 40 年，港澳發揮了什麼作用？黨和國家最高領導人首次作出全面系統的總結，體現出以習近平總書記為核心的黨中央、中央政府對港澳的「獨特地位」、「重大貢獻」、「不可替代作用」的高度重視。中聯辦會議認為，這是習總書記深刻把握港澳獨特優勢、深刻總結長期實踐得出的重要結論。

重溫歷史、總結經驗，是為了更好地開創未來。學習習總書記對改革開放「港澳篇」的總結，是領會講話精神的關鍵所在。比如，習總書記評價港澳在參與改革開放中的作用是「開創性的、持續性的」和「深層次的、多領域的」，這就啟示我們，在下一個 40 年，香港仍然要發揮好這一作用，在國家推進「高質量發展」和「高水平開放」的過程中，香港要更加積極主動地參與，要當推動者、貢獻者，而不能成為旁觀者。特別是國家已經轉入「形成陸海內外聯動、東西雙向互濟的開放格局」的新階段，香港具有國際聯繫廣泛的獨特優勢，應該在發揮「對外開放雙向開放的橋樑作用」上多下工夫。又比如，習總書記高度概括港澳助力國家改革開放的「六個作用」，香港在這六個方面的優勢仍然存在，下一個 40 年，香港仍然需要在這六個方面着力。中聯辦的解讀提示我們，在新時代、新起點上，香港仍然要發揮好不可替代的作用，助力國家發展。

把握「一對關係」，相得益彰共繁榮

習近平總書記指出：「對香港、澳門來說，『一國兩制』是最大的優勢，國家改革開放是最大的舞台」、「國家改革開放的歷程就是香港、澳門同內地優勢互補、一起發展的歷程，是港澳同胞和祖國人民同心協力、一起打拚的歷程，也是香港、澳門日益融入國家發展大局、共用祖國繁榮富強偉大榮光的歷程」。

如何看待改革開放與「一國兩制」的關係？習總書記的總結客觀準確，體現了辯證思維。中聯辦會議認為，過去 40 年，港澳為國家改革開放提供了重要助力，改革開放更是港澳繁榮發展的優勢所在和強大動力。二者相輔相成，互為補充，互利共贏。

學習習總書記講話精神，正確理解這對關係非常重要。在香港，某些

人士片面地認為，香港與內地的合作就是「富幫窮」，二者的關係是「富親戚」與「窮親戚」的關係。不可否認，本港有不少愛心人士主動參與了內地的公益事業，特別是九八抗洪、汶川地震、玉樹地震期間，港人給予災區人民巨大關愛。但從總體上來看，香港與內地的合作是優勢互補、互利共贏的。比如，改革開放之初，香港把製造業轉移到珠三角，一方面造就了珠三角的繁榮，另一方面，當時珠三角地區低廉的勞動力和豐富的土地資源，也降低了港企的成本，提升了港企的利潤空間，最重要的是產業轉移推動了香港的產業升級，香港華麗轉身為國際金融、貿易和航運中心，國際競爭力大大提升。正確認識改革開放過程中香港與內地的合作關係，由此正確認識改革開放與「一國兩制」的關係，是把握講話精神的關鍵。中聯辦的解讀提示我們，把握好這個關係，香港和內地才能繼續合力推進改革開放偉業，才能相得益彰共繁榮。

聆聽「一個號令」，改革開放再出發

習近平總書記表示：「希望港澳同胞繼續以真摯的愛國熱忱、敢為人先的精神投身國家改革開放事業，順時而為，乘勢而上，在融入國家發展大局中實現香港、澳門更好發展，共同譜寫中華民族偉大復興的時代篇章」，並指出「全體中華兒女要同心協力、堅忍不拔，風雨無阻、勇往直前，矢志實現我們的目標」。

改革開放再出發，港澳怎麼辦？習近平總書記希望港澳與內地一起再出發。中聯辦會議認為，習總書記的講話表達了對於港澳參與新一輪國家改革開放的熱切期待，是召喚包括港澳同胞在內的中華兒女積極參與新時代改革開放和「一國兩制」事業、共圓中華民族偉大復興中國夢的「集結號」與「動員令」。

過去 40 年，香港是國家改革開放的推動者、貢獻者、受惠者；下一個 40 年，香港不應、也不會缺席！這是責任所在，大勢所趨。學習習總書記講話精神，就要從字裏行間聽到「改革再出發」的明確「號令」，感受到中華民族偉大復興鏗鏘有力的節奏，全力投身到這一偉大事業中去。中聯辦的解讀提示我們：號令已經發出，香港應邁步前行！中聯辦領導

昨天在寧波舉行的紀念包玉剛先生誕辰 100 週年大會上也表達了同樣的觀點。希望香港各界人士在新時代新形勢下，認真按照習近平總書記四點希望，全面貫徹「一國兩制」方針，支持香港特區政府和行政長官依法施政，為維護香港繁榮穩定作出新的更大貢獻。

習近平總書記會見香港澳門各界慶祝國家改革開放 40 週年訪問團的重要講話，高屋建瓴，內涵豐富，令人鼓舞，催人奮進，是習近平總書記所講「香港發展一直牽動着我的心」的真實寫照，也是「中南海直通香港同胞」的生動縮影。正如中聯辦會議所總結指出的，習總書記的講話精神，將激勵香港同胞積極主動參與國家改革開放偉大事業，再立新功，再譜新篇！

（原載於《大公報》，2018 年 11 月 17 日）

習主席講話震懾反中亂港勢力
闡明底線不可觸碰

　　國家主席習近平近日就香港局勢闡明中國政府的嚴正立場。習主席指出，香港持續發生的激進暴力犯罪行為，嚴重踐踏法治和社會秩序，嚴重破壞香港繁榮穩定，嚴重挑戰「一國兩制」原則底線。

　　「激進暴力犯罪行為」是對這場暴亂最準確的定性，「三個嚴重」指出了「激進暴力犯罪行為」的巨大危害，這是中央綜合研判各種情況後做出的結論。這是迄今為止，國家最高領導人對暴徒及反中亂港勢力最嚴厲的警告，再次闡明了底線不可碰觸。奉勸暴徒及其幕後黑手放下屠刀，懸崖勒馬，勿謂言之不預也！

法治和社會秩序不容踐踏

　　香港是一個移民城市，是中西方文明的交匯點，五族雜處，商賈雲集，文化多元，訴求多樣。香港開埠以來，人們之所以能在這裏和諧共處、共同書寫獅子山下的傳奇，源於對法律的敬畏，對秩序的守護，對多元文化的尊重、對不同族群的包容。

　　然而，最近 5 個多月來發生的一切，扼殺了香港這座城市最寶貴的品質。暴徒打着「民主、自由、人權」的旗號，肆意踐踏法治和社會秩序。從襲警、暴力衝擊立法會大樓，到圍攻中聯辦、侮辱國旗國徽；從非法拘禁毆打內地旅客、私刑路人，再到當街刺殺區選候選人、當街縱火焚燒不同政見的市民、當街掟磚砸死環衛工人；從堵塞機場、港鐵、打砸交通燈，令市民「被罷工」，到公然佔領大學校園，將其變成「兵工廠」，企圖「武裝割據」……如此喪心病狂，置 700 多萬市民於黑色恐懼之中！哪

裏還有對法律的半點敬畏？

更令人憤慨的是，一幫縱暴派三番五次地美化暴力，拋出「違法自製論」、「暴力無奈論」、「情有可原論」、「另類自殺論」，稱暴徒為「義士」、「死士」，稱暴力行為是「違法達義」、「勇武抗爭」。漢奸黎智英公開鼓勵「年輕人為香港去死」，縱暴派大佬宣稱「暴力有時是解決問題的方法」。

暴力就是暴力，違法就是違法。「政治決不能凌駕於法律之上」，是法治社會與人治社會的本質區別，也是守法公民應懂得的基本常識。但暴徒和縱暴派「一武一文」、「一唱一和」，不僅攪亂了社會秩序，也攪亂了一些人的頭腦，令香港的法治基礎遭受了回歸 22 年來最嚴重的破壞。令人震驚！令人心痛！

習主席講到的「第一個嚴重」，就是正告暴徒及其幕後黑手：香港的法治和社會秩序不容踐踏！

香港的繁榮穩定不容破壞

從上世紀 80 年代中英就香港問題談判開始，「保持香港長期繁榮穩定」就是頻繁被提及的一句話。這是中英兩國政府的共識，這是中國政府恢復對香港行使主權的初衷，這是 14 億多內地同胞和 700 多萬香港居民的共同心願，這也是回歸 22 年來中央政府及香港特區政府的不懈追求。

從那時起，一條規則已經明確：如果有人膽敢破壞香港的繁榮穩定，就是對抗中英兩國政府的共識，就是與全中國人民為敵，就是與香港居民為敵，就是冒天下之大不韙！

40 多年前，鄧小平先生談及是否在香港駐軍問題時，曾一針見血地指出，中國一定要在香港駐軍，駐軍是主權的象徵，也是維護香港繁榮穩定的需要。今天，面對香港持續動亂，我們由衷地敬佩鄧公當年的遠見卓識！

解放軍駐港部隊是維護香港繁榮穩定的最堅強防線。截至目前，駐港部隊並沒有協助維持香港的社會治安，但並不意味着駐港部隊是「擺設」。根據基本法，當特區政府向中央政府提出請求時，駐港部隊定當不辱使命，雷霆出動，掃平暴亂。暴徒及其背後的反中亂港勢力不要心存僥倖！

習主席講到的「第二個嚴重」，就是正告暴徒及其幕後黑手：香港的繁榮穩定不容破壞！

「一國兩制」不容挑戰

「一國兩制」是解決香港問題的最佳制度安排，已被世界所公認，也被事實所證明。

回歸以來，中央兌現了對港人的承諾。包括：香港的資本主義制度不變，港人的生活方式不變，香港的法律基本不變。香港居民所珍視的法治、自由、人權、公正、廉潔等核心價值觀仍然廣受尊崇，言論自由、新聞自由、遊行集會的自由等較之回歸前有增無減。

回歸以來，香港作為國際金融、貿易、航運中心的地位更加穩固。在港交所上市公司的數量從 600 多家增加到如今的 2,000 多家。香港年均經濟增長 3.2%，人均地區生產總值從 1997 年的 21 萬港元提升到 2018 年的 38.19 萬港元。

回歸以來，香港同胞在國際上受到普遍尊重。香港特區護照持有人免簽證或落地簽證安排的國家和地區已達 157 個。

回歸以來，中央全力幫助香港抵禦風險。從 97 亞洲金融風暴、到 2003 年 SARS 侵襲、再到 2008 年世界金融危機，每到關鍵時刻，中央都幫助香港渡過難關。

「一國兩制」在香港的成功實踐，利國利港，也有利於世界。但反中亂港勢力卻要令香港變成圍堵中國的一枚棋子。老漢奸黎智英公開揚言「為美國而戰」，小漢奸黃之鋒鼓吹香港是「中美冷戰的最前線」；美國政客稱讚香港暴亂「是一道美麗的風景線」……他們就企圖裏應外合在香港搞一場「顏色革命」，令香港成為脫離中國管轄的獨立的政治實體，這是對「一國兩制」的嚴重挑戰。

習主席講到的「第三個嚴重」，就是正告暴徒及其幕後黑手：「一國兩制」底線不容挑戰！

（原載於《大公報》，2019 年 11 月 18 日）

習主席闡明中央挺港立場
冀止暴制亂多出實招

國家主席習近平近日就香港局勢闡明中國政府的嚴正立場。習主席指出，止暴制亂、恢復秩序是香港當前最緊迫的任務。我們將繼續堅定支持行政長官帶領香港特別行政區政府依法施政，堅定支持香港警方嚴正執法，堅定支持香港司法機構依法懲治暴力犯罪分子。

「三個堅定支持」彰顯了中央維護國家安全的堅定決心，表達了對黑色恐怖下的香港同胞關心愛護，表明了止暴制亂是香港有關各方及社會各界的共同責任，希望有關各方拿出更多實招。

持續 5 月有餘的暴亂，令香港滿目瘡痍。眼下，已到了天怒人怨的地步！止暴制亂、恢復秩序，不能停留在「遺憾」、「遺憾」、「非常遺憾」，「譴責」、「譴責」、「強烈譴責」的口頭表態上，特區有關各方必須以「事不避難」的擔當精神，以「與暴力勢不兩立」的非凡勇氣，窮盡所有法律手段，撲滅還在蔓延的暴力之火，還香港市民和平安寧。

司法機關必須捍衛公義

黑雲壓城，正不壓邪。就在蒙面暴徒將香港變成火海和戰場時候，香港高等法院昨日做出了一個令人匪夷所思的裁決，裁決由 24 名反對派議員申請覆核的《禁蒙面法》違憲。試問：如此裁決的公義何在？

法官大人難道沒有看到蒙面暴徒的惡行嗎？這場以「反修例」為名的示威活動，到現在已經與「反修例」沒有半毛錢的關係，暴徒對市民無差別襲擊，已經製造命案，駭人聽聞！暴徒公然當街刺殺區議會候選人，令人震驚！暴徒接二連三地「私了」路人，無辜市民血濺街頭，令人憤慨！

暴徒把大學校園變成「兵工廠」，盜用危險化學品製造殺傷武器，意欲長期危害公眾安全，令人擔憂！暴徒如此膽大妄為，「黑衣蒙面」的「功不可沒」！現在，連西方媒體都看不下去了，痛斥暴徒「醜陋」、「瘋狂」、「罪惡」、「反人性」，難道身在香港的法官大人看不見這一切嗎？

法官大人難道沒有看到如此裁決是公然縱暴嗎？非法「佔中」開啟了暴力違法的「魔盒」，案犯的審理曠日持久，至今，48名「佔中」搞手僅9人被判刑，而且量刑很輕，從客觀上起到了縱暴的作用。這一次，法官大人又以種種理由「放生」暴徒，5個多月來共有3,000多人被捕，僅有一名侮辱國旗者被輕判200小時社會服務令，其中，大部分嫌犯被獲准保釋，尤其是慣犯黃之鋒，法庭竟然允許其在保釋期間出境，繼續其「港獨」活動。這不能不令人質疑：某些法官到底是效忠憲法和基本法？還是效忠自己的政治理念？

司法機關是構成香港政治架構的重要組成部分，儘管法官可以用「司法獨立」說事，但法官必須效忠法律，必須維護公平正義，必須遏暴、而不是縱暴。如果司法不公，正義不彰，則香港永無寧日！

香港警隊應該更加果敢

儘管「警察拉人，法院放人」的現象不斷發生，但香港警隊絲毫不能鬆懈，保障市民安全、維護社會秩序，是警察的天職。5個多月來，香港3萬餘名警察以專業、克制、堅毅的品質，奔波在止暴制亂第一線，恪盡職守，忍辱負重，頑強奮戰，築起了維護香港穩定的最後防線，令人感動！令人敬佩！

這些天，香港暴亂陡然升級。暴徒不僅在網上散佈「殺警」言論、傳授「殺警」技巧，而且以弓箭、燃燒彈、標槍、土製炸彈等致命性武器襲擊警察。與此同時，縱火炸橋、佔領校園、殘害市民、殺人嗜血。特別是暴徒的「快閃」式襲擊，令人措手不及；遍地開花的無差別襲擊，令人防不勝防；焚燒不同政見市民的殘忍手段，令人意想不到。「魔高一尺，道高一丈」。暴力升級，制暴武力也應隨之升級。警察決不能縮手縮腳、處處被動，而應機動靈活、主動出擊，以更加堅決、更加果斷地戰術，在暴

恐事件發生的第一時間，制止暴力，將暴徒捉拿歸案。

如果說過去幾個月「屈警」現象屢次發生，一些市民還無動於衷的話，那麼，近期的民意已經明顯反轉，「撐警制暴」已是主流民意，一直以來顛倒黑白的縱暴派也不敢大聲「撐暴」，就連臭名昭著的大漢奸黎智英也在「龜縮」。值此關鍵時刻，香港警方「宜將剩勇追窮寇」，掃平暴亂。對暴徒不能有半點的仁慈，對暴徒的仁慈，恰是對無辜市民的犯罪。制暴過程中不能有絲毫的猶豫，猶豫不決就會錯失良機！

特區政府要再出實招

止暴制亂、恢復秩序，是香港當前最緊迫的任務。如果香港一直亂下去，無論特區政府的施政方案多麼完美，都是一紙空文！

維護國家主權、安全、發展利益，保障香港的法治和社會秩序，這是基本法賦予行政長官和特區政府的憲制責任。如今，國家安全無法保障，法治根基面臨崩塌，社會秩序已經大亂，香港市民深陷水火。在香港的政治架構中，特首代表香港特區落實「一國兩制」，基本法賦予特首超然於立法、司法的權力，「緊急法」授權特首會同行政會議有權根據實際情況的需要，制定任何法律。用權為公，用權制暴，用權救民，無論從法律、還是從道義的角度看，都是理所當然！

當前，根據「緊急法」，特區政府還有很多事可以做。比如，對通訊和煽暴媒體管控、阻止可用於暴動的設備輸入香港、查禁助亂的黑金戶口、抓捕暴亂幕後策劃者、拒絕可疑外國人入境、防止暴徒利用交通工具流動犯案，等等。總之，要綜合施策，形成止暴制亂的壓倒性力量。

習主席闡明中央挺港立場，是給香港同胞的巨大鼓勵和鞭策，止暴制亂出實招，方能見實效，打「口水仗」無濟於事，但願各方共同擔起責任！

（原載於《大公報》，2019 年 11 月 19 日）

習主席發出鄭重宣告
維護國家安全堅定不移

大國崛起，勢不可當；蚍蜉撼樹，不自量力！一小撮暴徒在外部勢力的支持下，把香港變成了硝煙瀰漫、戰火蹂躪的戰場，企圖搞一場「顏色革命」，奪取香港的管治權，令香港成為顛覆國家政權的基地。這是痴心妄想！

國家主席習近平近日就當前香港局勢闡明中國政府的嚴正立場。習主席指出：「中國政府維護國家主權、安全、發展利益的決心堅定不移，貫徹『一國兩制』方針的決心堅定不移，反對任何外部勢力干涉香港事務的決心堅定不移。」這是發出了維護國家安全的最強音，暴徒及其背後的反中亂港勢力必須聽明白，放下屠刀，盡快收手，停止暴亂是唯一選擇！

確保國泰民安是歷史責任

習近平治國理政思想的一個重要閃光點是「歷史思維」。習主席多次強調，「一個民族的歷史是一個民族安身立命的基礎」。「中國的今天是從中國的昨天和前天發展而來的。要治理好今天的中國，需要對我國歷史和傳統文化有深入暸解，也需要對我國古代治國理政的探索和智慧進行積極總結。」「歷史是最好的教科書，也是最好的清醒劑。」言猶在耳，震聾發聵！

回望歷史，是為了解決眼前問題，也是為了在未來的路上走得更好。中華民族上下 5,000 年的歷史告訴我們一個樸素的道理：誰能確保國泰民安，誰就能得民心。今天的中國，在中國共產黨的領導下，創造了世所罕見的經濟快速發展奇蹟和社會長期穩定奇蹟，中華民族迎來了從站起來、

富起來到強起來的偉大飛躍。最近 40 年，是中國鴉片戰爭 170 多年來最鼎盛的時期，中國共產黨得民心、順民意，執政基礎牢不可破。

中華民族上下 5,000 年的歷史還告訴我們一個規律：凡國力強大，則國家統一；凡國力衰弱，則國家分裂。今天，我們正走在中華民族偉大復興之路上，豈能容忍國家分裂！確保國泰民安是 14 億人的最大共識、是中國共產黨和中國政府的歷史責任。

習主席指出：「中國政府維護國家主權、安全、發展利益的決心堅定不移」，正是以歷史思維觀察分析現實問題，向全世界做出的鄭重宣告。

「一國兩制」不是權宜之計，而是基本國策，早已透過憲法和基本法得到法律確認，並在港澳兩地一以貫之的施行，這是有目共睹的事實。

然而，反中亂港勢力到處宣揚：「『兩制』已死」「中央剝奪香港人的自由」「中央干涉香港事務」等等。試問：中央什麼時候剝奪過港人自由？

實施「一國兩制」是基本國策

比如，修例一事。此事起因是「台灣殺人案」涉及到逃犯移交問題，特區政府向立法會提出逃犯移交方案，涉及到香港與台灣、香港與澳門、香港與內地之間面臨同類問題，通過「修例」可以一併解決。此事並非中央政府主導，更不是中央政府要求政治犯「送中」，反對派卻嫁禍於中央政府。

再比如香港居民最為珍視的「言論、集會、遊行和示威的自由和權利」問題。基本法賦予香港居民的這些自由和權利，在回歸後都得到充分保障。特區政府對「和理非」表達訴求的集會、遊行和示威活動都放行，直到今年 8 月以來，暴力活動借遊行集會之機大肆蔓延，警方才發出反對通知書，制止非法集會。

「一國兩制」是一個完整的統一體，「一國」是根是源，「兩制」是枝是流。不承認「一國」，豈能有「兩制」？反中亂港勢力只要「兩制」，不要「一國」，嚴重違反了憲法和基本法，是要令香港變成一個脫離中央管轄的獨立政治實體，其本質是「港獨」。為了達到這個目的，大肆污名化、妖魔化中央政府和內地民眾，無所不用其極，已經嚴重誤導了公眾的

認知。

習主席指出:「貫徹『一國兩制』方針的決心堅定不移」,就是鄭重宣告,中央不會令「一國兩制」變成「一國一制」,中央也不會令「一國兩制」走樣變形。

反對外國干涉是國際準則

5個多月的時間,給足了反中亂港勢力表演的機會。事實證明,香港之亂是一場標準的「顏色革命」,背後黑手就是美國。

大漢奸黎智英稱:「香港遊行是為美國而戰」,小漢奸黃之鋒鼓吹香港是「中美冷戰的最前線」;美國政客稱讚香港暴亂「是一道美麗的風景線」。無良政客裏應外合,一唱一和,將其野心暴露無遺。再看看暴亂現場,中國國旗國徽被一次次塗黑、污辱,美國國旗、英國國旗和龍獅旗一次次揮舞飄揚,這不是很清楚地說明了這場暴亂的「大台」是誰嗎?

最為無恥的是,美國政客公然要求香港特區行政長官如何如何,否則,美國政府將如何如何。香港是中國的一個地區,外國政府官員有什麼資格對一個主權國家的地區領導人發號施令?這種粗暴干涉他國內政的做法,嚴重違反了國際法和國際準則,毫無道理!

美國是發動「顏色革命」的高手,在世界各地屢屢得手,因而變得肆無忌憚,但這一次面對的是中國,須知中國是一個非常珍視國家統一和完全有能力維護國家統一的國家,中國還是一個有責任和義務維護國際法和國際準則的國家,決不會讓某些國家肆意妄為!

習主席指出:「反對任何外部勢力干涉香港事務的決心堅定不移」,這就是要鄭重告訴美國:不要在錯誤的時間、錯誤的地點、實施一次錯誤的行動!

「三個堅定不移」是維護國家安全的最強音,希望反中亂港勢力能夠聽懂,希望全世界能夠聽懂!

（原載於《大公報》,2019年11月20日）

習主席晤林鄭再提「堅定支持」冀香港重回正軌

　　國家主席習近平昨日下午在北京會見赴京述職的香港特別行政區行政長官林鄭月娥，聽取香港當前形勢和特區政府工作情況的匯報。習主席對林鄭一年來的工作給予充分肯定。他指出，林鄭月娥特首能堅守「一國兩制」底線，依法施政，恪盡職守，做了大量艱苦工作，中央對她在非常時期顯示的勇氣和擔當非常肯定。

　　習主席表示，中央將繼續堅定支持林鄭月娥帶領香港特區政府依法施政，堅定支持香港警方嚴正執法，並希望香港社會各界人士團結一致，共同推動香港發展重回正軌。

　　這是繼上個月習主席在巴西利亞就香港局勢闡述中國政府嚴正立場之後，再次指出「堅定支持」。這說明，中央對香港問題的判斷沒有改變，對特區政府和香港警方的支持力度沒有改變，對止暴制亂、恢復秩序的要求沒有改變。

　　有中央的堅定支持，特區政府、警隊和香港各界應團結一致，挺法治，護家園，盡快推動香港發展重回正軌。

　　這場由「修例」引發的動亂已經持續半年之久，反對派把林鄭當成「罪魁禍首」，視「修例」為動亂之源。這是完全沒有道理的！回顧過往，林鄭及管治團隊始終堅持依法施政。何為「依法施政」？最重要的是恪守法治精神。

依法施政才能保持政治定力

　　「修例」由「台灣殺人案」引起，儘管在草案起草時聽取民意不足、

宣傳解釋不夠，引起市民恐慌，由於難以形成共識，最終撤回；但不能否認特區政府維護法治公義的初心。這個初心就是恪守法治精神的體現。

在這個過程中，反對派及一些示威人士提出「五大訴求」，特首及政府問責官員對「五大訴求」作了多次回應。能夠答應的，都已經答應，包括撤回「修例」；不能答應的，特首堅決不答應。比如，特首沒有答應對示威者「不檢控、不追究」，因為這項要求完全背離了法治精神。基本法規定，特首擁有對罪犯特赦的權力，但必須在法庭裁決之後，確認其「罪犯」身份，且應具備一定條件才能特赦，豈能不論青紅皂白、稀裏糊塗地一概特赦？林鄭不答應這一無理要求，正正體現了對法治精神的堅守。

依法施政才能保持政治定力。過去一年，林鄭和管治團隊堅持依法施政，沒有無原則、無底線妥協，令反中亂港勢力不滿，但林鄭做得對！特首不僅是特區政府之首，也是特區之首，既要對市民負責，也要向中央負責，堅持依法施政，才能走得正、行得穩。

習主席說，中央將繼續堅定支持林鄭月娥帶領香港特區政府依法施政，正是對林鄭的高度肯定。

嚴正執法才能徹底止暴制亂

在半年之久的持續動亂中，反中亂港勢力把警察當成眼中釘、肉中刺，挑撥「仇警」情緒，甚至叫囂「解散警隊」。這種要求何等惡毒！在當前情形下，如果解散警隊，香港街頭立刻就會變成人間地獄，殺人放火、打砸劫掠，頃刻間會將香港摧毀。

還有人指責警察「濫用武力」，稱那些年輕人是為了香港好，就算是行為過激，也情有可原。這個指責是荒唐的！警察並沒有義務分辨示威者的政治主張，警察只能根據「是否違法」來拘捕嫌犯。暴力就是暴力，違法就是違法，不能毫無原則地「漂白」。作為警隊，只有嚴正執法，才能止暴制亂，才是恪盡職守的體現。

過去半年來，3萬多名香港警察是香港功臣，他們在被誤解、被中傷、被仇恨的情形下，忍辱負重，築起了香港和平安寧的「防波堤」。如果沒有警察流血流汗，香港死傷的人數不知會有多少！重大交通事故不知

會有多少！暴徒當街縱火不知會引發多少火災！最典型的例子，莫過於中大、理大被暴徒佔領事件，如果不是香港警隊「圍而不殲」的巧妙處理，後果不堪設想！每一位有責任、有良心的市民，都應明白，正是由於香港警隊嚴正執法，才沒有釀成大禍。

眼下，大規模的暴亂已經被壓制下去，但暴亂的基礎還沒有徹底摧毀，核心暴徒並沒有全部緝拿歸案，境外的恐怖主義勢力還準備在香港搞事。止暴制亂的任務仍然艱巨，香港警隊「宜將剩勇追窮寇」，唯有嚴正執法，才能徹底止暴制亂。

團結一致才能守護家園和諧

半年多來，香港社會撕裂的程度令人觸目驚心！一些人見面先問「黃絲」、「藍絲」，以人劃線；不論是非，不講法治，「順我者昌，逆我者亡」。這難道是文明社會人們做事的邏輯嗎？更有黑衣暴徒喪心病狂，惡債纍纍。一言不合，當街「點火燒人」；政見不同，公然刺殺議員；擲磚如雨，砸死無辜老伯⋯⋯這還是香港嗎？習主席希望香港社會各界人士團結一致，共同推動香港發展重回正軌。此語點到了要害！

香港是我們的家園，是一個具有文明、包容、多元、自由、法治特質的城市，是一個五族雜處、和睦和諧的國際大都市。守護家園的和諧安寧，是每一位市民的責任。700 萬香港市民團結一致，才能推動香港這輛車重回正軌。

儘管香港社會各階層都有自己的訴求，但在「團結一致，共同推動香港發展重回正軌」這一前提上，應該形成最大共識。如果繼續容忍暴力，繼續「拉仇恨」，受到最大傷害的，只會是香港人，而不是別人！

習主席再提「堅定支持」，希望香港重回正軌，闡明了中央對香港根本利益的關切，對 700 萬香港同胞的關愛，對「一國兩制」行穩致遠的殷切希望。港人當自強，護家有擔當！

（原載於《大公報》，2019 年 12 月 17 日）

回望「十三五」，
香港與內地攜手共進闖新路

　　中國共產黨十九屆五中全會昨天在京召開。習近平總書記代表中央政治局向全會作工作報告，並就《中共中央關於制定國民經濟和社會發展第十四個五年規劃和二〇三五年遠景目標的建議（討論稿）》向全會作了說明。這是包括港澳兩個特區在內的全國人民政治生活中的一件大事。從國家「十二五」規劃首次出現「港澳專章」，港澳的發展就納入了國家發展的「大棋局」。在「十三五」規劃中，港澳的分量更重。中央明確了一個目標：「支持港澳提升經濟競爭力」、一條路徑：「深化內地與港澳合作」。

　　今年是「十三五」規劃的收官之年。回望「十三五」，在以習近平總書記為核心的黨中央、中央政府的關心支持、統籌協調下，「一國兩制」下的香港，發揮自身優勢，瞄準內地需求，獲得了與內地更多的合作機會，一個個藩籬被破除，一道道難題被攻克。事實證明，香港與內地攜手共進闖新路，實現了相融互補、互利雙贏，令香港的發展基礎更加穩固、發展空間更加開闊、發展前景更加美好。

設施連通，人流物流大提速

　　這 5 年，香港與內地的連接通道越來越多。

　　2018 年 9 月 23 日，廣深港高鐵香港段開通運營，香港接入了全國高鐵網；2018 年 10 月 24 日，港珠澳大橋開通，「兩制三地一橋連」變為現實，搭起了粵港澳大灣區的「骨架」；2020 年 8 月 26 日，深港之間第七座陸路口岸 —— 蓮塘／香園圍口岸啟用，港深之間再添一條物流大

通道……

　　基礎設施連通，帶來的是人流物流的大提速，對於眼前及未來的香港來説，尤其需要建設更多與內地連接的通道。回顧過去 40 年，香港正是很好地發揮了內地市場與國際市場之間「連接器」的功能，在助力國家改革開放同時，成就了自己。

　　面向未來，香港發揮好「連接器」的功能，才能將香港的優勢發揮到極致，獲得更大的發展空間。「背靠大樹好乘涼」，與 40 年前相比，今天的內地市場更值得香港重視，幾乎有做不完的生意。

機制創新，接軌融合已啟動

　　正是基於以上理性認識，儘管在深港高鐵「一地兩檢」、港珠澳大橋建設等事件上，香港社會出現了不同聲音，甚至有反對派人士給這些基礎設施項目貼上「政治標籤」，惡意炒作、橫加阻攔，但香港的主流民意始終堅定支持項目建設，最終推動項目建成，為香港下一步發展提供有利條件。

　　這 5 年，香港與內地的接軌與融合走得更深、走得更實。

　　2016 年 12 月，「深港通」開通，內地、香港和境外投資者可以更便利地投資香港及內地的上市公司股票；2017 年 7 月，「債券通」開通，境內外投資者通過「北向通」可實現在香港買賣內地債券，打開了外資通過互聯互通機制進入中國債券市場的大門。

　　此外，中央還支持香港強化全球離岸人民幣業務樞紐地位和國際資產管理中心功能，築牢香港的國際金融中心地位；鼓勵內地金融企業在香港成立境外業務的區域總部；促進香港發展成為財資管理中心；支持香港在「一帶一路」基建項目中扮演風險評估、集資和專業服務方面的角色；鼓勵香港發展綠色金融等。

　　除了金融領域，科技部推動國家重點研發計劃、國家重點研發計劃基礎前沿類專項、國家自然科學基金優秀青年科學基金項目向港澳開放，鼓勵香港在科技創新上更有作為。

　　粵港澳大灣區建設發展綱要出台後，廣東省以實施「灣區通」工程為

抓手，加快建立與國際高標準投資貿易規則相銜接的制度體系。如今，廣東對港澳服務業開放部門達 153 個，港澳企業「一網通辦」等已實施；與此同時，內地省份與香港的合作，也不再滿足於具體項目的安排，而是通過機制創新來實現「接軌」。

香港與內地社會制度不同、法律體系不同、金融體系不同，相同的是「抱團發展，並船出海」的理念，是互利共贏、共同發展的目標。正是有這樣的共同點，5 年來，香港和內地均有推進機制創新的內生動力，在這一強大動力推動下，接軌與融合已經啟動，前景值得期待！

園區共建，探索合作新模式

這 5 年，香港與內地開啟了合作新模式的探索。

2018 年，深港之間醞釀了多年的「河套地區」進入大開發階段，深圳和香港合作共建「港深創新及科技園」。河套地區佔地 87 公頃，是目前香港科學園面積的 4 倍。這是繼「前海深港合作區」之後，大灣區又一個超級亮點。

「十三五」期間，前海實現了從一片灘塗到國際化城市新中心的蝶變。2019 年度，前海合作區經濟密度位居全國同類新興區域之首，實際利用外資僅次於上海自貿區、位居全國第二。如今，已有 324 家「世界500 強」企業投資前海，持牌金融機構 243 家入駐前海，前海也成為港青北上創業、實現自身價值的「夢工場」。

香港的融資成本很低、人才聚集能力很強，並在一些領域擁有強大的科研實力；深圳高端製造業水平很高，並擁有發展產業所需的地理空間，且產品輻射內地市場。港深共建園區，可以把各自的優勢發揮到最大。

當年設立深圳經濟特區，實現了深圳與香港之間資源和市場的對接，今天在河套地區和前海的探索，為香港和大灣區內廣東九市實現「規則銜接、制度對接」探路。5 年來的實踐，探索出了香港和深圳之間的合作新模式，有力地推動了大灣區「9+2」城市的融合發展。

沒有比人更高的山，沒有比腳更長的路。「十三五」期間香港與內地

攜手共進的實踐證明，只要兩地齊心，就一定能在「一國兩制」框架下探索出符合發展實際的合作之路，就一定能把習近平總書記「兩個建設好」的要求落實好，更好地造福香港同胞和內地人民。

（原載於《大公報》，2020 年 10 月 27 日）

習主席肯定特區政府工作
激勵港人共同奮鬥

昨日，國家主席習近平會見赴京述職的香港特別行政區行政長官林鄭月娥。習主席指出，一年來香港由亂到治局面不斷鞏固，局勢不斷向好發展。新冠肺炎疫情防控成效明顯，經濟逐步復甦，社會保持安定，中央對特區政府的工作充分肯定。

這是在疫情依然嚴峻、許多活動採取視頻方式進行的背景下，習主席在北京專門接見林鄭月娥，體現了中央對香港特區的重視、對 730 萬香港同胞的關懷。

一年來，香港由亂及治、由治而興，進入了發展新階段，特別是剛剛結束的第七屆立法會選舉，把「愛國者治港」落到了實處，為香港實現良政善治開了一個好頭。習主席關懷香港，中央支持香港，港人共同努力，必能推動「一國兩制」行穩致遠。

「一國兩制」護佑「三個根本利益」

習主席指出，十九屆六中全會做出《關於黨的百年奮鬥重大成就和歷史經驗的決議》，「一國兩制」作為重要內容寫入其中。習主席說，香港回歸 20 多年的不平凡歷程充分證明，實行「一國兩制」有利於維護國家根本利益，有利於維護香港根本利益，有利於維護廣大香港同胞根本利益，中央將繼續堅定不移貫徹「一國兩制」方針。

當年，「一國兩制」是解決香港問題的最佳方案。當下，「一國兩制」也是最符合國家和香港利益的制度。因為，「一國兩制」有利於維護國家根本利益，香港長期扮演祖國內地連接世界的橋樑，在國家發展大局中具

有不可替代的特殊作用。「一國兩制」有利於維護香港根本利益。香港是一個細小的經濟體，雖然高度發達，但抗擊風險的能力較弱，有國家作為堅強後盾，有內地的廣闊市場，香港就沒有邁不過的坎，繁榮穩定就有了保障。「一國兩制」有利於維護廣大香港同胞根本利益，「香港所長」和「國家所需」之間蘊藏着巨大機遇，香港融入國家發展大局，必能打開發展經濟、改善民生的新路徑，給香港市民帶來實惠、帶來福祉。

習主席關於「一國兩制」的重要論述，再次闡明了中央堅定不移貫徹「一國兩制」方針的鮮明態度，香港市民不要聽信「『兩制』變『一制』」的謠言，香港現在所做的事情，是撥亂反正、正本清源，並非改絃易轍、另起爐灶。

新選制是一套好制度

習主席高度評價新選舉制度下的首次立法會選舉。習主席說，廣大香港同胞當家做主的民主權利得到體現，「愛國者治港」原則得到落實，社會各階層各界別廣泛均衡參與的政治格局得到確立，實踐證明，新選舉制度符合「一國兩制」原則，符合香港實際，為確保「一國兩制」行穩致遠，確保香港長期繁榮穩定，提供了制度支撐，是一套好制度。

民主沒有統一的模式。一套選舉制度好不好？關鍵要看效果。香港過去很長一段時期，盲目從形式上追求西方式民主，實際上帶給香港的並不是真正的民主，而是分化惡鬥、社會失序、經濟失衡、管治失效，最終釀成了 2019 年的持續暴亂。事實證明，脫離實際的所謂「民主」，不會給香港帶來任何好處，只會令香港陷入動蕩的深淵。香港最大的實際是什麼？是「一國兩制」！香港的民主發展不能脫離「香港特別行政區是中華人民共和國不可分離的部分」，「香港特別行政區是中華人民共和國的一個享有高度自治權的地方行政區域，直轄於中央人民政府」這個基本邏輯。

完善後的選舉制度，全面準確貫徹了「一國兩制」方針和基本法，符合香港實際情況。既堅持「一國」原則，又尊重「兩制」差異；既充分體現「愛國者治港」原則要求，修補了選舉制度存在的漏洞和缺陷，又做到了包容開放；既保證廣泛參與，又體現均衡參與；既發展選舉民主，又加

強協商民主；既維護了政權安全，又有利於提高治理效能；既有利於促進良政善治，又有利於維護和實現香港廣大居民的民主權利，令選舉民主朝着健康良性的軌道運行。

習主席肯定此次選舉取得成功，激勵港人繼續提升民主的質量，維護國家安全，造福香港市民。

香港與祖國同心同向同行

習主席指出，堅信隨着實踐不斷深入和制度體系不斷完善，「一國兩制」優越性將進一步彰顯，廣大香港同胞一定能弘揚愛國愛港的光榮傳統，同全國人民攜手並肩，實現中華民族偉大復興，為此而共同奮鬥。

新選制下的首次立法會選舉，是「港式民主」的一次成功實踐。筆者作為候選人參與了這次選舉活動，雖然最終沒有如願當選，但在參選的全過程中，親身感受到香港社會的隔閡正在消融、共識正在形成、合力正在匯聚。本屆立法會選舉最大特點是：理性、公平、有序。候選人比專長、比政綱、比理念、比擔當、比貢獻，更加注重民生和發展議題。候選人來自不同界別、不同階層，但大家聚焦的都是涉及香港整體利益、長遠利益的大事要事，過去那種兜售「拒中抗共」觀點、挑撥香港與內地關係的現象銷聲匿跡。事實證明，新選制令香港民主發展重回正軌，避免了「野蠻生長」，令香港與祖國內地攜手同行有了制度保障。

習主席勉勵香港同胞與全國人民攜手並肩，共同致力於中華民族偉大復興的偉業，再次點燃了香港同胞心中的激情與夢想。回想 2017 年「七一」期間，習主席親臨香港視察，勉勵港人的著名金句令人難忘：「相信自己，相信香港，相信國家」，「我們既要把實行社會主義制度的內地建設好，也要把實行資本主義制度的香港建設好」……今天，對照香港的變化，領會習主席金句的深意，香港同胞對未來充滿信心。香港即將迎來回歸祖國 25 週年的重要節點，有習主席領航把舵，有中央全方位支持，有祖國作堅強後盾，「東方之珠」必能魅力長久！「一國兩制」必能行穩致遠！

（原載於《大公報》，2021 年 12 月 23 日）

習總書記講話精神
彰顯馬克思主義的香港價值

　　香港中聯辦昨日召開領導班子會議，學習貫徹習近平總書記在紀念馬克思誕辰 200 週年大會上的講話精神。

　　中聯辦領導説，習近平總書記的重要講話是當代中國共產黨人堅持和發展馬克思主義的宣言書，是新時代繼續推進馬克思主義中國化的行動綱領，是一篇閃耀着馬克思主義真理光芒的光輝文獻。

　　中聯辦領導從三個方面提出了進一步解讀和要求：學習和實踐馬克思主義關於生產力和生產關係的思想，推動香港融入國家發展大局，進一步解放和發展社會生產力；學習和實踐馬克思主義關於文化建設的思想，維護好、傳承好中華傳統文化，促進香港社會的文化認同；學習和實踐馬克思主義關於世界歷史的思想，站在世界歷史的高度看待香港發展，充分發揮香港在「一帶一路」建設的獨特作用，共同構建人類命運共同體。

　　中聯辦領導以上三個方面的要求，準確結合了香港當前實際，體現出了馬克思主義的當代價值和香港價值，雖然是對中聯辦領導班子提出的要求，但對於現時的香港社會各界同樣具有啟迪作用。

融入國家發展大局是大勢所趨

　　習近平總書記在紀念馬克思誕辰 200 週年的大會上講話中指出：「學習馬克思，就要學習和實踐馬克思主義關於生產力和生產關係的思想。」「我們要勇於全面深化改革，自覺通過調整生產關係激發社會生產力發展活力，自覺通過完善上層建築適應經濟基礎發展要求，讓中國特色社會主義更加符合規律地向前發展。」

中聯辦領導說，解決香港的深層次矛盾，根本的辦法就是推動香港融入國家發展大局，進一步解放和發展生產力。要全力支持特區政府與廣東、澳門共同推進粵港澳大灣區建設，配合中央有關部委繼續研究和出台便利香港同胞回內地發展的政策措施，讓香港同胞切實享受到共同家園帶來的好處和機遇。

中聯辦領導所言，是在深入學習領會習近平總書記講話精神的基礎上，結合香港發展做出的判斷。平心而論，今日的香港唯有融入國家發展大局，才能躍上最好的發展平台。對此，香港同胞須從兩個角度來認識。一是國際地位。香港是一個國際化大都市，港人素來具有全球眼光。回歸20年，無論持什麼政見的人都不得不承認，過去20年，香港的國際地位大幅提升，在國家的大力支持下，香港加入了許多主權國家才有資格參加的國際組織，港人在國際上得到了普遍尊重。二是發展機遇。放眼全球，既有12萬億美元以上的經濟規模、又保持6.7%以上經濟增長速度的國家，除了中國還有第二個嗎？沒有！這決定了中國作為世界經濟增長「第一大引擎」的地位是毋庸置疑的。融入國家發展大局，對於香港來說是最大的發展機遇，是增強發展動力的最佳選擇，是大勢所趨、人心所向、時代選擇，不可逆轉！

促進文化認同乃天經地義

習近平總書記在紀念馬克思誕辰200週年的大會上的講話中指出：「學習馬克思，就要學習和實踐馬克思主義關於文化建設的思想。」「推動中華優秀傳統文化創造性轉化、創新性發展，不斷提高人民思想覺悟、道德水平、文明素養，不斷鑄就中華文化新輝煌。」

中聯辦領導說，要引導香港同胞樹立和堅持正確的歷史觀、民族觀、國家觀、文化觀，堅定做中國人的骨氣和底氣，增強民族認同感與自豪感。

中聯辦領導所言，是在深入學習領會習近平總書記講話精神的基礎上，立足於香港文化建設的實際，做出的準確判斷。香港自古以來就是中國不可分割的一部分，這一事實，不會因為香港曾經受英國人百餘年的管

治而有任何改變。香港與內地文同源、人同種、語同音，儘管今日的香港是中西文化的交匯點，但絲毫不能改變中華文化在香港佔主體地位的事實。因此，促進文化認同乃天經地義。在這個問題上，香港同胞應該走出兩個誤區。一是不能把中華文化等同於落後文化。香港社會的某些「精英」，由於擁有在英美國家受教育的背景，總覺得自己所接受的文化教育才是世界上最先進的，往往鄙視中華文化。這是極其偏激和短視的。中華文化並非十全十美，但在世界四大文明古國中，中國是唯一沒有文化斷流的國家，這足以說明中華文化非常優秀。二是不能認為香港文化的主體是西方文化。香港雖然受西方文化的影響較深，但香港文化的主體仍是中華文化。比如：仁義禮智信、溫良恭儉讓、忠孝勇恭廉，這些中華文化的優秀成分，至今仍在延續，仍有傳承，仍被推崇。

參與「一帶一路」建設時不我待

習近平總書記在紀念馬克思誕辰 200 週年的大會上的講話中指出：「學習馬克思，就要學習和實踐馬克思主義關於世界歷史的思想。」「我們要站在世界歷史的高度審視當今世界發展趨勢和面臨的重大問題，堅持和平發展道路，堅持獨立自主的和平外交政策，堅持互利共贏的開放戰略，不斷拓展同世界各國的合作，積極參與全球治理，在更多領域、更高層面上實現合作共贏、共同發展，不依附別人、更不掠奪別人，同各國人民一同努力構建人類命運共同體，把世界建設得更加美好。」

中聯辦領導說，國家大力支持香港參與「一帶一路」建設，香港也要充分發揮「香港所長」，增強創新意識，弘揚絲路精神，全面參與和助力「一帶一路」建設，實現香港、內地和周邊國家的合作共贏。

中聯辦領導所言，是在深入學習領會習近平總書記講話精神的基礎上，結合香港發展的外部條件作出的判斷。人類社會到了今天，「地球村」已經不是一個抽象的概念，而是生動的現實。「你中有我，我中有你」的格局越來越明顯，在這種大背景下，習主席倡導的「構建人類命運共同體」，開闢了馬克思主義的新境界。「一帶一路」是構建人類命運共同體的抓手和載體，從這個角度觀察，才能看清其深遠的歷史意義。對於港人

來説，除了要從歷史角度、國家角度和全球角度認識「一帶一路」，還須從香港角度去認識，要看到這是香港的機遇，「一帶一路」建設所提供的巨大市場，正是香港可以大顯身手的地方，主動參與、積極作為，定會成就香港的未來。因此，應該以時不我待的心態、氛圍、精神積極參與。

　　馬克思作為「千年第一思想家」，他的思想並沒有過時，也沒有因為「兩制」之別而對香港毫無用處。相反，馬克思主義的立場、觀點、方法，對於成功實踐「一國兩制」同樣具有指導意義。

（原載於《大公報》，2018 年 5 月 10 日）

新選制必須倍加珍惜長期堅持

—— 習主席會見李家超時的
重要指示精神系列評論之一

　　昨日下午，國家主席習近平會見了新當選並獲中央政府任命的香港特別行政區第六任行政長官李家超。

　　習主席指出，去年以來，在新選舉制度下，香港先後舉行了選舉委員會選舉、第七屆立法會選舉、第六任行政長官選舉，都取得成功。實踐證明，新選舉制度對於落實「愛國者治港」、保障香港市民行使當家作主權利、推動形成社會各階層各界別齊心協力建設香港的良好局面都發揮了決定性作用。這是一套符合「一國兩制」方針、符合香港實際、符合香港發展需要的政治制度、民主制度，必須倍加珍惜，長期堅持。

　　習主席關於香港新選制「三個符合」的重要論述，高屋建瓴，內涵深邃，認真學習領會習主席的指示精神，對於香港實現良政善治、推進「一國兩制」行穩致遠具有重要的指導意義。

新選制符合「一國兩制」方針

　　習主席指出，新選制對於落實「愛國者治港」發揮了決定性作用。習主席給予這樣高的評價，是因為新選制是符合「一國兩制」方針的好制度。

　　「一國兩制」和「愛國者治港」之間的邏輯關係非常清晰。「一國」是本、是源，「兩制」是枝、是流。基本法訂明，香港是中華人民共和國的一個特別行政區，直轄於中央人民政府。這決定了香港的管治團隊必須由愛國者組成。只有真心愛國，才能始終遵從「一國」原則，遇到任何驚濤

駭浪都不會迷失方向。

愛國者的標準同樣十分清晰。就是要真心維護國家主權、安全、發展利益，尊重和維護國家的根本制度和特別行政區的憲制秩序，全力維護香港的繁榮穩定。全國政協副主席、中央港澳工作領導小組常務副組長、國務院港澳辦主任夏寶龍曾經為「愛國者」畫了一幅像：善於在治港實踐中全面準確貫徹「一國兩制」方針、善於破解香港發展面臨的各種矛盾和問題、善於為民眾辦實事、善於團結方方面面的力量、善於履職盡責，有情懷、有格局、有擔當、有本領、有作為。

新選制通過重新構建選委會、調整候選人提名機制、更好發揮選委會整體作用和完善候選人資格審查制度等，堅決把「反中亂港」勢力排除在特區政權機關之外。3場選舉的實踐證明，新選制既堅持「一國」原則，又尊重「兩制」差異；既充分體現「愛國者治港」原則要求，修補了選舉制度存在的漏洞和缺陷，又做到了包容開放。

習主席指出新選制符合「一國兩制」方針，深刻揭示了新選制的科學性、合理性，是經得起實踐檢驗的好制度。

新選制符合香港實際

習主席指出，新選制保障香港市民行使當家作主權利發揮了決定性作用。習主席給予這樣高的評價，是因為新選制是符合香港實際的好制度。

近年來，香港「泛政治化」日趨嚴重，社會對立情緒加劇，致使諸多經濟民生大事受到拖累，錯過了大好機遇。特別是立法會和行政長官選舉，引發週期性的社會震盪，「港獨」勢力借機搞事，企圖把香港引向與中央全面對抗、與國家徹底分離的境地。看似熱熱鬧鬧的選舉活動，實際上為「港獨」勢力提供了表演的舞台和契機，香港原有的選舉制度對香港民主政制發展明顯弊大於利。

新選制的好處在於充分保障港人當家做主。因為新選制具有廣泛代表性，有效暢通不同群體利益表達的渠道。因為新選制具有政治包容性。參選人來自不同的政治團體、政治派別，代表不同的政治光譜，持有不同的

政治理念,「愛國者治港」並不是「清一色」,而是「五光十色」。因為新選制具有均衡參與性。例如,行政長官候選人須獲得選委會不少於 188 名委員、每個界別不少於 15 名委員的提名。兼顧了香港社會各階層和各界別的不同利益。因為新選制具有公平競爭性。候選人重在比專長、比政綱、比理念、比擔當、比貢獻,而不是比誰的立場更偏激,誰的言論更出格,呈現出良性競爭的態勢。

習主席指出新選制符合香港實際,正是基於新選制彰顯出以上優勢和特色,真正體現了民主精神。

新選制符合香港發展需要

習主席指出,新選制推動形成社會各階層各界別齊心協力建設香港的良好局面都發揮了決定性作用。習主席給予這樣高的評價,是因為新選制是符合香港發展需要的好制度。

香港的發展,需要一大批德才兼備、有管治才幹的「治港者」。習主席對李家超說:「你愛國愛港立場堅定,敢於擔當,積極作為,在不同崗位上都履職盡責,為維護國家安全和香港繁榮穩定作出了貢獻。」李家超高票當選並獲得中央任命,說明新選制能夠選賢與能,既體現了香港民意,也選出了中央信賴的人。

香港的發展,需要融入國家發展大局。新選制下產生的管治團隊,普遍具有大局意識和宏闊視野,能把香港的發展放在世界百年未有之大變局和中華民族偉大復興的大背景下審視,深刻理解「祖國永遠是香港的堅強後盾」這一定理。說明新選制可以助推香港加速融入國家發展大局。

香港的發展,需要盡快破解深層次矛盾。李家超的政綱聚焦「強化政府治理能力,提供更多安居之所,全面提升競爭實力,同建關愛共融社會」四大問題,引起香港社會強烈共鳴。說明新選制有利於提振信心、凝集力量。

習主席指出新選制符合香港發展需要,正是深刻洞察香港社會的變化,從維護香港長期繁榮穩定的高度,揭示了新選制的重要作用。

新選制是一套好制度；好制度理應倍加珍惜、長期堅持。習主席對新選制的高度評價，為香港民主政制發展指明了方向，堅定了香港同胞在新起點上共創新輝煌的信心和決心！

（原載於《大公報》，2022 年 5 月 31 日）

「一國兩制」從沒有動搖，更不會改變

—— 習主席會見李家超時的重要指示精神系列評論之二

國家主席習近平在會見候任行政長官李家超時指出：「25 年來，儘管經歷了許多風雨挑戰，但『一國兩制』在香港的實踐取得了舉世公認的成功。中央全面準確貫徹『一國兩制』方針的決心從沒有動搖，更不會改變。」

習主席的重要指示，再次認定「一國兩制」是最好的政治制度，再次表明中央將堅定不移推進「一國兩制」行穩致遠，充分彰顯了制度自信和戰略定力。在香港由亂到治、由治及興的關鍵時期，深刻領會習主席的指示精神，對於香港重回正軌再出發具有重要的指導意義。

「五十年不變」等於「長期不變」

習主席談到中央全面準確貫徹「一國兩制」方針時，用了「從沒有動搖，更不會改變」這樣堅定有力的措辭。這說明，從「一國兩制」構想誕生的那一天起，中央從來就沒有考慮過某一天把「兩制」變為「一制」；經過 25 年的成功實踐，「一國兩制」更沒有改變的必要。

迄今為止，部分港人對「兩制」變「一制」的擔憂，主要源自兩處。一是鄧小平先生曾經講過「五十年不變」；二是基本法第 5 條訂明：「香港特別行政區不實行社會主義制度和政策，保持原有的資本主義制度和生活方式，五十年不變。」如何理解「五十年不變」呢？有兩個角度。

其一，鄧小平先生講的「五十年不變」其實是個哲學概念，並非一個

具體的時間概念。鄧小平先生也曾講過「堅持『四項基本原則』一百年不動搖」。如果把它當成一個時間概念來理解，難道一百年之後就可以動搖嗎？顯然不合乎邏輯。因此，「五十年不變」應理解為「長期不變」。

其二，基本法訂明「五十年不變」，並沒有講到了 50 年就必然要變。中共十九大確立了「14 個堅持」的基本方略，十九屆四中全會概括的我國國家制度和國家治理體系 13 個方面的顯著優勢，都將堅持「一國兩制」列入其中。這充分說明，「一國兩制」早已成為國家治理體系的一部分，「五十年不變」等於「長期不變」。

好制度是不需要改變的

習主席在強調「一國兩制」不動搖不會變時指出，「一國兩制」在香港的實踐取得了舉世公認的成功。「成功」是「不動搖不會變」的重要理由。

由於堅守「一國」之本，香港的「身份」已定，毫無爭議；香港納入國家治理體系，憲法和基本法構成了憲制秩序不容衝擊；無論世界風雲如何變幻，無論反華勢力如何瘋狂，無論「港獨」分子如何囂張，任何企圖把香港從國家分裂出去的舉動都是非法的，從法律和道義上都是行不通的。2019 年發生的持續暴亂雖然來得猛、最終能平息，根本原因就在於此。

由於發揮「兩制」優勢，香港並沒有如西方國家當初預言的那樣「衰落」、「邊緣化」。香港繼續保持國際金融、航運、貿易中心三大地位，生產總值增長了一倍多，年均 GDP 增長遠超很多發達經濟體；「港人治港」替代了「英人治港」，行政、立法、司法機關主要官員全部由香港居民擔任；香港居民享有的的權利和自由得到充分保障，港人生活方式沒有改變，「馬照跑，舞照跳」的承諾完全兌現；香港與內地優勢互補，依託內地經濟規模的快速擴大，香港已成為內地最大外資來源地和內地企業境外融資中心。

「一國兩制」既維護了國家統一，又保持了香港的繁榮穩定。這樣的好制度有什麼改變的必要呢？習主席做出這個重要論斷的思考，有清晰的法理邏輯和現實邏輯。

「不動搖不會變」不等於不糾偏糾錯

「一國兩制」不動搖、不會變，並不意味着當香港實踐「一國兩制」出了問題時就不能糾偏糾錯。2017 年 7 月 1 日，習近平主席在出席慶祝香港回歸祖國 20 週年大會時明確表示，中央貫徹「一國兩制」方針堅持兩點，一是堅定不移，不會變、不動搖；二是全面準確，確保「一國兩制」在香港的實踐不走樣、不變形，始終沿着正確方向前進。

香港如何實踐「一國兩制」是有規矩的，最大的規矩就是憲法和基本法。規矩的修改權、解釋權屬於全國人大常委會。如果香港在「一國兩制」實踐中出現了「走樣變形」的狀況，中央就有責任令其回歸正軌。全國政協副主席、中央港澳工作領導小組常務副組長、國務院港澳辦主任夏寶龍曾經一針見血地指出，以往立法會乃至整個香港出現種種問題，一個核心原因就在於，立法會的憲制地位和角色沒有得到應有的遵循，甚至遭到嚴重的破壞。

有人認為，新選制與「雙普選」的目標越來越遠；對此，須從三個層面來認識。其一，基本法在訂明行政長官和立法會議員產生辦法時，都有「最終達至普選」的表述，但前面有「根據香港特別行政區的實際情況和循序漸進的原則而規定」，也就是説「雙普選」是有前提條件的，不能斷章取義。其二，「香港的實際」是：在「愛國者治港」沒有落實的條件下，「雙普選」只會導致分裂和對抗。如果不完善選舉制度、從而把「港獨」分子擋在門外，特首選舉選出一個「港獨」分子怎麼辦？其三，新選制涉及修改基本法附件一、附件二，基本法關於「雙普選」的表達並沒有一個字的修改。也就是説，「雙普選」不是不實施。什麼時候實施？取決於「香港實際情況」和「循序漸進的原則」。

習主席關於「一國兩制」從沒有動搖、更不會改變的重要指示，再次證明，中國共產黨具有駕馭複雜局面的非凡魄力，中國特色社會主義具有戰勝風險和挑戰的巨大制度優勢；中央有信心、有決心、有能力在「一國兩制」制度框架下維護香港的繁榮穩定，任何勢力休想借「兩制」之別攪亂香港！

（原載於《大公報》，2022 年 6 月 2 日）

「以人民為中心」譜寫新篇章

——習主席會見李家超時的重要指示精神系列評論之三

國家主席習近平在會見候任行政長官李家超時指出：「在中央政府、香港特別行政區政府和社會各界的共同努力下，香港已實現由亂到治的重大轉折，正處在由治及興的關鍵時期。我相信，新一屆特別行政區政府施政一定會展現新氣象，香港發展一定會譜寫新篇章。」

「人民對美好生活的嚮往，就是我們的奮鬥目標。」在中共十八大閉幕後的中外記者見面會上，習近平總書記如是說。此後，「以人民為中心」的發展思想逐步形成。其核心要義是：發展為了人民，發展依靠人民，發展成果由人民共享。

對於香港來說，「人民」的概念就是「市民」。「一國兩制」下的香港與祖國內地有諸多不同，但「以人民為中心」的思想與「服務市民」的施政理念卻有相通之處。李家超競選政綱「同為香港開新篇」，一個「同」字，道出了他的願景和信念：發展為了市民，發展依靠市民，發展的成果由市民共享。以此理念施政，就能贏得市民的信賴和支持，為香港譜寫新篇章注入無窮動力。

出發點：做市民最希望做的事

「以人民為中心」就是要始終將人民放在心中最高的位置。習主席曾指出，我們任何時候都不能忘記，堅持以人民為中心，把增進人民福祉、促進人的全面發展、朝着共同富裕方向穩步前進作為經濟發展的出發點和落腳點。

香港的發展，同樣是為了增進市民福祉、促進人的全面發展、縮小貧富差距、促進關愛共融社會建設。從發展的出發點來看，與祖國內地有相同之處。在經歷了黑暴和疫情雙重打擊後，香港經濟民生領域的困難很多，先從哪裏下手？李家超日前在接受中央媒體採訪時講到，每個階段都會有新的問題出現，「政府要做到有效施政，最重要的不單是做自己以為對的事，而是做老百姓最希望政府做的事」。這句話直抵人心，讓市民看到了希望、增添了信心。

李家超提出了強化政府治理能力等四大綱領，都是市民希望政府盡快做的事情。這說明，他能夠瞄準市民訴求施政，體現了習主席的要求，出發點是正確的，做市民最希望做的事，並非行政長官一人的責任。每一位問責官員和18萬公務員都要積極作為。長期以來，香港的公務員奉行「政治中立」原則，久而久之，這個原則成了懶政的「擋箭牌」，在市民急切需要幫助時，一些公務員不作為、慢作為引發市民不滿，在抗擊第五波疫情初期表現得尤為明顯，暴露出種種弊端，已經到了非改不可的時候。

公務員受僱於特區政府，理應遵循政府的施政理念，聽從行政首長的指令，才能形成服務市民的整體合力。在這方面，香港的公務員隊伍還有許多功課要做。

着力點：依靠市民解難題

「以人民為中心」就是要始終依靠人民，把人民作為發展的力量源泉，充分尊重人民主體地位，充分尊重人民所表達的意願、所創造的經驗、所擁有的權利、所發揮的作用，充分尊重人民群眾首創精神。習主席多次強調，要不斷從人民群眾中汲取智慧和力量。

李家超在解釋「同為香港開新篇」時稱，「同」就是共同努力。他表示，要有團隊精神，政府要和社會各界、廣大市民共同解決問題。由此可見，李家超所言的「團隊精神」，正體現出「始終依靠人民」的理念。香港長期積累的深層次矛盾很多，錯綜複雜，唯有群策群力，才能破解難題。比如解決房屋問題。「住房難」的背後是「供地

難」;「供地難」的背後，涉及許多方面的利益問題，政府既要制定統一的規則，又要避免「一刀切」。應該「一把鑰匙開一把鎖」，才能把一個個「鎖」打開。那麼，誰來設計製造無數把「鑰匙」呢？必須匯聚眾人智慧。

比如同建關愛共融社會。基層市民的痛點在哪裏？用什麼辦法減輕他們的焦慮？他們自己最清楚，也能提出符合實際的建議。政府並不具備「最聰明的大腦」，但要有「最開闊的胸懷」和「最宏闊的視野」，善於集眾人之智，綜合研判、做出選擇。

習主席曾指出：「中國夢歸根到底是人民的夢，必須緊緊依靠人民來實現」。如今，香港要實現「由治及興」、再創輝煌，就需要緊緊依靠全體市民來實現。

落腳點：發展成果讓市民共享

「以人民為中心」就是要讓人民共享發展成果。習主席曾經指出，檢驗我們一切工作的成效，最終都要看人民是否真正得到了實惠，人民生活是否真正得到了改善。

全國政協副主席、中央港澳工作領導小組常務副組長、國務院港澳辦主任夏寶龍在闡述「愛國者治港」時指出，要「善於為民眾辦實事，做為民愛民的愛國者。樹立市民至上的服務意識，想市民之所想、急市民之所急、解市民之所困，始終貼基層、接地氣。」

過往，部分市民對政府的認同度不高，固然有香港社會整體陷入「泛政治化」泥潭的原因，但也要看到，政府也有諸多不足。公屋輪候期限越來越長，貧富差距越來越大，社會階層固化越來越嚴重。政府官員講的如何頭頭是道，市民最終沒有看到預期的好結果，對政府的評價就不可能較高。李家超在解釋「同為香港開新篇」時稱，這個「結果」就是要讓市民得到實惠。由此可見，其施政理念體現了「以人民為中心」的思想。接下來，關鍵要讓理念變為措施、讓措施落地見效、讓實效贏得人心。順着這個邏輯，一步步推進變革，才是務實之舉。

「以人民為中心」譜寫新篇，必須把握好發展的出發點、着力點、落腳點，新一屆特區政府應積極作為，要讓市民看到自己的生活真正得到改善，如此才能贏得民心，才能推進「一國兩制」行穩致遠。

（原載於《大公報》，2022 年 6 月 6 日）

建好政府班底是當務之急

——習主席會見李家超時的 重要指示精神系列評論之四

國家主席習近平在會見候任行政長官李家超時指出：「你愛國愛港立場堅定，敢於擔當，積極作為，在不同崗位上都履職盡責，為維護國家安全和香港繁榮穩定作出了貢獻。中央對你充分肯定，也充分信任。」習主席對李家超的充分肯定和信任，也是對李家超和他領導的新一屆特區政府的殷切期望和要求。

眼下，新一屆政府班底正在組建，不少愛國愛港人士表示願意加入政府，為「一國兩制」在港實踐效力。以往令人有所顧忌的「熱廚房」，現在成為吸引人才的「強磁場」，這是一番令人欣慰的景象！但也要看到，隨着「行政主導」真正落到實處，政府官員的責任比以往任何一屆都要重大，每一名問責官員都必須具備過硬的素質，才有可能形成強大合力，政府的管治能力才有可能提升。

習主席對李家超的充分肯定，實質上指明了新一屆政府選人用人的方向、原則和標準，深刻理解習主席對李家超的評價，對於組建政府班底具有重大指導意義。

選立場堅定者上崗

習主席評價李家超愛國愛港立場堅定，給人以深刻啟示：選任政府問責官員，必須堅持「愛國愛港立場堅定」的標準，選立場堅定者上崗。

怎樣做才算「愛國愛港立場堅定」？全國政協副主席、中央港澳工作領導小組常務副組長、國務院港澳辦主任夏寶龍在闡述「愛國者治港」

時提出「五個善於」的要求，其中就有：「善於在治港實踐中全面準確貫徹『一國兩制』方針」；他還做了詳細闡述：堅決落實中央對特別行政區全面管治權、落實特別行政區維護國家安全的法律制度和執行機制，真誠擁護「一國兩制」方針，自覺地把堅持「一國」原則和尊重「兩制」差異、維護中央全面管治權和保障特別行政區高度自治權、發揮祖國內地堅強後盾作用和提高香港自身競爭力結合起來，旗幟鮮明地維護憲法和基本法確立的特別行政區憲制秩序，效忠中華人民共和國及其香港特別行政區，敢於同損害國家主權、安全、發展利益和損害香港繁榮穩定的言行作鬥爭。

由此可見，「愛國愛港立場堅定」的標準是清晰的。組建政府班底，不妨用這把尺子量一量。特別是考察一下其在「黑暴」期間的表現：誰在局勢惡劣情況下敢於發聲？誰在威逼利誘面前毫不退縮？誰在巨大壓力之下履職盡責？「疾風知勁草，板蕩識誠臣。」「黑暴」是一面鏡子，從另一個角度為考察新一屆政府班子人選提供了參考。「牆頭草」不堪用，「壁上觀者」不堪用，膽小怕事者不堪用，「難得糊塗者」更不堪用！唯有立場堅定的人，才有資格進入新一屆政府班子。

「愛國愛港立場堅定」這個標準是首要標準，也是一項剛性標準，不能打折扣、求變通。

讓敢於擔當者擔當

習主席評價李家超敢於擔當，給人以深刻啟示：選任政府問責官員，必須堅持「敢於擔當」的標準，讓敢於擔當者擔當。

回顧往屆政府班底的組建過程，比較重視各個政治團體之間的平衡。應該說，在達到「人崗相適」的前提下，盡量吸引更多政治團體的人選進入政府班子，這個思路沒有錯。但最終卻出現了「人崗不適」的情況。這說明，在選人用人時，不能把「平衡各方力量」作為主要考量，而應把「人崗相適」作為第一考量。過去，某些政府官員不敢擔當的現象比較明顯：有的做事瞻前顧後、猶猶豫豫；有的做事浮在面上、不下深水；有的遇到困難繞着走、遇到矛盾拖着辦。這都是沒有把「人崗相適」作為第一

考量的結果。

　　新一屆政府班底需要什麼樣的人？必須看到，香港的管治難度原本就很大，加之多年來積累下來的問題很多，許多矛盾已經到了非解決不可的時候，問責官員必須具備敢於擔當的素質。要勇擔當、敢碰硬、善作為，逢山能開路、遇水能架橋，能夠主動消除影響香港社會政治生態好轉的各種痼疾，衝破制約香港經濟發展和民生改善的各種利益藩籬。

　　李家超提出「以結果為目標解決不同的問題」，這一個個「硬骨頭」都需要政府官員去「啃」，沒有擔當精神肯定無法勝任工作。

給積極作為者舞台

　　習主席評價李家超積極作為，給人以深刻啟示：選任政府問責官員，必須堅持「積極作為」的標準，給積極作為者舞台。

　　新一屆政府將改「三司十三局」為「三司十五局」，並增設副司長職位。總體來看，問責官員的「交椅」增多了，但沒有一把「交椅」是多餘的。每個崗位都有明確的職責、艱巨的任務。李家超在競選政綱中提出，要建設一個執行型、實踐型的政府。這就要求每一位官員都要積極作為，不允許懶政。

　　那麼，如何考察「積極作為」呢？不妨從兩個層面入手：其一，對於準備留任的官員，應該考察其過往的工作狀態。有些官員在任何崗位上都非常努力，始終以「功成不必在我，功成必定有我」的心態，鍥而不捨的研究和解決問題，這就是在其位謀其政、恪盡職守、積極作為的表現。其二，對於準備加入政府的「素人」，應考察其一貫的表現。無論是政治團體推薦、還是自薦的人選，都不是生活在真空中，過往的做事風格總會留下痕跡。有的人做事務實低調，經年累月會有令人矚目的成績，也能看出其是否積極作為。總之，只要嚴格對標，就能從眾多人選中甄別出「積極作為者」。

　　香港國安法「一法定香江」，新選制把「愛國者治港」落到了實處，

香港的政治生態徹底改善，「行政主導」將真正落實，特區政府在香港管治中責任之大，前所未有！落實好習主席會見李家超時的重要指示精神，當務之急是建好政府班底。

（原載於《大公報》，2022 年 6 月 8 日）

不忘大公初心，
立言為公凝聚社會共識

—— 學習習近平總書記
致《大公報》創刊 120 週年賀信系列評論之一

在《大公報》創刊 120 週年之際，中共中央總書記、國家主席、中央軍委主席習近平為《大公報》創刊 120 週年致賀信。在昨日舉行的慶祝儀式上，香港中聯辦主任駱惠寧宣讀了賀信。

習近平總書記在賀信中指出，一個多世紀以來，《大公報》秉承「忘己之為大，無私之謂公」的辦報宗旨，立言為公，文章報國，為新中國建設、改革開放和現代化建設，為香港回歸祖國、保持繁榮穩定發揮了積極作用。進入新時代，《大公報》旗幟鮮明發出正面聲音、凝聚社會共識，為維護香港社會穩定、增進香港與內地交流、促進人心回歸作出了貢獻。總書記強調，希望《大公報》不忘初心，弘揚愛國傳統，銳意創新發展，不斷擴大傳播力和影響力，為「一國兩制」實踐行穩致遠、為實現中華民族偉大復興的中國夢書寫更為精彩的時代篇章。

這封賀信，是在香港實現由亂到治、正步入由治及興的關鍵時期發來的；也是香港傳媒業初步完成撥亂反正，迎來重回正軌、重新出發的關鍵時刻發出的。深刻揭示了愛國愛港媒體茁壯發展、基業長青的必由之路，指出了愛國愛港媒體在「一國兩制」下應有的使命擔當。這封賀信，是習近平總書記首次以中共中央總書記、國家主席、中央軍委主席三個身份發來的，首次對進入新時代的愛國愛港傳媒提出希望，充分體現對香港、對香港新聞傳媒事業的關心和重視。這封賀信，既是向《大公報》和所有愛國愛港媒體發出的響亮號召，也是向整個香港社會和全體香港同胞發出的

殷切召喚,為香港更好融入國家發展大局,實現長期繁榮穩定發展指明了前進方向。

國務院港澳辦發言人昨日表示,相信香港特區政府和社會各界人士一定能夠深刻領會習近平總書記在賀信中寄寓的諄諄囑託,繼續弘揚愛國傳統,銳意創新發展,踔厲奮發,砥礪前行,在新起點上再創新輝煌。

學習領會習近平總書記賀信精神,就要不忘初心,推動香港社會凝聚共識,形成「心往一處想,勁往一處使」的良好局面。

當好社會穩定的維護者

習近平總書記高度評價,進入新時代,《大公報》旗幟鮮明發出正面聲音、凝聚社會共識,為維護香港社會穩定作出了貢獻。這啟示我們,香港傳媒應當好社會穩定的維護者。

沒有穩定的社會環境,什麼事情也辦不了。前些年的非法「佔中」、「旺暴」修例風波,均造成了社會動蕩,耗費了大量的社會資源,致使香港錯失了發展經濟、改善民生的時機。如今,香港人心思定、人心思變。彌合社會裂痕,促進社會穩定,是香港傳媒的社會責任。

傳媒做好這件事,關鍵是要講清楚「一國兩制」不動搖、不會變與不走樣、不變形之間的辯證關係。「一國」給定力,「兩制」出活力,二者相得益彰。中央從來沒有令「一國兩制」成為「一國一制」的想法;從25年的實踐來看,也沒有「兩制」變「一制」的任何理由。但如果「一國兩制」出現走樣、變形的情況,比如,有人挑戰「一國」底線,危害國家安全,傳播「港獨」主張,煽動顛覆政權機關,就必須依法打擊。無論什麼時候,香港傳媒都應據此立論,凝聚共識。

當好香港與內地交流的聯絡者

習近平總書記高度評價,進入新時代,《大公報》旗幟鮮明,發出正面聲音、凝聚社會共識,為增進香港與內地交流作出了貢獻。這啟示我們,香港傳媒應當好增進香港與內地交流的聯絡者。

新聞媒體具有「媒介、聯絡」的屬性,在很多時候發揮橋樑和紐帶的

作用。回歸 25 年間，內地和香港的交往交流日益加深，但也要看到，由於反中亂港勢力的造謠抹黑，香港與內地的隔閡不少，部分市民對中央的誤解、對內地的偏見依然存在。香港傳媒應講好內地故事和香港故事。

傳媒做好這件事，關鍵是要講清楚兩個道理。第一，祖國永遠是香港的堅強後盾。無論是當年的亞洲金融風暴、金融危機，還是抗擊沙士、抗擊第五波新冠疫情，每到危急關頭，中央和內地同胞都不遺餘力地支持香港，這是香港的最大支撐。第二，融入國家大局是香港的最大機遇。香港作為一個細小的經濟體，雖然具有不少優勢，但抗擊風險能力差，經濟結構單一，只有融入國家發展大局，就能獲得廣闊發展空間。

當好人心回歸的促進者

習近平總書記高度評價，進入新時代，《大公報》旗幟鮮明，發出正面聲音、凝聚社會共識，為促進人心回歸作出了貢獻。這啟示我們，香港傳媒應當當好人心回歸的促進者。

香港回歸後，標誌着香港納入了國家治理體系，但香港畢竟是經歷 150 多年殖民統治的地方，人心回歸需要很長的路要走。傳媒具有成風化人、凝心聚力、澄清謬誤、明辨是非的作用，可以透過新聞報道，引導香港市民增強國家和民族觀念。

傳媒做好這件事，關鍵是要緊扣「情」、「理」、「法」三個字。一是報道中央關愛支持香港的政策、報道香港與內地合作交流的事件，增進血濃於水的同胞之情；二是透過新聞報道，印證「一國兩制」是最好的政治制度這個道理，增強制度自信；三是透過新聞報道，幫助人們明確法治的「紅線」在哪裏，維護憲法和基本法構成的憲制秩序。

認真學習、深刻領會習近平總書記賀信精神，《大公報》不會忘記「立言為公」的初心，香港傳媒界也應「忘己之為大，無私之謂公」；一切愛國愛港人士，都應以維護國家和香港整體利益為歸依，凝聚社會共識，共同開啟新篇！

（原載於《大公報》，2022 年 6 月 13 日）

弘揚愛國傳統，
文章報國匯聚發展合力

—— 學習習近平總書記
致《大公報》創刊 120 週年賀信系列評論之二

中共中央總書記、國家主席、中央軍委主席習近平致《大公報》創刊 120 週年的賀信，高度讚揚《大公報》秉承「忘己之為大，無私之謂公」的辦報宗旨，立言為公，文章報國，為國家發展發揮了積極作用。總書記賀信飽含對《大公報》全體同仁的親切關懷，寄予《大公報》諄諄囑託，也是向所有愛國愛港媒體發出了「文章報國」的殷切期望，向所有愛國愛港力量發出匯聚民族復興偉力的殷切召喚。

認真學習、深刻領會習近平總書記的賀信精神，就是弘揚愛國傳統，在中華民族偉大復興的旗幟下，匯聚發展合力，推進「一國兩制」行穩致遠。

為民族復興吶喊

習近平總書記希望《大公報》為實現中華民族偉大復興的中國夢書寫更為精彩的時代篇章。這啟示我們，愛國愛港媒體和愛國愛港力量要義無反顧地佔據輿論高地，為民族復興吶喊。

《大公報》見證了中國近代以來各種歷史變遷，從覺醒年代，到救亡圖存；從自力更生，到改革開放；從「富起來」到邁向「強起來」，《大公報》能夠一紙風行，生生不息，最根本的原因，是一代代報人把自己的立足之處，放在了祖國的大地上；讓自己的心與國家民族的脈搏一起跳動；用以天下為己任的襟懷和抱負，時刻關注國家和民族的命運；無論遇到什麼驚濤駭浪，都不懼風險、不畏艱難，為民族復興而奔波吶喊。

當下，世界百年未有之大變局加速演進，中華民族偉大復興勢不可當。但天下並不太平，中國發展的外部環境充滿風險和挑戰，近代以來已習慣於對中國指手畫腳的一些西方國家，很不習慣與中國「平起平坐」，對中國充滿傲慢與偏見。「一國兩制」下的香港是國際化大都市，也是中國與世界聯接的橋樑。在香港，無論是誰主辦的媒體，無論持什麼政治立場，都應匯聚在中華民族偉大復興的旗幟下，真實、客觀、公正的報道香港發生的一切。

香港的命運與祖國的命運緊密相連，講好香港故事，就是講好中國故事，就是講好中華民族偉大復興的故事，就是「文章報國」的生動體現。

為人心回歸發聲

習近平總書記指出，進入新時代，《大公報》旗幟鮮明發出正面聲音、凝聚社會共識，為維護香港社會穩定、增進香港與內地交流、促進人心回歸作出了貢獻。這啟示我們，愛國愛港媒體和愛國愛港力量要繼續發揮好交流溝通的作用，主動為人心回歸發聲。

香港回歸祖國 25 年間，本地生產總值翻了一番，人均 GDP 翻了一番，年均經濟增長 2.7%，高於世界主要發達經濟體。這些發展成就的背後，是祖國內地的強力支持。統計數據顯示，截至 2022 年 4 月，內地企業在港上市達 1,370 家，佔港交所上市企業總數的 53.3%；市值 37.6 萬億港元，佔港股總市值 77.7%。這表明，內地為香港鞏固全球金融中心地位提供了強力支撐。回歸至今，外國在港領事機構從 88 家增加到 119 家；香港特區護照免簽證或落地簽證的國家和地區由 40 個增至 168 個。這表明，回歸後，香港在國際上更有地位、香港居民受到更多尊重。不僅如此，25 年來，在香港遭遇金融、公共衛生、社會治安等風險挑戰時，中央及時出手、全力援助，令香港化險為夷，渡過難關。

然而，由於反中亂港勢力的肆意挑撥和抹黑，香港與內地的隔閡仍然存在，香港市民對內地同胞的偏見仍然存在，部分市民對「兩制」變「一制」的擔心仍然存在。25 年前，香港實現了主權回歸，但香港畢竟經歷 150 多年的殖民統治，人心回歸還需要很長的路要走。

愛國愛港媒體應主動扛起促進人心回歸的責任，透過大量客觀公正的新聞報道，讓香港同胞充分認識到：祖國永遠是香港的堅強後盾，融入國家發展大局是香港的最大機遇，「一國兩制」是最符合香港實際的政治制度。

為「一國兩制」代言

習近平總書記希望《大公報》為「一國兩制」實踐行穩致遠書寫更為精彩的時代篇章。這啟示我們，愛國愛港媒體和愛國愛港力量要繼續向世界講好「一國兩制」在港成功實踐的故事。

「一國兩制」是一項前無古人的偉大創舉。在國家主體部分實行社會主義制度的同時，這個國家的一個地區實行資本主義制度，能不能行得通？會不會「大吃小」？「一國兩制」能走多遠？不少人充滿了疑惑。這是可以理解的。但也有一些別有用心之人，利用香港與內地的「兩制」之別，故意製造衝突、激化矛盾，企圖令香港變成對抗、圍堵中國內地的「橋頭堡」，這是不可容忍的！

所有愛國愛港媒體和愛國愛港力量，都應主動承擔起澄清謬誤、明辨是非的社會責任，向世界講好「一國兩制」的香港故事。「一國兩制」在香港成功實踐的 25 年，香港的國際地位提升了，以「中國香港」的身份，香港特區參加了 100 多個國際組織；香港的發展優勢更明顯了，在國家的支持下，香港在鞏固「老四中心」的同時，正在打造「新四中心」；香港的發展空間更大了，國家「十四五」規劃、粵港澳大灣區建設規劃綱要、「一帶一路」建設均為香港提供了廣闊舞台。這一切，都緣於香港堅守「一國」之本、發揮「兩制」優勢。這些生動的事實，正是「一國兩制」香港故事的最好素材，值得愛國愛港媒體和愛國愛港力量大講特講！

「文章千古事，得失寸心知。」當下，香港實現了由亂到治、正步入由治及興的關鍵時期，香港傳媒業初步完成撥亂反正，迎來重回正軌、重新出發的關鍵時刻，必須遵循、貫徹總書記賀信精神，凝聚起與祖國同呼吸、共命運、齊奮進的勁頭，「文章報國」正當其時！

（原載於《大公報》，2022 年 6 月 15 日）

銳意創新發展，
勇立潮頭書寫時代華章

—— 學習習近平總書記
致《大公報》創刊 120 週年賀信系列評論之三

在《大公報》創刊 120 週年之際，中共中央總書記、國家主席、中央軍委主席習近平發來賀信，對《大公報》120 年來「立言為公，文章報國」的傳統高度讚譽，並希望《大公報》「不忘初心，弘揚愛國傳統，銳意創新發展，不斷擴大傳播力和影響力，為『一國兩制』實踐行穩致遠、為實現中華民族偉大復興的中國夢書寫更為精彩的時代篇章」。

習近平總書記的指示，是從世界百年未有之大變局和中華民族偉大復興全域的宏闊視野，向《大公報》及所有愛國愛港媒體寄予厚望，向廣大愛國愛港力量發出號召，激勵香港同胞踔厲奮發，砥礪前行，在新起點上再創新輝煌。

創新傳播方式

時下，香港即將迎來回歸 25 週年的大日子，所有愛國愛港媒體和愛國愛港力量，應認真學習領會總書記賀信的深刻內涵，既要看到「一國兩制」前景廣闊，又要看到確保「一國兩制」在港實踐不走樣不變形，還有許多艱苦細緻的工作需要做。銳意創新發展，勇立潮頭書寫時代華章。

習近平總書記希望《大公報》不斷擴大傳播力和影響力。這啟示我們，在信息傳播渠道和方式多樣化的大環境下，愛國愛港媒體必須與時俱進，加快融合發展，把好聲音傳播得更遠，把正能量賦予更多

的人。

　　作為全球金融、貿易、航運中心，被譽為「東方之珠」的香港，歷來是全球媒體市場競爭最激烈的城市之一。然而，互聯網技術興起後，香港媒體利用新技術改造傳統傳播方式的步子比較緩慢，紙媒仍然保持了較大的市場份額。這固然與香港市民長期養成的讀報習慣有關；「白紙黑字」似乎增加了信息的可靠性，更容易令人接受，但傳統媒體的傳播速度緩慢，是必須正視的現實。

　　從前些年的非法「佔中」、「旺暴」、「黑暴」都可以看出，反中亂港勢力利用社交媒體傳播速度快的特點，大量散播虛假新聞，蠱惑年輕人充當「政治燃料」。假新聞漏洞百出，根本經不起推敲，但「謠言跑在了真相的前面」，加之年輕人涉世不深、辨析能力差、容易衝動，最終釀成了大禍。

　　應該清醒地認識到，創新傳播方式就是搶佔輿論陣地的「制高點」。若不搶先佔據「制高點」，就會處於被動地位。近年來，香港的傳統媒體為適應移動互聯網時代的需求，在改進傳播方式上投資不少、改變很大；但放眼未來，仍有很大的改進空間，還需要時刻緊盯信息技術的發展態勢，未雨綢繆，做好「先人一步」的謀劃，始終掌握好主動權。

創新表達方式

　　習近平總書記希望《大公報》不斷擴大傳播力和影響力。這啟示我們，在信息海量、價值觀多元、利益訴求多樣的大背景下，愛國愛港媒體必須不斷創新表達方式，提升新聞傳播實效。

　　回歸 25 年來，「一國兩制」在港實踐取得了巨大成功，但仍有人對「一國兩制」的深刻內涵理解不透、把握不準，對維護憲法和基本法確立的憲制秩序的態度不鮮明、立場不堅定。這警示我們，加強憲法和基本法的宣傳教育是一項長期的工作，也是愛國愛港媒體和社團的重要責任和義務。為此，應在以下幾個方面努力：

　　用生動的事實說話。鮮活的事實最有說服力和感染力。以抗擊第五波疫情為例，中央全力援港抗疫，「香港所求，照單全收」；西方媒體卻污衊

中央是為了「控制香港」。第五波疫情有效控制的事實，正是「祖國永遠是香港堅強後盾」的最好注腳。

聚焦經濟民生說話。香港是一個商業城市，「泛政治化」只會令香港誤入歧途。香港媒體應多聚焦經濟民生，引導人們關注香港提升國際競爭力、融入國家發展大局、破解民生難題等話題，香港的地位早已透過基本法確定，不應在已有定論的問題上去尋找「討論空間」。

多讓基層市民說話。去年「十一」期間，香港中聯辦領導走訪基層，一位「劏房」住客近乎哽咽地說：「真沒想到會有人來看我，原來還是有人關心我的。」其情其景，令人辛酸！香港還有20萬人居住在「劏房」和「籠屋」中，還有超過210萬人居住在公屋中。但基層市民在媒體上的聲音並不多，應該給他們更多話語權。

創新議政方式

習近平總書記希望《大公報》不斷擴大傳播力和影響力。這啟示我們，必須以創新思維打造議政平台，凝聚社會共識。關鍵是在「守正創新」上着力。

所謂「守正」，就是守住「一國兩制」之「正」。香港是中華人民共和國的一個特別行政區，直轄於中央人民政府。在港議政，必須堅守「一國」之本，不能漫無邊際，甚至挑戰「一國」原則。香港與內地實行不同的社會制度，社會主義制度符合內地實際，資本主義制度符合香港實際，二者並行不悖。在港議政，不能對內地社會制度說三道四，更不能毫無根據地造謠生事、肆意抹黑。

所謂「創新」，就是議政渠道多樣化、議政成員多元化。香港如何化解深層次矛盾？必須立足於維護香港整體利益，而不是局部利益；必須着眼於香港長遠發展，而不是為了一時之需。比如，香港現在是全球房價最高的地區之一，若繼續這樣下去，必然傷及香港的競爭力。應該拓寬議政渠道，多一些「跳出香港看香港」的視角。《大公報》開闢了「青評後浪」等政論欄目，進行了有益的嘗試，所有愛國愛港媒體和社團都應在這方面多努力，讓青年參與涉及香港整體利益等重要課題的討論研究。

習近平總書記關於「銳意創新發展」的指示，為愛國愛港媒體和愛國愛港力量指明了方向和重點，激勵我們勇立潮頭，再寫華章，為「一國兩制」行穩致遠發出好聲音、貢獻正能量。

　　　　　　　　　　　（原載於《大公報》，2022 年 6 月 17 日）

習主席在港會見
各界代表人士的深意

在人們翹首期盼中，中共中央總書記、國家主席、中央軍委主席習近平於 6 月 30 日至 7 月 1 日親臨香港，出席慶祝香港回歸祖國 25 週年大會暨香港特別行政區第六屆政府就職典禮，並視察香港。

6 月 30 日下午，剛剛抵達香港的習主席非常忙碌、安排了 4 場會見活動，包括特區行政立法司法機構負責人、香港各界代表人士、香港紀律部隊代表、中央駐港機構和主要中資機構負責人。其中習主席會見 76 人的香港各界代表人士，非常引人矚目和關注。本人作為 76 位代表之一，有幸參加會見，並與習主席合影。

此場會見的請柬是由特區政府在會見的兩天前發出的；會見在香港會展中心舉行。現場氣氛非常熱烈，習主席會見各界代表人士長達 15 分鐘；習主席頻頻向新老朋友招手致意，並和在場的部分人士親切交談，他笑容滿面，和藹可親。5 年前，筆者也有幸出席了習主席在港會見各界代表人士的那場活動。當時，習主席在講話中，向在場代表人士提出了「四個帶頭」的希望；這一次，習主席沒有即場發表講話。可以看出，比起 5 年前的香港之行，習主席這次親臨香港，顯得更加輕鬆愉快和滿意。

雖然沒有即場發表講話，但親自會見 76 位全港的代表人士，並合影留念，這就是習主席高度重視的一個舉措。作為國家最高領導人，在回歸 25 週年的大日子裏，來與不來，見與不見，見哪些人？其實都蘊含着深意。

見傳統代表，肯定作出貢獻

從參加會見的代表人士當中，可以看到一批德高望重的人士：范徐麗泰、梁愛詩、譚惠珠、余國春、陳馮富珍、霍震霆、袁武、何柱國等。

「一國兩制」在港實踐 25 年，一路走來，總體上取得舉世公認的成功，但也經歷了風風雨雨。以上人士是中央領導來港會見的「老代表」，在回歸 25 年間，他們在大是大非面前，總能堅定地站在中央一邊，堅決捍衛「一國兩制」。

回想 5 年前，習主席在會見各界人士代表時提出「四個帶頭」，以上「老代表」在內的都在場。習主席希望大家在四個方面做好表率：一是帶頭支持林鄭月娥行政長官和新一屆特別行政區政府依法施政，當好民眾和政府之間的橋樑和紐帶，促進政策落實，推動經濟發展和民生改善。二是帶頭搞好團結，維護社會和諧穩定，消解戾氣、增進和氣、弘揚正氣，匯聚愛國愛港強大正能量。三是帶頭關心青年，幫助他們解決實際問題，為他們成長成才創造良好條件，使愛國愛港光榮傳統薪火相傳，使「一國兩制」事業後繼有人。四是帶頭推動香港同內地交流合作，發揮各自專長，為促進兩地共同發展多獻策、多出力、多擔當。

對照「四個帶頭」，以上「老代表」落實得很好，中央很滿意。習主席會見他們，並將座位安排在第一排，充分說明中央高度肯定他們為「一國兩制」作出的貢獻。

見工商代表，希望更大作為

當日的會見者中，還有諸多商界代表：長和主席李澤鉅、恒地主席李家傑、信和主席黃志祥、嘉里控股主席郭孔丞、麗新主席林建岳、嘉華主席呂志和、遠東地產主席丘達昌、蘭桂坊集團主席盛智文、東亞銀行聯席行政總裁李民斌、新地董事郭基泓、霍英東集團總經理霍震寰、新華集團主席蔡冠深等。

香港因港口而生，先有港口，後有城市。香港這座城市的基因是「商業」。所謂「香江傳奇」，也是商業傳奇，而非政治爭鬥。正如羅文的《獅

子山下》所唱：「拋棄區分求共對，放開彼此心中矛盾。理想一起去追，同舟人誓相隨，無畏更無懼。」但在很長一段時間，香港這座城市迷失了方向，在早已定論的「政治身份」上糾纏不休，而忽略了經濟才是香港最重要的。

人們猶記得，習主席 5 年前在香港回歸祖國 20 週年慶典上講話中指出：「香港雖有不錯的家底，但在全球經濟格局深度調整、國際競爭日趨激烈的背景下，也面臨很大的挑戰，經不起折騰，經不起內耗。只有團結起來、和衷共濟，才能把香港這個共同家園建設好。」習主席會見商界代表，釋放的信號十分明確：希望商界多努力，恢復香港的經濟城市功能，並且能夠保持優勢和提升競爭力。

往前看，香港在經濟領域有許多課題需要完成。比如，調整經濟結構，房地產佔了香港經濟的很大一塊，這對於提升香港的競爭力並無多少益處，而香港的科創發展水平與城市地位並不匹配，以香港擁有的融資能力、人才聚集能力等方面的優勢，香港的科技創新水平應該與深圳比肩，現在卻落後於深圳。這些年，香港蹉跎歲月，現在是一心一意謀發展的時候了。謀發展，商界人士可以有更大作為。

見傑出代表，期待鼎力支持

當日的會見者中，還有諸多全港各界的傑出人士：全國政協常委吳良好、周安達源、譚錦球、林淑儀，全國僑聯副主席盧文端，省級政協委員聯誼會主席鄭翔玲、會長施榮懷，民建聯主席李慧瓊，經民聯主席盧偉國，工聯會會長吳秋北、理事長黃國，福建社團主席吳換炎，專業界代表容永祺，金融界代表王冬勝，文化界代表馬逢國、高敬德、涂輝龍，傳媒界代表蔡加讚，香港婦聯主席何超瓊，佛教聯合會會長釋寬運，和統會會長姚志勝，廣東社團主席龔俊龍、執行主席鄧清河，潮屬社團會長曾志明，浙江社團主席陳仲尼，山東社團主席朱新勝，福建社團婦聯主席陳聰聰，九龍社團理事長徐莉，全國人大代表陳勇、陳曼琪等。

以上人士，有的是本行業的翹楚，有的是愛國愛港力量的領袖，具有較強的社會影響力，在香港落實「愛國者治港」的過程中，發揮了各自的

獨特作用。第六屆特區政府就任，標誌着香港開啟良政善治的新一頁，香港要解決許多棘手的民生難題，要探索符合香港實際的民主政制發展之路，依然需要建設力量的支持配合。在15分鐘的會見中，習主席還不時與新老朋友交談，場面十分溫馨和感人。習主席會見各界傑出人士代表，釋放出明確信號：在落實「愛國者治港」過程中，各界人士要鼎力支持。

習主席在第二天回歸慶典上的講話中，也闡明了這一點。習主席指出：「希望全體香港同胞大力弘揚以愛國愛港為核心、同『一國兩制』方針相適應的主流價值觀，繼續發揚包容共濟、求同存異、自強不息、善拚敢贏的優良傳統，共同創造更加美好的生活。」

總體來看，習主席這次來港受到的關注超乎以往。不妨用幾個數字來觀察。「25」：香港回歸25週年，基本法規定的「五十年不變」正好走過了一半，變與不變？許多人想聽到國家最高領導人的給出的答案。「5」：在5年前的回歸20週年典禮上，習主席說：「我們既要把實行社會主義制度的內地建設好，也要把實行資本主義制度的香港建設好」。「兩個建設好」被視為「一國兩制」不會變的標誌性表態，未來的路怎麼走？人們期盼習主席定調。「3」：從「修例風波」到國安法落地和新選制實施，這3年，香港發生了巨大變化。如何評價這3年？關係到對「一國兩制」的再認識、再把握。

習主席來了！這是疫情爆發兩年來，習主席首次出境。習主席來了！參加了高密度的活動，體現了對香港的厚愛。習主席來了！與各界代表人士見面，彰顯了對各方力量的倚重、對香港的關愛。

（原載於《信報》，2022年7月5日）

中央緣何看重香港的獨特地位和優勢？

　　在部分香港居民的心裏，基本法當中「五十年不變」似乎是一個謎題。回歸 25 年，正好走過了「五十年不變」的一半，香港會朝着哪個方向變？香港能不能繼續保持獨特地位和優勢？不少人憂心忡忡。

　　中共中央總書記、國家主席、中央軍委主席習近平於「七一」親臨香港視察，在慶祝香港回歸祖國 25 週年大會暨香港特別行政區第六屆政府就職典禮講話中，習主席明確表示：「必須保持香港的獨特地位和優勢。」擲地有聲，不容置疑！

　　習主席強調：「背靠祖國、聯通世界，這是香港得天獨厚的顯著優勢，香港居民很珍視，中央同樣很珍視。」在這裏，「同樣很珍視」表明了香港在國家大局中的分量。

　　昨天（7 月 18 日），全國政協副主席、中央港澳工作領導小組常務副組長、國務院港澳辦主任夏寶龍在全國港澳研究會舉辦的學習習主席重要講話精神專題研討會上致辭，從深刻的歷史邏輯、科學的理論邏輯、鮮明的實踐邏輯，全面解讀了習近平主席的重要講話精神。夏寶龍在解讀中說：習近平主席把「保持香港的獨特地位和優勢」上升到「一國兩制」實踐規律的高度來加以強調，足見對香港是何等的重視和厚愛。中央實行「一國兩制」，一個重要的戰略考量，就是要保持香港的獨特地位和優勢，保持香港長期繁榮穩定。這是一項長期戰略，不是權宜之計。

　　夏寶龍是中央分管港澳事務的重要領導，此次又全程陪同習主席視察香港，完全知曉、透徹理解習主席「七一」講話的深刻內涵。那麼，中央為何如此看重香港的獨特地位和優勢呢？回答這個問題，必須跳出一地一

時的局限，以更宏闊的視野看香港。

香港的獨特優勢不可替代

夏寶龍在解讀習主席的重要講話精神時表示，有人擔心香港會變成另一個內地城市，這種擔心是多餘的。因為，香港的獨特地位和優勢，是內地任何一個城市不可替代的。

人們普遍認可香港四大優勢：一是良好的營商環境；二是簡單低稅制；三是與西方接軌的司法制度；四是「資金自由港」。其實，前兩個是可以被內地城市複製的，而後兩個是內地城市無法複製的。

先說司法制度。香港是世界上唯一擁有真正英漢雙語普通法體系的司法管轄區，也是中國唯一的普通法司法管轄區。基本法第 85 條保障香港特區法院獨立進行審判，這使香港的司法獨立和法治水平在國際間備受稱譽，而香港的案例也經常在海外被引用，說明國際法律界對香港司法和法律制度的尊重和信任。基於此，國際投資者願意投資香港，同時，香港的國際仲裁也得到全世界 140 多個國家和地區的認可，香港作為仲裁地在全球排名一直位居前列。

再說「資金自由港」。國際權威機構公認香港是繼紐約、倫敦之後的第三大國際金融中心。一方面，香港背靠中國內地這個世界第二大經濟體，發展金融業有堅實的後盾，這是新加坡等金融中心無法比擬的。另一方面，香港資金可以自由進出，同時，香港的金融監管體系也十分高效，確保了資金安全。這是內地任何一個城市無法比擬的。

不可替代的優勢，才是真正的優勢。據此「獨門絕技」，香港有什麼可擔心的呢？

香港能為「雙循環」提供支撐

夏寶龍在解讀中，專門引述習主席的重要論斷：「中央政府完全支持香港長期保持獨特地位和優勢，鞏固國際金融、航運、貿易中心地位，維護自由開放規範的營商環境，保持普通法制度，拓展暢通便捷的國際聯繫。」

「完全支持」的表述，體現了中央對香港的重視。夏寶龍多次表示，

習主席最懂香港居民的心。透過習主席的這段話可以看出，中央考慮和處理香港事務，從來都從戰略和全域高度加以考量，把香港放在國家現代化和中華民族偉大復興的大戰略下審視。以這樣的視野看，香港保持獨特地位和優勢不變，更利於國家的發展。

中央提出「以國內大循環為主體、國內國際雙循環相互促進的經濟發展新格局」後，國際上普遍認為，中國擁有完整的產業體系，是最有資格和能力進行「內循環」的經濟體。但「內循環」也離不開「外支撐」，何況「外循環」也是重要的着力點。

僅以金融業為例，香港可為「雙循環」提供重要支撐。香港既是外資進入內地市場最理想的「跳板」，也是內地企業到國際市場上融資的通道。香港作為最大的人民幣離岸中心，對於人民幣國際化發揮重要作用。香港還是全球第七大證券市場、全球第四大的外匯市場，香港的保險業、基金、黃金市場、私募投資等在全球都有重要的地位。全球前 100 大銀行中有 70 多家落戶香港，全球前 100 大資產管理公司中超過 70 家在香港設有辦事處……

「雙循環」意味着生產要素必須實現便捷、安全地流動，香港是人流、物流、資金流自由流動的經濟體。從人流看，香港特區護照免簽證或落地簽證的國家和地區達 168 個；從物流看，貨物從香港進出不徵關稅，海陸空物流處理速度極快；從資金流看，香港沒有外匯管制，各種外幣可以隨時兌換調動。香港擁有的這些優勢，正是國家「雙循環」需要的。

夏寶龍在解讀習主席的這一重要講話深義時，語氣非常堅定。是的，從中央的視角看，香港繼續保持獨特地位和優勢，能給國家幫上不少忙，好處多多！

香港優勢還有做大的空間

夏寶龍在解讀習主席重要講話精神時，特意重溫了習主席的這一精闢理念：「背靠祖國、聯通世界，這是香港得天獨厚的顯著優勢，香港居民很珍視，中央同樣很珍視。」

如果説，香港獨特優勢具有不可替代性，這是對香港地位認知的第一

層次;「香港所長」恰是「國家所需」,是對香港地位認知的第二層次;那麼,香港現在的獨特優勢還不夠大,還有可以放大。這才是認知的第三個層次。

聽了夏寶龍這段深情解讀,我們不妨看看這樣一組數據:截至今年 4 月,內地企業在港上市達 1,370 家,佔港交所上市企業總數的 53.3%;市值 37.6 萬億港元,佔港股總市值 77.7%。這表明,中國內地經濟的快速發展為香港金融業發展提供了巨大機遇和空間。

夏寶龍在解讀中,還表達了這樣的真況:「香港的最大機遇在內地。」在中央看來,香港的獨特地位和優勢不僅要必須保持,還要做大。國家「十四五」規劃明確支持香港鞏固「老四中心」,還支持香港打造「新四中心」;粵港澳大灣區建設賦予香港「主場」、「主角」的地位;前海合作區建設方案的第一句話就是:「開發建設前海深港現代服務業合作區是支持香港經濟社會發展、提升粵港澳合作水平、構建對外開放新格局的重要舉措」……中央的這一系列大動作,都是為了把香港的獨特優勢做大做強。

昨天的專題研討會,不僅梁振英、林鄭月娥、李家超三任特首出席,新一屆政府的大部分要員也出席了,還吸引了本港許多愛國愛港代表人士。看得出夏寶龍的解讀,是進行了充分思考和精心準備的。聆聽他的解讀,許多與會者深深領悟到習主席說的「必須保持香港的獨特地位和優勢」,是習主席對港情、國情做出科學分析後做出的重要論斷,是中央深思熟慮、反覆權衡的重要結果。一言九鼎,令港人安心放心!

世界在變,中國在變,香港也在變,但我們完全不用擔心香港的獨特地位和優勢會消失。從夏寶龍解讀中,可以自豪的說:「我們想到的,中央早已想到了;我們沒有想到的,中央也已想到了!」正如習主席所言:「香港的根本利益同國家的根本利益是一致的,中央政府的心同香港同胞的心也是完全連通的。」

心若在,夢就在。香港未來可期!

（原載於《信報》,2022 年 7 月 19 日）

從三個維度
釐清「爭取人心」的路徑

　　統一戰線是中國共產黨克敵制勝、執政興國的重要法寶，是團結海內外全體中華兒女實現中華民族偉大復興的重要法寶。統一戰線政策正式提出已逾百年。在近日舉行的中央統戰工作會議上，中共中央總書記、國家主席、中央軍委主席習近平發表重要講話。習主席明確指出，新時代加強和改進統戰工作的「十二個必須」。「必須發揮港澳台和海外統戰工作爭取人心的作用」是其中之一。

　　統戰工作的本質要求是大團結大聯合，解決的就是人心和力量問題。在中華民族偉大復興的進程中，港澳台同胞和海外華人華僑不應缺席，也不會缺席。那麼，如何把人心和力量匯聚到這一偉大事業中？筆者認為，關鍵要從三個維度釐清「爭取人心」的路徑。

共同的根在哪裏？

　　「樹高千尺，終有其根」。香港、澳門、台灣同胞和海外華人華僑共同的根在哪裏？在祖國內地。

　　在祖國內地，許多地方都有祠堂，一座祠堂就是一座根基，承載着一個家族的記憶。在祖國內地，還有許多家譜，一部厚厚的家譜，標注着一個家族生息繁衍的歷程，穿越千年風煙而血脈不斷。一部部史書記載着港澳台與祖國的歷史淵源。香港和澳門作為嶺南地區的一部分，早在 2,000 多年前就並入了中國版圖，歷經無數戰亂，嶺南地區與中原地區始終融為一體，構成中華民族共同體最核心、最堅實的部分。台灣地區早在三國時期就與大陸聯繫緊密，到了 12 世紀中葉，澎

湖地區劃歸福建晉江縣管轄，明末清初時期，大量的福建南部和廣東東部民眾移墾台灣，最終形成以漢族為主體的社會。祠堂、家譜、史書，都以各自不同方式，清晰地標注了港澳台和海外華人華僑的「根」在祖國內地。

中國人無論走到哪裏，故鄉永遠是魂牽夢繞的地方。無論經過多少代人，「我從哪裏來？」始終是揮之不去的記憶。爭取人心，需要沿着時間的軸線，尋找我們共同的根。喚醒人們的「根」意識，弘揚中華文明的「根」文化。無論你我居住在什麼地方、屬於什麼階層、加入什麼黨派、從事什麼工作，只要我們的「根」在一處，心靈總會相通。

從「尋找共同的根」到「搭建心靈的橋」。——這是「發揮港澳台和海外統戰工作爭取人心的作用」的題中要義。

最大支撐在何處？

「背靠祖國，面向世界」。這是香港和澳門獨特的優勢。這個獨特優勢，連新加坡已故總理李光耀先生都很羨慕，他曾感嘆新加坡沒有這種「大樹底下好乘涼」的優勢。試想：960 萬平方公里的土地，14 億人口，經濟總量 17.73 萬億美元 —— 這些數據的背後蘊藏着多少機遇？改革開放 40 多年來，香港、澳門、台灣的企業在為內地發展做出重要貢獻的同時，也一直分享着來自內地的發展紅利。

以香港為例，回歸 25 年間，金融、貿易、航運中心更加穩固，國家「十四五」規劃支持香港建設「八大中心」，香港的傳統優勢得到鞏固，新的優勢正在鍛造。不僅如此，在香港遭遇兩次公共衛生危機、兩次金融危機的時候，以及 2019 年遭遇黑色暴亂時，中央全力以赴支持香港渡過難關。事實證明，祖國是香港的最大支撐！面向未來，港澳最大的發展機遇在祖國內地。

台灣的發展同樣離不開祖國大陸的支持。不妨看一個數據：去年，台灣的總順差額 276.9 億美元。其中，台灣從大陸獲得的貿易順差達 517.8 億美元！也就是說，如果沒有從大陸獲得的貿易順差，台灣就是逆差。由

此可見台灣與大陸經濟的依存度有多高。

爭取人心，需要從相互依存的角度，看到港澳台最大的支撐是祖國內地，看到「你中有我、我中有你」的密切聯繫不可撼動。對抗與疏離，意味着兩敗俱傷；交流與合作，意味着互利雙贏、互利多贏。

從發現「最大的支撐」，到推動「最廣泛深入的合作」。——這是「發揮港澳台和海外統戰工作爭取人心的作用」必須面對的重大課題。

「最大公約數」是什麼？

「君子和而不同」、「家和萬事興」、「和氣生財」、「和為貴」……這些名言警句是中華文明寶庫裏「和合」理念的精髓。

中華文明是迄今為止世界上唯一沒有斷流的文明，原因何在？就在於具有很強的包容性和凝聚力。不妨看看龍的形象。龍角似鹿、頭似駝、眼似兔、項似蛇、腹似蜃、鱗似魚、爪似鷹、掌似虎、耳似牛。其實，世界上沒有龍，龍是一個複合體。傳說中，遠古那個最強大的部落的圖騰是蛇，後來，融合一個部落，就加上一個標誌，最終形成了龍的形象。龍是中華文明的象徵，中國人自稱為「龍的傳人」。這表明，中華民族是一個具有超強包容性的民族。

爭取人心，需要站在中華文明的高度，跳出一時一事、一地一己的局限，在不同利益群體、不同社會階層之間尋找「最大公約數」。對於香港、澳門來說，就要以愛國愛港、愛國愛澳為核心的主流價值觀凝聚人心。無論什麼人，只要他堅守愛國愛港、愛國愛澳的底線，都是可以團結的力量。對於台灣同胞和海外僑胞來說，就要高高舉起中華民族偉大復興的旗幟來凝聚人心。無論什麼人，只要他承認自己是中國人，願意為民族復興作貢獻，都是可以團結的力量。

從尋找最大的「相同之處」，到畫出「最大的同心圓」。——這是「發揮港澳台和海外統戰工作爭取人心的作用」不可或缺的重要舉措。

習主席關於統一戰線的重要論述，再次揭示了「中國共產黨為什麼能」的深刻意義。統一戰線因團結而生，靠團結而興，關鍵是要堅持求同存異。聚焦一個「同」字，從以上三個維度釐清思路，有助於在「爭取人

心」上實現突破，真正把不同黨派、不同民族、不同階層、不同群體、不同信仰以及生活在不同社會制度下的全體中華兒女都團結起來，共襄中華民族復興偉業！

（原載於《大公報》，2022 年 8 月 8 日）

　　2022 年 7 月 1 日上午，慶祝香港回歸祖國 25 週年大會暨香港特別行政區第六屆政府就職典禮在香港會展中心隆重舉行。中共中央總書記、國家主席、中央軍委主席習近平出席並發表重要講話。

第四輯

———

人民領袖的民本情懷

由建軍 90 週年
看「相信國家」的巨大自信

提要

　　今天是中國人民解放軍建軍 90 週年的重要紀念日。建軍 90 週年，猶如一面鏡子，讓香港市民看到了人民軍隊護航「中國夢」信心、決心和能力，看到了中華民族偉大復興勢不可擋，看到了「國家強大」與「香港發展」之間的內在邏輯，增強了實踐「一國兩制」的榮譽感、歸屬感、信心感。習近平主席視察香港時，對全港同胞講了寓意深遠的「三個相信」：「相信自己、相信香港、相信國家」。今天，香港市民為這一支正在建設成為世界一流軍隊的精兵勁旅，更增添了「相信國家」的巨大自信。

　　石破天驚！90 年前南昌城頭的槍響，締造了一支英雄的軍隊。這兩天，《建軍大業》在香港熱播，引發人們對這支軍隊的由衷敬意。

　　神兵亮劍！90 年後朱日和基地沙場大閱兵，宣示了這支軍隊為中華民族偉大復興護航的決心、信心和能力。

　　振聾發聵！中共中央總書記、國家主席、中央軍委主席習近平前天身着迷彩服，在大漠深處的訓練場莊嚴檢閱了這支鋼鐵軍隊。習主席的講話擲地有聲、聲震四野：「我們的英雄軍隊有信心、有能力，打敗一切來犯之敵，我們的英雄軍隊有信心、有能力，維護國家主權、安全、發展利益，我們的英雄軍隊有信心、有能力，譜寫強軍事業新篇章，為實現兩個100 年奮鬥目標，為實現中華民族偉大復興的中國夢，為維護世界和平作出新的更大的貢獻。」

　　習主席「七一」期間視察香港時闡述了「相信自己，相信香港，相信

國家」的重要理念，深深觸動香港市民內心；在建軍 90 週年的今天，香港市民的心中，再次湧動着「中國夢」的澎湃激情、升騰起「相信國家」的巨大自信。

人民軍隊有能力護航「中國夢」

習主席說：「天下並不太平，和平需要保衛。今天我們比歷史上任何時期都更接近中華民族偉大復興的目標，比歷史上任何時期都更需要建設一支強大的人民軍隊。」

中國人民愛好和平，但今天的中國周邊並不平靜。聚焦東海南海，美日等國時不時挑起事端，海權摩擦接連不斷；西南邊境，印度越界挑釁，遲遲不退；東北方向，朝鮮半島劍拔弩張，不確定因素越來越大；西北邊疆，反恐維穩的壓力不小。與此同時，「台獨」、「藏獨」、「疆獨」、「港獨」各種分離主義勢力蠢蠢欲動。保家衛國，離不開一支強大的軍隊；震懾分離主義勢力，離不開一支強大的軍隊；民族復興，更離不開一支強大的軍隊。

透過建軍 90 年的系列活動，香港市民看到，人民解放軍有信心、有決心、有能力為「中國夢」保駕護航。當今的這支強軍已經今非昔比。中共十八大以來，作為軍隊各項工作的最高統帥、軍隊改革的最高設計師、軍隊作戰的最高指揮官，習主席運籌帷幄、統籌規劃，通過重拳打虎、從嚴治軍、戮力改革、科技強軍等措施，使人民解放軍整體面貌煥然一新。作為全面深化改革的重要領域，「軍改」着眼於打贏現代戰爭，對軍隊的體制機制進行了一次脫胎換骨的改革，各軍兵種聯戰聯訓聯勤，作戰效能大大提升。作為科技創新的亮點，前天閱兵中四成武器裝備屬於首次亮相，殲 -20、運 -20、空警 -2000、99A 坦克、自行火炮、08 式步兵戰車，等等，展示了科技強軍的豐富成果，解放軍武器裝備水平實現了跨越式的大發展。與此同時，此次閱兵地點選擇在訓練場，金戈鐵馬、沙場點兵，凸顯了解放軍召之即來、來之能戰、戰之必勝的戰鬥精神、威武風采、宏大氣勢。

強軍夢下的偉大復興勢不可擋

1840 年至今的 170 多年間，中國有 3 次復興的機會，但前兩次都被列強殘酷扼殺。第一次是 19 世紀後半期，中國實施洋務運動，學習西方先進技術，力圖富國強兵，邁向現代化。1895 年的中日甲午海戰，1900年的八國聯軍入侵北京城、火燒圓明園，殘酷地擊碎了中國人的夢想。第二次 20 世紀前期，中國資本主義經濟起步，呈現出迅猛發展的好態勢，卻遭遇了日本侵華的劫難，半壁江山淪陷，經過 14 年艱苦卓絕抗戰，到1945 年日本投降，當時的中國已經從 1840 年「富甲全球」的東方強國淪為「赤貧國家」。

1979 年改革開放至今，中華民族開啟了第三次偉大復興的征程。如今，中國越來越接近偉大復興的目標，但中國的和平崛起，總被某些人惡意解讀。過去 30 年，「中國威脅論」喧囂塵上，圍堵中國、遏制中國的各種大動作、小動作從來就沒有停止過。這一次，無論如何也不能錯過機會，無論如何也不容猛虎擋路、群狼環伺！中華民族偉大復興勢不可擋。因為，中國既有硬實力，也有軟實力。

從硬實力看，中國已經躍升為世界第二大經濟體，是世界第一貿易大國。不僅經濟實力雄厚，中國的科技創新能力的也在一天天提高。「神舟」、「天宮」遨遊太空，「蛟龍」探測器潛入深海，高鐵技術全球領先，C919 大型客機研製成功，可燃冰提煉燃料獲得成功，以及這次朱日和閱兵展示的新型裝備，都彰顯了中國的科技實力。

從軟實力看，中國的話語權越來越大，越來越接近舞台的中心。以今年 5 月的「一帶一路」國際合作高峰論壇為例，包括 29 位外國元首和政府首腦在內的來自 130 多個國家和 70 多個國際組織約 1,500 名代表齊聚北京，共商發展大計，連美國、日本曾經抵制「一帶一路」的國家也不得不派代表參加。

國家好，香港必定會更好

習主席「七一」期間在港強調了「相信國家」重要論述。主席說：「不論是過去、現在還是將來，祖國始終是香港堅強後盾……祖國日益繁

榮昌盛，不僅是香港抵禦風浪、戰勝挑戰的底氣所在，也是香港探索發展新路向、尋找發展新動力、開拓發展新空間的機遇所在。」習主席的這番話，寄託着對香港同胞的深情，體現了國家領袖的胸懷，更揭示了「國家強大」與「香港發展」之間的內在邏輯。透過此番建軍 90 週年的慶祝活動，讓人們更堅定了「國家好，香港更好」的理想信念。

國家強大，「港獨」勢力沒有生存空間，香港穩定的大局不會改變。「港獨」勢力與「台獨」勢力有合流趨勢，各種外部勢力也在暗中插手香港事務；香港「泛政治化」的背後，有諸多推手，暗流湧動。但是，只要我們有強大的國防力量，那些跳樑小丑勢力掀不起什麼大的波瀾，香港穩定的大局不會改變。

國家強大，香港與內地的合作機會多，能夠收穫更多紅利。儘管中國現在的經濟增長降至 6-7%，但一年實現的經濟增量就相當於一個中等國家的經濟總量。不僅如此，內地企業走出去還迫切需要香港的金融、貿易、仲裁、法律、會計等方面的服務，香港僅從這些方面入手，就可以得到更多好處，推動經濟持續增長。

國家強大，香港在國際舞台能夠獲得普遍尊重，發展空間更大。得益於中央政府的鼎力相助，回歸以來，香港獲得了多個國際組織的「入場券」，以「中國香港」的身份，香港與許多國家和地區進行經貿合作。隨着國家實力的增強，今後香港這種機會更多，發展空間更大。

建軍 90 週年，猶如一面鏡子，讓香港市民看到了人民解放軍的威武風采，感受到了國家的強大實力，增強了實踐「一國兩制」的定力、信念和自覺，也再一次點燃了無盡的愛國熱情和背靠國家的巨大自信！

（原載於《文匯報》，2017 年 8 月 1 日）

習主席「一直牽掛」的深情
溫暖特區同胞

—— 重溫習主席關愛港澳同胞系列評論之一

今天，有着深刻和重要意義的十八屆七中全會將在北京召開。再過一週，全國各族人民、全球華人和全世界都為之關注的中共十九大將隆重開幕。中共十八大後，中共中央總書記、國家主席、中央軍委主席習近平提出實現中華民族偉大復興的「中國夢」、「兩個一百年」的奮鬥目標。第一個奮鬥目標是 2021 年中共建黨 100 週年時，中國要全面建成小康社會。十九大後的 5 年將跨越 2021 年，十九大的重要意義由此可見。

「中國夢」是中華民族的偉大復興之夢，香港澳門兩個特區的繁榮穩定是其重要組成部分，需要港澳與內地攜手共進。習主席今年「七一」來港視察和出席香港回歸 20 週年慶祝活動時，一下飛機就說：「香港一直牽動着我的心。」習主席對港澳的「一直牽掛」，充分體現着全國各族人民的領袖、核心、統帥對特區的格外關愛，全力承載着內地同胞對「歸來遊子」的特殊情誼，深情寄託着全民族對港澳美好未來的無限期待。習主席對港澳的「一直牽掛」，溫暖着兩個特區的人心，點燃了港澳同胞的愛國熱情，堅定了港澳特區全面準確推進「一國兩制」實踐的決心和信心。在中共十九大開幕前夕，在「中國夢」第一個「一百年」奮鬥目標即將實現之際，重溫習主席關愛港澳同胞的一個個感人事件、一次次動人瞬間、一句句經典語錄，倍覺親切、倍添溫暖、倍感鼓舞，充滿力量，催人奮進！

長久以來，濃濃關愛從未間斷

「時隔 9 年，我再一次踏上香港這片土地，感到很高興。香港一直牽

動着我的心。」香港市民清晰地記得，這是習主席今年 6 月 30 日來港下飛機時説的第一句話。這句話通過報章、電視熒幕和各種媒體，迅速傳到維海兩岸的千家萬戶，令無數港人為之動容。

往事如昨。9 年前的 2008 年 7 月，時任國家副主席的習近平來到香港，實地考察北京奧運會、殘奧會馬術比賽籌辦工作。他專門抽出時間，走進何文田村冠熹苑，探訪居民余杜勝一家。「房子什麼時候住進來的？」「收入、社保和福利、社區治安如何？」「物價怎樣？」⋯⋯柴米油鹽醬醋茶，件件小事問到底。關愛之情，溢於言表。

點滴之間見真情。長久以來，習主席對港澳同胞的關愛從未間斷——

2015 年 11 月，在亞太經合組織領導人非正式會議期間，習主席會見時任香港特首梁振英時，希望特區政府帶領香港社會各界凝聚發展共識，着力發展經濟、改善民生、促進和諧，同時抓住國家制定「十三五」規劃、實施「一帶一路」建設等帶來的機遇，進一步謀劃和推進香港長遠發展。

2015 年 12 月，習主席在會見赴京述職的時任香港特首梁振英時，希望特區政府團結社會各界，穩健施政，維護香港社會政治的穩定；抓住國家發展進入「十三五」時期的機遇，發展經濟，改善民生；積極謀劃長遠發展，為「一國兩制」的成功實踐和香港的長期繁榮穩定打下堅實基礎。

2014 年 12 月，習主席在出席澳門回歸 15 週年慶典期間，盛讚澳門「小桌子上唱大戲」。希望澳門抓住國家全面深化改革的重大機遇，圍繞建設世界旅遊休閒中心、中國與葡語國家商貿合作服務平台的發展定位，推動澳門經濟適度多元可持續發展。

國家的發展大勢是什麼？香港澳門兩個特區的獨特優勢是什麼？港澳同胞心裏想的是什麼？從上述言語之間，可以看出習主席了若指掌，牽掛心頭。習主席利用各種機會，提醒兩個特區政府聚焦重點，紓解民憂，提升民眾的獲得感。對此，香港中聯辦領導深有感觸，他對媒體深情的總結説：「習主席的這些真情暖語，飽含着對港澳對國家對民族的深厚情懷和強烈擔當，也賦予了港澳『一國兩制』成功實踐新的時代使命。」確實是這樣，重溫習主席的一幕幕關愛往事，港澳民眾都由衷感受習主席的家國

情懷和領袖擔當，由衷堅定背靠祖國的強大自信，由衷體會「血濃於水」的強烈情感！

「成年禮」上，精彩瞬間永遠難忘

今年「七一」期間，出席香港回歸 20 週年慶典活動的習主席，在短短 49 小時內出席了 20 場重要活動。活動之密集，十分少見。如此不辭勞苦，緣於習主席的香江情。那些動人瞬間，讓人永遠難以忘懷。

習主席在會見香港各界代表人士時，他說：「我也沒想得出，還有什麼政治智慧，比當初採用『一國兩制』更高明的了。中央將堅持『一國兩制』方針不改變、不動搖，這個立場是堅定不移的。」這句話體現出習主席的真誠和坦蕩，既表達了對當年提出「一國兩制」設想的鄧小平先生崇敬之情，也表達了「不忘初心，繼續前行」的決心和信心；

在香港回歸 20 週年慶典大會上，習主席把香港回歸祖國 20 年喻為中國古代男子的「弱冠之年」，把慶典喻為「成年禮」。又以香港俗語講：「蘇州過後無艇搭」，希望香港要珍惜機遇、抓住機遇，把主要精力集中到搞建設、謀發展上來。「成年禮」的比喻形象生動，通俗易懂，顯示了習主席一貫的平易近人的作風。「蘇州過後無艇搭」的忠告發自肺腑，可謂苦口婆心。對照香港近年來「泛政治化」現象越演越烈的現實，不難看出，他是真心希望香港不要折騰、少走彎路、快步向前。正如王志民主任不久前在香港新聞界慶祝國慶 68 週年酒會致辭中所說：「剛剛經歷『成年禮』的香港，正處於風華正茂、朝氣蓬勃的『弱冠之年』，將會多一些沉穩、少一些喧囂，多一些堅定、少一些懷疑，多一些從容、少一些焦慮。」

「我們既要把實行社會主義制度的內地建設好，也要把實行資本主義制度的香港建設好。」習主席在香港回歸 20 週年慶典上的這一表態，更是令人信心滿滿。對於愛國愛港者來說，這句話堅定了實踐「一國兩制」的決心；對於徘徊猶豫者來說，這句話指明了實踐「一國兩制」的方向；對於炒作「中央收緊『兩制』空間」的人來說，這句話令謠言失去市場。這一堅定表態，體現出中央在港澳問題上的大度、坦然、自信和從容，體現出中央對兩種制度「可並行、能共贏」的初衷，體現出習主席作為大國

領袖的寬廣視野和寬闊胸懷。

時隔 100 多天，在香港，無論是近距離見過習主席的代表人士，還是通過媒體一睹盛況的普通市民，對這些動人瞬間記憶猶新，為習主席、為中央、為祖國點讚的聲音更多、更密、更響了！

關鍵時刻，「挺港」、「挺澳」全力以赴

習主席對港澳同胞的關愛，更多的體現在關鍵時刻全力「挺港」、「挺澳」。

對於香港來說，何為「關鍵時刻」？眼下就是「關鍵時刻」。從時間坐標分析，2008 年全球金融危機爆發至今，香港遇到經濟增長乏力、創新能力不足、國際競爭力下滑等困難，傳統優勢正在衰減，互聯網時代的新優勢尚未形成；從空間的坐標分析，發達國家的經濟不景氣，以及「逆全球化」和貿易保護主義的出現，衝擊着香港的金融、貿易、航運等產業，而北上廣深等內地城市的異軍突起，也給香港帶來競爭壓力。是搭乘國家發展快車、還是「坐困愁城」？是聚焦經濟民生、還是熱衷「政治爭拗」？香港確實走在了十字路口！

在這個關鍵時刻，習主席「七一」期間來港時多次強調，中央政府支持香港在推進「一帶一路」建設、粵港澳大灣區建設、人民幣國際化等重大發展戰略中發揮優勢和作用。習主席還表示，中央有關部門正在積極研究出台便利香港同胞在內地學習、就業、生活的具體措施，為香港同胞到內地發展提供更多機會和便利。習主席在會見新任特首林鄭月娥時，還專門就如何務實推進香港參與「一帶一路」建設，打造綠色金融平台，在生物醫療、人工智慧等領域加強與大灣區其他地區的合作、實現互補共贏，作出了明確指示。既給予政策，又關注落實，習主席的「挺港」之舉讓港人滿懷感激！

今年 8 月，一場 53 年未遇的風災，給美麗的澳門造成重創，大風肆虐，海水倒灌，淹沒了道路橋樑，衝擊着民房街道，奪去了 10 人性命……澳門特首崔世安主動向中央提出由解放軍駐澳部隊協助救災工作的請求，很快獲得習主席的親自批准和中央政府的批覆。駐澳門部隊千名

官兵深入大街小巷救災，各類救災物資迅速從內地運抵澳門。危難時刻，習主席的「挺澳」之舉，令澳門同胞感動不已。

「一枝一葉總關情」，「血脈相連是一家」。習主席「一直牽掛」的深情溫暖特區同胞人心。在喜迎十九大之際，港澳兩個特區人心沐春風，前路更光明！

（原載於《大公報》，2017 年 10 月 11 日）

習主席「三個相信」的寄語
為特區發展加油鼓勁

—— 重溫習主席關愛港澳同胞系列評論之二

期待已久的中共十九大即將開幕。作為世界第一人口大國的執政黨，全國各族人民、全球華人、全世界都對五年一屆的中共全國代表大會越來越關注，因為它關係到 14 億中國人的福祉，又因為中國經濟分量和政治角色在世界舞台上越來越重要，它關係到許多國家的切身利益。十九大做出的決策部署，與香港、澳門休戚相關。在這個特殊的時刻，重溫國家主席習近平對港澳同胞的關愛之情，對於認識和把握特區的發展方向和趨勢，具有重要意義。

今年七一期間，習近平主席來港參加回歸 20 週年慶典活動時，語重心長的向香港同胞講了「三個相信」：「相信自己」、「相信香港」、「相信國家」，為香港同胞加油鼓勁，在香港各界引起強烈反響。「三個相信」從香港市民的個體，講到整個香港社會，再歸結到國家民族，深刻地闡述了在「一國兩制」下的香港，只要堅定信念，發揮自己的獨特優勢，在國家的大力支持下，團結一心，必定能獲得更好發展。

深刻學習領會習主席講話精神的香港中聯辦領導，前不久在香港新聞界慶祝國慶酒會上講到：「我們要發展好香港當前的良好態勢，我們要發揮好香港的特殊優勢，我們要把握好國家發展的戰略大勢。」習主席的「三個相信」深刻論述，對於澳門提升「一國兩制」發展態勢也有重要意義。緊扣「三個相信」的鮮明內涵，就一定能夠把握好「三勢」的巨大作用，創造特區更加美好的未來。

發展良好態勢應該相信自己

習主席講的第一個相信是：「相信自己」。「自己」是誰？是芸芸眾生中的你我他。我們是香港人、澳門人，我們都是中國人。習主席說：「我們中國人是了不起的！」今天的我們，應該擁有這份自信。

改革開放近 40 年，中國人創造了無數奇蹟。我們不僅創造了讓人難以置信的經濟增長速度，成為世界第二大經濟體，對世界經濟增長的貢獻率達 30% 以上。我們還在基礎設施建設上取得了驚人成就，建造了讓世人驚嘆的橋樑、隧道；我們還在創新領域收穫了不俗業績，高鐵、支付寶、網購、共享單車，被世人稱為中國的「新四大發明」，我們在載人航天、載人深潛、量子通信、深空探索等領域走在了世界前列。港澳同胞作為中國人的一部分，具有勤勉、務實、頑強、聰慧的特質，香港能從一個小漁村發展成為國際化大都市，是一代又一代香港人打拚出來的；澳門能在「小桌子上唱大戲」，書寫精彩的「澳門故事」，同樣是澳門民眾打拚的結果。今天，「中國人」不再是「東亞病夫」的代名詞，作為中國人，我們應該感到自豪、驕傲、榮耀！

對於香港而言，我們的一己之力雖然弱小，但只要在「愛國愛港」的旗幟下匯聚，就能形成巨大合力。最近幾個月來，「港獨」代表人物受到法律制裁，「港獨」勢力受到沉重打擊。通過一次次博弈，人們對「港獨」的禍國害港的嚴重性日漸清晰，對「泛政治化」危害的認識逐漸到位，對「一國兩制」和基本法的理解更加透徹，對政府聚焦經濟民生、社會各界共襄發展的局面更加期待。這一切，形成了全面準確貫徹「一國兩制」、推動香港繁榮穩定的良好態勢。再看回歸後的澳門，堅守「一國」之本，善用「兩制」之利，腳踏實地謀發展、促和諧、求進步，走上了與祖國共同發展、永不分離的寬廣道路，抒寫了世人矚目的「澳門故事」。

牢記習主席的「相信自己」，齊心努力，一定能夠發展好當前的良好態勢，讓香港、讓澳門的發展之路越走越寬。

發揮特殊優勢肯定相信港澳

習主席講的第二個相信是：「相信香港」。香港是一個什麼樣的地方？

是中華人民共和國的特別行政區。「特別」之處在哪裏？最大的「特別」是具有「一國兩制」的制度優勢。

「一國兩制」令香港不僅得到中央的支持，分享內地的廣闊市場和發展機遇，而且經常作為國家對外開放的「先行先試」的試驗場，獲得國際資本的鍾情與青睞，可謂坐擁發展先機。比如香港作為國家對外開放「先行先試」的試驗場，今後會發揮更重要的作用。在人民幣「走出去」的戰略中，「滬港通」、「深港通」應運而生，就具有「先行先試」的性質，這有助於做大香港金融業的蛋糕，已經為香港帶來了實惠。當下的中國已經進入「雙向開放」的新階段，隨着國家在諸多領域「走出去」戰略的縱深推進，香港將扮演更多「先行先試」的角色，會給香港帶來更多實惠。一個地方的發展優勢往往是變化的，但制度優勢具有持久性，只要「一國兩制」的制度不變，香港的這種獨特優勢就會一直延續下去。

除了制度優勢，香港還有法治優勢、國際聯繫優勢、醫療康養優勢等。比如，香港的法治環境優良，廉潔指數很高，在各類國際調查機構的排行榜上，一直名列前茅；香港擁有與西方國家接軌的法律體系，國際仲裁結果被 100 多個國家認可。又比如，香港是國際金融、貿易、航運中心，與世界許多國家有經濟往來，聯繫十分廣泛而緊密。再比如，香港的醫療服務水平在全世界處於較高水平，香港的人平均壽命在全球居於前列。

澳門「一國兩制」實踐的發展成就，同樣令人鼓舞。這個當今世界增長速度最快的經濟體之一，已經躋身世界富裕城市前列，各項民生事業快速發展，居民生活水平持續提高，社會大局和諧穩定，在國家發展戰略中的重要地位不斷提升，國際影響力不斷提高。

香港、澳門的制度優勢，是國家賦予的，是一代代香港人、澳門人打拼出來的。這些獨特優勢是兩座城市的巨大財富。相信香港，相信澳門，我們就要對這些優勢充滿自信，據勢而謀、順勢而為，把「勢能」轉化為巨大的「動能」，推動兩個特區奮力前行。

把握戰略大勢必須相信國家

習主席講的第三個相信是：「相信國家」。「國家」是什麼樣的國家？

是一個經濟實力越來越強的國家，是一個國際影響力越來越大的國家，是一個奉行和平理念正在崛起的世界大國。總之，是一個蓬勃向上的國家。

國家從來都是香港、澳門的堅強後盾，回歸前如此，回歸後更是如此。從 1997 年亞洲金融風暴，到 2003 年非典肆虐，到 2008 年全球金融危機，再到今年 8 月澳門發生的特大風災，危難時刻，總有國家的鼎力相助。在新一輪全球經濟轉型過程中，如何幫助香港、澳門與內地聯通聯動、共同發展？中央早已統籌謀劃。「十三五」規劃把香港和澳門的發展納入了國家發展戰略的「大盤子」，在「中國快車」上為港澳預留了「座位」；「滬港通」、「深港通」的先後實施，為香港金融業發展注入了「活水」；高鐵建設、港珠澳大橋等基礎設施建設，讓港澳與內地聯繫更加緊密、合作更加便捷；粵港澳大灣區建設，既可以破解香港、澳門發展空間狹小的難題，又為未來的產業分工做好鋪墊，有利於港澳把優勢做得更優，收穫更多紅利；由中國倡導的「一帶一路」，更是一盤「大棋局」，涉及亞、非、歐三大洲的 60 多個國家，未來 20 年蘊藏着無窮機遇，國家也為香港、澳門參與「一帶一路」建設設置了「機會窗口」，就看港澳如何去把握。

習主席指出：「祖國日益繁榮昌盛，不僅是香港抵禦風浪、戰勝挑戰的底氣所在，又是香港探索新路向、尋找發展新動力，開拓發展新空間的機遇所在。」相信國家，把握好國家發展的戰略大勢，聚焦「國家所需，港澳所長」，港澳一定會大有作為！

香港中聯辦領導在總結「一國兩制」成功實踐的基本經驗時深有體會的說：「在貫徹『一國兩制』的實踐進程中，香港和澳門依靠『一國』強大後盾，立足『兩制』特色優勢，繼續保持繁榮穩定並融入中華民族偉大復興的壯闊征程。實踐充分證明，『一國兩制』是行得通、辦得到、得人心的。」

「三個相信」是港澳同胞應有的自信，在中共十九大即將開幕之際，港澳同胞從習主席「三個相信」的寄語中獲得了巨大的推動發展的「正能量」，信心滿滿，走向未來！

（原載於《大公報》，2017 年 10 月 13 日）

習主席「四個始終」的論述
為特區前行指路導航

——重溫習主席關愛港澳同胞系列評論之三

　　再過兩天，舉世矚目的中共十九大就要開幕。這次會議做出的戰略部署，將清晰的展現習近平主席治國理政理論和實踐的時空佈局，指明中國今後 5 年甚至幾十年砥礪奮進的方向，對香港和澳門兩個特別行政區實踐「一國兩制」也將作出具體指引。在這個特殊的時刻，重溫習近平主席對港澳同胞的關愛之情，有助於我們全面、準確、深刻理解和把握十九大作出的戰略部署，全力推進「一國兩制」行穩致遠。

　　今年 7 月 1 日，在慶祝香港回歸 20 週年大會講話中，習主席提出了「四個始終」：始終準確把握「一國」和「兩制」的關係，始終依照憲法和基本法辦事，始終聚焦發展這個第一要務，始終維護和諧穩定的社會環境。「四個始終」的要求和希望，具有鮮明的統領性、指導性、方向性，對香港和澳門全面準確實踐「一國兩制」具有指路導航的重要意義。

堅守「一國」之本，才能收穫「兩制」紅利

　　「一國」和「兩制」是什麼關係？是樹根與枝葉的關係。習主席在2014 年 12 月出席澳門回歸 15 週年慶典活動時，用「本根不搖枝葉茂」來闡述「一國」和「兩制」的關係，揭示「一國兩制」在澳門取得巨大成功的深刻內涵。在今年七一香港回歸 20 週年慶典上，習主席強調：必須牢固樹立「一國」意識，堅守「一國」原則，正確處理特別行政區和中央的關係。任何危害國家主權安全、挑戰中央權力和香港特別行政區基本法權威、利用香港對內地進行滲透破壞的活動，都是對底線的觸碰，都是絕

不能允許的。習主席的講話，正本清源、亮明底線、闡明道理。

　　對於香港而言，習主席的這一重要宣示，具有強烈針對性。近年來的「政治爭拗」令香港社會撕裂，暴露出一些人明顯缺乏國家意識。有的人把香港與中央的關係理解為「平起平坐」；有的人把中央行使憲制權力的舉措看作是「干預香港內部事務」；有的人把中聯辦等同於外國領事館，中聯辦履行中央賦予的職責，被解讀為「西環治港」。更有甚者，公然打出「港獨」的旗號。凡此種種，都已觸碰到「一國」的底線，是對「一國」和「兩制」關係或扭曲走偏、或把握不準、或有意模糊。

　　始終準確把握「一國」和「兩制」的關係，是辦好香港、澳門一切事情的總前提、總基礎、總要求。今年 7 月 24 日中央駐澳機構與澳門特區政府聯合舉行「學習貫徹習近平總書記七一視察香港重要講話精神座談會」，澳門中聯辦領導深有體會的講到：「港澳兩個特區只要繼續依靠『一國』強大後盾、立足『兩制』特色優勢，不斷弘揚『香港精神』和以愛國愛澳、包容共濟、務實進取、民主和諧的『澳門精神』，開拓進取、團結拼搏，就一定能夠保持繁榮穩定和長治久安，續寫發展新篇章。」擲地有聲！續寫「一國兩制」新篇章就是需要這種鍥而不捨、馳而不息的自信、擔當和追求。

　　今天，重溫習主席講話精神，我們應該更加明確一個道理：堅守「一國」之本，才能收穫「兩制」紅利。要始終準確把握「一國」和「兩制」的關係，讓制度優勢轉化為發展優勢。

堅持依法辦事，才能有效遏「獨」止亂

　　「一國兩制」下的香港和澳門，應該依據什麼來治理社會？答案只有一個：法律！核心是堅決維護以憲法和基本法為基礎的憲制秩序。在今年七一香港回歸 20 週年慶典上，習主席強調，始終依照憲法和基本法辦事。可謂一語中的！

　　在「一國兩制」從構想變成現實的過程中，前人早已考慮到內地與港澳社會制度不同、法律體系不同所帶來的問題，並通過基本法解決了這些問題，明確了中央擁有哪些權力、港澳擁有哪些權力。對於未盡事宜，基

本法規定全國人大擁有釋法權，也就是屆時以「司法解釋」的途徑來予以解決。所以，基本法是非常科學的，在港澳具有憲制地位。依法治港治澳的總依據只能是基本法。

澳門對基本法的貫徹非常到位，回歸後落實了「23條立法」，全國人大常委會去年11月對香港基本法第104條釋法後，澳門主動在立法會選舉法修改法案中增加了「防獨」條款。反觀香港，「23條立法」至今沒有解決。

近年來「港獨」勢力浮出水面，公然挑戰憲法和基本法的權威，竟然還有人以「言論自由」、「學術自主」為其庇護。如果任由其發展下去，就會破壞香港社會的法治基礎，令香港社會失序、動亂，良好的治理體系最終坍塌。最近幾個月來出現了良好態勢，香港司法機關對多起案件作出裁決，違法違規宣誓的立法會6名議員或候任議員被依法剝奪議員資格，非法「佔中」中煽動暴力的黃之鋒等3人被判入獄，非法「佔中」的發起人戴耀廷等9人接受庭審。這一切，令港人引以為自豪的法治精神得到彰顯，給「港獨」勢力以沉重打擊。今天，重溫習主席講話精神，我們應該更加明確一個道理：堅持依法辦事，才能有效遏「獨」止亂。始終堅持「依法辦事」的原則，繼續發展好這種良好態勢。

堅持聚焦發展，才能迸發活力

香港和澳門作為國際化城市，魅力何在？在於其經濟發展的活力。因此，發展是第一要務。沒有發展，一切都無從談起。在今年七一香港回歸20週年慶典上，習主席強調，發展是永恆的主題，是香港的立身之本，也是解決香港各種問題的金鑰匙。可謂金玉良言！

聚焦澳門成功的奧妙，就是利用好了「一國兩制」這個最大的優勢。澳門各界認同基本法、擁護基本法，在政治上不爭拗、不對抗，一心一意謀發展，爭取到了國家在貿易、用地、基礎設施、文化交流等諸多方面的大力支持；同時，借助國家提供的大平台，澳門進入了許多以前進不去的國際性組織，有了更大發展空間，贏得了更多發展機遇。

香港回歸以來，「一國兩制」取得了巨大成功，但當下的香港面臨諸

多發展難題。比如：昂貴的租金和勞動力價格，令中小微企業舉步維艱；貧富差距造成的階層固化，令青年人創業艱難；科技創新長期投入不足，令創新能力落後於亞太乃至內地諸多城市。香港的發展需要大視野謀劃、大手筆投入、大踏步推進，最現實、最有效的出路，就是搭乘國家發展的快車，在「國家所需」和「香港所長」的結合點上做文章。習主席七一來港時明確表示，中央政府支持香港在推進「一帶一路」建設、粵港澳大灣區建設、人民幣國際化等重大發展戰略中發揮優勢和作用；中央還將出台便利香港同胞在內地學習、就業、生活的具體措施，為香港同胞到內地發展提供更多機會和便利。這些都是香發展的利好消息。

前不久，香港中聯辦領導在香港新聞界國慶 68 週年酒會的致辭中說：「我們要發展好香港當前的良好態勢，我們要發揮好香港的特殊優勢，我們要把握好國家發展的戰略大勢。」王志民主任「三勢」論香港發展，完全體現了習主席視察香港重要講話的深刻內涵。

今天，重溫習主席講話精神，我們應該更加明確一個道理：堅持聚焦發展，才能迸發活力。要始終聚焦發展，抓住發展機遇，拓寬發展路子，激發發展活力。

堅持維護和諧，才能行穩致遠

推動「一國兩制」在港澳行穩致遠，需要什麼樣的社會環境？一個字：和。兩層意思：港澳要與國家和諧相處，港澳內部也要和諧有序。在今年七一香港回歸 20 週年慶典上，習主席強調，香港是一個多元社會，對一些具體問題存在不同意見甚至重大分歧並不奇怪，但如果陷入「泛政治化」的漩渦，人為製造對立、對抗，那就不僅於事無補，而且會嚴重阻礙經濟社會發展。只有凡事都着眼大局，理性溝通，凝聚共識，才能逐步解決問題。習主席的話真是高瞻遠矚。聚焦澳門回歸以來的發展業績，離不開一個「和」字。香港近年來在許多事情上錯失良機，也繞不開一個「和」字。因為政見不同，一些立法會議員屢屢製造「拉布」、「流會」事件，致使高鐵等項目撥款一再受阻，工程建建停停，不僅延誤時日，還浪費公帑；致使設立創科局的方案歷經數年才獲通過，痛失了推進創新的最

佳機遇。

　　今天，重溫習主席講話精神，我們應該更加明確一個道理：堅持維護和諧穩定，才能行穩致遠。要着眼大局，理性溝通，凝聚共識，和為貴，和為先，和為重，在和諧和睦的氛圍中創造香港澳門的美好未來！

　　　　　　　　　　　　　（原載於《大公報》，2017 年 10 月 16 日）

從世界各國政要紛紛親近習主席感受「偉大榮光」

　　在舉世矚目的中共十九大，習近平總書記親切勉勵港澳同胞，同祖國人民共擔民族復興的歷史責任、共享祖國繁榮富強的偉大榮光！在越南峴港舉行的 APEC 峰會已經落下帷幕，世界各國領導人紛紛用各種形式、各種姿態、各種話題來親近習近平主席，這使港澳民眾深刻感受到，這就是離自己身邊最近、最快、最引以為傲的「偉大榮光」！請看：秘魯總統庫琴斯基出席會議的議程已經結束，可又專門返回會場，為的就是親耳聆聽習主席的演講；美國總統特朗普面着全場來自世界各地的 1,500 位工商領袖，在演講中多次提及對中國的訪問非常成功，感謝習主席的熱情款待，他把在越南峴港當成了自己還在北京；菲律賓總統杜特爾特為了會晤習主席，專門調整了回國日期，他對習主席說：「只要能見到您，什麼時候回去都行」；澳洲總理特恩布爾拉着習主席自拍，並把這張自拍的照片傳給了全澳媒體；智利總統巴切萊特、新西蘭總理阿德恩等，都希望與習主席見面，哪怕時間再短也願意；韓國總統文在寅、日本首相安倍晉三很幸運的能與習主席分別正式會晤，「祝賀中共十九大」、「祝賀習總書記」，說了一遍又一遍。「雙 11」一天，習主席在峴港從早上 9 點到晚上 8 點，不間斷地工作了整整 11 個小時。

　　筆者作為 APEC 工商領導人峰會的代表，有幸參加了此次峰會，近年來也多次跟隨習主席參加一些重要國際會議、出訪一些國家，親眼目睹、親身見證、深切感受到習主席在世界各國備受歡迎、備受尊重、備受推崇的一個個感人場面。每一次，筆者都被現場的熱烈氣氛深深感染，感受到

作為一名香港同胞、作為一個中國人的自豪和榮耀。在民族復興的偉大征程上，有習主席這樣的世界級領袖指路領航，這是包括香港、澳門在內的全中國人之幸，是包括海外僑胞在內的全民族之福！

習主席的擔當精神令人敬佩

綜觀當今世界，經濟增長動能不足，貧富分化日益嚴重，地區熱點問題此起彼伏，恐怖主義、網絡安全、重大傳染病、氣候變化等非傳統安全威脅持續蔓延，人類面臨許多共同挑戰。

世界怎麼了？人類往哪裏去？我們要建設一個什麼樣的世界？如何建設這個世界？……這一連串問號，拷問着各國領導人。隨着中國前所未有地走近世界舞台中心，習近平主席以大國領袖的責任擔當，深入思考人類面臨的重大課題，提供中國方案，擺出中國主張，貢獻中國力量。

習主席多次指出：「我們不能因現實複雜而放棄夢想，不能因理想遙遠而放棄追求。沒有哪個國家能夠獨自應對人類面臨的各種挑戰，也沒有哪個國家能夠退回到自我封閉的孤島。」「我們呼籲，各國人民同心協力，構建人類命運共同體，建設持久和平、普遍安全、共同繁榮、開放包容、清潔美麗的世界。」

在習主席的推動下，中國作為一個負責任的大國，深度參與全球治理，在多個領域亮點頻閃：從共同、綜合、合作、可持續的新安全觀，到公平、開放、全面、創新的新發展觀，再到共商共建共享的全球經濟治理理念，中國極力倡導並踐行新型全球治理觀；從發起成立亞投行、金磚國家開發銀行，到促成國際貨幣基金組織完成份額改革和治理機制改革，在中國的推動下，新興經濟體和發展中國家的代表性和發言權得到提升；從設立中國—聯合國和平與發展基金和「南南合作援助基金」，再到推動達成《巴黎協定》，中國為推進 2030 年可持續發展議程獻計出力。與此同時，中國主辦各類國際性會議，推動熱點問題的政治解決，已成為維和行動主要出兵國和出資國。在新時代中國外交新思想引領下，中國在世界舞台各個領域、各個時期、各個事件的建設性作用，贏

得國際社會的普遍讚賞。

習主席的親善姿態讓人感動

習主席訪問法國時曾引用拿破崙的名言:「中國是一頭沉睡的獅子。」習主席說:「中國這隻獅子醒來了,是一隻和平的、可親的、文明的獅子。」在國際舞台上,習主席的親善姿態,讓人感動。

美國和中國是世界上最大的兩個經濟體。習主席說:「太平洋足夠寬廣,能夠容納中美兩個大國」、「中美擁有廣泛而重要的共同利益,中美合則兩利、鬥則俱傷」、「中國夢要實現國家富強、民族復興、人民幸福,是和平、發展、合作、共贏的夢,與包括美國夢在內的世界各國人民的美好夢想相通」。從莊園會晤、瀛台夜話,到故宮參觀、京劇欣賞,中美關係一步步和諧有序。

俄羅斯是大國,又是中國最大的鄰國。2014 年 2 月,新春佳節之際,習主席不遠萬里前往俄羅斯出席索契冬奧會開幕式。他說:「鄰居家辦喜事,我當然要來道賀,同俄羅斯人民分享喜悅。」習主席一番話,讓普京總統感動之極。

周邊國家是中國的鄰居。習主席有一個生動比喻:鄰居是搬不走的,人可以擇鄰而居,但國家是搬不走的,所以只有一個選擇:和睦鄰邦。他在多個外交場合說:「親望親好,鄰望鄰好」、「千金只為買鄉鄰」、「兄弟同心,其利斷金」……近 5 年來,他 3 次訪問東南亞、3 次訪問中亞、2 次訪問南亞、2 次訪問東北亞。所到之處,受到當地民眾熱情歡迎。

發展中國家是中國的可靠朋友。近 5 年來,習主席足跡遍及亞非拉。他說:「發展中國家都面臨着加快發展、改善民生的共同使命,應該抱團取暖、扶攜前行。」中國幫助非洲修建鐵路、修公路、修電站,派遣醫療隊撲滅伊波拉疫情,還多次免除了非洲最不發達國家的債務。

習主席真誠的情感、質樸的話語、堅定的信念、實在的舉措,贏得了各國朋友的信賴。南非總統祖馬在接受中國媒體採訪時曾經激動地說:「當中國來到非洲與我們合作時,我腦海裏第一次開始憧憬非洲的未來,

這是以前西方國家殖民非洲時我從來不敢想像的。」

習主席的穩健作風贏得認同

有步驟，有章法；有高瞻遠矚的戰略佈局，有以簡馭繁的策略運籌；捍衛利益正氣凜然，對待朋友情深義重。——習主席的穩健作風，贏得了各國領導人的認同。

中共十八大以來，中國外交戰略可以比喻為：「兩條線、一個圈」。一條「線」是中國與大國之間的關係，另一條「線」中國與發展中國家的關係；「一個圈」是中國與周邊國家之間的關係。處理與大國的關係，習主席提出了建立「新型大國關係」的原則；處理與發展中國家的關係，習主席提出了「一帶一路」倡議；處理與周邊國家的關係，習主席提出了「親、誠、惠、容」理念和「與鄰為善、以鄰為伴」的方針，繼而提出構建「亞洲命運共同體」主張。可以說高瞻遠矚，應對自如。

5年來，在習主席的推動下，中國外交工作穩紮穩打，步步向前。「新型大國關係」的理念已被美國等大國所接受。「一帶一路」建設得到沿線各國的普遍響應，持懷疑甚至反對態度的美國和日本，也派代表參加了今年5月在北京召開的「一帶一路」國際峰會。周邊外交更是亮點紛呈。在處理東海、南海問題和中印邊境衝突中，中國「不戰而屈人之兵」，既捍衛了國家利益，又維護了地區和平。尤其值得關注的是，中國從來沒有使用過西方慣用的「經濟制裁＋武力威脅」的手段，儘管中國和有關國家政治和外交關係很冷，但經貿關係從未冷卻，改善關係的基礎從未坍塌。

「大道之行也，天下為公。」習主席作為世界級領袖展現出的寬闊視野、遠大抱負、責任擔當、親善友好、持重穩健的品質，贏得各國領導人的信任、尊重、推崇和廣泛的國際聲譽，這是中國的榮光，是中國人民的榮光，是中華民族的榮光！

「一國兩制」下的香港，應從中看到中華民族的光明前景、看到香港與國家同進步、共繁榮的無限希望。香港中聯辦領導前天在與建制派議員集體會面、宣講十九大精神時表示，中央將進一步全面落實對

港管治權，香港特區在國家治國理政中的地位、在國家重大建設中的參與和作用都將會提升。有十九大確定的對港政策指路，有習主席領航，香港一定能在政治上穩定、在經濟上繁榮，搭乘「中國號快車」駛向美好明天！

（原載於《大公報》，2017 年 11 月 15 日）

習近平與世界政黨高層對話
彰顯世界級領袖風采

　　中共中央總書記、國家主席習近平昨日在中國共產黨與世界政黨高層對話會上發表了《攜手建設更加美好世界》的主旨演講，受到來自世界各國政黨和政治組織領導人的高度評價和熱烈稱讚。這是有着 96 年歷史的中國共產黨首次與全球各類政黨舉行高層對話。習近平總書記指出，中國共產黨將一如既往為世界和平安寧、共同發展、文明互鑒交流作貢獻。中國共產黨願同世界各國政黨加強往來，分享治黨治國經驗，開展文明交流對話，增進彼此戰略信任，推動構建人類命運共同體，攜手建設更加美好的世界。來自 120 多個國家的 200 多個政黨和政治組織的 600 多位領導人聆聽了習近平總書記的演講。

　　正在北京舉行的這個對話會以「構建人類命運共同體、共同建設美好世界：政黨的責任」為主題，與會政黨代表進行對話、廣泛交流。這是十九大後中國舉辦的首場主場多邊外交活動，也是出席人數最多的首次全球政黨領導人對話會，在中共的歷史上具有開創性意義，在世界政黨史上也具有突破性意義。習總書記的主旨演講是此次會議的最大亮點，他的演講高瞻遠矚，內容豐富，意義深刻，體現出的前所未有的擔當精神、世界眼光、共贏思維，充分彰顯了世界級領袖的風采。習總書記的主旨演講，通過媒體廣泛傳播後，不僅贏得了與會代表的高度讚譽，更讓全體中國人感到無比驕傲和自豪！

擔當精神令人欽佩

　　習近平總書記在演講中說：「中國共產黨是為中國人民謀幸福的黨，

是為人類進步事業而奮鬥的黨。我們把自己的事情做好，這本身就是為構建人類命運共同體作貢獻。中國共產黨將一如既往為世界和平安寧、共同發展、文明互鑒交流作貢獻。」這些表述充分體現了中國共產黨的擔當精神。

「大道之行，天下為公。」回顧歷史，在 96 年的艱苦奮鬥中，中國共產黨實現了從小到大、從弱到強的「華麗轉身」，是世界上擁有黨員人數最多的政黨，在最大的發展中國家長期執政並取得舉世矚目的成就。在中共的帶領下，一個貧窮落後的中國，實現了從「站起來」到「富起來」的跨越，成為世界第二大經濟體，如今正在從「富起來」邁向「強起來」。中共從來都把國家和民族的利益、把人民對美好生活的嚮往作為自己的奮鬥目標。面向未來，中共十九大確立「兩步走」的戰略目標，到本世紀中葉，要把中國建成富強民主文明和諧美麗的現代化強國，實現中華民族的偉大復興，這同樣是一種大境界、大擔當。實現這一目標，將造福於中國人民，也將造福於世界各國人民，以中國的經濟體量和對世界經濟的拉動力，完全可以帶動更多國家一起發展，共同富裕，中國歡迎世界各國搭乘「中國快車」。

當今世界有 2,000 多個政黨，但有中共這種擔當精神的政黨不多。當一些國家的政黨「憂權位甚於憂國運」，中共始終以民族復興、人民幸福為己任；當不少政黨陷入內部分裂和政治衰敗之時，中共一手抓制度，一手抓反腐，破立結合，再造政黨能力、重塑政治生態。無論是在治國理政方面，還是在加強自身建設方面，中共都積累了不少寶貴經驗，體現出責任擔當。這一點，對於世界其他政黨具有十分寶貴的參考價值，贏得了越來越多政黨的讚許和欽佩。

世界眼光贏得讚譽

習近平總書記在演講中說：「中國共產黨歷來強調世界眼光，積極學習世界各國人民的文明成果，並結合中國實際加以運用。中國共產黨將以開放的眼光、開闊的胸懷對待世界各國人民的文明創造，願意與世界各國人民和各國政黨開展對話和交流合作，支持各國人民加強人文往來和民間

友好。」

　　中國共產黨擁有 8,900 多萬黨員，是世界第一人口大國的執政黨，取得了舉世矚目的執政業績。習總書記説：「大要有大的樣子。」「世界眼光」就是「大」的題中要義。回顧中國的改革開放歷程，中共學習借鑒了許多國家的發展經驗，既有前共產黨執政國家的，也有歐美國家的；既向大國學習，也向類似於新加坡這樣的小國學習。兼容並蓄，學人所長，為我所用，造就了改革開放的輝煌成果。今天的中國共產黨，雖然已經帶領中國取得了舉世矚目的成就，但仍以謙虛謹慎的態度，願意學習借鑒世界各國政黨的經驗，這種寬闊眼光和謙遜姿態，非常難得！

　　中國共產黨的世界眼光不僅僅體現在「怎麼説」，更體現在「怎麼做」。習總書記表示：「未來 5 年，中國共產黨將向世界各國政黨提供 1.5 萬名人員來華學習交流的機會。還倡議將中國共產黨與世界政黨高層對話會機制化，使之成為具有廣泛代表性和國際影響力的高端政治對話平台。」這意味着中國「搭台」、大家「唱戲」，讓學習交流有渠道、有機會、有平台。習主席的開闊視野和真誠態度，贏得了世界政黨領導人的廣泛肯定、點讚和美譽。

共贏思維普遍認同

　　習近平總書記在演講中説：「中國堅持和平、發展、合作、共贏的理念，中國要始終做世界和平的建設者、全球發展的貢獻者、國際秩序的維護者。中國不『輸入』外國模式，也不『輸出』中國模式，不會要求別國『複製』中國的做法。」

　　習總書記的表態充分體現了中國共產黨的「天下為公」的情懷，也是中國「和」文化的體現。儘管中共是世界第一大黨，儘管中共是世界上為數不多的長期執政的老資格政黨，儘管中共的執政業績舉世公認，但中共並不自高自大，而是以合作共贏理念處理與世界政黨的關係。這一點，贏得了許多政黨領導人的尊敬和佩服。中共舉辦如此大規模的政黨對話交流活動，很容易讓人聯想到前蘇聯共產黨。但只要仔細比較，就會發現二者的本質區別。蘇共當年搞的主要是共產黨交流，目的是想輸出革命。而中

共請來的世界政黨包括傳統意義上的「左中右」政黨，推動的是面向治國理政的黨際交流，毫無輸出意識形態的想法和意思。這就是中共這個百年政黨的胸懷、視野和偉大。

綜觀當今世界，幾乎找不到第二個政黨，可以像中國共產黨一樣，一代代積累執政經驗，不斷前進；也幾乎找不到第二個現任領導人能像習近平總書記一樣，執政藝術、政治理念與長達百年的近代歷史緊密關聯。香港中聯辦領導在香港向各界青年代表第一次公開宣講十九大精神時，曾經深情地這樣表述世界各國、各主要政黨的領導人對中共作為世界第一大黨和習總書記作為第一大執政黨的領導核心、作為世界級領袖的高度敬佩，「將影響地區及世界政治經濟未來走向」，這種「大影響」，大在「有大領袖」、「有大格局」。昨天習總書記的演講贏得讚許、激起共鳴、引起反響，正是這種「大領袖」、「大格局」的生動反映！與會各國的政黨都在期待：在這種「大領袖」、「大格局」下，相信中共一定會為世界和平安寧、共同發展、文明交流做出更多更大更輝煌的貢獻！

（原載於《大公報》，2017 年 12 月 2 日）

習主席關愛香港同胞
「三相信」更添情感認同

　　香港新界大埔公路發生重大交通事故後，中共中央總書記、國家主席、中央軍委主席習近平第一時間瞭解有關傷亡和救助情況，指示中央政府駐香港聯絡辦負責人向林鄭月娥行政長官轉達他對此次事故遇難者的哀悼、對遇難者家屬及受傷者的親切慰問，並要求香港特別行政區政府全力做好遇難者善後、受傷者救治及其家屬撫慰等工作。習主席還對特區政府及時開展有關應急處置工作予以肯定。中聯辦領導迅速向林鄭月娥行政長官轉達了習主席的關心、深切哀悼和親切慰問，同時轉達了李克強總理和張德江委員長的哀悼和慰問。

相信國家，習主席牽掛香港同胞安危

　　危難時刻顯真情。國家最高領導人的哀悼和慰問，讓傷者及傷亡者家屬感到了心理慰藉，讓特區政府感到中央的有力支持，讓 700 萬香港市民感受到了骨肉相連、血濃於水的同胞真情。千萬個家庭是組成國家的細胞，強大的國家是千萬個家庭的後盾。國與家不可分離，真情相繫。去年七一期間，習主席視察香港的情景，香港同胞記憶猶新，習主席一下飛機就深情地說：「香港一直牽動着我的心。」習主席鼓勵香港同胞：「相信自己，相信香港，相信國家。」習主席一次次關愛香港同胞，體現出「三相信」更添情感認同，讓香港同胞感到無比溫暖和榮幸。

　　「二·一〇」重大交通事故發生時，習主席正在四川大涼山慰問貧困群眾。在交通、通訊並不便捷的情況下，習主席第一時間立即瞭解車禍情況，透過香港中聯辦，表達對逝者的哀悼、對傷者及逝者家屬的慰問。新

華社新聞報道的字數不多，卻可以看出習主席心繫香港同胞安危的一片真情。港人還清楚的記得，就在前幾天，習主席還對一代國學大師饒宗頤先生的去世表示哀悼，並請中聯辦轉達對其家屬的問候。

一事一人，牽動着習主席的心。香港長遠發展大事要事，同樣牽動着習主席的心。去年七一期間，習主席視察香港短短 3 天，出席了 20 餘場活動，為香港送上了不少「大禮包」。習主席還表示，中央正在研究出台便利香港同胞在內地學習、就業、生活的具體措施。到了 8 月份，國務院港澳辦集中公佈了第一批中央各部門出台的新政；年底，又有一批新政出台，包括「在內地就業的港澳居民享有住房公積金待遇」、「港澳及華僑學生獎學金管理辦法」、「國家社科基金向在內地高校和科研院所工作的港澳研究人員開放國家社科基金各類項目申報」等，讓香港居民享受到更多的「國民待遇」。

「二·一〇」重大交通事故後，國務院港澳辦向香港特區政府發去慰問函，中聯辦負責人表示，如特區政府有任何需要，中聯辦將提供一切協助。2 月 11 日下午，中聯辦副主任陳冬前往屯門醫院看望傷者，瞭解傷情和治療情況，希望傷者安心接受治療，早日康復。

「一枝一葉總關情」。習主席牽掛，中央的支持，處處彰顯出「相信國家」4 個字不是抽象空洞的，而是具體又溫馨的，承載着同胞情誼，承載着中央厚愛，承載着領袖關懷。

習主席要求香港特區政府全力做好遇難者善後、受傷者救治及其家屬撫慰等工作，對香港特別行政區政府及時開展有關應急處置工作予以肯定。

相信香港，政府全力開展應急處置

事故發生後，香港特區政府與醫院管理局迅速啟動應急機制，民政事務總署與社會福利署在各救助醫院設立緊急支持站，為有需要的市民提供經濟援助、心理輔導、尋找家人等服務，給每個受影響家庭都安排了專職社工提供幫助，警方還開設了熱線電話供市民查詢死傷者資料。林鄭月娥當晚取消原定的活動議程，率特區政府多名官員前往醫院探望傷者，她對

發生車禍表示哀痛，對受影響家屬表示深切慰問。關於此次車禍的調查行動，林鄭月娥向傳媒表示，除了警方和九巴公司的調查外，將針對公共交通服務整體狀況開展由法官主持的更廣範圍調查，以確保香港的公交安全。特區政府還宣佈年初二晚「新春賀歲煙花匯演」將會取消。與此同時，肇事的 30 歲陳姓司機，被控一項危險駕駛引致他人死亡及受傷罪，13 日在粉嶺裁判法院提堂。

這些舉措迅速而又務實，體現了對生命的珍視，是對亡者的告慰，也是對傷者的安慰。在遭遇危機時，香港沒有因禍生亂，政府的應對有條不紊，各界的理解支持表現充分。這表明：務實、團結、和諧、真情，仍是香港這座城市的底色，是香港值得珍重的財富。

用愛傳遞愛，用心溫暖心。連日來，「二·一〇」重大交通事故牽動全港市民的心，數千名市民排隊捐血的場面令人感動。

相信自己，市民愛心行動感人至深

香港各界紛紛向車禍中的傷者和遇難者家屬表達慰問，包括民建聯、經民聯等政團。九巴公司表示，將向每個受害者家庭提供 8 萬港元慰問金。多個慈善機構共捐款 1,100 萬港元，將向每名死者的家庭發放 10 萬港元，傷者 5 萬港元。

香港賽馬會特別援助基金則撥出 1,000 萬港元，將向每個死者的家庭、危殆傷者及嚴重傷者發放 20 萬港元，穩定傷者發放 10 萬港元。林鄭月娥 11 日下午表示，特區政府社會福利署會派專人統一發放上述款項，「不希望受影響家庭為如何申請經濟援助煩惱」。

逝者安息，生者堅強。雖然金錢挽不回生命，但承載、傳播的卻是一片真情，人們希望通過多種方式，表達對傷亡者及家屬的關愛。不分界別、不分長幼、不分政治立場，在災難面前，大家心往一處想，勁往一處使。這一切，再次印證了「獅子山下精神」的不朽存在，再次印證了香港社會是「情感綠洲」而非「情感沙漠」，再次印證了「崇德向善」是香港的價值取向。

車禍無情，人間有愛。習主席的牽掛與關愛，加上特區政府的務實舉

措，本港各界和廣大市民的真情湧動，讓市民更加明白，「一國兩制」行穩致遠，不僅有堅實的法律支撐、制度支撐，更有濃濃的同胞感情認同。未來的路上，無論遇到什麼困難，有習主席的牽掛和關愛，有中央政府的堅決挺港助港，有特區政府的有效管治，香港一定能渡過難關，因為廣大市民始終相信自己、相信香港、相信國家！

（原載於《大公報》，2018 年 2 月 14 日）

從習近平總書記悼念饒宗頤
看弘揚中華文化的重要性

　　中共中央總書記、國家主席習近平 2 月 7 日對饒宗頤先生的逝世表示悼念，對其家屬表示慰問。香港中聯辦領導專程前往饒宗頤先生家中，轉達了習近平總書記等中央領導同志對饒宗頤先生逝世的悼念及對家屬的慰問。

　　一代國學大師饒宗頤先生學貫中西，著作等身，人謂「業精六學，才備九能，已臻化境」，被譽為中國百科全書式的古典學者。他開創了「東學西漸」的學術風氣，提出了「海上絲綢之路」的概念，他對國家、民族情感深厚，畢生致力國學研究和推廣，為推動香港和內地的文化交流合作，促進「一國兩制」事業發展做了大量卓有成效的工作，為傳承國學和弘揚中華文化作出了卓越貢獻。饒公仙逝，不僅牽動了無數港人的心，也讓習近平總書記等黨和國家領導人扼腕痛惜，難以釋懷。由此可以看出，弘揚中華傳統文化在黨和國家領導人心中的分量。

　　文化是一個國家、一個民族的靈魂。文化興國運興，文化強民族強。沒有高度的文化自信，沒有文化的繁榮興盛，就沒有中華民族偉大復興。饒公已逝，追思難忘；先生之風，山高水長。今天，我們悼念饒公，就應該學習饒公的精神、品德和風範，弘揚中華文化，為民族復興注入精神動力。

　　習近平總書記在十九大報告中有一段話，飽含激情，感人至深，催人奮進。他說：「站立在 960 多萬平方公里的廣袤土地上，吸吮着 5,000 多年中華民族漫長奮鬥積累的文化養分，擁有 13 億多中國人民聚合的磅礴之力，我們走中國特色社會主義道路，具有無比廣闊的時代舞台，具有無

比深厚的歷史底蘊，具有無比強大的前進定力。」

堅守文化的根和魂

習近平總書記所説的「5,000 多年中華民族漫長奮鬥積累的文化養分」，就是中華優秀的傳統文化。為什麼中華文明歷經 5,000 年而沒有斷流？是中華優秀的傳統文化起了關鍵作用。「海納百川，有容乃大」、「己所不欲，勿施於人」、「君子和而不同」、「親仁善鄰，協和萬邦」……中華傳統文化豐富的養分，讓我們在遭遇任何艱難困苦之時，甚至在亡國滅種的危難關頭，總有智慧之光照亮前路，總有精神支柱可以依託，總有血濃於水的同胞親情相互溫暖。

饒公是中華文化自信的表率。他一生致力於中華文化的研究，學問遍及上古史、甲骨學、簡帛學、經學、禮樂學、宗教學、楚辭學、史學、敦煌學、目錄學、古典文學及中國藝術史等十三大門類，是中華文化的集大成者。饒公對中華文化的無比自信啟迪我們：中華文化必能成為民族復興的巨大精神動力！

堅守中華文化立場

習近平總書記中共十九大報告中談到「文化建設」時説：「堅守中華文化立場，立足當代中國現實，結合當今時代條件，發展面向現代化、面向世界、面向未來的，民族的科學的大眾的社會主義文化。」總書記所説的「中華文化立場」，就是告誡人們，要守住文化之根、文化之魂，要讓中華傳統文化在新時代發揚光大。

饒公是中華優秀傳統文化的弘揚者。他在眾多新鮮的領域開荒播種，創造了諸多第一：在甲骨學方面，他是第一位講述巴黎、日本所藏甲骨文的學者；在敦煌學領域，他首次將敦煌本《文心雕龍》公諸於世，並撰寫第一篇研究論文，又是研究敦煌寫卷書法的第一人……饒公畢其一生，從浩瀚典籍中提取中華文化的精華，為國人提供文化養分，讓民族更有文化自尊和自信。他曾説：「我們對古代文獻不是不加一字地給予批判，而是要推陳出新，與現代接軌，把保留在歷史記憶中前人生命點滴的寶貴經

歷的膏腴，給以新的詮釋。」

饒公是「一帶一路」文化傳播的先行者。上世紀 70 年代，饒宗頤在發表的《海道之絲路與昆侖舶》中第一個提出了「海上絲綢之路」的概念，論述了「海上絲綢之路」的起因、航線和海舶，廣為國內外學界認同和稱頌。今天，習近平總書記提出的「一帶一路」倡議得到了沿線國家的積極響應，以「和平合作、開放包容、互學互鑒、互利共贏」為核心的絲路精神得到沿線國家的廣泛認同，以「民心相通，政策溝通，設施聯通，貿易暢通，資金融通」為重點的「五通」工程正向縱深推進。這個時候，我們更加欽佩敬仰饒公的治學精神、淵博學識和家國情懷。追思饒公，我輩應該當好中華文化的弘揚者、傳播者，讓中華文化惠澤天下、利及萬代。

堅守我們的民族精神

習近平總書記在中共十九大報告中多處講到「民族精神」：「人民有信仰，國家有力量，民族有希望」、「弘揚民族精神和時代精神，引導人們樹立正確的歷史觀、民族觀、國家觀、文化觀」。

一個民族的精神高度，決定了這個民族能走多遠。民族精神是根、是魂，是一個民族歷經千難萬險而立於不敗之地的全部秘訣所在。饒公畢其一生，都在為築牢民族精神而努力。抗戰時期，為了要遠離日本侵略者和漢奸的拉攏和統治，寧可冒死逃難、顛沛流離，也決不當亡國奴，文人的風骨和氣節，無可質疑。2008 年四川汶川發生特大地震，已是九旬高齡的饒公心繫災區同胞，寫上一幅「大愛無疆」的字，籌款賑災。饒公將自己的藏書，包括非常珍貴的古籍善本及書畫作品贈送給香港大學，化私為公，扶掖後輩。對築牢民族精神的強烈責任感、使命感，也讓饒公對一些社會現象充滿憂慮。他曾尖銳地指出：「中華民族的偉大復興現在已不是科學或物質的問題了，近年我們這方面突飛猛進，物質生活甚至已有過猶不及的態勢，有些人開始價值觀混亂或扭曲了。」這些深深的憂慮，體現出他對國家、對民族的深情大愛。追思饒公，我輩應以「築牢民族精神」為己任，無論未來遇到什麼大風大浪，都要守住我們民族的根和魂，都不能使我們的精神缺鈣。

饒宗頤先生是中國文化的符號。習近平總書記對饒宗頤先生逝世的悼念，讓我們看到了一個國家、一個民族對文化的敬重，也激勵我們當好中華文化的守護者、傳承者、傳播者、弘揚者，念茲在茲，不懈努力！

（原載於《大公報》，2018 年 2 月 10 日）

習主席心繫香港彰顯民本情懷

中共中央總書記、國家主席習近平 2 月 14 日給香港郭宏晞、羅顯凝同學等 26 位香港「少年警訊」成員回信。香港中聯辦領導邀請「少年警訊」成員來到中聯辦大樓，向他們轉交了習近平主席的回信，轉達了習主席對香港青少年的親切關心和問候。

習主席在回信中說，祖國和香港的未來，寄託在年輕一代身上。希望你們讀萬卷書、行萬里路，多學點歷史，多瞭解點國情，開闊視野，增長見識，錘煉本領，早日成才，以實際行動服務香港、報效國家。去年 6 月 30 日，習主席考察香港「少年警訊」永久活動中心暨青少年綜合訓練營，看望了正在訓練的孩子們，今年春節前夕，孩子們精心製作了賀年卡寄給習主席，沒想到這麼快就收到了習主席的回信。

這是一週之內，習主席第三次關心香港。此前的兩次分別是：一代國學大師饒宗頤先生逝世後，習主席馬上 2 月 7 日表示悼念，對其家屬表示慰問；「二·一〇」大埔車禍發生後，習主席立即指示香港中聯辦負責人向林鄭月娥行政長官轉達對事故遇難者的哀悼、對遇難者家屬及受傷者的親切慰問，並要求香港特區政府全力做好遇難者善後、受傷者救治及其家屬撫慰等工作。

習主席日理萬機，在繁忙的工作當中，一週之內 3 次熱誠、親切、全面關心香港，彰顯民本情懷，溫暖人心，給人啟迪，催人奮進。

心繫香港，溫暖千家萬戶

「香港一直牽動着我的心。」——這是習主席去年七一期間視察香港

時下飛機說的第一句話，讓香港同胞感到濃濃的關愛之情。香港市民還注意到一個細節，習主席在發表 2018 年新年賀詞時，辦公室的書架上就擺放着與香港「少年警訊」成員們的合影。時間再追溯到 10 年前的 2008 年 7 月，時任國家副主席的習近平視察香港，他冒着細雨，看望兩個香港普通家庭。問柴米油鹽，談房價物價，還邀請他們「多回內地看看」。習主席平易近人的情景，給港人留下了深刻印象。

作為 13 億多人口大國的最高領導人，習主席政務如此繁忙。然而，「以人民為中心」始終是主席堅定的信念，正如他自己所說：「我是人民的勤務員」、「人民對美好生活的嚮往，就是我們的奮鬥目標」。這位有着 7 年知青經歷、從陝北黃土地上走出來的人民領袖，始終牽掛着基層民眾的冷暖。從「貧瘠甲天下」的甘肅定西到北境邊陲阿爾山哨所，從陝西梁家河的窰洞到革命老區井岡山、河北張北縣困難群眾家中……中共十八大以來，每逢春節將至，中國最貧困的角落都留下了他的腳印。香港「二·一〇」交通事故發生時，他正在偏僻的四川大涼山視察脫貧攻堅、慰問困難群眾，在通訊條件並不便捷的情況下，他第一時間瞭解車禍情況，指示香港中聯辦負責人轉達問候，要求特區政府全力救災及善後工作。

樂民所樂，憂民所憂。習主席對香港的關愛，溫暖了千家萬戶，讓香港市民深刻感受到：領袖並不陌生，始終心繫人民，憂樂與共；國家並不遙遠，始終是香港堅強後盾，為香港分憂解困、鼓勁加油；「一國兩制」並不抽象，給港人帶來更多幸福感、獲得感。

事事牽掛，體現濃濃親情

對饒宗頤先生逝世的悼念，可以看到習主席對國學大師、對傳統文化的敬重；對「二·一〇」亡者的哀悼、對亡者家屬及受傷者的慰問，可以看出習主席對基層民眾的真情；對香港「少年警訊」成員的關心，可以看到習主席對香港美好未來的希冀。習主席一週之內 3 次關愛香港，彰顯出一家人的濃濃親情。

《孟子》有言：「天下之本在國，國之本在家，家之本在身。」家是國的基礎，國是家的延伸，在中國人的精神譜系裏，國家與家庭、社會與個

人，都是密不可分的整體。「國家好，民族好，大家才會好」，「小家」同「大國」同聲相應，同氣相求、同命相依。正因為感念個人前途與國家命運的同頻共振，所以歷代仁人志士主動融家庭情感與愛國情感為一體，從孝親敬老、興家樂業的義務走向濟世救民、匡扶天下的擔當。家國情懷宛若川流不息的江河，流淌着民族的精神道統，滋潤着每個人的精神家園。

習主席多次強調，要弘揚中華傳統文化。在主席心裏，愛家和愛國辯證統一，個人夢、家庭夢與國家夢、民族夢緊密相連。群眾的一樁樁「小事」，是構成國家、集體「大事」的「細胞」，小的「細胞」健康，大的「肌體」才會充滿生機與活力。春節是中華民族的傳統節日，春節前後，習主席對一人、一事、一個家庭、一個群體的關愛，詮釋了「大我」與「小我」的關係，傳遞了濃濃親情，讓香港市民對香港與國家、民族的關係理解得更為透徹，也讓香港市民更有歸屬感、安全感。

殷切期望，激勵港青奮鬥

習主席在回信中，希望孩子們「服務香港、報效國家」──這是奮鬥目標。希望孩子們「讀萬卷書、行萬里路，多學點歷史，多瞭解點國情，開闊視野，增長見識」──這是奮鬥路徑。

少年強，則國家強。每一代人都有自己的使命和機緣，每一代人都要奮鬥，才能書寫精彩人生，創造幸福生活。就在 2 月 14 日的中共中央、國務院舉辦的新春團拜會上，習主席說：「只有奮鬥的人生才稱得上幸福的人生」、「奮鬥者是精神最為富足的人」、「新時代是奮鬥者的時代」。在中華民族偉大復興的新征程上，香港不能缺席，香港的青少年更應把自己的人生規劃與國家民族的命運緊緊相連，用奮鬥書寫精彩人生；在共擔民族復興的歷史責任中，共享國家繁榮強盛的無限榮光。習主席給「少年警訊」的回信，為香港青少年指明了奮鬥的方向和路徑，也為香港中小學如何加強國情教育指出了重點。

習主席的回信，在香港青少年及教育界引起強烈反響。春節假日期間，《大公報》、《文匯報》網站刊登了對本港青少年代表和教育界人士的採訪，大家熱議習主席回信時表示，從回信中感受到習主席對香港青少年

的悉心關懷，對香港長期繁榮穩定發展的信心與期待，今後要努力學習國情、增強本領、報效國家；教育界人士還表示，作為教育工作者，應致力於加強培養香港學生的家國情懷，提升個人修養，並讓其全面及正確理解基本法，支持「一國兩制」在香港的實施。

　　大道之行，天下為公。對逝者的哀悼，對傷者的慰問，對幼者的勉勵，都體現出習主席對香港的濃濃親情，激勵香港 700 萬同胞推進「一國兩制」行穩致遠，在民族復興的偉業中貢獻香港力量！

（原載於《大公報》，2018 年 2 月 20 日）

從習主席深入「兩會」團組看人民領袖的為民情懷

　　正在舉行的全國「兩會」成為這個春天最為引人矚目的大事。過去的成就與未來的挑戰，改革的重點與發展的方向，人民對美好生活的嚮往與執政黨的施政舉措，都在這個「兩會時段」逐一展現。尤其讓全國民眾和海外輿論廣泛關注的是，中共中央總書記、國家主席、中央軍委主席習近平深入「兩會」團組的講話，談民生，論創新，講德政，謀發展，處處體現出「以人民為中心」的施政理念。習主席的講話言辭懇切，情意深長，彰顯了人民領袖的為民情懷；習主席的講話高瞻遠矚，高屋建瓴，展現出為新時代謀篇佈局的開闊視野。習主席在「兩會」團組的講話，大多數針對內地，但對於香港同胞同樣具有啟迪意義。

對標人民群眾的要求改進工作

　　在廣東代表團，習主席強調：「共產黨就是為人民謀幸福的，人民群眾什麼方面感覺不幸福、不快樂、不滿意，我們就在哪方面下工夫，千方百計為群眾排憂解難。」

　　在山東代表團，習主席強調：「功成不必在我並不是消極、怠政、不作為，而是要牢固樹立正確政績觀，既要做讓老百姓看得見、摸得着、得實惠的實事，也要做為後人作鋪墊、打基礎、利長遠的好事，既要做顯功，也要做潛功，不計較個人功名，追求人民群眾的好口碑、歷史沉澱之後真正的評價。」

　　「以人民為中心」不是抽象、空洞的政治口號，而是讓人民成為評判政府工作的「裁判員」，參加全國「兩會」的人大代表、政協委員，來自

全國各地、各個領域、各個階層，將基層群眾呼聲帶到了「兩會」。人民群眾感覺不幸福、不快樂、不滿意的事情確實不少，比如：上學難，看病難，行路難；比如，一些城市房價畸高，制約了人才的引進；比如：一些地方政府服務「門好進，臉好看，事難辦」，一些地方扶貧工作中形式主義嚴重，一些領域政府監管不力，存在引發系統性風險的隱患，等等。出現這些問題並不奇怪，重要的是依照什麼標準評判它、改進它？習主席的講話明確了標準：把群眾的滿意度作為改進工作的標準。立標準，定法度，體現出「人民」二字在領袖心中的分量。

瞄準貧困群眾需求脫貧攻堅

在內蒙古代表團，習主席勉勵與會代表：「銳意創新、埋頭苦幹，守望相助、團結奮鬥，扎實推動經濟高質量發展，扎實推進脫貧攻堅，扎實推進民族團結和邊疆穩固，把祖國北部邊疆這道風景線打造得更加亮麗。」

習主席特別關心那裏的貧困群眾，他強調：「打好脫貧攻堅戰，關鍵是打好深度貧困地區脫貧攻堅戰，關鍵是攻克貧困人口集中的鄉村。要採取更加有力的舉措、更加精細的工作，瞄準貧困人口集中的鄉村，重點解決好產業發展、務工就業、基礎設施、公共服務、醫療保障等問題。」

「人民群眾對美好生活的嚮往，就是我們的奮鬥目標。」5 年多來，習主席以自己的言行詮釋着這句莊嚴承諾，也影響和帶動各級幹部把「以人民為中心」的理念落到實處。一年脫貧 1,000 萬多人，最終將使 7,000 萬人全部脫貧。產業發展脫貧、轉移就業脫貧、易地搬遷脫貧、教育扶貧、健康扶貧、生態保護扶貧、兜底保障。中國政府的 7 條扶貧路徑，讓每一位貧困人口都能找到脫貧的出路，這個堪稱全世界最大的扶貧工程，讓千家萬戶感受到了溫暖。習主席的時時牽掛，對貧困群眾的一片真情，體現出領袖工作的出發點都是為了人民。

讓創新激發人民群眾的創造力

在廣東代表團，習主席強調創新的重要性，他說：「發展是第一要

務，人才是第一資源，創新是第一動力。中國如果不走創新驅動發展道路，新舊動能不能順利轉換，就不能真正強大起來。」

在山東代表團，習主席強調了鄉村人才振興的問題。他說：「讓願意留在鄉村、建設家鄉的人留得安心，讓願意上山下鄉、回報鄉村的人更有信心，激勵各類人才在農村廣闊天地大施所能、大展才華、大顯身手，打造一支強大的鄉村振興人才隊伍，在鄉村形成人才、土地、資金、產業匯聚的良性循環。」

回望十八大以來習近平的「兩會」足跡，「創新」、「人才」是他每年「下團組」時念茲在茲的話題。13億多中國人具有勤勞智慧的優秀品質，唯有創新體制機制，才能激發13億人的創造力，也才能讓人們通過不懈奮鬥，過上美好的生活。十八大以來，中央推進全面深化改革，推出了一系列激發創新活力的舉措，比如：保護知識產權，提高科研人員在創新收益中的分紅比例，減免小微企業稅收，取消大批行政審批權，對大學生創業者提供稅收、貸款等政策優惠，等等。這些舉措發揮了實實在在的作用，創新正成為推動中國經濟高質量發展的強勁推動力。但這還不夠，在習主席的眼裏，各地各領域還有巨大的創新空間，應該進一步下工夫，讓創新迸發出更大更強更廣的力量。

讓德政造福人民群眾

在重慶代表團，習主席強調，領導幹部要講政德。立政德，就要明大德、守公德、嚴私德。明大德，就是要鑄牢理想信念、錘煉堅強黨性，在大是大非面前旗幟鮮明，在風浪考驗面前無所畏懼，在各種誘惑面前立場堅定，這是領導幹部首先要修好的「大德」。守公德，就是要強化宗旨意識，全心全意為人民服務，恪守立黨為公、執政為民理念，自覺踐行人民對美好生活的嚮往就是我們的奮鬥目標的承諾，做到心底無私天地寬。嚴私德，就是要嚴格約束自己的操守和行為。所有黨員、幹部都要戒貪止欲、克己奉公，切實把人民賦予的權力用來造福於人民。

重慶是受薄熙來、孫政才「遺毒」影響較深的地方，德政之於重慶，具有很強的針對性。一個地方的官員都不施德政，再好的政策也會落空。

中共十八大以來，「老虎蒼蠅一起打」的效果明顯，但紀律和法律的「硬約束」之外，官員的心中還應有「軟約束」，否則，「不想腐」的目標很難實現。既要講法治，又要講德治，各級官員的道德修養更是整個社會道德建設的風向標，不可輕視！德政施行，萬民受益，且利及長遠。習主席的「德政論」，同樣體現出對基層百姓的無限關愛。

新時代，新使命，新征程，新夢想。習主席在「兩會」團組的講話，點燃了億萬民眾的激情，讓香港同胞同樣感受到溫暖、看到希望，香港一定能夠與祖國內地同發展、共繁榮，讓我們從這個春天出發，書寫民族復興的新篇章！

（原載於《大公報》，2018 年 3 月 12 日）

習近平全票當選國家主席、中央軍委主席是民心所向

　　十三屆全國人大一次會議昨日選舉產生新一屆國家領導人，習近平總書記全票當選國家主席、中央軍委主席！當選舉結果公佈之後，長時間的掌聲在人民大會堂久久迴蕩；這一歷史時刻，也通過電視直播傳遞到全國各地，包括香港同胞在內的全國各族人民對習近平主席的當選表示由衷的高興，對國家的掌舵者、人民的領路人表示由衷的敬意，對走進新時代、奮進在民族復興之路上的中國信心百倍。

　　習近平總書記全票當選國家主席、中央軍委主席，這是歷史的選擇、人民的選擇、時代的選擇，是民心所向、眾望所歸，也將對全面、準確貫徹「一國兩制」方針，保持香港長期繁榮穩定產生重大影響，香港各界和廣大市民對「一國兩制」行穩致遠更加充滿信心、充滿期待、充滿熱情！

這是歷史的選擇

　　歷史的長河浩浩蕩蕩，每到歷史的緊要關頭，人民領袖總是以天下興亡為己任，領航掌舵，扭轉乾坤，歷史領袖選擇了擔當，歷史選擇了領袖。

　　回望 1840 年以來 170 多年的近代史，中國的現代化進程一路坎坷，一次次被各種不確定因素打斷。19 世紀六七十年代，遭受西方列強欺辱的中國發起了洋務運動，實業興國，力求富國強兵。然而，1894 年的中日甲午海戰、1900 年的八國聯軍入侵，將中國人的夢想打得粉碎。1911年辛亥革命結束了中國 2,000 餘年的封建統治，中國人從制度變革入手，力圖振興中華；然而，西方議會制、總統制、三權分立、多黨制等多種國

家治理模式，帶來的是國家治理能力極度衰弱，地方各自為政，軍閥混戰，烽煙四起，日本趁機侵華，中國差一點亡國滅種。1949 年中共成為執政黨後，對推動中國現代化進行了艱難的探索，走了不少彎路，特別是「文革」10 年，付出了慘重代價，直到 1979 年開啟改革開放之門，中國終於走出了一條符合自身實際的現代化之路。

今年是中國改革開放 40 週年的特殊時間節點。如果把這 40 年放在近代以來 170 多年的歷史中去看，就會明白，在風雲變幻的國際環境中，中國能夠保持 40 年的和平發展是多麼的不容易！中國人只有團結一心，才能共克時艱；中國只有保持穩定，才能快速發展。歷史的經驗告訴人們，這一切，必須有一個超強領導力的政黨、有一位勇於擔當、人民擁戴的領袖才能實現。歷史選擇了中國共產黨，歷史選擇了人民領袖習近平，這是歷史的必然，是人民的大幸！

這是人民的選擇

人民的眼睛是雪亮的。人民群眾總是從親身經歷和無數次的實踐中，充分認識到了誰是最適合的掌舵者，誰是最值得信任的領路人。

中共十八大以來，以習近平總書記為核心的中央領導集體，信念堅定，勇於擔當，始終「以人民為中心」，踐行了「人民對美好生活的嚮往就是我們的奮鬥目標」的莊嚴承諾。5 年多來，習近平主席宵衣旰食、夙夜在公，以極大的政治勇氣和智慧開啟了一場波瀾壯闊的改革征程，推動中國實現了全方位、開創性的發展，帶來歷史性成就和歷史性變革；5 年多來，習近平主席不負人民期望，謀民生之利、解民生之憂，在發展中補齊民生短板，促進社會公平正義，讓人民有了更多獲得感、幸福感、安全感；5 年多來，習近平總書記不負黨之重託，以頑強的意志品質和勇於亮劍的精神，正風肅紀、反腐懲惡，着力解決腐敗這一人民群眾深惡痛絕、對黨的執政基礎威脅最大的突出問題；5 年多來，習近平主席團結帶領人民解決了許多長期想解決而沒有解決的難題，辦成了許多過去而沒有辦成的事情，中國發生了歷史性變化；5 年多來，習近平主席不負民族之願，帶領中華民族迎來了從站起來、富起來到強起來的偉大飛躍，我們比歷史

上任何時期都更接近中華民族偉大復興的目標，比歷史上任何時期都更有信心、有能力實現這個目標。

這是時代的選擇

一張張選票代表民心民意，一次次掌聲傳遞信任期望。人民選擇習近平主席，就是因為他能夠滿足人民對美好生活的嚮往，能夠帶領國家走向強盛、帶領民族實現復興！

中國已經進入了新時代，中國正在以超乎預料的速度崛起，中華民族偉大復興勢不可當。然而，前進的道路上並非一帆風順。

從外部看，世界並不平靜。一個人口眾多、幅員遼闊、國家治理模式與世界主要強國完全不同、文化與西方迥異的大國，這些年來，越來越接近世界舞台的中心，這讓某些傳統大國感覺並不舒服，讓某些中等強國心存憂慮，讓某些與中國有着歷史恩怨或利益關係的國家心存芥蒂。於是，總有人與中國過不去，從東海到南海，從朝鮮半島到中印邊境，風波不斷。儘管中國極力倡導「構建新型大國關係」、「構建人類命運共同體」、「中國不輸出中國模式」、「互利多贏」，但總有人試圖阻止中國前進的步伐。

從內部看，改革發展的任務還相當繁重。40 年的改革開放取得了許多成就，同時也積累了許多矛盾和問題，需要糾偏；一些領域改革的「硬骨頭」還沒有完全啃下，需要攻堅；發展中遇到的風險不少，需要化解；維護社會公平正義的體制機制還沒有完善，需要盡快構建，等等。

在未來的路上，中國還會遇到各種各樣的風險和困難。實現中華民族復興的偉大夢想，需要人民領袖舉旗定向、擘劃藍圖、領航把舵。時代選擇了習近平主席，他為人民奮鬥的情懷，必將凝聚起中華民族的磅礴之力，在新時代開創新輝煌！

這是「一國兩制」行穩致遠的堅強保證

習近平主席心繫香港同胞，去年「七一」期間視察香港，他一下飛機就充滿深情地說：「香港一直牽動着我的心。」在慶祝香港回歸 20 週年大

會講話中，習主席鄭重宣示：「我們既要把實行社會主義制度的內地建設好，也要把實行資本主義制度的香港建設好」。習主席勉勵香港同胞：「相信自己，相信香港，相信國家。」在習主席的關心支持下，中央部門去年兩次出台便利香港同胞在內地學習、就業、生活的的新政，包括「在內地就業的港澳居民享有住房公積金待遇」、「港澳及華僑學生獎學金管理辦法」等，讓香港居民享受到更多的「國民待遇」。

今年春節前，習主席短短 10 天之內 3 次關心香港同胞，他向國學大師饒宗頤先生的逝世表示悼念，對其家屬表示慰問；他向新界大埔公路車禍遇難者表示哀悼、對遇難者家屬及受傷者的親切慰問；他給 26 位香港「少年警訊」成員回信，勉勵他們成長成才。這一切，彰顯習主席的民本情懷，溫暖和感動了無數香港同胞。

習近平總書記全票當選國家主席、中央軍委主席，中央的領導力必將進一步加強，「一國兩制」在香港必將得到全面、準確地落實。可以預言，「港獨」勢力將受到堅決打擊，特區政府發展經濟、改善民生的舉措將得到中央的強力支持，國家會給香港提供更多的機遇，讓香港與祖國內地同發展、共繁榮，讓「東方之珠」更加美麗璀璨！

歷史選擇了習近平主席，人民選擇了習近平主席，時代選擇了習近平主席！習近平主席帶領包括香港同胞在內的全國各族人民奮進新時代、實現新夢想！

（原載於《大公報》，2018 年 3 月 18 日）

從習近平全票當選國家主席看民族復興光明前景

提要

中共中央總書記習近平全票當選國家主席、中央軍委主席，再次印證了黨的核心、人民領袖、軍隊統帥的高度契合，有利於全力以赴攻堅克難，有利於中國的和平崛起，有利於凝聚民族復興的磅礴力量。在習主席的英明領導下，中華民族的偉大復興必將實現，這是國家之幸，人民之盼、民族之福！

民心所向，眾望所歸。在前天召開的十三屆全國人大一次會議上，中共中央總書記習近平全票當選國家主席、中央軍委主席。隨着各種媒體的實況轉播，包括港澳同胞在內的全國各族人民熱烈鼓掌、衷心擁護、由衷喜悅！大國崛起需要掌舵者，人民幸福呼喚領路人。中共中央總書記、國家主席、中央軍委主席「三位一體」的格局得以延續；黨的核心、人民領袖、軍隊統帥的高度契合，必將凝聚起中華民族偉大復興的磅礴力量，預示着黨和國家的凝聚力進一步提升，預示着推進國家治理現代化的領導力量更加穩定而堅強，預示着中國和平崛起的步伐不可阻擋。

從習近平主席全票當選看民族復興偉業，我們有理由充分相信：中華民族復興的偉大夢想一定能夠實現！

有利於全力以赴攻堅克難

任何一個不帶偏見的人都應承認，在當今世界，作為世界上最大的發展中國家，中國的治理難度相當相當大。中國人均佔有資源較少，人口佔

世界 22%，土地佔世界 7%；地區發展不平衡，曾被人們形容為「東部像歐洲，西部像非洲」，至今仍有數千萬人沒有脫貧；經濟發展底子薄、起步晚，錯過了工業化、信息化的多次發展機會，改革開放之初，曾面臨「被開除地球球籍的危險」；與世界主要發達國家的國家治理模式不同，常常受到排擠和猜忌；國家尚未完全統一，被「掣肘」的地方很多……就是這樣一個國家，一步步發展成為世界第二大經濟體。特別是中共十八大以來的 5 年多時間，以習近平總書記為核心的中共中央領導集體，全力推動中國實現了全方位、開創性的發展，帶來歷史性成就和歷史性變革，令世人矚目，讓世界驚嘆！

然而，如果把目光放長遠一些就會看到：中國前進的道路上仍然充滿挑戰。地區之間發展不平衡的矛盾依然突出，需要協調推進；一些領域的「硬骨頭」還沒有啃下，需要攻堅克難；40 年改革開放在整體呈現「正效應」的情況下，也出現了一些「負效應」，需要及時糾偏；維護社會公平正義的體制機制還不完善，亟待搭建「四樑八柱」；「不敢腐」的勢態已經形成，「不能腐」、「不想腐」的體制機制正在建立，稍有鬆懈則會反彈……這一切，需要強有力的領導人，以超凡的政治勇氣和以不懈的擔當精神繼續向前推進，決不能半途而廢、功虧一簣！

5 年多來，習近平主席的為民情懷、領袖風範、人格魅力、擔當精神，贏得了 13 億多中國人民的由衷信賴、敬佩、擁戴。習近平總書記全票連任國家主席、中央軍委主席，「三位一體」的格局得以延續，有利於我們全力以赴攻堅克難，把中國的改革發展推向新境界、新征程、新高度。

有利於中國的和平崛起

有西方學者預言，21 世紀最重大的事件是中國的崛起。中國的崛起，在有些國家看來是發展機遇，在有些國家看來，卻是一塊長久的「心病」。這也是「中國崩潰論」和「中國威脅論」交替成為西方輿論熱點的深層次原因。

中共十八大以來，習近平主席在國內國際各種場合闡述了中國和平崛

起的理念和路徑。他引用拿破崙把中國喻為「東方睡獅」的說法，告訴世人：中國這個「睡獅」甦醒了，卻是和平的、可親的、文明的獅子；他向世界介紹中國「和而不同」的文化理念，倡導和平發展、和諧相處、合作共贏的國際觀；他提出「構建人類命運共同體」，建設持久和平、普遍安全、共同繁榮、開放包容、和諧美麗的世界；他主張按照「不衝突不對抗、相互尊重、合作共贏」的原則構建新型大國關係，努力避免陷入「修昔底德陷阱」；他主張按照「親誠惠容」理念和「與鄰為善、以鄰為伴」周邊外交方針，深化同周邊國家關係；他提出「一帶一路」倡議，呼籲各國弘揚「和平合作、開放包容、互學互鑒、互利共贏」為核心的絲路精神，推進政策溝通、設施聯通、貿易暢通、資金融通、民心相通；他向世界鄭重承諾：我們不「輸入」外國模式，也不「輸出」中國模式，不會要求別國「複製」中國的做法。

習近平主席關於中國和平崛起的理念和做法，得到了世界上越來越多的國家理解、認同、信任。中共十八大以來，中國發展的外部環境進一步改善，我們的「朋友圈」越來越大、路子越走越寬。事實證明，有習近平主席領航掌舵，中國和平發展外部環境一定會越來越好。

有利於凝聚民族復興的磅礴力量

中華民族的偉大復興，是包括港澳同胞、台灣同胞、海外僑胞在內的所有中華兒女的事業，需要我們齊努力、共奮鬥。這次修憲有一個新提法：「致力於中華民族偉大復興的愛國者」，就是要把全體中華兒女凝聚在民族復興的旗幟下。習近平主席深厚的家國情懷、濃濃的同胞情誼、維護祖國統一的堅定信念，讓無數中華兒女感佩和崇敬，凝聚着民族復興的磅礴力量。

習近平主席深深關愛香港、澳門同胞。他在十九大報告中指出：「讓香港、澳門同胞同祖國人民共擔民族復興的歷史責任、共享祖國繁榮富強的偉大榮光」；十九大報告將「一國兩制」列為堅持和發展中國特色社會主義的 14 個基本方略之一；在慶祝香港回歸 20 週年大會講話中，習近平主席鄭重宣示：「我們既要把實行社會主義制度的內地建設好，也要把實

行資本主義制度的香港建設好」；習近平主席勉勵香港同胞：「相信自己，相信香港，相信國家」；在習近平主席的關心支持下，中央部門去年兩次出台便利香港同胞在內地學習、就業、生活的的新政；今年春節前，習近平主席短短 10 天之內 3 次關心香港同胞，彰顯出濃濃的家國情懷。

習近平主席心繫台灣同胞，他在十九大報告中指出：「兩岸同胞是命運與共的骨肉兄弟，是血濃於水的一家人。我們秉持『兩岸一家親』理念，尊重台灣現有的社會制度和台灣同胞生活方式，願意率先同台灣同胞分享大陸發展的機遇。」

習近平主席堅決維護國家統一，他在十九大報告中強調：「我們絕不允許任何人、任何組織、任何政黨、在任何時候、以任何形式、把任何一塊中國領土從中國分裂出去！」

在十三屆全國人大代表中，香港代表 36 人、澳門代表 12 人、台灣代表 13 人，習近平總書記以全票當選國家主席、中央軍委主席，說明他得到了包括港澳同胞、台灣同胞的高度認可、特別欽佩、充分信賴，他是團結各族各界人士、港澳同胞、台灣同胞、海外僑胞共同致力於為中華民族偉大復興的堅強核心。在習近平主席的帶領下，中華民族的偉大復興必將實現，這是國家之幸，人民之盼、民族之福！

（原載於《大公報》，2018 年 3 月 19 日）

以習近平為核心新領導集體
是引領民族復興的「夢之隊」

　　十三屆全國人大一次會議今天勝利閉幕，備受關注的憲法修正案高票通過，新一屆國家領導集體已選舉產生。中共中央總書記習近平以全票當選國家主席、中央軍委主席。這是民心所向、眾望所歸，是歷史的選擇、人民的選擇、時代的選擇，是 13 多億中國人民的共同心願！全國人大、全國政協、國務院、中央軍委、國家監察委員會、最高人民法院、最高人民檢察院的領導人均已選舉產生，新一屆國家領導集體已經形成。在中國走進新時代、邁上新征程之際，以習近平總書記為核心的新領導集體信念堅定、一心為民，樂於奮鬥、勇於擔當，情繫同胞、心懷天下，必能凝聚起民族復興的磅礴力量，是引領民族復興的「夢之隊」。

這是一支信念堅定的團隊

　　「我宣誓：忠於中華人民共和國憲法，維護憲法權威，履行法定職責，忠於祖國、忠於人民，恪盡職守、廉潔奉公，接受人民監督，為建設富強民主文明和諧美麗的社會主義現代化強國努力奮鬥！」——這是 3 月 17 日在十三屆全國人大一次會議上，習近平主席向憲法莊嚴宣誓。隨後幾天，新當選的國家領導人陸續向憲法宣誓。這一幕幕，再次彰顯了「習團隊」的堅定信仰。

　　信仰是精神之「鈣」。精神缺鈣，要麼妄自菲薄，要麼盲目自大。作為世界最大的發展中國家，中國走的是一條既不同於前蘇聯、也不同於西方國家的道路，儘管外國一些「熱心人士」對中國指指點點，但事實證明，走這條路讓中國實現了從站起來、富起來的跨越，如今的中國正

在強起來。一個佔世界五分之一人口的國家，自 1840 年以來的 170 多年間，從未如此從容自信。中共十八大以來，習近平主席反覆強調，我們要有道路自信、理論自信、制度自信、文化自信，「四個自信」讓國人挺起了脊梁！

在新修訂的憲法中，習近平新時代中國特色社會主義思想成為國家的指導思想。以「習思想」為指導的新一屆國家領導集體信念堅定，從容自信，必能成為國家繁榮穩定的「主心骨」。

這是一支以「奮鬥」為樂的團隊

「為建設富強民主文明和諧美麗的社會主義現代化強國努力奮鬥！」——這是習主席的奮鬥目標，也是新一屆國家領導集體共同的奮鬥目標。

「幸福是奮鬥出來的。」在上一個任期，「習團隊」推動國家取得了歷史性成就、發生了歷史性變革。過去 5 年，中國國內生產總值從 54 萬億元增加到 82.7 萬億元，年均增長 7.1%，被稱作「世界經濟的引擎」；城鎮新增就業 6,600 多萬人，相當於英國人口，13 億多人口的大國實現了比較充分就業；習主席主導供給側結構性改革，推動中國經濟結構出現重大轉變；消費貢獻率由 54.9% 提高到 58.8%，服務業比重從 45.3% 上升到 51.6%，成為經濟增長主動力；習主席推動精準扶貧，中國的貧困人口 5 年中減少 6,800 多萬，超過法國人口，平均每天有 3.7 萬人走出貧困；居民收入年均增長 7.4%，快過經濟增速，世界上人口最多的中等收入群體在中國形成。

在新一個任期內，這個堅強有力的領導集體將帶領中國人民決勝全面小康，在一個 13 億人口的國家消除所有貧困人口和貧困現象；將繼續讓老百姓的收入增長跑贏 GDP 增長，締造更加龐大的中等收入群體；將徹底轉化發展動能，讓創新成為經濟發展的最大驅動力；將在改善生態環境、推進「健康中國」、防控各種風險方面下工夫，進一步增強人民的幸福感、獲得感、安全感。「為國家強盛不懈奮鬥」是這個團隊的永恆追求！

這是一支敢於「啃硬骨頭」的團隊

習主席在這次參加人代會廣東代表團的審議時説:「人民群眾什麼方面感覺不幸福、不快樂、不滿意,我們就在哪方面下工夫,千方百計為群眾排憂解難。」

在上一個任期,「習團隊」敢於「啃硬骨頭」,解決了許多長期想解決而沒有解決的問題。習主席發起史無前例的反腐風暴,查處了 440 名省軍級以上黨員幹部和其他中管幹部,處分 150 多萬人。他的話語鏗鏘有力、振聾發聵、言猶在耳:「不得罪成百上千的腐敗分子,就要得罪 13 億人民。」習主席親自擔任中央全面深化改革領導小組組長,主導改革向縱深推進;聚焦「戰鬥力」這個唯一根本的標準,軍隊的組織機構重新搭建,改革的力度前所未有;瞄準「簡政放權」這一關鍵環節,國務院部門取消和下放行政審批事項的比例超 40%,不少地方超過 70%,外商投資項目 95% 以上由核准改為備案管理;着眼於「把權力關進制度的籠子裏」,設立國家監察委員會,對公權的監督實現「全覆蓋」。這一切,顯示出「習團隊」非凡的政治勇氣、強烈的擔當精神和高超的領導能力。

「人民群眾不幸福、不快樂、不滿意的地方」,無疑是下一輪改革的重點。人們有理由相信,這個敢於「啃硬骨頭」的團隊在新一個任期將有更大作為。

這是一支能凝聚全民族力量的團隊

習主席在「兩會」期間看望政協委員並參加聯組會時,重申堅持中國共產黨領導的多黨合作和政治協商制度,稱其為「從中國土壤中生長出來的新型政黨制度」。新修訂的憲法也有一個新提法:「致力於中華民族偉大復興的愛國者」,就是要把全體中華兒女凝聚在民族復興的旗幟下。

習主席十分關愛港澳同胞。澳門回歸 15 週年、香港回歸 20 週年,他都親臨港澳參加慶祝大會。他在十九大報告中指出:「讓香港、澳門同胞同祖國人民共擔民族復興的歷史責任、共享祖國繁榮富強的偉大榮光。」他在慶祝香港回歸 20 週年大會講話中宣示:「我們既要把實行社會主義制度的內地建設好,也要把實行資本主義制度的香港建設好。」習主席關愛

海外僑胞，他出國訪問，每到一地，都要抽出時間看望當地的華僑華人，聽取他們對國家發展的意見和建議；習主席堅定不移地推進國家統一，過去 5 年，他與馬英九、洪秀柱兩任國民黨領導人會晤，商談統一大業。他在十九大報告中強調：「我們絕不允許任何人、任何組織、任何政黨、在任何時候、以任何形式、把任何一塊中國領土從中國分裂出去！」

中華民族的偉大復興，是包括港澳同胞、台灣同胞、海外僑胞在內的所有中華兒女的共同夢想，需要凝心聚力，共襄偉業。以習近平主席為核心的新領導集體必能匯聚全民族的磅礴力量！

走進新時代，踏上新征程。有習主席領航掌舵，有以習主席為核心的中央新領導集體的堅強領導，「中國號」巨輪一定能乘風破浪，行穩致遠！

（原載於《大公報》，2018 年 3 月 20 日）

習主席「四個偉大」 煥發起 13 億人民的民族精神

　　這是一個不懈奮鬥的新時代，這是一段實現夢想的新征程，這是一個致力於中華民族偉大復興的新起點！昨日，在十三屆全國人大一次會議閉幕式上，中共中央總書記、國家主席、中央軍委主席習近平發表了激動人心、催人奮進、發人深省的重要講話。他說，中華民族迎來了從站起來、富起來到強起來的偉大飛躍是中國人民奮鬥出來的！中國人民是具有偉大創造精神的人民、是具有偉大奮鬥精神的人民、是具有偉大團結精神的人民、是具有偉大夢想精神的人民。中國人民在長期奮鬥中培育、繼承、發展起來的偉大民族精神，為中國發展和人類文明進步提供了強大精神動力。

　　習主席「四個偉大」的精闢論述，以深邃的歷史眼光和寬廣世界視野，概括出了中國人民的性格特徵，提煉出了中華民族的特有稟賦，梳理出了中華文化的傳統優勢，闡明中國特色社會主義制度的巨大活力。習主席「四個偉大」的精闢論述，激發了 13 億中國人民的民族精神、奮鬥激情。香港同胞與祖國內地人民一樣，心潮澎湃，激情飛揚。新征程上攜手奮鬥，全力以赴推動「一國兩制」行穩致遠，為民族復興貢獻「香港力量」！

　　習主席指出，中國人民是具有偉大創造精神的人民。只要 13 億多中國人民始終發揚這種偉大創造精神，我們就一定能夠創造出一個又一個人間奇蹟！

創造書寫歷史

習主席的鏗鏘話語，折射出深厚哲理：創造書寫歷史。一個有創造精神的民族，才能傲然屹立於世界民族之林，才能書寫永不斷流的文明。回望人類歷史，在世界文明古國中，唯有中華文明上下 5,000 年綿延不斷。這是因為中國人具有偉大的創造精神！造紙術等中國的四大發明，哪一個不是透射着創造精神的光芒？萬里長城、都江堰、大運河，氣勢恢弘的偉大工程，哪一個不是創造精神的結晶？創造，書寫了秦漢風采、大唐華章；創造，延續了文化基因、文明血脈；創造，不僅使中國曾長期站在人類文明的巔峰，也使中華民族即使面臨滅頂之災，也能成功越過激流險灘，闖出一片新天地！

今天的中國，是一個最能激發創新活力的新時代、好時代，「中國新四大發明」造福世界，「中國超級工程」令人驚嘆，「中國製造」不斷升級、日新月異。這一切，再次顯示了創造精神的魅力。奮進新時代，我們要聽從習主席的指引，發揚偉大的創造精神，書寫中華文明的新輝煌！

奮鬥收穫幸福

習主席指出，中國人民是具有偉大奮鬥精神的人民。只要 13 億多中國人民始終發揚這種偉大奮鬥精神，我們就一定能夠達到創造人民更加美好生活的宏偉目標！

習主席的鏗鏘話語，充滿了豪邁激情：幸福是奮鬥出來的。放眼神州，中國的自然條件並不優越，我們以世界 7% 的土地，養活了世界 22% 的人口。回望來路，歷史上的水旱蝗災連綿不斷、外族入侵戰亂頻仍，但中華民族始終沒有「崩盤」。因為無論遇到什麼樣艱難險阻，中國人決不悲觀絕望、決不聽天由命、決不怨天尤人、決不懶散鬆懈，而是矢志不渝地奮鬥！綜觀 1840 年以來的 170 多年間，從洋務運動到辛亥革命、抗日戰爭、10 年「文革」、改革開放，這是一段多麼艱難曲折的奮鬥史！其中有屈辱、有血淚、有犧牲、有歡笑，波瀾壯闊而又五味雜陳。審視最近 40 年的發展歷程，中國人書寫了最壯麗的奮鬥樂章，我們從「被開除地球球籍」的危險境地，成功地擺脫貧困、實現富裕，成為全球第二大經濟

體。我們所擁有的一切，都是不懈奮鬥得來的。

今天的中國，已站在了大國崛起的新起點上，我們面臨的風險比以往任何時候都大，我們遭遇的嫉妒比以往任何時候都多，我們面對的外部環境比以往任何時候都複雜，我們絲毫鬆懈不得！奮進新時代，我們要聽從習主席的指引，始終發揚偉大的奮鬥精神，去實現我們的宏偉目標。

團結匯聚力量

習主席指出，中國人民是具有偉大團結精神的人民。只要13億多中國人民始終發揚這種偉大團結精神，我們就一定能夠形成勇往直前、無堅不摧的強大力量！

習主席的鏗鏘話語，體現出濃濃的家國情懷：中華民族是一個大家庭，團結才能匯聚力量。中國自然災害頻繁，每一次自然災害的襲擊，都激發起中國人團結的力量，遠至大禹治水，大禹匯聚了眾人之力，戰勝了滔滔洪水；近到汶川地震，13億同胞心手相牽、守望相助，幫助災區涅槃重生。中國戰亂頻繁，遠至隋唐，漢民族團結四方，推動民族融合，造就了中華民族的燦爛文明；近到抗戰，全國各族人民手挽着手、肩並着肩，浴血奮戰，趕走了窮凶極惡的侵略者，捍衛了民族獨立和自由。這一切，都是因為團結匯聚起了強大力量。

今天的中國，處於上升曲線的關鍵節點。團結，意味着可以匯聚更強大的正能量，意味着在未來的日子裏，我們可以畫出更亮麗的上升曲線。奮進新時代，我們要聽從習主席的指引，始終發揚偉大的團結精神，畫出中國躍升的最美曲線！

夢想成就未來

習主席指出，中國人民是具有偉大夢想精神的人民。只要13億多中國人民始終發揚這種偉大夢想精神，我們就一定能夠實現中華民族偉大復興！

習主席的鏗鏘話語，彰顯出高遠的理想和堅定的意志。他說：「山再高，往上攀，總能登頂；路再長，走下去，定能到達。」這句話在億萬中

國人心中激起強烈共鳴。是的，夢想之光可以照亮前行之路。在幾千年歷史長河中，中國人始終心懷夢想、不懈追求，盤古開天、女媧補天、伏羲畫卦、神農嘗草、夸父追日、精衛填海、愚公移山，一個個古代神話都深刻反映了中國人勇於追求和實現夢想的執着精神。近代以來，中國人追夢不止，這個夢想就是：民族獨立，人民幸福，國家強盛。但中國人的「追夢之旅」一次次被內憂外患打斷，鴉片戰爭以來的 170 多年間，中國人承受了太多的屈辱、付出了太多的代價、有着太多的教訓，往事不堪回首！

今天的中國，已成功地站起來、富起來，正在強起來，中國比歷史上任何時期都更接近、更有信心和能力實現中華民族偉大復興。奮進新時代，我們要聽從習主席的指引，始終發揚這種偉大夢想精神，敢於追夢、勤於圓夢，再也不能錯失機遇，再也不能蹉跎歲月，讓「追夢之旅」最終變成「圓夢之行」！

習主席在講話中動情地說：「人民有信心，國家才有未來，國家才有力量。」習主席的話，句句擲地有聲，字字直擊心扉！深深感染、打動了香港同胞，激勵香港同胞與祖國內地人民齊努力、共奮鬥，共擔民族復興的歷史責任，共享祖國繁榮富強的偉大榮光！

（原載於《大公報》，2018 年 3 月 21 日）

由金正恩快速訪華
看習主席大國領袖的偉大榮光

提要

從金正恩 7 年來首次訪華，可以看出習主席「底線思維」的重要；從中朝雙方的共識，可以看出習主席「不能犯顛覆性錯誤」的正確；從金正恩對習主席的敬重，可以看出習主席大國領袖風範。有習主席領航掌舵，中華民族偉大復興的夢想一定能夠實現，「一國兩制」一定能夠行穩致遠，香港的明天一定會更加美好！

兩天來，朝鮮最高領導人金正恩突然訪華引發全世界的高度關注。在「金特會」之前的關鍵時期，在美國總統特朗普舉起三根大棒砸向中國的敏感時刻（發起針對中國的貿易戰、簽署「與台灣關係法」、派導彈驅逐艦擅自進入中國南海），金正恩訪華耐人尋味。

金正恩快速訪華，再次印證了中朝兩國關係的根基穩固，再次說明瞭中國在推進半島和平進程中的角色特殊，再次折射出中國在國際舞台上的分量舉足輕重，更彰顯出習近平主席作為大國領袖，具有思通千載、視通萬里的寬廣視野，具有統攬全域、運籌帷幄的雄才大略，具有許黨許國、擎天駕海的擔當精神。習主席多次強調要堅持從戰略高度和長遠角度看待和把握中朝關係發展，對解決朝鮮半島問題，提出了堅持實現半島無核化目標、維護半島和平穩定、通過對話協商解決問題等重大主張。這些主張，有力推動半島問題的解決朝着正確方向推進。事實證明，習主席在對朝政策、半島政策上的戰略運籌是完全正確的。由金正恩快速訪華，可以看出習主席大國領袖的偉大榮光。

從「七年首訪」看「底線思維」

　　中華民族的偉大復興將是人類 21 世紀最重大的歷史事件。中華民族的偉大復興決不會輕輕鬆鬆、敲鑼打鼓就能實現，充滿了艱難險阻。如何駕馭各種複雜的局面？中共十八大以後，習近平總書記明確提出了「底線思維」的理念，就是無論面對什麼樣的複雜局面，心中都要有一條底線，在堅守底線的同時，爭取最好結果。

　　在應對朝核問題上，習主席「底線思維」的理念體現得非常鮮明，就是「半島無核化」。因為，這符合朝鮮半島人民的利益，符合中國人民的利益，也符合維護世界和平的大原則。作為一個相對封閉而孤立的國家，不難想像，金正恩從接手政權之日起，就希望能盡快訪華，但始終未能如願，原因何在？因為這 7 年來，金正恩不顧國際社會的普遍反對，不顧中國苦口婆心地勸告，一意孤行大搞核試驗，看不到其「無核化」的誠意，迫使中國也不得不與國際社會一起制裁朝鮮。自今年初的平昌冬奧會開始，金正恩釋放了和平善意，表達了「棄核」的意願。在這種背景下，習主席邀請金正恩對我國進行非正式訪問，兩黨兩國最高領導人實現了歷史性的會晤。

　　明確底線，堅守底線，就能做到處變不驚、泰然自若。無論面對多麼棘手的事情，都能應對自如、遊刃有餘。這是金正恩訪華留下的啟示之一。

從雙方共識看「不能犯顛覆性錯誤」

　　朝鮮半島近來的變化引發種種猜測。一時間，「中國無用論」、「中國邊緣化論」、「中國外交失敗論」、「不讓中間商賺差價」等言論紛紛冒了出來。此次金正恩訪華，讓所有的猜測都煙消雲散。事實上，中國不僅沒有被邊緣化，中朝兩國還有許多共識。

　　如何定義「中朝關係」？習主席強調，發展中朝傳統友誼，是唯一正確選擇，不應也不會因一時一事而變化。金正恩表示，朝中友誼是不可撼動的，任何情況下都不會改變。

　　如何推動兩黨兩國交往？習主席強調，中國黨和政府高度重視中朝友

好合作關係，維護好、鞏固好、發展好中朝關係始終是中國黨和政府堅定不移的方針。一是繼續發揮高層交往的引領作用；二是充分用好戰略溝通的傳統法寶；三是積極促進和平發展；四是夯實中朝友好的民意基礎。金正恩表示，在新形勢下傳承並發展朝中友誼，是朝方的戰略選擇，任何情況下都不會改變。希望今後能有機會同總書記同志經常見面，並通過互派特使、致親筆信等方式保持密切溝通，把高層會晤對兩黨兩國關係的引領發展到新水平。

中共十八大以來，習總書記多次強調：「不能犯顛覆性錯誤。」在處理朝核問題上，可以清晰地看出，中國外交堅決貫徹了這一方針。中國在堅守半島無核化的這一底線的同時，堅持半島決不能生戰生亂，無論是推動「六方會談」，還是提出「雙軌並進」思路和「雙暫停」倡議，都體現了「堅持通過對話協商解決問題」這一新時代中國外交的鮮明特徵。

曾幾何時，有一種觀點很有市場，那就是認為朝鮮已經成為中國的「負資產」，中國應該和朝鮮劃清界限。習主席多次強調，要從戰略高度和長遠角度看待和把握中朝關係發展。「不被浮雲遮望眼」。事實再次證明，習主席高瞻遠矚，決策正確，避免了在重大原則問題上犯顛覆性錯誤。這是金正恩訪華留下的啟示之二。

從金正恩對習主席敬重看大國領袖風範

香港市民從新聞報道中可以看出，作為大國領袖和有着豐富閱歷的長者，習主席始終以親切、和善的目光望着曾經任性的「80後」，金正恩則表現出對習主席的深深敬重。金正恩說：「當前，朝鮮半島局勢急速前進，發生不少重要變化，從情義上和道義上，我也應該及時向習近平總書記同志當面通報情況。」金正恩表示：「習近平總書記對朝中友誼和發展朝中兩黨兩國關係發表了重要意見，令我受到極大鼓舞和啟發。」

金正恩對習主席的敬重不是沒有理由的。就在他訪華之際，美國已向中國揮舞起了三根大棒。3月16日，特朗普簽署「與台灣交往法案」；22日，特朗普宣佈對來自中國的價值約600億美元的進口商品徵收關稅，貿易戰打響；23日，美國海軍「馬斯廷」號導彈驅逐艦擅自進入中國南海

美濟島有關海域。在習主席的領導下，中國從容應對，見招拆招。對「與台灣交往法案」，中國外交部、國防部第一時間表達堅決反對和嚴正交涉。在南海，中國海軍對「馬斯廷」號予以警告驅離，並對外宣佈近期將在南海舉行實戰化演練。首艘航母遼寧艦編隊駛向南海，轟 -6K、蘇 -35 等戰機飛赴南海。在貿易戰場，商務部發佈針對美國進口鋼鐵和鋁產品 232 措施的中止減讓產品清單。可以說，中國應對有策、應對有力。

如果再看看中國應對周邊事態的效果，更不能不佩服習主席的雄才大略。日本挑起「釣魚島國有化」，讓中國實現了釣魚島巡航常態化；印度挑起「洞朗對峙事件」，讓中國駐軍更貼近邊境；菲律賓挑起的「南海仲裁案」，最終導致了總統阿基諾三世的灰溜溜下台。這些國家針對中國的每一場鬧劇，都沒有佔到任何便宜。如果再看看中國 5 年多來經濟發展、科技創新、改善民生、深化改革、反腐敗的歷史性成就、歷史性變化，更能深刻認識到習主席治國理政的高超能力和水平。

從金正恩對習主席的敬重，可以看出習主席的大國領袖風範。習主席不愧為黨的核心、軍隊統帥、人民領袖，不愧為國家的掌舵者、人民的領路人。這是金正恩訪華留下的啟示之三。

去年七一期間，習主席在視察香港時充滿深情地勉勵香港同胞：「相信自己，相信香港，相信國家」。今天，我們有理由相信，有習主席領航掌舵，中華民族偉大復興的夢想一定能實現，「一國兩制」一定能行穩致遠，香港的明天一定會更加美好！

（原載於《大公報》，2018 年 3 月 30 日）

習主席新年賀詞
激勵香港同胞追夢不止

　　當 2019 年新年的陽光灑向世界，中國國家主席習近平的新年賀詞迅速傳遍全球，給世界送去祝福，讓中國感到溫暖，使全球華人倍感榮耀，令香港同胞精神振奮、激情澎湃。在談及國家戰略時，習主席言辭鏗鏘：「京津冀協同發展、長江經濟帶發展、粵港澳大灣區建設等國家戰略穩步實施。」在談及各地發展時，習主席充滿欣慰和自豪：「我在各地考察時欣喜地看到：長江兩岸綠意盎然，建三江萬畝大地號稻浪滾滾，深圳前海生機勃勃，上海張江活力四射，港珠澳大橋飛架三地……這些成就是全國各族人民擼起袖子幹出來的，是新時代奮鬥者揮灑汗水拼出來的。」在談及港澳台同胞時，習主席深情滿滿：「很多港澳台居民拿到了居住證，香港進入了全國高鐵網。一個流動的中國，充滿了繁榮發展的活力。我們都在努力奔跑，我們都是追夢人。」

　　這些凝聚着關愛、充滿着自信、傳遞着深情的話語，通過電波、熒屏和互聯網，迴蕩在香江兩岸，溫暖着「東方之珠」，激勵着 700 萬香港同胞在新的一年裏努力奔跑、追夢不止！

活力中國 激勵香港融入國家大局

　　今日的中國，不僅實力劇增，而且活力四射。正如習近平主席在新年賀詞中所講：「京津冀協同發展、長江經濟帶發展、粵港澳大灣區建設等國家戰略穩步實施。」「中國製造、中國創造、中國建造共同發力，繼續改變着中國的面貌。」「世界看到了改革開放的中國加速度，看到了將改革開放進行到底的中國決心。」

祖國的發展活力，是香港源源不斷的活力之源。改革開放 40 年的歷史就是最好的證明。改革開放之初，內地急需資金、技術、人才和先進的管理經驗，香港的製造業也遇到人力和土地成本上升、市場競爭力下滑的巨大壓力，正是看準了內地巨大的市場優勢、成本優勢、人力優勢，香港製造業大舉北上，助推了內地發展，更使香港實現了「華麗轉身」，來自內地、特別是珠三角地區的巨大需求，幫助香港一躍成為國際金融、貿易和航運中心，三大中心至今依然是香港最具競爭力的優勢、品牌和高地。

祖國的發展活力，永遠是香港充滿希望、充滿信心的活力之源。習主席在新年賀詞中談到三個重要事件：「嫦娥四號探測器成功發射，第二艘航母出海試航，國產大型水陸兩棲飛機水上首飛，北斗導航向全球組網邁出堅實一步。」這只是過去一年中國創新能力的幾個代表作，歷經了新中國成立 70 年的艱苦努力、幾代人矢志不渝地不懈奮鬥，中國已經積聚了巨大創新能量，將在今後的日子裏逐漸釋放。中國是產業體系最為完整、產業門類最為齊全的經濟體，從一根針、一塊芯片到一架大型客機、一艘巨型航母都可以生產，任何一個行業的興盛，都離不開現代服務業的支持。香港的現代服務業與「中國製造」、「中國創造」、「中國建造」有效對接，將為香港經濟注入持久、奔騰、強大的活力。

百年變局 啟示香港搶抓歷史機遇

習近平主席在新年賀詞中再次講到：「我們正面臨百年未有之大變局。」變化，意味着機遇。百年變局啟示香港搶抓歷史機遇。

過去一年，人們明顯地感到保護主義、單邊主義抬頭給世界經濟帶來的不確定性，經濟全球化遭遇波折，風險挑戰有所加劇。但從另一個角度看，正是由於上一輪經濟全球化存在缺陷，才更需要在推動新一輪經濟全球化中把蛋糕做大、實現更加均衡的發展；正是由於各國相互競爭加劇，科技進步與創新才會加速向前……變局中「危」和「機」同生並存，關鍵是如何從新視角看待和把握。

對於國家來說，眼前有諸多機遇。比如：面對經濟轉型升級帶來新機遇，中國可以順勢構建起面向未來的經濟結構，在全球新一輪科技革命和

產業變革浪潮中勇立潮頭；面對全球科技競爭帶來的新機遇，中國可以主動參與、加大攻關，爭取在關鍵核心技術創新上取得一批新突破，為經濟發展和國際合作增添新的動能和優勢；面對經濟全球化調整帶來的新機遇，中國可以把開放之門開得更大，以改革開放新突破帶來社會生產力新躍升。

新的一年，對於香港來說，同樣蘊藏着巨大機遇。國家經濟的轉型升級，需要「香港力量」，香港應加速融入國家發展大局，特別是依託粵港澳大灣區的巨大平台，與內地攜手在經濟轉型升級、科技創新等領域有所作為，香港還可以在國家擴大開放的進程中發揮特殊作用。機遇總是垂青有準備的人，歷史從不等待一切猶豫者、觀望者、懈怠者、軟弱者。抓住百年變局的歷史機遇，香港必能贏得光明的未來。

和平理念　引領香港全球創業

習近平主席在新年賀詞中表達了對世界的祝福，重申了中國對世界的責任和擔當。習主席說：「無論國際風雲如何變幻，中國維護國家主權和安全的信心和決心不會變，中國維護世界和平、促進共同發展的誠意和善意不會變。我們將積極推動共建『一帶一路』，繼續推動構建人類命運共同體，為建設一個更加繁榮美好的世界而不懈努力。」

一個擁有近 14 億人口、960 萬平方公里土地、已經是世界第二大經濟體的泱泱大國，對世界經濟的發展、全球治理體系的改善，無疑具有舉足輕重的作用。世人最關心的問題是，這樣一個大國如何對待世界？是和平友善？還是奉行「叢林法則」？在迎來 2019 年第一縷陽光的時候，世界再次聽到了「中國聲音」，明白了「中國態度」。你怎樣對待世界，世界就怎樣對待你。雖然有時難免會遇到一些誤解和猜忌，但中國的和平崛起是大勢所趨。

中國致力於構建人類命運共同體，將為香港的長遠發展創造和諧友善的外部環境，有利於香港企業全球創業。比如，由中國倡導的「一帶一路」建設得到了沿線國家和地區的普遍歡迎，沿線國家與中國合作的蛋糕正在一步步做大，香港具有內接國家、外聯世界的特殊優勢，香港與內地

聯手，可以貢獻國家、成就自己、造福他人，一舉多得，互利共贏。

　　元旦之日，香港中聯辦領導在 2019 年 1 月號的《紫荊》雜誌發表署名文章：《用好『一國兩制』優勢和改革開放舞台，開創新時代香港發展更美好未來》中指出：「隨着改革開放這一『最大舞台』的不斷延伸，香港獨特作用和優勢的『用武之地』將更為開闊，『一國兩制』的制度優勢將越發彰顯，香港必然能夠在新一輪改革開放中培育新優勢，發揮新作用，實現新發展，作出新貢獻。」新優勢、新作用、新發展、新貢獻！一切過往，皆為序章。新的一年，追夢遠航。面對這樣一個充滿機遇的時代，「一國兩制」下的香港與祖國同呼吸共命運，努力奔跑、一同追夢。

　　歷史必將眷顧不懈奮鬥、追夢不止的人！

（原載於《大公報》，2019 年 1 月 2 日）

從習主席深入兩會團組
看「以人民為中心」宗旨

　　備受關注的全國兩會正在北京舉行。連日來，中共中央總書記、國家主席習近平深入人代會的部分代表團和政協文藝、社科界別聯組，認真聽取代表委員們的發言，談「為誰立言」，論「生態文明」，講「脫貧攻堅」，議「鄉村振興」。習主席的講話始終彰顯「堅持以人民為中心」的施政理念，為民之情，溢於言表，鼓舞人心，催人奮進！

　　中共十九大將習近平新時代中國特色社會主義思想確立為指導思想。「習思想」的核心要義之一就是「堅持以人民為中心」。十九大報告對此作了如下闡述：「人民是歷史的創造者，是決定黨和國家前途命運的根本力量。必須堅持人民主體地位，堅持立黨為公、執政為民，踐行全心全意為人民服務的根本宗旨，把黨的群眾路線貫徹到治國理政全部活動之中，把人民對美好生活的嚮往作為奮鬥目標，依靠人民創造歷史偉業。」

　　中共十九大以來，「堅持以人民為中心」的理念得到了充分的貫徹落實。習主席此番在兩會團組的系列講話，再次強化「堅持以人民為中心」的理念，讓人感受到人民領袖深厚的為民情懷，感受到中共作為執政黨強烈的使命感、責任感。

談「為誰立言」，聚焦民之所憂

　　「文學藝術創造、哲學社會科學研究首先要搞清楚為誰創作、為誰立言的問題，這是一個根本問題。」——習主席參加政協文化藝術界、社會科學界聯組討論時如是說。

　　習主席指出，人民是創作的源頭活水，只有扎根人民，創作才能獲得

取之不盡，用之不竭的源泉。習主席要求文化文藝工作者走進實踐深處，觀照人民生活，表達人民心聲，用心用情用功抒寫人民、描繪人民、歌唱人民。習主席強調，哲學社會科學工作者要多到實地調查研究，瞭解百姓生活狀況、把握群眾思想脈搏，着眼群眾需要解疑釋惑、闡明道理，把學問寫進群眾心坎裏。

習主席以上論述，正是聚焦人民所憂。這些年來，我國的文藝社科工作總體上堅持了正確的方向，但一段時間以來，也出現了讓人憂慮的現象。比如，熱衷「宮鬥」之技，漠視奮鬥之情；熱衷小資情調，漠視責任擔當；熱衷西方價值，漠視民族精神；熱衷個性張揚，漠視同舟共濟。文化文藝和哲學社會科學工作的職責是「培根鑄魂」。如果以這樣的作品引導教育下一代，培育出的將是無數「精緻的利己主義者」，一個國家、一個民族還有什麼前途和希望？不少民眾對此憂心忡忡。習主席的講話，讓文藝社科界更加理解「守正創新」的「正」是什麼？更加明確「堅持以人民為中心，以精品奉獻人民」才是唯一正確的方向。

論「生態文明」，聚焦民之所慮

「在『五位一體』總體佈局中生態文明建設是其中一位，在新時代堅持和發展中國特色社會主義基本方略中堅持人與自然和諧共生是其中一條基本方略，在新發展理念中綠色是其中一大理念，在三大攻堅戰中污染防治是其中一大攻堅戰。」──習主席參加人大內蒙古代表團審議時如是說。

「天地與我並生，而萬物與我為一。」生態環境是人類生存和發展的根基，生態環境變化直接影響文明興衰演替，生態文明建設是關係中華民族永續發展的根本大計。然而，綜觀過去幾十年，中國在高速發展的同時，積累了不少「生態欠帳」，藍天日漸稀少，綠水不再長流，有的地方甚至出現了「生態難民」。人民群眾對此充滿憂慮，這樣的發展模式注定不可持續。中共十八大以來，以習近平總書記為核心的黨中央、中央政府在生態文明建設持續加力，「生態欠帳」逐步得到清理。比如，隨着對華北地區重污染企業的整治，人們已經明顯感到，「北京藍」出現的頻次越來越多。

如何把握經濟發展和生態環保之間的平衡？如今，不少人憂慮：中國經濟增長放緩，整治污染會不會放鬆？習主席強調：「不能因為經濟發展遇到一點困難，就開始動鋪攤子上項目、以犧牲環境換取經濟增長的念頭，甚至想方設法突破生態保護紅線。」「我們必須咬緊牙關，爬過這個坡，邁過這道坎。要保持加強生態環境保護建設的定力，不動搖、不鬆勁、不開口子。」習主席言辭鏗鏘，擲地有聲，給全國老百姓吃了一顆「定心丸」。

講「脫貧攻堅」，聚焦民之所難

「脫貧攻堅越到緊要關頭，越要堅定必勝的信心，越要有一鼓作氣的決心，盡銳出戰、迎難而上，真抓實幹、精準施策，確保脫貧攻堅任務如期完成。」——習主席參加人大甘肅代表團審議時如是説。

貧困群眾一直是習主席最牽掛的人。在脫貧攻堅戰進入「倒計時」的關鍵時刻，習主席提出「四個要」的要求：要咬定目標不放鬆，要整治問題不手軟，要落實責任不鬆勁，要轉變作風不懈怠。他還對脫貧攻堅中出現的形式主義、官僚主義現象進行了毫不留情地批評。比如，群眾反映的「虛假式」脫貧、「算賬式」脫貧、「指標式」脫貧、「遊走式」脫貧等問題。

習主席上述講話，正是聚焦民之所難，感人至深。習主席多次指出：「扶貧路上不能丟下一個貧困群眾！」習主席的這份執着從何而來？他曾坦言：「多年來，我一直在跟扶貧打交道，其實我就是從貧困窩子裏走出來的。1969 年初，我到延安農村插隊當農民，還不到 16 歲。從北京一下子到那麼窮的一個地方，感受確實很深。」這麼多年來，從黃土高坡到雪域高原，從西北邊陲到雲貴高原，從太行山深處的河北阜平縣，到地處深度貧困地區的四川大涼山，習主席走遍了全國 14 個集中連片特困地區。

把人民放在心上，把使命扛在肩上。今後兩年，脫貧攻堅剩下的都是貧中之貧、困中之困，都是難啃的硬骨頭。習主席此番關於脫貧攻堅的講話表明，解民所難，始終如一，絕不鬆勁！

議「鄉村振興」，聚焦民之所願

「要把實施鄉村振興戰略、做好『三農』工作放在經濟社會發展全域中統籌謀劃和推進。」「要扛穩糧食安全這個重任」、「要推進農業供給側結構性改革」、「要樹牢綠色發展理念」、「要補齊農村基礎設施這個短板」、「要夯實鄉村治理這個根基」、「要用好深化改革這個法寶」。——習主席參加人大河南代表團審議時如是說。

中國 5,000 年的漫長歷史，絕大部分時間段都屬於農業社會。農業、農村、農民是中國社會穩定之基、繁榮之本。改革開放 40 多年來，佔總人口七成左右的農民做出了巨大貢獻，特別是「中國製造」、「中國建造」，凝聚着千萬農民工的汗水和心血。如今，城市發展了，農村也絕對不能荒蕪。讓鄉村富裕起來、美麗起來，是數億中國農民的共同願望。來自基層、扎根人民的習主席，深知人民所想所願，「實施鄉村振興戰略」寫進了中共十九大報告。兩年多來，已經取得較大進展。習主席此次講話中提出的「七個要」，明確了「實施鄉村振興戰略」的總目標、總方針、總要求和制度保障，既指明瞭方向，又提供了方法。按照這一要求持之以恆地推進，必能推動鄉村振興之路越走越寬，讓千萬農民的願望變成現實。

情之所繫，言之所及。習主席深入兩會團組的講話，處處體現「堅持以人民為中心」的理念，是真情流露，是責任擔當，是為民情懷。昨天上午，香港中聯辦領導深入港區全國政協委員分組會，公開傳達習主席的講話精神；昨天晚上，中央統戰部領導深入部分港澳代表委員中間，公開宣講習主席的講話精神，給了出席兩會的港澳代表委員極大的鼓舞。

香港雖與內地社會制度不同、發展階段不同、面對的矛盾和問題不同，但香港與祖國內地同呼吸共命運，祖國的繁榮富強是香港之福，執政黨「堅持以人民為中心」的執政理念得到深入全面貫徹，必然使國家強盛、社會繁榮、人民幸福，香港同胞由衷地感到高興、驕傲和自豪！

（原載於《大公報》，2019 年 3 月 11 日）

習主席新年賀詞
激勵香港同胞堅定前行

　　時間的卷軸徐徐打開，2020 年的陽光灑滿香江兩岸，21 世紀的第三個 10 年已經來臨！

　　國家主席習近平在北京發表新年賀詞。香港仍然是讓習主席牽掛的地方。習主席說：「沒有和諧穩定的環境，怎會有安居樂業的家園！真誠希望香港好、香港同胞好。香港繁榮穩定是香港同胞的心願，也是祖國人民的期盼。」

　　這是跨越萬水千山的深情關懷，這是發自肺腑的真誠祝福，這是滿載信心和力量的殷切希望！習主席的新年賀詞令香港同胞深切感受到了祖國大家庭的無比溫暖和寬厚包容。無論經歷多少風風雨雨，祖國始終對香港不離不棄、關愛有加，激勵着香港同胞不懼風雨、堅定前行，攜手建設好安居樂業的家園，推進「一國兩制」行穩致遠。

香港局勢好轉令人欣慰

　　「沒有和諧穩定的環境，怎會有安居樂業的家園！」習主席這句話語重心長。

　　香港是 730 萬香港市民的家園，家園從「平安之都」淪為「動蕩之地」，最大最直接的受害者是香港市民。去年 11 月 14 日，習主席在巴西利亞就香港局勢表明中國政府嚴正立場，極大地提振了香港各界止暴制亂、恢復秩序的信心和決心。一個多月來，止暴制亂的轉機已經出現，和諧穩定的局面正在形成。

　　其一，警方制暴行動更加果敢有效。以「圍殲」中大、理大的暴徒為

標誌，警方止暴制亂的戰術更加果敢靈活，「硬的更硬，軟的更軟」。警方對盤踞在校園內的暴徒「圍而不殲」，最終瓦解暴徒意志，以低成本制服暴徒。最近一段時間，警方主動出擊，查獲了暴恐分子藏匿的槍枝彈藥，抓捕了核心暴徒，止暴制亂效果明顯。

其二，暴徒已成「過街老鼠」。最近一個多月來，仍有暴徒搞事，但人數和規模已明顯縮減，而暴徒的無差別襲擊，令千夫所指，激起了更多市民的憤怒。聖誕期間，本港多處出現的暴恐事件，由於警方提前佈防，市民也予配合，暴徒很快被緝拿歸案。

其三，泛暴派已經明顯收斂。暴力事件越來越顯示出恐怖主義特徵，越來越多的市民支持止暴制亂，暴力事件也受到國際輿論的普遍批評，這令泛暴派不敢公開撐暴。

堅定前行的力量正在凝聚

「真誠希望香港好、香港同胞好。」習主席這句話飽含深情。

儘管過去半年來，香港發生了許多挑戰中央權威、衝擊「一國兩制」底線、傷害內地同胞感情的事件，但中央希望香港好的初衷沒有變、挺港惠港的政策沒有變。前不久，首批由國家推送的 5 位香港青年赴聯合國任職就是一個生動的例證。與此同時，粵港澳大灣區建設如期推進，中央對香港「主場」、「主角」的定位沒有變，仍然希望香港在大灣區建設中發揮獨特作用。

習主席的深情掛念，中央的堅定支持，全國人民的熱切期望，給香港走出困境提供了巨大動力，香港堅定前行的合力正在凝聚。

面對經濟下滑的趨勢，特區政府出台多項政策紓解當前困難，化解民生難題，促進經濟增長；面對房價畸高的難題，越來越多的香港人認識到必須「真刀真槍」解決，一些發展商紛紛宣佈和表態，用捐地和借地的辦法，興建過渡性房屋；面對零售業、飲食業、旅遊業受損的狀況，香港社會各界深刻認識到恢復秩序的緊迫性，推出不少正面舉措，攜手共渡難關；面對貿易額下跌的現實，香港商界也在尋找對美貿易之外的新出路。

沒有親身體會，不知道和諧穩定環境的珍貴。過去的將近 7 個月時

間，曠日持久的動盪，令香港市民體會到法治的重要性，撐法治、護家園的意識日益強烈，發展經濟、改善民生的合力正在形成。

「一國兩制」必定能行穩致遠

習主席在新年賀詞中深有感觸地說：「前幾天，我出席了澳門回歸祖國 20 週年慶祝活動，我為澳門繁榮穩定感到欣慰。澳門的成功實踐表明，『一國兩制』完全行得通、辦得到、得人心。」此語清晰表達了推進「一國兩制」行穩致遠的堅定信心。

「一國兩制」下的香港和澳門如同兩顆璀璨的明珠，鑲嵌在祖國的南海之濱。回歸以來，兩個特區實踐「一國兩制」都取得了巨大成功。相比之下，澳門的成功之道更引人注目。澳門特區堅定維護「一國」原則，不與國家鬧彆扭；澳門特區始終讓基層民眾從經濟發展中得實惠，不讓中央的惠澳政策「跑冒滴漏」；澳門特區積極探索有效民主之路，既提升決策的效果，又提高決策的效率。澳門雖小，但不可小視。這些成功經驗都值得香港借鑒。

習主席還說：「歷史長河奔騰不息，有風平浪靜，也有波濤洶湧。我們不懼風雨，也不畏險阻。」此語也是向世界宣示，任何外國勢力不要指望中國會吞下危害國家主權、安全、發展利益的苦果。

7 個月來，香港「修例」之爭一步步複雜化、政治化、國際化，美國等西方國家頻繁干預「功不可沒」。「我們不懼風雨，也不畏險阻」的表態，堅定了香港各界抵禦外部壓力的信心。有強大的祖國做後盾，香港同胞的底氣更足、意志更堅。

「一國兩制」是一個偉大創造，在實踐中可能遭遇波折，但香港同胞有信心推進「一國兩制」行穩致遠。正如行政長官林鄭月娥在迎接新年短片中所說：「香港人過去憑着毅力和智慧，安然渡過不少風浪，我相信我們可以再一次克服困難，重建香港。新的一年帶來新的希望，願社會早日複和，市民融洽相處，香港可以重新出發。」

祝福香港在新的一年，「只爭朝夕，不負韶華」，同心再出發！

（原載於《大公報》，2020 年 1 月 2 日）

習總書記「新年第一課」激勵港人共奮進

前天，省部級主要領導幹部學習貫徹黨的十九屆五中全會精神專題研討班開班，中共中央總書記、國家主席、中央軍委主席習近平在開班式上發表重要講話強調，準確把握新發展階段，深入貫徹新發展理念，加快構建新發展格局，推動「十四五」時期高質量發展，確保全面建設社會主義現代化國家開好局、起好步。

中共十八大以來，每到新年伊始，習總書記都要為省部級主要領導幹部研討班講第一課。今年習總書記圍繞「三新」進行了深入闡述，高屋建瓴，博大精深，對於推動「中國號」動車繼續前行具有重大意義。香港與祖國同呼吸、共命運，習總書記的「新年第一課」激勵香港同胞齊努力、共奮進，把握國家發展脈搏，搭乘國家發展快車，走出困境，再鑄輝煌。

新階段：時與勢在我們一邊

習總書記指出，當今世界正經歷百年未有之大變局，但時與勢在我們一邊，這是我們定力和底氣所在，也是我們的決心和信心所在。同時，必須清醒看到，當前和今後一個時期，雖然我國發展仍然處於重要戰略機遇期，但機遇和挑戰都有新的發展變化，機遇和挑戰之大都前所未有，總體上機遇大於挑戰。

一個國家、一個民族要自強不息、奮力前行，首要的問題是弄清楚自己所處的方位。一是空間上的方位，自己在全球政治經濟格局中扮演什麼角色？二是時間上的方位，自己處於哪個發展階段？

當今的中國處於什麼方位呢？從全球政治經濟格局來看，中國是聯合

國 5 個常任理事國之一，具有較大的國際話語權；中國是世界第二大經濟體，且與第一大經濟體美國的差距逐年縮小，經濟實力不斷增強；中國倡導的人類命運共同體理念、中國擔當、中國方案得到越來越多國家的認可和響應。從歷史發展階段來看，當今的中國正處於鴉片戰爭以來歷時最長的繁榮期，中國在改革開發 40 多年間創造了經濟長期保持高中速發展和社會長期保持穩定兩大奇蹟；如今，中國已經實現「站起來」到「富起來」，正處於「富起來」到「強起來」的階段。

中國發展的機遇很多、勢頭很好，並非所有的國家都喜歡看到這些，美國等「五眼聯盟」國家以「冷戰思維」對中國持續圍堵和打壓，這就是挑戰所在。但要看到，中國與美國力量對比此長彼消，時與勢在我們一邊！

2019 年香港發生的持續暴亂正是美國打壓中國的戰略一部分，但令美國某些政客沒有想到的是，「港版顏色革命」沒有達到預期目的，隨着香港國安法去年 7 月 1 日實施，「東方之珠」恢復了平靜；在中央的大力支持下，香港踏上了重新出發的征程。習總書記「新年第一課」啟示我們，未來的路上，我們面臨的機遇和挑戰之大都前所未有，但要堅信「時與勢在我們一邊」，我們不懼風雨，奮力前行！

新理念：「三個把握」切中要害

習總書記指出，全黨必須完整、準確、全面貫徹新發展理念。一是從根本宗旨把握新發展理念；二是從問題導向把握新發展理念；三是從憂患意識把握新發展理念。

新發展理念包括：創新、協調、綠色、開放、共享。創新發展，注重的是解決發展動力問題；協調發展，注重的是解決發展不平衡問題；綠色發展，注重的是解決人與自然和諧問題；開放發展，注重的是解決發展內外聯動問題；共享發展，注重的是解決社會公平正義問題。

新發展理念回答了關於發展的目的、動力、方式、路徑等一系列理論和實踐問題。習總書記指出的「三個把握」切中了要害。從根本宗旨把握新發展理念，就是要把為人民謀幸福、為民族謀復興作為新發展理的

「根」和「魂」；從問題導向把握新發展理念，就是要解決好發展不平衡不充分的問題，真正實現高質量發展；從憂患意識把握新發展理念，就是要增強憂患意識、堅持底線思維，隨時準備應對更加複雜困難的局面。

新發展理念對於香港同樣具有借鑒意義。時下，香港的發展遇到瓶頸期，如何走出困局？需要在要害處加一把勁。比如「創新發展」，香港在生物醫藥、人工智能等領域也走在世界前列，但難以把科研成果轉化為產品、產業，如何突破創新的瓶頸？是一個值得深思的問題。又比如「共享發展」，香港與世界發達經濟體比較，發展速度不算低，但為什麼市民仍有怨言？因為貧富差距在拉大，沒有將「共享發展」的理念貫穿於發展當中，這需要深層次改革、全方位平衡。

新格局：全面做強自己最重要

習總書記指出，加快構建以國內大循環為主體、國內國際雙循環相互促進的新發展格局，是「十四五」規劃《建議》提出的一項關係我國發展全域的重大戰略任務，需要從全域高度準確把握和積極推進。只有立足自身，把國內大循環暢通起來，才能任由國際風雲變幻，始終充滿朝氣生存和發展下去。要在各種可以預見和難以預見的狂風暴雨、驚濤駭浪中，增強我們的生存力、競爭力、發展力、持續力。

在疫情肆虐、全球經濟哀鴻遍野的大背景下，「雙循環」的重點是「內循環」。去年 12 月召開的中央經濟工作會議，從強化國家戰略科技力量、增強產業鏈供應鏈自主可控能力、擴大內需、全面推進改革開放等八個方面安排部署了今年的經濟工作，正是聚焦「內循環」、做強我們自己的務實之舉。新的一年，相信中央將會出台許多「暢通國內大循環」的政策措施，香港應在「國家所需」和「香港所長」之間尋找機遇，走出困境，做強自己。

習總書記的「新年第一課」為中國發展領航指路，國家發展必然給香港帶來利好消息，香港同胞對未來更有信心、更有底氣！

（原載於《大公報》，2021 年 1 月 13 日）

習主席情暖香江
祖國是香港堅強後盾

　　香港進入隆冬和新冠病毒肆虐的關鍵時刻，昨日下午，國家主席習近平在北京以視頻連線方式聽取了香港特區行政長官林鄭月娥 2020 年度的述職報告。

　　習主席首先向香港特區全體居民表示誠摯的慰問。習主席表示，中央政府已經並將繼續採取一切必要措施全力支持香港特別行政區抗擊疫情。習主席指出，中央對特首和特別行政區政府履職盡責的表現是充分肯定的；習主席強調，要確保「一國兩制」實踐行穩致遠，必須堅持愛國者治港。昨日上午，國務院總理李克強也以視頻連線方式聽取了林鄭月娥的年度述職報告。

　　萬水千山，割不斷血脈親情；困難之時，方顯出祖國偉力。習主席對香港同胞的真情關愛，令香港同胞增強了戰勝困難的信心；有祖國作為強大後盾，香港一定能化危為機，再鑄輝煌！

祖國永遠是香港的堅強後盾

　　習主席指出，新冠肺炎疫情已經持續一年多，給世界帶來嚴重衝擊。香港作為高度開放的國際性城市，所受影響比較大。前一段時間香港爆發第四波疫情，對市民生命安全和身體健康造成較大威脅，也給大家工作生活造成許多困擾。習主席表示，他很關心，很擔憂，中央政府已經並將繼續採取一切必要措施全力支持香港特別行政區抗擊疫情，大家要堅定信心，團結抗疫，祖國永遠是香港的堅強後盾，眼前的困難一定能夠戰勝。

　　暖心話語驅嚴寒，平實之中見真情。談到中央政府支持香港抗疫時，

習主席用了「已經並將繼續採取一切必要措施」的表述，讓香港市民再次感受到習主席「香港一直牽動着我的心」的真摯感情，再次想到習主席關心關愛香港的歷歷往事，再次憶起習主席 2017 年視察香港的一幕幕動人情景。無論有多少驚濤駭浪，祖國永遠是香港時刻可以依靠的港灣；無論前行的路有多麼艱難，以習主席為核心的黨中央、中央政府永遠為香港「輸血供氧」、鼓勁加油！

習主席曾勉勵港人：「相信自己，相信香港，相信國家。」諄諄教誨，言猶在耳。在經歷了一年多的抗疫後，香港市民更領悟到這句話的深刻內涵。相信國家，就是要相信國家「集中力量辦大事、辦難事、辦急事」的制度優勢，就是要相信中華文化和衷共濟的互助精神，就是要相信中華民族不屈不撓的堅強意志。14 億中國人團結一心，沒有什麼戰勝不了的困難！香港是中國不可分割的一部分，香港居民是中國人的一分子，只要我們把自己的命運、香港的命運與祖國的命運緊緊連在一起，就沒有渡不過的難關！

重回正軌是香港希望所在

習主席指出，一年來，特首和特別行政區政府沉着應對「修例風波」、新冠肺炎疫情和外部環境不利變化帶來的多重嚴重衝擊，想方設法維護秩序、防控疫情、紓緩民困、恢復經濟，已取得一定的成效。特別要指出的是，全國人大常委會制定頒佈香港國安法後，特首帶領香港特區政府堅決執行，依法止暴制亂，努力推動香港重回正軌。在涉及國家安全等大是大非問題上，特首立場堅定、敢於擔當，展現出愛國愛港的情懷和對國家、對香港高度負責的精神，中央對特首和特別行政區政府履職盡責的表現是充分肯定的。

這是習主席對特首和特區政府工作的高度讚許，是對 18 萬公務員辛勤工作的高度肯定，也是對所有致力於香港繁榮穩定的廣大市民的高度評價。

過去一年，香港是在「黑暴」和疫情的雙重壓力下負重前行，香港真的很難！儘管反中亂港勢力繼續以種種藉口「搞事」，儘管美英等國無理干預香港事務，儘管疫情重創香港經濟、波及無數家庭，但特首和特區政

府沒有向困難屈服，愛國愛港力量沒有被困難嚇倒，「止暴制亂，恢復秩序」成為香港社會的最大共識，凝聚起社會各界的強大合力；特別是國安法利劍出鞘，「港獨」勢力土崩瓦解，所謂「議會陣線」、「國際陣線」、「街頭陣線」皆被擊潰，香港步入了撥亂反正、由亂而治的新階段。

事實證明，邪氣壓不倒正氣，香港社會雖然嚴重撕裂，但這座城市「法治」、「文明」、「包容」、「和諧」的底色並沒有變。只要重回正軌，依然會生機盎然！

「愛國者治港」是必須堅守的原則

習主席強調，香港由亂及治的重大轉折再次昭示了一個深刻道理，那就是要確保「一國兩制」實踐行穩致遠，必須堅持愛國者治港，這是事關國家主權、安全、發展利益，事關香港長期繁榮穩定的根本原則。只有做到愛國者治港，中央對特別行政區的全面管治權才能得到有效落實，憲法和基本法確立的憲制秩序才能得到有效維護，各種深層次問題才能得到有效解決，香港才能實現長治久安，並為實現中華民族偉大復興作出應有的貢獻。

經風雨，才能長見識。在目睹了「修例風波」期間的數百次暴力事件後，在看到「港獨」勢力喪心病狂地反基本法、反「一國兩制」的醜劇後，香港居民深刻認識到「愛國者治港」的真諦。香港和內地同屬一個中國，「一國」是本、是源，「兩制」是支、是流，「一國兩制」的大邏輯，決定了「治港者」必須是「愛國者」。任何有非分之想的人，任何三心二意的人，任何狂妄自大到要僭越中央權力的人，都沒有資格擔任公職。

讓愛國者治理香港，香港就會和祖國一條心，心往一處想，勁往一處使；就會依靠祖國這棵「大樹」，發展自己，貢獻國家；就會推動兩地合作，併船出海，攜手創業；就會極力排除外部干擾，一心聚焦民生福祉。如此，香港的發展之路才會越走越寬。

征途漫漫，唯有奮鬥。習主席對香港的真情關愛，祖國對香港的強大支持，將化為香港同胞前行的動力，「一國兩制」在香港必能行穩致遠！

（原載於《大公報》，2021 年 1 月 28 日）

習主席「兩會」四下團組
給香港的啟示

　　今年「兩會」期間，習近平主席分別到內蒙古代表團、醫藥衛生界教育界聯組會、青海代表團、解放軍和武警部隊代表團，同代表委員們坦誠交流、共商國是。四到團組，習主席深刻闡述了「高質量發展」的「大邏輯」，「中華民族共同意識」的深刻內涵，以「仁愛之心」促進社會向上向善的重要性，以「底線思維」維護國家主權、安全、發展利益的總要求。

　　習主席的講話彰顯了大國大黨領袖的眼光、胸襟、智慧和擔當。連日來，港區全國政協委員熱議習主席講話，感悟其中的深邃道理，對於促進香港盡快走出困局、推進「一國兩制」行穩致遠有了更多感悟。

以高質量發展促進繁榮穩定

　　習主席四到團組 11 次提到「高質量發展」。他強調，高質量發展是「十四五」乃至更長時期我國經濟社會發展的主題，關係到社會主義現代化建設全域。在接受媒體採訪時，筆者指出，習主席定調「高質量發展」是「經濟社會發展的主題」，這充分說明，在經過新中國成立 70 多年的奮鬥，我們從「量」的增加轉為「質」的提升；這充分說明，中國走過了「站起來」、「富起來」，正走向「強起來」。國家的強盛，是包括港澳同胞在內的全球華人的心願，這個重大轉折令人振奮。

　　有全國政協委員認為，習主席強調高質量發展不只是一個經濟要求，而是對經濟社會發展方方面面的總要求。這啟示香港，不僅要關注經濟，

更要關注民生。政協委員説，「東方之珠」亮麗風景的背後，還有許多人住在「劏房」裏，令人揪心！香港應以高質量發展的理念，紓解民困，促進社會長期繁榮穩定。

有全國政協委員認為，習主席強調高質量發展不是一時一事的要求，而是必須長期堅持的要求。這啟示香港，要致力於破解長期積累的深層次矛盾，解決難題不易，但必須走出第一步，不能等、不能拖！

以「文化認同」築牢團結和諧之基

在內蒙古代表團和青海代表團，習主席着重強調一個關鍵詞——「中華民族共同體意識」。中華民族共同體意識的深刻內涵，不僅強調民族團結，還蘊含着全國人民共擔風雨、共迎挑戰的精氣神，是中華民族實現偉大復興的重要精神力量。

筆者對媒體説，文化認同是最深層次的認同。在中華民族的大家庭裏，民族不論人口多少、貧富差距多大、信仰習俗各異，各民族和睦相處，其樂融融；中國人口最少的民族——毛南族整體脫貧的故事，就是築牢「中華民族共同體意識」的生動例證。筆者還指出，相比於不同民族之間的差異，香港與內地同為漢族，人同宗，書同文，語同音，相同相近之處更多，更應有「共同體意識」。香港在經濟比內地發達，但這不應是香港人「自我感覺良好」的資本，況且近年來內地發展很快，經濟差距正在縮小，港人要去除優越感，學會「平視」內地。

有全國政協委員認為，香港是中西文化的交匯點，吸收西方文明成果是好事情，但不能因此而貶低中華文化，不能抹黑內地的社會主義制度，更不能做傷害民族感情的事情。香港社會亟需以「文化認同」築牢團結和諧的根基。

以「仁愛之心」引領社會向上向善

在醫藥衛生界教育界聯組會上，習主席指出，面對突如其來的嚴重疫情，廣大醫務工作者用血肉之軀築起阻擊病毒的鋼鐵長城，挽救了一個又一個垂危生命；廣大教育工作者守護億萬學生身心健康，支撐起世界上最

大規模的在線教育。醫衛和教育分屬不同領域，但在習主席看來，二者都有「仁愛之心」，這種向上向善的價值取向，正是我們這個國家、這個民族延續至今的重要的精神紐帶。

有全國政協委員說，香港擁有全球最優質的醫療資源，絕大多數醫護人員都有一顆仁愛之心，但在去年疫情爆發之初，出現了數千名醫護人員「罷工」的事情，在去年9月內地支援香港進行全民核酸檢測時，有「黃醫護」炒作「基因送中」，這是香港醫護界的恥辱！如果醫者缺少「仁心」，最終會被病毒擊敗。

以「底線思維」維護國家安全

政協委員說，香港教育領域的問題更多，「黃師」當道，荼毒學子，致使「少年暴徒」層出不窮，「黑暴」期間，警方拘捕的違法人士中竟然有四成多是學生，最小的只有十二三歲，令人痛心！教師缺少仁愛之心，必然誤人子弟！政協委員說，根除香港的醫衛界、教育界的「病灶」，對於整個社會向上向善至關重要，香港必須走這一步。

在解放軍和武警部隊代表團，習主席強調，這場疫情對世界格局產生了深刻影響，對我國安全和發展也產生了深刻影響。要堅持底線思維，全面加強練兵備戰工作，及時有效處置各種複雜情況，堅決維護國家主權、安全、發展利益，維護國家戰略全域穩定。

筆者對媒體說，維護國家主權、安全、發展利益，不僅是軍隊的天職，也是包括香港同胞在內的所有中國公民的責任和義務。香港國安法實施後，改變了香港在國家安全上「不設防」的狀態，對於普通市民來說，遵守國安法就是為維護國家安全做貢獻。

政協委員說，天下並不太平，美國不希望中國崛起，以各種藉口打壓中國，不排除外國勢力在香港再次搞事的可能性，國家安全的「弦」一刻也不能放鬆。

還有政協委員也給筆者發來微信：國泰才能民安，國家大盤穩定，香港也就差不到哪裏去。反之，香港的命運則無法預測。香港人須有大局觀，正確認識國家安全與香港長期繁榮穩定的關係，以「底線思維」維護

國家安全。

　　香港與國家的命運緊密相連，領袖與代表委員心靈相通。學習體會習主席講話，令委員們對香港再出發的信心倍增！

（原載於《大公報》，2021 年 3 月 11 日）

領航與奮鬥的交響激盪人心

—— 中共百年華誕慶賀活動觀禮手記之一

百年大黨喜迎華誕，風雨兼程書寫輝煌。前天晚上，慶祝中國共產黨成立 100 週年文藝演出《偉大征程》在國家體育場盛大舉行。中共中央總書記、國家主席、中央軍委主席習近平與黨和國家領導人，和 2 萬餘各界群眾一起觀看演出。昨天上午，慶祝中國共產黨成立 100 週年「七一勳章」頒授儀式在京隆重舉行。習主席向「七一勳章」獲得者頒授勳章並發表重要講話。

兩場活動氣氛熱烈、振奮人心！中國共產黨是中華民族偉大復興的領航者，「七一勳章」獲得者是億萬奮鬥者中的佼佼者。兩天來，在京參加觀禮活動的香港代表團成員們，深深地被我們黨燦爛輝煌、光彩四射的大型情景史詩的氣氛所感染，深深地被來自人民、植根人民的我們黨英雄們的先進事蹟所感動，領航與奮鬥的交響久久迴蕩在心間。世界上最大的政黨，帶領世界上人口最多的國家，實現了世界上百年間最了不起的跨越。這樣滄桑巨變，人間奇蹟，無論用什麼詞彙讚譽都不過分。

最知民心者是中國共產黨

《偉大征程》共分為「浴火前行」、「風雨無阻」、「激流勇進」、「錦繡前程」4 個篇章，分別反映中國共產黨帶領人民實現民族獨立和人民解放、進行社會主義建設、推進改革開放、新時代黨和國家事業取得的歷史性成就和歷史性變革。整場演出氣勢恢弘，激動人心！

應中央政府的邀請和安排，由行政長官林鄭月娥率領的香港代表團

71 位成員，前天下午抵達北京。代表團成員中有政府管治團隊的主要官員，以及港區全國人大代表、港區全國政協委員、特區立法會議員的代表等人士。代表團在北京出席的第一個重要活動，就是與黨和國家領導人及全國各界代表，一起觀賞《偉大征程》的盛大演出。演出結束後，來自香港的各界人士難抑激動、感慨的心情，暢談對我們黨的百年歷史的崇敬和興奮之情。

有政府高官說，中國共產黨是當之無愧的領航者。為什麼中共是領航、而不是其他政黨領航？因為，中共最知民心。上世紀 20 年代的中國，佔中國九成以上的人口是農民，農民的命根子是土地。但土地兼併已經使許多農民無地可種，淪為佃農。中共最懂農民，實行土地革命，歌舞《土地》讓我們感受到了中共的愛民之情。

有政府高官還激動地說，「九一八」事變後，日軍侵華，中共最懂天下人心，摒棄前嫌，主動推進國共合作，形成了全民族共同抗戰的局面。情景大合唱《怒吼吧！黃河》再現了抗戰的場景，他說：「終身難忘！」

有代表團成員說，自古得民心者得天下。世界上有許多政黨都是曇花一現，為什麼中共歷經百年而風華正茂？就是抓住了「人心」二字。習總書記講，人民就是江山，江山就是人民。其中的道理非常深刻！

最勇開拓者是中國共產黨

在「七一勳章」頒授儀式上，習近平總書記強調，新時代是需要英雄並一定能夠產生英雄的時代。中國共產黨要始終成為時代先鋒、民族脊樑，黨員隊伍必須過硬。

香港代表團全體成員昨天在駐地觀看了「七一勳章」頒授儀式的電視直播。大家對英雄們的先進事蹟感受頗深。許多代表說，回顧過往，中國共產黨是最勇敢的開拓者。這些天，中國航天展在香港展出，人們對中國科技事業的迅猛發展感觸很深。

有代表團成員說，學習中共黨史，才知道有一大批黨員，上世紀六七十年代，在大漠、群山深處，「幹驚天動地事，做隱姓埋名人」，為

國家付出了青春和熱血。正是有他們的開拓，才有了今天的航天成就。有代表團成員親身經歷了深圳特區的發展。他說，昔日的一個小漁村發展成了一個現代化大都市，這體現了中共的開拓精神，走前人沒有走過的路，中共始終有一種不怕苦、不服輸的精氣神。

還有代表團成員說，這次被授予「七一勳章」的，都是中共黨員中的優秀分子，來自各行各業，在每一個崗位上，都有黨員開拓性地工作，都能幹出非凡業績，得到民眾認可。做到這一點，很不容易。有政府官員講到，開拓不僅僅是在困難面前不低頭、不彎腰，還表現在主動作為；「一國兩制」事業是中國共產黨的一大創舉，破解了香港以何種形式回歸的難題，體現了中共的視野、胸襟，以及開拓進取的精神。

最美奮鬥者是中共黨員

在《偉大征程》演出中，戲曲與舞蹈《激情歲月》生動描畫王進喜、史來賀等一批先鋒模範的奮鬥群像。被譽為「鐵人」的大慶油田工人王進喜，發現井噴，成袋的水泥倒入泥漿池卻攪拌不開，他就跳進齊腰深的泥漿池，用身體攪拌，最終制服了井噴。這一幕令人震撼！

代表團成員在駐地碰面時，我說：「共產黨員是特殊材料製成的」，這是生動的一例。香港人對共產黨員不太瞭解，對這樣的壯舉可能不理解。當時的中國缺少石油，就像現在缺少芯片一樣，那一代共產黨員，用一輩子的時間，幹了兩輩子的事情。

還有代表團成員說，我們香港人喜歡講「愛拚才會贏」，中共黨員才是「愛拚」的榜樣，關鍵時候站得出來、頂得上去、豁得出去，樹立了標杆，形成了一股強大的力量，這是中國發生翻天覆地變化的秘訣之一。有代表說，最重要的是，共產黨員的這種拚勁，形成紅色血脈，一直延續至今。獲得「七一勳章」的黃文秀，就是一位犧牲在扶貧一線的幹部。據統計，為了脫貧攻堅，全國有 1,000 多人付出了生命，其中許多是共產黨員。

領航，需要科學的理論、堅定的信仰；奮鬥，需要奉獻精神、開拓

進取精神，以及團結一心形成的巨大合力。在中國，唯有中國共產黨才有能力領航，唯有中國共產黨能帶領億萬中國人民團結奮鬥，實現中華民族偉大復興。——在觀禮活動中，香港各界代表越來越形成了這樣的共識。

（原載於《大公報》，2021 年 6 月 30 日）

「偉大征程」的「香港瞬間」
讓人回味無窮

—— 中共百年華誕慶賀活動觀禮手記之二

　　疫情肆虐全球，風景這邊獨好。這次進京觀禮，從機場到酒店，從駐地周圍長安街到活動現場，處處能感受到和諧和有序，感受到友情和溫馨。從機場到酒店對來京人員的健康監測嚴格而又快捷，街頭的匆匆人流，身旁的歡聲笑語，活動現場的熱烈氣氛，讓人真切體驗到，當下，唯有中國是最安全的地方，唯有中國特色的社會主義制度能給民眾帶來獲得感，唯有中國共產黨能讓人民過上祥和的生活。

　　28 日晚上的文藝演出是一場「視覺盛宴」，也是一場震撼心靈的交響曲，《偉大征程》的「香港瞬間」更是令香港代表團的每一位成員回味無窮。昨天，在代表團的駐地碰面，不少人仍在交流觀感。

《回歸時刻》讓我們回望初心

　　那一夜，當《回歸時刻》再現一幕幕熟悉場景，許多香港代表掩飾不住激動的心情。尤其是台上那位中方指揮官說出：「你們可以下崗，我們上崗，祝你們一路平安」那句話，現場掌聲如潮，許多人的眼睛濕潤了⋯⋯

　　「回歸那一夜，是我一生中最難忘的時刻。」有政府高官說。他告訴筆者，演出的熟悉場景，讓他再次想到，我們的初心是什麼？回歸，是要讓香港變得更好，不是讓香港變得更糟糕。香港是中國不可分割的一部分，這是鐵的事實，有強大的祖國作後盾，香港才能抵禦各種風險！想回歸那一天，香港下着飄潑大雨，但所有的準備工作井然有序。會展中心；1997年 7 月 1 日零時零分零秒；五星紅旗在國歌聲中一分一秒不差地升起！那

時，現場沸騰了！香港沸騰了！全中國沸騰了！世界各地的華人沸騰了！

昨晚，香港的不少代表自發地在酒店大堂聚集一起交流。我告訴大家，當看到五星紅旗升起那一刻，我熱淚盈眶；當《偉大征程》的演出現場響起《今夜無眠》旋律，我再次熱淚盈眶。我說，回歸 24 年，香港完全不像某些「預言家」所說的「香港已死」，九七前逃離香港的人，後來又回到香港，一切從頭開始，人生走了彎路，懊悔不已。去年香港國安法實施後，某些「預言家」又預言「兩制已死」，有市民受其蠱惑逃往英國，相信這些人最終也會懊悔不已。歷史何其相似！而這些人又何其悲哀！

在香港代表團，有一位長者叫盛智文。回歸那一年，他還是一名中青年。如今，他已經在港澳兩個特區擔任過許多公職和重要企業的領導職務。這些年，他參與了香港與眾多國際組織之間合作的工作。他深有感觸地說，「中國香港」是一張特殊的「身份證」，「中國」代表實力，「香港」代表活力，回歸以來，香港的國際地位提升了，話語權更大了，談判的砝碼更有分量了。

萬人齊唱「中國心」激情澎湃

「河山只在我夢縈，祖國已多年未親近，可是不管怎樣也改變不了，我的中國心。」香港歌星張明敏的歌聲迴蕩了幾十年，成為中國人的永恆記憶，演出現場萬人齊唱《我的中國心》的場面仍然令人激情澎湃。

昨天下午，我和幾位代表在酒店咖啡廳聚會，又談起了那場精彩演出的這些細節。「中國現在遭遇美國在高科技領域的打壓，我們急需的芯片面臨斷供，但只要我們有一顆『中國心』，就一定會造出『中國芯』！」從事科技工作的一位代表如是說。香港代表的熱切議論還吸引了我們的鄰居澳門的代表。澳門全國人大代表團的負責人走過來說，他對「中國芯」同樣充滿信心！他說，前些天去看了航天展，感觸很深，中國人聰明又勤奮，只要下決心搞，一定能搞出芯片，「我們的太空空間站不就建成了嗎？」

從一首經典歌曲的經久不衰，到中華 5,000 年文明沒有斷流。「話匣子」一打開，觀點的碰撞，激發更深層次的思考——

有代表團的成員說，中華文明的全部精髓在於一個「和」字。「家和

萬事興」道盡了做人、興家、生財、治國的真諦。中國人只要團結，就有美好未來。此語一出，激起了大家的共鳴。來自澳門的一位代表激動地站起來說，任何一件事要幹好，都離不開兩個「結」。一個是「團結」，一個是「總結」。幹的時候大家要團結，幹一段時間要回頭看看，認真總結，修正偏差，這樣才能幹得更好。我接着他的話再說，香港現在最缺「團結」，這是香港與內地的差距所在。香港因內耗而錯失了不少機會，今後再也不能這樣蹉跎歲月了！

紫荊花永遠盛開

回想起《偉大征程》的「香港瞬間」，令人印象深刻的是那一幕：與香港會議展覽中心「永遠盛開的紫荊花」同樣的雕塑懸掛在鳥巢上空，地面上幾千名演出人員統一着裝，借助燈光效果共同組成香港特別行政區的區旗形狀；舞台背景中，一艘遊船緩緩駛過安靜美好的維多利亞港，船身上有「香港明天更美好」7 個大字……

昨日在酒店，香港代表回看中央電視台重播新聞的這一幕時，許多好朋友對這個場景設計點讚：構思精妙，寓意深刻，美輪美奐，大氣磅礴！在筆者看來，從一場文藝演出的創意策劃、舞台設計、精心排練和演出，也能看出內地民眾對香港的關愛，對香港美好未來的祝福。我把自己的想法，發到朋友群裏，隨即引發討論——

有代表團成員說，中國共產黨是「一國兩制」的創立者、發展者、捍衛者，當然希望「一國兩制」越搞越好，「永遠盛開的紫荊花」是真心祝福。還有代表說，唯有中國共產黨，才能富民強國，令今天的中國可以「平視世界」。順着這個邏輯，話題延伸到「中國共產黨成功的秘訣何在？」好幾位朋友各抒己見。答案有：「知民情，懂民心」「黨員有擔當精神」、「越是困難，越有勇氣和幹勁」……

夜已深，話還長。窗外夏雨滂沱、燈火闌珊、線上暢所己見、意猶未盡。望神州，看香港，思緒如潮湧，百味在心頭……

（原載於《大公報》，2021 年 7 月 1 日）

在天安門廣場，
見證百年大黨風華正茂

—— 中共百年華誕慶賀活動觀禮手記之三

　　這是一個舉世矚目的地方 —— 北京天安門廣場；這是一個值得銘記的日子 —— 2021 年 7 月 1 日。廣場上，身着不同顏色服裝的 7 萬多人，組成了「巨輪」圖案；廣場東西兩側，100 面紅旗迎風招展；廣場上空，29 架直升機組成的「100」圖案，精彩呈現……

　　筆者與香港代表團全體成員抑制不住激動心情，清晨 6 時許就已經來到廣場看台，迎接這震撼人心一刻的到來。上午 8 時整，慶祝中國共產黨成立 100 週年大會隆重開始！100 響禮炮響徹雲霄，這是向先輩致敬；護衛國旗的禮兵正步走 100 步、齊步走 100 步、再正步走 100 步，象徵着百年奮鬥的艱難歷程……

　　在共和國成立 50 週年、60 週年、70 週年、「九三閱兵」等多次重大活動中，我都受邀在天安門廣場觀禮，這一次的感受卻格外不同。這一次，見證百年大黨風華正茂，見證中國巨輪破浪前行，見證中華民族走向偉大復興！望着鮮豔的五星紅旗冉冉升起，聽着激昂的國歌再次奏響，分明感覺到自己「砰砰」的心跳，與這個百年大黨前行的節奏共鳴。腦海裏跳出一句話：領航，中國共產黨！奮進，14 億多中國人民！

一個十分重大而莊嚴的日子

　　8 時 24 分，中共中央總書記習近平在天安門城樓上發表重要講話。

　　「今天，在中國共產黨歷史上，在中華民族歷史上，都是一個十分重大而莊嚴的日子。」習總書記渾厚有力的聲音響徹廣場，傳向遠方……這

一幕，令人想起 1921 年 7 月，在浙江嘉興南湖的那艘紅船上，中共「一大」的十幾名代表，代表着全國 53 名黨員，悄然掀開了中國歷史嶄新的一頁。這一幕，令人想起 1949 年 10 月 1 日，在天安門城樓上，開國領袖毛澤東莊嚴宣佈：「中國人民從此站起來了！」歷經 28 年血與火的考驗，中國共產黨帶領 4 億中國人開啟新的航程。這一幕，令人想起 1984 年 10 月 1 日，在天安門廣場遊行隊伍中，意外地出現了「小平，您好！」的橫幅，中國共產黨推進改革開放，讓人民得到了實惠，民眾無限感激化為那 4 個大字。

昨天，的確是一個重大而莊嚴的日子！習總書記講到：「中國產生了共產黨，這是開天闢地的大事變，深刻改變了近代以後中華民族發展的方向和進程，深刻改變了中國人民和中華民族的前途和命運，深刻改變了世界發展的趨勢和格局。」

一陣陣掌聲響起，激起心底層層波瀾。觀禮台上，人們在聆聽，也在思考；在回憶，也在眺望……遙想百年前，中共僅是全國 200 多個政黨當中毫不起眼的一個組織；誰能想到，這個政黨竟然會發展成為擁有 9,500 多萬黨員、帶領 14 億多中國人、把一窮二白的國家建設成為世界第二大經濟體的世界第一大執政黨！中共何以能實現「三個深刻改變」？全部的答案可以歸結為一句話：中國共產黨一經誕生，就把為中國人民謀幸福、為中華民族謀復興確立為自己的初心使命。100 年間，初心不改；100 年間，使命不變！

把中國的命運掌握在自己手中

如同寓意中共百年間經歷的風風雨雨，昨天上午的天安門廣場，突然下起了雨。風雲起，雨點落，然而，並沒有改變現場熱烈的氣氛。

「我們積極學習借鑒人類文明的一切有益成果，歡迎一切有益的建議和善意的批評，但我們絕不接受『教師爺』般頤指氣使的說教！」習總書記的話語擲地有聲！話音剛落，瞬間被掌聲打斷。不少人還情不自禁地叫好。

習總書記接着講到：「中國共產黨和中國人民將在自己選擇的道路上

昂首闊步走下去，把中國發展進步的命運牢牢掌握在自己手中！」此時，雨停了，太陽又從雲中露了出來。掌聲一次次不斷響起，經久不息……掌聲表達心聲，掌聲體現共識，掌聲彰顯力量。習總書記講出了全中國人民的心裏話！中國共產黨的背後，是 14 億多中國人的堅定支持！

總書記的話，在我心中激起陣陣漣漪。站在觀禮台，遙想香江岸，心潮起伏，思緒萬千。我在想，「一國兩制」怎樣搞？由我們中國人說了算，由基本法說了算，而不是由美西方的政客說了算，也不是由中英聯合聲明說了算。中英聯合聲明是過渡時期的文件，已完成其歷史使命。香港是中國的香港，香港的命運理應牢牢掌握在我們中國人手中！

畫出最大同心圓

大會持續了 100 分鐘，我遠望廣場上人海組成的「航船」，不由得令人聯想到，香港不就是這艘航船上的一員嗎？「船大抗風浪」。從 97 亞洲金融風暴，到 2009 世界金融危機；從 2003 年抗擊沙士，到去年以來抗擊新冠疫情。每到危難關頭，香港都得到祖國這艘大船的庇護。24 年前的 7 月 1 日，香港回歸祖國，意味着香港納入了國家治理體系，香港的命運與祖國緊密相連。如今，世界迎來百年未有之大變局，前路艱險，風雲莫測，香港只有與祖國同心、同向、同行，才能走得更穩、走得更遠。

習總書記的講話氣勢恢弘、激盪人心，他說：「新的征程上，我們必須堅持大團結大聯合……廣泛凝聚共識，廣聚天下英才，努力尋求最大公約數、畫出最大同心圓，形成海內外全體中華兒女心往一處想、勁往一處使的生動局面，匯聚起實現民族復興的磅礴力量！」

以 1840 年鴉片戰爭失敗為標誌，近代中國陷入任人宰割的悲慘境地，香港也是那時候淪落異邦。是中國共產黨扭轉乾坤，令中國從衰敗走向復興。人們熟悉的天安門廣場，見證了歷史變遷。1900 年，八國聯軍的戰車從這裏駛過，留給中國的是無盡的屈辱；1937 年，侵華日軍的鐵蹄從這裏踏過，帶給中國的是深重的災難。今天，「100」陣型的直升機從這裏飛過，見證的是中國從站起來、富起來到強起來的歷史跨越！

回望來路，環顧全球，唯有中國共產黨，才能匯聚起民族復興的偉力；也唯有加入到民族復興的偉業當中，香港的未來才會更加美好。「尋求最大公約數、畫出最大同心圓」，理應是 730 萬香港市民的共識！

（原載於《大公報》，2021 年 7 月 2 日）

習主席新年賀詞
激勵香港同胞一起創未來

時光飛逝，又是一年。昨晚，國家主席習近平在首都北京通過中央廣播電視總台和互聯網，發表新年賀詞，向全國人民致以新年的問候。

730萬香港同胞始終是習主席最牽掛的。習主席飽含深情的説：「祖國一直牽掛着香港、澳門的繁榮穩定。只有和衷共濟、共同努力，『一國兩制』才能行穩致遠。」「讓我們一起向未來！祝福國泰民安！」

習主席新年的問候，如一股暖暖的春風，讓千里之外的香江兩岸，感受到習主席的親切關懷，感受到祖國大家庭的無比溫暖。撫今追昔，感慨萬千。過去一年，正是在習主席、在中央的關心支持下，香港由亂轉治、重回正軌，全面落實「愛國者治港」，政治生態煥然一新，社會環境保持穩定，經濟民生展現新的變化。承中央關愛而奮進，與祖國同行不懈怠！新年展現新氣象，新年必有新作為，迎着新年的燦爛陽光，香港將與祖國內地攜手並肩，一起邁向未來！

堅韌不拔的中國令世人欽佩

習主席在賀詞中講到：「從年頭到年尾，農田、企業、社區、學校、醫院、軍營、科研院所……大家忙了一整年，付出了，奉獻了，也收穫了。在飛逝的時光裏，我們看到的、感悟到的中國，是一個堅韌不拔、欣欣向榮中國。這裏有可親可敬的人民，有日新月異的發展，有賡續傳承的事業。」

正如習主席所言，過去的一年，疫情襲擊全球，世界經濟遭受重創，民生難題日益凸顯，每個國家都在應對一場大考。遍野哀鴻中，中國的堅

韌不拔更加亮眼。在習近平總書記為核心的中共中央領導下，中國不僅成功撲滅了一次又一次疫情，而且頂住了經濟下行的壓力；中央一次次調整政策，精準發力，保持了經濟平穩運行。過去一年，少數西方國家不是專心做好抗疫，保障自己國家民眾的生命權、健康權，而是意識形態掛帥，忙着拉小圈子打壓中國。中央運籌帷幄，針鋒相對，中國人民敢於鬥爭，不畏強權，將「長臂管轄」的「長臂」逐一擊退。過去一年，中國面臨的民生難題並不簡單，就業、住房、教育、醫療……每一項都關係到千家萬戶的憂樂，中央一個個難題在破解，人民一天天生活在改善。

「滄海橫流，方顯英雄本色」。每一個中國人都是英雄！所有中國人的付出和奉獻，令堅韌不拔、欣欣向榮的中國形象樹立在世人面前。這就是我們的祖國！

祖國為香港撐起一片藍天

習主席在賀詞中講到：「祖國一直牽掛着香港、澳門的繁榮穩定。」深情的一句話，飽含着習主席、飽含着中央對香港同胞的無限關愛。今天的香港，學生能夠安心上學，市民能夠順利出行，店主能夠開門迎客，與兩年前「修例風波」期間相比，可謂天壤之別。

香港能有今天，緣於中央的護佑。自 2020 年 7 月 1 日香港國安法實施後，去年新選舉制度實施，香港成功舉行了選委會選舉和第七屆立法會選舉。前不久，習主席在接見進京述職的香港行政長官林鄭月娥時，高度評價新選舉制度下的香港的兩個選舉。習主席說，廣大香港同胞當家做主的民主權利得到體現，「愛國者治港」原則得到落實，社會各階層各界別廣泛均衡參與的政治格局得到確立；實踐證明，新選舉制度符合「一國兩制」原則，符合香港實際，為確保「一國兩制」行穩致遠，確保香港長期繁榮穩定，提供了制度支撐，是一套好制度。

沒有安全穩定的社會環境，就無法集中精力發展經濟、改善民生；沒有「愛國者治港」，就不可能改善政治生態、確保社會穩定。正是中央給予香港國安法「利劍」和新選制「堅盾」，才徹底扭轉了香港局勢，令香港社會走出動亂泥潭，重回正軌再出發。

祖國為香港撐起一片晴朗的天空。習主席 2017 年來港視察時曾勉勵香港同胞：「相信自己，相信香港，相信國家。」現在重溫這句話的深意，香港市民真切感受到國家這個「大家」與香港這個「小家」之間的關係、集體與個人之間的關係。事實證明，沒有國安家好，就沒有民眾福祉。祖國永遠是香港的堅強後盾！

香港與祖國和衷共濟創未來

習主席在賀詞中講到：「只有和衷共濟、共同努力，『一國兩制』才能行穩致遠。」「真誠期盼全體中華兒女攜手向前，共創中華民族美好未來。」

香港由亂轉治、重回正軌的過程，如同一堂生動的愛國主義教育課。這堂課向每一位香港人闡明：香港要繁榮穩定，必須堅持什麼？必須抵制什麼？必須拋棄什麼？必須發展什麼？這堂課告訴人們：推進「一國兩制」要行穩致遠，香港必須與祖國內地和衷共濟、共同努力。

香港是中國的香港，中央在香港所做的一切，是為了築牢「一國」底線，而不是要窒息「兩制」活力；是為了保護和發展香港的民主政制，而不是要剝奪香港居民的民主權利；是為了把香港這個國際交流平台做得更大，而不是要把香港變成一個內地城市；是為了保障香港居民的整體利益和長遠福祉，幫助香港走出「坐困愁城」的境地，而不是遏制香港經濟發展。

時間是最好的「過濾器」，真相在時光的流逝中日益清晰。過去一年，隨着反中亂港勢力的「畫皮」漸漸被剝開，隨着一項項中央惠港利民政策實施，隨着香港局勢持續穩定，隨着一個個經濟民生難題開始破解，越來越多的香港市民認識到：誰真心為香港好，誰把香港當成「棋子」。香港市民對祖國的認同感、親近感、歸屬感日漸加深，對祖國的向心力、凝聚力日漸加強。

剛剛過去的 2021 年，也是中國共產黨成立 100 週年的重要一年。回望歷史，遍觀世界，無數港人被這個百年大黨的領導力、感召力所折服，唯有中國共產黨才能帶領人民實現中華民族偉大復興；唯有國家富強、民

族復興，香港的發展舞台才會更加廣闊。這是大勢所趨，民心所向！

2021 年已經成為歷史，2022 年翻開新的一頁。習主席新年賀詞溫暖人心，香港與祖國同行步履鏗鏘！

（原載於《大公報》，2022 年 1 月 1 日）

總書記發出最高動員令
激勵港人團結抗疫

在香港第五波疫情持續擴大的危機時刻，中共中央總書記、國家主席習近平對香港抗疫工作作出重要指示，要求做到「三個一切」和「兩個確保」，並委託韓正副總理轉達高度關注和提出明確要求。這是中央對香港抗疫的最高動員令。

香港中聯辦昨日發表聲明表示，中央一直是特區最堅強的後盾。新冠疫情暴發兩年來，中央始終想港人所想，急港人所急，全力支持香港抗疫。面對越演越烈的第五波疫情，習近平總書記強調「要把盡快穩控疫情作為當前壓倒一切的任務，動員一切可以動員的力量和資源，採取一切必要措施」，「確保香港市民的生命安全和身體健康，確保香港社會大局穩定」，再次表達了全力支持香港抗擊疫情的堅定態度，體現了人民至上、生命至上的為民情懷，對推動香港特區上下同心戰勝疫情具有重大指導意義。

行政長官林鄭月娥昨日表示，特區政府定當按照習主席的重要指示，切實負起主體責任，會繼續帶領特區政府以堅定意志用好中央支持，團結社會各界，傾盡全力抗擊疫情，作為本港當前頭等要務。

習近平總書記的重要指示令香港同胞倍感溫暖，極大鼓舞了港人戰勝疫情的信心，看到了戰勝疫情的曙光。有總書記的親切關懷，有中央的大力支持，有內地同胞的傾力幫助，有特區政府扛起主體責任，香港一定能匯聚起風雨同舟、同心抗疫的強大動力。

最寶貴的是信心

「相信自己，相信香港，相信國家」——習近平總書記 2017 年「七一」期間視察香港時勉勵港人的這句話，如猶在耳，難以忘懷。此後，從止暴制亂、恢復秩序，到香港由亂而治、由治而安，香港社會各界和廣大市民真切感受到，有習近平總書記的領航掌舵，有偉大祖國作為堅強後盾，香港就沒有邁不過的坎！

如今，第五波疫情來勢凶猛。每日確診病例連續多日破千之後，昨天，初步確診及確診者人數高達 12,000 人，再次創下了單日病例新高；而多名長者和幼童染疫離世的噩耗，令越來越多的人意識到抗疫鬥爭的嚴酷性。面對新冠病毒這個邪惡的敵人，我們選擇繳械投降嗎？不！我們必須戰鬥！越是在困難的時候，越要保持必勝的信心。

回顧兩年前，疫情在剛剛爆發時，人類對新冠病毒的認識還很有限。我們看英雄城市武漢，那是一座擁有千萬人口的城市，地處東西南北的交匯點，被稱為「九省通衢」，防控難度非常大。在以習近平總書記為核心的黨中央堅強領導下，中央調兵遣將，各地馳援武漢，武漢人民團結一心、眾志成城抗擊疫情，最終取得了勝利。

香港第五波疫情雖然凶猛，但今天我們對病毒的認識更多、對病毒傳播規律掌握得更清楚、可資借鑒的經驗更豐富。過去兩年，內地成功地撲滅了 40 多起局部疫情，形成了一套行之有效的防控機制。時下，最寶貴的是信心。總書記關懷，中央出手，內地馳援，香港努力，我們一定能打贏這場抗疫阻擊戰！

最重要的是團結

習近平總書記「三個一切」的指示為香港抗疫指明了方向、劃出了重點，有千鈞之力、雷霆之風！總書記指出：「要把盡快穩控疫情作為當前壓倒一切的任務。」這意味着，其他任何事都要為抗疫讓路，任何人、任何組織不能以任何理由阻撓、拖延、怠慢抗疫；總書記指出：「動員一切可以動員的力量和資源」，這意味着無論是香港、還是內地的資源和力量，都要動員起來支持香港抗疫；總書記指出：「採取一切必要措施」，

這意味着內地可用的「挺港」之策都要動用，香港抗疫遇到的任何障礙，都要盡快掃除，決不能瞻前顧後、猶猶豫豫。

總書記日理萬機，對香港當前疫情暸如指掌，洞若觀火。落實總書記的指示精神，最重要的是團結。前些天，香港出現了一些「政治雜音」。有人借機煽動市民干擾、破壞抗疫，甚至鼓動感染者四處遊走，擴散病毒，更出現了焚燒檢測站的惡行。一些不懷好意的西方媒體歪曲中央支持香港抗疫，稱「中央全面治港」、「抗疫將『一國一制』」。這些毫無悲憫之心、明顯違反邏輯的說辭，再次暴露了其邪惡用心。香港疫情如此嚴峻，沒有見到西方什麼國家或組織的關心幫助，只要是挑撥離間香港與中央的關係，他們卻衝在最前頭。

無論外部勢力如何凶險，關鍵是香港人自己要團結一心。香港如果被疫情擊垮了，沒有哪個西方國家或組織會憐憫，他們只會變本加厲地指責中國、貶低香港。香港同胞一定要明辨是非。眼下，無論政界、商界、市民，無論哪個階層、團體和政黨，都應放下成見、擯棄前嫌，團結起來，集中精力應對新冠病毒這個共同的敵人。

最迫切的是行動

習近平總書記「兩個確保」的指示，再次體現了總書記「香港一直牽動着我的心」的愛民情懷。總書記指出：「確保香港市民的生命安全和身體健康」，字裏行間充盈着對香江萬家安危的牽掛；總書記指出：「確保香港社會大局穩定」，字字句句折射出對香港前途和命運的惦念。

落實總書記指示精神，當務之急在於行動。中央決定，成立由國務院港澳辦和國家衛健委牽頭，中央有關部門和有關專家、廣東省及特區政府三方共同組成的工作協調機制，這將加大有關工作統籌協調力度，有利於形成抗疫合力。有了「三方機制」，香港更須努力。

香港是抗疫的主戰場、港人是抗疫的主力軍。特區政府必須扛起疫情防控的主體責任，學習借鑒內地的做法，建立高效的指揮體系，切實提升工作效率。立法會作為特區管治架構重要組成部分，必須以實際行動支持政府採取一切必要的防控措施。香港的醫療防疫人士理應懸壺濟世，救民

於水火，彰顯「白衣天使」的擔當。各社會團體、地區組織應善用自身資源及力量，積極投身抗疫工作。港區全國人大代表、各級政協委員應發揮各自優勢，積極配合特區政府防疫工作。駐港中資企業應不斷增強跨境運力，全力以赴保障香港的物資供應。廣大市民應自覺遵守「禁足令」、「限聚令」等防控要求，最大限度地避免病毒傳播。

香港是中國的香港，也是 730 萬香港市民的家園。習近平總書記對香港抗疫的最高動員令，港人更需加倍努力，攜手同心，共克時艱，竭盡全力守護我們的家園。

（原載於《大公報》，2022 年 2 月 17 日）

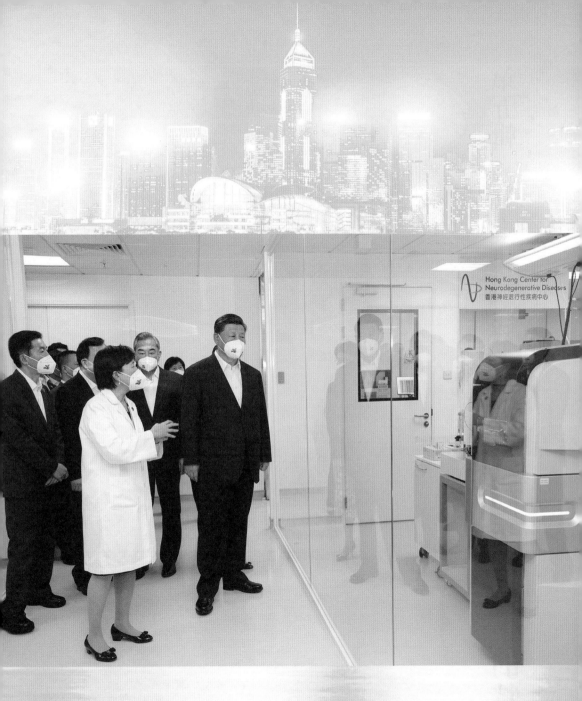

　　2022 年 6 月 30 日下午，中共中央總書記、國家主席、中央軍委主席習近平考察香港科學園，與在港的中國科學院院士、中國工程院院士和科研人員、青年創科企業代表等親切交流。

第五輯

———

國家大局下的特區發展

習主席勉勵海外僑胞共同書寫中華民族發展的時代新篇章

中共中央總書記、國家主席習近平6月6日下午在北京人民大會堂親切會見了第七屆世界華僑華人社團聯誼大會代表，並發表了重要講話。習主席飽含深情的對來自世界119個國家500多位華僑華人社團領袖和社區服務機構負責人說，團結統一的中華民族是海內外中華兒女共同的根，博大精深的中華文化是海內外中華兒女共同的魂，實現中華民族偉大復興是海內外中華兒女共同的夢。習主席說，共同的根讓我們情深意長，共同的魂讓我們心心相印，共同的夢讓我們同心同德，我們一定能夠共同書寫中華民族發展的時代新篇章。習主席親切勉勵廣大海外僑胞講述好中國故事、傳播好中國聲音，促進中外民眾相互瞭解和理解，為實現中國夢營造良好環境。

習主席的重要講話，在與會代表、在世界各地華僑華人社團和社區服務機構、在海外華人社會中引起了熱烈反響。這是中國新一屆領導着眼於世情、國情、僑情的新變化，為廣大海外僑胞對團結統一的中華民族重要作用的認識、對博大精深的中華文化悠久歷史的傳承、對實現中國夢偉大復興的貢獻，提出了新任務、賦予了新使命、寄予了新希望。

永遠銘記海外僑胞的功績

有海水的地方就有華人，有華人的地方就有僑社。在此次大會的開幕式上，作主題報告的國務院僑辦領導敘述，目前全球華僑華人總數已達6,000多萬，分佈在198個國家和地區；國內歸僑僑眷有3,000多萬，分佈在全國各省市自治區；海外僑胞中七成以上從事工商業，海外華商經濟總

量有數萬億美元，幾百萬華僑華人專業人士活躍在各國科技領域；全球公共外交類、地域同鄉類、姓氏宗親類、慈善公益類、專業技才類、反獨促統類、文化藝術類以及商會、校友會、青年會、婦女會等華僑華人社團組織逾 2.5 萬家，各類華文學校約 2 萬所，報紙、雜誌、電視、廣播、網絡等華文媒體逾 1,000 家。遍及全球的華人僑社以自己的國情、鄉情、親情、友情和奮鬥精神，在國際社會和駐在國、駐在地區贏得了越來越多的影響力；在世界經濟的大格局中，融進了越來越多的中華元素。華人僑社使廣大海外僑胞緊緊的聚集在了一起。這些組織和機構，不分地域、信仰和文化背景，只為凝聚華人力量，在同一個平台上齊憶家鄉、合論商情、同謀策略、共創繁榮。

正如習主席在接見時所說，長期以來，一代又一代海外僑胞，秉承中華民族優秀傳統，不忘祖國，不忘祖籍，不忘身上流淌的中華民族血液，熱情支持中國革命、建設、改革事業，為中華民族發展壯大、促進祖國和平統一大業、增進中國人民同各國人民的友好合作作出了重要貢獻。祖國人民將永遠銘記廣大海外僑胞的功績。

習主席親切的笑容、熱情的話語、充分的肯定，我們與許許多多與會代表都熱淚盈眶，一遍又一遍熱烈鼓掌。就拿祖國內地改革開放 30 多年來說，廣大海外僑胞不忘鄉里之情、桑梓之誼，以多種方式回國投資合作，在自身事業得到發展的同時，也為家鄉的經濟建設和社會進步發揮了重要和獨特的作用。他們不僅創造了數以億計的就業崗位，帶來了先進的技術、設備與管理經驗，帶動了國際市場的營銷網絡，還幫助中國企業開拓國際市場，為中國經濟建設做出了重大貢獻！

海外僑社建設面臨着新課題

僑社、華校、華媒一直被稱為海外華人的「三寶」，而僑社又被看作海外華人社會的基石。國務院僑辦領導在本屆世界華僑華人社團聯誼大會開幕式上說：「海外僑社是僑胞在住在國生根發芽、開枝散葉的共同家園，是維繫民族情感、故土情懷的重要依託。」如今，這棵參天大樹，在時代的更替和社會發展潮流下，也面臨着與時俱進的新課題。例如，怎樣在僑社發展中摒棄華人移民的所屬地域

的不同歧見；怎樣在重重疊疊的僑社服務領域讓華僑華人更加安居樂業；怎樣破除移民幾代的老僑與第一代新僑之間的隔閡；怎樣在當今發達的資訊時代中吸引更多新鮮血液和力量，等等。新時代引發新課題，新發展需要新變革。正是在這種背景下，本屆世界華僑華人社團聯誼大會，第一次提出了「和諧僑社」的理念，以「服務社區、和諧發展」為主題，以許多新的舉措和機制，來激發海外僑社蓬勃發展的內生動力，調動廣大僑胞共創和諧家園的滿腔熱忱。

如何開展好這一項工作，習主席的一番話，給大家留下了深刻印象。習主席說，中華文明有着 5,000 多年的悠久歷史，是中華民族自強不息、發展壯大的強大精神力量。我們的同胞無論生活在哪裏，身上都有鮮明的中華文化烙印，中華文化是中華兒女共同的精神基因。他希望海外僑胞們繼續弘揚中華文化，不僅自己要從中汲取精神力量，而且要積極推動中外文明交流互鑒，講述好中國故事、傳承好中國聲音，促進中外民眾相互瞭解和理解，為實現中國夢營造良好環境。

和諧僑社建設是「天下夢」的組成部分

解讀「中國夢」，不能忽視其中一項重要內容：「天下夢」。就像習主席在此次接見海外僑胞代表的重要講話中所指出，中國夢既是中國人民追求幸福之夢，也同各國人民追求幸福之夢相通。國家好、民族好，大家才會好；世界好，中國才會好。這就是「中國夢」中，個人夢、國家夢、民族夢、天下夢四個層面中，所體現的中國傳統文化中的平衡和諧理念。我們翻閱中共十八大報告，在「和平、發展、合作」的基礎上，增添了「共贏」；我們再看中國提出的「和平崛起」、「和諧世界」觀點，正是中國民眾信奉了幾千年的儒家思想的真實寫照；同樣，中國提出的建設絲綢之路經濟帶和海上絲綢之路構想，對沿途國家的經濟建設、安全穩定、地區繁榮都有重大現實意義。正是緣此，在承載着海內外中華兒女的共同福祉和共同追求中，海外僑社只有通過自我完善、追求和諧，才能走向發展、安康、合作之路，才能凝心聚力，同圓共享中華夢想。「天下夢」為海外和諧僑社的建設，提供了最新、最有說服力的要求和動力。就像習主席所說：「廣大海外僑胞要運用自身優勢和條件，積極為住在國同中國各領域

交流合作牽線搭橋，更好融入和回饋當地社會，為促進世界和平與發展不斷作出新貢獻。」在實現「中國夢」的偉大進程中，建設和諧僑社，是廣大海外僑胞的歷史責任，也是時代使命。

（原載於《文匯報》，2014 年 6 月 9 日）

澳門「桌子上唱大戲」
習主席精彩總結意義深遠

提要

國家主席習近平 12 月 20 日出席慶祝澳門回歸祖國 15 週年大會暨澳門特別行政區第四屆政府就職典禮上指出，要繼續推進「一國兩制」事業有「三個必須」：必須牢牢把握「一國兩制」的根本宗旨，共同維護國家主權、安全、發展利益，保持香港、澳門長期繁榮穩定；必須堅持依法治港、依法治澳、依法保障「一國兩制」實踐；必須把堅持「一國」原則和尊重「兩制」差異、維護中央權力和保障特別行政區高度自治權、發揮祖國內地堅強後盾作用和提高港澳自身競爭力有機結合起來，任何時候都不能偏廢。習主席的這「三個必須」是對「一國兩制」這一史無前例的開創性事業方針政策的最權威解釋，是對香港澳門回歸以來「一國兩制」實踐經驗最深刻總結，是對港澳特區政府和居民繼續推進「一國兩制」實踐的最明確指引。

回歸 15 年來，澳門演繹了「小城大事」的精彩，印證了「一國兩制」的巨大魅力。細細品味，澳門「桌子上也能唱大戲」靠的是智慧，是對「背靠大樹好乘涼」規律的理解和把握，澳門人聰明務實，積極進取，堅守「一國」之根，收穫「兩制」之果。在慶祝澳門回歸祖國 15 週年大會暨澳門特別行政區第四屆政府就職典禮上，習近平主席對澳門回歸 15 年來的發展成就給予高度讚譽。概括起來有三點：民主政制有序發展，經濟快速增長，居民生活持續改善，社會大局和諧穩定，各項事業全面進步，對外交往不斷擴大；澳門同祖國內地的交流合作日益密切，愛國愛澳成為

社會主流價值觀；澳門作為中西文化薈萃的歷史文化名城，不同族群和諧相處，守望相助，城市活力四射。

只有準確理解「一國兩制」，才能走穩走好

習主席說，實踐證明，只要堅持全面準確理解和貫徹「一國兩制」方針、嚴格按照基本法辦事，堅持集中精力發展經濟、改善民生，堅持包容共濟、促進愛國愛澳旗幟下的廣泛團結，「一國兩制」實踐就能沿着正確方向走穩、走實、走遠，澳門就能擁有更加美好的明天。

澳門被稱為「彈丸之地」，僅有 60 多萬人口、32.8 平方公里。回歸 15 年來，卻演繹了「小城大事」的精彩：生產總值年均增長 16%，財政收入增長超過 9 倍，社會保障支出增長超過了 13 倍，失業率逐年下降至 1.7%。15 年來，澳門同胞享有較為完善的各種保障，僅福利政策就包括現金分享、社會保障津貼、醫療券、住房電費補貼、學生津貼、豁免房屋稅，等等。如今，澳門人均 GDP 位列亞洲第二、世界第四；人均壽命高，居世界經濟體第二位。

習主席精彩比喻：「俗話說，桌子上唱大戲 —— 擺佈不開。澳門回歸祖國 15 週年的實踐證明，只要路子對、政策好、身段靈、人心齊，桌子上也可以唱大戲。」細細想來，澳門之所以能演繹精彩，正是緣於這四點。

首先是「路子對」。澳門回歸以來，在政治上，尊重憲法和基本法的權威，「一國兩制」、「澳人治澳」、高度自治方針和澳門特別行政區基本法在澳門社會廣泛深入人心、得到切實貫徹落實。在經濟上，致力改變過度依賴博彩業的結構，推動經濟形態多樣化；在社會事業發展上，注重改善民生，完善社會福利，縮小貧富差距。

其次是「政策好」。澳門回歸以來，中央政府對澳門的發展和進步十分關心，從國家整體戰略的高度，為澳門發展提供新的機遇、拓展新空間，出台了許多政策，澳門特區政府抓住機遇，用好政策，為澳門發展帶來了實惠。

再次是「身段靈」。澳門特區政府在重大問題上注重與中央充分溝通，還特別注重廣東省和珠三角地區的溝通協調，做了很多「搭橋鋪路」

的事，在與內地的交流合作中，沒有自視為高人一等的「特殊國民」，而是平等以待，身段靈活，低調行事，顯示出了具有非凡智慧和獨到眼光。

最後是「人心齊」。澳門有 400 多年的殖民史，與西方文明的碰撞融合遠早於香港，中西文化匯聚，各色人種雜居，但澳門不折騰、不拆台、不鬧彆扭、不走回頭路、不「告洋狀」，齊心謀事做事，沒有你爭我奪的內耗。

在「一國」的大樹下，充分發揮「兩制」優勢

「背靠大樹好乘涼」凝聚着中華文化的智慧。澳門人很聰明，懂得「借力」。澳門雖小，但畢竟是「特別行政區」，「特別」在哪裏？除了基本法確定的政治框架之外，在幫助澳門發展上，中央必有「特別關照」之處。澳門人早已看到了這一玄機，15 年來，他們埋頭做事，不事張揚，默默收穫着中央給予的「政策紅利」。

一是內地遊客帶來的「消費紅利」。有統計數據顯示，1999 年到 2013 年，內地旅客每年從 160 多萬人次升至 1,800 多萬人次，佔來澳總遊客數的六成以上，人均消費額從 1,373 元上升到為 2,141 元。僅這一筆，就非常可觀。

二是中央安排的「經貿紅利」。澳門 2004 年正式實施 CEPA 後，內地和澳門之間建立了自由貿易關係。在貨物貿易方面，內地對符合 CEPA 原產地標準的澳門產品全部實施零關稅；在服務貿易方面，對澳門累計優惠措施達到 383 項。中央還採取多項措施，便利澳門會展業者在內地設立企業或提供服務；允許澳門服務提供者在內地設立獨資、合資或合作企業，在內地提供會展服務和經營到港澳的展覽業務；支持澳門主辦、承辦若干具有重大影響力的國際性、國家級的會議，等等。這些政策的「含金量」不小。

三是涉及發展空間的「重大項目紅利」。中央積極促進粵澳合作和泛珠江三角洲區域合作，批准了港珠澳大橋建設和橫琴島開發規劃。國家「十二五」規劃港澳部分首次獨立成章，從國家整體戰略的高度，為澳門經濟發展指明了方向，提供了新的機遇和發展空間。讓澳門的發展跳出了

「彈丸之地」。

　　澳門的發展經驗正是印證了習主席所説的，「發揮祖國內地堅強後盾作用和提高港澳自身競爭力有機結合起來，任何時候不能偏廢」。

離開「一國」之根，「兩制」寸步難行

　　澳門 15 年間演繹的精彩，呈現給人們一個答案：離開「一國」之根，「兩制」寸步難行；做足「一國」大文章，才能發展繁榮。

　　這個答案並非憑空而來。因為，今天的中國早已告別積貧積弱，而是世界經濟的「引擎」，是區域經濟發展的「快車」，是創新活力十足的經濟體，是迴旋餘地很大的市場，更是一個在國際事務中有話語權的重量級國家。也就是説，無論對於澳門，還是香港，祖國不是累贅，不會「拖後腿」，反而會在關鍵時刻推你一把。堅守「一國」之根，能給你歸屬感、動力感、發展感、安全感和幸福感，給你發展的正能量。澳門人深知「一國」是根，「兩制」是果。一以貫之地實踐「一國兩制」，使澳門站在了道德高地，贏得了祖國內地和世界的尊重，凝聚了發展的合力。

　　澳門的成功發展經驗，完全驗證了「一國兩制」的巨大優越性和強大生命力。習主席提出的「三個必須」為香港澳門發展，打開了更加美好的前景。

（原載於《文匯報》，2014 年 12 月 22 日）

從民族復興的高度看「習馬會」

　　中共中央總書記、國家主席習近平與台灣方面領導人馬英九的握手，在歷史的長河中只是短短一瞬，卻是自 1949 年兩岸分治以來的首次。穿過 66 年的風風雨雨，跨越台灣海峽的洶湧波濤，肩負兩岸同胞、港澳同胞和全球華人的熱切期望，「打斷骨頭連着筋」，「相逢一笑泯恩仇」，這一幕能夠上演，是國家之福、民族之福、人民之福，堪稱里程碑事件。

　　如何認識一個特定事件的價值？需要登高望遠，將其放在時間和空間兩個坐標上看，既要有洞穿歷史的深邃目光，又要有放眼世界的寬闊視野。「中華民族偉大復興」這一命題，既包含歷史元素，又包含世界元素。從民族復興的高度觀察「習馬會」，筆者認為，其意義在於：實現一次突破，共築一個夢想，傳遞一種聲音，而對於現時的香港來說，帶來一點啟示。

一次突破：
突破「誰為國之正統？」之爭，兩岸互相尊重，平等相待。

　　習近平在致辭中說：「60 多年來，兩岸走上不同發展道路，實行不同社會制度。道路和制度效果如何，要由歷史去檢驗，讓人民來評判。兩岸雙方應該相互尊重彼此對發展道路和社會制度的選擇，避免讓這類分歧干擾兩岸交流合作，傷害同胞感情。」此語一出，衝破了困擾兩岸關係的歷史雲霧，打開了兩岸關係的新視野，讓世人眼前一亮。

　　眾所周知，自上世紀 80 年代兩岸關係破冰以來，困擾兩岸關係的一個重要問題是：誰為國之正統？長期以來，兩岸政權互不承認對方政權的

合法性。以往的「汪辜會談」都以「非政府」身份，其後，為了便於溝通，大陸和台灣分別成立了海基會和海協會，都是以「非政府」方式接觸。而此番習近平與馬英九以兩岸領導人身份會晤，徹底打破了兩岸不交往的僵局，實際上是相互認可了兩岸各自在一個中國框架中的政治定位：主權統一，治權分離，公開表明雙方互相承認對方在各自管轄範圍內的治權。從而解開了大陸和台灣同屬一個中國、但在體制上卻互不接受的歷史疙瘩。兩岸互相尊重，平等相待。這是在「九二共識」基礎上的重大突破，也為今後兩岸的統一確定了行政框架。

一個夢想：
聚焦中華民族偉大復興的夢想，明確了兩岸和平發展的主題。

今天的中國越來越接近百年復興的偉大目標，但前面仍有諸多不確定因素，困難和風險不少，兩岸領導人肩負起了歷史責任。習近平說：「我相信，實現中華民族偉大復興，台灣同胞定然不會缺席。」馬英九說：「習先生，為了兩岸人民，讓我們一起努力、『為生民立命，為萬世開太平』，為中華民族開創更和平燦爛的未來。」言辭之懇切，顯示出兩人「心有靈犀」。他們都明白、也都要發出這一種聲音：民族強盛，是兩岸同胞之福；民族弱亂，是兩岸同胞之禍。實現中華民族偉大復興，與兩岸同胞前途命運息息相關。這說明，雖然兩岸分歧不少，價值觀有所不同，但在「民族復興」的旗幟下，兩岸的目標是一致的、情感是真摯的、理念是相同的，為了中華民族的偉大復興，義無反顧。

自 2008 年馬英九成為台灣領導人以來，「台獨」勢力受到遏制，台海局勢和平穩定，兩岸關係柳暗花明，「習馬會」再次明確了兩岸是不可分割的命運共同體，要以智慧和誠意攜手推動兩岸繼續和平發展。

一種聲音：
兩岸一家親，家和萬事興，自家的事情自己解決，毋須別人插手。

自家兄弟，血濃於水，即便是「打斷骨頭」也「連着筋」，但外人卻不一定這麼看，甚至希望把「筋」也砍斷。讓兄弟之間反目成仇、同室操

戈，是某些國際勢力遏制中國崛起的戰略選項之一。此次「習馬會」，習近平說：「不管兩岸同胞經歷過多少風雨、有過多長時間的隔絕，沒有任何力量能把我們分開」、「我們今天坐在一起，是為了讓歷史悲劇不再重演，讓兩岸關係和平發展成果不得而復失，讓兩岸同胞繼續開創和平安寧的生活，讓我們的子孫後代共享美好的未來。」馬英九說：「在我們手上的，是永續和平與繁榮的目標。此時此刻，海峽兩岸正大聲向全世界宣示鞏固台海和平的決心，以及促進區域和平的信息。」兩岸一家親，家和萬事興。習近平和馬英九向世界發出了一種聲音：中國人有智慧、有能力、有信心解決自家的事情，別人毋須插手！

一點啟示：
民族復興的步伐不可阻擋，任何分裂勢力都沒有生存空間。

「習馬會」首次以兩岸領導人身份會晤，展示了雙方對中國前途的自信。歷史經驗證明，國家羸弱之時，各種政治勢力往往缺乏自信，各自依附於不同的國際勢力，離心力大於向心力，促使國家走上分裂之路。國家強盛之時，各黨各派充滿自信，向心力大於離心力，推動國家走上和平發展之路。

綜觀 1840 年至今的中國近代史，無論從經濟發展、國際地位、科技進步，還是國防建設、軍事實力等角度觀察，今天的中國都是 170 多年最好的時期。國運昌盛，社會和諧，人民的幸福指數不斷攀升，民族復興的步伐不可阻擋。在這種大環境下，無論是「台獨」、「藏獨」、「疆獨」，還是「港獨」，任何分裂勢力都沒有生存的空間，原因有二：一是分裂製造社會動蕩，不得人心；二是分裂勢力得不到國際支持，沒有「靠山」。由此觀之，在香港，那些試圖挑戰基本法和「一國兩制」、叫囂「香港建國」、「民族自決」的人，只能是螳臂擋車，死路一條！

（原載於《大公報》，2015 年 11 月 9 日）

澳門：堅守「一國兩制」初心的成功樣板

提要

　　澳門雖小，卻吸引了世界的目光，贏得了中央政府和內地民眾的尊重，成為「一國兩制」實踐的成功樣板。澳門成功的秘訣是懂得善用「一國兩制」優越性，堅守「一國」之本，收穫「兩制」之利。「澳門故事」啟示港人：順勢而為，則勢為我用；順應民意，則民力可期。

　　中共中央政治局常委、國務院總理李克強將於 10 月 10 日至 12 日視察澳門特別行政區，並出席中國 —— 葡語國家經貿合作論壇第五屆部長級會議開幕式。這是繼 2014 年 12 月中共中央總書記、國家主席習近平視察澳門並參加澳門回歸 15 週年紀念活動之後，又一位中央最高層領導視察澳門。澳門雖小，卻吸引了世界目光，成為中國與葡語國家經貿聯繫的紐帶，贏得了中央政府和內地民眾的尊重，原因何在？這得益於澳門人聰明務實，積極進取，堅守「一國」之本，收穫「兩制」之利，成為「一國兩制」實踐的成功樣板。

堅守「一國」之本，拓展發展空間

　　澳門乃彈丸之地，但回歸以來的發展變化不能不讓人佩服。生產總值年均增長 16%，財政收入增長超過 9 倍，社會保障支出增長超過了 13 倍，失業率逐年下降至 1.7%。澳門人均 GDP 位列亞洲第二、世界第四，人均壽命居世界經濟體第二。

　　「澳門故事」秘訣何在？澳門中聯辦領導在談到澳門經濟發展、社會

進步、民生改善時，一語道破天機：「澳門始終堅守『一國兩制』初心，懂得善用『一國兩制』優勢。」此秘訣之首，便是堅守「一國」之本。回歸以來，澳門各界尊重憲法和基本法的權威，澳門因此得到了不少好處。

背靠祖國，澳門贏得了巨大的發展空間。習近平主席在視察澳門時，精彩比喻澳門是「桌子上唱大戲」。澳門地盤小，發展起來不容易。因而，澳門長期以來依賴博彩業。回歸以後，中央促進粵澳合作和「泛珠三角」合作，建設港珠澳大橋，開發橫琴島。國家「十二五」規劃港澳部分首次獨立成章，從國家整體戰略的高度規劃港澳發展。澳門順勢而為，推動產業多元化，培育旅遊休閒、會展、文化創意、中醫藥產業、資訊科技、物流等產業，建設「世界旅遊休閒中心」，推進與廣州、中山、深圳等城市深度合作。借國家之力，與內地融合，讓澳門跳出了「彈丸之地」的制約，開拓出一片新天地。

面向世界，澳門提升了話語權。到澳門履新 3 個月的王志民主任感慨地說：「澳門回歸之後的話語權越來越大！」回歸前，澳門在國際上基本沒有什麼聲音；回歸後，澳門幾乎所有的重大事項，都得到了國家的鼎力支持。以「中國澳門」的身份與合作夥伴談判，分量更重，贏得的尊重和機遇更多，演繹了「一國兩制」成功實踐越來越精彩的「澳門故事」。據此優勢，澳門現在已成為中國與葡語國家之間的「超級聯絡人」，建立起了經貿合作平台，澳門的地位不斷得到提升，也為未來更高層次和更廣領域的發展打下基礎。

收穫「兩制」之利，激發內生動力

「澳門故事」秘訣之二，是收穫「兩制」紅利，體現在政治和經濟兩個方面。

「澳人治澳」，使澳門收穫了政治紅利。眾所周知，澳門回歸之前與香港一樣，無民主可言。歷任澳門總督的任命權來自遙遠的國度，儘管澳門華人的經濟實力雄厚，但參政議政的空間十分有限。回歸後，「一國兩制」、「澳人治澳」、高度自治方針在澳門得到不折不扣的落實。依據澳門特別行政區基本法，澳門享有行政管理權、立法權、獨立的司法權和終審

權;保持原有的資本主義制度和生活方式,五十年不變;以法律保護私有財產權。澳門人從來沒有擁有過這樣大的政治權利,主動性、積極性、創造力達到了最高峰值,形成了求穩定、求繁榮、求發展的內生動力。

中央政策傾斜,讓澳門收穫了經濟紅利。回歸以來,中央給予了香港和澳門同樣多的優惠政策,兩者不同的是,澳門人「悶聲發大財」,把這些政策用到了極致,而香港吵吵鬧鬧,掣肘較多,並不如意。2004 年實施 CEPA 後,內地和澳門之間建立了自由貿易關係。內地對符合 CEPA 原產地標準的澳門產品全部實施零關稅,對澳門服務貿易方面的優惠措施達到 383 項。中央還幫助澳門產業多元化,支援澳門會展業在內地設立企業或提供服務,允許澳門服務業在內地設立獨資、合資或合作企業,支持澳門主辦、承辦國際性、國家級的會議,等等。「自由行」政策也給澳門帶來了豐厚的紅利。回歸以來,內地來澳遊客從每年 160 多萬人次到現在逾 2,000 萬人次,佔來澳總遊客數的六成以上,人均消費從人民幣 1,000 多元增長到 2,000 多元,澳門金融、旅遊、零售、服務業的盤子越做越大。

「澳門故事」的深刻啟示:順應歷史潮流和人心所向

同為「一國兩制」下的香港和澳門,回歸後都取得了很大進步。但澳門的發展速度更快、收穫的紅利更豐、贏得的讚譽更多。這一事實啟示香港,順應歷史潮流和人心所向,路子才能越走越寬。

從中國歷史的角度看。雖然「天下大勢,分久必合,合久必分」,但顯現出一個鮮明特點:凡積貧積弱之時,必四分五裂;凡國強民富之時,必天下一統。當今中國正處在 1840 年鴉片戰爭以來最強盛的時期,且仍保持上升勢頭,國家統一乃大勢所趨,澳門無論是特區政府,還是廣大民眾,看清並順應這一歷史潮流,堅守「一國兩制」原則,使澳門有了立身之處、活力之源、創新之泉;而當下的香港,某些人試圖搬掉「一國兩制」這個「壓艙石」,無視天下大勢,逆流而行,反覆折騰,只會把香港引入歧途。

從人心所向的角度看。澳門的民意是愛國愛澳,澳門人心齊、路子對、身段靈,「一國兩制」方針得到很好落實,為澳門帶來福祉。香港的

主流民意是愛國愛港，但人心不齊，有一些人只要「兩制」不要「一國」、只講「民主」不要「法治」、只顧香港不顧國家，並一步步催生了「港獨」勢力，越走越遠，與主流民意背道而馳，這給香港發展增添了不少阻力。

順勢而為，則勢為我用；順應民意，則民力可期。澳門成為「一國兩制」實踐的成功樣板，給香港應有此啟迪。

（原載於《文匯報》，2016 年 10 月 7 日）

習主席「七一」講話對澳門提升「一國兩制」發展態勢也有重要意義

提要

守本，才能獲利；護法，才能和諧；行穩，才能致遠。澳門中聯辦主任王志民闡述習主席「七一」講話精神，講明瞭這 3 個樸素的道理。習主席「七一」期間在香港的系列講話，對澳門鞏固提升「一國兩制」實踐的發展態勢也有重要意義。

《人民日報》昨天刊發了中央人民政府駐澳門聯絡辦公室負責人《鞏固提升「一國兩制」實踐成功發展態勢》一文。文章認為，習主席 7 月 1 日在慶祝香港回歸祖國 20 週年大會暨香港特別行政區第五屆政府就職典禮上發表的重要講話，開闢了中國共產黨對「一國兩制」理論與實踐規律認識的新境界，增強了港澳同胞與祖國同進步、共發展的堅定信心，對推進「一國兩制」實踐行穩致遠、鞏固提升澳門「一國兩制」實踐成功發展態勢具有重要指導意義。

香港和澳門都在實踐「一國兩制」，澳門中聯辦領導的文章，深刻闡述習主席「七一」講話精神，講明瞭三個樸素的道理：守本，才能獲利；護法，才能和諧；行穩，才能致遠。這有助於鞏固提升澳門「一國兩制」的發展態勢，也有助於我們進一步理解講話精神。

堅守「一國」之本，才能獲「兩制」之利

習近平主席指出，「『一國』是根，根深才能葉茂；『一國』是本，本固才能枝榮」。「希望特別行政區政府廣泛團結社會各界，全面準確貫徹

『一國兩制』方針，堅守『一國』之本，善用『兩制』之利，扎扎實實做好各項工作。」

王志民主任的文章認為，澳門回歸以來的巨大發展成就，充分證明了習主席的科學論斷。澳門回歸以來，保持了中外經濟交融、中西文化合璧的特色，作為「世界旅遊休閒中心」、「中國與葡語國家商貿合作服務平台」，在國家發展戰略中的重要地位不斷提升，國際影響力不斷提高。

「本」和「利」是什麼關係？澳門的發展實際上闡述了一個樸素的道理：「守本才能獲利。」這個道理，大部分商人都明白。對於商人來說，這個「本」的內容，既包括做生意的本錢，也包括自己的核心團隊，還包括和諧的家庭環境。試想，一個商人無論他多麼聰明能幹，如果沒有足夠本錢，如果沒有死心塌地為其做事的核心團隊，如果總是與家裏人鬧彆扭，常常「後院失火」，無論多麼賺錢的訂單，到了他的手裏，利潤都變得很薄，甚至只虧不賺。

這世界上的許多事情，背後的道理是相通的。香港、澳門是中國不可分割的一部分，「一國兩制」是回歸後的最佳制度安排，基本法在港澳具有憲制地位。這些都是鐵律，無可爭議，不可撼動，都是必須堅守的「本」。如果連這些最基本的原則都不認同，並試圖挑戰，那麼「兩制」也就失去了存在的基礎，還何談「兩制」紅利？

港澳回歸以來，已經收穫了不菲的「兩制」紅利，今後要繼續收穫「兩制」紅利，必須弄明白「一國兩制」當中何為「本」、何為「末」？必須弄明白「守本才能獲利」的樸素道理。這是「基礎課」，也是「必修課」。

維護憲法和基本法，才能和諧有序

習主席強調，始終依照憲法和基本法辦事。憲法是國家根本大法。基本法是根據憲法制定的基本法律，是「一國兩制」方針的法律化、制度化。

王志民主任的文章認為，「始終依照憲法和基本法辦事」有三個着力點：有效落實中央全面管治權，切實維護以行政長官為首的行政主導體制，着力夯實愛國愛澳的社會政治基礎。

澳門回到祖國懷抱後的實踐，有力的證明上述三點，是澳門社會和諧

有序的法寶。回歸以來，澳門落實了「23 條立法」，全國人大常委會去年11 月對香港基本法第 104 條釋法後，澳門主動在立法會選舉法修改法案中增加了「防獨」條款，澳門特首崔世安在今年 4 月的「全民國家安全教育日」上指出，在維護國家安全方面，只有「一國」之責，沒有「兩制」之分。回歸以來，行政長官作為特區和特區政府的「雙首長」、對中央政府和特區「雙負責」的憲制地位，在澳門得到充分尊重。再看回歸以來，澳門堅持以愛國者為主體的「澳人治澳」，形成了「愛國愛澳、包容共濟、務實進取、民主和諧」為核心內涵的「澳門精神」，已成為澳門社會的主流價值和主流意識。可以看出，澳門實踐「一國兩制」的最為成功之處，是不僅「始終依照憲法和基本法辦事」，實現了憲法、基本法與澳門法律之間的有效銜接，而且形成了「依法辦事」的自覺。

「一國兩制」的在港澳實踐，必須是「依法實踐」，而不是隨心所欲「自由發揮」。依據的根本大法是什麼？是憲法和基本法。基本法第 160條規定，香港的原有法律與基本法抵觸的，可依據基本法規定的程序修改或停止生效。這說明基本法的地位不可撼動，也充分說明，要維護港澳社會和諧有序，要確保「一國兩制」行穩致遠，必須堅決維護、充分發揮憲法和基本法「定海神針」的「壓艙石」作用。這是必須始終把握的一條主線。

踩實步伐，才能創造新的輝煌

習主席曾高度肯定澳門「在貫徹落實『一國兩制』方針和基本法、維護國家安全和統一方面樹立了榜樣」。在此次「七一」講話中，習近平主席強調說，繼續推動香港各項事業向前發展，歸根到底是要堅守方向、踩實步伐，全面準確理解和貫徹「一國兩制」方針。

王志民主任的文章認為，「堅守方向、踩實步伐」的關鍵點有四個：一是完善與基本法實施相關的制度和機制，夯實落實中央全面管治權的制度和法律基礎；二是支持特區政府加強管治能力建設，提升依法治理能力；三是發揮「一國兩制」優勢，在融入和服務國家發展大局中實現澳門經濟多元可持續發展；四是加強青少年愛國主義教育，確保「一國兩制」

事業後繼有人。

　　以上四點，猶如一輛汽車的四個輪子，無論哪個輪子出問題，都會影響車子的行駛。回歸以來，澳門這輛「車」之所以運行平穩、速度驚人，就是這四點做得非常出色。回歸 17 年間，澳門本地生產總值增長 6.1 倍，躋身世界富裕城市前列。回歸前，澳門僅以博彩業見長，產業單一；現在，澳門將博彩業擴容為旅遊休閒，正在打造「世界旅遊休閒中心」，澳門還利用與葡語國家聯繫緊密的優勢，正在打造「中國與葡語國家商貿合作服務平台」。

　　反觀香港這輛「車」時有顛簸，就是在在四個方面做得不好。比如，基本法早就明確了「23 條立法」問題，早就明確了「香港原有法律與基本法相抵觸的，應該修改或停止生效」的原則，但時至今日，這些「23 條立法」仍沒有落實，導致法律銜接不到位，使「港獨」有空子可鑽。再比如，基本法教育嚴重缺失，不僅青少年對基本法一片茫然，就連許多成年人對基本法也一知半解，有的人法律認知水平還停留在港英時代。又比如，在支持特區政府加強管治能力建設、融入和服務國家發展大局兩個問題上，香港也是爭拗不斷。

　　香港澳門兩個特區同為「一國兩制」的政治體制，習主席在香港的系列講話精神，為香港成功實踐「一國兩制」指路領航，也為澳門鞏固提升「一國兩制」成功實踐的發展態勢具有重要的指導意義。習主席的系列講話，是香港澳門共同推進「一國兩制」向前的需要，是香港澳門共同確保繁榮穩定的需要，也是香港澳門兩地民眾共同的福祉所在。

　　　　　　　　　　　　　　　　（原載於《文匯報》，2017 年 7 月 11 日）

習主席強軍戰略
也是「一國兩制」的根本保障

　　建軍 90 週年，續寫光榮篇章！中共中央總書記、國家主席、中央軍委主席習近平昨日出席中國人民解放軍建軍 90 週年紀念大會發表了重要講話。習主席站在歷史和現實的交匯點，以超越的眼光回顧了人民軍隊的發展歷程，高度評價了人民軍隊的歷史貢獻，深刻闡述了人民軍隊在中華民族偉大復興中國夢中的戰略地位作用，宣示了中國軍隊保家衛國維護和平的堅強意志。這是一次極其重要的講話，不僅開啟了中國強軍戰略的新篇章，也寓示着對整個世界和平發展的重要貢獻的積極意義。對於香港 700 萬市民而言，更具有特別的啟示。習主席明確指出，人民軍隊「依法履行香港、澳門防務職責，有效應對國家安全面臨的各種威脅，堅決打擊一切形式的分裂破壞活動」。而六個「絕不允許」更是鏗鏘有力、擲地有聲、震爍中外。從昨日的重要講話，香港市民可以進一步體會到，習主席強軍戰略關乎國家民族的命運與前途，更與自己的生活息息相關：它是「一國兩制」成功實踐的根本保障、是維護「一國兩制」不走樣不變形的重要基石，是確保「一國兩制」行穩致遠的銅牆鐵壁，更是打擊一切分裂勢力的必要必須必勝銳利武器，同時也是維護世界和平發展的核心力量。強軍戰略下，香港的長期繁榮穩定必將得到更堅實的保障。

　　繼 7 月 30 日內蒙古朱日和大閱兵後，習主席昨日的「八一講話」備受國人、全球華人、整個世界關注。當中既有對歷史的回顧總結，又有對未來的展望信心，具有極強的現實及針對性意義。可以說，既是對中國 13 億民眾的極強鼓舞，也是對一切妄圖分裂國家的強烈震懾，更是對一切熱愛和平人們的有力支持。站在獅子山下，香港市民從習主席的講話

中，更可以獲得對「一國兩制」成功實踐的信心、定力和期待！

維護「一國兩制」的重要基石

人民軍隊從無到有、從弱到強，實際上是整個中華民族發展過程的側影。正如習主席講話中所指出的：「中華民族走出苦難、中國人民實現解放，有賴於一支英雄的人民軍隊；中華民族的偉大復興，中國人民實現更加美好生活，必須加快把人民軍隊建設為世界一流軍隊。」同樣道理，站在香港的角度去看，「一國兩制」偉大事業、香港社會的長期繁榮穩定、全港市民的根本福祉，同樣必須依賴於這支人民軍隊的強軍事業。習主席所打造、指揮、統帥的強軍策略，就是要保障包括香港同胞在內的全體中華兒女的共同利益，就是要保障香港市民的根本福祉，就是要保障香港特別行政區的正常運行。明白到這一點，也就能明白為什麼支持國家的強軍事業、為什麼必須堅定不移推動強軍戰略的道理。

香港市民都明白這樣的歷史，當年香港被割讓給英國，就是因為國弱軍弱；而香港之所以能重回祖國懷抱，也正是因為國強軍強。而回歸 20 年來的事實無可辯駁地說明，國家的強大發展，為香港提供了最堅實的保障、最牢固的後盾、最安全的依靠。香港在全面準確落實「一國兩制」的過程中，如果沒有國家的強大支持、沒有強而有力的軍隊保障，是絕不可能在一次又一次的嚴峻挑戰中安然渡過，也絕不可能獲得如此良好的發展現狀與美好未來。因此，習主席昨日講話中對未來軍隊建設的「六個必須」，對香港具有高度的寓示意義，對各界市民也有高度的啟示意義，值得大家認真體會理解並融入到未來各項事業的發展建設當中。

打擊一切分裂勢力的強大力量

習主席在回顧人民軍隊發展中專門提及香港澳門兩個特區。他指出：「依法履行香港、澳門防務職責，有效應對國家安全面臨的各種威脅，堅決打擊一切形式的分裂破壞活動。」這是對回歸以來人民軍隊在香港的角色與任務的概括。習主席還強調：「中國人民珍愛和平，我們決不搞侵略擴張，但我們有戰勝一切侵略的信心。我們絕不允許任何人、任何組織、

任何政黨、在任何時候、以任何形式、把任何一塊中國領土從中國分裂出去，誰都不要指望我們會吞下損害我國主權、安全、發展利益的苦果。人民軍隊要堅決維護中國共產黨領導和我國社會主義制度，堅決維護國家主權、安全、發展利益，堅決維護地區和世界和平。」習主席指出的六個「絕不允許」，擲地有聲、鏗鏘有力，震爍中外，體現了人民軍隊最高統帥、軍隊改革最高設計師、軍隊作戰最高指揮官的領袖氣魄與決心。

眾所周知，香港特區在落實「一國兩制」過程中，出現了一些新情況、新問題。在外國政治勢力利用之下，出現了明目張膽地打着「港獨」旗號的個人、組織、政黨，公然做出分裂國家的行為，嚴重威脅了國家主權、安全、發展利益，威脅了「一國兩制」事業的成功實踐，也嚴重威脅到香港市民的根本利益。習主席昨日的講話，表明了堅定的態度，任何人休想利用香港去分裂國家、去滲透國家，這是對「港獨」勢力和言行的強大震懾，也是對外國勢力的嚴厲警告。事實上，過去 20 年來，駐香港部隊作為國家主權的重要體現，成為維護「一國兩制」的重要力量，也是維護香港繁榮穩定的重要基石，更是打擊一切分裂勢力的強大力量。習主席的鏗鏘有力的講話，無疑進一步增強了香港市民維護國家主權的信心，也昭示了未來一切分離勢力的失敗下場。

捍衛世界和平環境的堅強意志

習主席講話中強調了強軍事業對中華民族、全體中國人民的重要意義。習主席明確指出：「中國始終是世界和平的建設者、全球發展的貢獻者、國際秩序的維護者，中國軍隊始終是維護世界和平的堅定力量。中國軍隊將一如既往開展國際軍事交流合作，共同應對全球性安全挑戰，積極履行同中國國際地位相稱的責任和義務，為推動構建人類命運共同體積極貢獻力量。」這是對一切中國威脅論的有力反駁，也是中國維護世界和平的強而有力的宣言。世界和平必須得到中國的支持與主導，而過去的事實也在說明，正是中國軍隊的強大存在，才能有今天的世界和平發展局面。

有了人民軍隊，國家才能長治久安，抵禦外敵入侵。強軍策略，絕不是為了「秀肌肉」，更不是窮兵黷武，而是能戰方能止戰，準備打才能不

必打。香港市民也深深明白,作為一個高度外向型的經濟體,香港的繁榮發展有賴於一個和平的世界發展環境。一旦世界陷入戰爭邊緣,香港是不可能獨善其身的。而國家的強大、軍隊的強大,則不僅保障了香港能不受外部力量的破壞,更確保了香港能擁有一個世界和平的發展局面。香港市民同樣明白,中國軍隊的強大,則意味着世界和平得到進一步的保障,香港的發展也得到進一步的保障。

強軍戰略,根本宗旨是要維護保障中國人民的共同利益。香港社會各界要深刻體會習主席講話的內在意涵,以在未來各項事業推動中實踐落實。尤其必須認識到,強軍事業是「一國兩制」的根本保障,必須牢固樹立「一國」意識,堅守「一國」原則,正確處理特別行政區和中央的關係。任何危害國家主權安全、挑戰中央權力和基本法權威、利用香港對內地進行滲透破壞的活動,都是對底線的觸碰,都是絕不能允許的。習主席的講話擲地有聲、威震四海,對國家的未來乃至世界的和平發展必將產生非常重要推動作用,而「一國兩制」的行穩致遠也必將從中得到更全面更準確的貫徹、落實、推進。

（原載於《大公報》，2017 年 8 月 2 日）

怎樣看待中共執政能力
和香港未來？

　　國慶紀念日再有一個多月就要到了。在日前舉行的香港同胞慶祝中華人民共和國成立 68 週年籌委會成立大會上，香港中聯辦領導系統分析了國情、港情，並特別談到習近平總書記 7 月 26 日在省部級主要領導幹部專題研討班上的重要講話。每到中共全國代表大會前夕，中共最高領導人都要在這個場合講話，這次也不例外，被媒體形容為中共十九大定調。

　　與西方國家政黨輪流執政的情況不同，1949 年新中國成立後，中國長期實行中國共產黨領導下的多黨合作制。儘管西方對這種執政模式詬病不少，但 68 年間的實踐證明，這種模式在中國具有超強的適應性和巨大的生命力。因此，透過香港中聯辦領導的宣講，社會各界有必要探究一個問題：怎樣看待中共的執政能力和香港的未來？

中國處於 170 多年來最強盛時期

　　170 多年前的中國曾是世界上最富裕的國家，然而，自 1840 年鴉片戰爭始，中國被列強欺凌，逐步走向衰落，到百年後的 1949 年中共執政時，中國已淪為赤貧國家。1949 年至 1979 年的 30 年間，在西方以及前蘇聯集團都向中國關上大門的情況下，中共帶領內地民眾獨立自主、自力更生，建立起了完整的工業體系，搞出了「兩彈一星」，着實不易！

　　始於 1979 年的改革開放，讓中國逐步富起來、強起來，如今，中國處於 170 多年來最強盛的時期。從經濟上看，中國已經成為世界第二大經濟體，截至 2016 年底，中國經濟總量相當於美國的三分之二，是日本 3 倍，是英國的 4 倍，是俄羅斯的 10 倍多；中國每年的經濟增量相當於一

個中等國家的經濟總量。這幾年，中國經濟增長放緩，但 2013 年至 2016 年國內生產總值年均增長 7.2%，大大高於同期世界 2.5% 和發展中經濟體 4% 的增長水平。從創新能力看，中國在載人航天、載人深潛、量子通信、深空探索等高精尖領域達到甚至超過了世界一流水平，在移動支付、共享經濟等科技應用領域也走在世界前列。從持續發展的能力看，中國以「創新、協調、綠色、開放、共享」的新理念推動經濟轉型，發展後勁十足。總體來看，當下的中國，處於 170 多年來最強盛的時期，且前景看好。所以，香港中聯辦領導宣講的中共和國家各項事業新氣象，充滿了道路自信和制度自信。

「中國特色」蘊藏着大智慧

中國之所以能走到今天這一步，是因為作為執政黨的中共具有與時俱進、求真務實、大氣包容的品質。

社會主義在 20 世紀風靡全球，以前蘇聯為首的社會主義陣營曾經佔據全球半壁江山，但突然之間分崩離析，而中國的社會主義不但沒有消亡、還越來越好，原因何在？因為中共始終認準一個理：社會主義制度必須要讓中國實現民族獨立、國家富強、人民富裕，否則就沒有存在的理由。正因為如此，中共給「社會主義」前面了加上了「中國特色」，使其接地氣、順民意。在「中國特色社會主義」這個大概念下，許多難題迎刃而解。比如「市場經濟」曾被傳統社會主義國家視為洪水猛獸，中共將其改造為「社會主義市場經濟」，讓中國走出了一條新路。又比如「一國兩制」，中共分析香港、澳門的具體情況，認為在國家主體實行社會主義制度的前提下，可以允許這些地區保持資本主義制度不變。這是將國家利益和民族利益置於最高位置，超越了意識形態的隔閡。蘇共在這一點上遠遠不及中共，別說在一個國家允許兩種制度並存，前蘇聯對社會主義陣營「不聽話的兄弟」毫不手軟，對前南斯拉夫「鐵托集團」口誅筆伐，對中國甚至威脅動用核武器。

香港中聯辦領導宣講的「中國特色 + 社會主義」理念，汲取了中國傳統文化中「和」的思想，堪稱大視野、大手筆、大智慧！

「兩個確立」折射出中共強大凝聚力

中共十八大以來的 5 年，中國發生了「歷史性變革」。解決了許多長期想解決而沒有解決的難題，辦成了許多過去想辦而沒有辦成的大事。客觀地講，能做到這一點，習近平主席個人的膽略起了很大作用。

習近平就任中共中央總書記後，鐵腕反腐，整頓吏治，重拾民眾對中共的信任；全面深化改革，啃那些多年來都啃不動的「硬骨頭」，順應了民眾對改革的期待；轉型發展，以「創新、協調、綠色、開放、共享」的新理念引導新發展，增強了民眾的獲得感；開展大國外交，推進軍事變革，提升了民眾的國家自豪感和榮譽感。特別是反腐敗，習近平總書記曾說：「不得罪成千上萬的腐敗分子，就要得罪 13 億人民。」他不計個人安危，向腐敗分子開戰，並取得很大戰績，讓人們意識到中共需要這樣的「核心」，「兩個確立」也就順理成章：一是習近平總書記在黨中央、在全黨的核心地位的確立，二是以習近平總書記治國理政新理念新思想新戰略為主要內容的黨在新時期的指導思想的確立。

中共擁有 96 年的歷史、擁有 8,000 多萬黨員，作為世界第一大黨和近百年的老黨，最讓人擔憂的是「大而散」、「大而弱」、「大而亂」，如同「大公司病」。香港中聯辦領導在宣講中，重點突出的「兩個確立」折射出中共的凝聚力增強，意味着其執政能力得到了廣泛提升。

「一國兩制」在港實踐必定成功

香港中聯辦領導宣講説，以習近平總書記出席香港回歸 20 週年慶祝活動取得圓滿成功為標誌，香港局勢正出現回歸以來具有根本性意義的好轉。這個判斷是非常準確的。「彩虹總在風雨後」。換一個角度看，香港近 5 年來的政治爭拗，其實也是一次普及基本法的過程。通過唇槍舌戰、甚至暴力衝突，宣誓違法的立法會議員被法庭裁定喪失議員資格，香港區域法院對旺角暴亂的 3 名參與者分別定罪量刑，使「港獨」分離勢力受到沉重打擊，香港各界和廣大市民對「一國兩制」和基本法的認識更全面、更準確、更深刻了，這為「一國兩制」行穩致遠築牢了基礎。這是香港未來發展的良好因素。

再從香港發展的大邏輯來看，黨情、國情、港情三者之間緊密相連。中共是執政黨，是影響中國發展走向的最重要的力量。香港是中國的一個特別行政區，與國家的命運休戚相關。中共的執政能力越來越強，中國的綜合國力和國際影響力越來越強，「港獨」就沒有空間，同時，中央也無意讓香港變成「另一個北京、上海」，「一國兩制」走樣、變形的概率變小，「一國兩制」在香港的實踐必定取得更大成功。從香港中聯辦領導的此次公開宣講中，香港市民應該信心滿滿。

（原載於《信報》，2017 年 8 月 16 日）

由澳門軍民攜手救災
看背靠大樹、社會和諧之重要

一場超級颱風可以肆虐澳門，讓這座美麗的半島斷水斷電，卻斷不了全澳社會萬眾一心、眾志成城的家國情懷；一場超級颱風可以摧毀樹木，讓這顆燦爛的明珠滿目瘡痍，卻毀不了全澳民眾背靠「大樹」、相信國家的堅定信念！在遭遇「天鴿」颱風狂捲橫掃數小時之後，澳門遇到了53年來最為嚴重的天災破壞。在危難、焦慮、緊急關頭，中共中央總書記、國家主席習近平和中央政府心繫澳門、牽掛着澳門同胞的安危冷暖，全力給予特區所需的一切支持協助。事實充分證明，偉大祖國始終是特區同胞戰勝災害、是特區保持繁榮穩定的堅強後盾！

危難時刻見真情。面對超級颱風的來襲，當澳門特區無法獨力應對之際、在澳門特區政府主動提出請求之後，逾千名解放軍駐澳部隊官兵迅速奉命出動，全力投入清理災區的工作，在短短 24 小時之內，便趕在了第二個颱風吹襲澳門之前，將一個乾淨、衛生、安全的城市還給了澳門市民，留下了無數軍民攜手抗災的感人瞬間，也留下無數軍民魚水真情的動人場面；當珠海市和南方電網全力搶修，嚴防死守確保對澳供電穩定、數以萬計的抗災物資在第一時間送抵澳門、各方慰問與援助紛至沓來的一幕幕血濃於水畫面，展現在澳門災區現場，澳門市民由衷的感慨：「相信國家，堅定不移！」在天災面前，澳門市民也展現了守望相助、古道熱腸、團結一致的優良傳統，在澳門特區政府的帶領下，努力克服困難，全力有序地應對災後清理和重建工作。

雖然澳門仍然在面對災後應對的種種困難，雖然風災暴露了澳門的種種急需改善的地方，雖然災害給澳門造成了重大的傷亡和經濟損失，但

是，這場災害讓澳門市民再次堅定看到了社會和諧、穩定安寧的重要性，也再次堅定看到了「背靠大樹」、有祖國作為堅強後盾的重要性。一水之隔的香港，在為澳門市民打氣、鼓勁、聲援之際，無疑也為對岸同胞，在風災之後所展現的「澳門精神」而深受啟發。

習主席心繫澳門同胞安危冷暖

此次是澳門 53 年來所遭遇的最嚴重自然災害，正如許多年長的澳門市民在接受訪問時說「一輩子都沒見過破壞力這麼巨大的颱風」。整個澳門在 10 號颱風的吹襲之下，數千棵樹木被連根拔起，大批建築物遭受嚴重破壞，海水倒灌市區出現大面積的水浸；而風災破壞了城市供電供水系統，島內幾乎全面停電停水，民眾人身和財產安全受到嚴重威脅。儘管特區政府事前作出了預警，但颱風來得之急、規模之大、破壞力度之烈，都出乎了所有人的預料。往日燦爛美麗的城市在暴風驟雨侵襲之下，變得千瘡百孔、一片狼藉。更為嚴重的是，災後的大街小巷堆積了大量的垃圾，在夏日高溫之下，如果不盡快採取清理措施，勢必出現次生疫災，刻不容緩。澳門民眾所遭受的災難，牽動着習近平主席和中央政府。因此，當特首崔世安主動向中央提出由解放軍駐澳部隊協助救災工作的請求後，第一時間便得到了習主席的批准和中央政府的批覆。隨後逾千名官兵出現在澳門的街頭，大量的物資也源源不斷地送往受災最嚴重之地。

之所以會有如此快速的回應，固然與災情之嚴重密不可分，也與澳門主動要求的急切需要相關，但更重要的是習主席對特區同胞的親切關懷。正如澳門中聯辦主任王志民昨天在視察受災地區街道清理工作時，一再強調：「在大災面前，習主席時刻牽掛澳門災區，關愛着澳門的同胞。」中聯辦發言人也指出，根據澳門基本法和駐軍法的規定，經中央批准，解放軍駐澳部隊千餘官兵投入救災工作。「這充分體現了黨中央、國務院、中央軍委和習近平主席心繫澳門，牽掛着澳門同胞的安危冷暖。事實再次表明，偉大祖國始終是澳門繁榮穩定的堅強後盾。」事實上，過去不論是澳門還是香港，每當特區遇到困難之時，總能在第一時間得到中央政府的大力支持。此次澳門受災，習主席十分理解特區政府和澳門社會各界的熱切

期盼。從習主席和中央政府給予無微不至的關懷和支持，再次證明「相信國家」這條真理，讓特區民眾充分感受到祖國這棵大樹永遠是特區的最有力的依靠！

中央傾盡全力支持澳門渡過難關

習主席的牽掛和批覆，中央政府對澳門特區給予了最大的配合協助，感動感染了澳門全城。就在特區政府請求得到積極回應的一刻起，滿載着 1,000 名戰士的幾十輛軍車，便從解放軍駐澳部隊氹仔營區駛向受災最嚴重地區。駐軍分成多個小組，頂着當頭烈日，冒着由於海水泡浸雜物腐爛而發出的惡臭，與現場的澳門保安部隊人員、居民、義工攜手，清理街道垃圾和障礙物。由於高溫悶熱及垃圾惡臭，有多名士兵中暑暈倒，需要由軍方救護車送走。但也有士兵就地服藥休息後，繼續作戰。而澳門居民、義工也向軍人們送上口罩，或親自為士兵戴上口罩，並與解放軍戰士一道勞作。王志民主任昨天在慰問駐澳部隊官兵時，高度稱讚指戰員們的努力和辛勤付出。而一如澳門當地輿論所指出的，駐軍有如雪中送炭，積極協助特區政府和廣大民眾開展排危除險、災後清理等工作，為盡快恢復澳門正常的工作和生活環境付出了辛勤努力，充分體現了駐澳部隊與澳門市民的魚水之情。澳門民眾對駐澳部隊所表現出來的熱烈歡迎之情，已足以體現當中的意義。

此次颱風令澳門供電受到嚴重影響，負責供電的南方電網和珠海市有關方面，同樣以高度負責的態度，把澳電保障放在第一位，嚴防死守，以最大努力確保電力供應。「帕卡」颱風登陸前，這些部門和企業還集中人力物力，爭分奪秒搶修「天鴿」颱風期間損害的設備，進一步增強對澳供電的可靠性，全力做好電網運行安排，並對澳供電設備隱患排查。不僅如此，還促請中海油及時修復好了海上氣田，全力保障燃氣電廠用氣，確保對澳供電充足和安全。

不僅如此，當特區提出需要的物資清單後，短短 6 個小時，經澳門中聯辦協調，在商務部和廣東省商務廳支持下，緊急組織並調運應急物資，全部貨源得以落實。隨後，所有物資分幾路運至珠海橫琴口岸，再由南光

集團統一接貨裝車，完成通關報檢，並於 25 日當夜全部運抵澳門。根據特區通報，此次共籌措：20 萬個大型垃圾袋、10 萬條編織袋、5,000 支掃把、6 萬個口罩、1.5 萬對勞工手套、3,000 支鐵鍬、3,000 雙雨鞋、50 輛四輪垃圾車、300 支手電筒、3,000 箱飲用水……而更多的物資與支持還在路上，中央政府和相關部門企業對澳門給予的一切所需支持和協助，是澳門渡過難關、戰勝災害的最大保障。

我們為澳門同胞加油鼓勁，也期待一個更加美麗的澳門繼續展現在世人面前。

（原載於《大公報》，2017 年 8 月 28 日）

澳門救災再次彰顯祖國是特區的堅強後盾

提要

在澳門救災中，駐軍與民眾、內地與澳門、高層與基層，各方血脈相連，心手相牽，良性互動，令救災工作高效、有序、全面進行。這再次彰顯了偉大祖國始終是特區繁榮穩定的堅強後盾，再次詮釋了「一國兩制」強大的生命力，再次印證了中華民族的超強凝聚力。

一場 53 年未遇的超級風災，給美麗的澳門造成重創，大風肆虐，海水倒灌，淹沒了道路橋樑，衝擊着民房樓宇，侵蝕着大街小巷，奪去了 10 位同胞的性命，難以估量的垃圾淤泥堵塞了交通要道……

中共中央總書記、國家主席、中央軍委主席習近平時刻牽掛着澳門同胞的安危冷暖，當澳門特區政府向中央發出請求時，習主席親自批准，中央政府迅速全力給予特區所需的一切支持協助。解放軍駐澳部隊逾千名官兵深入到各個街區，短短 24 小時之內清理完了所有垃圾；珠海市和南方電網全力搶修電力設施，確保對澳供電穩定；經澳門中聯辦協調，在商務部和廣東省商務廳、南光集團等支持下，各類救災物資源源不斷地運抵澳門……

血濃於水，情深似海。大災大難面前，再次彰顯了偉大祖國始終是特區繁榮穩定的堅強後盾，再次詮釋了「一國兩制」強大的生命力，再次印證了中華民族的超強凝聚力！

習主席心繫災區 關愛澳門同胞

澳門中聯辦領導 27 日在災區清理工作現場，看望駐澳部隊指戰員時，一再告知大家：「習主席十分牽掛澳門災區，十分關愛澳門同胞，第一時間批准了澳門特首崔世安請求駐澳部隊協助救災工作的請求。」

颱風過後，一片狼藉。堆積在大街小巷的垃圾如不及時清理，在烈日暴曬下出現疫情等次生災害。而另一場熱帶風暴「帕卡」又即將到來，剛剛遭受了災難的澳門民眾根本無法在短時間內清除垃圾。如何應對？澳門基本法第 18 條規定：凡列於該法律《附件三》的法律，由澳門特區在當地公佈或實施。《附件三》包括《中華人民共和國澳門特別行政區駐軍法》。《駐軍法》第 3 條規定：「澳門特別行政區政府在必要時，可以向中央人民政府請求澳門駐軍協助維持社會治安和救助災害。」據此，特首崔世安主動向中央提出由解放軍駐澳部隊協助救災工作的請求，很快獲得習主席的批准和中央政府的批覆。25 日上午，駐澳門部隊 1,000 名官兵依令而動，迅疾趕往澳門半島北區救災。經過駐軍連夜清理，8 月 26 日清晨，澳門市民驚喜地發現，十月初五街、河邊新街等受災最嚴重的老街區又煥發出昔日的活力與光彩。

就在駐澳部隊迅速救災的同時，澳門中聯辦迅速協調廣東省為澳門提供救災物資，協調南方電網全力保障澳門供電。特區政府還從廣東省借用運水車輛，為部分斷水的市民送水。在這場災難面前，駐軍與民眾，內地與澳門，高層與基層，大家協調一致，心往一處想，勁往一處使，使救災與恢復工作迅速而有序。

國家日益強大 救災能力大大提升

當特區政府提出需要的物資清單後，短短 6 小時，應急物資就全部到位，運往澳門；災後 24 小時之內，駐澳官兵就將澳門街道的垃圾淤泥全部清理完畢。這樣的效率，讓無數澳門市民感動不已。「窺一斑而見全豹」，從澳門救災可以看出國家的救災能力大大提升。

回想 2008 年四川汶川特大地震發生時，當時各個方面還有點措手不及。近年來，無論是非洲戰亂國家也門撤僑、新西蘭地震及時撤走中國遊

客，還是不久前發生的九寨溝地震後轉運遊客，都可以看出，在今天的中國，從中央政府到各級政府，應急救災能力的大大提升。

應急救災能力的提升，體現出國家實力越來越強。俗話說：「船大抗風浪。」作為擁有 13 億人口、960 萬平方公里的國土，作為世界第二大經濟體，中國在災難面前具有超強抵抗力。有外國媒體曾經驚嘆，一場特大地震，讓海地遭受滅頂之災，讓日本一蹶不振，而經歷了汶川地震的中國，卻沒有受到多大影響。這就是「船大」好處，背後有這條「大船」，是香港、澳門兩個特區的福氣。

應急救災能力的提升，體現出政府治理水平的提高。中共十八大以來，內地強力整頓吏治、全面深化改革，各級政府的問責機制得到有效落實，監督機制日臻完善，政府部門的服務意識和工作效率得到加強，在應對複雜局面時，都能做到有力、有序、有效，穩步推進。

澳門速請中央援助 形成有序互動

澳門社會素有守望相助、和衷共濟的優良傳統。此次風災發生後，除了組織自救之外，澳門特首崔世安和特區政府善於利用「一國兩制」的制度優勢，主動請求中央批准駐澳部隊援助，廣大市民對駐澳部隊的援助非常感激。許多澳門市民看到解放軍深夜清理路障，激動地說：「給你們 10 個讚！100 個讚！」不少市民自發向駐軍送上食物和水，卻獲駐軍回應「留給有需要的市民吧」，這一幕幕再現了軍民一心、魚水情深。而針對網上出現針對解放軍的謠言，澳門特區政府立即發佈聲明，嚴厲譴責不實及不負責任的造謠。澳門司法警察局澄清，有關言論全屬虛假，呼籲市民切勿轉載，否則可能涉及刑事犯罪，當局將對此進行調查。這一切，讓人看到澳門社會人心齊、共識多、愛心濃、合力足，大家心手相牽，胸懷坦蕩，共克時艱。

反觀香港的某些不良媒體，在報道這場災難時，表現出令人不齒的「冷血」。反對派的喉舌《蘋果日報》不理這次風災之嚴重性、危害性，不顧澳門居民的需要，稱解放軍入城，體現出澳門政府無能，又含沙射影地暗示「解放軍入城」開了一個不好的頭，以此打擊港人對中央和「一國

兩制」的信任，挑撥中央與特區的關係，並試圖利用澳門風災，在香港製造所謂「解放軍入城」的恐慌，完全是一副小人做派！

　　大災面前有大愛，無論反對派如何絞盡腦汁地挑撥離間，並不能改變澳門同胞與祖國內地的血肉之情，也不可能讓港人上當受騙。一起又一起發生在兩個特區身邊的事件，一次又一次證明瞭「背靠大樹好乘涼」這個樸素的道理，日益強大的祖國永遠是香港特區、澳門特區的堅強後盾。習主席「相信自己，相信香港，相信國家」的重要論述，是兩個特區同胞堅強的信念、高昂的熱情、前行的動力！

　　　　　　　　　　　　（原載於《大公報》，2017 年 8 月 29 日）

習主席勉勵港澳同胞
共擔歷史責任、共享偉大榮光

　　舉世矚目的中共十九大昨天隆重開幕，全國各族人民、港澳同胞、全球華人都為之激動、振奮和鼓舞。中共中央總書記習近平代表十八屆中央委員會作報告。報告提出，從 2020 年到本世紀中葉，用「兩個十五年」的時間，把我國建成富強民主文明和諧美麗的社會主義現代化強國。習主席指出，保持香港、澳門長期繁榮穩定，實現祖國完全統一，是實現中華民族偉大復興的必然要求。習主席勉勵港澳同胞，同祖國人民共擔民族復興的歷史責任、共享祖國繁榮富強的偉大榮光！

　　習主席的親切勉勵，讓港澳同胞倍感親切、倍受鼓舞、倍添信心，激情澎湃！「一國兩制」下的香港、澳門，是祖國不可分割的一部分，在中華民族偉大復興的路上，港澳不能缺席！祖國的美好未來，需要港澳同胞與祖國人民共建共享！習主席的「共擔」、「共享」重要寄語，為港澳同胞同築「中國夢」指明了方向，激勵港澳兩個特區發揮各自優勢，砥礪奮進，抒寫新篇！

全面準確貫徹「一國兩制」，港澳責任所在

　　習主席在報告中指出，香港、澳門回歸祖國以來，「一國兩制」取得舉世公認的成功。事實證明，「一國兩制」是解決歷史遺留的香港、澳門問題的最佳方案，也是香港、澳門回歸後保持長期繁榮穩定的最佳制度。

　　習近平新時代中國特色社會主義思想的這一科學論斷，具有強大的事實支撐。香港回歸 20 年來，年均經濟增長 3.2%，在主要發達經濟體中位居前列；香港繼續保持國際金融、航運、貿易中心地位，一直被有關國際

機構評選為最自由經濟體和最具競爭力地區之一；維港兩岸，燈火依然璀璨；「東方之珠」魅力無限！澳門回歸 18 年間，生產總值年均增長 16%，財政收入增長超過 9 倍，社會保障支出增長超過了 13 倍，失業率逐年下降至 1.7%。澳門人均 GDP 位列亞洲第二、世界第四；人均壽命高，居世界經濟體第二位。「澳門故事」精彩紛呈。

事實勝於雄辯。親身經歷的變化，讓港澳同胞深切地感受到，港澳雖然有諸多優勢，但「一國兩制」是最大、最重要、最根本的優勢。因為制度具有長期性、穩定性，不會隨意變動。擁有「一國兩制」的優勢，國家的重大發展戰略可以在港澳先行先試，天賜良機，助讓港澳先行一步，勇立潮頭；擁有「一國兩制」的優勢，港澳的抗風險能力大大提升，危難關頭，國家的伸手馳援，雪中送炭，讓港澳渡過難關；擁有「一國兩制」的優勢，港澳的國際地位不斷提升，以「中國香港」、「中國澳門」身份，港澳躋身許多「國際俱樂部」，擁有更廣闊的發展平台，港澳同胞在國際上也得到了更多尊重。

只有堅守「一國」之本，才能收穫「兩制」之利。港澳各界越來越深刻地認識到：只有全面準確貫徹「一國兩制」方針，香港和澳門才能行穩致遠。因此，全面準確貫徹「一國兩制」實踐不走樣、不變形，是港澳同胞應該承擔的歷史責任，不容迴避，不能推卸，不可懈怠！

依託國家戰略加快發展，港澳時不我待

習主席在報告中提出了新時代堅持和發展中國特色社會主義的基本方略。他指出，香港、澳門的發展同內地發展緊密相連。要支持香港、澳門融入國家發展大局，以粵港澳大灣區建設、粵港澳合作、泛珠三角區域合作等為重點，全面推進內地同香港、澳門互利合作，制定完善便利香港、澳門居民在內地發展的政策措施。

習主席對港澳發展的關照，港澳同胞銘記於心。今年七一期間，習主席在出席香港回歸 20 週年慶典期間，見證內地與香港合作項目簽約，視察香港重大民生項目建設工地，並就促進香港同胞赴內地學習、交流、就業的有關事宜，指示中央有關部門抓緊時間制定政策。2014 年 12 月，在

出席澳門回歸 15 週年慶典活動期間，習主席關心澳門的長遠發展，在習主席的關懷下，澳門按照「適度多元」發展思路，正在打造世界旅遊休閒中心，並突破地域狹小的局限，與珠三角地區進行深度合作，呈現出良好發展勢頭。

習主席對港澳發展的關照，增強了港澳各界加快發展的緊迫感。港澳回歸以來，經濟增長速度在發達經濟體中名列前茅，但與內地相比，仍有巨大差距。港澳各界深刻認識到，聚焦發展、加快發展，不斷做大經濟總量，才有實力破解諸多民生難題。發展是永恆主題，是破解難題的「金鑰匙」。港澳唯有依託國家發展戰略、融入國家發展大局，在「國家所需」與「自身所長」交匯點上尋找突破，才是一條捷徑，是一條越走越寬的大道。前不久，香港行政長官林鄭月娥宣佈了首份施政報告，多處涉及與內地合作的項目，這些項目得到了香港各界和廣大市民的普遍認可和支持，眾人齊心來推動，相信香港一定能在發展之路上邁出一大步。大灣區建設規劃一提出，香港和澳門兩個特區政府就派員考察所涉及的城市，主動對接，深度探討，尋求合作。習主席對港澳發展的關切，更讓港澳各界明白機遇難得，時不我待，正順勢而為，力求抒寫新輝煌！

增強國家意識和愛國精神，港澳義不容辭

站在新時代，新思想引領新征程。習主席在報告中指出，我們堅持愛國者為主體的「港人治港」、「澳人治澳」，發展壯大愛國愛港愛澳力量，增強香港、澳門同胞的國家意識和愛國精神，讓香港、澳門同胞同祖國人民共擔民族復興的歷史責任、共享祖國繁榮富強的偉大榮光。

國家意識和愛國精神是港澳同胞不可或缺的品質。香港和澳門自古以來屬中國，雖然兩地均歷經外族百年管治，但港澳與內地書同文、話同音、習俗相同、相貌無異；雖然港澳是中西文化的交匯點，但中華文化仍佔據主流地位。這是任何人都改變不了的事實。每到危難關頭，港澳與內地心手相率，共渡時艱。1997 年亞洲金融風暴，2003 年非典肆虐，2008 年全球金融危機，今年 8 月「天鴿」風災襲擊澳門，每一次災難來襲，中央傾力相助。2008 年汶川大地震，港澳同胞捐款捐物，志願者赴災區救

災。骨肉親情，血脈相連，感天動地，難以忘懷！愛國愛港，愛國愛澳，天經地義，義不容辭！

　　共擔歷史責任與共享偉大榮光是辯證的統一體。中華民族偉大復興的中國夢，不僅僅是內地人民的夢，而是包括港澳同胞在內的全民族、全體中華兒女共同的夢想。在築夢之旅上，「一國兩制」的香港和澳門可以發揮內地城市無法替代的獨特作用，港澳理所當然、也有充分信心承擔起這份沉甸甸的責任，特別是在國家進入「雙向開放」新階段，港澳有責任助推內地實施走出去戰略，利用自己熟悉全球營商環境的優勢，幫助內地企業在全球範圍內整合資源、開拓市場。多少年後，當中華民族以更加昂揚的姿態屹立於世界民族之林，港澳同胞也與內地同胞一道分享快樂、分享自豪、分享祖國繁榮富強的偉大榮光！

（原載於《大公報》，2017 年 10 月 19 日）

新時代行動綱領是「一國兩制」新定位的堅強保證

　　全球矚目的中共十九大昨天勝利閉幕！大會通過了習近平代表十八屆中央委員會做的報告，通過了關於《中國共產黨章程（修正案）》的決議，習近平新時代中國特色社會主義思想寫入黨章。這次大會宣示：中國已經進入了中國特色社會主義的新時代！新時代的新目標是：決勝全面建成小康社會，奪取新時代中國特色社會主義偉大勝利，為實現中華民族偉大復興的中國夢不懈奮鬥。這是擁有將近 9,000 萬黨員的中國共產黨不忘初心、砥礪奮進的總使命，是 13 億多中國人民意氣風發、豪情滿懷的總號角，是 960 多萬平方公里祖國大地生機勃發、春意盎然的總藍圖！

　　新思想引領新征程。新時代實現目標的新步驟是「兩步走」，用「兩個十五年」的時間，到本世界中葉，把我國建成富強民主文明和諧美麗的社會主義現代化強國。新時代新的基本方略是「十四個堅持」……綜觀 3 萬餘字的十九大報告，全面系統地闡述了新時代堅持和發展中國特色社會主義的總目標、總任務、總體佈局、戰略佈局和發展方向、發展方式、發展動力、戰略步驟、外部條件、政治保證等基本問題，是一份新時代的行動綱領。

　　令港澳同胞無比振奮的是，報告第一次把堅持「一國兩制」列入了新時代堅持和發展中國特色社會主義的基本方略。香港中聯辦領導對此深刻解讀説：「這表明港澳在被重新納入國家治理體系後，『一國兩制』事業在黨和國家工作全域中具有新的政治定位。」是的！港澳特區在國家發展戰略中角色日益吃重，而這份新時代的行動綱領，是「一國

兩制」新定位的堅強保證。

為港澳創新科技提供廣闊空間

聚焦「一國兩制」的新定位，港澳的發展需要新動能。最大的動能就是創新。

習近平在十九大報告中指出：「必須堅定不移地貫徹創新、協調、綠色、開放、共享的發展理念。」「創新」位列五大理念之首。報告在「貫徹新發展理念，建設現代化經濟體系」部分，闡述了「深化供給側結構性改革」和「加快建設創新型國家」的重要思想。主要內容包括：「推動互聯網、大數據、人工智能和實體經濟深度融合」、「支持傳統產業優化升級，加快發展現代服務業」、「促進我國產業邁向全球價值鏈中高端，培育若干世界級先進製造業集群」、「加強應用基礎研究，拓展實施國家重大科技項目，突出關鍵共性技術、前沿引領技術、現代工程技術、顛覆性技術創新」、「加強國家創新體系建設，強化戰略科技力量」、「建立以企業為主體、市場為導向、產學研深度融合的技術創新體系」⋯⋯這些關鍵內容表述，清晰地勾畫出了今後 5 年乃至更長時期，國家推進創新的主攻方向、重點領域、主要舉措和奮鬥目標。

習近平在十九大報告中還指出：「要支持香港、澳門融入國家發展大局，以粵港澳大灣區建設、粵港澳合作、泛珠三角區域合作等為重點，全面推進內地同香港、澳門互利合作，制定完善便利香港、澳門居民在內地發展的政策措施。」這些關鍵內涵的表述，表明中央為港澳融入國家發展戰略開闢了「綠色通道」。

在創新科技方面，港澳原本擁有一定優勢，但近年來落後於內地的許多城市。十九大報告確立的國家創新戰略，為港澳創新科技提供了廣闊的施展空間。下一步，港澳應該聚焦國家推進創新的主攻方向和重點領域，借助國家提供的政策支持，突破特區面積不大、市場不廣的局限，着眼於粵港澳大灣區 5.6 萬平方公里的區域整合資源，推進創新，把自身的創新科技水平提升到一個新層次。尤其是香港，可以發揮聯繫廣泛、整合創新資源能力較強的優勢，與一河相隔的深圳深度合作，在打造大灣區全球創

新中心的進程中，港、深兩城爭取成為兩大支柱，在助推創新型國家建設的同時，使自己發展壯大，從而擺脫經濟增長乏力的困局。

為港澳當好橋樑創造歷史機遇

聚焦「一國兩制」的新定位，港澳的發展需要新機遇。最大的機遇就是搭乘國家發展的快車。

習近平在十九大報告中闡述「推動形成全面開放新格局」時指出：「要以『一帶一路』建設為重點，堅持引進來和走出去並重，遵循共商共建共享原則，加強創新能力開放合作，形成陸海內外聯動、東西雙向互濟的開放格局」、「拓展對外貿易，培育貿易新業態新模式，推進貿易強國建設」、「創新對外投資方式，促進國際產能合作，形成面向全球的貿易、投融資、生產、服務網絡，加快培育國際經濟合作和競爭新優勢」……新格局、新業態、新模式、新優勢，這些理念表述的背後，蘊藏着港澳發展難得的歷史機遇。

中國步入「引進來」和「走出去」雙向開放的新時代。中國已連續 8 年保持全球貨物貿易第一大出口國和第二大進口國，外貿直接或間接帶動就業人數達到 1.8 億人次。去年，中國已成為全球第二大對外投資國，對外投資達 1,830 億美元。下一步，中國還致力於「貿易大國」向「貿易強國」的轉型，致力於人民幣「走出去」。在資金、貨物走向全球各地的滾滾洪流中，「掘金」的機會不可勝數！香港是全球金融、貿易、航運中心，擁有與西方國家相近的法律體系，香港的仲裁結果得到全球 100 多個國家和地區的認可，香港擁有金融、仲裁、物流、會計等與貿易相關的諸多領域人才，這是扮演「超級聯絡人」的天然優勢！以中國龐大的貿易體量來分析，哪怕是香港在資金和貨物流通的環節上僅賺取百分之一的利潤，加起來也是一個大得嚇人的數據。再看澳門，在中國雙向開放的格局下，進出中國的人流量將不斷增長，就算有萬分之一的人願意在澳門「歇歇腳」，對澳門的旅遊休閒業也是一個巨大的拉動，而澳門力圖成為中國和葡語國家的「聯絡人」，中國和葡語國家貿易量的不斷攀升，也將讓澳門賺得盆滿鉢滿。

「蘇州過後無艇搭」。香港和澳門只要抓住機遇，搭上國家發展的快艇，一定能夠書寫新的輝煌。

為港澳發展營造良好外部環境

聚焦「一國兩制」的新定位，港澳的發展需要好環境。國家為港澳發展營造了良好的外部環境。

習近平在十九大報告闡述「堅持和平發展道路，推動構建人類命運共同體」篇章時，明確表達了「中國觀點」。比如：「要相互尊重、平等協商，堅決摒棄冷戰思維和強權政治，走對話而不對抗、結伴而不結盟的國與國交往新路」、「要尊重世界文明多樣性，以文明交流超越文明隔閡、文明互鑒超越文明衝突、文明共存超越文明優越」。報告也清晰地表明瞭「中國做法」。比如「中國堅定奉行獨立自主的和平外交政策，尊重各國人民自主選擇發展道路的權利，維護國際公平正義，反對把自己的意志強加於人，反對干涉別國內政，反對以強凌弱」、「中國堅持對外開放的基本國策，堅持打開國門搞建設」、「中國秉持共商共建共享的全球治理觀，倡導國際關係民主化，堅持國家不分大小、強弱、貧富一律平等」。這些觀念表述彰顯出「君子和而不同」的「中國智慧」，這是向世界宣示，中國的崛起，是與相關國家合作共贏，而不是損人利己，以這樣的姿態崛起，中國的「朋友圈」就會越來越大。「朋友多了路好走」。中國的發展之路必將越走越寬。

眾所周知，香港近年來陷入「泛政治化」的漩渦，既有文化多樣、價值觀多向、社會多元的內因，也有外部各種勢力「攪局」的外因。澳門回歸後不斷演繹精彩故事，正是得益於澳門各界凝聚共識，和衷共濟，抵擋住了「外部因素」的干擾。習近平在十九大報告宣示中國和平發展的政策，將為港澳聚焦發展營造良好的外部環境。我們自己不生事、不惹事，佔據道義的制高點，得道多助，就算是有極少數外部勢力執意「攪局」，也掀不起什麼大浪。長期和諧穩定的社會環境，將有利於港澳發展經濟、改善民生。

十九大勝利閉幕了。香港中聯辦領導在接受《人民日報》採訪時，深

情的寄語香港在進入「成年禮」後新階段的歷史節點上，「應以更宏大的視野審視國家與香港的明天，珍惜好、維護好、鞏固好、提升好當前香港來之不易的良好態勢」。今天的澳門也進入了經濟適度多元發展的新路徑。新時代賦予「一國兩制」新定位，奏響了港澳融入國家發展的新樂章。有十九大政治綱領作堅強保證，有背靠祖國的巨大優勢，港澳兩個特區一定能譜寫出輝煌絢麗的新篇章！

（原載於《大公報》，2017 年 10 月 25 日）

習近平新時代思想
引領港澳在新征程上行穩致遠

提要

習近平新時代中國特色社會主義思想，不僅是中共的指導思想，也是引領中華民族偉大復興的思想，與「一國兩制」在港澳的實踐息息相關。以「新思想」為引領，香港、澳門同胞必能與祖國人民共擔民族復興的歷史責任、共享祖國繁榮富強的偉大榮光！

中共十九大昨日勝利閉幕。大會通過了《中國共產黨章程（修正案）》，習近平新時代中國特色社會主義思想正式寫入黨章。會議認為，習近平新時代中國特色社會主義思想是馬克思主義中國化最新成果，是黨和人民實踐經驗和集體智慧的結晶，是中國特色社會主義理論體系的重要組成部分，是全黨全國人民為實現中華民族偉大復興而奮鬥的行動指南，必須長期堅持並不斷發展。

新時代呼喚新思想；新思想引領新時代。作為一個擁有將近 9,000 萬黨員的世界第一大黨，需要新思想引領方向；作為擁有將近 14 億人的世界第一人口大國，需要新思想凝聚共識；作為一個實施了「一國兩制」、擁有 6,000 萬海外僑胞的國家，需要新思想匯聚民族復興的磅礡力量。習近平新時代中國特色社會主義思想將引領香港澳門兩個特別行政區在新征程上行穩致遠。

「新思想」是民族復興行動指南

在中共歷史上，把領袖名字冠入指導思想的只有 3 位偉人。一是毛澤

東思想，二是鄧小平理論，三是習近平新時代中國特色社會主義思想。毛澤東思想引領中國「站起來」，鄧小平理論引領中國「富起來」，習近平新時代中國特色社會主義思想將引領中國「強起來」。從這個角度觀察，「新思想」不僅是中共的指導思想，也是引領中華民族偉大復興的指導思想。對於港澳兩個特區來說，同樣具有非常重要的意義。

那麼，「新思想」與港澳有哪些關係呢？十九大報告在論述「新思想」是闡述了「八個明確」，第一個是：「明確堅持和發展中國特色社會主義，總任務是實現社會主義現代化和中華民族偉大復興，在全面建成小康社會的基礎上，分兩步走在本世紀中葉建成富強民主文明和諧美麗的社會主義現代化強國。」這裏面有兩個關鍵點：

一是「堅持和發展中國特色社會主義」。中國特色社會主義「特」在哪裏？「一國兩制」就是特色之一。在一個主權國家，實行兩種制度，在其他國家有嗎？沒有！對「中國特色社會主義」要「堅持和發展」，就意味着必須全面準確貫徹「一國兩制」、「港人治港」、「澳人治澳」、高度自治的方針，確保「一國兩制」方針不會變、不動搖，確保「一國兩制」實踐不變形、不走樣。

二是對「總任務」的表述包括「中華民族偉大復興」、「本世紀中葉建成富強民主文明和諧美麗的社會主義現代化強國」。香港中聯辦領導在十九大期間接受媒體採訪時，語重心長的強調：「在國家實現『兩個一百年』和中華民族偉大復興的進程中，香港不會也不應缺席。」對！中華民族偉大復興，港澳當然不能缺席；建成現代化強國，當然包括港澳在內。

上述兩點清楚地表明，「新思想」不僅是中共的指導思想，而是具有指引港澳「一國兩制」實踐的深刻內涵，是引領民族復興的重要理論，與港澳同胞、台灣同胞、海外華人息息相關。

「新思想」催港澳把握抓住機遇

如何貫徹落實習近平新時代中國特色社會主義思想？十九大報告提出了「十四個堅持」，其中之一是：堅持「一國兩制」和推進祖國統一。這是第一次把堅持「一國兩制」列入新時代堅持和發展中國特色社會主義的

基本方略。

從十六屆四中全會首次提出「保持香港、澳門長期繁榮穩定是黨在新形勢下治國理政面臨的嶄新課題」，十七大進一步表述為「重大課題」，到十八大提出「維護國家主權、安全、發展利益，保持香港澳門長期繁榮穩定」是「根本宗旨」，到十九大將堅持「一國兩制」列入新時代堅持和發展中國特色社會主義的基本方略。香港中聯辦領導對此有着深刻體會。他說：「這一不斷遞進的歷史脈絡，表明香港在被重新納入國家治理體系後，『一國兩制』事業在黨和國家工作全域中具有新的政治定位。」

「新思想」催生「新定位」，「新定位」將打開「新空間」。十九大報告指出：「要支持香港、澳門融入國家發展大局，以粵港澳大灣區建設、粵港澳合作、泛珠三角區域合作等為重點，全面推進內地同香港、澳門互利合作，制定完善便利香港、澳門居民在內地發展的政策措施」，「要以『一帶一路』建設為重點，堅持引進來和走出去並重，遵循共商共建共享原則，加強創新能力開放合作，形成陸海內外聯動、東西雙向互濟的開放格局。」這兩處重要闡述，實際上打開了港澳對內、對外的兩個巨大空間。

對內，粵港澳大灣區建設為港澳打開了一扇大門。該區域由廣州、佛山、肇慶、深圳、東莞、惠州、珠海、中山、江門九市和香港、澳門兩個特區組成，面積 5.6 萬平方公里，人口 6,800 多萬，是可以與美國紐約灣區、美國舊金山灣區、日本東京灣區比肩的世界第四大灣區，終極目標是把這一區域打造成全球創新中心。借此機遇，香港和澳門完全可以突破地域狹小的困局，發揮聯繫廣泛、整合創新資源能力較強的優勢，與區域內城市合作，在更大的範圍內發展自己。

對外，「一帶一路」建設為港澳打開了另一扇大門。「一帶一路」覆蓋沿線 60 多個國家和地區，總人口約 46 億（超過世界人口 60%），經濟總量達 20 萬億美元（約佔全球 1/3）。有望構築全球經濟貿易新的大循環，成為繼大西洋、太平洋之後的第三大經濟發展空間。中國是「一帶一路」的倡導者，也是該區域經濟發展最大的「發動機」，有國家的鼎力支持，港澳可以扮演「超級聯絡人」的角色，在這個超大空間內發展自己。

「新思想」引港澳把握抓住機遇

以「新思想」為統領，十九大報告在五個部分提及港澳工作，在三大章節中詳細論及港澳工作，足以體現中央對香港的關心和重視。香港、澳門同胞在深刻領會「新思想」的基礎上，找準港澳的角色定位，抓住機遇謀發展、展宏圖，必能大有作為。

香港應該扮演什麼角色？香港中聯辦領導在接受採訪時說：「應該建設好四個平台：一是國家戰略的首要境外推進平台，二是全球創新要素集聚平台，三是對外交流的參與和傳播平台，四是國家『軟實力』提升和展示平台。」此語切中要害！香港在以上四個領域確實有相當大的優勢。比如，實施「一帶一路」戰略，香港可作為許多具體項目的先試先行的平台；再比如，香港擁有的科研實力，以及優秀的管理與完備的法治環境，有能力聚集全球創新要素，貢獻國家，發展自己。若如此，香港必能將自身競爭力提升到一個新高度。

澳門應該扮演什麼角色？澳門近年來按照「適度多元」的思路推進經濟轉型，擺脫對博彩業的過度依賴。一是致力打造世界旅遊休閒中心，二是力圖成為連接中國和葡語國家之間的「橋樑」。這是具有前瞻性的選擇。隨着中國步入「引進來」和「走出去」雙向開放的新時代，進出中國的人流量將不斷增長，這將極大地拉動澳門的旅遊休閒業發展，而中國與葡語國家貿易額目前雖然只有 1,000 億美元左右，但葡語國家擁有超過 2 億人口，自然資源豐富，隨着雙方合作的加深，增長的空間還很大，澳門足以從中收穫不菲的紅利。

思想是行動的先導。在習近平新時代中國特色社會主義思想引領下，香港、澳門同胞必能與祖國人民共擔民族復興的歷史責任、共享祖國繁榮富強的偉大榮光！

（原載於《大公報》，2017 年 10 月 25 日）

習近平再提改革開放新征程
激勵港澳奮進

　　帶領億萬人民走向民族復興中國夢的中共十九大，前天勝利閉幕，十九屆中央政治局常委昨天中午與中外記者見面，中共中央總書記習近平在見面會上發表重要講話。在短短十幾分鐘的講話中，習近平總書記以時間為軸線，標注出了未來 5 年的四個工作重點：改革開放，經濟發展，全面小康，從嚴治黨。總書記鏗鏘有力宣告的中共未來規劃，充滿自信，充滿春風，充滿力量。

　　昨天，習近平總書記帶領新一屆中央政治局常委亮相，吸引了全國各族人民和全世界的目光。人們都期待着聆聽這位世界上最大政黨、人口最多國家領導人的政治宣言和宏偉藍圖。讓廣大民眾印象特別深刻的是，習近平總書記講到：「2018 年，我們將迎來改革開放 40 週年。改革開放是決定當代中國命運的關鍵一招，40 年的改革開放使中國人民生活實現了小康，逐步富裕起來了。我們將總結經驗、乘勢而上，繼續推進國家治理體系和治理能力現代化，堅定不移深化各方面改革，堅定不移擴大開放，使改革和開放相互促進、相得益彰。我們堅信，中華民族偉大復興必將在改革開放的進程中得以實現。」

　　習近平總書記這段話，這讓人聯想到 5 年前的一幕。十八大閉幕不久的 2012 年 12 月，剛當選為總書記的習近平把調研工作的第一站，選在了得改革開放風氣之先的廣東，在深圳蓮花山下，他向鄧小平銅像深深鞠躬，敬獻花籃。發出了推進改革開放的響亮號令：「改革不停頓，開放不止步！」隨後，全面深化改革正式啟動。十九大剛剛閉幕，習總書記昨天面對全球媒體，再提改革開放，並預言：「中華民族偉大復興必將在改革

開放的進程中得以實現。」這是習總書記新時代發出的新號令，引領中國航船開啟改革開放新征程！

習近平總書記再提改革開放，新征程激勵港澳奮進。正如香港中聯辦領導所說，香港只要繼續堅持「一國」之本、善用「兩制」之利，從「國家所需」角度挖掘「自身所長」，就一定能扮演好重要角色。

「守本獲利」成共識

改革，就是打破老規矩、建立新規矩；開放，就是打通要素流動的渠道，讓資源在更大範圍內整合。因此，改革開放的過程，就是不斷釋放紅利的過程。這是歷史的規律。

習近平總書記再提改革開放，不僅給內地帶來發展紅利，也是給港澳送來一個「大禮包」。能不能接住、接穩這個「大禮包」？首先取決於對國家有沒有信心？對「一國兩制」有沒有信心？改革開放之初，當許多人對內地發展茫然無知的時候，愛國商人霍英東大膽投資內地，就是看到了復甦的中國內地處處充滿希望。九七回歸前夕，當有的人把資本從香港轉移向海外時，另一位愛國商人李嘉誠卻在內地大手筆進行產業佈局，就是對「一國兩制」十分看好。事實證明，他們的眼光超乎常人。今天，港澳兩個特區要從改革開放中收穫紅利，就必須堅守「一國」這個根本。「一國」是根、是源、是魂，是「兩制」的前提和基礎。只有堅守「一國」之本，才能善用「兩制」之利。經歷風風雨雨，港澳各界已經形成了這樣的共識。

十九大把「一國兩制」列為新時代堅持和發展中國特色社會主義的基本方略，這一新定位體現了對港澳兩個特區的高度重視。尤其是關於「中央全面管治權」的論述，為港澳實踐「一國兩制」進一步指明了方向，釐清了思路，為壯大愛國愛港、愛國愛澳力量提供了指引，進一步堅定了港澳各界堅守「一國」之本的決心和信心。

放寬視野尋機遇

習近平總書記再提改革開放，激動人心，催人奮進。對於港澳兩地來

説，當務之急是放寬視野尋機遇。我們既要北望神州，又要放眼世界，從國家改革開放的宏大戰略中尋找港澳再發展、再前行、再增值的機遇。

習近平總書記在十九大報告中指出：「香港、澳門發展同內地發展緊密相連。要支持香港、澳門融入國家發展大局，以粵港澳大灣區建設、粵港澳合作、泛珠三角區域合作等為重點，全面推進內地同香港、澳門互利合作，制定完善便利香港、澳門居民在內地發展的政策措施。」總書記的這段話啟示港澳各界，要以北望神州的視野到內地發掘機遇。香港澳門發展的劣勢短板有哪些？一是地域狹小，發展受限；二是與內地的溝通還存在一些「瓶頸」，人員來往不夠便利。改變這一現狀，須從國家層面着手改革。總書記的十九大報告的這段表述釋放出兩點重要信息：一是為港澳開拓了廣闊的發展空間，二是為港澳同胞北上創業就業構建「綠色通道」。長期困擾港澳發展的難題，隨着改革開放的進程，有望在不久的將來迎刃而解。

總書記在十九大報告中還指出：「要以『一帶一路』建設為重點，堅持引進來和走出去並重，遵循共商共建共享原則，加強創新能力開放合作，形成陸海內外聯動、東西雙向互濟的開放格局。」總書記的這段話啟示港澳各界，要以放眼世界的視野到「一帶一路」上去發掘機遇。香港經濟發展的突出問題是什麼？受世界發達經濟體的影響，香港經濟增長乏力，推動增長的動能不足。「一帶一路」是中國提出的宏大戰略，涉及到60多個國家和地區、46億人口、20萬億美元的經濟總量，將重塑全球經濟版圖，可推動相關國家和地區未來20年的持續增長。國家支持港澳扮演「超級聯絡人」。這是難得的歷史機遇，必須密切留意、牢牢抓住、決不鬆手！

聚焦重點挖「紅利」

在「不忘初心，牢記使命」的巨大旗幟下，習總書記再提改革開放，重點指的是中國內地的全面深化改革。這看似與港澳無關，實際暗藏機遇、緊密相連。港澳各界應聚焦全面深化改革的重點領域，尋找港澳和內地互動的契合點，深度挖掘改革開放的「紅利」。

習近平總書記在十九大報告再次提出了全面深化改革的重點，比如深化金融體制改革，增強金融服務實體經濟能力，提高直接融資比重，促進多層次資本市場健康發展；比如文化建設領域，要加強中國特色新型智庫建設，高度重視傳播手段建設和創新，加強互聯網內容建設，推動文化事業和文化產業發展，提高國家文化軟實力；再比如在教育領域，加快一流大學和一流學科建設，實現高等教育內涵式發展，支持和規範社會力量興辦教育；還比如在醫療領域，要實施健康中國戰略。深化醫藥衛生體制改革，全面建立中國特色基本醫療衛生制度、醫療保障制度和優質高效的醫療衛生服務體系，健全現代醫院管理制度。

以上改革領域，其實與港澳有很大關係。以香港為例，香港是國際金融中心，在資本市場的管理運作方面有豐富的經驗，內地「促進多層次資本市場健康發展」，完全可以借鑒香港經驗。香港文化產業發達，特別是香港影視在內地影響力非常大，內地推動文化產業發展，可與香港進行合作。香港的高等教育享譽全球，香港擁有多間世界著名大學，內地發展高等教育，與香港具有很大合作空間。香港的醫療康養產業發達，人均壽命在全球名列前茅，實施「健康中國」戰略，香港也有用武之地……

香港中聯辦領導日前接受採訪時說：「香港應該建設好四個平台：國家戰略的首要境外推進平台，全球創新要素集聚平台，對外交流的參與和傳播平台，國家『軟實力』的提升和展示平台。」這個思路具有前瞻性、戰略性和可操作性，正是吃透了十九大報告深刻精髓提出的建議。

面對圓夢復興的新征程，習近平總書記發出了繼續深入推進改革開放的號令，這是新時代新征程上的最強音，是祖國之望人民之福，是香港和澳門兩個特區的最大機遇！背靠日益強大的祖國，融入國家發展戰略，港澳的發展之路將會越走越寬廣、越走越踏實，「一國兩制」一定能結出更加豐碩成果！

（原載於《大公報》，2017 年 10 月 26 日）

中央經濟工作會議啟示
香港融入國家發展大局

　　中共十九大之後的首個中央經濟工作會議昨日在京閉幕。會議總結了今年的經濟工作，研究部署明年經濟工作。會議首次提出習近平新時代中國特色社會主義經濟思想。「習經濟思想」以新發展理念為主要內容。會議認為，習近平新時代中國特色社會主義經濟思想，是 5 年來推動我國經濟發展實踐的理論結晶，是中國特色社會主義政治經濟學的最新成果，是黨和國家十分寶貴的精神財富，必須長期堅持、不斷豐富發展。這標誌着此次會議是中國進入新時代、邁上新征程後一次具有里程碑意義的經濟會議。

　　當下，香港經濟同樣需要尋找新的發力點和動力源，中央經濟工作會議傳遞的諸多信息，給香港帶來許多利好消息。香港各界、尤其是工商界，應該認真學習領會會議精神，在盡快融入國家發展大局的過程中，拓展香港經濟的發展空間。

「習經濟思想」將指導經濟變革

　　會議指出，5 年來，我們在實踐中形成了以新發展理念為主要內容的習近平新時代中國特色社會主義經濟思想。那麼，什麼是新發展理念？創新發展，協調發展，綠色發展，開放發展，共享發展。

　　會議總結過去 5 年在落實新發展理念時做到了「七個堅持」：堅持加強黨對經濟工作的集中統一領導，堅持以人民為中心的發展思想，堅持適應把握引領經濟發展新常態，堅持使市場在資源配置中起決定性作用，堅持適應我國經濟發展主要矛盾變化完善宏觀調控，堅持問題導向部署經濟

發展新戰略,堅持正確工作策略和方法。

可以預言,以「習經濟思想」為指導,中國經濟未來將發生一場深刻變革。「五大理念」和「七個堅持」將體現在經濟領域的各個板塊、各個層次、各個環節。比如,以綠色發展理念為導向,內地今後在環保上的要求將越來越嚴格,稀缺資源將限制開發,高污染、高能耗企業將加速淘汰;再比如,以開放發展理念為導向,中國構建全方位對外開放格局,無論是「走出去」還是「引進來」的力度將會更大、層次更深、範圍更廣;又比如,以共享發展理念為導向,中國內地將更加注重改善民生,一旦困擾百姓的醫療、教育、社會保障等難題得到徹底解決,老百姓的後顧之憂消除、生活質量明顯改善,消費熱情將大大提升,這將對消費市場形成巨大的拉動力。中國內地有 13 億多人,巨大的消費市場讓許多國家和地區眼熱。

「習經濟思想」不僅會給內地經濟帶來深遠影響,也將給香港經濟帶來深刻影響。直接的影響是,國家將會出台更多政策措施,促進香港與內地經濟融合;間接的影響是,內地的經濟變革將造就許多市場機遇,為香港和內地提供了合作機會。現在需看香港能不能發現機遇、抓住機遇、用好機遇。

高質量發展將拓展兩地合作空間

這次會議做出了一個重大判斷:中國特色社會主義進入了新時代,我國經濟發展也進入了新時代,基本特徵就是我國經濟已由高速增長階段轉向高質量發展階段。

會議還提出了一個明確要求:推動高質量發展是當前和今後一個時期確定發展思路、制定經濟政策、實施宏觀調控的根本要求,必須加快形成推動高質量發展的指標體系、政策體系、標準體系、統計體系、績效評價、政績考核,創建和完善制度環境,推動我國經濟在實現高質量發展上不斷取得新進展。

一個判斷,一個要求。看似針對內地經濟發展而言,實則對香港經濟也將產生深遠影響。這預示着,中國經濟將發生「三大轉變」:中國製造

向中國創造轉變，中國速度向中國質量轉變，製造大國向製造強國轉變。

擁有完善的現代服務業體系，具有全球較高的現代服務業水平。這是香港經濟的最大優勢和亮點。今後，香港現代服務業的最重要的客戶是誰？顯然，以中國內地的經濟規模和經濟增長速度來分析，內地是香港最大的客戶。內地的「三大轉變」無疑會帶來新的市場需求，香港應該聚焦「三大轉變」來調整服務業的方向和重點，提升服務業的水平。比如：中國製造向中國創造轉變，意味着內地對創新型人才的需求增加，對創新的投入增大，對創新成果的交易需求增大，對知識產權的保護力度將加大等等。香港能在諸如此類的領域做些什麼？再比如，中國速度向中國質量轉變，圍繞「質量」主題，需要制定一系列政策體系，香港能不能在這個方面為內地提供服務？又比如，製造大國向製造強國轉變，其涵蓋的領域更加廣泛，「長三角」歷來是內地製造業「高地」，粵港澳大灣區建設更是要讓這一區域成為世界級創新中心，作為「超級聯絡人」的香港，將在其中扮演什麼角色？怎樣發揮好自己的優勢和作用。上述問題都值得深入思考，啟示香港找到與內地合作的「共振點」，拓展合作空間。

穩中求進將使香港經濟更有底氣

這次會議強調了「穩中求進」的總基調。會議強調，「穩」和「進」是辯證統一的，要作為一個整體來把握，把握好工作節奏和力度。按照「穩中求進」的總基調，會議還對經濟工作中的一些具體工作「定調」。比如：「積極的財政政策取向不變」、「穩健的貨幣政策要保持中性」、「結構性政策要發揮更大作用，強化實體經濟吸引力和競爭力」等等。

中共十八大以來的 5 年來，內地經濟總體上是「穩中求進」。「穩」是主基調，中國經濟總體平穩「顏值高」。「進」是關鍵詞，經濟發展轉變方式「氣質好」。中國內地經濟年均增長 7.1%，遠高於同期世界 2.5% 和發展中經濟體 4% 的平均增長水平。2017 年中國經濟總量佔全球的比重達 15%，比 5 年前提高 3.5 個百分點。中國成為世界經濟增長的主要動力源和穩定器。同時，中國推動經濟轉型升級，中國經濟「體格」越來越壯，「體形」越來越優，「體能」越來越充沛。這次中央經濟工作會議在提出

「穩中求進」的同時，沒有規劃明年的經濟增長指標，也沒有「經濟增長保持在合理空間」之類的表述。這表明，「穩中求進」更側重於「穩」。應該注意的是，這個「穩」不是停滯不前，而是做打基礎、利長遠的事情，下一步將在創造公平的市場環境上下工夫、在創新驅動上下工夫、在防控系統性風險上下工夫。

會議傳遞的以上信息，同樣對香港經濟發展產生深遠影響。比如，在營造公平的市場環境和創新驅動方面，內地可否借鑒「香港經驗」？在金融防控風險方面，香港能否提供「香港方案」？這些都是香港融入內地經濟的切入點，也是香港的市場機遇。值得我們認真梳理、逐條分析。

面對中國經濟的新時代、新形勢，香港如何定位和作為？中聯辦領導在公開宣講中共十九大報告時這樣指出：「香港應正確認識把握融入國家和自身發展的關係，『港事港辦』、『港式思維』和『內地方式』、『北京思維』的關係。」這次中央經濟工作會議傳遞的信息非常豐富，給香港啟示很多，只要做一個有心人，把握好其中關係，就能從中發現無限商機。香港應該不乏這樣的有心人！

（原載於《大公報》，2017 年 12 月 21 日）

全國「兩會」傳遞給香港
哪些重要信號？

　　歷時半個月的全國「兩會」日前落下帷幕，無論是國內還是國外，對今年全國「兩會」的關注度都遠遠高於過去 30 年中的任何一屆。關注度之所以這麼高，從表面上看，是修憲、換屆、人事變動等敏感議題吸引了人們的眼球；往深處看，則是本次「兩會」的時間節點非常關鍵。一方面，這是中共十九大之後的第一個「兩會」，十九大繪就了大國崛起、民族復興的藍圖，執政黨的意志需要轉變為國家意志，藍圖須得到全國「兩會」的認可；另一方面，由於擔心「一帶一路」構建起由中國主導的新秩序，西方主要發達國家最近聯合起來圍堵中國。對此，國家主席習近平在人代會閉幕式上的講話針鋒相對：「只有那些習慣於威脅他人的人，才會把所有人都看成是威脅。」

　　在這種大背景下，「如何提升凝聚力？」這個話題就非常重要。那麼，全國「兩會」傳遞給香港哪些重要信號？筆者認為，至少以下三個方面的信號是明確的，值得港人重視。

　　決不允許「一國兩制」走樣變形

　　在人代會的閉幕式上，國家主席習近平發表了重要講話。這篇講話與其說是就職演說，不如說是一篇政治宣言、政治綱領，波瀾壯闊、氣勢如虹，力透紙背、振聾發聵。其中有兩段話，值得港人仔細研讀 ——

　　「我們要全面準確貫徹『一國兩制』、『港人治港』、『澳人治澳』、高度自治的方針，嚴格依照憲法和基本法辦事，支持特別行政區政府和行政長官依法施政、積極作為，支持香港、澳門融入國家發展大局，增強香港、澳門同胞的國家意識和愛國精神，維護香港、澳門長期繁榮穩定。」

「維護國家主權和領土完整，實現祖國完全統一，是全體中華兒女共同願望，是中華民族根本利益所在。在這個民族大義和歷史潮流面前，一切分裂祖國的行徑和伎倆都是注定要失敗的，都會受到人民的譴責和歷史的懲罰！中國人民有堅定的意志、充分的信心、足夠的能力挫敗一切分裂國家的活動！中國人民和中華民族有一個共同信念，這就是：我們偉大祖國的每一寸領土都絕對不能也絕對不可能從中國分割出去！」

前一段話雖然以往講過，但在此時、此場合、此節點再次重申，有着重要意義；後一段話卻注入了強烈的感情色彩，明顯是有的放矢。把兩段話對照起來讀，可以看出，中央對「台獨」、「港獨」、「藏獨」、「疆獨」等分離主義勢力暗中的活動瞭如指掌，中央對任何一股分離主義勢力都決不會手軟！

在這種大前提下，中央決不允許「一國兩制」在香港走樣變形。如何「防走樣」、「防變形」？必須堅決維護以憲法和基本法為基礎的憲制秩序，當務之急就是督促香港特區做好法律銜接工作。比如盡快落實「23條立法」。在中央的督促和特區政府的推動下，預計「23條立法」將提速。

中央極力幫助香港化解難題

習主席在人代會閉幕式上講話中重申了「兩個支持」，「第一個支持」是：「支持特別行政區政府和行政長官依法施政、積極作為。」李克強總理在記者招待會上也說：「我們願意和港澳同胞一起共享國家發展的機遇。」那麼，怎樣支持香港？不妨分析一下香港現在面臨哪些難題？

其一，創新能力下滑。香港的創新能力早已被一河之隔的深圳超越，深圳2017年的經濟總量也首次超越香港。最近10年，香港在創新上「惜財惜力」，雖然擁有多所世界頂級大學，但科研成果的轉化能力太差，這種情況亟待改變。

其二，就業創業置業困難。由於香港地域狹窄，房價畸高，創新環境不優，帶來的是高生活成本、低收入水平，普通市民特別是年輕人就業創業置業非常艱難，年輕人向上流動更為不易，社會怨氣頗重。

香港遇到的難題，當然不止上述兩點。但可以肯定地說，香港遇到的

難點，就是中央支持香港的着力點。習主席去年七一期間視察香港之後，已經着手幫助香港化解諸多難題。比如，針對香港創新能力下滑的問題，中央規劃在粵港澳大灣區內，打造「香港 – 深圳 – 東莞 – 廣州」創新走廊；針對香港市民就業創業置業困難的問題，在習主席的關心下，中央部委去年兩次出台了多項新政，為香港居民到內地學習、工作提供便利條件，落實「國民待遇」，等等。

以中國現在經濟實力，以中央政府強大的資源整合能力，未來 5 年，相信中央會拿出更多的辦法幫助香港化解各種難題。

香港融入國家大局步子將加快

習主席在人代會閉幕式上講話中重申的「第二個支持」是：「支持香港、澳門融入國家發展大局。」怎樣融入國家發展大局？香港有兩個平台：一個是粵港澳大灣區，一個是「一帶一路」。

粵港澳大灣區是一個整合空間、經濟、產業概念的「升級版」區域協調合作，致力於建設世界級的創新中心，不限於經濟領域，還涵蓋科、教、文、體、衛等各個領域。借助大灣區，香港可以挖掘到很多機遇。比如，把香港高校科研人才優勢、資本對創新的撬動作用和珠三角成熟完備的產業鏈相融合，可以孵化一批科創項目；再比如，可以利用港珠澳大橋通車的契機，大力發展香港端的「橋頭經濟」，還有許多作用作為。

「一帶一路」是一個重塑世界經濟版圖的機遇。借助「一帶一路」，香港的國際金融、航運、貿易三大中心地位將更加穩固，同時，可以依託國家和「一帶一路」廣闊市場，打造世界科技創新中心、國際數據中心、國際資本配置和管理中心，使香港成為東西方創新型經濟交流合作的樞紐。

與此同時，從國家大局看，香港還可發揮三個重要作用：一是香港可以為國家經濟從高速增長向高質量發展轉變提供優質要素支持；二是香港作為發達城市經濟體可為內地城市發展和治理提供經驗借鑒；三是香港作為國家全面開放新格局的重要戰略支點，可以成為內地企業「走出去、引進來」的大通道和「服務區」。

香港融入國家發展大局，對香港、對內地都有好處，各方均有積極

性，融入的步伐必然加快。至於有人質疑：融入，是否會讓香港失去自身的特色和定位、甚至模糊「兩制」的界線？這純屬杞人憂天！中國與其他國家的合作都沒有模糊兩國的界線，中國內地與香港的合作豈會模糊「兩制」的界線？再說，香港與珠三角的合作並非始於今日，當年深圳建市也曾引來內地人士的爭議，擔心深圳會成為一個「資本主義的香港」。歷史已經證明，這個擔心是多餘的。因此，不必把發展議題作過度的「政治化解讀」。

此次全國「兩會」對包括香港在內的中國發展和影響，不僅是 5 年，有可能是 10 多年、甚至幾十年。傳遞給香港的信號，當然不止上述三條。但這三條可能是最重要的，不妨細研讀、多分析、再思考。

（原載於《信報》，2018 年 3 月 26 日）

習主席博鰲演講
彰顯中國改革開放的堅強決心

提要

　　以寬闊的視野看待開放，以平等的心態對待開放，以務實的舉措推動開放。習近平主席在博鰲亞洲論壇開幕式上的主旨演講，彰顯了中國改革開放的堅強決心，向中國發出了新時代對外開放再擴大、深化改革再出發的動員令，向世界發出了構建人類命運共同體的邀請函。

　　當美國挑起的貿易戰陰雲密佈之時，人們把關切的目光投向了中國，作為世界第二大經濟體、第一大工業國、第一大貨物貿易國、對世界經濟增長貢獻率超過 30% 的國家，中國會不會像美國一樣關起門來？

　　在前天啟幕的博鰲亞洲論壇上，中國國家主席習近平堅定地說：「中國開放的大門不會關閉，只會越開越大！」這句鏗鏘有力的回答，向全球釋放出積極的信號，給世界以巨大的信心，彰顯了中國繼續推進改革開放的堅定決心，贏得了與會各國領導人和工商界代表的高度讚譽。5 年多來，筆者有幸 30 多次在國內外重大國際會議現場聆聽習主席重要講話，今次在博鰲亞洲論壇現場再次聆聽習主席演講，被現場的熱烈氣氛深深感染、鼓舞和自豪。「一國兩制」下的香港，與祖國命運緊緊相連，香港 700 萬同胞應從習主席的演講中汲取智慧和力量、梳理信息和機遇，分析形勢，服務國家，面向世界，成就自己。

以寬闊的視野看待開放

　　打開大門發展、還是關上大門發展？這是歷史之問。習主席回顧了中

國 40 年改革開放的歷程後指出：「中國 40 年改革開放給人們提供了許多彌足珍貴的啟示，其中最重要的一條就是，一個國家、一個民族要振興，就必須在歷史前進的邏輯中前進、在時代發展的潮流中發展。」

回望歷史，40 年改革開放，讓中國一躍成為世界第二大經濟體，經濟、科技、教育、醫療、文化各領域發展水平全方位提升。國內生產總值年均增長約 9.5%，7 億多貧困人口成功脫貧，佔同期全球減貧人口總數 70% 以上。不僅如此，中國的改革開放，一方面，承接了發達經濟體的產業轉移，為發達經濟體產業升級提供了條件；另一方面，帶動或支持了一些發展中國家發展，比如，中國對非洲國家的資金、技術、人才的支持力度不斷加大。

打開大門發展、還是關上大門發展？這也是現實之需。習主席在分析了當今世界正在經歷新一輪大發展大變革大調整的現狀後指出：「和平與發展是世界各國人民的共同心聲，冷戰思維、零和博弈越發陳舊落伍，妄自尊大或獨善其身只能四處碰壁。只有堅持和平發展、攜手合作，才能真正實現共贏、多贏。」

面對現實，反全球化、逆全球化的事例比比皆是，個別國家無視「你中有我、我中有你」的世界經濟格局，試圖關起門來，獨自發展。豈不知，在拆別人台的同時，也拆掉了自己生存的根基，無論是從現實的角度、還是從發展的角度看，都不可取。

登高才能望遠。習主席以寬闊的視野看待開放，釐清了開放與發展的內在邏輯，讓人們對發展大局、發展大勢看得更清、看得更準、看得更遠。

以平等的心態對待開放

開放合作是世界潮流，全球化不可逆轉，那麼，中國以什麼心態對待開放？以什麼姿態與各國合作？中國強大起來之後會不會恃強凌弱？這是世界之問。

習主席在演講中堅定地回答：面向未來，我們要相互尊重、平等相待；面向未來，我們要對話協商、共擔責任；面向未來，我們要同舟共

濟、合作共贏；面向未來，我們要兼容並蓄、和而不同；面向未來，我們要敬畏自然、珍愛地球。「五個面向未來」可以歸結為四個字：平等以待。

在談到「相互尊重、平等相待」時，習主席說：「走對話而不對抗、結伴而不結盟的國與國交往新路，不搞唯我獨尊、你輸我贏的零和遊戲，不搞以鄰為壑、恃強凌弱的強權霸道」；在談到「對話協商、共擔責任」時，習主席說：「不這邊搭台、那邊拆台」；在談到「一帶一路」時，習主席說：「『一帶一路』倡議源於中國，但機會和成果屬世界，中國不打地緣博弈小算盤，不搞封閉排他小圈子，不做凌駕於人的強買強賣。」……習主席這些話語意味深長，含意深刻，是針對個別國家保護主義抬頭、「逆全球化」思潮湧動的公開喊話，顯示出大國的責任擔當。

以平等的心態對待朋友，才能結交真朋友、擴大「朋友圈」。以合作的姿態、而不是領導的姿態與各國合作，才能合作長久。習主席闡明中國的開放心態、合作姿態，顯示出中國的最大誠意、寬闊胸懷。這是周邊國家樂意看到的，因為中國不會以鄰為壑；這是廣大發展中國家樂意看到的，因為中國不會恃強凌弱；這也是發達國家樂意看到的，因為中國不會挑戰傳統大國的地位。

以務實的舉措推動開放

當「美國優先」大行其道的時候，中國會不會也奉行「中國優先」？中國的擴大開放到底有多少「真金白銀」？中國的擴大開放是「作秀」、還是動真格？這是世界之憂。

習主席堅定地回答：「過去 40 年中國經濟發展是在開放條件下取得的，未來中國經濟實現高質量發展也必須在更加開放條件下進行。這是中國基於發展需要作出的戰略抉擇，同時也是在以實際行動推動經濟全球化造福世界各國人民。」習主席宣佈，中國在擴大開放方面，採取四項重大舉措，包括大幅度放寬市場准入，創造更有吸引力的投資環境，加強知識產權保護，主動擴大進口。

綜觀四項重大舉措，涉及到金融保險業的開放、降低汽車關稅、保護知識產權、反對壟斷等內容，這都是過去很長一段時間個別發達國家對中

國「開放度」不滿意的地方。中國直面焦點問題，消除世界疑慮，顯示出最大誠意。為了推動對外開放新格局的形成，中國還專門組建了國家市場監督管理總局、國家知識產權局，表明中國有實實在在的措施支撐。

令人難忘和深受鼓舞的還有，在出席博鰲亞洲論壇非常繁忙的國務和重要活動之中，習主席專門抽出寶貴時間，親切會見林鄭月娥、崔世安兩位特首和 50 多位來自香港、澳門與世界各地僑領僑商的代表，與大家一一握手、合影留念，再一次彰顯出他對港澳兩個特區和全球僑胞的惦念、關愛和重視，釋放中國堅定不移走擴大開放之路的堅定信號。

在中國迎來改革開放 40 週年的時間節點，習主席在博鰲亞洲論壇發出來的改革開放最強音，對中國、亞洲、乃至世界將產生深遠的影響，歷史必將深深印證這一點。

（原載於《文匯報》，2018 年 4 月 12 日）

中聯辦領導重溫
習主席「四點希望」
冀港區政協委員履職盡責

　　昨晚舉行的港區省級政協委員聯誼會第六屆理事會就職典禮上，香港中聯辦領導發表了熱情洋溢的致辭，他滿懷深情重溫習近平主席七年前會見聯誼會訪京代表團時提出的「四點希望」。他說，重溫「四點希望」，倍感親切，充分感受到總書記對聯誼會和港區政協委員做好工作的重大指導意義。中聯辦領導稱讚，聯誼會和港區政協委員也一直在踐行「四點希望」。

　　中聯辦領導所言極是！習主席當年的「四點希望」，包括發展壯大愛國愛港力量、發揮橋樑紐帶作用、積極為內地省區市發展建言獻策、加強自身建設。今天重溫「四點希望」，對於我們認清國家發展大局、認清歷史進步大勢、認清聯誼會的地位和作用，助推「一國兩制」行穩致遠，都具有十分重要的意義。

發展愛國愛港力量是永恒主題

　　習主席當年指出，繼續發揚愛國愛港光榮傳統，發展壯大愛國愛港力量，堅決維護「一國兩制」方針和基本法，全力支持行政長官和特區政府依法施政，為促進香港長期繁榮穩定作出更大貢獻。

　　中聯辦領導在重溫總書記這段話之後，列舉了大量事例，讚揚愛國愛港力量在香港的大是大非問題上，始終擔任排頭兵，不怕困難，勇於發聲，敢於作為，為推動「一國兩制」行穩致遠、為香港繁榮穩定做出了巨大貢獻。

　　放眼未來，發展壯大愛國愛港力量是永恆的主題。中共十九大後，

「一國兩制」已上升為堅持和發展中國特色社會主義的十四個基本方略之一，這意味着香港在國家大局中的地位和作用更加重要，愛國愛港力量的作用也更加關鍵。如何發展壯大愛國愛港力量？重點有三：一是高舉「愛國」旗幟。今年全國人代會修憲有一個新提法：「致力於中華民族偉大復興的愛國者」，我們要以此為旗幟，吸引更多的愛國者，形成最廣泛的愛國統一戰線，共同為民族復興而奮鬥；二是要堅決維護憲法和基本法構成的憲制秩序。在香港，某些人誤讀、曲解「一國兩制」，以「兩制」之別，抵制「一國」之同，對此，我們要從憲法和基本法裏面找依據、找標準、找答案，確保「一國兩制」在港全面準確地落實；三是釐清「愛國」和「愛港」的關係。在香港，某些人把「愛港」和「愛國」對立起來，甚至把「愛國」等同於「賣港」，並不斷製造話題，蠱惑公眾，用心極其險惡。「一國」是本，因而，「愛港」必須以「愛國」為前提，沒有這個前提做保障，所謂的「愛港」，其實是要把香港推向動亂境地，是「亂港」、「禍港」。

發揮橋樑作用是責無旁貸選擇

習主席當年指出，繼續發揮橋樑紐帶作用，積極推動香港與內地各地區各領域交流合作，努力實現優勢互補、共同發展。

中聯辦領導在重溫了總書記這段話之後，列舉了大量事實，對改革開放四十年來港區政協委員的積極作為給予高度評價，稱讚他們是國家改革開放的重要參與者和歷史見證者。

無論是港區的政協委員，還是內地的政協委員，都有一個共同的特點，就是扎根基層，眼觀天下；既「接地氣」，又「知天氣」。政協委員的橋樑紐帶作用是不可替代的，繼續發揮好這一作用，無論對香港，還是對內地，都大有益處。

比如，國家支持香港融入國家大局，這個戰略方向確定了，有些主要的政策也出台了。但在實施當中，還有許多具體的難題需要破解。以粵港澳大灣區建設為例，大灣區的「9+2」城市存在「一個國家、兩種制度、三種貨幣、三個不同法域、三個獨立關稅區」現象，如何對接？港澳地區政協委員來自各界，對專業領域的問題看得透、看得深，僅今年

全國「兩會」就提交涉及粵港澳大灣區建設的提案 76 件，為政府決策提供有力參考。

積極建言獻策是神聖職責

再比如，以改革開放 40 週年為新起點，中國改革開放再出發，正在構建陸海內外聯動、東西雙向互濟的開放格局。東、中、西部的開放程度不同、目標任務不同、戰略需求不同，香港作為一個國際化大都市，可以幫助內地省區市實施「走出去」戰略。那麼，如何「量身定做」服務項目？通過港區政協委員積極建言獻策，就能搭建橋樑、形成紐帶。

習主席當年指出，繼續發揮自身優勢，認真履行政協委員職責，積極為內地各省區市經濟建設和社會發展建言獻策。

中聯辦領導在重溫了總書記這段話之後，列舉了港區政協委員到內地做公益事業、扶貧幫困等典型，以及多位政協委員建言獻策、助力「滬港通」出台、推動香港和深圳合作開發河套地區等事例，充分肯定了政協委員在推動內地發展中的積極作用。

眼下，內地省區市正在推動經濟轉型升級，仍然需要政協委員貢獻無數個「金點子」。許多政協委員來自科技界，在促進科技成果的轉化、培養科技人才、推進「中國製造」向「中國智造」的轉變等方面，完全可以提出高水平的建議和意見；許多政協委員來自僑界，視野開闊，聯繫廣泛、人脈資源豐富，在招商引資、招商引智等方面，完全可以為各地政府助一臂之力；許多政協委員來自專業界，在各自的專業領域深耕多年，對各自領域的發展趨勢把握精準，在各自領域與國家戰略的對接、對發展新興產業，都有獨特見解，完全可以為各地經濟轉型升級「指點迷津」。總之，無論是香港的發展，還是內地省區市的發展，都需要政協委員繼續認真履職，積極建言獻策。

加強自身建設是不可忽視命題

習主席當年指出，繼續加強自身建設，提升社團凝聚力、影響力，注重培養愛國愛港人才特別是年輕一代愛國愛港政治人才，使愛國愛港光榮

傳統薪火相傳。

　　中聯辦領導在重溫了總書記這段話之後，對港區政協委員一代接一代服務國家、服務香港的作為給予積極評價，並希望聯誼會團結凝聚全體會員，帶頭學習貫徹全國「兩會」精神，圍繞發揮委員「雙重積極作用」，再接再厲，不辱使命，在服務國家改革發展、推進香港融入國家發展大局、推動香港「一國兩制」行穩致遠做出更大貢獻。

　　中國進入了新時代，我們越來越接近中華民族偉大復興的目標，我們面臨的外部環境也越來越複雜多變，未來無論遇到多大的困難，我們都必須奮力向前，中華民族再也不能錯過偉大復興的歷史機遇！這是大方向，是既定目標。我們要從這個高度看待聯誼會自身建設的重要性。在民族復興的偉業中，聯誼會理應匯聚愛國愛港的更大力量，並不斷發現和培養年輕人，讓他們擔當重任，讓聯誼會的好傳統薪火相傳。

　　習主席當年的「四點希望」，為港區省級政協委員聯誼會的發展指明了方向。中聯辦領導以重溫「四點希望」，踐行「四點希望」為主題，鼓勵港區政協委員有政治忠誠、政治定力、政治擔當、政治能力、政治自律，相信港區省級政協委員聯誼會和廣大政協委員必定能在未來的日子裏有更大作為。

（原載於《大公報》，2018 年 4 月 19 日）

中央釋放下半年經濟信號
給香港的啟示

　　中共中央總書記習近平 7 月 31 日主持中共中央政治局會議，分析研究當前經濟形勢，部署下半年經濟工作。綜觀會議內容，凸顯出三個關鍵詞眼：變，穩，準。會議對當前經濟形勢的基本判斷是：穩中有變；下半年經濟工作的總基調是：穩中求進；應對變化的辦法是：精準施策。包括六個方面：一是保持經濟平穩健康發展，堅持實施積極的財政政策和穩健的貨幣政策，提高政策的前瞻性、靈活性、有效性；二是把補短板作為當前深化供給側結構性改革的重點任務；三是把防範金融風險和服務實體經濟更好結合起來，協調好各項政策出台時機；四是推進改革開放，繼續研究推出一批管用見效的重大改革舉措；五是下決心解決好房地產市場問題，堅決遏制房價上漲；六是做好民生保障和社會穩定工作，把穩定就業放在更加突出的位置。

　　在中美貿易摩擦不斷升級的背景下，作為全球第二大經濟體的中國，今年下半年經濟工作怎樣做？可以說備受關注。習近平總書記主持的中央政治局會議釋放的六大信號，明確了施策重點，給內地民眾、在華投資者以巨大信心，對於與內地經濟聯繫日益緊密的香港來說，更具有鼓勁、打氣、定神、穩基的作用。分析中央政策走向，對接港情精準施策，有助於香港抓住機遇謀好發展。

「穩」當頭，有利於香港保持發展定力

　　按照慣例，每年的 4 月、7 月、10 月、12 月，中央政治局會議都要「分析研究當前經濟形勢和經濟工作」。回顧今年 4 月 23 日的政治局會

議，當時的判斷還是「我國經濟週期性態勢好轉」，到了 7 月 31 日，判斷則是「當前經濟運行穩中有變」。「變」來自兩個方面：從外部看，是中美貿易戰和外需面臨不確定性；從國內看，諸如金融去槓杆、財政整頓、地產調控、棚改貨幣化降溫都給經濟造成一定的下行壓力。

基本判斷由「好」改為「變」，說明中央對經濟形勢的嚴峻性認識得非常清楚，判斷得很客觀、很精準。緣於此，才一連提出了「六穩」：穩就業、穩金融、穩外貿、穩外資、穩投資、穩預期。目的是為保持經濟平穩運行在合理區間。合理空間在哪個範圍內？去年內地經濟增長 6.9%，今年第一季度同比增長 6.8%，第二季度是 6.7%。有下滑的趨勢。全年經濟增長的合理空間應該是 6-7% 之間。這是中央對全年經濟增長的基本定位。

「穩」字當頭，將促使內地在形勢多變的情況下確保大盤穩定，這對於香港來說非常重要。比如：「穩金融、穩外貿、穩外資」這三條與香港關聯度非常高。隨着「滬港通」、「深港通」的實施，香港逐漸成為內地企業的投融資平台和內地居民的理財中心，「穩金融」可保香港的金融領域不受損、少受損。轉口貿易在香港的貿易中佔據很大份額，「穩外貿」有利於香港貿易總盤子穩定。香港是珠三角最大的外資來源地，在內地許多省份也有較大份額的投資，「穩外資」有利於港資在內地安全順暢流動、並實現盈利。

再從香港融入國家發展大局的角度來看，香港的經濟總量相當於內地的 3% 左右，國家經濟形勢穩定，不出現大波動，讓香港更有信心，保持定力，對於香港經濟持續健康運行有諸多好處。

補短板，有利於好政策落在大灣區

中央經濟工作六大舉措的第二條指出：把補短板作為當前深化供給側結構性改革的重點任務，加大基礎設施領域補短板的力度，增強創新力、發展新動能，打通去產能的制度梗阻，降低企業成本。與此相關的信息還有：「財政政策要在擴大內需和結構調整上發揮更大作用」。此前的國務院常務會上就定調「積極財政政策要更加積極」，特別是聚焦減稅降費。

貨幣政策的表述是：「要把好貨幣供給總閘門，保持流動性合理充裕。」值得注意的是，「流動性合理充裕」並非「大水漫灌」，而是「精準滴灌」，要讓資金流向薄弱領域，特別是民營企業和小微企業，避免以往大規模流向房地產領域的失控現象。

分析以上信息，對於粵港澳大灣區和香港來說，「含金量」主要體現在兩點：一是基礎設施建設，二是創新科技。基礎設置互聯互通和創新科技發展是大灣區建設的兩個重要課題。完成這兩大課題，都需要金融貸款支持和國家財政支持。可以預測，下半年中央財政這兩個方面的投資力度將加大，金融貸款條件將放寬，這為大灣區建設提供了有利條件。香港應該重點思考兩點：一是香港與大灣區相關城市的互聯互通有哪些「瓶頸」需要突破？可以規劃哪些基礎設施建設項目？二是香港建設國際創科中心、包括與大灣區其他城市在創科方面的合作還有哪些「瓶頸」需要突破？需要中央給予哪些具體的支持措施？香港應盡快梳理，並與有關各方溝通協商，上報中央，爭取支持。

中共中央政治局常委、全國政協主席汪洋 7 月 27 日在十三屆全國政協第七次雙週協商座談會上強調指出：「推進粵港澳大灣區建設，是以習近平同志為核心的黨中央作出的重大決策，是新時代推動『一國兩制』事業發展的新實踐」，「以穩中求進的總基調推進大灣區建設」。包括香港在內的「9+2」城市是大灣區建設的主體，也是大灣區建設主要的推動者、受益者，我們自己要主動作為，加強統籌協調，形成政策合力，扎實細緻工作，才能爭取到更多機遇。

擴開放，有利於香港參與「一帶一路」建設

中央經濟工作六大舉措的第四條指出：推進改革開放，繼續研究推出一批管用見效的重大改革舉措。要落實擴大開放、大幅放寬市場准入的重大舉措，推動共建「一帶一路」向縱深發展。

中國今年迎來的改革開放 40 週年。回頭看，當年對外開放的重點是對美開放，對美開放很快促成了對西方發達國家的開放，特別是 2001 年中國加入 WTO，意味着全面融入了由美國主導的全球貿易體系。但現在

的情況不同了，美國突然間要「關門築牆」，把中國隔離在外。在這種情形下，已成為世界第二大經濟體的中國怎麼辦？

習近平主席在今年 4 月博鰲論壇上主旨演講時表示：「中國開放的大門不會關閉，只會越開越大」。因為全國人民都明白，對改革開放 40 週年最好的紀念，莫過於推出新的、力度更大的改革開放舉措。中國擴大對外開放的着力點有兩個：一是大幅放寬市場准入。習主席在博鰲亞洲論壇上宣佈的中國擴大開放四大務實舉措，許多方面是前所未有的。二是拓展開放區域。美國對我們「關門築牆」，我們就要與其他經濟體擴大合作，拓展合作空間，包括「金磚國家」及「一帶一路」沿線國家。習主席不久前的中東非洲之行，就充分體現了中國擴大開放合作的堅定意願。

國家拓展對外開放空間，對於香港參與「一帶一路」建設是一個利好消息。「一帶一路」才剛剛起步，遇到一些麻煩和困難是預料之中的事情。香港應該看到其中的巨大商機，主動在「一帶一路」建設中尋找合適的合作項目，積極謀劃，把握先機。

客觀地分析，中央政治局會議釋放的六大信號都與香港有直接或間接的聯繫，但最關鍵的是上述幾點。香港應把握住關鍵點，利用好「一國兩制」的獨特優勢，順勢而為，主動作為，積極作為，最終才能有所作為。

（原載於《大公報》，2018 年 8 月 2 日）

從中央頻繁出台惠港政策
看共克時艱的強大合力

　　國務院近日宣佈取消 11 項行政許可，包括「台港澳人員在內地就業許可」。這意味着香港居民在內地工作均毋須申辦就業證，北上發展更為便利。就在一週前，國家藝術基金公佈，將向在內地工作學習的港澳台藝術工作者開放申報青年藝術創作人才資助項目，並鼓勵內地藝術單位、機構與港澳台藝術機構合作開展藝術創作和藝術活動，這是繼國家科研資金「過河」後的又一次資金「過河」。再追溯到國家主席習近平去年七一期間視察香港一年來，中央部委於去年 8 月和 12 月分兩批出台便利香港居民赴內地學習、居住、工作的政策。可以看出，這一年、特別是最近以來，中央惠港政策頻繁出台。

　　中央頻繁出台惠港政策，顯示出以習近平總書記為核心的黨中央、中央政府對香港、香港 700 萬同胞的親切關愛，顯示出中央支持香港融入國家發展大局、讓香港分享國家發展紅利的巨大誠意，這為香港打開了廣闊的發展空間，特別是為年輕人北上創業提供了有利條件。今時，雖然由美國挑起的中美貿易戰會給中國經濟造成暫時的困難，香港也會受到影響，但無論遇到什麼艱難險阻，祖國內地和香港都能形成共克時艱的強大合力，推進「一國兩制」行穩致遠。

　　經過一段時間的觀察，人們已經清楚地看到，由美國挑起的中美貿易戰並非「貿易戰」三個字那麼簡單，美國毫不諱言中國是其戰略競爭對手。以貿易戰為切入口，美國向中國發起了全面的攻擊，作為世界唯一的超級大國、世界第一大經濟體，美國越來越擔心中國崛起會挑戰其「世界老大」的地位，不惜使出各種手段全面阻止。

外部壓力激發內部合力

其實，西方一些人士並不瞭解中國人的性格，中國人有一個明顯的性格特徵：外部壓力越大，內部合力越大。回望百年，每到危難時刻，中國人總是能凝聚共識，形成合力，共克時艱。上世紀 30 年代，日寇侵華，半壁河山淪陷，國共兩黨雖有血仇大恨，但仍然捐棄前嫌，並肩抗戰，共逐日寇。上世紀 60 年代，中國既與美國等西方國家陷入冷戰，又與前蘇聯交惡，在與兩個超級大國對峙的孤立環境下，外部被圍得鐵桶一般，內部則形成了巨大合力，出人意料地搞出了「兩彈一星」，讓世界為之震驚。中國人的這種性格特徵也表現在抗擊各種災難之中。1997 年的亞洲金融風暴、2003 年非典、2008 年汶川特大地震，13 億中國人萬眾一心、眾志成城的強大力量震撼了世界，許多西方媒體不禁感嘆：「在災難中重新認識中國」。他們沒有想到，平時看上去並不怎麼團結的中國人，突然之間變得如此齊心一致、如此百折不撓、如此不畏艱險！

一個民族的性格決定了這個民族的命運，中華文明能夠持續五千年，在世界文明古國中是唯一沒有斷流的，正是緣於這種性格特徵。中國崛起之路注定不會平坦，由美國挑起的中美貿易戰僅僅是「遏制中國崛起」戰略的開始，中國暫時會蒙受損失，但外部壓力越大，內部合力越大，中國一定能形成共克時艱的合力，衝破難關，闖出一條新路。

制度優勢造就兩地合力

中央頻繁出台惠港政策，為香港融入國家發展大局「搭橋鋪路」，這充分顯示出「一國兩制」的巨大優勢，這種優勢是造就兩地合力的源泉。

時至今日，我們應該更深刻地認識到，「一國兩制」的制度安排，很好地處理了「合」與「分」的關係，顯示出越來越多的正面效應。一方面，在事關國家主權、安全和發展利益的重大問題上，在涉及到香港發展的重大問題上，體現出「合」的優勢。比如，回歸以來，香港借助國家提供的平台，以「中國香港」的身份參加了許多主權國家才有資格參加的國際組織，拓展了香港的發展空間；再比如，香港居民在海外遇到危險，作為中國公民，有強大的祖國做後盾，得到了及時救援救治。另一方面，在涉及

到香港發展方面，體現出「分」的優勢。香港保持原有的法律基本不變，香港是獨立的關稅區，香港享有行政管理權、立法權、獨立的司法權、終審權。這一切，使香港保持了發展活力。香港的營商環境是全球最優的，國際競爭力在全球名列前茅，香港是世界公認的自由港，是世界金融、貿易和航運中心。

在國家轉型發展的重要時刻，在香港發展遇到困難的緊要關頭，「一國兩制」的優勢體現得更加明顯。比如，建設創新型國家，粵港澳大灣區的「9+2」城市合力打造世界級創新中心，發揮各自優勢，在貢獻國家的同時成就自己；再比如，國家推動「一帶一路」建設，香港可以搭乘這趟快車開掘機遇。今時，中央不斷出台新政，更為香港釋放自己的優勢提供了有利條件，相信隨着粵港澳大灣區建設和「一帶一路」建設推向縱深，中央惠港政策將會越來越多、越來越密、越來越吸引香港民眾。

共同夢想催生巨大合力

中華民族偉大復興，不是輕輕鬆鬆、敲鑼打鼓就能夠實現的。復興之路上肯定會遇到不少挑戰、風險和困難。但香港和內地人民心中有共同夢想，這是形成強大合力的最重要精神動力。

1840 年以來，中國人遭受的屈辱太多，因而，民族復興的願望非常強烈。百年歷史漫長，我們不妨以上世紀 80 年代初那幾年來觀察。1981年、1982 年、1984 年，中國女排連續奪得世界杯排球賽、世界排球錦標賽、奧運會排球賽三個冠軍，實現了「三連冠」，一時間點燃了全中國人的激情，人們發自肺腑地喊出了「學習女排，振興中華」的口號，表達了民族復興的強烈願望，那一幕幕激動人心的情景令人動容，幾十年後還記憶猶新。也是在那個時段，香港拍攝的電視連續劇《霍元甲》1983 年在香港和內地播出，引來萬人空巷，尤其是那首主題歌讓人熱血澎湃：「萬里長城永不倒 / 千里黃河水滔滔 / 江山秀麗 / 疊彩峰嶺 / 問我國家那像染病 / 衝開血路 / 揮手上吧 / 要致力國家中興 / 豈讓國土再遭踐踏 / 這睡獅漸已醒。」同樣是在那個時段，香港歌手張明敏 1984 年錄製的《我的中國心》唱出了香港與祖國內地割不斷的親情，唱出了全中國人的心聲：「洋

裝雖然穿在身／我心依然是中國心／我的祖先早已把我的一切／烙上中國印／長江長城／黃山黃河／在我胸中重千斤／無論何時無論何地／心中一樣親！」

　　中華民族偉大復興，是祖國內地人民和香港同胞的共同夢想。今天，這一主流民意並沒有改變。回歸以來，祖國內地與香港的交流互動頻繁，經濟人文聯繫加深，香港盡享「背靠大樹好乘涼」的優勢，「共擔民族復興的歷史責任、共享祖國繁榮富強的偉大榮光」在香港有廣泛的民意基礎。

　　2012 年 11 月 29 日，習近平總書記在參觀「復興之路」展覽時，向全世界的華夏兒女提出了實現中華民族偉大復興的中國夢的奮鬥目標。總書記說：「這個夢想，凝聚了幾代中國人的夙願，體現了中華民族和中國人民的整體利益，是每一位中華兒女的共同期盼」。有夢想，才有未來。夢想是一個民族騰飛的翅膀。眼下，由美國挑起的貿易戰，以及今後可能出現的遏制中國的種種做法，都會給我們製造不少困難，但把這些困難放在中華民族偉大復興的大主題下審視，也算不了什麼。只要我們心中的夢想不滅，誰也阻擋不了我們前進的腳步。共克時艱，我們有足夠力量！

（原載於《大公報》，2018 年 8 月 6 日）

新時代僑界同圓共享中國夢的4個着力點

第十次全國歸僑僑眷代表大會昨日在京開幕，習近平總書記和李克強、栗戰書、汪洋、王滬寧、韓正、王岐山等黨和國家領導人到會祝賀，受黨中央和習近平總書記委託，中共中央政治局常委、中紀委書記趙樂際致辭。他指出，廣大歸僑僑眷和海外僑胞始終同祖國同呼吸、共命運、積極發揮獨特優勢，為我國改革開放和社會主義現代化建設，為堅持「一國兩制」、推進祖國統一，為傳播中華文化、加強中外交流合作，作出了積極貢獻。他說，以習近平同志為核心的黨中央高度重視發揮歸僑僑眷和海外僑胞的作用，希望廣大歸僑僑眷和海外僑胞傳播好中國聲音，讓世界瞭解中國；助力祖國發展，同圓共享中國夢；維護中華民族大義，做祖國統一、民族團結的促進派；弘揚中華文化，推動中外文明交流互鑒。

傳播中國聲音，最具優勢

這次大會是進入新時代召開的一次僑界盛會。趙樂際代表黨中央提出的四點希望，闡明了新時代僑界同圓共享中國夢的着力點。指向清晰，重點突出，廣大歸僑僑眷和海外僑胞理應發揮自己的優勢，在這四個方面着力，共擔中華民族偉大復興的歷史責任。

習近平總書記指出，中國發展離不開世界，世界發展離不開中國。趙樂際希望廣大歸僑僑眷和海外僑胞，發揮聯繫廣泛、融通中外的優勢，用豐富的事例、鮮明的視角、生動的語言，傳播好中國聲音，讓世界瞭解一個全面真實立體的中國。

當今世界正在發生歷史性變革。在這一變革過程中，中國的改革開放

以短短 40 年時間，走過了許多發達國家上百年走過的路，一躍而成為世界第二大經濟體，並在一些領域的創新從「跟跑」到「並跑」、「領跑」。中國的這種變化，讓某些國家不適應、不理解、不接受。他們不相信，一個有別於西方價值觀和社會制度的國家能夠創造如此奇蹟。於是，對中國各種各樣的看法、指摘、猜測、攻擊隨之而來，「中國崩潰論」與「中國威脅論」不絕於耳。中國到底是一個什麼樣的國家？中國憑什麼發展這麼快、這麼好？這既有過去 40 年間世界局勢相對和平穩定的外部原因，也有勤勞智慧的 13 億中國人艱苦打拚的內在原因。

如何讓世界更好地瞭解中國？廣大歸僑僑眷和海外僑胞是「中國故事」最合適的講述者，是「中國聲音」最恰當的傳播者。我們有責任、有義務、有能力把真實的中國推介給世界，讓中國在前進的道路上多一些理解和幫助，少一些誤讀和猜忌。

習近平總書記指出，實現中華民族偉大復興是海內外中華兒女共同的夢。趙樂際希望廣大歸僑僑眷和海外僑胞圍繞國家發展戰略和人民美好生活需要，各盡所能，各展所長，把僑界的資金、技術、管理、人脈等優勢和資源調動起來、發揮出來，為改革開放增添新的動力，為打贏三大攻堅戰獻計出力，為推進「一帶一路」建設牽線搭橋。

助力中國發展，舞台更大

今日之中國，已進入推進高質量發展的新階段。這階段的鮮明特徵是更加注重質量和效益，並把創新作為推動發展的第一動力。廣大歸僑僑眷和海外僑胞建功立業的舞台更大、機會更多、條件更好。比如，僑胞當中聚集着大批科技人才，站在科技創新前沿，可聚焦建設創新型國家戰略，尋找合作點，貢獻國家，成就自己。再比如，海外僑胞熟悉駐在國歷史文化、風土人情、創業環境，可以聚焦中國倡導的「一帶一路」建設，尋找發力點，為中國和駐在國之間的經貿合作、人文交流穿針引線。又比如，僑胞當中的一些人，熟悉發達國家環境治理、社會治理等方面的好做法，可以聚焦中國走向現代化遇到的一些難題，尋找着力點，提供可資借鑒的好經驗，助力中國治理體系現代化。

習近平總書記指出，團結統一的中華民族是海內外中華兒女共同的根。趙樂際希望廣大歸僑僑眷和海外僑胞以僑為橋，以血緣、地緣、語緣為基礎，以親情、鄉情、友情為紐帶，融洽同胞感情、增進民族共識，為保持香港澳門長期繁榮穩定、推進祖國和平統一進程發聲奔走、多作貢獻。旗幟鮮明地反對一切分裂國家、分裂民族的言論、行為和活動，促進各民族共同團結奮鬥、共同繁榮發展。

維護民族大義，義不容辭

維護民族大義，義不容辭。回首來路，海外僑胞始終有一顆愛國的赤子之心。抗戰時期，陳嘉庚等海外華僑捐款捐物，奔走呼號，共赴國難；中華人民共和國成立之初，錢學森、鄧稼先等科學家衝破重重阻力回國，在戈壁大漠隱姓埋名幾十載，搞出了我們自己的「兩彈一星」；當今中國，更湧現出了黃大年、南仁東等僑界楷模和優秀群體，為國家的科技創新嘔心瀝血。他們之所以如此執着，因為他們深知國家民族的命運與個人的命運密不可分。國家蒙難，民族危亡，海外僑胞與祖國人民一樣備受欺凌和歧視；國家強盛，民族興旺，海外僑胞和祖國人民一樣得到認可和尊重。

近代歷史證明，一個四分五裂的中國不可能強盛，一個沒有凝聚力的民族不可能興旺。維護國家統一是大義所在！海外同胞理應為國家統一、民族團結盡一分力量。

弘揚中華文化，功在千秋

習近平總書記指出，博大精深的中華文化是海內外中華兒女共同的魂。趙樂際希望廣大歸僑僑眷和海外僑胞要堅定文化自信、弘揚中華文化，不僅自己從中汲取精神力量，而且要發揮民間往來優勢，開展文化交流和文化活動，推進中外文明交流互鑒。

在世界文明古國中，中國是唯一沒有文明斷流的國家。這足以證明中華文化的優秀品質。中華文化具有強大的親和力、凝聚力和包容性。遠至堯舜時代，中國人就提出了一個道德理念：「克明俊德，以親九族；九族

既睦，平章百姓；百姓昭明，協和萬邦。」就是說，先由家族和諧，擴展到社會和諧，乃至不同邦族之間的和諧。「協和萬邦」由此成為中國文化的基因與核心價值之一。在綿延五千年的歷史長河中，「和」文化在中國逐漸形成。「君子和而不同」、「己所不欲，勿施於人」、「家和萬事興」、「和為貴」等理念深入人心。「和」文化是中華傳統文化中的瑰寶。弘揚中華文化，是廣大歸僑僑眷和海外僑胞應該做好的一件大事。

邁步新時代，應有大作為。廣大歸僑僑眷和海外僑胞一定能不負厚望，發揮各自獨特優勢，共襄民族復興偉業！

（原載於《大公報》，2018 年 8 月 30 日）

從習主席「兩個建設好」指示
看粵港合作難得機遇

—— 與祖國同呼吸共命運經歷
改革開放偉大進程系列評論之一

改革開放 40 週年的時間節點一天天接近，中國的發展進入了新時代，歷史再次證明：任何力量都阻擋不了中國前進的步伐！40 年前的粵港兩地，堅冰消融，春風拂面。40 年後的粵港兩地，相融互動，攜手共進。從去年「七一」習近平主席視察香港以來，中央出台多項措施，便利香港居民赴內地學習、交流、工作；今年中秋前夕，深港高鐵開通，粵港情、家國夢，在這個中秋團圓之日表現得更加濃烈；再過兩天，港珠澳大橋將會正式開通，這座世界上迄今最長的跨海大橋將縮短粵港兩地的時空距離。而更加宏偉的粵港澳大灣區規劃正在密鑼緊鼓地醞釀之中，南粵大地已經翻開新的發展篇章！

「兩個建設好」彰顯「不忘初心」

香港與祖國同呼吸、共命運，共同經歷改革開放偉大進程。此時此刻，港人清晰地記得習近平主席「兩個建設好」的重要指示。去年 7 月 1 日，在香港特區回歸 20 週年慶典上，習主席指出：「我們既要把實行社會主義制度的內地建設好，也要把實行資本主義制度的香港建設好。」視察香港期間，習主席還親自見證了《粵港澳大灣區合作框架協議》的簽訂。群之所為事無不成，眾之所舉業無不勝。從習主席「兩個建設好」指示看粵港，兩地相融互動、攜手發展迎來了難得的歷史機遇。

歷史發展，有其內在的邏輯。從改革開放啟動，到中英關於香港問題

的談判，到香港回歸，再到香港步入「弱冠之年」、行「成人禮」，「不忘初心」的邏輯線條非常清晰。

40 年前，鄧小平先生打開改革開放之門，提出了「一國兩制」解決香港問題的構想。其宗旨有兩條：一是維護國家主權、安全和發展利益；二是保持香港長期繁榮穩定。鄧公有兩句名言：「主權問題不容討論」，「香港舞照跳、馬照跑」，清晰地描述了「香港主權屬於中華人民共和國」和「香港原有資本主義制度和生活方式保持不變」兩大原則。

回歸一年前，香港曾出現「移民潮」，美國《財富》雜誌在香港回歸前夕甚至預言「香港已死」。然而，事實證明，「一國兩制」是歷史遺留的香港問題的最佳解決方案，也是香港回歸後保持長期繁榮穩定的最佳制度安排，是行得通、辦得到、得人心的。從 1997 年至 2017 年，香港本地生產總值年均實際增長 3.2%，在發達經濟體中位居前列。特別是把這些成就放到「1997 香港亞洲金融危機」、「2003 非典疫情」、「2008 國際金融危機」影響的大背景下來觀察，放到當前資本主義國家和地區的經濟社會大環境中作比較，殊為不易。正如習主席所說：「回歸後，香港自身特色和優勢得以保持，中西合璧的風采浪漫依然，活力之都的魅力更勝往昔。」

回望來路，中央貫徹「一國兩制」方針始終堅持兩點，一是堅定不移，二是全面準確。習主席「兩個建設好」的指示正是回應了當年恢復對香港行使主權的宗旨，彰顯了「不忘初心」的歷史邏輯，為粵港兩地攜手邁步新時代、開啟發展新篇章具有領航指路的重要意義。

「兩個建設好」指引粵港融合發展

今天的香港已經站在了新的歷史起點上。今天的廣東，也早已不是香港的「窮親戚」。2017 年，廣東省經濟總量達到 8.9 萬億人民幣。其中，深圳的經濟總量在 2017 年首次超過香港。鄧小平先生當年「再造一個香港」的願望已經變成現實。

如果說，改革開放之初，廣東的發展很大程度上得益於香港，是香港把傳統製造業轉移到珠三角，造就了「三來一補」的產業格局，拉動了廣

東經濟增長。那麼，今天的廣東，已經與香港齊頭並進，各具優勢，形成互補格局。經過改革開放 40 年的發展，廣東的產業結構已經發生巨大變化，勞動力密集的企業漸漸隱退，高端製造業成為主力。特別是與香港一河之隔的深圳，匯聚了華為、中興、騰訊、萬科、大疆、比亞迪等一批全球著名企業，是名副其實的「創新之都」。香港擁有「三大中心」的良好條件，並在科研方面具有獨特優勢，香港的科研優勢與廣東的高端製造業優勢實現對接，則可催生出許多具有國際競爭力的新產品、新產業，並可佔據產業鏈的上游，獲得可觀的收益。同時，香港的資本市場、航運條件，以及法律、仲裁、會計等行業，都可以為這些新興產業提供支撐。

習主席「兩個建設好」的指示，指引粵港融合發展。以粵港澳大灣區建設為載體，粵港合作呈現出新氣象。習主席去年視察香港以來，中央部委已出台多項政策，促進港人赴內地學習、就業、創業。由中共中央政治局常委、國務院副總理韓正任組長，廣東省主要領導和香港特區行政長官任成員的粵港澳大灣區建設領導小組，也召開了第一次會議，諸多制約發展的體制機制障礙正在研討破解之中，在融入國家發展大局的主基調下，粵港融合發展展現出美好前景。

「兩個建設好」啟迪粵港「並船出海」

世界經濟正在面臨新一輪調整期，全球化遇到挑戰，由美國挑起的中美摩擦，以及美國貿易保護主義、單邊主義的抬頭，給全球經濟帶來許多不確定性。面對這股逆流，習主席多次強調，中國開放的大門不會關上，只會越開越大。

香港面向世界、背靠祖國，在以習近平總書記為核心的黨中央、中央政府全力支持下，在國家堅定不移地推進改革開放的大前提下，香港未來依然擁有諸多有利的發展條件和獨特的競爭優勢。所謂「背靠祖國」，最現實、最直接的出路，就是與毗鄰的廣東省攜手闖國際市場。俗話說：「船小好調頭，船大抗風浪」。粵港兩地「並船出海」將會有很大作為，比如，參與「一帶一路」建設，香港可以發揮金融、法律、仲裁、會計等方面的優勢，廣東可以發揮高端製造業的優勢，一起為「一帶一路」沿線

國家和地區提供服務。

習主席「兩個建設好」的指示，啟迪粵港兩地「併船出海」。中央大力支持香港參與「一帶一路」建設，大力支持香港打造人民幣離岸中心，大力支持香港建設國際創科中心，大力支持香港與廣東攜手拓展國際市場。去年「七一」以來，中央部委在這些方面已經出台了一些政策，相信未來還會出台更多政策。粵港「併船出海」必定大有可為。

香港中聯辦主任王志民 8 月 31 日在《學習時報》上發表《把握粵港澳大灣區發展機遇，攜手打造國際科技創新中心》一文中說：「中央從國家發展全域和『兩個建設好』的戰略高度支持港澳與廣東這塊改革開放前沿陣地在共融中實現共建共享共贏的重大決策部署，不只限於經濟領域，還涵蓋科技以及教育、文化、體育、衛生等各個領域，為香港突破發展瓶頸提供了極其難得的機遇。」他希望香港抓住機遇，與廣東共謀發展，可謂一語中的。

南粵大地歷來領風氣之先。有習主席「兩個建設好」的指示為指引，有改革開放 40 年的歷史經驗為支撐，粵港兩地一定能在新時代書寫新輝煌篇章！

（原載於《大公報》，2018 年 10 月 22 日）

從習主席「三個親自」的舉措
看香港在大灣區的廣闊空間

—— 與祖國同呼吸共命運經歷
改革開放偉大進程系列評論之二

　　在改革開放 40 年的關鍵時間節點，領風氣之先的南粵大地再次令世人矚目。由中共中央總書記、國家主席習近平親自謀劃、親自部署、親自推動的粵港澳大灣區建設掀開了嶄新的一頁。去年七一期間，習主席視察香港時親自見證了國家發改委和粵港澳三地政府共同簽署《深化粵港澳合作推進大灣區建設框架協議》。今年 8 月，由中共中央政治局常委、國務院副總理韓正任組長的粵港澳大灣區建設領導小組召開第一次會議，香港特區行政長官林鄭月娥、澳門特區行政長官崔世安作為小組成員參加此次會議，粵港澳大灣區建設按下了「快捷鍵」。今年 9 月 23 日，廣深港高鐵開通；明天，港珠澳跨海大橋正式開通。

　　粵港澳三地在中國改革開放的大局中舉足輕重。以習近平總書記為核心的黨中央、中央政府高瞻遠矚，深謀遠慮，以全面深化改革、繼續擴大開放的大視野，從實現中華民族偉大復興的新高度，來謀劃粵港澳發展，把粵港澳大灣區建設上升為國家戰略，為香港未來發展提供了廣闊空間。

從單一經濟體到城市群經濟體

　　人類社會發展到今天，國與國、區域與區域之間的競爭已不是「領頭城市」之間的「單挑」，更多的是城市群之間的競爭。世界級城市群是經濟實力、科技水平、運行效率、對本國乃至全球經濟的拉動作用等多項指標構成的綜合體。當今世界排名前三位的城市群，美國擁有兩個：紐約灣

區和三藩市灣區；日本擁有一個：東京灣區。2017 年，美國的經濟總量為 19.36 萬億美元，位居世界第一；中國為 12.24 萬億美元，位居世界第二；日本為 4.8 萬億美元，位居世界第三。而中國目前還沒有一個與美日比肩、與自身實力匹配的世界級城市群。

經過改革開放 40 年的發展，廣東珠三角地區與香港、澳門形成了各具優勢的發展格局，具有打造世界級城市群的良好基礎。習近平總書記在黨的十九大報告中指出，要支持香港、澳門融入國家發展大局，以粵港澳大灣區建設、粵港澳合作、泛珠三角區域合作等為重點，全面推進內地同香港、澳門互利合作。

在習主席親自謀劃、親自部署、親自推動下，粵港澳大灣區建設上升為國家戰略，基本定位是：「建設富有活力和國際競爭力的一流灣區和世界級城市群。」

以粵港澳大灣區建設為起點，香港將從單一經濟體過渡到城市群經濟體。未來的香港，將與新加坡、澳洲等經濟體有本質不同。粵港澳「9+2」城市連為一體，攜手共進，且有中國內地強大的經濟實力為支撐，香港的現代服務業僅僅瞄準內地的實體經濟，就可獲得不少的訂單，香港的國際金融、貿易、航運三大中心地位將更加穩固，此外，中央大力支持香港建設國家創科中心，香港在坐擁「三個國際中心」的同時，有望建成第四個國際中心，國際競爭力將會大大提升。

從「分散創新」到「聯合創新」

回望來路，粵港澳三地在改革開放的偉大進程中，長期互動互補、相互促進，港澳與廣東珠三角形成了「前店後廠」的合作模式，港澳為「店」，珠三角為「廠」。然而，最近 10 年來，這一合作模式在逐漸改變，隨着廣東「騰籠換鳥」，低端製造業悄然消失，高端製造業漸成主力。如今的珠三角，互聯網經濟和高端製造業已全球領先，創新型企業不斷湧現，是中國內地最具創新活力的區域。與此同時，香港以深厚的科研基礎，在人工智能、生物醫學等領域也有多項成果領跑全球。但總體來看，粵港澳三地的創新都是分頭行動，尚未形成合力，粵港澳大灣區的建設，

將使該區域的創新行動從「分散創新」轉變為「聯合創新」，打造世界級的科技創新高地。

「聯合創新」為香港的創科發展打開廣闊空間。其一，香港擁有多間躋身世界前 100 強的研究型大學，「兩院」院士人數在華南地區也首屈一指，科研實力雄厚，香港的科研成果與珠三角的高端製造業對接，必能開發出許多新產品、新產業。其二，香港是國際金融中心，擁有龐大的金融人才隊伍，香港在「科技＋金融」上多做文章，不僅可以做大做強本港產業，而且可以在大灣區內支持創新，做大「金融科技」的蛋糕，獲得不菲的收益。其三，粵港澳大灣區建設將強化「9+2」城市之間的分工合作，避免內耗，增強合力，香港可以與灣區相關城市聯手，攻克世界級科技難題，並將創科成果推廣到世界各地，分享紅利。

總之，只要香港聚焦大灣區、對接大灣區、融入大灣區、聯手大灣區，就一定能發掘到更多「灣區機遇」。

從「小日子」到「一小時優質生活圈」

由習主席親自謀劃、部署、推動的粵港澳大灣區，將帶給大灣區人民更大獲得感和幸福感，這裏的民眾都在期盼、遐想和嚮往。粵港澳三地血脈相連、語言相通、風俗相近，往上追溯三代就會發現，香港和澳門居民的祖籍大多為廣東、福建。然而，由於歷史的原因和經濟發展水平的差異，三地長期各過各的「小日子」。

隨着改革開放 40 年的發展，內地與港澳的差距逐步縮小，近年來這一狀況在悄然改變，到廣東、福建兩省定居的香港老人越來越多。告老還鄉，落葉歸根，乃人之常情。粵港澳大灣區建設將打造「一小時優質生活圈」，未來的大灣區往來更加便利，將使香港居民的生活空間得到拓展，幸福指數全面提升。

香港地少人多，房價畸高，民怨頗多，多少年來，歷屆政府雖然付出不少努力，但收效不大。跳出香港看香港，跳出香港謀未來，則可使這一難題迎刃而解。香港擁有全球一流的醫療資源、教育資源、文化影視資源，以及世界一流的城市規劃設計團隊，可以與大灣區的廣東九市聯手，

在這些城市建設新家園，徹底擺脫「地域狹窄」帶來的各種困難和煩惱，而中央部委去年以來出台多項便利港澳居民赴內地學習、就業、創業、定居的新政，為此提供了政策支持，相信未來還會有更多的政策出台，「一小時優質生活圈」的夢想一定會實現。

香港中聯辦領導在今年 8 月 20 日的中聯辦一次會議上強調，粵港澳大灣區建設是改革開放和「一國兩制」兩大基本國策在新時代交融結合、同頻共振形成的國家重大區域發展戰略；是「一國兩制」理論與實踐的豐富與拓展，是深入貫徹落實習近平總書記關於治港治澳的重要思想和方略的重大舉措；是習近平總書記關心增進香港同胞福祉、「中南海直通香港」和香港同胞「相信自己、相信香港、相信國家」的生動寫照。這一深刻解讀全面系統地闡釋了大灣區建設的重大意義，為香港 700 萬同胞全面認識和積極參與大灣區建設提供了新視角。

千里之行，始於足下。回首昨天，香港與祖國同呼吸、共命運，積極參與改革開放偉大進程。面向未來，香港必能在習主席指引的方向和道路上，在大灣區的建設中貢獻國家、發展自己，推動「一國兩制」成功實踐、行穩致遠！

（原載於《大公報》，2018 年 10 月 23 日）

從習主席親自宣佈
港珠澳大橋開通
看香港邁向新時代的美好前景

—— 與祖國同呼吸共命運經歷
改革開放偉大進程系列評論之三

　　備受關注的港珠澳大橋昨日上午正式開通。中共中央總書記、國家主席、中央軍委主席習近平親自宣佈港珠澳大橋開通。習主席強調，港珠澳大橋的建設創下多項世界之最，非常了不起，體現了一個國家逢山開路、遇水架橋的奮鬥精神，體現了我國綜合國力、自主創新能力，體現了勇創世界一流的民族志氣。這是一座圓夢橋、同心橋、自信橋、復興橋。大橋建成通車，進一步堅定了我們對中國特色社會主義的道路自信、理論自信、制度自信、文化自信，充分説明社會主義是幹出來的，新時代也是幹出來的！習主席從奮鬥精神、創新能力、民族志氣的高度，指出了港珠澳大橋建成通車的重大意義，高瞻遠矚，激動人心，發人深思，催人奮進！

　　一橋連三地，天塹變通途。在改革開放 40 年的時間節點，在中共十九大召開一年之後，在粵港澳大灣區建設的關鍵時刻，習主席南下廣東，親自宣佈港珠澳大橋開通並巡覽大橋，賦予這座橋更為深刻的時代意義，標誌着港澳兩個特區融入國家發展大局邁出了歷史性一步，展現出香港邁向新時代的美好前景。

「兩制」之別不妨礙攜手合作

　　習主席深情地説，「大橋建成通車，進一步堅定了我們對中國特色社會主義的道路自信、理論自信、制度自信、文化自信」。「一國兩制」就

是「中國特色社會主義」的重要組成部分。這表明，中央貫徹「一國兩制」方針不會變、不動搖。

港珠澳大橋全長 55 公里，是世界上最長的跨海大橋，是世界上最長的鋼結構橋樑，僅主體工程的主梁鋼板用量就達 42 萬噸，相當於 10 座「鳥巢」體育場或 60 座艾菲爾鐵塔的重量。大橋建設中，中國科研人員攻克了大量技術難題，採取了一整套具有中國特色、世界水平的海洋工程防腐技術措施。這座大橋也是粵港澳三地首次合作共建的超大型跨海交通工程。事實證明，在「一國兩制」框架下，香港和內地完全可以攜手合作，創造世界奇蹟。

曾幾何時，有人感慨，香港對國家來說變得不重要了，理由是回歸前香港的經濟總量相當於內地的 18%，現在僅相當於內地的 3% 左右；而一河之隔的深圳，不僅經濟總量超越了香港，而且在互聯網經濟和創新科技等方面也把香港甩在了身後。一些人甚至擔心香港會被內地「吃掉」，變成另一個北京、上海，「一國兩制」會變成「一國一制」。事實證明，這些擔心是杞人憂天。香港在國家戰略中具有不可替代的特殊地位，兩種不同的社會制度並不妨礙香港與內地合作，在民族復興的偉大旗幟下，香港和內地完全可以攜手奮進新時代。

香港在粵港澳大灣區舉足輕重

香港 700 萬同胞都清楚，粵港澳大灣區建設是習主席親自謀劃、親自部署、親自推動的重大國家戰略。去年七一期間，習主席在香港親自見證了國家發改委和粵港澳三地政府共同簽署《深化粵港澳合作推進大灣區建設框架協議》。一年多來，在習主席的親自關心下，國家部委出台了多項便利香港居民赴內地學習交流、就業創業的措施，並解決了科研基金、藝術基金「過河」的問題，這次港珠澳大橋開通，習主席又親臨現場。這再次證明，粵港澳大灣區在國家大局中舉足輕重，香港在粵港澳大灣區舉足輕重。

今日中國，發展到了爬坡上坎的關鍵時刻，勞動密集型、資源消耗型的產業已沒有出路，要避免步入「中等收入陷阱」，必須讓科技創新成為

推動發展的新動能。於是，建設創新型國家，成為必然選擇。放眼神州，哪裏的土壤最適合創新？作為中國改革開放前沿陣地的南粵大地，40 年前敢為天下先，今天仍然是創新實踐的最佳區域。粵港澳大灣區正是在這種時代背景下橫空出世的。粵港澳大灣區定位為：「建設富有活力和國際競爭力的一流灣區和世界級城市群」，意味着在國家發展大局中要發揮「領頭羊」的作用，足見其重要地位。

在粵港澳大灣區「9+2」城市中，香港具有不可替代的重要地位。香港是國際金融、貿易、航運中心，在金融、會計、法律、仲裁等諸多領域人才濟濟，香港在科研、教育、醫療、影視等領域同樣具有非常明顯的優勢。香港的優勢與大灣區其他城市具有明顯的互補性，如能攻破體制障礙，實現創新要素的快速流動，則能釋放巨大「能量」，令該區域的創新局面煥然一新。因而，中央大力支持香港建設國際創科中心，這為香港提升國際競爭力提供了難得的歷史機遇，為香港邁步新時代規劃了一條寬闊道路。

香港融入國家發展大局正當其時

習主席親切地説，港珠澳大橋是一座圓夢橋、同心橋、自信橋、復興橋。一座大橋，跨越三座城市，圓了港澳同胞與內地民眾的團圓之夢，它是圓夢橋；一座大橋，跨越兩種不同的社會制度，體現了同胞深情，展示了「一國兩制」的無窮魅力，它是同心橋；一座大橋，創造了諸多「世界之最」，令世人矚目，增強了中國人的自信心，它是自信橋；一座大橋，連接起了粵港澳三地民眾共同致力於民族復興的偉大夢想，它是復興橋。習主席對港珠澳大橋的精彩比喻，再次彰顯出習主席對中華民族偉大復興的百倍信心；體現出習主席希望港澳兩個特區，與祖國同奮鬥共繁榮的深情厚望；展露出習主席對港澳同胞殷殷關懷之情和滿滿祝福之意。

中共中央政治局常委、國務院副總理韓正在開通儀式致辭中表示，港珠澳大橋建成開通，對於支持香港、澳門融入國家發展大局，全面推進內地、香港、澳門互利合作具有重大意義，要將港珠澳大橋打造成為聯結粵港澳三地的「民心橋」。韓副總理的講話，昭示香港融入國家發展大局，

正當其時。

在香港，雖然中西文化相互交融，但香港與內地書同文、話同音，中華文化仍是根和魂，「融入」是血脈親情之選擇。香港外向型經濟特徵明顯，全球市場稍有風吹草動，必然波及香港，有祖國內地作支撐，香港則可把損失降到最低限度，「融入」是抵禦風險之選擇。繁榮穩定是香港居民的追求，也是內地居民的追求，香港夢是中國夢的一部分，「融入」是實現夢想之選擇。香港中聯辦領導多次在香港公開宣講習近平新時代中國特色社會主義思想時説，香港發展的每一步都和國家緊密相連，「國家所需」成就香港、「香港所長」貢獻國家，當「香港所長」與「國家所需」緊密結合時就會迎來香港發展的黃金時代。

習近平主席親自宣佈港珠澳大橋的開通，預示着香港發展黃金時代的到來。昨天，香港與祖國同呼吸共命運經歷改革開放偉大進程；今天，700萬香港同胞有足夠的信心，與內地同胞攜手邁向新時代，書寫發展新成就！

（原載於《大公報》，2018年10月24日）

從習主席「四個始終」要求
看香港聚焦發展的不竭動力

——與祖國同呼吸共命運經歷
改革開放偉大進程系列評論之四

習近平主席親自宣佈港珠澳大橋開通，將這座連接廣東、香港和澳門的大橋喻為一座圓夢橋、同心橋、自信橋、復興橋，讓香港同胞倍感興奮、備受鼓舞，對香港的未來充滿信心。

在去年七一慶祝香港回歸 20 週年大會上，習主席對香港提出四點希望：始終準確把握「一國」和「兩制」的關係，始終依照憲法和基本法辦事，始終聚焦發展這個第一要務，始終維護和諧穩定的社會環境。一年多來，香港按照「四個始終」的要求，解決「一國兩制」在香港實踐中遇到的新情況、新問題，社會矛盾逐漸化解，發展重點更加清晰，憲法和基本法構成的憲制秩序得到維護，香港與內地的關係越來越和諧有序。實踐證明，習主席「四個始終」的要求，不僅為「一國兩制」在港實踐指路領航，也為香港聚焦發展提供了不竭動力。

祖國內地力挺香港

習主席指出，要始終準確把握「一國」和「兩制」的關係，「一國」是根，根深才能葉茂；「一國」是本，本固才能枝榮。習主席深刻闡釋了「一國」與「兩制」的關係。他要求，要把堅持「一國」原則和尊重「兩制」差異、維護中央權力和保障香港特別行政區高度自治權、發揮祖國內地堅強後盾和提高香港競爭力有機結合起來。

一年多來，以行政長官林鄭月娥為首的特區政府堅決履行憲制責任，

引導香港各界樹立和強化國家意識、民族意識。去年 10 月，林鄭在發佈的任內首份施政報告中說：「我們每一個熱愛香港的人都有責任全面準確地確保『一國兩制』在香港沿着正確方向前進、都有責任向任何衝擊國家主權、安全、發展利益的行為說『不』、都有責任培養下一代成為具國家觀念、富香港情懷和對社會有承擔的公民。」10 月 10 日，她在任內第二份施政報告中指出：「為防微杜漸，我們亦加強了各界對憲法、基本法和國家安全的瞭解，在香港社會加強樹立『一國』意識。」這是 21 年來，施政報告首次強調要對國家憲法宣傳教育。

依法治港開啟新篇

強化「一國」意識，使得香港同胞進一步明確了香港的角色地位，為香港融入國家發展大局、搭乘國家發展快車提供了有利條件。一年多來，粵港澳大灣區建設上升為國家戰略，香港建設國際創科中心得到中央支持，中央政府還出台多項惠港新政，從制度層面力挺香港，充分體現了「堅強後盾」的巨大作用，使香港更有底氣、有實力、有自信。

習主席指出，要始終依照憲法和基本法辦事。他強調，在落實憲法和基本法確定的憲制秩序時，要把中央依法行使權力和特別行政區履行主體責任有機結合起來，要完善與基本法實施相關的法律制度和機制，要加強香港社會特別是公職人員和青少年的憲法基本法教育。習主席清晰地指出了依法治港的重點和要害。

一年多來，特區行政、立法和司法機關依法打擊「港獨」勢力。特區政府向立法會遞交《國歌法》香港本地立法的討論文件，推動人大常委會決定在港落實；立法會修訂《議事規則》，有效遏制了「為反而反」的現象，提高了議事效率；高等法院依法判決「旺角暴亂」的涉案人員梁天琦、盧建民、黃家駒等有期徒刑，特別是高等法院依法判決游蕙禎、梁頌恆、羅冠聰、梁國雄、劉小麗、姚松炎 6 名立法會議員的宣誓沒有法律效力，取消其議員資格，正是依據全國人大常委會對香港基本法第一百零四條作出的司法解釋、《宣誓及聲明條例》的條文及參考相關案例做出的判決，是「人大釋法」與「法院判決」有效銜接的經典案例，可圈可點。

憲法和基本法是維護香港繁榮穩定的「定海神針」。事實證明，依照憲法和基本法辦事，校正了「一國兩制」在香港走樣變形的偏差，彰顯了香港的法治精神，為依法治港開啟了新篇章。

發展難題正在破解

習主席指出，要始終聚焦發展這個第一要務。發展是永恆的主題，是香港的立身之本，也是解決香港各種問題的金鑰匙。

一年多來，林鄭帶領特區政府管治班子在推進發展上有諸多作為。其一，創科發展邁出新步伐。林鄭親自領導一個高層次、跨部門的「創新及科技督導委員會」，特區政府計劃在本屆政府五年任期內將本地研發總開支由目前佔生產總值的 0.73% 增加至 1.5%；同時，力推香港與深圳共同發展落馬洲河套地區「港深創新及科技園」。其二，融入粵港澳大灣區展現新姿態。林鄭率領政府相關官員多次造訪廣東相關城市，推動產業對接、創新平台對接、政策對接、制度對接，並將成立由她自己任主席的粵港澳大灣區建設督導委員會。其三，在破解發展難題上有「大手筆」。她不久前發佈的施政報告推出「明日大嶼願景」，計劃填海造地 1,700 公頃，可供百萬人口居住，並將其打造為香港的第三商業中心，在建設過程中還將提供約 34 萬個就業職位。

地域狹小是香港「先天不足」的劣勢，但不能「坐困愁城」。事實證明，只要聚焦發展這個第一要務，放寬眼界，開動腦筋，事不畏難，就能找到破解難題的出路和良方。

和諧氛圍日漸濃厚

習主席指出，始終維護和諧穩定的社會環境。他語重心長地說：「香港雖有不錯的家底，但在全球經濟格局深度調整、國際競爭日趨激烈的背景下，也面臨很大挑戰，經不起折騰，經不起內耗。」

一年多來，林鄭與香港特區行政、立法、司法機關，以及社會各界和廣大市民共同努力， 邪氣、扶正氣、促和氣，和諧氛圍日漸濃厚。其一，「違法達義」受到法律懲罰。高等法院對非法「佔中」期間違反禁制

令的黃之鋒、羅冠聰、周永康等人作出改判，判決監禁 6-8 個月，也是對「違法達義」歪理邪説判了「死刑」，具有鮮明的樣本作用。其二，「有序民主」氛圍日漸濃厚。立法會「拉布」「流會」現象明顯減少，今年 4 月，來自不同政黨的 32 位立法會議員在林健鋒議員帶領下考察廣東深圳、東莞、佛山、廣州 4 市，表現出參與大灣區建設的積極姿態。其三，深層次矛盾逐步化解。在解決住房、扶貧、減税等方面，特區政府都有新政出台，並關注青年學業、事業及置業，鼓勵青年議政、論政及參政等。「和氣致祥，乖氣致異」。事實證明，和諧穩定的氛圍如同氧氣，讓香港社會煥發出勃勃生機。

改革開放 40 年來，香港與祖國同呼吸共命運，共同書寫了輝煌歷史；面向未來，香港要與祖國同繁榮、共進步，正如香港中聯辦主任王志民在中共十九大期間接受記者採訪時所説：「在國家實現『兩個一百年』奮鬥目標和中華民族偉大復興的進程中，香港不會也不應缺席！」

習主席「四個始終」的要求指路領航，13 億內地人民鼎力支持，香港 700 萬同胞共同努力，今天的香港擁有不竭的發展動力，「一國兩制」在香港的實踐必能行穩致遠、取得更大的成就！

（原載於《大公報》，2018 年 10 月 25 日）

從習主席「改革開放永不停步」 宣示看香港發展的寬廣

——與祖國同呼吸共命運經歷 改革開放偉大進程系列評論之五

大潮起珠江，澎湃 40 載。在改革開放 40 年的關鍵時間節點，中共中央總書記、國家主席、中央軍委主席習近平來到珠江之畔。在參觀「大潮起珠江 —— 廣東改革開放 40 週年展覽」後，習主席情深意長地說：「再一次來到深圳，再次來到廣東，我們就是要在這裏向世界宣示：中國改革開放永不停步！下一個 40 年的中國，定當有讓世界刮目相看的新成就！」

這是繼中共十八大之後的 2012 年 12 月習主席在廣東考察時發出「改革不停頓、開放不止步」之後，再次向世界做出的莊嚴宣示。這句話鏗鏘有力、擲地有聲，與習主席以往改革開放的金句遙相呼應。這讓人想起習主席在今年 4 月 10 日舉行的博鰲亞洲論壇上說：「中國開放的大門不會關閉，只會越開越大！」這讓人想起習主席發表 2018 年新年賀詞時說：「逢山開路，遇水架橋，將改革進行到底」；這讓人想起習主席 2015 年 3 月 5 日參加十二屆全國人大三次會議上海代表團審議時說：「唯改革者進，唯創新者強，唯改革創新者勝」；這讓人想起習主席 2012 年 12 月 31 日在十八屆中共中央政治局第二次集體學習時說：「改革開放只有進行時，沒有完成時」⋯⋯

改革開放，這一深刻改變了中國命運的重大變革，讓中國從面臨「被開除地球球籍的危險」，發展成為世界第二大經濟體，進入了鴉片戰爭以來 170 年間最強盛的歷史時期。改革開放，也給香港創造了難得的發展機遇，以改革開放為契機，香港成功地將製造業轉移到內地，華麗轉身為

「國際金融、貿易、航運中心」，展現出強勁的競爭力。今天，習主席「改革開放永不停步」的宣示，給香港同胞以巨大鼓舞和信心，香港的發展之路定會越走越寬廣。

改革，讓香港高效便捷接軌內地

中國的南海邊，和風煦煦，暖意融融。站在這塊改革開放的熱土上，回望過去 40 年，習主席振聾發聵地説：「下一個 40 年的中國，定當有讓世界刮目相看的新成就！」這，源於對改革成果的欣慰；這，源於對改革前途的自信。

如果把 80 年作為一個時間單元來看，上一個 40 年，可以看作改革開放的「上半場」；下一個 40 年，可以看作改革開放的「下半場」。改革在「上半場」的主要特點是「摸着石頭過河」，注重基層探索。改革的「下半場」更加注重「頂層設計」，漸漸進入「有序改革」的階段。從搭建「四樑八柱」，到開闢自貿區「試驗田」，可以看出，這一輪改革都是在預先鋪好的軌道上運行，改革的方向、目標、程序和重點都一目瞭然。準確把握這一特徵，是香港與內地實現有效對接、融入國家發展大局的前提和基礎。

應該説，新一輪改革有利於香港快速便捷地與內地「接軌」，隨着制約發展的藩籬在改革的進行曲中被打破，雙方的合作將更加緊密。以政府服務改革為例，以往港人赴內地投資，常常抱怨地方政府辦事程序繁瑣、辦事效率低下，最近幾年，內地政務服務水平提升很快，「打通最後一公里」、「讓群眾最多跑一次」，以及取消諸多行政審批事項，實施「負面清單制度」等等，令政務服務煥然一新。再以誠信建設為例，以往外商到內地投資，總是擔心一些地方誠信體系不健全，最近幾年，內地借助互聯網的強大覆蓋功能，建立起了超大的誠信監督體系，投資者隨時可以查詢「黑名單」，無論是自然人、還是法人，失信一次，殃及終身；多次失信，寸步難行。

改革，優化了內地的投資環境，有利於港人赴內地創業。與此同時，去年以來，中央出台了許多便利港澳台居民往來內地的新政，落實港澳台

居民的「國民待遇」，這些都是推動香港與內地「接軌」的改革之舉。尤其令人振奮的是，習主席親自謀劃、親自部署、親自推動的粵港澳大灣區建設，勾畫出了大灣區的美好藍圖。大灣區要在「一個國家，兩種制度，三個關稅區，三種貨幣」的現有格局下推進，必須改革原有的體制機制，推動「9+2」城市之間接軌，充分釋放粵港澳三地的巨大能量。這一切，將給香港帶來巨大實惠。由此觀之，深入持續改革是利港之舉！

　　當今世界正在發生着一場變革。「美國優先」令貿易保護主義、單邊主義抬頭，逆全球化勢力正在挑戰現有的世界貿易格局，由美國挑起的中美、美歐、美日、美加貿易摩擦還在持續發酵。作為一個開放型經濟體，香港面臨的風險不言而喻。

開放，讓香港發展路子越走越寬

　　作為世界第二大經濟體、第一大工業國、第一大貨物貿易國、第一大外匯儲備國的中國怎麼辦？人們看到，中國對美方「對等還擊」之外，並沒有關上開放的大門。今年 4 月 10 日，習主席在博鰲亞洲論壇上說：「中國開放的大門不會關閉，只會越開越大！」同時提出了中國擴大開放的四項務實措施，包括大幅度放寬市場准入，創造更有吸引力的投資環境，加強知識產權保護，主動擴大進口。今年 7 月，中國和德國就汽車領域簽署合作協定，德國寶馬公司持股由 50% 調整至 75%，成為首家在華持股額度超過 50% 的外國企業。不久之後的 11 月初中國國際進口博覽會將在上海舉行，中國張開臂膀歡迎世界各國，擴大進口。與此同時，在 WTO 規則受到嚴峻挑戰的情況下，中國沒有「只掃自家門前雪，不管他人瓦上霜」，而是以積極主動的姿態，與歐盟、日本、東盟等展開貿易磋商，維護世界貿易規則，以實現各方利益最大化。

　　中國的開放姿態，對於「一國兩制」下的香港是一大幸事，將使香港發展找到更多出路。比如，轉口貿易在香港的貿易總量中比重較大，隨着中國內地擴大對歐洲、非洲的貿易，香港完全可以憑藉自身在貿易、航運、會計、法律、國際仲裁等領域的優勢，與內地企業攜手合作，開拓市場。再比如，中國堅定不移地推動「一帶一路」建設、推動「金磚國家」

合作，香港都可以參與其中，特別是發揮金融方面的優勢，為相關各方提供金融服務。總之，只要中國堅定不移地推進改革開放，香港一定能在「國家所需」和「香港所長」的結合點上找到機會，拓寬發展之路。

香港在「永不停步」的新時代前行

香港中聯辦領導在香港公開宣講中共十九大和全國「兩會」精神時一直説，新時代改革開放為香港融入國家發展大局提供了時代機遇、戰略機遇，在改革開放的歷史實踐中，「祖國好，香港好；香港好，祖國更好」已經成為改革開放所成就的「中國故事」的精彩篇章。

「改革開放永不停步」——習主席氣壯山河的宣示，響徹在珠江兩岸，激盪在國人心中，也久久飄揚在獅子山下。相信自己，相信香港，相信國家。面向未來，「一國兩制」下的香港，一定能在歷史前進的邏輯中前進、在時代發展的潮流中發展，在改革開放的大潮中取得令世人矚目的新成就！

（原載於《大公報》，2018 年 10 月 26 日）

從習主席上海講話
看香港應有何作為？

　　中國開放的大門越開越大，中國改革的力度和廣度前所未有。在改革開放 40 週年的關鍵時間節點，中共中央總書記、國家主席習近平發出了「改革再出發」的時代最強音！

　　在中國國際進口博覽會開幕式上，習主席宣示：「中國推動更高水平開放的腳步不會停滯！」在上海考察期間，習主席指出「堅定改革開放再出發信心和決心」；再追溯到最近半個月，習主席在視察廣東時向世界宣示：「中國改革開放永不停步！」習主席在主持民營工作座談會時強調：「我們毫不動搖鼓勵、支持、引導非公有制經濟發展的方針政策沒有變！」

　　「四十而不惑」。歷經四十年波瀾壯闊的改革開放，中國走向未來的腳步更加堅定、更加穩健、更加自信，不怕風風雨雨，不畏前路艱險，不懼任何壓力。在國家日益繁榮昌盛、開放包容的大背景下，香港的發展之路也會越加寬廣，呈現出美好發展前景。「改革再出發」不僅是對上海、對祖國內地的新要求，也是對香港的新要求。香港應抓住機遇，積極作為，落實好「改革再出發」的新要求。

「改革再出發」是「新南巡講話」重要內容

　　世界局勢的風雲變幻，預示着什麼？下一個 40 年，中國的路怎樣走？習主席在上海視察時指出：「我們仍然處在大有可為的歷史機遇期，前景十分光明，挑戰也十分嚴峻。現在，我國發展外部環境發生明顯變化，我國經濟已由高速增長階段轉向高質量發展階段，發展不平衡不充分問題和各種週期性、結構性、體制性因素交織疊加在一起，加大了工作難度。但

是，只要我們保持戰略定力，集中精力辦好自己的事情，我們認準的目標就一定能實現。」

這是對國情、世情做出深刻分析後做出的判斷，這是對外部壓力和內部動力進行綜合分析後做出的判斷，這是站在中華民族偉大復興高度做出的判斷，這體現出以習近平總書記為核心的黨中央、中央政府的洞察力、決斷力和處變不驚的非凡定力。「任憑風浪起，穩坐釣魚船。」集中精力辦好自己的事情，就是應對外部各種不利因素的上上之策，就是對「中國威脅論」、「中國崩潰論」等各種聲音的最好回答，就是對改革開放 40 週年的最好紀念。

1992 年的春天，鄧小平視察廣東、上海等地，發表了推動中國歷史進程的「南巡講話」。南粵大地，歷來領風氣之先，以深圳特區的建立為標誌，改革開放的第一筆落筆廣東，書寫了「深圳速度」、「深圳效率」的傳奇。浦江兩岸，歷來是開放前沿，以浦東開發開放為標誌，改革開放的第二筆落筆上海。四十年間，滬粵兩地並駕齊驅，把中國的改革開放引向了新高度。在改革開放 40 年的關鍵時間節點，習主席半個月裏兩次南巡：到廣東，他親自宣佈粵港澳大橋竣工通車；赴上海，他在中國國際進口博覽會上發表主旨演講；在浦東，他登上中國第一高樓，俯瞰浦江兩岸，發出「改革再出發」的最強音。習主席在上海的講話是「新南巡講話」的重要組成部分，在上海「堅定改革開放再出發信心和決心」與在廣東「中國改革開放永不停步」共同構成了「新南巡講話」的精神內核。

「改革再出發」是對全國發出的總動員令

改革開放如何向縱深推進？習主席視察上海時指出，要進一步解放思想，準確識變、科學應變、主動求變，堅決破除條條框框、思維定勢的束縛，深入推進重要領域和關鍵環節改革。

哪些重要領域和關鍵環節亟待突破？習主席指出，加強系統集成，繼續抓好國資國企、民營經濟、商事制度、社會信用、人才發展、城市管理、民生保障等改革舉措的完善和落實，放大改革綜合效應。要深化資本市場改革，吸引培育本土更多科創企業發展壯大。要瞄準最高標準、最高

水平，優化政務服務，打造國際一流營商環境。要在更深層次、更寬領域、以更大力度推進全方位高水平開放，為長遠發展夯實基礎。要帶頭貫徹鼓勵、支持、引導民營企業發展的政策舉措，為民營企業發展創造良好制度環境。

與 40 年前改革剛剛啟動時不同，今天的改革已經從「摸着石頭過河」變為「頂層設計＋精準施策」。因而，習主席在要求「破除條條框框、思維定勢的束縛」的同時，要求「準確識變、科學應變、主動求變」。這其中蘊含着「精準施策」的新要求，要防止「改革走偏」、「改革無序」、「改革無效」等「改革亂象」，始終保持改革的正確方向，始終聚焦人民群眾的最根本利益，讓改革的成本最小化、效益最大化，讓人民群眾從改革開放中得到實惠，提升幸福感、安全感、獲得感。——這是新一輪改革開放的大方向、大原則。習主席要求「加強系統集成」、「深化資本市場改革」、「打造國際一流營商環境」、「推進全方位高水平開放」。——這是改革需要攻克的重點和關鍵。

綜觀習主席視察上海時的講話，不僅指出了「改革再出發」的方向和路徑，還劃出了重要領域和關鍵環節。上海是內地最發達的城市，上海將繼續引領中國新一輪改革。習主席上海講話不僅是對上海「改革再出發」提出的新要求，更是對全國「改革再出發」發出的總動員令！

「改革再出發」促香港積極作為

中國的「改革再出發」是在什麼背景下推進的？習主席在視察上海時的講話中強調：「中華民族偉大復興絕不是輕輕鬆鬆、敲鑼打鼓就能實現的。」這就是把「改革再出發」置於中華民族偉大復興的背景下來觀察和思考。

中華民族偉大復興，是包括香港同胞在內的海內外中華兒女共同的夢想，是百餘年來無數仁人志士終身奮鬥的目標。在民族復興的路上，香港不應、也不會缺席！在「改革再出發」的路上，香港同樣不應、也不會缺席！

回首過去 40 年祖國內地的改革開放歷程，香港是推動者、貢獻者，

也是受益者。香港地域狹小，借改革開放所賜良機，香港成功地把製造業轉移到內地，集中力量發展「含金量」更高的現代服務業，建成了國際金融、貿易和航運中心。面向未來，香港依然有條件成為內地繼續深入改革開放的推動者、貢獻者和受益者。以粵港澳大灣區建設為例，中央大力支持香港建設國際創科中心，如果香港的科研優勢與珠三角的高端製造業優勢能夠有效對接，香港在保持「三個國際中心」的基礎上，還有望建成「第四國際中心」，香港的國際競爭力將達到新水平。再以內地擴大開放為例，隨着降低關稅、放寬市場准入、營造國際一流營商環境、打造對外開放新高地等措施的實施，中國將從貿易大國變為貿易強國，將為香港提供無限商機。如果再以大視野來觀察，「一國兩制」下的香港，對於內地改革開放具有不可替代的特殊作用，香港的許多機遇是具有明顯的「唯一性」。投身「改革再出發」偉大征程，香港責無旁貸，也將受益匪淺。

「改革再出發！」習主席已經發出總動員令。香港應主動對接內地，聚焦「國家所需，香港所長」，積極作為，貢獻國家，發展自己，書寫下一個 40 年！

（原載於《大公報》，2018 年 11 月 9 日）

習主席關愛香港，
激勵港人奮發有為再譜新篇

　　由行政長官林鄭月娥為團長的香港特區代表團正在北京，參加慶祝國家改革開放 40 週年活動。代表團由 160 多位社會各界人士組成，今日將獲中共中央總書記、國家主席習近平的親切接見。這再次彰顯了以習近平總書記為核心的中共中央、中央政府，對「香港貢獻」的感謝，對「香港力量」的重視，對香港同胞的關愛，對香港繼續發揮「一國兩制」獨特優勢「服務國家，發展香港」的殷殷期待。

　　從親自參加香港回歸 20 週年的「成人禮」，到親自宣佈港珠澳大橋開通；從親自謀劃、親自部署、親自推動粵港澳大灣區建設，到督促中央部委出台便利港人赴內地交流的新政；從給 26 位香港「少年警訊」成員回信、關心他們成長，到為 24 位香港「兩院」院士回信、支持香港建設國際創科中心；從對「二・一〇」車禍亡者家屬的慰問，到對饒宗頤先生、金庸先生逝世的悼念……香港同胞深深感受到習主席對香港的深情關愛、惦念和期望。習主席對香港的親切關懷，點燃了香港同胞夢想和激情，激勵港人與祖國同進步、共繁榮，書寫發展新篇章。

融入國家發展大局蹄疾步穩

　　「一國兩制」下的香港如何拓展發展空間？習主席多次強調，支持香港融入國家發展大局。在去年七一出席香港回歸 20 週年慶典講話中，習主席指出：「我們既要把實行社會主義制度的內地建設好，也要把實行資本主義制度的香港建設好。」

　　一年多來，按照習主席的指示要求，香港融入國家發展大局蹄疾步

穩，有序推進。就在上週，復旦大學等 8 間上海大學與香港大學等 8 間香港大學簽署協議，成立「滬港高校聯盟」，這是繼「粵港澳高校聯盟」、「京港高校聯盟」之後，香港與內地籌組的第三個「高校聯盟」。也是在上周，四川省委書記彭清華率四川黨政代表團赴港，「川港合作」揭開新篇章。這是繼今年 5 月林鄭月娥率團赴川參加「川港合作會議」之後，兩地間的又一次握手。再往前追溯兩個月，港珠澳大橋竣工通車，一橋跨越大海，三地相通相融；深港高鐵開通運營，港人北上，半小時進入珠三角，8 小時可抵京津滬。

融入國家發展大局，粵港澳大灣區建設是香港最直接、最現實、最重要的「接口」。今年以來，中共中央政治局常委、國務院副總理韓正多次赴大灣區調研，聽取港澳特區的匯報，粵港澳大灣區建設領導小組第一次全體會議召開，林鄭月娥作為領導小組成員參與決策。這一年，香港特區政府還多次與廣東省政府對接，為香港下一步參與大灣區建設奠定了基礎。

特別值得一提的是，今年「兩會」期間，港區部分全國政協委員提交了《發揮香港各界人士在國家脫貧攻堅戰中作用》的提案，6 月，香港各界扶貧促進會成立，協助四川南江縣 2018 年實現整縣脫貧「摘帽」目標。香港中聯辦領導感慨地說：「中央沒有安排香港參與定點扶貧的任務，但香港各界有識之士勇於擔當，主動提出作為中華民族的一分子，香港有責任、也有能力參與其中，愛國情懷和責任擔當令人敬佩！」

化解發展難題實現各個突破

習主席去年七一視察香港時提出「四個始終」的要求。他特別強調，要始終聚焦發展這個第一要務。發展是永恆的主題，是香港的立身之本，也是解決香港各種問題的金鑰匙。

習主席說：「香港背靠祖國、面向世界，有着許多有利發展條件和獨特競爭優勢。特別是這些年國家的持續快速發展為香港發展提供了難得機遇、不竭動力、廣闊空間。香港俗語講，『蘇州過後無艇搭』，大家一定要珍惜機遇、抓住機遇，把主要精力集中到搞建設、謀發展上來。」

按照習主席的要求，一年多來，由林鄭掌舵的特區政府管治班子在發展上下足工夫，積極作為，呈現出不少亮點——

打破「坐困愁城」僵局，提出「明日大嶼願景」計劃。林鄭在上個月發佈的任內第二份施政報告中提出「明日大嶼願景」，計劃填海造地 1,700 公頃，可供百萬人口居住，並將其打造為香港的第三商業中心，在建設過程中還將提供約 34 萬個就業職位。此舉可從根本上破解香港「地域狹小」的難題，拓展發展空間，提升市民幸福指數。

打造發展新優勢，建設國際創科中心。香港與深圳共同發展落馬洲河套地區「港深創新及科技園」已經簽約，進入實施階段。為推進創科中心建設，特區政府還成立了一個高層次、跨部門的「創新及科技督導委員會」，同時，特區政府計劃在本屆政府五年任期，將本地研發總開支由目前佔生產總值的 0.73% 增加至 1.5%。

鞏固傳統優勢，營商環境越來越好。本屆特區政府推出了高達百分之三百的超級稅務優惠，即企業的首 200 萬元合乎資格的研發開支，可獲 300% 扣稅，餘額則會獲得 200% 扣稅，而且扣稅額不設上限。與此同時，特區政府不遺餘力營造一流的營商環境，在世界銀行最近公佈新一份營商環境報告中，香港排名從去年的全球第五上升為全球第四。

和諧穩定社會氛圍逐漸形成

習主席去年七一視察香港時指出，香港要始終維護和諧穩定的社會環境。習主席語重心長地說：「香港雖有不錯的家底，但在全球經濟格局深度調整、國際競爭日趨激烈的背景下，也面臨很大挑戰，經不起折騰，經不起內耗。」

一年多來，香港特區行政、立法、司法機關，以及社會各界和廣大市民共同努力，邪氣、扶正氣、促和氣，和諧氛圍日漸濃厚。一是「違法達義」受到法律懲罰。高等法院對非法「佔中」期間違反禁制令的黃之鋒、羅冠聰、周永康等人作出改判，判決監禁六至八個月，也是對「違法達義」歪理邪說判了「死刑」，具有鮮明的樣本作用。二是推進「有序民

主」成為共識。立法會「拉布」「流會」現象明顯減少，今年 4 月，來自不同政黨的 32 位立法會議員，在林健鋒議員帶領下，還考察廣東深圳、東莞、佛山、廣州 5 市，表現出參與大灣區建設的積極姿態。三是基層市民和青年的怨氣逐漸化解。特區政府在住房、扶貧、減稅等方面出台了諸多措施，重點關注青年的學業、事業及置業，並鼓勵青年議政、論政及參政等，讓基層市民，特別是年輕一代看到了希望，感到了關愛，樹立了信心。群之所為事無不成，眾之所舉業無不勝。和諧穩定的氛圍，讓香港社會煥發出勃勃生機。

由林鄭率領的香港特區代表團今次赴深圳、北京，再次見證改革開放 40 年內地的巨變，思緒潮湧，感慨萬千，更堅定了推進「一國兩制」偉大事業的決心和信心。回首過去 40 年，香港與祖國同呼吸共命運，共同書寫了輝煌歷史；面向下一個 40 年，香港要與祖國同繁榮、共進步。

「相信自己，相信香港，相信國家。」——習主席親切勉勵港人不懈奮鬥的金句和行動指南，時時迴響在港人耳邊，激盪在港人心中，激勵 700 萬港人奮發有為，再譜新篇！

（原載於《大公報》，2018 年 11 月 12 日）

習主席高度肯定港澳同胞
改革開放貢獻振奮人心

——學習習主席接見港澳慶祝
改革開放代表團重要講話系列評論之一

在國家改革開放 40 週年之際，香港、澳門慶祝改革開放代表團在北京受到最高規格的接待和榮譽。中共中央總書記、國家主席習近平昨天上午在人民大會堂接見了代表團全體成員。習主席在接見時指出，中央充分肯定港澳同胞在改革開放進程中的作用與貢獻。在國家改革開放進程中，港澳所處的地位是獨特的，港澳同胞所做出的貢獻是重大的，所發揮的作用是不可替代的。祖國和人民永遠不會忘記！習主席親切的說：「在這裏，我向你們並通過你們，向關心支持國家改革開放和現代化建設的港澳同胞和社會各界人士，致以衷心的感謝和誠摯的問候！」

習主席高度肯定港澳同胞 40 年改革開放貢獻，說明中央對改革開放40 年歷史的回顧是公正客觀的，體現了中央對香港和澳門兩個特區特別重視，激勵港澳同胞再接再厲，再立新功。

回顧歷史客觀公正

習主席在接見港澳代表團時，深情地說：「港澳同胞所作出的貢獻是重大的。」40 年前，潮湧珠江，破題南粵，內地的改革開放發軔於廣東，尤以與香港一河之隔的深圳最為矚目，是改革開放當之無愧的「排頭兵」。回顧總結 40 年改革開放的歷史，從哪裏開頭為好？習主席上個月南巡廣東，參觀了深圳的「潮湧珠江——紀念改革開放 40 週年展覽」，發出了「改革開放永不停步！」的時代最強音。今次，習主席接見港澳代表

團，高度肯定港澳同胞過去 40 年對國家改革開放作出的積極貢獻。這說明，中央對改革開放歷史的回顧總結，突出重點，切中要害，客觀公正，實事求是。

四十年滄桑巨變，四十年人事更迭。當年，霍英東、曹光彪、伍沾德、唐翔千等第一批參與國家改革開放的先行者，帶去的是資金、設備、技術和管理經驗。當時的內地，「文革」剛剛結束，百廢待興，基礎設施落後，配套設施不齊，生產效率低下，水電氣等生產要素無法保障，更為關鍵是人們的觀念僵化，霍英東投資廣州白天鵝賓館，曹光彪投資珠海開辦「香洲毛紡廠」，都是克服了重重困難，使出了「拓荒牛」的勁頭，最終成就了事業。

在這次港澳代表團中，有 160 多名香港各界人士。他們有的從 1978 年開始，就在內地投資設廠，從事各方面事業；有的專業界人士，為內地引進管理經驗、培訓人才；有的是教育界、科技界的精英，與內地有科研合作；有的到內地的邊遠山區，扶貧支教；還有的是父輩在改革開放之初率先在內地投資創業，因年事已高、或已仙逝，第二代、第三代接班人代表家族回訪內地。可以說，這是改革開放「香港貢獻」的一個縮影。習主席對「香港貢獻」的高度肯定，令所有人感到溫暖和欣慰，特別是「祖國和人民永遠不會忘記」的話語，令人感動！

對港澳特區「高看一眼」

習主席在接見港澳代表團時，熱誠地說：「港澳所處的地位是獨特的。」中國改革開放 40 年，波瀾壯闊，氣勢恢弘，其中的政策變革、焦點事件、風雲人物，可謂林林總總，亮點紛呈。如何梳理出清晰的脈絡？怎樣把握其中的重點？中央十分重視認識和把握港澳特區發展與國家整體發展不可分割的緊密關係。習主席今次高度肯定港澳 40 年來對國家改革開放的貢獻，再次體現了港澳在習主席心中的地位和分量，再次說明中央對港澳從來都是「高看一眼」，再次印證了「一國兩制」方針不會變、不動搖，香港和澳門的發展之路將越來越寬廣。

「一國兩制」從理論到實踐，皆源於中國特色社會主義理論，集中體

現了改革開放的初衷，亦是改革開放的偉大成果。遙想當年，鄧小平首次提出以「一國兩制」方式收回香港、澳門主權時，世界輿論一片嘩然，震驚者有之，叫好者有之，質疑者有之。包括港澳同胞在內的許多人，都不敢相信中國共產黨有如此寬廣的胸懷。40 年的實踐證明，「一國兩制」不僅解決了收回主權問題，也解決了香港和澳門長期保持繁榮穩定的問題。正如習主席在香港回歸 20 週年慶典上的講話中所説，「『一國兩制』是歷史遺留的香港問題的最佳解決方案，也是香港回歸後保持長期繁榮穩定的最佳制度安排，是行得通、辦得到、得人心的。」

40 年來，無論是香港、澳門回歸前，還是回歸後，中央在處理許多問題時，對港澳從來都是「高看一眼」，有求必應，大力支持。比如，在內地比港澳落後的時候，港澳居民沒有提出享受「國民待遇」的訴求，最近幾年，隨着內地的發展水平提高，港澳居民請求享受「國民待遇」。去年以來，在習主席的親自關懷下，國家有關部委出台了多項支持港澳台居民赴內地學習、工作、定居的新政。再比如在 97 亞洲金融風暴、2004 非典、2008 世界金融危機等危難關頭，香港、澳門提出請求，中央政府迅速相助，成為堅強後盾。還有，香港和澳門的發展長期受「地域狹窄」所限，中央支持兩地企業在前海和橫琴投資發展，為港澳發展提供新空間。這一切，讓港澳同胞深切感受到了以習近平總書記為核心的黨中央、中央政府對特區的特別關愛。

激勵港澳同胞再立新功

習主席在接見港澳代表團時親切地説：「港澳同胞所發揮的作用是不可替代的。」回顧改革開放 40 年的歷史，是為了在下一個 40 年走得更好、走得更穩、走得更遠。習主席以歷史事實為出發點，從「一國兩制」行穩致遠的角度、從中華民族偉大復興的高度，充分肯定香港和澳門對國家改革開放的貢獻，令代表團成員感慨萬千，心潮澎湃，也令廣大港澳同胞倍感欣慰、倍感激動、倍感振奮！

香港特區行政長官林鄭月娥表示，香港是改革開放的貢獻者，最初香港到內地投資，以及協助外資進入內地龐大市場，是「引進來」的角色，

後來又協助內地企業「走出去」。香港也是改革開放的受惠者，改革開放成就香港國際金融中心、商務中心和航運中心的地位。澳門特區行政長官崔世安表示，澳門是改革開放的見證者、建設者、參與者及受益者。澳門受益於祖國經濟大發展，40 年來兩地經貿關係前所未有，形成了互惠互利、密不可分的格局，為澳門人民帶來實在利益，擴展了澳門發展空間。展望未來，林鄭月娥、崔世安都表示，將發揮「一國兩制」優勢，繼續助力國家改革開放，推進「一國兩制」事業行穩致遠。

誠如兩位特首所言港澳最大優勢是「一國兩制」制度優勢，未來港澳完全可在貢獻國家過程中，與祖國同繁榮共進步。港澳同胞有信心堅守「一國」之本、維護國家的主權、領土和安全利益，為國家長治久安和港澳繁榮穩定提供強大支撐；港澳同胞有信心發揮好「超級聯絡人」作用，在「一帶一路」建設中助力內地企業「走出去」；港澳同胞有信心發揮好科研等方面優勢，積極參與粵港澳大灣區建設，與內地製造業實現有效對接，並船出海，創造新優勢，拓展全球大市場。「天高任鳥飛，海闊憑魚躍。」習主席高度肯定港澳同胞 40 年改革開放貢獻，邁步新時代，港澳同胞激情滿懷，信心百倍！

（原載於《大公報》，2018 年 11 月 13 日）

習主席全面總結港澳同胞
改革開放作用催人奮進

——學習習主席接見港澳慶祝
改革開放代表團重要講話系列評論之二

中共中央總書記、國家主席習近平前天在接見港澳慶祝改革開放代表團時，全面總結了港澳同胞參與國家改革開放的六大作用：一是投資興業的龍頭作用，二是市場經濟的示範作用，三是體制改革的助推作用，四是雙向開放的橋樑作用，五是先行先試的試點作用，六是城市管理的借鑒作用。「六大作用」的高度評價，深刻闡述了港澳與國家改革開放大業的密切關係，充分彰顯了港澳在國家改革開放歷程中的關鍵作用，再次說明了港澳在國家大局中的重要地位。

以習近平總書記為核心的黨中央、中央政府對港澳同胞參與改革開放給予如此高的評價，感人至深，發人深思。綜觀改革開放 40 年波瀾壯闊歷程，港澳同胞與祖國內地同心謀改革、攜手破難題，源於「三個高度認同」：港澳同胞「敢為人先」源於對改革開放的高度認同；港澳作用「不可替代」，源於對「一國兩制」的高度認同；「港澳活力元素」貫穿始終，源於對共命運、同發展的高度認同。古語云：「恩德相結者，謂之知己；腹心相照者，謂之知心。」港澳同胞與祖國內地血脈相連，恩德相結，知己知心，為改革開放注入了源源不斷的動力。

高度認同改革開放

港澳同胞對習主席的工作履歷十分熟悉。習主席先後在福建、浙江、上海這些改革開放的「前沿陣地」工作多年，到中央工作以後，也曾分管

港澳工作，對改革開放歷程中的「港澳貢獻」了如指掌，如數家珍。習主席說，港澳同胞參與國家改革開放，發揮了投資興業的龍頭作用，創造了許多「全國第一」，比如內地第一家合資企業、第一條合資高速公路、第一家外資銀行分行、第一家五星級合資飯店等。習主席還特別提到霍英東先生、何鴻燊先生率先到內地投資，高度讚揚他們「敢為人先」的精神。

回顧 40 年前，歷經了 10 年「文革」浩劫的中國內地，百業凋敝，百廢待興，與香港一河之隔的深圳，越演越烈的「逃港」風潮，曾令時任廣東省委第一書記習仲勳倍感痛惜。貧窮不是社會主義！不改革就沒有出路！改革是改變中國前途和命運的關鍵一招！以鄧小平為代表的中國共產黨人深刻認識到了這一點，以實事求是的精神，堅決支持毗鄰港澳的廣東省率先改革開放，「殺出一條血路來」。中國的改革開放大幕由此拉開！

霍英東、何鴻燊等諸位前賢之所以敢於做「第一個吃螃蟹」的人，正是源於對改革開放的高度認同。雖然他們與內地長期隔絕，但同為炎黃子孫，他們深知，造就了五千年燦爛文明的中華民族不可能一蹶不振。中華民族有着生生不息、越挫越奮的頑強生命力，中國人民具有偉大的創造精神、奮鬥精神、團結精神和夢想精神，衝破封閉，擺脫貧困，實現富裕，走向強盛，是中國的必然選擇。第一批投資內地的港澳企業，很難說他們對具體項目有精準的論證，但他們與內地同胞「心有靈犀」，都瞄準了一個共同目標：改革開放。憑着習主席說的「拳拳赤子心、殷殷愛國情」，不計成本，不畏艱難，不顧風險，主動投身改革開放的滾滾洪流。

高度認同「一國兩制」

習主席指出，港澳同胞在參與國家改革開放中發揮了投資興業的龍頭作用、市場經濟的示範作用、體制改革的助推作用、雙向開放的橋樑作用、先行先試的試點作用、城市管理的借鑒作用，語重心長地稱這些作用是「不可替代的」。港澳同胞之所以能夠發揮好「不可替代的作用」，源於對「一國兩制」的高度認同。

「一國兩制」是改革開放進程中的偉大創造，是「中國智慧」的集中體現，是中國特色社會主義的魅力所在，它既解決了香港、澳門主權回歸

的歷史難題，又保持了香港、澳門的長期繁榮穩定，還為港澳長遠發展港澳創造了獨特優勢。「一國兩制」從構想到實踐，得到了港澳同胞的高度認同。正緣於此，港澳不僅實現了順利回歸，港澳同胞還積極貫徹「一國兩制」方針，主動參與改革開放，實現了優勢互補，互利共贏，共同發展。比如，從上世紀70年代末開始，香港逐步將製造業轉移到珠三角地區，一方面推動了自身的產業升級，建成了國際金融、貿易、航運中心，另一方面推動了珠三角製造業的發展，助推內地產業融入全球產業鏈。再比如，依託內地的廣闊市場和自身開放經驗，澳門打造世界旅遊休閒中心，並推動中國與葡語國家的經貿合作，在「服務國家」中成就自我。還有，國家在實行開放政策中，有不少政策對香港、澳門先行先試，積累經驗之後再逐步推廣。這既促進了國家對外開放，又有效控制了風險，也為香港、澳門發展提供了先機。

「一國兩制」以其超乎尋常的包容性，贏得了港澳同胞的高度認同，以其前所未有的優越性，得到了港澳同胞的廣泛支持和真心實踐。「一國兩制」的制度安排，為港澳同胞在國家改革開放發揮「不可替代的作用」提供了最大機遇。

高度認同共同命運

習主席指出：「國家改革開放從一開始就注入了香港、澳門活力元素。40年來，港澳同胞在改革開放中發揮的作用是開創性的、持續性的，也是深層次的、多領域的。」這是從時間和空間兩個坐標來觀察，對「港澳作用」做出的高度評價。

綜觀國家改革開放40年歷程，誠如習主席所說的，「港澳作用」確實呈現出「開創性、持續性」和「深層次、多領域」的特點。我們僅舉一例：從上海虹橋機場引進香港國際機場管理理念，到北京、廣州、深圳地鐵建設和管理借鑒香港地鐵的先進經驗，就可以看到港澳同胞充分發揮了城市管理的借鑒作用。

「六大作用」也完全體現出許多港澳同胞對國家進步發展的忠貞不渝和滿腔熱血。習主席在接見港澳代表團時親切地向全體團員提到：「梁振

英先生 1978 年就到深圳、上海等地免費舉辦西方土地經濟管理制度的講座，1987 年參與編寫了深圳第一份也是全國第一份土地拍賣中英文標書。」對此，已經榮任全國政協副主席的梁振英先生，昨天在上海出席滬港合作與發展研討會作主旨演講時，滿懷情感地說：「40 年的改革開放，我躬逢其盛，有機會和上海並肩工作，履行國民責任，報效國家，是我畢生的榮幸！」一「畢生的榮幸」，梁振英先生說出了多少港澳先賢、精英、有識之士的堅定信念和心聲。

港澳的「活力元素」之所以能夠貫穿改革開放 40 年的全過程，分佈在經濟發展、社會管理等多領域，正是源於港澳同胞對與祖國共命運、同發展高度認同。香港曾經躋身「亞洲四小龍」，是世界知名的自由港；澳門是國際化城市，具有獨特的競爭優勢。但香港、澳門都是規模較小的經濟體，順風或可揚帆遠航，逆風可能前途莫測，港澳同胞深刻認識到「背靠大樹好乘涼」這個樸素而深刻的道理，港澳只有背靠祖國、面向世界，才能在日趨激烈的市場競爭中立於不敗之地。與祖國內地同呼吸共命運、同發展共進步，這是港澳特區的主流民意，雖有風風雨雨，但堅定不可動搖！

習主席對港澳同胞「六大作用」的高度評價，將激發港澳同胞以更大熱忱參與國家下一個 40 年的改革開放進程，與祖國人民同心協力、一起打拚，共擔中華民族偉大復興的歷史責任，共享祖國繁榮富強的偉大榮光！

（原載於《大公報》，2018 年 11 月 14 日）

習主席殷切提出港澳同胞
改革開放新要求鼓舞人心

——學習習主席接見港澳慶祝
改革開放代表團重要講話系列評論之三

　　中共中央總書記、國家主席習近平日前接見港澳慶祝改革開放代表團時指出，要充分認識和準確把握香港、澳門在新時代國家改革開放中的定位，支持香港、澳門抓住機遇，培育新優勢，發揮新作用，實現新發展，作出新貢獻。習主席對港澳同胞提出四點希望：「第一，更加積極主動助力國家全面開放。第二，更加積極主動融入國家發展大局。第三，更加積極主動參與國家治理實踐。第四，更加積極主動促進國際人文交流。」

　　習主席提出的四點希望，是在深入分析港澳優勢、放眼國家大局、洞察發展趨勢的基礎上提出來的，既符合港澳實際，又能激發港澳同胞的主動性和創造力。令人鼓舞，催人奮進！這說明，以習近平總書記為核心的黨中央、中央政府非常看重港澳兩個特區在推進新一輪改革開放中的重要作用，港澳同胞有信心在這四個方面努力，更加積極主動作為，為國家改革開放再立新功。

助力全面開放　理所應當

　　習主席指出，在國家擴大對外開放的過程中，香港、澳門的地位和作用只會加強，不會減弱。希望香港、澳門繼續帶頭並帶動資本、技術、人才等參與國家經濟高質量發展和新一輪高水平開放。努力把香港、澳門打造成國家雙向開放的重要橋頭堡。習主席所言溫暖人心，港澳各界紛紛表示，作為國家的一分子，港澳助力國家全面開放，理所應當！

其一，港澳是國家改革開放的受惠者，理應助力國家全面開放。回顧過去 40 年，如果沒有把製造業大規模地向珠三角轉移，香港不可能「騰籠換鳥」、產業升級；如果沒有大批內地企業在香港上市、在香港設立辦事機構，香港的金融、貿易等現代服務業不能説發展不起來，但至少不會有今日之繁榮。同樣的道理，澳門在助力國家改革開放的同時，也是得到了中央的大力支持和內地省份的青睞，共享了國家發展的紅利。

其二，港澳是國家的一分子，理應助力國家全面開放。港澳回歸以來，與祖國內地的經濟聯繫日益緊密，港澳不僅與珠三角地區有深度合作，也與長三角、京津冀，以及中西部地區的諸多省份都有深度合作，幫助內地企業「走出去」、幫助境外企業「走進來」，不僅是助力內地發展，也是助力港澳自身發展。

其三，港澳擁有國際聯繫廣泛、專業服務發達等優勢，理應助力國家全面開放。香港與英美國家、澳門與葡語國家有廣泛聯繫，擁有深厚的人脈資源，香港在金融、法律、會計、國際仲裁等領域的水準堪稱世界一流，澳門休閒旅遊等領域的水平全球知名，這些有利條件是完全可以利用、也應該利用好的。

習主席指出，香港、澳門融入國家發展大局，是「一國兩制」的應有之義，是改革開放的時代要求，也是香港、澳門探索發展新路向、開拓發展新空間、增添發展新動力的客觀要求。實施粵港澳大灣區建設，是我們立足全域和長遠作出的重大謀劃，也是保持香港、澳門長期繁榮穩定的重大決策。大灣區是在一個國家、兩種制度、三個關稅區、三種貨幣的條件下建設的，國際上沒有先例。要大膽闖、大膽試，開出一條新路來。

融入國家大局 大勢所趨

2008 年世界金融危機爆發以來，全球經濟復甦緩慢，發達經濟體增長乏力。今年以來，貿易保護主義、單邊主義抬頭，讓全球經濟不穩定因素進一步增加。這讓港澳同胞更加深切地認識到，作為較小的經濟體，港澳只有盡快融入國家發展大局，才有更寬廣的出路。「船大抗風浪」。祖國內地經濟規模大、迴旋餘地寬、發展後勁足，是港澳所無法比擬的。特

別是最近一個多月來，廣深港高鐵、港珠澳大橋的開通，讓港人親身感受到「融入」大好處。「融入」是大勢所趨，不可逆轉，不可猶豫，不可鬆懈，加速「融入」已經成為港澳各界和廣大市民的共識。

大灣區是港澳融入國家發展的大平台，雖然在「一個國家、兩種制度、三個關稅區、三種貨幣」的條件下建設大灣區並非易事，但有習主席和中央的支持，港澳同胞比以往任何時候更加充滿信心。

參與國家治理 責任所在

習主席指出，港澳同胞要按照同「一國兩制」相適應的要求，完善特別行政區同憲法和基本法實施相關的制度和機制，提高管治能力和水平。同時，大家要關心國家發展全域，維護國家政治體制，積極參與國家經濟、政治、文化、社會、生態文明建設，自覺維護國家安全。港澳人士還有許多在國際社會發揮作用的優勢，可以用多種方式支持國家參與全球治理。

經過近年來的一系列事件，港澳同胞越來越深刻地認識到，參與國家治理，是港澳同胞的責任所在。首先，港澳必須維護憲法和基本法構成的憲制秩序。法治是一個社會繁榮穩定、長治久安的基礎，「基礎不牢，地動山搖」。在港澳，所謂「護法」，核心就是維護憲法和基本法的權威，完善同憲法和基本法相銜接的制度和機制。只有讓憲法和基本法的原則和精神落地落實，才能有效提高管治能力和水平，確保「一國兩制」不走形、不變樣。其次，必須全力維護國家安全。港澳回歸祖國後，已納入國家治理體系。港澳與內地雖有「兩制」之別，但同為「一國」，「一國」是根本，本固才能葉茂。沒有國家的安全，就沒有港澳的安全。港澳絕不能成為挑戰國家安全的「橋頭堡」，而應是維護國家安全的「穩壓器」。再次，必須鼎力支持國家參與全球治理。全球治理離不開「大國擔當」，離不開「中國智慧」，港澳都是國際化城市，港澳同胞視野開闊，「港澳智慧」應是「中國智慧」的重要組成部分。

習主席指出，香港、澳門多元文化共存，是中西文化交流的重要紐帶。要保持香港、澳門國際性城市的特色，利用香港、澳門對外聯繫廣泛

的有利條件，傳播中華優秀文化，宣介國家方針政策，講好當代中國故事，講好「一國兩制」成功實踐的香港故事、澳門故事，發揮香港、澳門在促進東西方文化交流、文明互鑒、民心相通等方面的特殊作用。

助力全面開放 理所應當

中華民族的偉大復興，不僅僅是經濟的復興，還包括文化的復興。中華文化具有很強的包容性，「君子和而不同」、「和為貴」、「協和萬邦」、「和衷共濟」、「四海一家」、「大道之行，天下為公」……這些理念深植於中國人的心中。「一國兩制」體現了「求大同，存大異」的特點，折射出「和」文化的魅力。講好「一國兩制」成功實踐的香港故事、澳門故事，港澳同胞義不容辭！一方面，文化具有溝通感情、增加認同、成風化雨的作用，傳播中華優秀文化，有利於香港、澳門參與國際合作交流，是港澳同胞的分內之事。另一方面，港澳作為「超級聯絡人」，既瞭解西方文化，又瞭解中華文化，具有促進國際人文交流的「身份優勢」。

港澳是國家四十年改革開放的見證者、貢獻者、受惠者，習主席提出的四點希望，讓港澳同胞深刻認識到，港澳今後仍然是國家改革開放的參與者、貢獻者、受惠者，鼓舞港澳同胞在下一個四十年創造新的業績，不負習主席的殷殷囑託，不負祖國內地人民的深情厚誼，不負新時代賦予的歷史機遇！

（原載於《大公報》，2018 年 11 月 15 日）

香港在構建國家擴大開放新格局中的新定位、新作用、新機遇

　　任何一個經濟體的發展，都與其時代背景緊密相連。在中國改革再出發的「進行曲」中，在國家構建對外開放新格局的背景下，香港處於什麼地位？可以發揮什麼作用？擁有什麼機遇？釐清這些問題，對於香港下一步發展至關重要。

　　習近平總書記今年 11 月 12 日接見香港澳門各界慶祝國家改革開放40 週年訪問團時，對香港澳門兩個特區的社會各界提出了四點希望。其中，在談到「更加積極主動助力國家全面開放」時，習總書記指出：「在國家擴大對外開放的過程中，香港、澳門的地位和作用只會加強，不會減弱。希望香港、澳門繼續帶頭並帶動資本、技術、人才等參與國家經濟高質量發展和新一輪高水平開放。特別是要把香港、澳門國際聯繫廣泛、專業服務發達等優勢同內地市場廣闊、產業體系完整、科技實力較強等優勢結合起來，提升香港國際金融、航運、貿易中心地位，加快建設香港國際創新科技中心，加強澳門世界旅遊休閒中心、中葡商貿合作服務平台建設，努力把香港、澳門打造成國家雙向開放的重要橋頭堡。」

　　習總書記的這段重要講話，體現了中央十分看重「港澳作用」、殷切期待「港澳貢獻」，為我們正確認識和把握香港在構建國家擴大開放新格局中的新定位、新作用、新機遇，都具有重要的指導意義。

從發展需要看新定位

　　習總書記明確指出，把香港打造成國家雙向開放的重要橋頭堡。什麼是「橋頭堡」？這裏指的是一個經濟概念，是融國際運輸中心、金融中

心、信息中心等為一體的國際商貿中心。

經過 40 年的改革開放，今天的中國早已走過了沿海十幾個城市「點式開放」、東南沿海地區「帶狀開放」、東中西部「梯度開放」三個階段，進入了「高水平開放」的新階段。中共十九大報告對「高水平開放」如此表述：「形成陸海內外聯動、東西雙向互濟的開放格局」。在這個大格局中，中央為香港做出「橋頭堡」的定位，既是基於「國家需要」，也是基於「香港所長」。

從「國家需要」看。中國是世界第二大經濟體，中國去年的經濟總量已超過 13 萬億美元，相當於世界第一大經濟體美國經濟總量的 68%，預計 2018 年經濟增長仍會保持在 6% 以上。以這種速度增長，意味着中國每年新增的經濟規模相當於一個中等發達國家的經濟總量，同時，中國還是世界第一貿易大國、第一大工業國。如此巨大的體量，定會產生「巨國效應」，對人才、資金、技術、信息、貨物等要素的需求量非常巨大。中國經濟是「大海」，絕對不是「小池塘」。海水是需要流動的，大海當然是開放的。因此，中國必須在全球範圍內整合資源、在全球產業體系中尋找位置，這就需要越來越多對外開放的「橋頭堡」。這些「橋頭堡」要成為人流、物流、資金流、信息流的大通道和集散地。這是發展所需，大勢所趨。

從「香港所長」看。在國家改革開放的 40 年歷程中，香港很好地發揮了雙向開放的橋樑作用。國家改革開放初期，香港利用擁有歐美市場配額等優勢，為內地帶來了大量出口訂單。到上世紀 90 年代中期，香港80% 以上的製造業轉移到珠三角等地，促進內地出口導向型製造業迅速發展，助推內地產業融入全球產業鏈。在將製造業內遷的同時，香港還建成了國際金融、貿易、航運中心，成為內地企業境外融資和對外投資的窗口平台。很多內地企業通過香港逐漸熟悉和適應國際市場，學會了在國際市場大海中游泳。目前，在香港上市的內地企業已經佔香港上市公司總數的近 50%，市值更是接近 70%。如今，香港的「橋樑」優勢依然存在，做強做大這些優勢，既能服務國家，也能推動香港經濟發展。因此，「國家雙向開放的重要橋頭堡」的新定位，是高瞻遠矚、深思熟慮的結果。

從制度優勢看新作用

習近平總書記接見香港澳門各界慶祝國家改革開放 40 週年訪問團時指出：「對香港、澳門來說，『一國兩制』是最大的優勢，國家改革開放是最大的舞台」。他明確指出，希望香港繼續帶頭並帶動資本、技術、人才等參與國家經濟高質量發展和新一輪高水平開放。

「一國兩制」的制度優勢，為香港在國家擴大開放新格局中發揮新作用提供了前提條件。首先，「一國兩制」確保了香港社會穩定。「一國」是本與源，「兩制」是枝與流，這已通過基本法明示世人，也是香港社會的最大共識，是香港社會穩定的基石。其次，「一國兩制」確保了香港以往的優勢沒有丟失。回歸後，香港的法律基本沒有變，港人的生活方式基本沒有變，香港多元文化交融的環境沒有變，香港依然是自由港，香港依然活力四射。再次，「一國兩制」鑄就了香港諸多新優勢。比如，香港以中國政府代表團成員或其他適當身份參與的以國家為單位參加的政府間國際組織有 41 個，參與的不限主權國家參加的政府間國際組織 37 個，同時，157 個國家和地區給予香港特區護照持有人免簽證或落地簽證安排。香港的國際空間擴大，港人受到更多尊重。

在新一輪對外開放中，依據「一國兩制」的制度優勢，香港完全可以發揮兩大作用——

一是為國家高質量發展提供優質要素支持。香港是全球第三大金融中心和第七大貿易實體，國際聯繫廣泛，信息發達通暢，跨國公司雲集，還擁有科技成果轉讓和商業化方面的經驗優勢，完全可以成為吸納人才、資金、技術、高端服務的「蓄水池」，並將其輸入內地，助推內地高質量發展。同時，內地正在推動的自貿區建設、營商環境建設等領域的改革，也可以借鑒香港經驗。

二是在「一帶一路」建設中發揮「超級聯絡人」的作用。香港各專業界在全球各地有廣泛人脈，香港的法律體系與許多西方國家接近，香港的金融、會計等專業界擁有人數龐大、且水平較高的人才團隊，香港的國際仲裁就得到世界上 140 多個國家的認可。諸如此類的獨特優勢都可以在「一帶一路」建設中發揮重要作用。隨着「一帶一路」建設從「大寫意」

變為「工筆劃」，內地企業表現出與香港合作的強烈願望，香港的現代服務業與內地的製造業對接，「併船出海」，定會大有作為。

從粵港澳大灣區建設看新機遇

不久前，香港中聯辦領導在香港特區慶祝國家改革開放 40 週年專題研討會上致辭。他說：「隨着粵港澳大灣區建設的不斷推進，特別是廣深港高鐵和港珠澳大橋兩大世紀工程相繼建成通車，香港發展的戰略縱深、市場人口、產業空間、創新能力得到極大拓展，大灣區完整的現代產業鏈有力地推動着香港經濟第三次轉型邁出實質性步伐，香港也正因此加快形成國際金融、航運、貿易中心和國際創科中心並駕齊驅的嶄新發展格局。」

中聯辦領導所說的「香港經濟第三次轉型」，確實是香港眼下面臨的新機遇！

香港過去經歷了兩次經濟轉型。第一次是上世紀 60 年代，產業結構調整在全球範圍內展開，「雁形模式」開始形成，香港比亞洲其他國家和地區更早地抓住了這個機會，全力發展紡織、服裝等勞動密集型產業，實施出口導向型發展戰略，走出了一條成功之路。第二次是上世紀 70 年代末，內地實行改革開放，飽受高成本之苦的香港製造業開始大規模向以珠三角為主的內地轉移，再加上內地剛剛開放，國門尚未完全打開，巨量的產品進出口都經由香港轉口，引發了大量的資金結算業務，香港迅速實現了從製造業為主向服務業為主的轉型，國際金融、貿易、航運中心的地位逐步確立，並一直保持到現在。

粵港澳大灣區是擺在香港面前的第三次轉型機遇，香港如果能夠抓住機遇、順勢而為，定會在三個方面實現突破。其一，發揮香港的科研優勢，打造「廣深科技創新走廊＋香港、澳門」為主軸的粵港澳大灣區創新帶，讓香港的科研成果及時轉化為新產品、新產業，實現經濟效益。其二，建成「粵港澳大灣區優質生活圈」，成為港人特別是青年的共同家園，為吸納全球科創人才提供有利條件。其三，粵港澳大灣區打造成「一帶一路」巨型門戶樞紐和世界級經濟平台，為香港建設國際創科中心創造

了有利條件，香港在保持原有三個中心地位的同時，可以加快建成國際科技創新中心，形成「四個中心」並駕齊驅的發展格局，香港的競爭力將由此而大大提升。

　　眼下，儘管經濟全球化遇到了挫折，但中國開放的大門越開越大。有國家作為堅強後盾，香港只要能正確認識和把握香港在構建國家擴大開放新格局中的新定位、新作用、新機遇，一定會創造新的「香江傳奇」。

（原載於《今日中國》，2019 年 2 月）

習主席對台講話
啟示香港積極促「統」防「獨」

民族復興、國家統一是大勢所趨、大義所在、民心所向，不可阻擋！

在日前舉行的《告台灣同胞書》發表 40 週年大會上，中共中央總書記、國家主席習近平開創性地提出五項重大主張，系統闡釋了實現國家統一的目標內涵、基本方針、路徑模式，提出要探索「一國兩制」的台灣方案，豐富和平統一實踐。一張和平統一的「路線圖」由此誕生！

「祖國必須統一，也必然統一」；「制度不同，不是統一的障礙，更不是分裂的藉口」；「統一是歷史大勢，是正道。『台獨』是歷史逆流，是絕路」；「台灣問題因民族弱亂而產生，必將隨着民族復興而終結」……連日來，習主席的對台講話激盪在台海兩岸，迴響在港澳特區，共鳴於億萬中國人心中，響徹在全球華人世界。習主席鏗鏘有力的話語，道出了全中國人民的心聲，喚起了全民族推動祖國統一的熱情，激發了海內外華人投身民族復興的巨大動力。香港作為「一國兩制」的首個實施地，對「一國兩制」的可行方案最有發言權，最富權威性，最具說服力！習主席講話啟示香港同胞，更加積極主動作為，促「統」防「獨」，為「一國兩制」行穩致遠、為祖國和平統一再作貢獻！

登高望遠，看清歷史大勢

登高方能望遠。鑒古才可知今。

習主席深刻指出：「台灣問題因民族弱亂而產生，必將隨着民族復興而終結」「統一是歷史大勢，是正道。『台獨』是歷史逆流，是絕路」。習主席的話振聾發聵，發人深思。這是站在歷史的高度做出的科學論斷。

綜觀人類社會，一個國家、一個民族的歷史都呈現出這樣的規律：盛則統一，衰則分裂。就中國而言，台海兩岸 70 年的分治格局緣於內戰，但其根源可以追溯到 1840 年鴉片戰爭。從那時起，中國走向衰弱，西方列強干預中國內政，更有八國聯軍入侵、日寇鐵蹄踐踏我大好河山，中國陷入內憂外患、山河破碎的悲慘境地。最悲慘的時候，中國曾被分割為七塊，《七子之歌》就是國人對當時慘況的傷心訴説。台灣曾被日本殖民長達半個世紀之久，二戰之後，台灣光復，回到祖國懷抱，但其後不久，由於中國內戰延續和外部勢力干涉，海峽兩岸陷入長期政治對立的特殊狀態。

1949 年，中華人民共和國成立；1978 年，中國啟動改革開放。中國完成了從「站起來」到「富起來」的兩大跨越。如今，中國人民致力於實現中華民族偉大復興的中國夢，正在進行從「富起來」到「強起來」的第三步跨越。衡量「強起來」的重要指標之一就是「國家是否統一」。國家統一，是民族復興的必然要求和重要體現，是大勢所趨、大義所在、民心所向，是不以少數人的意志為轉移的。而且，隨着台海兩岸這麼多年的交往融合，人們已經清楚地看到一個基本的事實：和平統一，其實一直在路上。

制度不同，不是分裂的藉口

海納百川，有容乃大。胸懷全民族利益，才能凝聚全民族共識。

台灣當局拒絕承認「九二共識」，不接受「一國兩制」，還不斷地把「民主」作為「拒統」的藉口。恰恰説明其視野和心胸狹隘，極端自私，把自身利益置於全民族利益之上。對此，習主席深刻指出：「制度不同，不是統一的障礙，更不是分裂的藉口。」習主席的話一針見血，擲地有聲！

40 年前，全國人大常委會發佈《告台灣同胞書》，就清晰地表達了和平統一的願望。「一國兩制」最早也是針對台灣問題提出來的。1984 年 6 月，鄧小平在分別會見香港工商界訪京團和香港知名人士鍾士元等人的兩次講話中，披露了有關「一國兩制」的偉大構想。他非常坦誠地説：「中國有香港、台灣問題，解決這一問題的出路何在呢？是社會主義吞掉台

灣，還是台灣宣揚的『三民主義』吞掉大陸？誰也不好吞掉誰。如果不能和平解決，只有用武力收回，這對各方都是不利的。實現國家統一是民族的願望，一百年不統一，一千年也要統一的。怎麼解決這個問題，我看只有實行『一個國家，兩種制度』。」

40 年後的今天，習主席在談到「一國兩制」在台灣的具體實現形式時強調了「五個充分」：會充分考慮台灣現實情況，會充分吸收兩岸各界意見和建議，會充分照顧到台灣同胞利益和感情。在確保國家主權、安全、發展利益的前提下，和平統一後，台灣同胞的社會制度和生活方式等將得到充分尊重，台灣同胞的私人財產、宗教信仰、合法權益將得到充分保障。

由此可見，中央真誠地希望兩岸和平統一，40 年始終如一，從未改變。在「一國」的前提下，「兩制」有充分的空間。且有「一國兩制」的香港範本、澳門範本在先。所謂制度不同就無法統一，缺乏法理支持和現實支持。

一家人的事，不容外人插手

中華民族是一個重視家庭的民族。「家和萬事興」。

習主席深刻指出：「兩岸同胞是一家人，兩岸的事是兩岸同胞的家裏事，當然也應該由家裏人商量着辦」；「中國人不打中國人」；「中國人要幫中國人」；「兩岸雙方應該本着對民族、對後世負責的態度，凝聚智慧，發揮創意，聚同化異，爭取早日解決政治對立，實現台海持久和平，達成國家統一願景，讓我們的子孫後代在祥和、安寧、繁榮、尊嚴的共同家園中生活成長。」習主席的話情真意切，語重心長。

台灣當局一貫挾洋自重，試圖借助外國勢力搞「台獨」。歲末年初，美國總統特朗普和台灣地區領導人蔡英文都有動作，前者簽署了《2018 年亞洲再保證倡議法》，其核心是提升美台交流；後者發表新年談話，表達了類似「一邊一國」的主張。但他們的表態和行為都是技術性的，謀求個人及本黨一時的政治利益。這些小動作並不能改變兩岸大局。從法理基礎看，世界上只有一個中國，中華人民共和國政府是唯一合法政府，堅持一

個中國原則是公認的國際關係準則，是國際社會普遍共識。國際社會廣泛理解和支持中國人民反對「台獨」分裂活動、爭取完成國家統一的正義事業。從國際環境來看，台灣的「邦交國」日漸凋零，若非大陸控制節奏，與中華人民共和國建交的國家還會不斷增加。從內部來看，台灣當局「拒中防共」，台灣的諸多市縣及廣大民眾則繞開當局，積極主動與大陸溝通。這一切表明，台海局勢的主導權和主動權已經歷史性地掌握在中國大陸這一邊。家裏的事，家裏人商量着辦，是唯一可行的路徑。借助外國勢力對抗大陸，是不自量力的妄想！

香港實踐，應助力「台灣方案」

國家統一，匹夫有責。民族復興，大業共襄。

習主席深刻指出：「長期以來，香港同胞、澳門同胞和海外僑胞關心支持祖國統一大業，作出了積極貢獻。希望香港同胞、澳門同胞和海外僑胞一如既往，為推動兩岸關係和平發展、實現祖國和平統一再立新功。」習主席的話句句入理，字字入情。

「一國兩制」在香港已經成功實踐 21 個年頭。回歸以來，香港保持了社會制度不變、法律基本不變，港人生活方式不變，香港依然是自由港，國際競爭力依然名列前茅。不僅如此，有祖國內地作強大後盾，香港的國際地位顯著提升，香港的抗風險能力大大增強，香港的發展空間空前擴展。這一切，得益於「一國兩制」的制度優勢。「一國兩制」在香港的成功實踐，不僅給台灣同胞以巨大信心，也給台灣同胞提供了可資借鑒的寶貴經驗。

探索「一國兩制」的台灣方案需要集體智慧，香港各界應該為台灣方案提供多種方式的支持。比如，香港可以通過民間交往，向台灣民眾展示「一國兩制」的成果，增加台灣民眾對「一國兩制」的認知度；香港可以推動港台法律界的交流，探討如何破解「一國兩制」框架下的法律難題；香港可以推動港台經濟界的交流，探討如何借助國家平台、參與國際競爭等等。總之，助力台灣方案，香港大有可為。

歷史的車輪滾滾向前，祖國和平統一的大勢不可逆轉。正如習主席所

説：「台灣是中國一部分、兩岸同屬一個中國的歷史和法理事實，是任何人任何勢力都無法改變的！兩岸同胞都是中國人，血濃於水、守望相助的天然情感和民族認同，是任何人任何勢力都無法改變的！台海形勢走向和平穩定、兩岸關係向前發展的時代潮流，是任何人任何勢力都無法阻擋的！國家強大、民族復興、兩岸統一的歷史大勢，更是任何人任何勢力都無法阻擋的！」

1月3日，香港中聯辦領導主持召開會議，深入學習習主席對台重要講話精神。會議指出：「香港是『一國兩制』由構想變成現實的『第一站』，香港『一國兩制』的成功實踐是最好的示範」。對！在祖國和平統一的進程中，香港不應缺席、也不會缺席，香港將更加積極主動地促「統」防「獨」，為國家統一貢獻香港力量。

（原載於《大公報》，2019年1月8日）

從習主席「四點希望」看香港參與國家改革開放的廣闊空間

　　中共中央總書記、國家主席習近平日前在京接見港澳慶祝改革開放代表團時深情指出：「在國家改革開放進程中，港澳所處的地位是獨特的，港澳同胞所作出的貢獻是重大的，所發揮的作用是不可替代的」「改革開放 40 年來，我國發展取得舉世矚目的歷史性成就，港澳同胞以及在香港、澳門的外資企業和人士也有一份功勞。對這一點，祖國和人民永遠不會忘記。」

　　以習近平總書記為核心的黨中央、中央政府對「港澳貢獻」的高度肯定，激勵、鼓舞、鞭策港澳同胞繼續努力。「一國兩制」下的香港如何在新時代、新起點上貢獻國家？習主席提出四點希望：第一，更加積極主動助力國家全面開放。第二，更加積極主動融入國家發展大局。第三，更加積極主動參與國家治理實踐。第四，更加積極主動促進國際人文交流。習主席的四點希望是在深入分析港澳優勢、放眼國家大局、洞察發展趨勢的基礎上提出來的，既符合香港實際，又具有前瞻性，習主席「四點希望」為香港參與國家繼續改革開放的偉大進程，打開了廣闊空間。

香港有希望打造成國家雙向開放的橋頭堡

　　習主席在談到「更加積極主動助力國家全面開放」時指出：「在國家擴大對外開放的過程中，香港、澳門的地位和作用只會加強，不會減弱。希望香港、澳門繼續帶頭並帶動資本、技術、人才等參與國家經濟高質量發展和新一輪高水平開放。特別是要把香港、澳門國際聯繫廣泛、專業服務發達等優勢同內地市場廣闊、產業體系完整、科技實力較強等優勢結合

起來，提升香港國際金融、航運、貿易中心地位，加快建設香港國際創新科技中心，加強澳門世界旅遊休閒中心、中葡商貿合作服務平台建設，努力把香港、澳門打造成國家雙向開放的重要橋頭堡。」

現今中國內地經已進入「轉換發展動能」的關鍵時刻，重點是推進「高質量發展」和「高水平開放」。聚焦這兩點，香港完全可以找到發力點，有望打造成國家雙向開放的橋頭堡。

首先，聚焦「高質量發展」，助推內地產業升級。高質量發展的關鍵是把創新作為推動經濟增長的第一動力。按照這一指向，內地的製造業、農業、服務業都需要升級。升級不僅需要自身的努力，也需要借助外力。香港是一個國際化大都市，特別是與西方發達國家聯繫廣泛，完全可以在這方面助一臂之力。比如，香港可以幫助內地引進各領域全球頂級人才，或者搭建一個創新平台，吸引全球的頂級人才匯聚香港，利用香港金融業發達的優勢，形成「創新人才＋創新資金」的合作機制，催生一些創新成果，再將這些創新成果移植到內地，形成新產品、新產業。在服務內地的同時，香港也從中賺取紅利。

其次，聚焦「高水平開放」，助推內地「走出去」和「引進來」。內地新一輪對外開放不同於過去 40 年，過去是先從東南沿海的 14 個城市起步的「點式開放」，再到從東部到中西部的「梯次開放」。新一輪開放的態勢是「形成陸海內外聯動、東西雙向互濟的開放格局」。這不僅意味着開放的規模比以往要大很多，而且是全方位、多領域、深層次的開放，其中所蘊含的商機比以往大許多倍，這使香港有了更多的用武之地。比如，香港的國際仲裁得到了世界上 140 多個國家的認可，僅憑此一點，就可以與內地企業進行深度合作。

香港有機會培育經濟增長新動力

習主席在談到「更加積極主動融入國家發展大局」時指出：「建設好大灣區，關鍵在創新。要在『一國兩制』方針和基本法框架內，發揮粵港澳綜合優勢，創新體制機制，促進要素流通。大灣區是在一個國家、兩種制度、三個關稅區、三種貨幣的條件下建設的，國際上沒有先例。要大膽

闖、大膽試，開出一條新路來。香港、澳門也要注意練好內功，着力培育經濟增長新動力。」

習主席這裏講到的「練好內功」、「培育經濟增長新動力」是有的放矢。香港雖然有不錯的發展基礎，也有明顯的競爭優勢，但如果登高望遠，就會認識到，香港不僅要鞏固好傳統優勢，還要培育新的優勢，才能應對越來越激烈的國際競爭。這就需要「跳出香港看香港」「跳出香港謀發展」，最直接、最現實的機遇就是融入大灣區，積極主動地參與大灣區建設，香港至少可以在以下三個方面有所作為，並得到實惠。

一是「香港科研＋灣區製造」。香港擁有多間位居世界前 100 名的大學，科研實力雄厚，在人工智能、生物醫藥等方面的研發水平居於世界前列，如果能與廣東九市的製造業對接，則可培育出具有國際競爭力的新產業。

二是「香港貿服＋灣區製造」。作為國際金融、貿易和航運中心，香港的貿易服務水平較高，擁有人員龐大且專業能力很強的人才隊伍，如果能與廣東九市的製造業相加，則可做大香港貿易服務的「蛋糕」，產生不錯的效益。

三是「香港醫療＋灣區康養」。香港人均壽命排名全球前列，這主要得益於香港的醫療水平較高，擁有世界一流的醫師隊伍和先進的醫療設備。但香港老齡化嚴重，地域狹窄，房價畸高，這給安老帶來不小的困難。如果能把香港的醫療資源與廣東九市「地域廣闊、生態優美」的優勢相加，就可做大惠及整個灣區的康養產業，提升香港老人的幸福指數，同時，康養產業也能產生不錯的經濟效益。

香港有能力參與國家治理實踐

習主席在談到「更加積極主動參與國家治理實踐」時指出：「港澳同胞要按照同『一國兩制』相適應的要求，完善特別行政區同憲法和基本法實施相關的制度和機制，提高管治能力和水平。同時，大家要關心國家發展全域，維護國家政治體制，積極參與國家經濟、政治、文化、社會、生態文明建設，自覺維護國家安全。港澳人士還有許多在國際社會發揮作用

的優勢，可以用多種方式支持國家參與全球治理。」習主席指明了香港參與國家治理的四個重點，香港完全有能力在這四個方面做出業績。

一看「提高管治能力和水平」。近年來香港在管治方面之所以出現一些新情況、新問題，主要原因是「功課」沒有做好。就是對憲法和基本法的宣傳教育做得不夠，與基本法相銜接的制度機制也有缺失。今年以來，立法會修訂了議事規則，高等法院依法剝奪了「港獨」人士的議員資格，「佔中」和「旺暴」中的違法人員被判入獄，香港社會立刻就出現了和諧穩定的好勢頭。這說明，行政、立法、司法機關都嚴格按照基本法行事，完全可以「治亂止爭」，還香港一個清明世界。

二看「參與國家五大文明建設」。香港在參與國家經濟、政治、文化、社會、生態文明建設方面有許多事情可以做。比如，內地正在推進自貿區建設，香港作為國際知名的自由港，香港經驗可資內地借鑒。再比如，內地正在以「放管服」為抓手，提升政府服務水平，香港的政府服務水平是全球一流的，香港經驗亦可資內地借鑒。

三看「維護國家安全」。香港在這方面還有很大空間，除了基本法的宣傳教育需要下很大工夫「補課」，還有「23條立法」需要「補課」。澳門「23條立法」問題已經解決，而且實施情況良好。香港如能盡快解決這個問題，打擊「港獨」將會更加有力。

四看「支持國家參與全球治理」。中國倡導構建人類命運共同體，提倡樹立正確的義利觀，提倡以「親誠惠容」理念處理與周邊國家關係，提倡建立「不對抗不衝突，相互尊重，合作共贏」的新型大國關係。這些理念佔據道義高地，而且具有可行性。香港可以依據國際聯繫廣泛的優勢，協助國家傳播這些理念，並助推一些具體事項落地落實。

香港有優勢促進國際人文交流

習主席在談到「更加積極主動促進國際人文交流」時指出：「要保持香港、澳門國際性城市的特色，利用香港、澳門對外聯繫廣泛的有利條件，傳播中華優秀文化，宣介國家方針政策，講好當代中國故事，講好『一國兩制』成功實踐的香港故事、澳門故事，發揮香港、澳門在促進東

西方文化交流、文明互鑒、民心相通等方面的特殊作用。」

香港多元文化共存，是中西文化交流的重要紐帶。香港同胞既熟悉西方文化，又熟悉中華文化，具有促進國際人文交流的「身份優勢」。香港完全可以扮演好兩個角色：一是當好中華文化的傳播者。中華文化具有很強的包容性，「和」文化源遠流長。「君子和而不同」、「和為貴」、「協和萬邦」、「和衷共濟」、「四海一家」、「大道之行，天下為公」……這些理念與某些國家遵循的「叢林法則」截然不同，香港同胞可以通過多種方式向世界各國傳播這些理念，表達中國和平崛起的意願。二是當好「一國兩制」香港故事的講述者。「一國兩制」體現了「求大同，存大異」的特點，折射出「和」文化的魅力，在香港實行 21 年來也取得了巨大成功，用親身感受講述「一國兩制」的香港故事，香港同胞做得到、行得通。

文化具有溝通感情、增加認同的作用，促進國際人文交流，既對世界各國人民友好相處是一件好事，對中國推進「一帶一路」建設是件好事，對於香港的長遠發展同樣是一件好事。香港同胞應在此多着力。

習主席「四點希望」內涵豐富，香港各界應該聚焦「四點希望」，聯繫各自的領域，找到契合點，發現新機遇，在積極主動參與國家新一輪改革開放的過程中，貢獻國家，成就香港，書寫獅子山下的新傳奇，與內地億萬人民共同譜寫中華民族偉大復興的新時代篇章。

（原載於《今日中國》，2018 年 12 月）

習主席關於防範化解風險講話
給港人智慧信心力量

　　前天，中共中央總書記、國家主席習近平在省部級主要領導幹部堅持底線思維着力防範化解重大風險專題研討班開班式上發表重要講話。習主席以馬克思主義政治家、理論家的深刻洞察力、敏銳判斷力和戰略定力，科學分析了當前和今後一個時期我國面臨的安全形勢，提出了防範化解六個方面重大風險、保持經濟持續健康發展和社會大局穩定的明確要求。

　　中共十九大把「防範化解重大風險」擺在「打好三大攻堅戰」的首位，在 2019 年的日曆剛剛掀開之際，中央首次召開以「防範化解重大風險」為主題的會議，習主席着重對防範化解風險發表重要講話，這表明，中央對未來可能面臨的重大風險已有科學預判和全力應對的思想準備；中央有信心、有能力、有把握帶領全國人民迎接挑戰、化解風險。「一國兩制」下的香港，自回歸之日起就已納入國家治理體系，回歸以來，香港和內地的經濟融合、科技協作、文化交流、人員往來日益頻繁和緊密。「背靠大樹好乘涼」。「大樹」的安全可靠，事關「乘涼人」的命運。「國家好，香港好；香港好，國家更好」不是抽象的論斷，而是有着越來越豐富的實質性內容。習主席關於防範化解重大風險的重要講話，給香港同胞以智慧、信心和力量。

堅持底線思維，啟迪智慧

　　習主席指出，面對波譎雲詭的國際形勢、複雜敏感的周邊環境、艱巨繁重的改革發展穩定任務，我們必須始終保持高度警惕，既要高度警惕「黑天鵝」事件，也要防範「灰犀牛」事件；既要有防範風險的先手，

也要有應對和化解風險挑戰的高招；既要打好防範和抵禦風險的有準備之戰，也要打好化險為夷、轉危為機的戰略主動戰。

習主席的這段深刻講話，為防範化解重大風險劃出了底線，集中體現了底線思維的要義。中共十八大以來，習主席多次強調領導幹部要樹立底線思維，凡事要往最好的方向努力，但要明確底線，任何時候都要守住底線，底線決不允許被突破。正是由於堅持底線思維，人們看到，過去 6 年來，中國在許多重大問題上態度鮮明、立場堅定。比如，對於「港獨」問題，中央多次指出：任何危害國家主權安全、挑戰中央權力和香港特別行政區基本法權威、利用香港對內地進行滲透破壞的活動，都是對底線的觸碰，都是絕不能允許的！正是由於時刻有憂患意識，始終堅持底線思維，才有了「亂雲飛渡仍從容」的戰略定力，才解決了許多長期想解決而沒有解決的難題，辦成了許多過去想辦而沒有辦成的大事，推進黨和國家事業發生了歷史性變革。

「安而不忘危，存而不忘亡，治而不忘亂」。堅持底線思維，是一種大智慧，對於香港來說同樣非常重要。在全球政治經濟格局面臨百年未有之變局的大氣候下，「一國兩制」在香港的實踐必然會遇到各種挑戰，貿易保護主義、單邊主義抬頭的出現，也必將給香港經濟帶來負面影響。如何應對？香港需要樹立底線思維，增強戰略定力，未雨綢繆，下好先手棋，打好主動仗。

聚焦六大風險，堅定信心

習主席在講話中就防範化解政治、意識形態、經濟、科技、社會、外部環境、黨的建設等領域重大風險作出深刻分析、提出明確要求。這六大風險是着眼中華民族偉大復興的宏偉目標、分析「中國號」巨輪前行中涉及的內外因素提出來的，既高瞻遠矚，又洞若觀火，體現出習主席為核心的黨中央、中央政府在重大問題上的前瞻性、敏銳性。

以經濟安全為例。2018 年中國經濟總量首次突破 90 萬億元人民幣大關，比上年增長 6.6%，好於預期。但從運行軌跡來看，一季度增長6.8%，二季度增長 6.7%，三季度 6.5%，四季度增長 6.4%，經濟下行壓力

明顯增大。這既有中國經濟轉化發展動能、主動放緩增長速度的內因，也有美國挑起中美貿易戰的外因。習主席從房地產市場平穩健康發展、加強市場監管、促進中小微企業融資、處理「僵屍企業」等方面進行分析，提出具體要求。居安思危，防微杜漸。

再以科技安全為例。近年來，我國的科技創新能力持續提升，在許多領域，我們與發達國家的位置發生了明顯變化，從「跟跑」變為「並跑」、「領跑」，但我們在諸多領域還有「短板」，「中國製造」背後的「中國創造」還不夠多。習主席曾精闢地指出：「在別人的地基上蓋房子，樓越高風險越大。」中國必須走自主創新之路。習主席在這次講話中強調，要加強體系建設和能力建設，要加強重大創新領域戰略研判和前瞻部署，要強化事關國家安全和經濟社會發展全域的重大科技任務的統籌組織，要加快科技安全預警監測體系建設。抓住了要害，把握了本質。

對症下藥，才能藥到病除。看準風險是防範化解風險的先決條件。中央聚焦六大風險，防患於未然，給了香港以巨大信心。有祖國內地的堅強後盾，香港的發展動力更大、發展環境更優、發展前景更好。

提升實踐能力，傳遞力量

習主席指出，各級領導班子和領導幹部要加強鬥爭歷練，增強鬥爭本領，永葆鬥爭精神，以「踏平坎坷成大道，鬥罷艱險又出發」的頑強意志，應對好每一場重大風險挑戰，切實把改革發展穩定各項工作做實做好。

看準風險點，只是防範化解風險的第一步，要成功防範化解風險，還需要一支堅強有力的團隊。習主席要求各級領導幹部保持良好精神狀態、提高防範化解風險的能力，點到了要害。作為領導幹部，要能夠透過複雜現象把握本質，抓住要害、找準原因，果斷決策，善於引導群眾、組織群眾，善於整合各方力量、科學地排兵佈陣，有效予以處理。這是聚焦執行層面提出的要求，十分重要。值得關注的是，內地的政治體制，決定了幹部隊伍是一個執行力很強的團隊，特別是中共十八大以來，「把紀律和規矩挺在前面」令這支隊伍令出必行，行則必果。

團隊的執行力增強，無疑會使化解風險、戰勝困難多了幾分勝算，也給香港傳遞着一股巨大力量。在世界大變局加速深刻演變，全球動蕩源和風險點增多的大背景下，香港不可避免地會遭遇諸多風險。香港的政治體制與內地不同，那麼，在應對重大風險時，香港的管治團隊能不能快速反應、步調一致？香港的行政、立法、司法機構能不能齊心協力、共克時艱？這些問題都值得認真思考。

「居安思危，思則有備，有備無患。」習主席關於防範化解重大風險的重要講話，令香港同胞再次想起了習主席的深情勉勵：「相信自己，相信香港，相信國家。」有以習主席為核心的黨中央、中央政府領航把舵，「中國號」巨輪必將乘風破浪、揚帆遠航，香港必將化解風險、戰勝困難，「一國兩制」必將全面準確落實、行穩致遠。

（原載於《大公報》，2019 年 1 月 23 日）

從《粵港澳大灣區發展規劃綱要》看香港的歷史機遇

　　當今世界，經濟的競爭已不僅僅是國與國之間的競爭，而更多地呈現出城市群之間的競爭。近日，《粵港澳大灣區發展規劃綱要》出台，引發了海內外廣泛關注。

　　關注，緣於粵港澳大灣區的實力、活力和潛力。粵港澳大灣區涵蓋11 座城市，總面積達 5.6 萬平方公里，2017 年末總人口約 7,000 萬人，GDP 總量超過 10 萬億元人民幣，其經濟體量超過俄羅斯，與韓國相當。更重要的是，它屬世界第二大經濟體 —— 中國，而中國經濟在整體轉型、增速放緩的背景下，去年仍保持了 6.6% 的增長，不可小視！

　　關注，緣於粵港澳大灣區的戰略定位。《綱要》明確了五大戰略定位：充滿活力的世界級城市群、具有全球影響力的國際科技創新中心、「一帶一路」建設的重要支撐、內地與港澳深度合作示範區、宜居宜業宜遊的優質生活圈。

　　關注，緣於粵港澳大灣區建設的宏偉目標。《綱要》提出了兩大發展目標：到 2022 年，粵港澳大灣區綜合實力顯著增強，粵港澳合作更加深入廣泛，區域內生發展動力進一步提升，發展活力充沛、創新能力突出、產業結構優化、要素流動順暢、生態環境優美的國際一流灣區和世界級城市群框架基本形成。到 2035 年，大灣區形成以創新為主要支撐的經濟體系和發展模式，經濟實力、科技實力大幅躍升，國際競爭力、影響力進一步增強；大灣區內市場高水平互聯互通基本實現，各類資源要素高效便捷流動；區域發展協調性顯著增強，對周邊地區的引領帶動能力進一步提升；人民生活更加富裕；社會文明程度達到新高度，文化軟實力顯著增

強，中華文化影響更加廣泛深入，多元文化進一步交流融合；資源節約集約利用水平顯著提高，生態環境得到有效保護，宜居宜業宜遊的國際一流灣區全面建成。

關注，更緣於粵港澳大灣區建設是習近平總書記親自謀劃、親自部署、親自推動的重大國家戰略，是國家推進新一輪改革開放的的「長篇巨著」，是助力中華民族偉大復興的強大「引擎」。

那麼，作為大灣區重要角色的香港，應該以什麼視角觀察《綱要》？粵港澳大灣區建設對香港未來發展會帶來哪些影響？筆者認為，對於香港來說，《綱要》出台是一個具有里程碑意義的重大事件，粵港澳大灣區建設是一次千載難逢的歷史機遇。

鞏固傳統優勢、發揮引領作用的歷史機遇

綜觀《綱要》，有一個明顯的傾向，就是極力鞏固和提升香港的傳統優勢，使香港在大灣區中扮演「引領」、「核心」、「樞紐」的角色。

《綱要》對香港的總體定位是：「香港，鞏固和提升國際金融、航運、貿易中心和國際航空樞紐地位，強化全球離岸人民幣業務樞紐地位、國際資產管理中心及風險管理中心功能，推動金融、商貿、物流、專業服務等向高端高增值方向發展，大力發展創新及科技事業，培育新興產業，建設亞太區國際法律及爭議解決服務中心，打造更具競爭力的國際大都會。」

粵港澳大灣區包括 11 個城市，有人做過統計，《綱要》提及香港 102次，提及澳門 90 次，提及廣州 41 次，提及深圳 39 次，提及珠海 20 次，其他城市 20 次以下。從中心城市的規劃來看，香港被列為「香港、澳門、廣州、深圳」的四大中心城市之首，在空間佈局的「極點帶動」中，「香港－深圳」也是「三極」之首。從產業體系建設來看，大灣區的四大現代產業體系（先進製造業，戰略性新興產業、現代服務業、海洋經濟）全部涉及香港。從基礎設施互聯互通來看，《規劃綱要》提出：「鞏固提升香港國際航空樞紐地位」等等。分析以上這些信息可以看出：香港在大灣區中可謂「重中之重」，「鞏固和提升香港的傳統優勢」是亮點中的亮點。

回顧過往，香港在長期的發展中形成了諸多優勢。比如，香港是世界

三大金融中心之一，是世界公認的自由港，香港在金融、會計、法律、國際仲裁等領域擁有強大的人才隊伍和豐富的實踐經驗。憑藉這些領域的優勢，使香港的現代服務業成為支柱產業。但是，隨着新興經濟體的崛起，以及貿易保護主義抬頭、「逆全球化」現象的出現，香港的諸多傳統優勢受到挑戰，香港亟需鞏固和提升自己的傳統優勢。

香港要鞏固傳統優勢，僅靠自身的能力是不夠的，必須依託一個龐大的經濟體作支撐，才能在風雲變幻的國際市場競爭中站穩腳跟。中國內地作為世界第二大經濟體，恰恰有能力提供支撐。中央統籌規劃大灣區 11 城市的發展，從市場和資源兩個方面入手，支持香港鞏固和提升傳統優勢，這將徹底改變香港「單打獨鬥」的狀態，這種支撐力是巨大的、持久的、穩定的，將對香港未來發展產生長遠影響。香港各界須清醒地認識到，大灣區堅實是香港鞏固和提升傳統優勢的歷史機遇。

培育新優勢，推動經濟轉型的歷史機遇

半個多世紀以來，香港發展經歷兩次成功轉型。第一次是上世紀六七十年代成功承接歐美的製造業轉移，躋身「亞洲四小龍」；第二次上世紀 90 年代以來，香港成功地將製造業遷移至珠三角，發展現代服務業。如今，香港的發展又遇到了「瓶頸期」，經濟增長長期徘徊在 2-3% 之間，缺乏持續穩固支撐，經濟結構相對單一，發展資源有限，加之世界經濟不確定不穩定因素增多，香港經濟已經到了必須第三次轉型的重要節點！《綱要》的出台，為香港提供了培育新的優勢、推動第三次轉型的歷史機遇。

把創新作為經濟增長的第一推動力。——這是香港推動第三次轉型的着力點。香港在許多領域擁有非常強的科研實力，「短板」是科研成果的轉化效果不佳。《綱要》提出，推進「廣州－深圳－香港－澳門」科技創新走廊建設，充分發揮香港在知識產權保護及相關專業服務等方面具有的優勢，支持香港成為區域知識產權貿易中心。鼓勵粵港澳企業和科研機構參與國際科技創新合作，共同舉辦科技創新活動，支持企業到海外設立研發機構和創新孵化基地，鼓勵境內外投資者在粵港澳設立研發機構和創新平台。等等。這些舉措將極大地推動香港的創科發展，讓香港在創科方面

形成新的重大優勢。香港的創科發展起步較晚，但如果能抓住機遇，「彎道超車」，成功打造「國際創科中心」，發展的新動能將非常強勁。

培育新的經濟增長點、形成多點支撐的格局。——這是香港經濟轉型的關鍵。《規劃綱要》提出，支持香港成為電影電視博覽樞紐，支持香港在優勢領域探索「再工業化」，支持香港成為區域知識產權貿易中心，支持粵港澳高校合作辦學、支持大灣區建設國際教育示範區，支持香港鞏固創意之都地位，支持香港等地共建世界美食之都，支持香港成為解決「一帶一路」建設項目投資和商業爭議的服務中心。香港的經濟結構比較單一，支撐點不多，如果能在這些行業有所作為，經濟發展新格局將煥然一新。

中聯辦領導曾說，「一帶一路」和粵港澳大灣區建設不僅為香港探索發展新路向、開拓發展新空間、增添發展新動力提供了戰略支撐；香港發展的戰略縱深、市場人口、產業空間、創新能力得到極大拓展，大灣區完整的現代產業鏈有力地推動着香港經濟第三次轉型邁出實質性步伐，香港也正因此加快形成國際金融、航運、貿易中心和國際創科中心並駕齊驅的嶄新發展格局。斯人所言，十分中肯！

破解民生難題，建設幸福家園的歷史機遇

習近平主席在 2017 年「七一」期間視察香港時指出：「要以人為本、紓困解難，着力解決市民關注的經濟民生方面的突出問題，切實提高民眾獲得感和幸福感。」這一要求成為港澳工作的重要指導思想之一。韓正副總理多次指出，粵港澳大灣區建設要以讓老百姓得實惠為出發點和落腳點。《綱要》提出：「堅持以人民為中心的發展思想，積極拓展粵港澳大灣區在教育、文化、旅遊、社會保障等領域的合作，共同打造公共服務優質、宜居宜業宜遊的優質生活圈。」《綱要》描繪了大灣區的美好藍圖：打造教育和人才高地，共建人文灣區，構築休閒灣區，拓展就業創業空間，塑造健康灣區。

《綱要》對許多民生大事還有詳盡的規劃。比如：「構築大灣區快速交通網絡，力爭實現大灣區主要城市間 1 小時通達。」「探索推進在廣東工作和生活的港澳居民在教育、醫療、養老、住房、交通等民生方面享有與

內地居民同等的待遇。」「提高香港長者社會保障措施的可移植性」「為港澳青年創新創業提供更多機遇和更好條件」，等等。

長期以來，香港的發展受制於地域狹小的地理條件，可供開發的土地資源有限，不僅造成了房價畸高，年輕人置業困難，而且使香港在發展許多產業上受限，難以為市民提供更多更好的就業崗位；同時，香港是一個老齡化程度非常高的社會，養老安老也受制於空間所限，難以提供優質的環境。大灣區建設為香港提供了破解民生難題的「金鑰匙」，為香港居民建設幸福家園打開了巨大空間。

隨着規劃實施，「上班在香港九龍，居住在廣東九市」將變為現實。按照規劃，香港居民在民生方面逐步享有與內地居民同等的待遇，能夠在內地獲得更多發展機會，大灣區在通關、交通、電信等很多方面提供更加便利優惠的服務，大灣區生態環境越來越美。「大灣區美好家園」不是夢。

隨着規劃實施，港青北上創業將成為常態。香港中小學和幼兒教師允許到廣東考取教師資格並任教，香港居民中的中國公民報考內地公務員，這些措施受到廣泛讚譽。國務院港澳辦領導早前預告，中央還將出台港澳居民在內地就業服務、社會保障、失業登記、勞動權益保護等方面的政策措施，並在大灣區內逐步放寬港澳居民就業、教育、醫療、住房等方面的一些限制性規定。港青北上，驚喜多多！

隨着規劃實施，香港老人在廣東九市養老將成為潮流。大灣區內將共建醫院、共建安老院，是大勢所趨，同時，中央支持港澳醫療衛生服務提供主體在珠三角九市設置醫療機構，支持港澳投資者在珠三角九市興辦養老等社會服務機構。香港老人安居內地，幸福感更強！

機遇難得，不容錯過。中聯辦領導曾在中央一份重要的報章《學習時報》上撰文指出：「粵港澳大灣區建設是中央從國家發展全域和『兩個建設好』的戰略高度支持港澳與廣東這塊改革開放前沿陣地在共融中實現共建共享共贏的重大決策部署，為香港突破發展瓶頸提供了極其難得的機遇。」在推進大灣區建設的「進行曲」中，香港要抓住機遇、用好機遇，順勢而為、乘勢而上，與大灣區其他城市一起書寫發展新篇章！

（原載於《今日中國》，2020 年）

全國兩會帶給新征程上的
香港哪些思考？

　　第十三屆全國人民代表大會第二次會議和全國政協十三屆二次會議在圓滿完成各項議程後昨日和 3 月 13 日相繼閉幕。兩會期間，中共中央總書記、國家主席、中央軍委主席習近平 6 次深入人大政協團組，面對面聽取 48 位代表委員發言，就生態文明建設等重大主題發表了一系列重要講話，催人奮進。中共中央政治局常委、國務院總理李克強所作的《政府工作報告》，提出了一系列發展經濟、改善民生的新舉措，乾貨滿滿。中共中央政治局常委、全國政協主席汪洋在全國政協閉幕大會的講話中，以「三個崇尚」闡明人民政協新時代新使命，激情滿懷。主管港澳事務的中共中央政治局常委、國務院副總理韓正先後到港澳團組，勉勵代表委員始終發揮港澳獨特作用，粵港澳三地要切實扛起主體責任。

　　今年全國兩會的信息量很大，涉及的新政不少。作為港區全國政協委員，筆者親身感受到，中央推進高質量發展和高水平開放的決心非常大，以底線思維防控重大風險的意志非常堅決，代表委員們積極建言，氣氛熱烈。「一國兩制」下的香港與祖國同呼吸共命運，全國兩會與香港發展休戚相關，也給新征程上的香港帶來諸多方面的思考。

激活市場主體，有助於港人內地創業

　　李克強總理在《政府工作報告》中指出：「將製造業等行業現行 16% 的稅率降至 13%，將交通運輸業、建築業等行業現行 10% 的稅率降至 9%」、「繼續提高企業職工基本養老保險基金中央調劑比例、劃轉部分國有資本充實社保基金。」在昨天回答中外記者提問時，李總理說：「對基

本養老保險單位繳費率，我們還明確，可以從原規定的 20% 降到 16%。」「4月1日就要減增值稅，5月1日就要降社保費率。」

減稅降費的紅利有多少？近兩萬億元人民幣！而這一重大舉措是在最近三年每年減稅一萬億的基礎上出台的新政。除了減稅降費，中央政府和各級政府還將在簡政放權、培育新動能、放寬市場准入、營造公平競爭環境等方面出台一系列新政，為市場鬆綁，目的只有一個，就是激發市場活力。

大規模減稅降費，意味着中央和各級政府的收入大幅度減少，怎樣彌補？三個辦法：一是財政赤字提高 0.2%；二是中央和各級政府壓縮開支，過緊日子；三是特定金融機構和中央企業多上繳利潤。可以看出，中央下了決心為減輕企業負擔，政策力度前所未有！

看任何事情，要看歷史、看現狀，更要看趨勢。以往，港商到內地投資興業，對內地的營商環境多有怨言。現在可以看出，內地營商環境變化很大。去年有關國際組織把中國營商環境的排名，提升了 30 多位。兩會釋放的信號再次表明，內地的營商環境在未來幾年還將出現巨大變化，越來越有利於各類市場主體創新創業。這對於有志於到內地發展的香港企業來說，無疑是一個重大利好消息。

提升對外開放水平，有利於港企公平競爭

這次人代會通過了《中華人民共和國外商投資法》，這部法律自 2020 年 1 月 1 日起施行。《外商投資法》是關於外商投資新的基礎性法律，確立了外商投資法律制度的制度框架和規則，構建了新時代中國外商投資法律制度的「四樑八柱」。這部法律實施後，根據內外資一致的原因，外國投資者、外國投資企業將不僅享有准入前國民待遇加負面清單管理制度，在准入後也能享受國民待遇。毫無疑問，未來制定的配套法規和規章也將貫徹落實這些原則、政策、制度和措施。因此，《外商投資法》的通過，鮮明地體現了中國政府推進高水平開放的信心和決心。

李克強總理在昨日回答中外記者提問時表示：「我們對外開放是自主的抉擇，而且我們要引入競爭中性的原則，也就是對所有外資企業一視

同仁的對待,同樣,對中國國內各類所有制企業都應該一視同仁。」「我們要實行准入前國民待遇和負面清單制度,而且要推出新的負面清單。這個新推出的負面清單會做減法,而且以後還要逐步做減法,也就是説非禁准入的範圍會越來越大。還要加強對知識產權的保護,將修改《知識產權法》。」

以上信息清楚地表明,儘管世界經濟出現了諸多不確定因素,貿易保護主義、單邊主義抬頭,一些國家試圖「關起門來過日子」,但中國擴大對外開放的動作是真實的,不僅在「大聲説」,還在「大膽做」。而現階段的對外開放,不是簡單的提供優惠政策,而是引入「競爭中性」原則,搭建有利於所有外資企業公平競爭的平台,所謂「高水平對外開放」,就體現在這裏。

香港、澳門、台灣是中國的一部分,《外商投資法》並不涉及港澳台。但由於港澳台與內地分屬不同的關稅區,中央政府已經明確表明,港澳台投資可以參照、或者比照適用這部外商投資法,同時,以往行之有效的一些制度安排和實際做法還要繼續沿用。對於實施過程中遇到的一些問題,中央政府也會聽取港澳台同胞的意見和建議。香港被譽為「自由港」,經濟的開放程度很高,對「營造公平競爭環境」訴求較高,《外商投資法》的實施,將使內地市場更加規範,港企到內地發展將更加有利。特別是粵港澳大灣區建設,是三地融合發展的重要平台,《外商投資法》將率先給大灣區建設帶來更多好處。

改善生態環境,有益於建設共同家園

兩會期間,習近平主席六次深入團組,發表了重要講話。特別是在參加人大內蒙古代表團審議時,習主席對生態文明建設的講話,振聾發聵,發人深思。習主席指出:「不能因為經濟發展遇到一點困難,就開始動鋪攤子上項目、以犧牲環境換取經濟增長的念頭,甚至想方設法突破生態保護紅線。」「我們必須咬緊牙關,爬過這個坡,邁過這道坎。要保持加強生態環境保護建設的定力,不動搖、不鬆勁、不開口子。」

兩會期間,代表委員們圍繞「加強生態環境保護建設」這個主題,發

表了諸多真知灼見。筆者在特邀香港界別第 52 組小組討論時，從小組 62 位港區委員發言中，可以親身感受到，堅決保衛綠水藍天，是全國人民共同的心願；推進高質量發展必須重視環境保護，形成了最大共識。港區委員，無論來自商界、法律界、專業界、知識界、學術界、教育界，還是愛國社團和基層，大家在這個問題上的認識高度一致。

中國擁有 960 萬平方公里土地、近 14 億人口、90 萬億的經濟總量，也是世界上第一製造業大國。這麼大體量的一個國家，如果製造污染，會殃及全球。如果防控污染，則會惠及全球。可喜的是，中國把「綠色」作為五大發展理念之一，把「污染防治」作為必須打贏的「三大攻堅戰」之一，改善生態環境的決心前所未有。對此，港區委員們高度肯定和讚揚。

香港與內地山水相連，建設健康灣區、生態灣區也是粵港澳大灣區建設的重要內容，國家大力改善生態環境，對於香港同樣是利好消息。可以預見，國家將從各個方面大力支持大灣區改善生態環境，未來的「大灣區人」將生活在更加美麗的共同家園，幸福感、獲得感、安全感將大大提升。

中國的全國兩會全球關注，每年兩會都會釋放大量政策信息，今年兩會值得香港關注的信號當然不止以上幾個方面，但以上這些方面將帶給香港深遠的影響，值得香港各界高度關注、深入思考，並從中發現香港的發展機遇。

（原載於《大公報》，2019 年 3 月 6 日）

從經濟角度認識
「香港的命運從來同祖國緊密相連」

　　兩個多月以來，香港的暴力違法事件不斷升級，已出現了恐怖主義的苗頭；大量事實證明，這是一場標準的「顏色革命」，其目標就是要爭奪香港的管治權，實施「港獨」。再回顧香港回歸以來的歷次風波，亂港勢力從來都把「反中拒共」作為行動目標，幹盡了無事生非、小題大做、捕風捉影、惡意炒作、顛倒黑白的事情。

　　那麼，香港有資格、有能力與祖國內地「一刀兩斷」嗎？筆者想起習近平主席在慶祝香港回歸祖國 20 週年大會上講的那句話：「香港的命運從來同祖國緊密相連。」此語內涵豐富、寓意深遠。香港與祖國的「緊密相連」是全方位、多層次的，不是想割斷就能割斷的，僅僅從經濟角度看，香港離不開祖國，祖國也離不開香港，二者不可分離。

內地是香港無法拒絕的「源頭活水」

　　香港市民都知道，香港的淡水資源來自廣東的東江水庫，如果沒有內地供水，香港人連喝水都困難。事實上，不僅是飲水如此，內地也是香港經濟的「源頭活水」。

　　在香港的產業中，狹義房地產業佔經濟總量 10% 的份額，如果再加上物業管理等衍生出來的相關產業，廣義房地產業佔經濟總量 20% 的份額，但香港的房地產業飽受爭議，這個產業暫且不提，其他四大產業都與內地聯繫緊密。這四大產業佔 GDP 的比重如下：貿易及物流業佔 21.5%，金融服務業佔 18.9%，專業服務及其他工商業支持服務業佔 12.2%，旅遊業佔 4.5%。四大產業之和佔 GDP 比重為 57.1%。

貿易與物流業吸收了香港約 25% 的就業人口，對香港就業影響最大。這個產業當中有六成多是從內地採購貨物，經香港轉往第三地，或世界其他地方的貨物經過香港，再轉往內地。去年以來，中美貿易摩擦升級，內地經香港到美國、美國經香港到內地的貨物貿易量明顯下降，但中國內地經香港轉往日本、歐盟、東盟、以及「一帶一路」沿線國家的貨物貿易額上升。這意味着，香港的貿易與物流業仍然需要內地支撐。

金融業只佔全港就業總人數的 5.5%，但創造了約 18.9% 的 GDP。目前，在香港上市的內地企業佔香港上市公司總數的近 50%，市值更是接近 70%。近年來推出的「滬港通」、「深港通」、「債券通」，更是將內地資本與香港的資本市場更緊密的聯繫在一起。任何一個國際金融中心，都離不開一個龐大經濟體的支持。「紐倫港」被並稱為三大國際金融中心，紐約的背後有美國經濟支撐，倫敦背後有歐盟經濟支撐，香港背後則是世界第二大經濟體中國經濟的支撐。除了香港自身努力之外，中國內地經濟規模不斷增大，為香港金融業注入了源源不斷的動力，造就了香港國際金融中心的地位。

專業服務及工商業支持服務業是香港的優勢產業，由於香港是世界第七大貿易中心，與貿易相關的許多專業服務業應運而生，包括法律、會計、國際仲裁等。改革開放 40 多年來，這個產業與內地的製造業同步成長，主要原因是：內地企業需要到海外拓展業務，海外企業需要到內地拓展業務。在雙方都不熟悉對方的情況下，大家都選擇香港作為「聯絡人」、「中介人」、「服務商」。目前，這個產業七成以上的業務來自內地企業。

旅遊業總體收入偏低，在香港的經濟總量中佔比不大，但這個行業創造的新職位數目最多、拉動力很強，直接拉動零售、酒店、餐飲、運輸等行業。香港的旅遊業更是靠內地遊客「吃飯」，2018 年，內地遊客佔香港入境遊客總人數的 76%。香港被譽為「購物天堂」，內地中產階層已超過 1 億人，消費能力強，也是訪港遊客的主力，對零售業的拉動作用不可低估。

香港是國家不可替代的「戰略支點」

香港經濟離不開內地，內地的經濟發展也離不開香港。從國家大局看，香港具有內地任何城市無法替代的獨特優勢。

其一，香港是內地進行國際貨物貿易的無摩擦「中轉站」。目前，中國內地的第一大貿易夥伴是美國，中美貿易佔總貿易額的 19%。第二大貿易夥伴是香港，內地和香港之間貿易佔總貿易額的 14%。實際上，香港扮演了「中轉站」的角色。雖然中國內地已加入 WTO，但世界上還有很多更自由、更開放的貿易協議中國內地沒有加入；在 WTO 中，中國內地的關稅等級仍然是比較高的，許多發達國家對中國的進口有一定的限制，比如關稅、進口配額等。香港是 WTO 關貿總協議確認的獨立關稅區，可以決定自己的關稅水平，而香港的關稅水平幾乎是零。同時，作為一個獨立關稅區，香港是相當多的國際自由貿易條約的成員，香港出口貨物可以能享受到更多配額、更優惠稅率，透過香港，中國內地可以合法合理地繞過各種貿易壁壘。

其二，港交所是內地企業吸收國際資本的「蓄水池」。內地的發展需要國際資本，吸引國際資本可以借助港交所。在全球公開募股（IPO）市場的較量中，港交所在過去 10 年中有 6 年排名第一。因為香港是國際商業中心，是連接國際合作項目的樞紐城市。在外國投資者看來，香港金融體系是進入中國內地市場最重要、最可靠的平台。未來，一旦美國政府禁止中國企業到紐交所等交易中心上市，切斷了中國企業從全球獲取資本的渠道，港交所的作用更加重要，無可替代。

其三，香港是內地吸收國際頂尖資源的「導入口」。美國不惜以政府的力量，在全球範圍內圍剿中國一家民營企業 —— 華為公司，甚至幕後操縱加拿大警方非法拘捕孟晚舟女士。這些不擇手段的做法，預示着美國在高科技領域對中國「卡脖子」將是一項長期戰略；這也提醒中國，必須保留一個吸收國際頂尖資源的渠道。綜觀中國所有城市，唯有香港是真正意義上的國際城市。香港可以不受阻礙地參與國際學術交流，吸收全世界的最新科技，內地可以通過香港的第三方公司，引進世界尖端科技，可以派遣學生前往赴香港學習，獲得各領域最前沿的知識。

其四，香港是人民幣國際化的「啟航地」。中國作為世界第二大經濟體，如果本國貨幣不能成為世界貨幣，意味着無法避開美元直接與國際企業交易，也就必須儲備足夠多的美元，這樣就擺脫不了被美國盤剝的命運。因此，人民幣國際化是必須闖的一個關口。但人民幣國際化難度很大，如何促使國際企業建立對人民幣的信心呢？香港是國際金融中心，香港的金融體系與國際接軌，香港是人民幣國際化最理想的「啟航地」。

香港與內地是「併船出海」的最佳搭檔

分析香港的產業結構，有待優化之處不少。比如，房地產業被巨無霸企業壟斷，也左右着房地產政策走向，目前，香港的土地開發量很少，這是造成香港房價畸高的主要原因。房價畸高不僅令大多數市民買不起房子，很多人家蝸居在十幾平方米的狹小空間，引發社會積怨，是個民生問題；也抬高了香港的營商成本，是個經濟問題。再比如，香港的製造業增加值僅佔 GDP 的 1.1%，雖然香港在許多領域的研發能力很強，但科研成果的轉化不足，高科技產業和高端製造業規模小到可以忽略不計。

無疑，香港面臨着又一次經濟轉型。轉型的方向有三：一是適度增加土地供應量，多開發房屋，拉低房價，壓縮房地產業的比重；二是推進創新科技發展，提升高科技產業和高端製造業的比重；三是做大做強貿易及物流業、金融服務業、專業服務及其他工商業支持服務業、旅遊業四大支柱產業。要進行這樣的產業結構調整，內地是最佳的合作夥伴。

粵港澳大灣區建設規劃綱要已經出台，賦予香港「主場」和「主角」的地位，這為香港實施產業結構調整提供了歷史機會，借助粵港澳大灣區，香港可以解決諸多難題。比如，大灣區要建成健康灣區、人文灣區，香港可與廣東九市合作，共建建康養基地，引導老年人到廣東九市居住，鼓勵年輕人赴廣東九市就業、創業、置業，緩解香港的住房壓力。如此，再輔以增加土地供應的措施，形成「人往外流，地往外拓」的態勢，不愁「房價畸高」難題化解不了。比如，香港地域狹小，發展製造業有天然劣勢，但香港與深圳在落馬洲河套地區共建創新及科技園是一個好的開端，香港「借別人的地盤、發展自己的產業」，如果這個模式在大灣區廣東九

市得以推廣，香港的製造業不愁做不大。比如，中國倡導的「一帶一路」建設得到了全球 60 多個國家和地區的積極響應，開闢了一個巨大市場，蘊含着巨大商機。香港與內地「併船出海」，必能做大做強香港的貿易及物流業、金融服務業、專業服務及其他工商業支持服務業、旅遊業四大支柱產業。總之，內地是香港「併船出海」的最佳搭檔。

經濟影響民生、波及政治，從經濟角度認識香港與祖國的緊密聯繫，有助於我們驅除迷霧、看清前路，有助於我們堅定與祖國同發展、共進步的決心和信心，有助於我們推進「一國兩制」行穩致遠。

（原載於《今日中國》，2019 年 9 月）

習主席政協講話給香港的啟示

70 年前，在中華人民共和國的曙光噴薄而出之際，中國人民政治協商會議宣告成立！昨日，中共中央總書記、國家主席習近平在中央政協工作會議暨慶祝中國人民政治協商會議成立 70 週年大會上發表重要講話，回顧成績、總結經驗、堅定信心，部署新時代加強和改進人民政協工作。

習主席講話高屋建瓴，意義深遠，為新時代人民政協事業的發展進一步指明了方向、提供了根本遵循，在與會委員中引起強烈反響。作為港區全國政協委員，筆者應邀參加了這次大會，現場聆聽了習主席的講話。習主席的重要講話，對於香港全面準確貫徹「一國兩制」方針、推動「一國兩制」行穩致遠同樣具有重要指導意義，特別是對於當下香港走出困境、重新出發，給予諸多啟迪。

「有事好商量」找到「最大公約數」

習主席在講話中精闢地指出：「在中國社會主義制度下，有事好商量、眾人的事情由眾人商量，找到全社會意願和要求的最大公約數，是人民民主的真諦。」「協商民主是黨領導人民有效治理國家、保證人民當家作主的重要制度設計，同選舉民主相互補充、相得益彰。」「實現民主政治的形式是豐富多彩的，不能拘泥於刻板的模式。實踐充分證明，中國式民主在中國行得通、很管用。」

這些精闢論述是從人民政協 70 年歷史中總結提煉出的真理，是被無數事實所印證的歷史結論，也是「中國式民主」的魅力所在。協商民主和選舉民主相結合，共同搭建了「中國式民主」的框架。協商民主的魅力在

於：協商的對象非常廣泛，來自各民主黨派、各團體、各民族、各階層、各界人士。筆者曾在全國政協的歷史紀念館中看到，在 70 年前的第一屆政協會議上，穿長袍的、穿西裝的、穿中山裝的、穿民族服裝的，說英語的、說普通話的、說方言的、說少數民族語言的，大家濟濟一堂，共商國是，堪稱「蔚為壯觀」！70 年來，人民政協的這一特色從未改變。協商民主的魅力還在於：將民主協商貫穿於事情的全過程。人民政協成立以來，凡共和國的大事要事都通過人民政協這個平台與各族各界人士協商。有事多商量，遇事多商量，做事多商量，找到「最大公約數」，使執政黨獲得無窮智慧，匯聚了推動發展的磅礴力量。

聚焦當下的香港，為什麼社會分裂這樣嚴重？恰恰是缺少這種協商的平台和「有事好商量」的氛圍。社會各階層各說各話、各行其是，缺少理性溝通，遇到風吹草動，在別有用心之人的蠱惑挑撥下，很容易形成對抗局面。近日，特區政府正在與社會各界展開對話，這是一個良好的開端。香港的事情，最終要依靠香港人商量着辦，協商民主是一種成本低、效果好的民主實現方式。

原則問題上決不含糊

習主席在講話中指出：「政協委員來自方方面面，對一些問題的看法和認識不一定相同，但政治立場不能含糊、政治原則不能動搖。」這是對政協委員的要求，亦體現出「協商民主」的本質特徵。

進入新時代，實行協商民主的前提和條件，是必須擁有共同的思想基礎，即：習近平新時代中國特色社會主義思想；必須胸懷共同的理想追求，即：中華民族偉大復興的中國夢。如果不具備以上兩點，任何協商都無異於在沙灘上建造高樓大廈。

港區全國政協委員對於香港時下的亂局無論持有什麼看法，在反「港獨」、反暴力、挺法治、護家園這些重大原則問題上絕對不能含糊、不能動搖。港區全國政協委員雖然來自不同界別，但我們明白：如果沒有「中國特色社會主義」，就不可能有「一國兩制」，香港就沒有今天的「一國兩制」、「港人治港」、高度自治。共同的思想基礎和共同的理想追求，把

香港和國家緊緊聯繫在一起。這是港區全國政協委員參與人民政協工作的根基所在！為此，無論在多麼複雜多變的情況下，我們都要遵循習主席的要求，政治立場不能含糊、政治原則不能動搖。不僅如此，還應在「求同存異、聚同化異」上着力，引導香港社會各階層多一份理解包容、少一些極端偏執，為保穩定、促和諧多盡一份責任。

堅定支持特區政府依法施政

習主席在講話中特別指出：「要全面準確貫徹『一國兩制』、『港人治港』、『澳人治澳』、高度自治的方針，引導港澳委員支持特別行政區政府和行政長官依法施政，發展壯大愛國愛港愛澳力量。」這是習主席對人民政協工作的要求，也是對港區澳區政協委員的期許。

眼下，香港特區政府和行政長官依法施政遇到了很大困難，反中亂港勢力以「反修例」為藉口、以「和平示威」為幌子，策劃實施了上百宗暴力事件，社會持續動盪，經濟民生陷入困頓。香港今年前兩季的經濟增長僅 0.5%，全年增長預期在 0-0.5% 之間，社會動亂的背後，金融領域還暗藏風險，香港的國際金融中心地位面臨嚴峻挑戰。香港已出現回歸以來最嚴重的管治危機！

特區政府日前提出了化解危機的一系列措施，包括「四項行動」，以及化解土地、房屋的政策措施。這些措施如能落地，將達到標本兼治的效果，有利於紓解社會怨氣、促進社會和諧。港區全國政協委員是特區重要的建設力量，是特區政府依法施政的堅定支持者，有責任、有能力發揮各自優勢，挺港府、挺法治、挺經濟、挺民生，共同推動香港重回正軌、重新出發。

（原載於《大公報》，2019 年 9 月 21 日）

習主席對澳門四點希望
啟迪香港務實有為

　　昨天，習近平主席在慶祝澳門回歸祖國 20 週年大會暨澳門特別行政區第五屆政府就職典禮上的重要講話，深深的吸引港澳兩個特區的民眾。習主席指出，澳門特別行政區新一屆政府和社會各界要站高望遠、居安思危，守正創新、務實有為，在已有成就的基礎上推動澳門特別行政區各項建設事業躍上新台階。習主席提出四點希望：一是堅持與時俱進，進一步提升特別行政區治理水平；二是堅持開拓創新，進一步推動經濟持續健康發展；三是堅持以人為本，進一步保障和改善民生；四是堅持包容共濟，進一步促進社會和諧穩定。

　　習主席對澳門的「四點希望」同樣對香港有啟迪作用，激勵香港社會各界務實有為，推進「一國兩制」行穩致遠。

提升治理水平才能彰顯優勢

　　習主席談到澳門特區要提升治理水平時，強調了三個重點：推進制度改革，提高政府管治效能；把依法辦事作為基本準則，不斷健全完善依法治澳的制度體系；善用科技，加快建設智慧城市。

　　回歸 20 年來，澳門特區治理水平的提升有目共睹，實現了良法善治，步入了開埠數百年來最為輝煌的時期，也成了實踐「一國兩制」的典範。

　　「百尺竿頭，更進一步」。習主席要求澳門「與時俱進」「守正創新」，就是要「跳出澳門看澳門」「面向未來看澳門」。澳門特區只有 32 平方公里，但中央批覆澳門租用 30 年的珠海橫琴島 108 平方公里，是澳門特區

的三倍，如何治理好這個更大的「新家」，對於澳門來說是一個重要課題。同時，隨着粵港澳大灣區建設啟動，澳門如何打破體制機制藩籬、與香港及廣東九市合作？也是一個重要課題，這就需要澳門特區政府和社會各界以前瞻眼光來謀劃和推動。

提升治理水平只有「進行時」，沒有「完成時」，唯有聚焦不斷變化的客觀實際進行創新，不斷提升治理水平，才能不斷彰顯「一國兩制」的優勢。澳門特區如此，香港特區也是如此。

經濟持續健康發展才能動力強勁

習主席談到推動經濟持續健康發展時，強調澳門「一中心」「一平台」「一基地」的目標定位，要選於適度多元發展的主攻方向和相關重大項目，要積極對接國家戰略等。

澳門在全球 180 個經濟體中排名第 34 位，在亞太 43 個經濟體中排名第 9 位，成為世界上最活躍的微型經濟體之一。「船小好調頭，船大抗風浪」。大海稍有風雲變幻，都有可能令一葉扁舟傾覆。因此，習主席希望澳門「站高望遠」、「居安思危」，就是要有憂患意識。

在憂患常懷於心的情形下，澳門既要選準自己特色產業，又要對接「一帶一路」、大灣區建設等國家戰略，這樣就可以把澳門這葉小舟與祖國內地這艘「航母」連為一體，共抗風浪，化解風險。

香港經濟體量比澳門大得多，抗風險能力也強得多，但與中國內地這艘「航母」相比，香港也只能算是「小型艦艇」。要實現經濟持續健康發展，同樣需要對接國家戰略，聚焦「國家所需，香港所長」，在與內地攜手共進中發展壯大香港經濟。

保障改善民生才能凝心聚力

習主席談到保障和改善民生時，強調確保廣大市民分享發展成果，提升市民生活品質，更加關注對弱勢群體的幫助和扶持，不斷提高教育水平。

回歸以來，澳門本地居民失業率從 6.3% 降至 1.8%，就業人口月收入

中位數從 4,920 澳門元增至 16,000 澳門元。澳門的平均壽命已經達到 84 歲，居世界前列。寫就了一份漂亮的「民生成績單」。

澳門讓國家的惠澳政策變成「民生禮包」，讓經濟發展成果化為基層民眾口袋中的「真金白銀」。澳門的基層民眾真切感受到了「一國兩制」帶來的好處，對國家的認同感不斷增強。一位澳門市民在接受媒體採訪時談到香港有人把國旗扔進大海，感到不可思議。他說，如果這事發生在澳門，國旗沒有落海，扔國旗的人早就被人踢進大海了。

民生連着民心。在保障和改善民生方面，香港做得沒有澳門好，當然，兩地的具體境況不同，各種原因非常複雜。但應該清醒地認識到，如果民生出了大問題，社會必然動蕩。結束香港亂局，必須解決涉及民生的深層次問題。

社會和諧穩定才能發揮獨特作用

習主席在談到促進社會和諧穩定時，強調要堅持和弘揚愛國愛澳核心價值，要加強社團建設，要保持澳門社會講團結、重協商的傳統，要發揮澳門中西文化薈萃的優勢，助力國際人文交流，促進世界文明互鑒。

回歸以來，澳門居民正視並真心接受主權回歸的歷史事實，自覺把澳門納入國家治理體系的總體格局中，愛國愛澳是澳門的核心價值。同時，澳門行政、立法、司法機關合力維護社會和諧穩定，澳門的治安狀況比回歸前大為改善。

有了「大盤穩定」，澳門作為中西文化的交匯點，其交流平台的獨特作用充分發揮了出來。如今，澳門正在打造「中國—葡語國家交流平台」，舉辦各種全球性會展，一個新興產業正在崛起。

香港同樣是中西文化的交匯點，在國際人文交流、促進世界文明互鑒中的獨特作用更為明顯。交流，需要和諧穩定的環境，如果香港不能盡快止暴制亂、恢復秩序，如果香港失去了作為中國內地與西方之間「連接器」的功能，香港的作用將大打折扣，香港的經濟民生也必將受損。

習主席指出：「我們堅信，包括港澳同胞在內的中國人民完全有智慧、有能力把『一國兩制』實踐發展得更好，把『一國兩制』制度體系完善得更好，把特別行政區治理得更好。」習主席講出了全體中國人民的心聲，中華民族偉大復興的前進步伐勢不可當，香港、澳門與祖國內地同發展、共繁榮的道路必將越走越寬廣！

（原載於《大公報》，2019 年 12 月 21 日）

深圳迎來 40 週歲
香港再謀發展機遇

　　明天，深圳將迎來 40 歲生日，這是一個令深港兩地民眾和全國人民高興的大日子！深圳經濟特區建立 40 週年慶祝大會將於明天上午隆重舉行，中共中央總書記、國家主席、中央軍委主席習近平將出席大會並發表重要講話。

　　40 年前，深圳還是一個名不見經傳的小漁村；40 年後的今天，深圳已成為一座經濟總量與香港比肩的明星城市，更是展現中國改革開放巨大成就的標杆性城市。一年前，中央出台《關於支持深圳建設中國特色社會主義先行示範區的意見》，為深圳下一步發展描繪了美好藍圖；近日，中央出台《深圳建設中國特色社會主義先行示範區綜合改革試點實施方案（2020-2025 年）》，從八大領域支持深圳在更高起點、更高層次、更高目標上推進改革開放，推動更高水平的深港合作。

　　昨日，行政長官林鄭月娥率團赴深圳，將出席慶祝大會，聆聽習主席的重要講話。深圳的 40 歲生日，也是香港的節日！讓我們為深圳祝福、為香港祝福！深圳喜迎 40 週歲，香港再謀發展機遇。

從開放中謀機遇

　　40 年前，剛剛打開國門的中國百廢待興，從哪裏破解堆積如山的難題？「有一位老人，在中國的南海邊畫了一個圈」！在鄧小平先生的推動下，與香港隔河相望的深圳特區誕生，深圳踏上了「以開放倒逼改革」的創業之路。

　　率先開放的深圳，給香港帶來了巨大機遇。大批港商攜資北上，在深

圳投資建廠，在助力深圳騰飛的同時成就自我。40 年來，香港一直是深圳最大的外資來源地；時至今日，有接近 8 萬家企業在深圳營運，許多港資企業以深圳為「登陸點」，進軍內地城市，搶佔市場先機，創造了商業傳奇。在這一過程中，香港和深圳逐步形成了「前店後廠」的格局，香港一直發揮聯繫人作用，為深圳以至其他內地企業提供「引進來、走出去」的雙向支援和服務，香港由此華麗轉身為國際金融、商貿、物流、航運和專業服務中心。一對好兄弟，一起闖世界。香港與深圳聯手書寫的經濟傳奇，是中國改革開放歷史上最為絢麗的篇章！

如果說，建設經濟特區初期是「深圳開放 1.0 版」，中國加入 WTO 後是「深圳開放 2.0 版」，那麼，建設中國特色社會主義先行示範區則是「深圳開放 3.0 版」，中央近日出台的《實施方案》則是「3.0 版」的「施工圖」，其中涉及到許多擴大開放的內容。比如，制定深圳放寬市場准入特別措施清單，放寬能源、電信、公用事業、交通運輸、教育等領域市場准入；進一步放寬前沿技術領域的外商投資准入限制。這些都是深港合作的「共振點」，聚焦深圳擴大開放的新政，香港應找到新的發展機遇。

從創新中謀機遇

創新是深圳成功的最大亮點，貫穿了 40 年的發展歷程。從「時間就是金錢，效率就是生命」的理念創新，到一步一個腳印推進的科技創新。創新，令這座城市激情四射、魅力十足，成為創業者最神往的地方。如今的深圳，聚集眾多世界級的創新型企業，成為中國科技創新能力最強的城市。

在深圳 40 歲生日之際，中央出台《實施方案》給深圳送上了「大禮包」，其中涉及創新的內容不少，這些都為香港相關行業帶來了機遇。

比如，《實施方案》提出，支持深圳實行非競爭性、競爭性「雙軌制」科研經費投入機制，支持探索制定外籍「高精尖缺」人才認定標準。香港歷來是為內地輸送外國高端人才的「蓄水池」，香港與深圳在這方面可以進行深度合作。

又比如，《實施方案》在完善高水平開放型經濟體制方面，涉及外商事法律、金融業以及航運業領域的系列與國際適度接軌的安排。香港在這

些方面具有明顯優勢，與深圳可以找到更多合作項目。

再比如，《實施方案》提及支持在創業板改革、數字貨幣等資本市場建設上先行先試，支持深圳在推進人民幣國際化方面先行先試，推動完善外匯管理體制。香港作為國際金融中心，在金融領域具有很強的創新能力和豐富的實踐經驗，香港經驗可供深圳借鑒。

從協同中謀機遇

習近平主席強調，「我們既要把實行社會主義制度的內地建設好，也要把實行資本主義制度的香港建設好」。建設好深圳和香港，是「兩個建設好」的最佳體現。

深圳建設中國特色社會主義先行示範區，並非替代香港，而是一種協同發展的機遇。

首先，香港和深圳的功能定位越來越清晰。粵港澳大灣區發展規劃綱要為深港兩地做出了明確定位，香港的現代服務業發達，深圳的高端製造業發達；香港在一些領域的科研實力很強，深圳把科研成果轉化為產業的能力很強，兩者優勢互補，齊頭並進。

其次，香港與深圳的協同發展的條件越來越好。在基礎設施連通方面，深港高鐵的開通，拉近了深港兩地的距離；在科技創新方面，西有前海，東有河套，還有深圳南山與香港洪水橋的合作，深港科技合作戰略格局已形成；在公共服務領域，香港中文大學（深圳）和香港大學深圳醫院的開辦，展示了港深公共服務合作的廣度和深度。

再次，香港和深圳的融合程度越來越高。深港兩地在政府協調、產業連接等領域的合作不斷深入，呈現出「你中有我，我中有你」的情形。一些公司在香港設立機構，在深圳開展業務；一些公司把研發放在香港，把生產放在深圳，已經形成「深圳—香港—矽谷」的研發產業鏈條。

深圳特區 40 年的發展史，也是一部深港合作史。40 年唇齒相依，兩代人攜手打拚，深港兩地的情誼深入血脈！站在新的歷史起點上，兩地攜手共進，必能成為亞太地區最耀眼的「雙子星」，書寫令世界矚目的新輝煌！

（原載於《大公報》，2020 年 10 月 13 日）

深圳成功經驗印證
香港「一國兩制」獨特優勢

　　深圳經濟特區建立 40 週年慶祝大會昨日上午隆重舉行，中共中央總書記、國家主席、中央軍委主席習近平在會上發表重要講話，他全面回顧了深圳特區 40 年的發展歷程，深刻總結了深圳特區 40 年的發展成功經驗，科學部署了深圳建設中國特色社會主義先行示範區的工作，為新時代經濟特區改革發展提供了科學指導和有力支持。

　　習主席深刻總結了深圳特區 10 條成功經驗，「必須全面準確貫徹『一國兩制』基本方針，促進內地與香港、澳門融合發展、相互促進。」是其中之一。這是站在全域高度、以戰略眼光審視深圳崛起的內生動力和外部條件得出的科學結論，再次印證了香港「一國兩制」巨大優勢。對於香港各界來說，深入學習習主席講話精神，最重要的是從深圳的成功經驗中汲取智慧，敏銳發現、深入發掘、更好發揮「一國兩制」的制度優勢，蓄積香港再出發的精神動力。

港深「前店後廠」創新合作模式

　　習主席指出，40 年來，深圳堅持解放思想、與時俱進，率先進行市場取向的經濟體制改革，實現了由經濟體制改革到全面深化改革的歷史性跨越。

　　事實上，當初深圳特區的建立，為香港發展帶來巨大機遇。香港經濟起步自上世紀 60 年代承接發達國家產業轉移開始，但到了 70 年代後期，由於地域狹小、資源供給能力不足、人力成本上升等因素，香港的製造業面臨着諸多壓力，正是在那個時候，中國改革開放的大門打開了，中央批准深圳、珠海、汕頭、廈門設立經濟特區。

　　所謂「特區」，就是給予特殊政策的地區，可以借鑒國際先進經驗，

根據自身發展需要，突破計劃經濟的條條框框，探索新的經濟發展路徑。中央明確要求特區「特殊政策、靈活措施、先行一步」。正是因為深圳「身份」特殊，那時，香港才有可能把製造業轉移到深圳。

深圳特區以敢為人先的精神，大力引進外資，出台一系列優厚政策，吸引大批港商攜資北上，建廠興業。由於稅收優惠、土地低廉、勞動力資源富集、特區政府支持政策多，香港的一些普通市民，甚至用賣掉香港一套房子的錢，就可以在深圳建一個廠，由打工仔變成老闆。

香港製造業迅速遷移深圳，造就了港深「前店後廠」的格局。香港負責在國際市場上拿訂單，深圳負責生產加工，產品再經香港賣向世界各地，港深兩地的有益合作，為香港「一國兩制」的落地做好了「暖場」的準備。

港深「內外聯動」催生發展動能

習主席指出，40 年來，深圳堅持實行「引進來」和「走出去」，積極利用國際國內兩個市場、兩種資源，積極吸引全球投資，實現了由進出口貿易為主到全方位高水平對外開放的歷史性跨越。

回歸後，香港原有的社會制度不變，港人的生活方式不變，法律制度基本不變。這些「不變」透過基本法得以確認，使香港繁榮穩定有了堅實保障。「一國」確保大盤穩定，「兩制」確保活力不減。在「一國兩制」框架下，港深兩地按照各自的定位，內外聯動，優勢互補，催生出發展動能。

香港發揮好了「聯繫人」的特殊作用。香港實行的是普通法，與歐美等發達國家的法律制度接近；香港一貫奉行自由經濟，政府對市場很少干預；香港被譽為「自由港」，長期實行低關稅、零關稅；香港擁有市場經濟所需各類人才；香港在法律服務、國際仲裁、金融貿易等領域在亞太地區擁有明顯優勢……這一切，是香港的獨特優勢，在深圳企業「走出去」「引進來」的過程中，香港成功扮演了「聯繫人」的角色，助力深圳實現了快速發展。

深圳發揮好了「試驗田」特殊作用。投資內地是需要膽量的。大規模投資內地會有哪些風險？深圳特區是一塊「試驗田」。透過「試驗田」，

香港的企業家瞭解內地的政策風向、熟悉內地的投資環境、掌握內地的市場需求；後來以深圳為基地，向全國各地大舉進軍，率先搶佔市場先機，跑在了其他外商的前面，最終賺得盆滿缽滿。

港深產業升級實現互利雙贏

習主席指出，40 年來，深圳奮力解放和發展社會生產力，大力推進科技創新，實現了由一座落後的邊陲小鎮到具有全球影響力的國際化大都市的歷史性跨越。

今天，當我們審視深圳特區 40 年的發展軌蹟，要看到在「一國兩制」框架下，香港和深圳的雙城互動，最終實現互利雙贏效果，香港的服務業和深圳的製造業都實現了迭代升級。

回歸前，香港的服務業主要是商業零售、旅遊觀光等；如今，金融、貿易、航運成為三大支柱，現代服務業替代傳統服務業成為「主角」。在這一演變過程中，「深圳貢獻」不可忽視。深圳製造業的迅猛發展，帶動了珠三角相關產業發展，造就了現代服務業的巨大市場需求，刺激了香港金融、貿易、航運的發展；而深圳企業率先在香港成功上市，又帶動了內地企業爭相在香港上市，促進了香港金融業的發展。近年來，中央因勢利導、統籌謀劃，相繼批准實施「深港通」「滬港通」，為香港金融業發展「加油」，令香港「三大中心」的地位更加穩固。

改革開放之初，深圳的製造業主要是初級加工；如今，通過持續推進科技創新，深圳已形成高端製造業挑大樑的局面，一大批世界級企業聚集深圳，不斷演繹市場傳奇。在這一演變過程中，「香港貢獻」不可或缺。40 年來，國際資本、前沿技術、高端人才等要素，源源不斷地從香港流向深圳，幫助深圳做大了高端製造業。

40 年的生動實踐證明，香港的「一國兩制」制度是深港兩地攜手發展的重要保障，是香港繁榮穩定的最大優勢，全面準確貫徹「一國兩制」，香港的明天就會更加美好！

（原載於《大公報》，2020 年 10 月 15 日）

深圳重大機遇
助力香港融入國家發展大局

　　習近平主席在深圳經濟特區建立 40 週年慶祝大會上的講話中，對深圳下一步的發展提出了六點要求。「積極作為深入推進粵港澳大灣區建設」是其中之一。習主席強調，粵港澳大灣區建設是國家重大發展戰略，深圳是大灣區建設的重要引擎。習主席同時指出，深圳要形成全面深化改革、全面擴大開放新格局，推進粵港澳大灣區建設，豐富「一國兩制」事業發展新實踐，率先實現社會主義現代化。這是新時代黨中央賦予深圳的歷史使命。

　　深圳的歷史使命，是深圳的發展機遇，也是香港的發展機遇。港深兩地相互融合、相互促進，已成為密不可分的夥伴，更是粵港澳大灣區的「雙引擎」；深圳的這一重大歷史機遇，必將助力香港更快更好地融入國家發展大局。

「市場一體化」助力港深接軌

　　習主席指出：「要抓住粵港澳大灣區建設重大歷史機遇，推動三地經濟運行的規則銜接、機制對接，加快粵港澳大灣區城際鐵路建設，促進人員、貨物等各類要素高效便捷流動，提升市場一體化水平。」

　　粵港澳大灣區建設是一盤「大棋局」。從國內來看，在目前上升為國家戰略的四大區域經濟區中，粵港澳大灣區的體量在京津冀、長三角、成渝地區雙城經濟圈之上，居於第一位。從全球來看，粵港澳大灣區的目標是建設與紐約灣區、三藩市灣區、東京灣區比肩的世界級灣區，但與以上區域不同的是，粵港澳大灣區「9+2」城市呈現「一個國家、兩種制度、

三個關稅區、三種貨幣」的特點。如何提升市場一體化水平？是重點所在、難點所在，需要港澳與廣東九市相向而行，特別是香港和深圳要同心同向、往一起走。

令人欣喜的是，中央近日出台《深圳建設中國特色社會主義先行示範區綜合改革試點實施方案（2020-2025 年）》，支持深圳突破現有的體制機制框架，先行先試，與香港接軌。如果香港能夠主動回應，先完成港深兩地接軌，再擴展到其他城市，推動大灣區市場一體化水平提升，香港在大灣區的「主場」和「主角」的作用將進一步凸顯，這將為香港長遠發展打下堅實基礎。

創新科技前景可期

習主席指出：「要以大灣區綜合性國家科學中心先行啟動區建設為抓手，加強與港澳創新資源協同配合。」

創新科技一直是香港的一個「痛點」，香港具備不錯的科研能力，也曾有不錯的機遇，但由於種種因素的干擾，科研成果轉化為產品、發展為產業的能力很弱。近年來，中央支持香港和深圳協同創新，在落馬洲河套地區共建的創科園區，經過幾年的摸索，已經初具規模。最近，深圳市出台了《關於支持深港科技創新合作區深圳園區建設國際開放創新中心的若干意見》，全力服務香港高校和科研機構，把香港高校和科研機構較雄厚的基礎研究能力與深圳高新技術產業體系較發達的優勢緊密聯結起來，支撐香港建設國際創新科技中心。

可以看出，中央關心支持力度很大，深圳的合作熱情很高，關鍵看香港如何出招？如果香港能夠積極參與，拿出更長遠的規劃，並有效實施，必能有所突破；如果有深圳和香港全力以赴推進創新科技，粵港澳大灣區的創新科技能力將會得到大大提升。

「飛地經濟」有望複製

習主席指出：「要深化前海深港現代服務業合作區改革開放，規劃建設好河套深港科技創新合作區，加快橫琴粵澳深度合作區建設。」

前海、河套、橫琴，對於港澳來說如同三塊「飛地」；在兩種社會制度的背景下發展「飛地經濟」，需要解決很多體制機制上的難題。近些年來，前海、河套、橫琴逐步摸索出了破解難題的辦法，習主席這三個合作區提出「深化」「規劃建設」「加快」的要求，說明前期的實踐已經取得諸多成果，可以大膽地往前走、往深走、往上走；放眼未來，在粵港澳大灣區建設的大框架之下，「飛地經濟」有望在大灣區範圍內得到複製。

如果香港能夠與廣東九市共建更多類似於前海、河套的合作區，這對於香港來說是天大的好事。香港在許多領域擁有國際一流的科研能力和專業服務能力，有強大的融資能力，有吸引國際一流人才的能力，但由於地域狹小，項目落地難，產業做大難，創新科技的發展滯後，「飛地」可以補上這一短板。如果「飛地經濟」模式能夠複製，香港的產業格局必將煥然一新，國際金融、貿易、航運中心的地位也將更加穩固。

人心相通促融合發展

習主席指出：「要繼續鼓勵引導港澳台同胞和海外僑胞充分發揮投資興業、雙向開放的重要作用，在經濟特區發展中作出新貢獻。」「要充分運用粵港澳重大合作平台，吸引更多港澳青少年來內地學習、就業、生活，促進粵港澳青少年廣泛交往、全面交流、深度交融，增強對祖國的向心力。」

香港融入國家發展大局，關鍵在於人心的相通、情感相融。過去40年，正是在中央的關心支持下，深圳在土地出讓、稅收優惠、政務服務等方面給予港商很多優惠，吸引了港資入駐，促進了兩地的融合。近幾年，在習主席親自關懷下，中央有關部委出台政策，為香港居民赴內地學習、就業、生活提供了諸多便利條件。可以預期，在中央授權深圳「先行先試」的背景下，香港和深圳之間諸多體制機制障礙將會破除，港人的「同等待遇」將落實更到位，「港深一家」將越來越接近現實。港深兩地的融合發展，將促進香港加速融入國家發展大局。

滄桑巨變，「春天的故事」奏響新篇；山水相連，深圳河兩岸燈火璀璨。習主席惦記着深圳；習主席惦記着香港；習主席惦記着粵港澳大灣區。「深港『雙星子』輝映大灣區」的圖景才剛剛鋪展開來⋯⋯

　　　　　　　　　　　　　（原載於《大公報》，2020 年 10 月 16 日）

五中全會長遠規劃和遠景目標彰顯制度優勢

　　中共十九屆五中全會昨日閉幕，中共中央總書記習近平代表中央政治局向全會作工作報告，會議審議通過了《中共中央關於制定國民經濟和社會發展第十四個五年規劃和二〇三五年遠景目標的建議》，習近平總書記就《建議（討論稿）》向全會作了說明。

　　這是中國特色社會主義進入新時代出台的第一個「五年規劃」，也是新時代確定的第一個遠景目標，對於中國未來發展走向，對於世界經濟的發展走向，對於香港未來的發展走向，都具有十分重要的意義。「五中全會」不僅深深吸引了中國人民的目光，也吸引了世界輿論的關注。

　　「一國兩制」下的香港，只有以更積極的姿態融入國家發展大局、搭乘國家發展快車，才能實現可持續發展；因此，香港社會各界應該充分認識到長遠規劃和遠景目標所彰顯的中國特色社會主義制度獨特優勢；應該充分認識到「十四五」規劃和二〇三五年遠景目標對於香港長遠發展的重要意義、廣闊路徑和美好前景。

從「擺脫欠發達」到「躋身高收入」

　　中國經濟為什麼能夠實現長期較快增長？回顧歷史，五年規劃（2006年前稱為「五年計劃」）發揮了重要作用。

　　1949 年，新中國幾乎是世界上最貧窮的國家，從統計數據看，當時只有 10 個國家的人均國內生產總值低於中國。誰能想到，僅僅 70 年左右的時間，中國從「一窮二白」發展成為世界第二大經濟體，人均 GDP 翻了好多倍。如果說，前面的十三個「五年規劃（計劃）」都是着眼於擺脫

貧困、擺脫不發達的話，那麼，「十四五」規劃則致力於推動中國進入高收入經濟體行列，這是 14 億人民共同的嚮往和期盼。

全會提出了「十四五」時期經濟社會發展主要目標：經濟發展取得新成效，在質量效益明顯提升的基礎上實現經濟持續健康發展，增長潛力充分發揮，國內市場更加強大，經濟結構更加優化，創新能力顯著提升，產業基礎高級化、產業鏈現代化水平明顯提高，農業基礎更加穩固，城鄉區域發展協調性明顯增強，現代化經濟體系建設取得重大進展；改革開放邁出新步伐，社會主義市場經濟體制更加完善……這些目標是定位更高層次的發展、更高質量的前行，標誌着中國的經濟發展已經進入新境界，這對於中國來說，具有劃時代意義。

從「十二五」規劃設立「港澳專章」開始，香港的發展就納入國家發展的「大棋局」，香港的發展與國家的規劃密切相關，「十四五」規劃的高起點、高目標，更為香港的長遠發展提供了機遇、提供了動力。

從「發展中國」到「影響世界」

「五中全會」確定的中國「十四五」規劃和二〇三五年遠景目標是針對中國而言的，但無疑會影響世界。

首先，中國經濟是全球經濟的「第一引擎」。作為世界第二大經濟體、第一大貨物貿易國，中國經濟足以影響全球經濟的走向；中國經濟「打個噴嚏」，全球經濟就會「感冒」。國際貨幣基金組織預計，在 2020-2021 年，中國經濟增長將佔全球經濟增長的 60%，也就是說，中國經濟從世界經濟的「重要引擎」變為「第一引擎」。

其次，「十四五」規劃和二〇三五年遠景目標具有「全球性」考量。以習近平總書記為核心的黨中央深刻認識到，未來五年極有可能是矛盾與風險多發期、共振期，同時也意識到中國已從過去的「跟跑者」、「搭便車者」升級為「領跑者」、「被搭車者」的重大轉變。因此，中共中央提出的「十四五」規劃有着引領經濟全球化的設計考量。

再次，中國是新冠肺炎疫情背景下唯一恢復元氣的主要經濟體。今年前三季度，中國經濟增長 0.7%，是世界主要經濟體中唯一實現正增長

的，這種率先恢復增長，是其他經濟體無法企及的，這就決定了中國的「十四五」規劃可以順利實施，對世界經濟復甦具有戰略意義。

中國的長遠規劃影響世界，必然對香港的影響更大。因為，香港始終扮演着中國內地與國際市場「超級聯絡人」的角色，無論是參與「內循環」，還是助力「外循環」，香港的角色都更加重要、更加關鍵！

從「突破瓶頸」到「鍛造新動力」

如果把「十三五」規劃和「十四五」規劃進行比較後就會發現，「十三五」着重「突破瓶頸」，比如，對綠色生態、扶貧濟困、消費結構等領域着墨較多；而「十四五」，更注重鍛造新動力，比如，改善營商環境、加強科技創新、堅持擴大內需等，都是致力於增強發展的內生動力。這表明，中國經濟已經從注重追求發展速度，改變為注重追求發展質量，這是一個重要的轉折點，是一個質的飛躍。

鍛造新的發展動力，將大大提升中國的國際競爭力。自從美國挑起中美貿易戰以來，中央深刻認識到「辦好自己的事情」、苦練內功，才能始終立於不敗之地。因此，「十四五」規劃不同於以往五年規劃的地方，就是鍛造新動力。

香港作為中國的一個特別行政區，具有「近水樓台先得月」「背靠大樹好乘涼」的優勢，鍛造發展新動力，為香港提供了機遇、提供了舞台。比如，香港在一些領域的科研能力全球一流，香港在吸引全球各領域高端人才方面的獨特優勢，香港強大的融資能力，這些優勢都可以在「十四五」期間得到充分發揮，在貢獻國家的同時成就自我。

中國共產黨的領導，中國特色社會主義制度的優勢，決定了中國的發展是可規劃、可持續、可操作的，一張藍圖繪到底，一屆接着一屆幹，這是西方政黨「輪流坐莊」的制度無法比擬的；因此，我們有理由相信，「十四五」規劃和二〇三五年遠景目標一定能夠實現！

（原載於《大公報》，2020 年 10 月 30 日）

五中全會戰略佈局和接續奮鬥體現中國力量

　　中共十九屆五中全會最重要的成果，就是審議通過了《中共中央關於制定國民經濟和社會發展第十四個五年規劃和二〇三五年遠景目標的建議》。習近平總書記就《建議（討論稿）》向全會作了說明。《建議》深入分析了我國發展面臨的國際國內形勢，清晰展望了 2035 年基本實現社會主義現代化的遠景目標，明確提出了「十四五」時期我國發展的指導方針、主要目標、重點任務、重大舉措，集中回答了新形勢下「實現什麼樣的發展、如何實現發展？」的重大問題。

　　以五年為時間單元，從「一五」到「十三五」的實施過程，正是中國從站起來、到富起來、並逐漸走向強起來的過程。「五中全會」部署下一個五年的發展戰略，明確今後 15 年的發展目標，引領 14 億中國人民接續奮鬥，體現出強大的中國力量。

　　「一國兩制」下的香港是國家不可或缺的一分子，當億萬人民朝着宏偉目標邁進時，香港定然不能缺席、也不會缺席；當社會主義現代化國家建成之時，香港必定是貢獻者、也是受惠者。

　　今年是全面建成小康社會的收官之年。建成小康後，中國新的目標是什麼？人們注意到，「五中全會」將統領發展的「四個全面」戰略佈局作了修改，「全面深化改革、全面依法治國、全面從嚴治黨」沒有變，「全面建成小康社會」改為「全面建設社會主義現代化國家」。這表明「十四五」將邁出具有歷史意義的一步。

　　什麼是「社會主義現代化國家」？《建議》描繪出一幅壯闊藍圖：「我國經濟實力、科技實力、綜合國力將大幅躍升，經濟總量和城鄉居民人均

收入將再邁上新的大台階」「基本實現新型工業化、信息化、城鎮化、農業現代化，建成現代化經濟體系」「基本實現國家治理體系和治理能力現代化」……這既涉及物質文明，也涉及精神文明，建成社會主義現代化國家，意味着中國將是世界文明的典範和樣板。

有夢想，才有未來。以「全面建設社會主義現代化國家」引領全域，就能凝聚起民族復興的磅礴力量。香港作為中國的一個特區，具有內地任何城市都無法替代的獨特優勢，香港必能在實施「四個全面」戰略中貢獻特殊力量。

「雙循環」塑造發展新格局

當下的中國，發展遭遇的外部環境並不樂觀。經濟全球化遭遇逆流，單邊主義、保護主義上升，新冠肺炎疫情帶來廣泛而深遠的影響，傳統的國際經濟循環明顯弱化，甚至是受阻。下一步，如何謀劃中國經濟發展的「大棋局」?《建議》提出，要暢通國內大循環，促進國內國際雙循環，全面促進消費，拓展投資空間。可以看出，以「雙循環」塑造發展新格局，這是全會明確的清晰路徑。

綜觀當今世界，大國經濟都有一個共同特徵，那就是國內的生產、消費、投資的規模都比較大，一個國家內部就可以實現循環。中國作為世界第二大經濟體，和其他大國經濟有相同之處，更具有其他大國不具備的優勢。比如：擁有完整的產業鏈，可以生產聯合國工業品名錄所列的所有工業品；東西部發展不平衡，可以形成產業梯度轉移；中產階層群體十分龐大，總人數超過 4 億人，消費需求十分旺盛……這為「內循環」提供了有利條件。

與此同時，中國開放的大門越開越大。自貿區不斷複製，至今已經建成 20 多個自貿區；負面清單制度穩步推進，清單上的限制名錄越來越少；營商環境持續改善，世界銀行對全球各國營商環境的排名，2018 年中國從上期的第 78 位躍升至第 46 位……這一切，為「國內國際雙循環」提供了有利條件。

以「雙循環」塑造發展新格局，也使香港有了用武之地。香港長期扮

演着國內市場與國際市場之間的「聯絡人」角色；下一步，越是國際環境複雜多變、充滿不確定性，香港的角色越是吃重。香港各界應該從「五中全會」對中國經濟的戰略佈局中，認清「國家所需、香港所長」，從而找到參與國家建設的發力點。

科技自立自強作為戰略支撐

「五中全會」在戰略佈局中還有一個亮點：堅持創新在現代化建設全域中的核心地位，把科技自立自強作為國家發展戰略支撐，擺在各項規劃任務的首位，並在《建議》中進行專章部署。這是編製五年規劃建議歷史上的首次。

習近平總書記多次強調「唯改革者進，唯創新者強」。創新，是激發內生動力的關鍵。美國挑起中美貿易戰以來，越來越多的中國人認識到，只有把核心技術掌握在自己手中，才能始終立於不敗之地。唯有「科技自立自強」，發展才有底氣，走自己的路才能從容自信、不受干擾。

當前，中國科技實力正在從量的積累邁向質的飛躍，從點的突破邁向系統能力的提升；面向未來，中國要面向世界科技前沿、面向經濟主戰場、面向國家重大需求、面向人民生命健康，堅持科技創新與體制機制創新「雙輪驅動」，打造國家戰略科技力量。

把科技自立自強作為國家發展戰略支撐，香港完全可以有所作為。粵港澳大灣區建設發展綱要明確了建設國際創科中心的目標，實現這一目標主要依靠香港和深圳「雙引擎」驅動。香港在人工智能、生物醫藥等方面具有很強的研發能力，還擁有很強的融資能力、超強的人才聚集能力，以及熟悉國際貿易規則等優勢，這些優勢與大灣區內廣東九市的高端製造業結合，必能在科技創新上邁出更大步子，助力「科技自立自強」，為鍛造中國力量作出香港貢獻。

戰略佈局已經清晰，接續奮鬥正當其時。中國前行的腳步堅定有力，香港必能在融入國家發展大局中實現更好更快發展！

（原載於《大公報》，2020 年 10 月 31 日）

從三個角度認識深港合作新機遇

——學習習近平主席在深圳經濟特區建立 40 週年慶祝大會上的講話

在深圳經濟特區建立 40 週年慶祝大會上，中共中央總書記、國家主席、中央軍委主席習近平在會上發表重要講話，深刻總結了深圳特區十條成功經驗，全面部署了深圳建設好中國特色社會主義先行示範區、創建社會主義現代化強國的城市範例的六個方面的工作。

在總結深圳 40 年發展經驗時，習主席強調，必須全面準確貫徹「一國兩制」基本方針，促進內地與香港、澳門融合發展、相互促進。在部署深圳建設好中國特色社會主義先行示範區時，習主席強調，深圳要形成全面深化改革、全面擴大開放新格局，推進粵港澳大灣區建設，豐富「一國兩制」事業發展新實踐，率先實現社會主義現代化。

習主席的講話站位高、視野寬、信息量大，講話雖然是針對深圳，卻與香港密切相關。學習習主席重要講話精神，有助於我們以更寬視野認識深港合作的重大意義，拓寬思路把握香港發展新機遇，凝聚共識書寫深港合作新篇章。

從歷史角度看，深港合作實現互利雙贏

習主席在講話中指出，40 年來，深圳堅持實行「引進來」和「走出去」，積極利用國際國內兩個市場、兩種資源，積極吸引全球投資，實現了由進出口貿易為主到全方位高水平對外開放的歷史性跨越。

深圳在利用「兩個市場、兩種資源」的過程中，香港發揮了不可或缺的關鍵作用；但我們如果僅把香港看作深圳改革開放的貢獻者則是偏頗

的，事實上，香港也是受益者，40 年深港合作造就了互利雙贏的格局。

第一，深港「前店後廠」互惠互利。香港經濟起步自上世紀 60 年代承接發達國家產業轉移開始，但到了 70 年代後期，由於地域狹小、資源供給能力不足、人力成本上升等因素，香港的製造業面臨着諸多壓力，正是在那個時候，中央批准深圳經濟特區。由於深圳「身份」特殊，不受計劃經濟條條框框的束縛，香港把製造業轉移到深圳成為可能。由於稅收優惠、土地低廉、勞動力資源富集、特區政府支持政策多，香港製造業迅速遷移深圳，港深兩地形成了「前店後廠」的格局。香港負責在國際市場上拿訂單，深圳負責生產加工，產品再經香港賣向世界各地。

第二，深港「內外聯動」催生發展動能。香港回歸後，在「一國兩制」框架下，深港兩地配合更加默契。一方面，香港發揮了「連絡人」的特殊作用。香港實行的是普通法，與歐美發達國家的法律制度接近；香港一貫奉行自由經濟，政府對市場很少干預；香港被譽為「自由港」，長期實行低關稅、零關稅；香港擁有市場經濟所需各類人才；香港在法律服務、國際仲裁、會計、金融、貿易等領域在亞太地區擁有明顯優勢⋯⋯香港發揮這些獨特優勢，幫助深圳企業「走出去」「引進來」。另一方面，深圳發揮好了「試驗田」特殊作用。改革開放之初，由於擔心政策會變，港商不敢大膽投資內地，透過這塊「試驗田」，香港的企業家瞭解內地的政策風向、熟悉內地的投資環境、掌握內地的市場需求，後來以深圳為基地，向全國各地大舉進軍，率先搶佔市場先機，跑在了其他外商的前面。

第三，深港產業升級造就發展新格局。回歸前，香港的服務業主要是商業零售、旅遊觀光等等傳統服務業，如今，以金融、貿易、航運、法律服務為代表的現代服務業成為支柱。在這一演變過程中，「深圳貢獻」不可忽視。深圳製造業的迅猛發展，造就了對現代服務業的巨大市場需求，刺激了香港現代服務業的發展，而深圳企業率先在香港成功上市帶動內地企業爭相在香港上市，特別是「深港通」「滬港通」開通，令香港國際金融中心地位更加穩固。改革開放之初，深圳的製造業主要是初級加工，如今，深圳已形成高端製造業挑大梁的局面，華為、騰訊、大疆等一大批世界級企業聚集深圳，在這一演變過程中，「香港貢獻」不可或缺。四十年

來，國際資本、前沿技術、高端人才，深圳推進科技創新所需的要素，源源不斷地從香港流向深圳，幫助深圳一步步走上創新之路。

從大灣區建設角度看，「雙引擎」造就新機遇

習主席在講話中指出，粵港澳大灣區建設是國家重大發展戰略，深圳是大灣區建設的重要引擎。這是針對深圳而言的，如果把《粵港澳大灣區發展規劃綱要》對照看，就會發現深圳和香港是大灣區的「雙引擎」。

「雙引擎」造就新機遇，香港的發展長期受困於地域狹小這一天然因素，那麼，隨着「雙引擎」發力，香港至少可以破解以下難題。

第一，「市場一體化」助力港深接軌。習主席指出：「要抓住粵港澳大灣區建設重大歷史機遇，推動三地經濟運行的規則銜接、機制對接，加快粵港澳大灣區城際鐵路建設，促進人員、貨物等各類要素高效便捷流動，提升市場一體化水平。」粵港澳大灣區「9+2」城市呈現「一個國家、兩種制度、三個關稅區、三種貨幣」的特點，打破體制機制藩籬是大灣區建設的關鍵。中央近日出台《深圳建設中國特色社會主義先行示範區綜合改革試點實施方案（2020-2025 年）》，支持深圳突破現有的體制機制框架，先行先試，與香港接軌。如果香港能夠主動響應，先完成港深接軌，再擴展到其他城市，推動大灣區市場一體化水平提升，香港在大灣區的「主場」和「主角」的作用將進一步凸顯，將為香港長遠發展打下堅實基礎。

第二，創新科技前景可期。習主席指出：「要以大灣區綜合性國家科學中心先行啟動區建設為抓手，加強與港澳創新資源協同配合。」創新科技一直是香港的一個「痛點」，香港具備不錯的科研能力，也曾有不錯的機遇，但由於種種因素的干擾，科研成果轉化為產品、發展為產業的能力很弱。中央支持粵港澳協同創新，深圳的合作熱情很高，如果香港能夠積極因應，拿出更長遠的規劃，並有效實施，必能有所突破。如果有深圳和香港全力以赴推進創新科技，粵港澳大灣區的創新科技能力將會得到大大提升。

第三，「飛地模式」有望複製。習主席指出：「要深化前海深港現代服務業合作區改革開放，規劃建設好河套深港科技創新合作區，加快橫琴

粵澳深度合作區建設。」對於港澳來說，前海、河套、橫琴如同三塊「飛地」，在兩種社會制度的背景下發展「飛地經濟」，需要解決很多體制機制上的難題，隨着三個合作區的運作日漸成熟，「飛地模式」有望在大灣區範圍內得到複製，屆時，香港國際一流的科研能力、專業服務能力、融資能力大將得到充分發揮，創新科技的發展滯後的現狀將得到改變，香港的產業格局必將煥然一新。

從開放新形勢的角度看，「雙循環」催生新動能

習主席在講話中指出，當今世界正經歷百年未有之大變局，新冠肺炎疫情全球大流行使這個大變局加速演進，世界進入動盪變革期。我國正處於實現中華民族偉大復興的關鍵時期，經濟已由高速增長階段轉向高質量發展階段。正在形成以國內大循環為主體、國內國際雙循環相互促進的新發展格局。

在全球化遭遇「逆風」和「回頭浪」的大背景下，一些國家正在「關門」；然而，中國開放的大門不會關上，而會越開越大。近來，中央提出了「內循環」、「雙循環」的概念。中國地域廣闊、人口眾多、市場空間大、產業門類齊全、地區間發展不平衡，實現「內循環」並無懸念，重點和難點在於「雙循環」，這恰恰是香港大有作為的地方，促進「雙循環」的最好發力點正在於深化深港合作。

在深圳 40 歲生日前夕，中央出台《深圳建設中國特色社會主義先行示範區綜合改革試點實施方案（2020-2025 年）》，從八大領域支持深圳在更高起點、更高層次、更高目標上推進改革開放，推動更高水平深港合作，其中涉及創新的內容不少，為香港相關行業帶來了機遇。

比如，《方案》提出，支持深圳實行非競爭性、競爭性「雙軌制」科研經費投入機制，支持探索制定外籍「高精尖缺」人才認定標準。香港歷來是為內地輸送外國高端人才的「蓄水池」，香港與深圳在這方面可以進行深度合作。

又比如，《方案》在完善高水平開放型經濟體制方面，涉及外商事法律、金融業以及航運業領域的系列與國際適度接軌的安排。香港在這些方

面具有明顯優勢，香港與深圳可以找到更多合作項目。

再比如，《方案》提及支持在創業板改革、數字貨幣等資本市場建設上先行先試，支持深圳在推進人民幣國際化方面先行先試，推動完善外匯管理體制。香港作為國際金融中心，在金融領域具有很強的創新能力和豐富的實踐經驗，香港經驗可供深圳借鑒。

還應該看到，香港和深圳合力促進「雙循環」具有天然的優勢。深港兩地在政府協調、產業連接、創新聯動、公共服務共建、文化交流、跨境生活、青年創業就業等領域的合作不斷深入，呈現出「你中有我，我中有你」的情形：一些公司在香港設立機構，在深圳開展業務；一些公司把研發放在香港，把生產放在深圳，已經形成「深圳—香港—矽谷」的研發產業鏈條。港深兩地攜手，完全有能力為國內國際雙循環做出更大貢獻。

深圳是中國改革開放的「排頭兵」，香港是助力改革開放的「橋頭堡」。中央賦予深圳「先行先試」的機遇，也是香港的發展機遇，香港應該積極作為、主動參與，持續推進深港合作，服務國家，成就自我！

（原載於《今日中國》，2020 年 11 月）

習主席宣告脫貧攻堅全面勝利 激勵香港攻堅克難

　　昨日是中國共產黨、中華人民共和國、中華民族歷史上，流傳千秋萬代的偉大時刻。在全國脫貧攻堅總結表彰大會上，中共中央總書記、國家主席、中央軍委主席習近平莊嚴宣告，全國脫貧攻堅戰取得了全面勝利，現行標準下 9,899 萬農村貧困人口全部脫貧，832 個貧困縣全部摘帽，12.8 萬個貧困村全部出列，區域性整體貧困得到解決，完成了消除絕對貧困的艱巨任務，創造了又一個彪炳史冊的人間奇蹟！這是中國人民的偉大光榮，是中國共產黨的偉大光榮，是中華民族的偉大光榮！

　　貧困是人類社會的頑症，反貧困始終是古今中外治國安邦的一件大事。在以習近平總書記為核心的中共中央堅強領導下，在 8 年時間裏，近一億人擺脫絕對貧困，這不僅是中國的奇蹟，也是世界減貧歷史上的奇蹟！這對於香港攻堅克難、走出困境更有啟迪作用。

減貧治理的「中國樣本」令世界矚目

　　習主席指出，改革開放以來，按照現行貧困標準計算，中國 7.7 億農村貧困人口擺脫貧困；按照世界銀行國際貧困標準，中國減貧人口佔同期全球減貧人口 70% 以上。特別是在全球貧困狀況依然嚴峻、一些國家貧富分化加劇的背景下，中國提前 10 年實現《聯合國 2030 年可持續發展議程》減貧目標。縱覽古今、環顧全球，沒有哪一個國家能在這麼短的時間內實現幾億人脫貧，這個成績屬中國，也屬世界，為推動構建人類命運共同體貢獻了中國力量！

眾所周知，改革開放之初，中國是世界上最貧困的國家之一，鄧小平先生曾經感慨地説：「我們有被開除地球球籍的危險！」40 多年來，瞄準「小康社會」目標，按照「兩步走」、「先富帶後富」的思路，中國歷屆政府「一張藍圖繪到底，一屆接着一屆幹」，逐漸縮小了與發達國家的差距。2012 年以來，中國向貧困發起了最後的攻堅戰。8 年來，攻克了一個又一個貧中之貧、堅中之堅，平均每年 1,000 多萬人脱貧，取得了重大歷史性成就。

擺脱貧困一直是困擾全球發展和治理的突出難題。中國以佔世界百分之二十的人口，完成了佔世界百分之七十的減貧目標，為世界為全球減貧事業作出了重大貢獻，為消除貧困提供了「中國樣本」，為全球貧困人口脱貧增添了信心和力量。

脱貧攻堅經驗值得香港借鑒

習主席在講話一開始，就表達了對包括香港同胞在內的參與和支持脱貧攻堅的人士表示衷心感謝。

令人欣慰的是，香港在脱貧攻堅中沒有缺席。2018 年全國「兩會」期間，港區全國政協委員聯名提案，請求參與內地的脱貧攻堅。隨後，香港各界扶貧促進會募集資金，與四川省巴中市南江縣進行精準扶貧合作，從產業、教育、醫療等方面入手，助力該縣貧困群眾。在香港同胞的幫助下，如今，南江縣已經摘掉了「貧困縣」的帽子，被稱為「亞洲第一羊」的「南江黃羊」已進入大灣區市場，成為當地人脱貧致富的好產業。

與香港的綿薄之力相比，內地同胞形成的團結偉力令人震撼！令人感佩！8 年來，內地構建了中央統籌、省負總責、市縣抓落實的工作機制；各行各業發揮專業優勢，開展產業扶貧、科技扶貧、教育扶貧、文化扶貧、健康扶貧、消費扶貧；民營企業、社會組織和公民個人熱情參與，形成跨地區、跨部門、跨單位、全社會共同參與的社會扶貧體系。千千萬萬的扶貧善舉彰顯了社會大愛，匯聚起排山倒海的磅礴力量。特別令人難忘的是，在這場沒有硝煙的戰鬥中，全國先後有 1,800 人將生命定格在了脱

貧攻堅的路上。

香港與內地有很大不同，但香港同樣面臨扶貧幫困的課題。上屆特區政府首次公佈貧窮線時，貧窮線以下的人口超過 100 萬，佔總人口的七分之一。通過幾年努力，這一數據有所下降，但在「黑暴」和疫情的雙重襲擊下，香港民生困頓的狀況又在加劇，住房難等老問題沒有解決，就業難等新問題凸顯，失業率已升至百分之七，為 17 年來最高。時至今日，香港除了動用庫房盈餘紓解民困之外，似乎沒有更多的辦法。如何集全社會力量消除貧困？內地的脫貧攻堅做法和經驗值得香港借鑒。

脫貧攻堅精神啟迪港人奮進

在脫貧攻堅中，鍛造形成了「上下同心、盡銳出戰、精準務實、開拓創新、攻堅克難、不負人民」的脫貧攻堅精神。習主席特別強調，脫貧攻堅精神是中國精神、中國價值、中國力量的充分彰顯，賡續傳承了偉大民族精神和時代精神。事實充分證明，中華優秀傳統文化是凝聚人心、匯聚民力的強大力量。

香港作為國際化大都市，是中西文化的交匯點，保持了中華優秀傳統文化，包容和吸納了西方文明的成果，在長期的發展中，逐步形成了刻苦耐勞、勤奮拚搏、開拓進取、靈活應變、自強不息的香港精神，其內涵的諸多方面與脫貧攻堅精神有相近之處，同樣彰顯了中華優秀傳統文化的無窮魅力。

然而，我們也要看到，脫貧攻堅精神中的「上下同心」和「精準務實」八字是當下香港最缺少的。近年來，香港社會沉湎於政治爭拗，社會撕裂，人心不齊，內耗加劇，不求實效，已形成了巨大「負能量」，無法凝聚共識，團結一心。在香港，要把好事辦好，實在不是一件容易的事情，總有一些人無事生非、小題大做，甚至造謠蠱惑民眾、騎劫民意，令特區政府處處受掣肘。香港雖然有不錯的家底，但也經不起長期折騰。香港各界應該從「上下同心」和「精準務實」8 個字當中悟出一些道理，再也不能蹉跎歲月，貽誤發展良機！

脫貧攻堅戰已取得全面勝利，中國的綜合實力還在不斷增強，祖國永遠是香港的堅強後盾，730 萬港人團結一心，一定能攻堅克難，讓香港這個家更加美好！

（原載於《大公報》，2021 年 2 月 26 日）

正確認識中國共產黨
與「一國兩制」的內在邏輯

今年「七一」是中國共產黨的百年華誕。100 年前，誰也不曾料到，當年只有 50 多名黨員、在當時中國 200 多個政黨中毫不起眼的中國共產黨，今天已擁有 9,000 多萬黨員、帶領 14 億中國人，將一個山河破碎、民不聊生的中國發展成為世界第二大經濟體，實現了「站起來」、「富起來」的歷史跨越，正在邁向「強起來」的歷史階段。中共中央總書記、國家主席習近平深刻指出：「我們黨的一百年，是矢志踐行初心使命的一百年，是篳路藍縷奠基立業的一百年，是創造輝煌開闢未來的一百年」。

24 年前，香港以自己的特殊經歷融入了這部壯麗史詩，「一國兩制」事業成為其中的華彩篇章。在日前舉行的「中國共產黨與『一國兩制』」主題論壇上，香港中聯辦主任駱惠寧發表了題為《百年偉業的「香江篇章」》主旨演講。他指出，中國共產黨是憲法規定的中國特色社會主義的領導者，也是當之無愧的「一國兩制」事業的創立者、領導者、踐行者和維護者。他說：「沒有誰比中國共產黨更深切的懂得『一國兩制』的價值，沒有誰比中國共產黨更執着堅守『一國兩制』的初心。」

如何看待中國共產黨？如何看待中國共產黨與「一國兩制」的關係？長期以來，香港輿論總是遮遮掩掩，諱莫如深，似乎多講幾句中國共產黨的好話、真話，就是不尊重「兩制」。正是在這種輿論氛圍下，反中亂港勢力的文宣大肆抹黑中國共產黨，令「中國共產黨」成為「狹隘、自私、封閉、落後、專制」的代名詞，甚至有人以「拒中抗共」為業。試想：若中共是這樣一個政黨，如何解釋中共帶領中國人民取得的非凡成就？如何解釋內地的 14 億人民沒有揭竿而起、而是越來越緊密地團結在中國共產

黨周圍？如何解釋在疫情和中美貿易戰的大背景下，中國依然能成為全球最大的外資流入國？

在「一國兩制」走過「五十年不變」的一半時間後，我們需要正確認識中國共產黨與「一國兩制「的內在邏輯。唯有如此，才能打破心魔，理性處理香港與中央的關係，推進「一國兩制」行穩致遠。

沒有中國共產黨就沒有「一國兩制」

「一國兩制」這個概念最早是為了解決台灣問題提出來的。上世紀 50 年代，由中國共產黨第一代領導人提出。到了在上世紀 80 年代，香港、澳門回歸的時間越來越近，中國共產黨第二代領導人鄧小平提出以和平談判的方式實現香港澳門回歸祖國，「一個國家、兩種制度」，即國家主體實行社會主義制度，個別地區保留資本主義制度，「兩制」長期共存。依據這一構想，中央決定在對香港、澳門恢復行使主權時，根據中華人民共和國憲法第三十一條的規定，設立特別行政區，並按照「一個國家，兩種制度」的方針，不在香港、澳門實行社會主義的制度和政策。

1984 年 12 月 19 日，中國政府和英國政府完成談判。1985 年 4 月 10 日，全國人民代表大會決定成立「基本法起草委員會」，並發起籌組「基本法諮詢委員會」。基本法的諮詢為期 4 年多，是香港至今時間最長、規模最大、具有廣泛代表性的諮詢工作。諮委會的 180 名委員來自工商、勞工、政界、專業、宗教、公務人員、小販、教師、學生等多個界別，也有外籍人士。1988 和 1989 年，諮委會分別就《基本法徵求意見稿》和《基本法草案》進行了全港性的深入諮詢工作；每次諮詢，香港市民都取閱了近 100 萬本文本，並據此反饋意見。香港基本法於 1990 年 4 月 4 日獲第七屆全國人大第三次會議通過，自 1997 年 7 月 1 日起施行。

香港基本法訂明了「一國兩制」、「港人治港」、高度自治的原則，明確了香港與中央的關係、香港居民的基本權利和義務、香港的政治體制等。香港基本法是全國性法律，在全國範圍內遵守，是法治的最高體現，是香港繁榮穩定的「定海神針」。

綜觀「一國兩制」從概念、到理論、再到以法律形式加以確認和執行

的全過程，都是由作為執政黨的中國共產黨領導完成的。因此，中國共產黨是「一國兩制」當之無愧的發明者、創製者，沒有中國共產黨就沒有「一國兩制」。

不嚴守底線「一國兩制」就會走樣變形

香港回歸，是英國政府把香港的主權和治權一併還給中國政府；按照「一國兩制」原則，中央政府把治權分為兩部分，一部分保留，一部分授予香港，並非香港從英國統治者手裏直接繼承權力，香港也沒有所謂「繼承權力」的資格。因此，中央對香港擁有全面管治權，這是毋庸置疑的。然而，香港一些人由於對基本法理解不透徹、對香港特區的權力來源不明，總有人要碰觸「一國」底線，欲與中央分庭抗禮，更有反中亂港勢力故意炒作各種概念，以便「渾水摸魚」，實現其「港獨」的目的。這些挑戰「一國兩制」底線原則的行為，如果不糾正，「一國兩制」在實踐中就會走樣、變形。在中國共產黨的領導下，中央進行了全面的糾正。

一是制定香港國安法，改變國家安全不設防的狀態。在任何主權國家，國家安全都是中央的事權；考慮到「一國兩制」的特殊性，基本法 23 條授權香港特區就維護國家安全自行立法，但香港社會長期以來難以達成共識，令國家安全長期不設防，導致 2019 年出現危及國家安全的持續暴亂。為此，中央不得不出手制定香港國安法，為香港安上了一道「安全門」。

二是完善香港選舉制度，落實「愛國者治港」。任何國家的公職人員都必須效忠自己的國家，這是基本的政治倫理。然而，香港的少數公務員以「保持中立」為由，拒絕效忠國家；香港的部分立法會議員「攬炒」成風，對抗中央，癱瘓政權機關。完善選舉制度，可以堵住「港獨」勢力鑽進政權機關的漏洞。

三是回歸後先後五次釋法，指導特區司法機關依法裁決。基本法訂明，其解釋權屬於全國人大常委會。香港社會治理中遇到的問題林林總總，有些問題是司法機關從來沒有遇到過的，如何裁決？全國人大常委會透過行使釋法權，給予司法指導，糾正了香港司法機關的一些錯誤做法。

維護中國共產黨領導，就是維護「一國兩制」

　　駱惠寧主任在主旨演講中指出，維護中國共產黨的領導，就是維護「一國兩制」，就是維護憲法和基本法確定的特別行政區憲制秩序，就是維護香港的光明前途和香港同胞的根本福祉。這些話看似平常，卻是句句千鈞，含義深刻。

　　首先，中國共產黨深諳「一國兩制」的價值所在，不會令「一國兩制」變成「一國一制」，理由有三：其一，「一國兩制」改變了歷史上但凡收復失地就要大動干戈的所謂定勢，是對人類政治文明的重大貢獻，讓「一國兩制」保持旺盛的的生命力，中國共產黨責無旁貸。其二，中國共產黨歷來主張人類文明在交流中相互學習借鑒，社會主義制度和資本主義制度都是人類文明的成果，可以取長補短，相得益彰，從實現中華民族偉大復興的高度看，實行「一國兩制」，更有利於吸引和凝聚全球華人的力量。其三，以中國 960 萬平方公里的地域、14 億人口的規模、世界第二大經濟體的體量，讓香港保持資本主義制度，絲毫動搖不了國家主體部分社會主義制度的根基，沒有必要讓「兩制」變「一制」，中國共產黨有這個自信。正是基於以上理由，中國共產黨將「一國兩制」從治國理政的「嶄新課題」和「重大課題」，提升為中國特色社會主義的「基本方略」和「顯著優勢」。

　　第二，香港特區的憲制秩序，是在中國共產黨領導下構建的，中共不會親手毀掉這個秩序。憲法允許在適當的時候設立特別行政區，為香港特區頒發了「准生證」；基本法訂明瞭香港居民基本權利和義務、香港與中央的關係、香港的政治體制等重大事項，為香港特區構建新秩序提供了指南。到目前為止，基本法的正文部分沒有做一個字的改動，説明基本法是一部好法律。維護中國共產黨的領導，香港的憲制秩序就不會變，香港的繁榮穩定就有保障。

　　第三，中國共產黨正在推動中華民族偉大復興，維護中國共產黨的領導，香港必能共享民族復興的偉大榮光。今天的中國處於鴉片戰爭以來最好的歷史時期，最接近民族復興的目標，中共十九屆五中全會提出，到 2035 年，基本實現社會主義現代化；到本世紀中葉，把我國建成富強民主文明和諧美麗的社會主義現代化強國。香港是一個細小的經濟體，「背靠

大樹好乘涼」，只要找準「國家所需」和「香港所長」的結合點，一定能從國家發展中獲得更多的發展機遇。

100 年前，中國共產黨誕生的時候，中國四分五裂，軍閥割據，世界列強肆意欺侮中國，億萬百姓顛沛流離。72 年前，中國共產黨成為執政黨時，中國一窮二白，滿目瘡痍，百廢待興。而今天的中國終於可以平視這個世界了。事實勝於雄辯。中國共產黨的執政答卷已經書寫在中國廣袤的土地上，贏得了 14 億中國人的信賴，這也是中國共產黨歷經風雨而巋然不動的「密碼」。

由於社會制度不同和對國情的認知有限，香港居民對中國共產黨的瞭解還不夠深、不夠真、不夠全，但是隨着祖國的繁榮強大，香港居民一定會進一步增強對偉大祖國的歸屬感，進一步增強對中國共產黨的認同感，進一步增強身為中國人的自豪感。

（原載於《今日中國》，2021 年 7 月）

中共長期執政
是歷史和人民的選擇

——學習習總書記在慶祝建黨百年大會上
重要講話系列評論之一

　　一個政黨走過 100 年，在世界上並不罕見；但 100 年間，黨員從 53 人發展到 9,500 多萬人，世界獨有！把一窮二白的國家建設成為世界第二大經濟體，世界獨有！有如此驕人業績的政黨是否應長期執政？答案只能是 8 個字：理所當然，天經地義！

　　習近平總書記在慶祝中國共產黨成立 100 週年大會上的重要講話指出：「歷史和人民選擇了中國共產黨。中國共產黨領導是中國特色社會主義最本質的特徵，是中國特色社會主義制度的最大優勢，是黨和國家的根本所在、命脈所在，是全國各族人民的利益所繫、命運所繫。」

　　這是擲地有聲的話語，體現出百年大黨的從容自信，道出了中共與中國、與人民、與中華民族之間的邏輯關係。毋庸置疑，中共長期執政是歷史和人民的選擇！

中共始終緊扣民心施政

　　習總書記在講話中強調：「江山就是人民、人民就是江山，打江山、守江山，守的是人民的心。」這是肺腑之言，也是經得起歷史檢驗的重要事實。

　　一百年前，中國是世界上最悲慘的國家之一。在城市，工人養不活家人；在農村，大批農民顛沛流離；軍閥之間爭奪地盤，橫徵暴斂，壓榨民眾；列強加緊瓜分中國，「華人與狗不得入內」的歧視性標語隨處可

見……人民的利益，就是中共關注的重點。中共成立到取得執政地位的28 年間主要就幹了幾件大事：領導工人罷工，爭取合法權益；參加北伐戰爭，打倒各路軍閥；「打土豪，分田地」，實現「耕者有其田」；推動國共合作，促成全民族抗日；解放全中國，實現國家統一。人民看到中共一心為民，願意跟隨之、擁護之，最終把中共推上了執政的舞台。

40 多年前，在世界冷戰格局中被孤立了幾十年的中國，國民經濟趨於崩潰的邊緣，中共果斷地衝破意識形態束縛，與美國等西方國家建交或建立經濟關係，改善了外部環境，隨後打開改革開放的大門，顯著提升了人民的生活水平和綜合國力。

十八大以來，中共帶領人民不懈奮鬥，特別是發起了全世界規模最大的脫貧攻堅戰。習總書記在「七一」重要講話中莊嚴宣佈，中華大地上全面建成了小康社會，歷史性地解決了絕對貧困問題。得民心者得天下；人民沒有理由不選擇中共。

中共始終以民族大義為重

習總書記在講話中強調：「一百年來，中國共產黨團結帶領中國人民進行的一切奮鬥、一切犧牲、一切創造，歸結起來就是一個主題：實現中華民族偉大復興。」

1840 年以來，中國淪為半封建、半殖民地，哪個政黨能讓中國人活得有尊嚴、讓中華民族在世界上有地位，哪個政黨就會得到民眾的擁戴。中共就是這樣一個政黨。從 100 年前建黨至今，中共奮鬥的脈絡清晰可辨：反帝、反封建、反軍閥、反內戰、反強權政治、反貧困。總之，反對一切損害人民幸福、國家尊嚴、民族利益的事情。

上世紀，活躍在中國政治舞台上最大的兩個政黨，一個是中國國民黨，一個是中國共產黨。從 1927 年至 1937 年，中共一直處於被國民黨絞殺的境地，許多中共領導人為此犧牲；然而，當日本軍國主義發動侵華戰爭，中國有亡國滅種之危時，中共捐棄前嫌，主動推動國共兩黨聯合抗日，促成了抗日民族統一戰線。

上世紀 80 年代，香港和澳門回歸的時間越來越近，當時的世界，資

本主義與社會主義兩大陣營水火不容；然而，中共果斷地創立了「一國兩制」，允許香港、澳門回歸後保持資本主義制度不變。試問：世界上有哪個政黨能有如此寬闊的胸懷？

中共以民族利益為重，自然得到了中國社會各階層的擁戴。在建黨100週年慶祝大會上，各民主黨派、工商聯和無黨派人士聯合致賀詞稱：「我們堅信，有中國共產黨堅強領導，中華民族一定能戰勝前進道路上一切風險挑戰！」

中共始終善於「自我革命」

習總書記在講話中強調：「新的征程上，我們要牢記打鐵必須自身硬的道理……堅決清除一切損害黨的先進性和純潔性的因素，清除一切侵蝕黨的健康肌體的病毒，確保黨不變質、不變色、不變味，確保黨在新時代堅持和發展中國特色社會主義的歷史進程中始終成為堅強領導核心！」

一個政黨能夠發展壯大，若自身沒有強大「免疫力」是不可能的。事實上，中共早就意識到這一點，「自我革命」從來就沒有停止過。1949年執政前，毛澤東告誡全黨要警惕被「糖衣炮彈」打倒，稱進北京城為「進京趕考」；取得政權後，每個發展階段，中共都以各種方式清除病毒、健康肌體。中共十八大以來，中共先後開展「兩學一做」、「三嚴三實」、「群眾路線」、「不忘初心，牢記使命」學習教育，今年又開展了學習黨史教育。與學習教育並行的是反腐敗鬥爭；十八大以來，「黨紀嚴於國法」「把紀律挺在前面」的理念已化為一整套制度，形成了「不敢腐、不能腐、不想腐」的體制機制。

香港納入國家治理體系僅有24年，香港市民對中共歷史瞭解不多，某些別有用心之人宣揚「拒中抗共」，甚至有人叫囂「結束一黨專政」。這是十分荒謬和惡毒的。如果中共不夠優秀，為何能贏得14億國人的支持？

在前天舉行的香港各界慶祝中國共產黨成立100週年暨香港回歸祖國24週年系列活動啟動禮上，香港中聯辦副主任陳冬在致辭中表示：「中國

共產黨接續奮鬥的非凡歷程和偉大成就，讓我們從中汲取砥礪前行的自信和力量。有中國共產黨的堅強領導，有國家作為強大的後盾，有『一國兩制』的成功實踐，香港同胞一定能夠同祖國人民共擔民族復興的歷史責任、共享祖國繁榮富強的偉大榮光！」

誠如所言，中共的成功，國家的富強，給了香港前行的巨大動力！

（原載於《大公報》，2021 年 7 月 3 日）

中共致力民族復興
是責任擔當的體現

—— 學習習總書記在慶祝建黨百年大會上
重要講話系列評論之二

一個政黨歷經百年而風華正茂，其中必有密碼需要深刻解讀，無論奧秘有多少，有一個答案是清晰的：這個政黨必然把自己的命運與民族的命運緊緊地聯繫在一起，不遺餘力地推動本民族走出苦難、走向輝煌。

習近平總書記在講話中指出：「中國共產黨一經誕生，就把為中國人民謀幸福、為中華民族謀復興確立為自己的初心使命。一百年來，中國共產黨團結帶領中國人民進行的一切奮鬥、一切犧牲、一切創造，歸結起來就是一個主題：實現中華民族偉大復興。」這段深刻論述，道出了中國共產黨成功的秘訣。

1840 年鴉片戰爭後，中國逐步成為半殖民地半封建社會，國家蒙辱、人民蒙難、文明蒙塵，中華民族遭受了前所未有的劫難。從那時起，實現中華民族偉大復興，就成為中國人民和中華民族最偉大的夢想。正是一代代共產黨人矢志不移地為民族復興而努力，才贏得了全國人民和全世界華人的支持，凝聚起了巨大力量，中共作為民族復興的領導者，其擔當精神令人欽佩、令人敬重、令人仰慕。

中共帶領人民實現了民族獨立

百年前的中國，不是一個擁有完全主權的國家，國家四分五裂，聞一多先生作詞的《七子之歌》就表達了對國家分裂的哀嘆。世界列

強在中國各有勢力範圍，中國土地上許多鐵路幹線由外國軍隊「保護」，中國的法律在外國租界沒有效力。一個國家淪落到了這個份上，還有什麼尊嚴可言？「華人與狗不得入內」等歧視性標識的出現就不足為奇。

100 年前，當十幾位年輕人聚在浙江嘉興的一條遊船上商討建黨時，「民族獨立」的信念就深深烙在每個人的心裏。正是把民族利益看得比什麼都重，中共參加了國民黨領導的北伐戰爭，力圖打倒那些與外國勢力勾連的軍閥；正是把民族利益看得比什麼都重，中共在被國民黨圍剿 10 年後，仍然願意與國民黨攜手抗日。

1949 年，中華人民共和國成立後，徹底結束了舊中國半殖民地半封建社會的歷史，徹底結束了舊中國一盤散沙的局面，徹底廢除了列強強加給中國的不平等條約和帝國主義在中國的一切特權。當時的中國百廢待興，但冷戰的鐵幕已經拉下，世界被分為東西方兩個陣營，以美國為代表的西方國家不承認中華人民共和國，中國的發展不得不依賴前蘇聯。即便是在「一邊倒」的外交政策下，中國還是斷然拒絕了前蘇聯的駐軍要求，把駐紮在旅順、大連的蘇軍「禮送出境」。從那時起，中國內地的土地上再也沒有外國的一兵一卒，中國真正實現了民族獨立。設身處地想一想，中共能做到這一點，實在不易！

中共善於從中華文明中汲取執政智慧

中共是馬克思主義政黨。在前蘇聯和東歐馬克思主義政黨都遭遇「滑鐵盧」、失去了執政地位，為什麼在中國馬克思主義政黨不僅發展壯大，還帶領 14 億中國人迎來了從站起來、富起來、到強起來的飛躍？全部的奧秘就在於：馬克思主義中國化。所謂「中國化」就是與中國實際相結合，汲取中華文明的營養。

中華民族擁有 5,000 年的歷史，其中有文字記載的歷史就有 3,800 多年，中華文明是世界上唯一沒有中斷的文明。中華文明為什麼可以綿延不斷？「和」文化起到了相當重要的作用。「君子和而不同」「家和萬事興」「和氣生財」「協和萬邦」，這些話道出做人、興家、經商、治國都離不開

一個「和」字。「和」文化成為中國人處事和處世的哲學理念。

中共善於從「和」文化中汲取智慧和力量，用於治國理政。比如，中國人崇尚「和為貴」，那麼，一個國家能不能實行兩種制度呢？如果把這個課題放在美國或前蘇聯，答案都是否定的。在中國，「一國兩制」卻從構想變成了現實，中共成為「一國兩制」創立者、發展者和捍衛者。又比如，中國人崇尚「協和萬邦」，那麼，在中國發展的同時，能不能讓更多國家搭乘「中國快車」呢？中國提出了「構建人類命運共同體」，並倡議建設「一帶一路」，得到了 60 多個國家和地區的積極響應。

中共致力於中華民族偉大復興，又善於從中華文明中汲取智慧和力量，並形成了良性循環，書寫了中華民族幾千年歷史上最恢弘的史詩。

香港應積極投身民族復興偉業

習近平總書記在講話中強調：「以史為鑒、開創未來，必須加強中華兒女大團結。在百年奮鬥歷程中，中國共產黨始終把統一戰線擺在重要位置，不斷鞏固和發展最廣泛的統一戰線，團結一切可以團結的力量、調動一切可以調動的積極因素，最大限度凝聚起共同奮鬥的力量。愛國統一戰線是中國共產黨團結海內外全體中華兒女實現中華民族偉大復興的重要法寶。」

萬事起步，都要有人當頭。中共百年歷史證明，唯有中共才能擔當起中華民族偉大復興的重任。香港是中華民族的一分子，應該積極投身民族復興偉業。從政治制度的角度看，香港是中華人民共和國的一個特別行政區，直轄於中央人民政府，雖然與內地社會制度不同，但實現民族復興的目標和願望是一致的。從經濟角度看，香港是一個細小的經濟體，抵禦風險和挑戰的能力較弱，融入國家發展大局，有利於香港的長遠發展。從文化角度看，香港與內地人同宗、語同音、書同文，香港雖然是中西文化的交匯點，但中華文化仍佔據主導地位。今天，我們比任何時候都接近中華民族偉大復興的目標，香港與內地共襄民族復興偉大事業，必能共享民族

復興偉大榮光。

中國的發展成就表明，中共是一個勇於擔當、有感召力、有凝聚力的政黨。有一個勇於擔當的大黨執政，這是國家之幸、人民之幸、民族之幸。中華民族偉大復興的曙光正在冉冉升起！

（原載於《大公報》，2021 年 7 月 5 日）

中共捍衛「一國兩制」是為了香港的根本利益

——學習習總書記在慶祝建黨百年大會上重要講話系列評論之三

一個對國家、對人民、對民族負責任的政黨，必然是一個維護國家統一、維護人民利益的政黨。唯有如此，才能贏得最廣大人民的擁戴。

習近平總書記在慶祝中國共產黨成立 100 週年大會上的講話中指出：「我們要全面準確貫徹『一國兩制』、『港人治港』、『澳人治澳』、高度自治的方針，落實中央對香港、澳門特別行政區全面管治權，落實特別行政區維護國家安全的法律制度和執行機制，維護國家主權、安全、發展利益，維護特別行政區社會大局穩定，保持香港、澳門長期繁榮穩定。」

這是對全面準確落實「一國兩制」提出的要求，也闡明了中共捍衛「一國兩制」的決心。中共是「一國兩制」的創立者，沒有誰比中共更理解「一國兩制」的價值；捍衛「一國兩制」是為了維護國家的主權、安全和發展利益，更是為了維護香港的根本利益。

制定香港國安法是為了香港大盤穩定

基本法 23 條授權香港特區就維護國家安全自行立法，但由於香港遲遲沒有履行這一憲制責任，致使國家安全長期處於不設防的狀態，最終導致「港獨」勢力浮出水面，釀成了 2019 年的持續暴亂，嚴重挑戰「一國兩制」底線。

法律的生命在於實施。基本法是一部好法律，但缺少具體落實的制度和機制，基本法的作用就被嚴重削弱。中央出手制定香港國安法，是為了

維護國家安全，也是為了維護香港大盤穩定。香港國安法實施一年來，香港的街頭暴力得到有效遏制，反中亂港勢力的頭頭，或宣佈隱退，或倉皇逃遁，或鋃鐺入獄，反中亂港勢力的最大「煽獨」「煽暴」機器《蘋果日報》也壽終正寢。香港社會出現了由亂及治的好勢頭。

香港是中國不可分割的一部分，是中華人民共和國的一個特別行政區，任何企圖改變香港「身份」的言行，都觸及「一國兩制」的底線，只會給香港帶來混亂，不會給香港帶來任何好處。「港獨」是香港的動亂之源，必須旗幟鮮明地堅決反對、理直氣壯地堅決打擊，唯有如此，香港才能大盤穩定。中央制定香港國安法，發揮了打擊「港獨」勢力和言行、維護香港大盤穩定的關鍵作用。

完善選舉制度是為了提升香港管治效能

香港的營商環境及商業效率在國際上是一流的；但回歸以來，香港的管治效能卻十分低下，特別是 2014 年以來，政府提交立法會的議案，往往成為攬炒派議員的籌碼，不答應他們的「政治訴求」，他們就以「拉布」「流會」各種方式令議案無法通過。

管治效能的低下，令事關市民福祉的經濟民生問題長期得不到解決。比如住房問題，時至今日，香港還有不少人住在狹窄的劏房裏，令人心酸。又比如貧窮問題，上屆政府首次劃定貧窮線時，香港處於貧窮線以下的人口竟然高達百萬以上，佔總人口的七分之一。這是香港這座號稱「現代化國際大都市」的恥辱！

香港的這些深層次矛盾和問題應由誰來解決？顯然是包括特區政府和立法會在內的管治團隊。基本法明確了「一國兩制」「港人治港」、高度自治的方針，也訂明了特區政府和立法會的職責，但行政、立法、司法之間總是對峙，無法形成發展合力。原因何在？在於有一批「不愛國者」混進了政權機關。

中央不插手香港的內部事務，但當香港的政權機關之間出了問題，中央有責任對其實施「矯正手術」。完善香港的選舉制度，就是一個「矯正手術」，透過改革機制，把「港獨」分子擋在政權機關之外，確保立法會

議員和行政長官具有共同的民意基礎，以改善立法會與特區政府的協調性，達到提高管治效能的目的。這對香港來説，是保持繁榮穩定和利及長遠的好事。

落實國安法的制度和機制任重道遠

習近平總書記在「七一」講話中特別強調：「落實特別行政區維護國家安全的法律制度和執行機制」。香港各界應該理解這句話的深意，認真落實相關的制度和機制。

首先，「23 條立法」不能無限期地拖下去。基本法授權香港就維護國家安全立法，香港特區必須履行這一憲制責任，這並不會因為香港國安法生效而改變。同時要看到，基本法第 159 條訂明：「本法的修改權屬於全國人民代表大會。」如果「23 條立法」問題久拖不決，全國人民代表大會據此有權修改基本法，收回對香港的立法授權。

其次，落實國安法的法律制度和執行機制還須深入推進。香港國安法實施一年來，同國安法執行相配套的制度機制相繼出台，一些本地相關法律得到激活和更新。超過 17 萬名公職人員按照規定完成宣誓。香港國安法成為公職人員入職、媒體信息監管、社會組織註冊等必須遵守的基本法律規範。這些都是可喜的變化；但要看到，在教育、法律、傳媒等領域如何形成落實國安的有效機制，還有許多工作需要做。

再次，對反中亂港勢力還不能掉以輕心。香港中聯辦副主任陳冬在 7 月 5 日舉行的《香港國安法》法律論壇的致辭中講到：「個別極端分子仍然一意孤行，甚至製造『孤狼』式恐襲；一些別有用心的人竟然明目張膽地支持美化暴力行為；有的團體和個人還披着法律專業的外衣從事亂港活動；還有外部勢力肆意妄為，干預香港事務。這些都説明，全面落實好香港國安法，任重道遠，還有許多工作要做。」正如陳冬副主任所説，國安法生效和新選舉制度落地，並非萬事大吉，我們要充分認識到香港社會環境的複雜性，注重落實好國安法相關制度的銜接。

安全和發展是一體之兩翼。國安法和新選舉制度是維護香港整體利益和市民根本福祉的「定海神針」。在中國共產黨的堅強領導下，捍衛

「一國兩制」邁出了重要一步。對照習近平總書記在慶祝建黨百年大會上重要講話精神，香港市民也需努力，「香港明天更美好」的願景才能化為現實。

（原載於《大公報》，2021 年 7 月 7 日）

「中國共產黨為什麼能？」給香港管治團隊的啟示

習近平總書記在慶祝中國共產黨成立 100 週年大會上的講話，高屋建瓴，博大精深，內涵豐富。百年來，中國共產黨取得了舉世矚目的偉大成就，特別是改革開放至今的 40 多年，創造了經濟長期快速發展和社會長期和諧穩定的兩大奇蹟，中華民族迎來了從站起來、富起來到強起來的偉大飛躍，實現中華民族偉大復興進入了不可逆轉的歷史進程！

近一個月來，香港各界也在認真學習、用心感悟。全國政協副主席、中央港澳工作領導小組常務副組長、國務院港澳辦主任夏寶龍不久前在「香港國安法實施一週年回顧與展望」專題研討會上指出：「管治好香港絕非易事，管治者不僅要愛國愛港，還要德才兼備、有管治才幹。」他對「治港者」提出了「五個善於」的要求。

學習領會習總書記講話精神，解讀「中國共產黨為什麼能？」重溫基本法賦予的職責，對照中央對「治港者」的新要求，應該給香港管治團隊諸多啟示。

「人民」二字重千鈞

通讀習總書記講話會發現，「人民」二字出現頻率最高。「必須團結帶領中國人民不斷為美好生活而奮鬥」、「江山就是人民、人民就是江山，打江山、守江山，守的是人民的心」、「中國共產黨根基在人民、血脈在人民、力量在人民」、「全心全意為人民服務的根本宗旨，站穩人民立場」……始終堅持以人民為中心的思想，是「中國共產黨為什麼能」最根本的原因。

「一國兩制」下的香港，政治制度與內地不同，但公職人員「為人民服務」的初心是一樣的，行政長官和特區政府主要官員、行政會議成員、立法會議員、各級法院法官和其他司法人員在就職時宣誓時，都承諾「效忠中華人民共和國香港特別行政區」「為香港特別行政區服務」。這句話不是空洞的概念，具體而言，就是為 730 萬香港市民服務。

回歸以來，香港特區的公職人員服務得如何呢？劏房和籠屋暴露出了服務的「短板」。現時全港有超過 11 萬戶基層家庭、逾 22.6 萬人住在劏房裏，這種「只比廁所大」的房間往往要居住一家三口，「全港關注劏房平台」的最近調查發現，有 4.5% 的劏房更住了 5 人或以上。比劏房更為狹窄的是籠屋，只有一個床位的空間，人睡在籠子裏，如同動物被關起來一樣，活得一點尊嚴也沒有。

擔當精神不可少

一個地方有一定貧富差距可以理解，但不能沒有底線。去年，香港人均 GDP 已經達到 4.67 萬美元，是全球最富有的地區之一，竟然還有不少人生活得如此悲慘！試問：回歸 24 年來，香港管治團隊是怎樣為市民服務的？「人民」二字是否植根於心？

通讀習總書記講話會發現，「勇於擔當」是中共最大的特徵。習總書記用「四個偉大成就」概括中國共產黨百年輝煌。輝煌的背後，是無數人的勇於擔當。無論是新民主主義革命時期的浴血奮戰、百折不撓，還是社會主義建設時期的自力更生、發憤圖強；無論是改革開放和社會主義現代化建設時期的解放思想、銳意進取，還是新時代的自信自強、守正創新。關鍵時候，共產黨員站得出來、沖得上去、豁得出去，勇於擔當是其不變的品質。「七一」前夕，中共中央隆重表彰了一批優秀共產黨員，他們就是其中的代表。

回歸以來，香港管治團隊擔當精神如何呢？「疾風知勁草，烈火見真金」。從 2014 年的非法「佔中」，到 2016 年「旺角暴亂」，再到 2019 年的「黑暴」，人們看到香港警隊勇於擔當，忠誠護國安，勇毅保家安，築起一道護衛香港安寧的「防波堤」，無愧於全世界最優秀警隊的美譽。香

港警隊是香港的驕傲，也是國家的驕傲，是香港的英雄！

但令人遺憾的是，管治團隊不少官員的表現卻令人失望。比如，「黑暴」期間，某些政府部門清理「連儂牆」不主動，當反中亂港分子「投訴」市民「插國旗有礙觀瞻」，他們立即派員「拆國旗」，引發市民憤怒。試問：他們究竟為誰擔當作為？又比如，有「黃師」在校園「播獨」，有「黃媒」醜化警察，有「黃醫護」在疫情爆發時罷工，一些問責官員或裝聾作啞，或表示「遺憾」「譴責」了事。這樣的「擔當作為」怎能令人信服？

夏寶龍副主席在論及「愛國者治港」時指出，要做擔當作為的愛國者，勇擔當、敢碰硬、善作為，逢山能開路、遇水能架橋。以此觀之，香港管治團隊在這方面還需要好好「補課」。

破解難題「下深水」

通讀習總書記講話會發現，「攻堅克難」是中共最擅長的「手藝」。無論是在一窮二白的基礎上建設國家，還是在孤立無援的環境中搞「兩彈一星」；無論是突破「姓資姓社」之爭，建立社會主義市場經濟體制，還是超越社會制度之別，實行「一國兩制」；無論是以「刮骨療毒」的勇氣反腐敗，還是在「逆全球化」的複雜環境中實施高水平對外開放。這一切，都體現出中共善於破解難題的高超技藝。

當下的香港，面臨住房、就業、醫療、貧富懸殊等諸多突出問題。這些問題已到了非破不可的時候。去年 10 月 1 日，香港中聯辦主任駱惠寧走進九龍深水埗，到租住面積不足 8 平方米的徐天民家慰問。他說：「看到你家的居住環境，心裏很不好受！」按照「一國兩制」、「港人治港」、高度自治的原則，香港的內部事務由香港特區自行管理，竟然管成了這般樣子！怎能不讓中央駐港機構主要領導揪心！

要解決香港社會深層次矛盾，不是沒有辦法；但過去特區管治團隊不敢碰一下既得利益集團利益，事情一拖再拖，問題越積越大，造成了今天的局面。如今，中央出手制定國安法、完善選舉制度，為香港創造了回歸以來最有利的施政環境，香港管治團隊應該「下深水」破解難題；如果還

久拖不決，無法向中央交代、無法向市民交代、無法向歷史交代！

　　對於香港管治團隊來說，真正理解「中國共產黨為什麼能？」，更重要的是體現在行動上。「一國兩制」下的香港也要「能」，這才是中央的厚望、市民的期盼、歷史的考驗！

（原載於《大公報》，2021 年 7 月 28 日）

習主席闡述辛亥革命「五大啟示」激勵港人奮進

　　昨日，紀念辛亥革命 110 週年大會在京隆重舉行。中共中央總書記、國家主席、中央軍委主席習近平出席大會並發表重要講話。習主席指出，辛亥革命 110 年來的歷史啟示我們，「實現中華民族偉大復興，必須有領導中國人民前進的堅強力量，這個堅強力量就是中國共產黨」。「實現中華民族偉大復興，道路是最根本的問題。中國特色社會主義是實現中華民族偉大復興的唯一正確道路。」「實現中華民族偉大復興，必須依靠中國人民自己的英勇奮鬥來實現。」「實現中華民族偉大復興，中國人民和中華民族必須同舟共濟，依靠團結戰勝前進道路上一切風險挑戰。」「實現中華民族偉大復興，不僅需要安定團結的國內環境，而且需要和平穩定的國際環境。」

　　習主席「五大啟示」的重要論述，是洞察一百多年來中華民族興衰變化和世界格局風雲變幻得出的科學論斷。深刻理解「五大啟示」，對於實現中華民族偉大復興具有重要意義。

　　「一國兩制」下的香港是祖國不可分割的一部分，「五大啟示」激勵港人與祖國同呼吸、共命運、齊奮進。

唯有中國共產黨才能讓中國繁榮富強

　　習主席指出：「孫中山先生是偉大的民族英雄、偉大的愛國主義者、中國民主革命的偉大先驅。」「中國共產黨一經誕生，就把為中國人民謀幸福、為中華民族謀復興確立為自己的初心和使命，點亮了實現中華民族偉大復興的燈塔。」「中國共產黨人是孫中山先生革命事業最堅定的支持

者、最忠誠的合作者、最忠實的繼承者。」

100多年前，列強恣意妄為，國家蒙辱、人民蒙難、文明蒙塵，孫中山先生率先發出「振興中華」的吶喊，但由於歷史進程和社會條件的制約，辛亥革命沒有完成實現民族獨立、人民解放的歷史任務；是在中國共產黨的領導下，建立了人民當家作主的中華人民共和國，實現了民族獨立、人民解放；是在中國共產黨的領導下，中華民族迎來了從站起來、富起來到強起來的偉大飛躍，中華民族偉大復興進入了不可逆轉的歷史進程！事實雄辯地證明：唯有中國共產黨才能救中國、富中國、強中國。

香港自回歸以來，無論是在遭遇亞洲金融風暴、世界金融危機等經濟領域的風險，還是面對沙士、新冠疫情等公共衛生領域的挑戰；無論是處置「修例風波」的社會動亂，還是克服「地域狹小」的發展劣勢，祖國始終是堅強後盾。如今，在疫情肆虐的背景下，中國是唯一實現經濟正增長的國家，這充分彰顯了中國共產黨非凡的執政能力；中國共產黨領導下的強大祖國，始終是庇護香港的「參天大樹」。

匯聚中華民族偉大復興的磅礴偉力

習主席指出：「新的征程上，我們必須大力弘揚愛國主義精神，樹立高度的民族自尊心和民族自信心，鑄牢中華民族共同體意識，緊緊依靠全體中華兒女共同奮鬥，堅持大團結大聯合，不斷鞏固和發展最廣泛的愛國統一戰線，廣泛凝聚中華民族一切智慧和力量，形成海內外全體中華兒女萬眾一心、共襄民族復興偉業的生動局面。」

100多年前，中國四分五裂，人民一盤散沙。是中國共產黨把全體中國人民組織起來，抵禦外敵，建設國家，共同發展。之所以能做到這一點，是因為找到了一條好路子：中國特色社會主義道路。「中國特色」4個字令社會主義不僵化、不封閉、不落伍。能夠實行被認為資本主義社會才有的市場經濟，能夠吸納人類文明的優秀成果，能夠允許一個國家實行兩種不同的社會制度。中國特色社會主義具有超強的包容性，形成了凝心聚力的「強磁場」。因此，中國特色社會主義是實現中華民族偉大復興的唯一正確道路。

實現中華民族偉大復興，全中國人民必須共同奮鬥，中華民族必須同舟共濟，而香港決不能缺席！「一國兩制」下的香港具有內地城市無法替代的獨特優勢。習主席的講話啟示港人，必須「跳出香港看香港」，以宏闊視野、長遠眼光和務實舉措，加速融入國家發展大局，聚焦「國家所需」和「香港所長」，補短板、鍛長板，貢獻國家，成就自己。「香港力量」理應成為、也一定能夠成為「磅礴偉力」中的一股重要力量。

任何外部勢力阻擋不了中國前進步伐

習主席在講到祖國統一時被三次熱烈的掌聲打斷。他說：「中華民族具有反對分裂、維護統一的光榮傳統。『台獨』分裂是祖國統一的最大障礙，是民族復興的嚴重隱患。凡是數典忘祖、背叛祖國、分裂國家的人，從來沒有好下場，必將遭到人民的唾棄和歷史的審判！」「台灣問題純屬中國內政，不容任何外來干涉。任何人都不要低估中國人民捍衛國家主權和領土完整的堅強決心、堅定意志、強大能力！」「祖國完全統一的歷史任務一定要實現，也一定能夠實現！」

如果國家長期處於分裂狀態，難言「復興」！「祖國統一」是「民族復興」的題中要義。不懂中華文化的人，不知道中國人是多麼看重國家統一。某些外部勢力在涉台、涉港、涉藏、涉疆問題上頻頻作亂，自以為中國人會忍讓，這是嚴重錯判形勢。當今的中國，比歷史上任何時候都擁有維護國家安全、實現國家統一的底氣和能力，任何外部勢力阻擋不了中國的前進步伐！

辛亥革命過去了 110 年，但武昌城頭的陣陣槍聲、孫中山先生的大聲疾呼、後來者的鏗鏘腳步都在告訴世人，中華民族偉大復興勢不可當。習主席闡述辛亥革命的「五個啟示」，更是揭示了中華民族偉大復興的領導核心、正確道路、奮鬥精神、力量之源、內外環境。從歷史中汲取智慧和力量，必能在未來的路上走得更好。

在經歷了持續暴亂後，香港市民深刻認識到「國泰民安」、「國安家好」的深刻道理，「五個啟示」激勵港人與祖國同心同向、攜手同行。

（原載於《大公報》，2021 年 10 月 10 日）

百年奮鬥的歷史意義重大深遠

——學習中國共產黨十九屆六中全會
重要精神系列評論之一

　　昨日，備受全世界關注的中國共產黨第十九屆中央委員會第六次全體會議閉幕。這次全會聽取和討論了習近平總書記受中央政治局委託作的工作報告，審議通過了《中共中央關於黨的百年奮鬥重大成就和歷史經驗的決議》。全會回顧了中國共產黨團結帶領全國各族人民從「站起來」到「富起來」、正在邁向「強起來」的歷史進程，總結概括了中國共產黨百年奮鬥的歷史意義，其中包括：從根本上改變了中國人民的前途命運，開闢了實現中華民族偉大復興的正確道路，深刻影響了世界歷史進程，展示了馬克思主義的強大生命力，鍛造了走在時代前列的中國共產黨。

　　百年風雲激盪，百年上下求索。中國共產黨百年奮鬥的重大成就是一部波瀾壯闊的歷史畫卷，書寫了中華民族幾千年歷史上最恢弘的史詩。對於香港社會各界來說，深刻認識中國共產黨百年奮鬥的歷史意義，有利於香港長期繁榮穩定，有利於融入國家發展大局，有利於推進「一國兩制」行穩致遠。

從根本上改變了中國的前途命運

　　全會公報指出，黨的百年奮鬥從根本上改變了中國人民的前途命運，中國人民徹底擺脫了被欺負、被壓迫、被奴役的命運，成為國家、社會和自己命運的主人，中國人民對美好生活的嚮往不斷變為現實；黨的百年奮鬥開闢了實現中華民族偉大復興的正確道路，中國僅用幾十年時間就走完發達國家幾百年走過的工業化歷程，創造了經濟快速發展和社會長期穩定兩大奇蹟。

回顧百年前，中國是一個半封建、半殖民地的國家，中國的土地上到處是外國租界和外國駐軍，「華人與狗不得入內」的歧視也比比皆是。軍閥混戰，洋人干政，民不聊生……中國共產黨的誕生，正是一幫懷揣「救四萬萬同胞於水火」信念的人聚在一起，擔負起了為爭取民族獨立、人民解放和實現國家富強、人民幸福而不懈奮鬥的歷史使命。1949 年新中國成立，徹底結束了「外國列強架起幾門大炮就能打開中國大門的時代」；儘管那時中國一窮二白，但「中國人民從此站起來了！」

回顧新中國成立之初，經歷了幾十年戰爭的中國大地，已是一片焦土，但在其後的幾十年裏，中國建立了完整的工業體系。如今，中國已是全球唯一擁有聯合國產業分類目錄中所有工業門類的國家，成為世界製造業大國。新冠疫情爆發以來，在世界經濟低迷的大背景下，中國經濟能夠以「內循環」為主、實現「國際國內雙循環」，而且創造了不俗的業績，正正得益於那時打下的堅實基礎。

中共百年奮鬥，讓中國變得有實力，讓中國人活得有尊嚴，中華民族迎來了從站起來、富起來到強起來的偉大飛躍，徹底改變了佔世界四分之一人口的命運，這個歷史意義重大而深遠。

深刻影響了世界的歷史進程

全會公報指出，黨的百年奮鬥深刻影響了世界歷史進程，黨領導人民成功走出中國式現代化道路，創造了人類文明新形態，拓展了發展中國家走向現代化的途徑。

中國共產黨帶領中國走向成功，不僅改變了中國的命運，也深刻影響着世界。綜觀過去 500 年，西方列強崛起，無一不是靠掠奪、壓榨殖民地人民的血汗。而中國的崛起依靠的是激發「內生動力」，是靠一代代中國人打拚出來的。中國共產黨帶領中國人民選擇了社會主義制度，這個制度具有集中力量辦大事、辦急事、辦難事的優越性，每遇艱險則集中發力，逢山開路，遇水搭橋，攻城拔寨，創造了諸多人間奇蹟。在中國共產黨的領導下，中國結束了「一盤散沙」的狀態，表現出了強大的凝聚力和創造力。上世紀六七十年代，無論是「兩彈一星」，還是興建紅旗渠那樣的「天

河」，都令人深感嘆服和敬佩！

中國共產黨帶領中國走向成功的生動實踐告訴世界，一個國家不依靠海外掠奪，同樣可以由弱到強，只要找到激發「內生動力」的「金鑰匙」，就能引爆民眾的無限創造力，令國家和民族的面貌煥然一新！

充分展示了理論和精神的偉力

全會公報指出，黨的百年奮鬥展示了馬克思主義的強大生命力，馬克思主義的科學性和真理性在中國得到充分檢驗，馬克思主義的人民性和實踐性在中國得到充分貫徹，馬克思主義的開放性和時代性在中國得到充分彰顯；黨的百年奮鬥鍛造了走在時代前列的中國共產黨，形成了以偉大建黨精神為源頭的精神譜系，保持了黨的先進性和純潔性，黨的執政能力和領導水平不斷提高，中國共產黨無愧為偉大光榮正確的黨。

思想是行動的先導。馬克思主義在中國開花結果，得益於中國共產黨深刻理解其精髓，既貫徹其「人民性和實踐性」，又彰顯其「開放性和時代性」，實事求是，與時俱進。這是中國共產黨與前蘇聯布爾什維克的最大區別。

精神的力量不可忽視。百年前，中國共產黨在上海建黨之時，僅是一個只有 50 多位黨員的組織，在當時全國 200 多個政黨中毫不起眼。如今，已發展成為擁有 9,500 多萬黨員的世界第一大黨，帶領 14 億人把中國發展成為世界第二大經濟體。中國共產黨為什麼能？因為，這個政黨擁有「堅持真理、堅守理想，踐行初心、擔當使命，不怕犧牲、英勇鬥爭，對黨忠誠、不負人民」的精神，並在實踐中不斷豐富其精神譜系，凝聚了一往無前的巨大力量。

知往鑒今，以啟未來。一個政黨百年奮鬥改變了國家和民族的命運，創造了人類文明新形態，影響着世界的進程，這個政黨的成功之道必然值得人們深入研究。而這個政黨又是「一國兩制」事業的創立者、領導者和維護者，這就尤其值得「一國兩制」下的香港社會各界關注和學習。「一國兩制」在香港的實踐還不到 25 年，與中國共產黨百年歷史相比還很

短。如何推進「一國兩制」行穩致遠？關乎香港命運，關乎港人福祉；從中國共產黨百年奮鬥史中汲取智慧和力量，應是當下香港社會各界的一個重要而又緊迫的課題。

（原載於《大公報》，2021 年 11 月 12 日）

百年奮鬥的歷史經驗彌足珍貴

—— 學習中國共產黨十九屆六中全會
重要精神系列評論之二

中國共產黨第十九屆六中全會系統總結了中國共產黨百年奮鬥的十條寶貴經驗。包括：堅持黨的領導，堅持人民至上，堅持理論創新，堅持獨立自主，堅持中國道路，堅持胸懷天下，堅持開拓創新，堅持敢於鬥爭，堅持統一戰線，堅持自我革命。

習近平總書記在會上作了重要講話。這一講話思想深邃、總攬全域、高屋建瓴、論述精闢，以恢弘的歷史視野縱覽百年歷史，以強烈的歷史擔當領航新的征程。其中，中國共產黨的十條經驗深刻揭示了中國共產黨的成功之道，飽含着成功和失敗，凝結着鮮血和汗水，充滿着智慧和勇毅，是歷史發展的結果、歷史實踐的產物、歷史奮鬥的結晶，是歷史規律的昭示。這些寶貴經驗不是從天上掉下來的，不是從書本中抄下來的，不是從別的國家照搬過來的，而是中國共產黨帶領人民歷經千辛萬苦、付出巨大代價得來的。來之不易，彌足珍貴！

香港自回歸之日起，就納入了國家治理體系，香港的命運與祖國緊密相連、與執政黨密切相關，學習領會中國共產黨百年奮鬥經驗，對於推進「一國兩制」在香港的實踐具有非常重要的意義。從「十條經驗」可以看出，中國共產黨十分重視以下四個方面的真理偉力。

注重鍛造凝聚力

「堅持黨的領導」「堅持人民至上」「堅持自我革命」涉及到一個政黨的凝聚力，可以說是立黨之基，中國共產黨一直注重鍛造凝聚力。

「堅持黨的領導」是實現中華民族偉大復興的前提。從歷史看，「振興中華」最早由孫中山先生提出，但國民黨沒有能力完成這一歷史使命。後來的事實證明，中國共產黨才是孫中山先生革命事業最堅定的支持者、最忠誠的合作者、最忠實的繼承者。從現實看，唯有中國共產黨才能承擔帶領中國走向繁榮富強的使命；在中國大地上，沒有其他任何一個政黨具備這種領導力、感召力、凝聚力。

「堅持人民至上」是中國共產黨成功的最大「秘訣」。中國大地上曾有許多政黨，也曾幹過一番轟轟烈烈的事情，但絕大部分都消失在歷史的煙塵中。中國共產黨為什麼能由弱到強？關鍵是堅持人民至上的理念。每到關鍵時刻都能「捨小我而顧大我」，不斷付出巨大代價。

「堅持自我革命」是中國共產黨贏得人民信任的關鍵。綜觀百年，中國共產黨從來沒有放鬆過黨內教育、反腐敗等工作，過去注重「運動式」，現在注重「制度性」，雖手法不同，但聚焦的問題始終不變。

注重堅持自主性

「堅持獨立自主」「堅持中國道路」「堅持敢於鬥爭」體現了中國共產黨的戰略定力，無論遭遇什麼風浪，中國共產黨都能從實際出發從容應對。

正是因為堅持獨立自主，中國共產黨執政之初與蘇共保持了短暫的「蜜月期」之後分道揚鑣，但卻極大地維護了國家的整體利益。在美蘇兩大陣營都對中國封鎖的環境下，中國共產黨帶領人民自力更生、艱苦奮鬥，建立起了完整的工業體系，研發了「兩彈一星」，這是對中華民族了不起的貢獻。

正是因為堅持中國道路，被美歐長期敵視、被前蘇聯搞死了的社會主義，在中國卻煥發出勃勃生機。中國共產黨在「社會主義」前面加上「中國特色」，最終走出了一條有別於前蘇聯、也有別於美西方的中國道路。「一國兩制」能夠從構想變成現實，並不斷完善發展，也是得益於「中國特色」這4個字。

正是因為堅持敢於鬥爭，中國共產黨在遭遇無理打壓時從不屈服。以涉港、涉台、涉藏、涉疆問題為例，面對美國霸道作風，以及蠻橫干涉中

國內政的惡劣行徑，中國針鋒相對，出台諸多反制措施，在涉及國家核心利益上決不讓步。

注重與時俱進

「堅持理論創新」「堅持開拓創新」體現了中國共產黨與時俱進的品質。世間萬物，唯有因時而變才具有強大生命力。一個政黨要有生命力，也是如此。

中國共產黨信奉馬克思主義，但不迷信馬克思主義，而是注重「馬克思主義中國化」，用馬克思主義的立場、觀點、方法觀察時代、把握時代、引領時代，不斷深化對共產黨執政規律、社會主義建設規律、人類社會發展規律的認識。十九屆六中全會強調：「以習近平同志為主要代表的中國共產黨人，堅持把馬克思主義基本原理同中國具體實際相結合、同中華優秀傳統文化相結合」。「兩個結合」正是理論創新的體現。

中國共產黨在遇到難題的時候，總是能開拓創新。「文革」10年動亂結束時中國很窮，鄧小平鼓勵人們「摸着石頭過河」「大膽地闖、大膽地試」。十八大後，面對國家發展中長期積累的深層次矛盾和問題，中國共產黨更加注重「頂層設計」，不斷完善制度，推進國家治理能力現代化。十九屆六中全會強調：「黨中央採取一系列標本兼治的舉措，堅定落實『愛國者治港』、『愛國者治澳』，推動香港局勢實現由亂到治的重大轉折，為推進依法治港治澳、促進『一國兩制』實踐行穩致遠打下了堅實基礎。」——這同樣是與時俱進、積極應變的充分體現。

注重團結所有力量

「堅持統一戰線」「堅持胸懷天下」體現了中國共產黨的開闊眼界、宏闊思維和寬廣胸懷。這是一個政黨成功必不可少的品質。

中國共產黨始終堅持「團結一切可以團結的力量」，緣於此，無論在什麼歷史階段，中國共產黨總是能夠把各民族、各階層、各方面的力量凝聚在一起，共襄盛舉。如今，中國共產黨致力於把全體中國人民團結在中華民族偉大復興的旗幟下，共創偉業。

中國共產黨執政至今，從援助亞非拉到倡導構建人類命運共同體，從推進「一帶一路」建設到新冠疫情爆發以來成為世界上對外提供新冠疫苗最多的國家，都體現了「胸懷天下」的偉大情懷。這也是中國共產黨能贏得世界許多政黨尊重、中國能得到許多國家支持的重要原因。

十條經驗，字字千鈞。一個善於總結經驗、砥礪前行的政黨，必然是一個有強大領導力、感召力的政黨。有習近平總書記的領航掌舵，有中國共產黨的堅強領導，中華民族偉大復興的偉業必將實現！香港作為祖國大家庭中的一員，將與祖國人民共擔民族復興的歷史責任、共享祖國繁榮富強的偉大榮光！

（原載於《大公報》，2021 年 11 月 15 日）

百年奮鬥的輝煌業績啟迪未來

—— 學習中國共產黨十九屆六中全會重要精神系列評論之三

中國共產黨百年奮鬥歷程波瀾壯闊，時間跨度長，涉及範圍廣。十九屆六中全會將其分為新民主主義革命時期、社會主義革命和建設時期、改革開放和社會主義現代化建設新時期、中國特色社會主義進入新時代四個階段進行了全面系統總結。中共中央總書記習近平在《中共中央關於黨的百年奮鬥重大成就和歷史經驗的決議》說明中講到，總的要求是：總結歷史、把握規律、堅定信心、走向未來。

中國共產黨帶領人民百年奮鬥，從根本上改變了中國人民的前途命運，開闢了實現中華民族偉大復興的正確道路，書寫了中華民族幾千年歷史上最恢弘的史詩。中國共產黨百年奮鬥的輝煌業績，贏得了中國人民的信任，也使中國共產黨帶領人民踏上新征程更加有底氣、有信心。認清這一歷史邏輯，對於香港走向未來具有重要的啟迪。

抓住社會主要矛盾，贏得人心

中國共產黨百年奮鬥史每個階段的主要矛盾不同。從 1921 年建黨到 1949 年新中國成立這個階段，中國社會的主要矛盾是：中國人民與帝國主義、封建主義、官僚資本主義「三座大山」之間的矛盾。中國共產黨領導人民推翻「三座大山」，實現了民族獨立、人民解放。從新中國成立到 1978 年這個階段，中國社會的主要矛盾是：人民對於經濟文化迅速發展的需要同經濟文化不能滿足人民需要的狀況之間的矛盾。中國共產黨帶領人民推進社會主義建設，艱難探索發展路徑。從 1979 年改革開放到 2012

年中共十八大這個階段，中國社會的主要矛盾是：人民日益增長的物質文化需要同落後的社會生產之間的矛盾。中國共產黨帶領人民解放和發展社會生產力，使人民擺脫貧困、盡快富裕。從中共十八大開始，中國特色社會主義進入新時代，中國社會主要矛盾是：人民日益增長的美好生活需要和不平衡不充分的發展之間的矛盾。中國共產黨帶領人民實現第一個百年奮鬥目標、開啟實現第二個百年奮鬥目標新征程，朝着實現中華民族偉大復興的宏偉目標繼續前進。

可以看出，在每個歷史階段，中國共產黨都知道人民在期盼什麼、中國社會的主要矛盾是什麼？並自覺擔起解決矛盾的歷史使命。抓住了主要矛盾，就贏得了人心。這正是中國共產黨成功的秘訣之一。

國家治理和地區治理的基本原理是相通的。香港能不能實現良政善治？很大程度上取決於管治團隊能不能抓住香港的主要矛盾、並全力解決矛盾。眼下，香港的主要矛盾是貧富差距拉大。當一些人享受着發展紅利時，還有逾百萬人處於貧窮線以下，甚至還有 20 萬人居住在「劏房」和「籠屋」裏，苦不堪言！香港管治團隊應找準香港社會的主要矛盾，並致力於解決矛盾，才能贏得人心。

實現「四個偉大飛躍」，值得信賴

《決議》概括中國共產黨百年奮鬥實現了「四個偉大飛躍」。一是新民主主義革命時期，實現了中國從幾千年封建專制政治向人民民主的偉大飛躍；二是社會主義革命和建設時期，實現了一窮二白、人口眾多的東方大國大步邁進社會主義社會的偉大飛躍；三是改革開放和社會主義現代化建設新時期，推進了中華民族從站起來到富起來的偉大飛躍；四是中國特色社會主義進入新時代，中華民族迎來了從站起來、富起來到強起來的偉大飛躍。

一個政黨是否值得人民信賴？不僅要看它是否有心為民辦事，還要看它能不能辦成事？「四個偉大飛躍」證明，中國共產黨不僅想幹事、能幹事，還能幹成事。緣於此，人民才支持這個政黨。過去幾十年來，國際上「中國崩潰論」「中共垮台論」從來就沒有停歇過，但歷史的發展與某些

人預期恰恰相反，中國變得越來越強大，中國共產黨的執政地位越來越穩固。為什麼？一句話：全國人民信賴、支持中國共產黨。

時下，香港已進入由亂而治、由治而興的新階段。中央領導多次直截了當的指出，希望香港管治團隊盡快破解住房等民生難題。全國政協副主席、中央港澳工作領導小組常務副組長、國務院港澳辦主任夏寶龍在國安法實施一週年專題研討會上談及「愛國者治港」時強調：「特別是要聚焦廣大市民關注的事，花大力氣採取務實有效的辦法加以解決，每年辦幾件讓廣大市民看得見、摸得着、感受得到的實事，以施政業績取信於民。」這一切啟示人們：能幹成事，才能贏得市民信賴。

不斷推進理論創新，永葆活力

《決議》指出，中國共產黨在百年奮鬥的歷程中，實現了馬克思主義的三次飛躍。一是毛澤東思想，二是中國特色社會主義理論體系，三是習近平新時代中國特色社會主義思想。值得關注的是，《決議》對「習近平新時代中國特色社會主義思想」的表述是「當代中國馬克思主義、21世紀馬克思主義，是中華文化和中國精神的時代精華」。

任何一個組織要基業長青，都必須有「魂」。對於一個政黨來說，這個「魂」就是理論。理論的根基不能動搖，但決不能教條，而應與時俱進。中國共產黨之所以「百年正是風華正茂」，過人之處就在於不斷推進理論創新。以習近平為主要代表的中國共產黨人，不僅「堅持把馬克思主義基本原理同中國具體實際相結合」，還「同中華優秀傳統文化相結合」，理論創新的勇氣和智慧令人欽佩！

中國共產黨的理論創新對香港同樣有着重要的啟迪作用。在「一國兩制」下，香港管治團隊應該信奉什麼理念？這是一個不容迴避的課題。比如，公務員「中立」的理念就應擯棄。這一理念來源於港英時期，但香港早已回歸，已經不合時宜。公務員是特區政府的僱員。特區政府直轄於中央人民政府。特區政府必須在維護「一國」原則上向中央負責。那麼，公務員怎麼可以在大是大非問題上「中立」呢？這在邏輯上是講不通的。

不忘初心，方得始終。中國共產黨總結百年奮鬥史，是要讓全體黨員

牢記中國共產黨是什麼、要幹什麼這個根本問題。這也啟示我們，香港社會各界和廣大市民也應回望來路，認清香港是什麼、要幹什麼這個根本問題，以務實作風謀劃未來，推進「一國兩制」行穩致遠。

（原載於《大公報》，2021 年 11 月 19 日）

習主席重要講話
啟示香港畫出最大同心圓

今年是中國共產黨明確提出統一戰線政策 100 週年。昨天，中共中央總書記、國家主席、中央軍委主席習近平在中央統戰工作會議上發表重要講話。習主席指出，統戰工作的關鍵是要堅持求同存異，在尊重多樣性中尋求一致性，找到最大公約數、畫出最大同心圓。習主席強調，統一戰線因團結而生，靠團結而興。促進中華兒女大團結，是新時代愛國統一戰線的歷史責任。

時下的香港，正處於由亂到治邁向由治及興的關鍵時期，「興」的關鍵是「心往一處想，勁往一處使」。習主席的重要講話啟示我們，香港要實現良政善治，開創發展新局面，當務之急是全社會要凝聚共識，找到最大公約數、畫出最大同心圓，把智慧和力量匯聚到香港發展上來，共同推進「一國兩制」行穩致遠，為中華民族偉大復興貢獻香港力量。

以宏闊視野謀求大團結大聯合

習主席指出：「統戰工作的本質要求是大團結大聯合，解決的就是人心和力量問題。」習主席的這一論斷蘊含着深刻的哲理。古語有云：「人心齊，泰山移。」人心向背、力量對比是成敗的決定性因素。

這些年來，由於香港貧富差距拉大、階層固化、一些民生難題長期得不到解決，加之「泛政治化」的影響，香港社會的割裂現象十分明顯。香港國安法實施後，反中亂港勢力的所謂「街頭戰線」、「議會戰線」、「國際戰線」全部土崩瓦解，「硬對抗」不復存在，但要消除「軟對抗」，要

真正實現人心融通、社會和諧，還有很長的路要走。行政長官和特區政府作為管治香港的第一責任人，應該深刻領悟中國共產黨統一戰線的智慧，謀求全社會的大團結大聯合。

香港是一個文化多彩、價值觀多元、利益要求多樣的社會，如果各階層、各界別的人們都「坐井觀天」，跳不出自己的小圈子，則人心難以融通。「會當凌絕頂，一覽眾山小」。唯有登高望遠，才能捨「小我」、為「大我」。這個「大我」就是中華民族偉大復興的偉業。近代以來中華民族受苦受難，是從 1840 年後香港被英國統治開始的；現在，中華民族走向偉大復興，香港不僅不能缺席，而且應該做出更大貢獻。站在民族復興的高度看香港，分歧並非主流，共同的追求才是主流。唯有高舉中華民族偉大復興這面大旗，才能把人心和力量匯聚到一起。

用主流核心價值觀固守圓心

習主席指出：「要把握好固守圓心和擴大共識的關係，不斷增進共識，真正把不同黨派、不同民族、不同階層、不同群體、不同信仰以及生活在不同社會制度下的全體中華兒女都團結起來。」

習主席講到「固守圓心」，那麼，香港「同心圓」的圓心在哪裏？習主席在香港回歸祖國 25 週年慶典的講話中指出：「希望全體香港同胞大力弘揚以愛國愛港為核心、同『一國兩制』方針相適應的主流價值觀」。「愛國愛港」就是圓心！

「一國兩制」下的香港，是中國不可分割的一部分；「一國兩制」下的香港，是 730 萬香港居民的共同家園。「愛國」和「愛港」是一個統一體，既不能把二者對立起來，也不能把二者看作互不相關。無論是從 5,000 年的中華文明史、100 多年的中國近代史看，還是從中國共產黨的百年奮鬥史、香港回歸祖國的 25 年發展史看，香港始終與祖國血脈相連。以「愛國愛港」為圓心，天經地義！無論什麼時候，無論遇到什麼困難，我們都必須固守這個圓心。

在固守「愛國愛港」圓心的同時，還應不斷延長這個同心圓的半

徑，讓這個「同心圓」覆蓋更多的群體。這就需要不斷在「擴大共識」上用力。特區政府應該以更加親民的姿態、更務實的作風，與社會各界溝通交流。無論什麼人、無論什麼政見、無論他喜歡什麼政治制度，只要他真心愛國愛港，願意為國家和香港出力，都是可以團結、可以聯合的對象。

堅持原則性與靈活性處理問題

習主席指出：「要把握好原則性和靈活性的關係，善於把方針政策的原則性和對策舉措的靈活性結合起來，既站穩政治立場、堅守政治底線，又具體問題具體分析，注重工作方式方法。」

習主席講到的「原則性」和「靈活性」，對於香港有非常重要的指導意義。能不能畫出「最大同心圓」，很大程度上取決於對「原則性」和「靈活性」的精準把握。

首先必須明確，大團結大聯合並非沒有底線的團結和聯合，任何時候都不能喪失立場和原則。比如，最近香港就有某些黨派的人士呼籲，特首應向違反國安法的被捕人士「釋放善意」，以體現政府願意與這些政黨合作。這完全是無理要求！國家安全是大是大非問題，違法者必須受到法律懲罰。如果特首向其「釋放善意」，就意味着放棄了「愛國愛港」的立場，絕無可能！

其次應該明確，在堅守原則底線的同時，具體的工作方法應該更靈活。比如，政府在解決「住房難」等民生難題時，應該簡化工作流程，盡快落實見效，以贏得基層市民的心；政府在幫助青年向上流動問題時，應該拿出更大膽的措施，以贏得青年的心；政府應與基層市民，特別是困難群體建立更加便捷的聯繫溝通機制，在「接地氣」上多下工夫。總之，政府既要依法施政，更要突出「為人施政」。施政的過程，一定要「目中有人」，出台的每一項政策不僅要合法合規，還要帶着溫度，讓人能感覺到關愛和溫暖。

習主席指出：「統一戰線是黨克敵制勝、執政興國的重要法寶，是團結海內外全體中華兒女實現中華民族偉大復興的重要法寶，必須長期堅

持。」習主席關於統一戰線的重要論述，再次深刻揭示了「中國共產黨為什麼能」；香港的管治團隊應從習主席的講話中汲取智能，不斷提升管治能力，令「港人治港」達到一個嶄新境界。

（原載於《大公報》，2022 年 7 月 31 日）

　　2022 年 7 月 1 日中午，中共中央總書記、國家主席、中央軍委主席習近平圓滿結束在香港的各項活動，乘專列離開香港。圖為習近平主席和夫人彭麗媛向歡送的人群揮手道別。

第六輯

————

國際視野下的「東方之珠」

習近平首提「亞太夢」
為香港帶來新機遇

提要

　　從亞太經濟的融入者到亞太經濟新格局的締造者，在 APEC 這個大舞台上，中國已實現了完美轉身，APEC 也進入了中國時代。在 11 月 9 日於北京國家會議中心舉行的 APEC 工商領導人峰會開幕式上，筆者與來自世界各國的 1,500 位工商領袖和企業家代表，親耳聆聽了中國國家主席習近平的主旨演講。習近平首次提出亞太夢，彰顯了大國責任，作為世界經濟的新引擎，中國發展動力強勁，世界各國爭相搭乘中國發展的列車，作為中國的特別行政區，香港有理由、也有能力捷足先登，在重塑亞太經濟版圖的進程中率先抓住寶貴的機遇。

　　從 11 月 8 日起，世界的目光再次聚焦中國，聚焦 APEC 峰會，聚焦亞太經濟的大舞台。人們驚奇地發現，從 13 年前的上海 APEC 峰會，到今天的北京 APEC 峰會，中國已從亞太經濟的融入者，轉變為亞太經濟新格局的締造者，連續兩屆沒有出席 APEC 領導人峰會的美國，有意無意間已經把 APEC 峰會的主導權交給了中國。

　　國家主席習近平在本屆 APEC 峰會發表了題為《謀求持久發展，共築亞太夢想》的主旨演講，勾畫出了亞太經濟新藍圖，得到了與會工商界領導人的積極響應，大家用熱烈的掌聲，高度贊同「亞太夢」的美好願景。APEC 已進入中國時代。

亞太夢彰顯大國責任

時代在變革中向前，世界經濟格局在創新中重構。在美歐經濟復甦緩慢、全球經濟振興乏力的背景下，作為世界第二大經濟體的中國毅然承擔起了締造亞太經濟新版圖的重任。習近平主席在主旨演講中首次提出亞太夢，彰顯了大國的責任與擔當，激起了與會代表的強烈反響。

亞太夢的魅力在於其包容而不封閉，讓各方都從中獲利。綜觀十五世紀以來的大國崛起之路，充斥着血腥和奴役，強國繁榮的背後是對殖民地的瘋狂掠奪。而中國提出的亞太夢，融入了「君子和而不同」的儒家思想，目標是建立互信、包容、合作、共贏的亞太夥伴關係。什麼是夥伴？習主席說：「志同道合是夥伴，求同存異也是夥伴」、「變贏家通吃為各方共贏」。在家庭觀念很強的中國人看來，亞太地區是一個經濟大家庭，是一個命運共同體，是一個有序的國際體系。太平洋足夠遼闊，容得下這裏的任何一個國家，大國崛起，不必你死我活，而是和諧共生。作為負責任的大國，中國不僅要擔起這一地區共同繁榮的重任，還要改寫大國崛起的規則。

亞太夢的魅力還在於其絢麗而不空洞，有血有肉。僅僅一年時間，中國倡導的「一路一帶」建設已得到沿線諸多國家的回應，中國還將出資400億美元成立絲路基金，為「一路一帶」沿線國基礎設施建設、資源開發、產業合作等有關項目提供投融資支持。本次 APEC 會議又描繪了亞太自貿區路線圖和互聯互通新藍圖，「互聯互通」從硬件、軟件和人入手，鋪設聯接亞太、通達世界的道路，推進政策、法律、規則的銜接和融合，促進人民友好往來。

如果把亞太地區喻為人體，「一路一帶」就是骨架，公路、鐵路、通訊就是血管，資金、技術、人才等生產要素就是血液。從「互聯互通」入手，將為肌體的各個部位供氧，讓未來的亞太自貿區血脈暢通、肌體強健。

新引擎展現強勁動力

在此次 APEC 工商領導人峰會上，各經濟體領導人和與會代表都認為

中國是亞太地區經濟新引擎。這個引擎動力如何？習主席在演講中所，今年前三個季度的中國經濟發展增速保持在 7.4%。由於體量大，這個增長速度所帶來的增量也不可小視，2013 年中國經濟的增量就相當於 1994 年全年的經濟總量，可以在全世界名列前茅。

經濟的平穩發展，更加在中國政府致力於深化改革和持續開放。習主席在演講中，21 次提及「改革」，14 處説到「開放」，11 次談論「合作」，9 次勾畫了「互聯互通」的新藍圖。這些數據充分顯示了中國政府在中國經濟新常態下，全面深化改革，激發市場活力，加速亞太市場一體化的信息的信心和決心。

中國是世界經濟新引擎，而創新是中國經濟的新引擎。去年以來，中國政府不斷簡政放權，釋放了市場活力，中國在上海自貿區推進的投資、貿易、金融等領域的改革，為構建開放型經濟新體制埋下了「伏筆」。預計未來 10 年，中國對外投資將達 1.25 萬億美元。今後 5 年，中國進口商品累計將超過 10 萬億美元，出境旅遊等人數將超過 5 億人次。

在歷史發展的緊要關口，明智的選擇往往比埋頭苦幹更重要。中國是一列高速行駛的列車，是搭乘這趟列車？還是開着自己的汽車、趕着自己的馬車追趕中國？無論對中國有多少偏見，亞太國家不得不做出明智的選擇。

香港在亞太夢中捕捉發展機遇

習主席在演講中提出，啟動亞太自由貿易區進程。這是一個宏大的戰略。APEC 成員國人口約有 26 億人，佔世界總人口的 40%，經濟總量在世界佔比 56%，貿易總量佔比 48%。無論對亞太地區的經濟發展，還是對世界經濟格局的重塑，亞太自由貿易區建設都將產生深遠影響。

試想 10 年後的自由貿易區是怎樣一番景象？無疑，交通運輸的大動脈基本形成，信息傳播方式更加便捷，人員交往的頻次和密度大大增加，一個個阻隔貨物流動的關卡被撤除，一個個有利於自由貿易的規則得以銜接……

變革，蘊藏着無限機遇。從現在開始，港人應該以「亞太一體化思

維」捕捉發展機遇，謀劃香港未來十年的發展。在未來的亞太自貿區，香港有哪些優勢可以放大？有哪些「短板」亟需補上？有哪些領域還有可以拓展的空間？香港各界應該細細梳理。更重要的是，維持香港法治，有序和穩定，是香港目前和未來捕捉新機遇的首要基礎和條件。

APEC 已進入由中國主導的新時代，亞太各經濟體爭相搭乘中國發展的快車，爭相籌謀在亞太經濟新格局中的位置，爭相注入為本國和地區持久發展的新的活力。作為中國的特別行政區，香港有理由、有條件，也有能力捷足先登，率先抓住寶貴的機遇，在亞太經濟新版圖中謀得新的、更大的發展。

（原載於《文匯報》，2014 年 11 月 11 日）

習近平成功訪美
給香港的四點重要啟示

提要

習近平主席此次訪美成功啟示人們，在處理大國關係中，主動規劃未來，未來才會美好；直面矛盾，才能化解矛盾；着眼基層和未來，才能培植人民友誼。習主席訪美成功，也給香港帶來利好消息，香港的發展機會多多，香港融入祖國，在國家戰略中尋找機遇，發展之路一定會越走越寬。

國家主席習近平訪美圓滿結束，此次訪美堪與當年鄧小平訪美相比。當年歷經「文革」浩劫的中國亟待發展經濟，鄧小平訪美為中國贏得了和平的國際環境，使中國可以埋頭搞經濟建設，收穫了 30 多年的改革紅利。今天，中國正在崛起，作為全球「老大」的美國對中國崛起充滿疑慮，以冷戰思維處處遏制中國。習主席此次訪美，旨在解惑釋疑，增進互信，加強合作，達到了預期效果。中美雙方一致同意繼續努力構建新型大國關係，拒絕墮入「修昔底德陷阱」，美國明確支持中國的穩定和改革，承諾不支持「台獨」、「藏獨」、「疆獨」，不干預香港事務，首次對中國現行制度和發展模式明確認可。具體成果達 49 項之多，涉及到政治、經濟、軍事、文化、網絡安全等諸多領域，可以說成果豐厚、豐碩、豐富。

習近平主席訪美成功給人們以什麼啟示？對香港的未來又會產生什麼影響？值得人們關注和思考。

啟示一：主動規劃未來，未來才會美好

在人類歷史上，大國之間的關係從來都是競爭多於合作，最終發展為全面對抗、甚至爆發戰爭的也是數不勝數。

以冷戰思維觀察中美關係，遏制中國崛起，是美國朝野的主流聲音。那麼，中美兩國到底應該怎樣相處？除了對抗就沒有別的出路嗎？十八大以來，中央一改在中美關係上被動應付的姿態，主動出擊，規劃未來。一方面，中國主動試探美國的底線。從衝破第一島鏈，到釣魚島問題上態度強硬，從南海問題上轉守為攻，到推進人民幣國際化，等等。都是先出一招，看看美國的反應。另一方面，針對美國的擔憂，中國一再強調，中國無意挑戰美國的大國地位，無意改變二戰後形成的國際格局。3年間你來我往的較量，中國已經摸清了美國的「底牌」，攤牌的時刻終於到來，習近平主席正式訪美，雙方把重大問題、敏感問題一一擺上桌面，一個一個解決，最終達成了諸多共識和協議。構建新型大國關係，也得到了美國的積極回應。

事實證明，主動規劃未來，未來才會美好。習主席訪美成功，意味着中美兩國今後「1-1＝0」的可能性減小了，1＝1＞2的可能性大大增加。香港的未來發展，只有規劃好、謀劃好、籌劃好，才能走上正路、快路、穩妥之路。

啟示二：直面矛盾，才能化解矛盾

中美之間的矛盾不少、敏感問題不少，比如，網絡黑客、南海風雲、東亞格局、人權紛爭、經濟動向等，尤其是「一帶一路」建設、亞投行成立，被美國朝野解讀為挑戰美國的大國地位。

從踏上美國土地的第一天開始，習主席就開宗明義地告訴美國人：「我這次訪問美國是為和平而來，是為合作而來」。針對敏感問題，習主席鄭重宣示：「中國是現行國際體系的參與者、建設者、貢獻者，同時也是受益者。改革和完善現行國際體系，不意味着另起爐灶，而是要推動它朝着更加公正合理的方向發展。」習主席還表示，中方尊重美國在亞太地區的傳統影響和現實利益，歡迎美方在地區事務中繼續發揮積極、建設性

作用，沒有取代美國的意圖。這些直擊要害的表態，給美國人吃一顆「定心丸」。

正是直面矛盾，才找到了化解矛盾的方法。習主席提出了構建新型大國關係的目標：不對抗不衝突、相互尊重、合作共贏。明確了構建新型大國關係的四個着力點：正確判斷彼此戰略意圖，堅定不移地推進合作共贏，妥善有效管控分歧，廣泛培植人民友誼。中美達成的諸多共識和合作協議最終體現了這些內容，說明美國已經接受了中國方案。從中也給處在「矛盾群」中的香港啟示，化解矛盾，需要心平氣和、需要相互尊重、需要尋求最大共同點。

啟示三：着眼基層和未來，才能培植人民友誼

習主席此次訪美出席了第三屆中美省州長論壇，並發表了重要講話。他還到林肯中學，為那裏的學生送去體育用品，與孩子們進行了交流。中方宣佈未來 3 年將資助中美兩國共 5 萬名留學生到對方國家學習。美方宣佈爭取到 2020 年實現 100 萬名美國學生學習中文的目標。可以看出，着眼基層，着眼未來，更加重視地方交流和青少年的交流，是此次習主席訪美的一大特點。

「國之交在民相親」。今日兩國元首達成的共識和協議，明日能不能被認同並落實？很大程度上取決於民意，取決於今天的年輕人如何認識中美關係。廣泛培植人民友誼不是說說而已，中美雙方的合作項目已經敲定。

實施這些項目也許短期不見利，但利及長遠。比如，中國學習英語的人很多，但美國人學中文的不多。百萬美國學生學中文，將加深美國青少年對中國文化的瞭解，有助於在未來的交往中消除偏見，實現「互相尊重」也就有了堅實基礎。香港的發展也是如此，經濟和民生才是應該關注的重點、熱點、焦點。

啟示四：香港融入祖國，發展才有出路

習主席訪美成功，給香港帶來第四個重要啟示就是，香港的發展要融入祖國。習主席的此次美國之行，給香港帶來至少以下三個方面的利

好消息。

　　一是有利於結束香港的政治爭拗。奧巴馬明確表示，美國不介入香港事務。這對於反對派來說是釜底抽薪，失去了後台老闆的反對派能量必然衰減，香港的政治生態將由此好轉，特區政府依法施政的阻力大大降低，這有利於發展經濟、改善民生。

　　二是有利於香港穩固全球金融中心的地位。美國支持亞投行建設，對人民幣成為國際貨幣、享有特別提款權的地位採取更加開放的態度。這意味着人民幣國際化的阻力大大降低，香港如能抓住人民幣國際化的機遇，成為人民幣走出去的「超級代理人」，將進一步穩固全球金融中心的地位。

　　三是有利於香港擴大發展的戰略空間。聚焦今日世界格局，中美兩國加在一起，約佔世界經濟總量的三成多、世界貿易總規模的二成、世界總人口的四分之一，中美兩國均為聯合國常任理事國。可以說，兩國對抗，則全球動蕩；兩國合作，則全球和諧。習主席此次訪美成功，明晰了中美關係的大方向、大原則、大思路，中美關係今後即便是出現一些波折，也不會壞到哪裏去。中美大局已定，中國發展環境更好，意味着香港發展機遇更多、戰略空間更大。香港融入祖國，在國家戰略中尋找機遇，發展之路才會越走越寬。

（原載於《文匯報》，2015 年 9 月 30 日）

習近平中英合作四字箴言
對港釋放了什麼重要信號？

習近平主席提出的中英合作「深、通、實、新」四字箴言，預示着中英合作的廣度、深度、力度都將加大，雙方也將加快合作步伐。這對香港帶來很多利好消息，香港社會「泛政治化」現象將會得到遏制，香港經濟發展將獲得更多機遇。對此，香港社會各界應及早謀劃，借力向前。

中國國家主席習近平和英國首相卡梅倫，10 月 21 日共同出席在倫敦金融城市長官邸舉行的中英工商峰會，習主席就開拓中英合作新局面提出四點建議：增進互信上要強調一個「深」字，戰略對接上要力求一個「通」字，具體合作中要做到一個「實」字，方式方法上要突出一個「新」字。習主席的四字箴言，獲得了全場 500 位中英企業家的熱烈掌聲和喝采。

筆者有幸應中國國際貿易促進委員會（CCPIT）邀請和安排，作為中國 150 位企業家代表團的正式成員，隨習主席出訪英國，親耳聆聽他的講話，深感榮耀、振奮和感觸。習主席的四字箴言切中了中英合作的要害，拓寬了中英合作的視野，也會對香港的政治生態、經濟發展、改善民生，產生長遠的影響。

聚焦「深」字，中英互信增強，香港反對勢力活動空間越來越窄

作為美國鐵杆盟友的英國，對習主席此次到訪顯示出了極為超乎預料的熱情。歐洲乃至世界輿論普遍認為，這標誌着英國外交的轉向，正在疏遠和脫離西方陣營，擁抱正在崛起的中國。

雖然是預料之外，卻是情理之中。從世界格局來看，中英兩國並無太

大的利益衝突，兩國也不存在「遏制」與「反遏制」的關係。唯一困擾中英關係的是一些偽善的民主態度與「歷史包袱」。英國的政黨高官會偶爾會見中國的分裂分子和「民運人士」；作為「前殖民者」，英國政壇一些人士也會對香港事務時不時的指指點點，但絕大多數英國民眾，還是清醒的認識到兩點：一是國家利益至上，在國家利益面前，任何事情都要讓路；二是香港回歸中國是鐵定的事實，懷着「酸葡萄心理」插手香港事務，只會給兩國關係添亂，讓雙方合作受損，使經濟利益失衡。

在這樣的大背景下，香港反對勢力「挾洋自重」將失去根基；今後赴英「告洋狀」將得不到回應；試圖推翻基本法的做法，將會步步受挫；至於「港獨」分子叫囂「香港建國」、「城邦自治」、「民族自決」，更是荒唐可笑！精明的英國人謀劃的是在多極世界格局中謀得重要一席，為了實現這個戰略目標，都不惜得罪美國，香港反對勢力又算得了什麼？孰重孰輕？一目瞭然。可以預言，香港反對勢力的出路會越來越窄。

聚焦「通」字，戰略對接提速，香港「超級聯絡人」的角色更加吃重

習主席在致辭中説，中方歡迎來自英國的資金、技術、人才參與「一帶一路」建設、「十三五」規劃、「互聯網＋」、「中國製造 2025」，願繼續向英國企業提供相關政策信息和良好投資環境。英國政府也提出了「英國工業 2050 戰略」，這同中國的發展戰略和產業政策高度契合，將為兩國合作帶來巨大機遇。

中英兩國產業互補性很強，你有我無，我有你無，意味着合作空間巨大，合作機會無數，合作前景廣闊。在中英戰略對接的過程中，香港「超級聯絡人」的角色更加吃重。理由有二：一是國家「頂層設計」將給香港提供發展機遇。30 多年前啟動的改革開放，中央注重基層探索，而本輪深化改革，中央注重「頂層設計」。近年來，香港的經濟增長維持在 2-3%的水平，而內地的經濟增長保持在 7-8% 的速度，差距明顯。中國的發展不僅是內地的發展，港澳也應同步走，中央已經把港澳納入了國家戰略的「總盤子」，一定會為香港量身定做更多業務，讓香港與內地同步發展。二是香港具有溝通中英的「橋樑優勢」。改革開放之前，香港就充當着中

國內地與西方世界溝通的「橋樑」。如今，香港依然具有這方面的優勢。香港完善的法律體系、成熟的金融市場、充足的金融和貿易人才，以及多年和英國打交道的經驗，這些因素決定了香港充當中英之間的「超級聯絡人」角色再合適不過。

聚焦「實」字，合作項目增多，香港發展機遇越來越多

習主席在致辭中說，雙方要做好核電、高鐵、基礎設施建設等大項目盡快落地。雙方應建立長效機制，深化兩國地方間經貿合作。中方將繼續支持倫敦人民幣離岸市場發展，並加強同英方在國際貨幣基金組織、世界銀行、亞投行等多邊金融機構中的合作。中方願推進中英中小企業合作，將繼續鼓勵中國企業走出去投資，也歡迎更多英國企業來華投資興業。

說話算數，注重落實，這是習主席施政的一個鮮明特點。他曾多次說：「一分部署，九分落實。」習主席提出的以上四個合作方向，涉及到許許多多具體項目，蘊藏着無限商機。香港從來不缺少精明的企業家。30多年前，改革開放起步之時，香港的不少企業家就嗅到了內地的商機，率先投資，後來賺得盆滿鉢滿。現在，中英合作進入了加速期，新的機遇又來了，香港企業家應認真分析在這些領域香港能做什麼，做大什麼，及早謀劃，搶抓機遇。

聚焦「新」字，指明合作方向，香港應拓寬「掘金之路」

習主席在致辭中說，中英企業在開展雙邊合作時，還可以開展第三方合作，聯手開拓國際市場。中方願同英方進一步探討，在第三方需要、同意、參與的基礎上，發揮各自優勢，共同幫助亞洲、非洲、拉美等地區國家發展。要綜合考慮各方面因素，科學評估政府和社會資本合作、建設—經營—轉讓等不同的投融資和運營模式。

聯手出擊，合夥賺錢。這一思路清晰地表明，今後兩國要成為貨真價實的夥伴。中國基礎設施建設的能力在國際市場上口碑不錯，而英國在金融方面的經驗與能力也是全球首屈一指，雙方如能各取所長，聯合出擊，

一定會開拓出一個巨大的市場,「一帶一路」建設就是一個擺在眼前的「大蛋糕」。

　　中英聯手開拓國際市場,香港不能缺席。香港經濟亟待重振雄風,香港的不少優勢不可取代,香港工商界應有前瞻性,在中英難得的「黃金時代」中未雨綢繆,拓寬「掘金之路」。

（原載於《文匯報》,2015 年 10 月 23 日）

習近平建設「四型世界經濟」 給香港的啟示

　　自 2008 年全球金融危機以來，世界經濟持續低迷，作為全球第二大經濟體的中國，每年仍以不低於 6% 的經濟增幅為世界經濟增長提供能量。由此，人們都在期盼「中國方案」能引領世界經濟走出低谷。在 9 月 3 日於杭州開幕的二十國集團工商峰會（B20）開幕式上，中國國家主席習近平向全球工商界提出了建設「四型世界經濟」的重要倡議：一是建設創新型世界經濟，開闢增長源泉；二是建設開放型世界經濟，拓展發展空間；三是建設聯動型世界經濟，凝聚互動合力；四是建設包容型世界經濟，夯實共贏基礎。

　　筆者有幸應 B20 活動組委會邀請，與來自世界 32 個國家和地區、26 個國際組織的 812 位工商精英一起，出席了這一盛會，親耳聆聽了習近平主席的主旨演講。習近平主席的講話，貫穿「創新、開放、聯動、包容」四個關鍵字，針對當今世界經濟徘徊不前的癥結，遵循經濟發展的趨勢和規律，在發達國家拿不出好辦法的時候，習近平主席提出的「中國方案」無疑對未來世界經濟的走向產生重大影響。香港經濟面臨不少新情況、新問題，如何走出一條新路？也需要高度關注，並準備迎接「四型世界經濟」的到來。聚焦香港經濟特點、難點、重點，筆者認為，習近平主席的「四型世界經濟」給香港帶來四個方面的啟示。

在「創新型世界經濟」中破三個瓶頸

　　習近平主席說：「創新是從根本上打開增長之鎖的鑰匙。」這一論述抓住了新一輪科技創新的實質。今天，世界各國都已經認識到，創新科技

不是提高傳統產業生產力那樣簡單，而是具有顛覆傳統的特性，還可培育大批高新科技等新興產業，發掘出新的經濟增長亮點。因而，全球各地無不加大資源投入、抓緊創新科技行業發展機遇。香港起步較遲，創科局的設立在立法會反覆討論了 3 年才於去年成立，已經錯過了不少機遇，現在應該奮起直追，聚焦機械人技術、健康老齡化與智慧城市等領域，盡快讓科技成果商品化，當務之急是突破三個瓶頸。

其一，突破觀念瓶頸。過去港人講求資產升值、搵快錢，喜歡炒股票、炒期貨、炒地產，輕視需要作長遠投資的科研。其實，香港創新資源很多，比如，香港各所大學超過一半的科研專案達到國際卓越水準，這是很了不起的。為什麼創新成果不多？首先卡在了「觀念」二字上。

其二，突破投入瓶頸。全球各地科研開支佔 GDP 的比例普遍達到 2-3%，而香港科研開支佔 GDP 的比例僅為 0.7%，今年特區政府施政報告提出成立 20 億元創科創投基金，以配對形式與私人風險投資基金共同投資，但投入資金規模仍然不大。

其三、突破合作瓶頸。與香港一河之隔的深圳已成為內地最具創新活力的城市，今年首季，深圳經濟增長達到 8.4%，遠高於全國 6.7% 的平均增幅，主要原因是深圳創科產業具有領先優勢，香港如果能與包括深圳在內的內地城市合作，就可以借力爬坡，走得更快。

在「開放型世界經濟」中推動貿易和航運轉型升級

習近平主席所說的建設「開放型世界經濟」，主要是針對貿易保護主義而言。在全球經濟不景氣的大環境下，世界各經濟體都希望遏制逆差。但從長遠來看，貿易保護主義在帶來短期紅利的同時，卻損害了長遠利益。開放是大勢所趨，這一點必將被越來越多的經濟體所接受。在這種背景下，香港要繼續保持國際貿易中心、航運中心的地位，應推動貿易和航運的升級轉型。

就貿易來說，香港應正視兩個變化。第一，以往，香港和內地形成了「香港做貿易，內地做製造業」的合作模式；現在，內地的港口多、吞吐量大，正在逐漸替代香港。第二，以往香港在零售全球化領域中具有很大

優勢，內地人喜歡到香港購物；現在，電子商務興起，內地人通過網絡在全球購物，而香港的網購發展得很慢，傳統優勢正在衰減。因此，香港的貿易業只有轉型升級，才有出路。

就航運業來說，香港應正視一大變化。以往，「珠三角」製造業密集，進出口量很大，現在產業結構轉型，珠三角製造業萎縮，進出口在減少，而珠三角的港口多、成本低，香港競爭不過。所以，香港航運業應該轉型升級。香港可以把航運物流交給「珠三角」，選擇航運金融、航運法律、航運保險等高端領域，主要做資金融通、法律仲裁、船舶租賃、訂貨訂單等航運服務業。

在「聯動型世界經濟」中打造最大的人民幣離岸中心

習近平主席在講到「聯動型世界經濟」時，闡明了兩個重點：基礎設施的聯動，利益共贏的聯動。一個是「硬體」，一個是「軟體」。建設「聯動型世界經濟」，中國推出的「大餐」是「一帶一路」建設。

香港在「一帶一路」的建設上有獨特優勢，至少在資金成本上是低於內地的。同時，香港的人才資源充足，包括金融、法律、會計、工程等領域的人才很多。尤其是金融人才，恰恰是內地缺乏的，可以為內地提供全方位的服務。資本市場雙向開放和人民幣國際化已經成為中國新開放戰略的核心內容。「滬港通」的暢通和「深港通」的啟動，已經在內地與香港之間挖開了一條資金流動的管道，透過「滬港通」和「深港通」兩條管道，國內資金可以「走出去」，國外資本也可以「走進來」，香港就發揮了中介的作用，推動了資本的「聯動」。

人民幣作為國際貨幣，發展前景看好。現在，全球已有包括倫敦、紐約、新加坡等多個人民幣離岸中心，中央政府通過「滬港通」和「深港通」，有意將香港作為中國雙向資本開放的橋頭堡，推動香港人民幣離岸業務的擴張，香港應抓住機遇，全力打造全球最大的人民幣離岸中心。

在「包容型世界經濟」中縮小貧富差距

習近平主席在講到「建設包容型世界經濟」時說：「現在世界基尼系

數已經達到 0.7 左右，超過了公認的 0.6『危險線』，必須引起我們的高度關注。同時，全球產業結構調整給不同產業和群體帶來了衝擊。我們要正視和妥善處理這一問題，努力讓經濟全球化更具包容性。」香港現在的基尼系數長期處於 0.56 左右，雖然尚未達到「危險線」0.6，但早已超過「警戒線」0.4，而香港在 1981 年的基尼系數僅為 0.45。可見，現在的貧富差距越來越大。縮小貧富差距，將是香港迎接「包容型經濟」的主要課題。

縮小貧富差距，需要從經濟和民生兩個方向給力。從經濟政策來看，對那些產業鏈條長、就業崗位多、稅收貢獻大的企業和行業，特區政府應該給予更多的政策支持，讓這些企業和行業的發展能給底層市民和中產階層帶來好處。從民生政策來看，對扶貧、安老、公屋建造、城鎮拓展等民生事項，特區政府應該拿出「大單」，紓解底層市民的怨氣。而當前最關鍵的是，香港社會要走出政治爭拗的泥潭，不能讓政治騎劫了經濟和民生專案，否則，建設「包容型經濟」，對香港來說遙遙無期。習近平主席在 B20 峰會的主旨演講，帶給香港的啟示，應該引起全港社會各界的深思。

（原載於《明報》，2016 年 9 月 5 日）

習近平 B20 峰會講話
為香港經濟發展破解瓶頸

提要

中國國家主席習近平 9 月 3 日在杭州出席 2016 年二十國集團工商峰會開幕式，發表了題為《中國發展新起點全球增長新藍圖》主旨演講，引起了全球工商界熱烈反響。世界經濟持續低迷，人們都在期盼「中國方案」能引領世界經濟走出低谷。習近平主席在演講中，向全球工商界提出了建設「四型世界經濟」的重要倡議：一是建設創新型世界經濟，開闢增長源泉；二是建設開放型世界經濟，拓展發展空間；三是建設聯動型世界經濟，凝聚互動合力；四是建設包容型世界經濟，夯實共贏基礎。香港經濟面臨不少新情況、新問題，如何走出一條新路？也需要高度關注，並準備迎接「四型世界經濟」的到來。

筆者有幸應 B20 活動組委會邀請，與來自世界 32 個國家和地區、26 個國際組織的 812 位工商精英一起，出席了這一盛會，親耳聆聽了習近平主席的主旨演講。習近平主席的講話，貫穿「創新、開放、聯動、包容」四個關鍵字，針對當今世界經濟徘徊不前的癥結，遵循經濟發展的趨勢和規律，在發達國家拿不出好辦法的時候，習近平主席提出的「中國方案」無疑對未來世界經濟的走向產生重大影響。聚焦香港經濟特點、難點、重點，筆者認為，習近平主席的「四型世界經濟」將為香港經濟的發展破解瓶頸。

在「創新型世界經濟」中加強與內地合作

習近平主席說：「創新是從根本上打開增長之鎖的鑰匙。」這一論述抓住了新一輪科技創新的實質。今天，世界各國都已經認識到，創新科技不是提高傳統產業生產力那樣簡單，而是具有顛覆傳統的特性，還可培育大批高新科技等新興產業，發掘出新的經濟增長亮點。因而，全球各地無不加大資源投入、抓緊創新科技行業發展機遇。香港起步較遲，創科局的設立在立法會反覆討論了 3 年才於去年成立，已經錯過了不少機遇，現在應該奮起直追，聚焦機械人技術、健康老齡化與智慧城市等領域，盡快讓科技成果商品化，當務之急是加強與內地的合作。

全球各地科研開支佔 GDP 的比例普遍達到 2-3%，而香港科研開支佔 GDP 的比例僅為 0.7%，今年特區政府施政報告提出成立 20 億元創科創投基金，以配對形式與私人風險投資基金共同投資，但投入資金規模仍然不大。與香港一河之隔的深圳已成為內地最具創新活力的城市，今年首季，深圳經濟增長達到 8.4%，遠高於全國 6.7% 的平均增幅，主要原因是深圳創科產業具有領先優勢，香港如果能與包括深圳在內的內地城市合作，就可以借力爬坡，走得更快。

在「開放型世界經濟」中推動貿易和航運

習近平主席所說的建設「開放型世界經濟」，主要是針對貿易保護主義而言。在全球經濟不景氣的大環境下，世界各經濟體都希望遏制逆差。但從長遠來看，貿易保護主義在帶來短期紅利的同時，卻損害了長遠利益。開放是大勢所趨，這一點必將被越來越多的經濟體所接受。在這種背景下，香港要繼續保持國際貿易中心、航運中心的地位，應推動貿易和航運的升級轉型。

就貿易來說，香港應正視兩個變化。一是要改變香港和內地的「香港做貿易，內地做製造業」的合作模式；二是要適應電子商務興起，內地人通過網絡在全球購物的變化。香港的貿易業只有轉型升級，才有出路。同樣，就航運業來說，香港應正視新的發展。以往，「珠三角」製造業密集，進出口量很大，現在產業結構轉型，「珠三角」製造業萎縮，進

出口在減少，香港更應選擇航運金融、航運法律、航運保險等高端領域做深做精。

在「聯動型世界經濟」中打造人民幣離岸中心

習近平主席在講到「聯動型世界經濟」時，闡明了兩個重點：基礎設施的聯動，利益共贏的聯動。一個是「硬體」，一個是「軟體」。建設「聯動型世界經濟」，中國推出的「大餐」是「一帶一路」建設。

香港在「一帶一路」的建設上有獨特優勢，至少在資金成本上是低於內地的。同時，香港的人才資源充足，包括金融、法律、會計、工程等領域的人才很多。尤其是金融人才，恰恰是內地缺乏的，可以為內地提供全方位的服務。資本市場雙向開放和人民幣國際化已經成為中國新開放戰略的核心內容。「滬港通」的暢通和「深港通」的啟動，已經在內地與香港之間挖開了一條資金流動的管道，透過「滬港通」和「深港通」兩條管道，國內資金可以「走出去」，國外資本也可以「走進來」，香港就發揮了中介的作用，推動了資本的「聯動」。

人民幣作為國際貨幣，發展前景看好。現在，全球已有包括倫敦、紐約、新加坡等多個人民幣離岸中心，中央政府通過「滬港通」和「深港通」，有意將香港作為中國雙向資本開放的橋頭堡，推動香港人民幣離岸業務的擴張，香港應抓住機遇，全力打造全球最大的人民幣離岸中心。

在「包容型世界經濟」中縮小貧富差距

習近平主席在講到建設「包容型世界經濟」時說：「現在世界基尼系數已經達到 0.7 左右，超過了公認的 0.6『危險線』，必須引起我們的高度關注。同時，全球產業結構調整給不同產業和群體帶來了衝擊。我們要正視和妥善處理這一問題，努力讓經濟全球化更具包容性。」香港現在的基尼系數長期處於 0.56 左右，雖然尚未達到「危險線」0.6，但早已超過「警戒線」0.4，而香港在 1981 年的基尼系數僅為 0.45。可見，現在的貧富差距越來越大。縮小貧富差距，將是香港迎接「包容型經濟」的主要課題。

如何縮小貧富差距，需要從經濟和民生兩個方面着手。在經濟領

域，對那些產業鏈條長、就業崗位多、稅收貢獻大的企業和行業，特區政府應該給予更多的政策支持，讓這些企業和行業的發展能給普羅大眾，尤其是底層市民帶來好處。在民生領域，對扶貧、安老、公屋建造、城鎮拓展等民眾廣泛關注的問題，特區政府應有紓解底層市民怨氣的系列「工程」。立法會昨天已經換屆選舉完畢。政府能否實施經濟民生新政，是新一屆立法會面臨的最大最重議案，千萬別再陷入政治爭拗的泥潭。否則，建設「包容型經濟」，對香港來說遙遙無期，全港社會各界都應有所反思和作為。

（原載於《文匯報》，2016 年 9 月 6 日）

習主席「一帶一路」講話
開啟全球合作新時代

　　「一帶一路」國際合作高峰論壇昨天閉幕。與此同時，一個新的全球聯手發展、一場新的國際合作運動、一次新的共贏共用機遇，正式宣告拉啟了開始的大幕。中國國家主席習近平在會上作的兩次重要演講，全面深入闡述了「一帶一路」倡議的核心內容與精神要義，所提出的五大建議回答了合作與發展的必要性與迫切性，而具體的融資規模、實質的規劃行動、準確的方向把握，更是勾畫出「一帶一路」全球合作的宏偉藍圖。「一帶一路」論壇的召開具有深刻的時代背景，論壇取得的巨大的成功，反映了世界各國對新的自由貿易與新的合作模式的高度期待，展示出的不僅僅是參與各國的共同發展願景，更是中國領導人就應對全球治理而提出的具有鮮明特色的「中國方案」，亦是各方共同打造的包容合作「全球平台」。推動互利共贏，明確合作方向；密切政策協調，對接發展戰略；依託項目驅動，深化務實合作，到了兩年後的第二屆峰會召開，必將迎來更豐碩的成果。論壇雖已閉幕，但一切都是開始，它揭開了合作發展的新篇章，開啟了一個世界發展的新時代。

　　這場峰會吸引了 29 個國家的元首與國際組織負責人、逾 100 個國家政要的出席，堪稱是僅次於聯合國大會的國際發展合作盛事，規模層次已經超出了一般意義上的「峰會」概念，而是已經上升到了牽動國際發展格局的大型會議，昨天共同發表的《聯合公報》已充分體現了其意義。如果從歷史發展的角度，以國際合作的宏觀層面看待，「一帶一路」具有非比尋常的重大意義，必將對人類和發展起到非常巨大的推動的作用。

和平繁榮開放的宏大目標

本次「峰會」的召開具有深刻的時代背景，是各國對如何化解問題、促進發展共同思考的一次盛會。當前是一個挑戰頻發的世界，尤其在於經濟增長需要新動力，發展需要更加普惠平衡，貧富差距鴻溝有待彌合。而地區熱點持續動盪，恐怖主義蔓延肆虐，和平赤字、發展赤字、治理赤字，更是擺在全人類面前的嚴峻挑戰。這是習近平主席一直思考的問題，是一位大國領袖對人類發展高度負責任的穿越歷史與時空的深邃思考。習主席在開幕式上《攜手推進「一帶一路」建設》的致辭中，提出了五點建議，將「一帶一路」建設成和平、繁榮、開放、創新、文明之路。在這一宏大目標之下，在各國的和平發展願望之下，在各方積極努力推動之下，「一帶一路」已從倡議變成共同行動綱領，意義不凡。

事實上，之所以能吸引如此多國家的積極參與，之所以能在世界各地贏得共鳴，之所以能提出至今取得令人矚目的成果，這與「一帶一路」所提倡的核心內涵分不開。「一帶一路」建設不是另起爐灶、推倒重來，而是實現戰略對接、優勢互補。構建以合作共贏為核心的新型國際關係，打造對話不對抗、結伴不結盟的夥伴關係。正如習主席所指出的，尊重彼此主權、尊嚴、領土完整，尊重彼此發展道路和社會制度，尊重彼此核心利益和重大關切。樹立共同、綜合、合作、可持續的安全觀，營造共建共用的安全格局。「着力化解熱點，堅持政治解決；要着力斡旋調解，堅持公道正義；要着力推進反恐，標本兼治，消除貧困落後和社會不公。」這些必將牽動未來國際發展新格局。

務實發展合作的實質成果

「一帶一路」提出以來，已經取得了顯著成效。4 年來，全球 100 多個國家和國際組織積極支持和參與「一帶一路」建設，聯合國大會、聯合國安理會等重要決議也納入「一帶一路」建設內容。「一帶一路」建設逐漸從理念轉化為行動，從願景轉變為現實，建設成果豐碩。而習近平主席在開幕上更宣佈了一系列新的推動措施，包括加大建設資金支持，向絲路基金新增資金 1,000 億元人民幣，鼓勵金融機構開展人民幣海外基金業

務，規模預計約 3,000 億元人民幣。中國國家開發銀行、進出口銀行將分別提供 3,800 億元等值人民幣專項貸款。此外，還將同亞洲基礎設施投資銀行、金磚國家新開發銀行、世界銀行及其他多邊開發機構合作支持「一帶一路」專案，同有關各方共同制定「一帶一路」融資指導原則。

習主席昨天在論壇圓桌峰會以《開闢合作新起點　謀求發展新動力》為題致辭時提出了三點期待：「推動互利共贏，明確合作方向；密切政策協調，對接發展戰略；依託項目驅動，深化務實合作」。與其說這是期待，不如說是具體的落實方向。本屆論壇期間，中國同 30 多個國家簽署經貿合作協議，同有關國家協商自由貿易協定。中國將從 2018 年起舉辦中國國際進口博覽會。可以肯定的是，在未來中國將積極參與國際發展互利共贏的經貿夥伴關係，促進同各相關國家貿易和投資便利化，建設「一帶一路」自由貿易網絡，助力地區和世界經濟增長，將取得更加巨大的成果。

抓緊共贏機遇的時代呼喚

「一帶一路」雖始於中國，但屬世界。背後承載了世界各地民眾對發展的渴望，對和平的追求，對合作的需要，更可以說是體現了時代的呼喚。整個建設倡議，跨越不同地域、不同發展階段、不同文明，是一個開放包容的合作平台，是各方共同打造的全球公共產品。各方秉持共商、共建、共用原則，攜手應對世界經濟面臨的挑戰，開創發展新機遇，謀求發展新動力，拓展發展新空間，實現優勢互補、互利共贏，不斷朝着人類命運共同體方向邁進。正如習主席所指出的：「這是我提出這一倡議的初衷，也是希望通過這一倡議實現的最高目標。」

「發展是解決一切問題的總鑰匙」，「一帶一路」正是全力肩負起推動落實的重任。例如，堅持創新驅動發展，加強在數字經濟、人工智慧、納米技術、量子電腦等前沿領域合作，推動大數據、雲計算、智慧城市建設，連接成 21 世紀的數字絲綢之路。要達到這一目標，就要促進科技同產業、科技同金融深度融合，優化創新環境，集聚創新資源。同時也要為互聯網時代的各國青年打造創業空間、創業工廠，成就未來一代的青春夢

想。更要踐行綠色發展的新理念，宣導綠色、低碳、循環、可持續的生產生活方式，加強生態環保合作，建設生態文明，共同實現 2030 年可持續發展目標。發展、創新、青年、環保等等，這些全都是各地民眾的迫切需求，「峰會」進一步以「共識」的方式將之確定。

「一帶一路」峰會掀起了全世界的高度關注，這絕非對於「國際會議」的淺顯認識，而是對人類共同發展的高度共鳴。這是偉大政治家對全球治理所提出的「中國方案」，亦是全球合作的新方向與新模式，更是對人類發展作出的新貢獻。正如聯合國秘書長古鐵雷斯所指出的，「一帶一路」有助於推動經濟全球化更加平衡、包容、和諧發展，對於通過國際合作解決當今世界面臨的諸多挑戰具有重大意義。此次論壇「體現了中國在世界上獨具一格的長遠和戰略眼光，也再次證明中國是開放和多邊主義的強有力支柱。」誠哉斯言！「中國方案」創造了「世界平台」，一個更加美好的未來正展現在我們眼前，一個大發展的時代也正在徐徐開啟。

（原載於《大公報》，2017 年 5 月 16 日）

由強烈要求印度撤軍
看維護國家主權安全的重要意義

提要

　　中國政府對印度軍隊非法越界事件的強烈態度充分表明，中華民族偉大復興是中國的核心利益，也是最高利益，任何試圖打斷這一進程、威脅中國主權安全的行為，中國都會堅決回擊。國家利益至高無上。某些境外勢力試圖在香港扶持「港獨」勢力、分裂國家，同樣是沒有出路的。

　　印度軍隊非法越界進入我國領土一個半月過去了，仍有幾十人滯留我國境內。8 月 2 日，新華社授權發佈《印度邊防部隊在中印邊界錫金段越界進入中國領土的事實和中國的立場》一文後，8 月 3 日上午至 4 日凌晨 24 小時內，人民日報、新華社、解放軍報、外交部、國防部、中國駐印度大使館等中國 6 個國家機構、主要媒體，先後就印方越界事件發聲，披露印方非法越界的性質，並強調中國將採取一切必要措施維護自己的正當合法權益。

　　國防部發言人更是明確表示：「善意不是沒有原則，克制不是沒有底線」。與此同時，中央電視台報道了解放軍某部在海拔 4,600 米的西藏某地正在進行實戰實彈演習的相關新聞。此舉表示，只要一聲令下，解放軍就能迅速奔赴邊境，驅離入侵者。中央電視台的一篇評論說得更直接：「中方仁至義盡，印方好自為之，留給印度撤回軍隊的時間不多了。」

　　中國強烈要求印度撤軍，彰顯了中國維護國家主權、安全、發展利益的堅強決心和信心，也從一個側面闡釋了維護國家主權安全的重要意義。

界線即是底線 底線不容突破

中共十八大之後，中共中央總書記、國家主席、中央軍委主席習近平提出了「底線思維」，要求各級領導幹部在處理錯綜複雜的矛盾和問題時，先要劃定一條底線，工作中要追求最高目標，但要明確最低不能突破什麼底線。運用「底線思維」，才會處事有力、有節、有度，處變不驚，穩扎穩打，取得最好的效果。經過近 5 年的實踐，「底線思維」已經體現在各個領域，取得積極的成果。

以此來分析此番印軍非法越界事件。印度此舉不僅是衝擊中印關係的底線，而且是衝擊《聯合國憲章》、國際法基本原則和國際關係基本準則所規定的底線。

其一，印度軍隊進入中國領土屬於入侵行為。中印邊境長達 2,000 多公里，雖有多處存在爭議，但這次事件發生在中印邊界錫金段，該段經 1890 年的《中英會議藏印條約》劃定，印度獨立後、中華人民共和國成立後，都承認了該條約劃定的邊界線。據此條約，洞朗地區歷來屬於中國，一直在中國的有效控制下，不存在爭議。印度軍隊越過位於山脊的中印邊界線，進入中國領土，屬於入侵行為，侵犯了中國的領土完整。

其二，印度干涉主權國家事務屬於挑戰國際法。印軍進入中國的理由非常「奇葩」，稱洞朗屬中國和不丹領土爭議地區，中國在洞朗地區修路，威脅不丹的安全。中國和不丹都屬於主權獨立國家，雙方邊界雖未劃定，但自上世紀 80 年代以來已經進行了 24 輪邊界會談，達成了廣泛共識。中不邊界的事情，是中國和不丹兩國之間的事情，管你印度什麼事！印度執意干涉，不僅侵犯了中國、不丹的領土主權，更是對《聯合國憲章》、國際法基本原則和國際關係基本準則的挑戰。

印度已經踩到了兩條底線，將自己置身於危險境地。界線即是底線，底線不容突破！中國若此時出手「清場」，既是維護國家的領土主權，也是遵循國際法的基本原則；既表達了善意和克制，也闡明了「留給印度撤軍時間不多了」不是空話；既能得到全國民眾的堅決支持，也能得到國際社會的廣泛認同。

克制釋放善意 並非源於軟弱

正在崛起的中國是一個什麼樣的國家？這是許多人細心觀察、不斷探究、甚至不惜以「危險動作」屢屢試探的問題。2014 年 3 月，國家主席習近平訪問法國時，曾提起拿坡崙的那句名言：「中國是一頭沉睡的獅子，當這頭睡獅醒來的時候，世界都會為之發抖」。習主席說：「中國這頭獅子已經醒了，但這是一隻和平的、可親的、文明的獅子。」

中國是一個愛好和平的國家，希望國與國和平相處、民與民相親互動，但和平不是沒有原則，可親不是可欺可侮，文明不是無限制地克制。此次印度軍隊進入中國領土已長達一個半月，中國保持了足夠的克制，至今沒有「武力清場」，但這並不意味着中國沒有權利、沒有理由、或者不打算「武力清場」。

中國之所以耐心地保持克制，是希望印方能保持戰略上的清醒。從歷史的角度看，中印兩國都擁有古老的文明，近代都曾受到西方殖民者的欺凌，應該惺惺相惜，互相尊重；從實現中華民族偉大復興「中國夢」的大局看，印度和中國作為鄰國，中印作為全世界人口最多的兩個國家、以及最大的兩個發展中國家，應該攜手合作，共同應對發達國家對發展中國家的歧視、排擠和打壓，致力於構建更加公平公正的國際新秩序；從中國周邊環境的現實狀況來看，中國的戰略重心在東北亞、東海和南海，而不是西部，中國並不希望在西部大動干戈。印方如果能夠看懂這些，應該盡快無條件撤軍，以免弄巧成拙；若以挑戰中國來取悅某些國家，必將頭破血流！

國家利益至上 「港獨」沒有出路

近日中國強烈要求印度撤軍，都彰顯了中國維護國家主權安全的決心和信心。這也清晰地表明，中央在處理國家主權安全問題時，堅持一條基本原則：國家利益之上。

習近平主席在慶祝香港回歸 20 週年大會上的重要講話中指出：「『一國兩制』在香港的實踐遇到了一些新情況、新問題」、「香港維護國家主權、安全、發展利益的制度還需完善」。習主席的話，完全點中了香港落

實「一國兩制」的不足之處。

　　近年來，香港成為一些國際勢力選擇的「發力點」，「泛政治化」現象的出現，立法會否決政改方案、非法「佔中」、「旺角暴亂」等事件的背後，都有某些國家的影子。在某些國家某些組織某些政客看來，香港這枚「棋子」用得好，可以「亂中」，遏制中國崛起的進程；用得不太好，至少也可以「亂港」，以印證「一國兩制」不成功，讓中國難堪。

　　此次中央對待印軍非法越界事件的嚴正態度表明，中華民族偉大復興是中國的核心利益，也是最高利益，任何試圖打斷這一進程的「大動作」和「小動作」，中央都不會坐視不管。國家利益至高無上。某些境外勢力試圖在香港扶持「港獨」勢力、分裂國家，同樣是沒有出路的。中央對香港的要求有兩條：一是維護國家主權、安全、發展利益，二是維護香港長期繁榮穩定。二者當中，第一條為重。我們應該按照習主席的要求，不斷完善維護國家主權、安全、發展利益的制度，織牢國家安全的網，不能讓分裂勢力有機可乘。這是香港全體市民應盡的義務、應有的視野、應擔的責任。

（原載於《大公報》，2017 年 8 月 7 日）

習主席「金磚」講話
開啟黃金新十年　港機遇處處

　　「金磚五國」從一個金融概念變成左右國際格局的強大力量,「金磚峰會」從一個促進合作的平台嘗試變成主導國際發展的核心助推器,「金磚工商論壇」也已經成為開放、包容、合作、共贏的「金磚精神」新途徑。10 年「金磚」成果顯著,未來發展令人期待。昨日,金磚國家領導人第九次會晤在廈門拉開帷幕,中國迎來又一次的「主場外交」重要時刻。國家主席習近平昨天下午在出席「2017 年金磚國家工商論壇」開幕式上發表主旨演講,全面回顧了「金磚五國」過去十年的發展成就,深刻剖析了當前國際政經發展形勢和機遇,以「三大啟示」確立「金磚合作模式」,並從助推經濟增長、維護世界和平、推動全球治理、構建夥伴關係的「四大建議」,為「金磚五國」開啟下一個金色十年指出了戰略方向、定下了合作方式、提出了落實方法,獲得了來自世界各國的 1,200 位企業家、工商界代表的高度評價。與會嘉賓紛紛稱讚習主席講話,對提升各國發展信心、鞏固全方位合作機制,都具有極其重要的作用和意義,金磚國家必將迎來更為光明的未來,世界發展格局也將迎來新的良好形勢。從習主席的這篇講話,亦可以看到香港所面臨的各種機遇。國家主導世界政治經濟發展,大力鼓勵推動金磚國家的創新經濟、綠色經濟、數字經濟、共享經濟合作,尤其是在貿易、金融等領域,實際上是為國際金融、貿易、航運中心的香港,提供了一個極具優勢的平台,帶來更多的商機、信息和視野,值得本港各界認真解讀以早謀先機。

　　從 2009 年開始的第一次「金磚」會議,這一合作「平台」走過了 10 年歷程。過去 10 年取得令世人矚目的成就,未來能否持續發展備受世人

關注。當前，國際風雲複雜多變，世界經濟復甦時晴時暗，單邊主義傾向逆流而動，地區熱點問題此起彼伏，面對機遇與挑戰，金磚國家既是息息相關的命運共同體，也是攜手前行的行動共同體。習主席的主旨演講，就是從這一大局角度對過去的歷程作出肯定、對當前的情勢提出建議、對未來的發展給出啟示。

三條啟示總結「金磚」成功經驗

「金磚」五國過去取得高速發展，但毋庸諱言同時也存在不同的困惑與問題。西方有些國家因此攻擊甚至否認五國的發展模式與前景，冷言冷語有之，含沙射影有之，阻礙發展有之。應如何評價過去的經歷、如何認識當前的問題與機遇，是此次「金磚會晤」的重要焦點。習主席深刻地剖析了國際政治經濟發展形勢，明確指出觀察金磚合作需要有兩個「維度」：一是要把金磚合作放在世界發展和國際格局演變的歷史進程中來看，二是要把金磚合作放在五國各自和共同發展的歷史進程中來看。從這兩個方向把握，便可以客觀地掌握「金磚五國」的過去以及未來發展。過去 10 年來，五國集中精力發展經濟、改善民生。10 年間，五國經濟總量增長 179%，貿易總額增長 94%，城鎮化人口增長 28%，為世界經濟企穩復甦作出突出貢獻，也讓 30 多億人民有了實實在在的獲得感。這些事實都在證明，從世界發展的進程來看，在面臨各種挑戰之下，「金磚」國家過去的發展值得肯定；而從各國共同發展的角度而言，過去的經驗值得繼續借鑒。

更重要的是，「金磚」五國並非靠簡單的形式「合作」，而是通過十年的摸索形成了一套更優於西方國家舊合作形式的新方式。習主席昨日總結出三大啟示：一，平等相待、求同存異；二，務實創新、合作共贏；三，胸懷天下、立己達人。這 3 點分別從五國內部的關係、從具體的合作模式與途徑、從對世界發展的更高遠的意義，作出精闢的概括和總結。習主席既道出了五國合作的優勝之處，也道出了「金磚」國家的定位和未來。事實上，站在 10 年新起點上，「金磚五國」建立起領導人引領的全方位、多層次合作架構，也湧現出一批契合五國發展戰略、符合五國人民利益的合

作專案。諸如「新開發銀行」和「應急儲備安排」的建立，為金磚國家基礎設施建設和可持續發展提供融資支持，為完善全球經濟治理、構建國際金融安全網作出有益探索。這些經驗值得五國珍視，也值得世界其他國家和經濟體借鑒。

四大建議推動「金磚」再創輝煌

過去的成就不代表未來能必然地持續下去，如何因應新形勢的發展而尋找新的方向，是當前「金磚」國家最為迫切的。五國當中除了中國發展耀眼外，其他國家要麼陷入衰退，要麼進入滯脹，發展並不均衡。根本原因在於，過去憑藉大宗商品供給、人力資源成本、國際市場需求等優勢所形成的高增長已經無可持續，而資源要素配置、產業結構等問題更是日漸突出。更重要的是，世界經濟結構經歷深刻調整，國際市場需求萎縮，金融風險積聚。習主席深刻形容說：「金磚國家經濟傳統優勢在發生變化，進入到滾石上山、爬坡過坎的關鍵階段。」除了經濟發展，「金磚」平台還能在其他國際事務中扮演怎樣的角色，是甘於做一個「經濟合作組織」，還是可以憑藉自身強大的政治經濟實力去開創「全新國際組織」，同樣是世人關注的焦點。

習主席的主旨演講，對此給出了鮮明的答案。他明確指出四條行動倡議可以開創金磚合作第二個「金色十年」：一、深化金磚合作，助推五國經濟增加動力；二、勇擔金磚責任，維護世界和平安寧；三、發揮金磚作用，完善全球經濟治理；四、拓展金磚影響，構建廣泛夥伴關係。這四大建議，回答了如何進一步發展五國的經濟，也回答了如何提升「金磚」組織在世界政治經濟發展的角色和作用，同時也在更宏觀的角度指出了金磚國家的未來方向。習主席指出：「應該擴大金磚國家合作的輻射和受益範圍，推動『金磚＋』合作模式，打造開放多元的發展夥伴網絡，讓更多新興市場國家和發展中國家參與到團結合作、互利共贏的事業中來。」「金磚＋」的概念是本次廈門會晤首次提出，這已不僅僅是擴大了金磚國家的「朋友圈」，而是從更深層面推動國際合作與發展的歷史視野。可以預見，「金磚」將不再只是五個國家的「平台」，未來將成為跨地域、跨文化、

跨意識形態的符合人類整體利益的新組織，也將逐漸取代被西方國家所壟斷的話語組織的新型平台，具有高度的歷史與現實意義。

香港將得到更多的發展機遇

習主席的此次演講已在寓示着，「金磚」合作平台已經形成了由中國領銜、五國主導、世界其他國家參與的新格局。這是繼「一帶一路」倡議後，中國在世界舞台所扮演的又一重要的主導角色。這必將進一步增強世界經濟發展的信心，也必將強化各地經濟發展的動力。這是包括港人在內的所有國人感到自豪與驕傲的。更重要的是，香港將從中得到更多的發展機遇。未來數年，「金磚」國家將迎來新一波的經濟發展，在一些具體受惠行業上，如新開發銀行和應急儲備安排建設、電子商務、貿易和投資便利化、服務貿易、本幣債券、科技創新、工業合作、政府和社會資本合作等等，這些都是涉及金融與貿易，也正是作為國際金融、貿易、航運中心的香港的長處，香港將可在拓展經濟合作廣度和深度方面，扮演更為積極重要的角色；而專業界、金融界、貿易界，甚至是旅遊界，也將從中得到更多發展機遇。再加上香港重要的區域交通樞紐地位，海、陸、空交通便利，以及明年底將通車的廣深港高鐵，人流物流資訊流的高速高效流通，將令香港得到更多的關顧。

值得注意的是，習主席昨天演講時特別提到：「改革開放近 40 年來，到明年我們要隆重地紀念一下，明年就是 40 年，在中國共產黨領導下，中國人民憑着一股逢山開路、遇水架橋的闖勁，憑着一股滴水穿石的韌勁，成功走出一條中國特色社會主義道路。」這無疑是對港人也是提醒、回憶和肯定。從 1978 年至今，改革開放已經走過 40 年。這 40 年不僅是國家大發展的 40 年，亦是香港高速發展與轉型升級的 40 年。在回顧過去歷程、展望未來發展時，香港各界應當思考香港之所以能有今日成功的原因。事實一再證明，如果沒有國家的良好發展，也就沒有香港的今天。國家好，香港更好，這一道理無數次地深刻印證在歷史發展軌蹟當中。香港未來若要保持競爭力、保持甚至是提升發展實力，就需要認識到如何在國家發展中發揮出自身的價值和獨特角色。不認識到這一點，也就

無法看清香港未來。習主席演講，不僅是給香港展示了新的發展前景，同時也是在為香港各界提出了新的思考。

筆者昨有幸作為中國企業家和工商界代表，現場親耳聆聽習主席主旨演講。筆者深深感到，此次「金磚」峰會承先啟後，習主席演講更具有開創性歷史意義。「金磚」五國和「金磚＋」新理念，將迎來嶄新的黃金十年，未來將形成更強大的發展合力、發出更響亮的金磚聲音、打造更牢固的社會根基、構建更廣泛的夥伴關係、形成更有力的機制建設。而香港，也將又一次站在發展、改革、創新的新高地。

（原載於《大公報》，2017 年 9 月 4 日）

由歐美恐襲不絕看
堅持總體國家安全觀的重要性

今年以來，歐美恐襲不絕，其事實深刻啟示我們，如果沒有安全的生活環境，民眾毫無幸福可言。「中國夢」迫切地需要「安全夢」護航，而「安全夢」需要「總體國家安全觀」指引。習近平總書記在十九大報告中鮮明指出：「統籌發展和安全，增強憂患意識，做到居安思危，是我們黨治國理政的一個重大原則。」維護國家主權、確保國家安全、堅持國家利益，是包括香港居民在內的全體中國人的共同責任。

發生在美國的一起槍擊事件再次震驚了世界。本月 5 日，在得克薩斯州南部小城薩瑟蘭斯普林斯，槍手對教堂附近的市民一陣瘋狂掃射，造成包括槍手在內的 27 人死亡。而這次槍擊事件，距造成 59 人死亡的拉斯維加斯槍擊事件僅一月有餘，距造成 8 人死亡的紐約萬聖節卡車撞人襲擊不到一週。不僅美國恐襲不斷，歐洲也不太平。2015 年 11 月 13 日，巴黎市區七處同時發生恐怖襲擊，造成上百人死亡、數百人受傷。今年 9 月 15 日，英國倫敦一地鐵站早上高峰期間發生爆炸事件，造成幾十人受傷。

這些不停地「關心」他國安全的國家，自身的安全卻難以維護；這些沉醉於「冷戰思維」、「零和博弈」的國家，非傳統安全領域的問題更難應對。今天，非常值得歌舞升平的香港民眾深思！

歐美恐怖襲擊不絕的現象說明，世界各國亟需樹立總體國家安全觀。對於正在致力於實現民族復興的中國來說，更需要以總體國家安全觀統領全域，護航發展。習近平總書記在十九大報告指出：「必須堅持國家利益至上，以人民安全為宗旨，以政治安全為根本，統籌外部安全和內部安全、國土安全和國民安全、傳統安全和非傳統安全、自身安全和共同安

全，完善國家安全制度體系，加強國家安全能力建設，堅決維護國家主權、安全、發展利益。」這正是着眼於外部和內部、歷史和未來的形勢變化做出的底線思維、堅強定力、科學抉擇！

當下的中國，堅持總體國家安全觀，不僅十分重要，而且十分緊迫！

「中國夢」亟需「安全夢」護航

實現中華民族偉大復興，不僅是一代又一代中國人的夢想。1840年以來，中國人早有此夢。但中國走向現代化的進程一次又一次被打斷，1900年的八國聯軍入侵，1931年開始的日本侵華，讓國土淪喪，百姓蒙難。沒有安全，好夢難圓！今天的中國，越來越接近實現中華民族偉大復興的偉大目標，越是在這個時候，越是需要安全的外部和內部環境，越要警惕中國現代化進程再次被打斷，正如習近平總書記在十九大報告指出：「中華民族偉大復興，絕不是輕輕鬆鬆、敲鑼打鼓就能實現的。」因此，「中國夢」迫切地需要「安全夢」護航，而「安全夢」需要「總體國家安全觀」指引。理由有三：

其一，國家安全內涵和外延比歷史上任何時候都要豐富。今天，國家安全除了傳統安全以外，還出現了非傳統安全，比如金融安全、能源安全、環境安全、網絡安全等，這些因素使「國家安全」的概念不斷擴容。

其二，國家安全時空領域比歷史上任何時候都要寬廣。傳統的國家安全主要側重於國防，從陸戰時代爭奪制高權，到海戰時代爭奪制海權，到空戰時代爭奪制空權，再到信息戰時代爭奪制信息權，不斷演變。如今，已經發展到了爭奪制腦權。這提醒我們，國家安全不僅要管控有形空間，還要管控無形空間。

其三，國家安全內外因素比歷史上任何時候都要複雜。隨着中國更廣泛、深入地參與全球化，我們面臨的安全壓力更大、不確定因素更多，各種威脅和挑戰極易形成聯動效應。比如，互聯網對現實社會的影響加劇，網絡安全與現實安全矛盾交織，各種難以預見的風險因素明顯增多。

「總體國家安全觀」具有極強針對性

習近平總書記談到「總體國家安全觀」時反覆強調，必須處理好五對關係：外部安全與內部安全的關係，國土安全與國民安全的關係，傳統安全與非傳統安全的關係，發展問題與安全問題的關係，自身安全與共同安全的關係。「五對關係」構成了國家安全體系的五組支架，既體現了辯證思維，又具有很強的現實性和針對性。

外部安全與內部安全必須良性互動。中國是全世界最大的發展中國家，地域遼闊，民族眾多，地區之間發展不平衡，在港澳實行「一國兩制」，台灣還沒有回歸祖國，影響內部安全的因素很多。中國又是一個新興大國，隨着「走出去」戰略的推進，維護海外權益的任務很重，影響外部安全的因素也不少。對內，求發展、求變革、求穩定、建設平安中國；對外，求和平、求合作、求共贏、建設和諧世界。內外良性互動必不可少。

國土安全與國民安全必須共同鞏固。國土是國民的家園，國民是國土的兒女，二者密不可分。近代以來，外族入侵，國土淪陷，國民蒙難，歷史事實告訴我們，捍衛領土主權就是保衛國民安全，保衛國民安全就要誓守國土安全。傳統安全與非傳統安全必須統籌治理。傳統安全和非傳統安全只有產生先後、表現形式不同的區分，並沒有孰大孰小、孰重孰輕的區分。

傳統安全有可能轉化為非傳統安全，非傳統安全也有可能轉化為傳統安全。二者須統籌治理。

發展問題與安全問題必須有機統一。發展是安全的基礎，安全是發展的條件。國富兵弱，無法長治久安；窮兵黷武，也會拖垮自己。二者必須有機統一。自身安全與共同安全必須相輔相成。世界各國安全相互關聯、彼此影響，你中有我，我中有你，世界上沒有絕對安全的「世外桃源」。打造命運共同體，必須擯棄唯我獨尊、損人利己、以鄰為壑等狹隘思維，推動各國各方朝着互利互惠、共同安全的目標相向而行。

香港以法治思維落實「總體國家安全觀」

習近平總書記在十九大報告中指出:「保持香港、澳門長期繁榮穩定,必須全面準確貫徹「一國兩制」、「港人治港」、「澳人治澳」、高度自治的方針,嚴格依照憲法和基本法辦事,完善與基本法實施相關的制度和機制。要支持特別行政區政府和行政長官依法施政、積極作為,團結帶領香港、澳門各界人士齊心協力謀發展、促和諧,保障和改善民生,有序推進民主,維護社會穩定,履行維護國家主權、安全、發展利益的憲制責任。」

「憲法」、「基本法」、「憲制責任」、「依法施政」是這段話的關鍵詞,體現出習總書記對「依法治港」、「依法治澳」的期待。時至今日,港人須更清晰地認識到,「一國兩制」下的香港,是中國的一個特別行政區,不是一個獨立國家,也不是一個獨立政治實體,這是基本法早就明確了的定位,不容改變,不容模糊,不容走樣。但近年來一些人只講「兩制」,不講「一國」;只講「民主」,不講「法治」;只講「個人自由」,不講「國家利益」;折射出法治思維缺失,國家意識淡薄。非法「佔中」、旺角暴亂、「梁游宣誓」違憲違法辱華事件,就是典型案例。從「本土」到「港獨」的演變,就是不容忽視的現象。而香港法院依法對「佔中」、「旺暴」有關人士的判決,也被某些人指為「政治檢控」。這一切,折射出法治思維的嚴重缺失。

香港中聯辦領導上周四在香港公開宣講十九大精神時,提出了一個深刻體會:「十九大確立新的目標,更加注重高質量的發展,更加注意人民在發展中的獲得感、幸福感、安全感。」歐美恐襲不斷的事實啟示着我們,如果沒有安全的生活環境,民眾毫無幸福可言!對於中國來說,維護國家安全是包括香港居民在內的全體中國人的共同責任。當下,以法治思維落實「總體國家安全觀」是香港的當務之急!

(原載於《大公報》,2017 年 11 月 8 日)

習近平向世界闡述
開啟大黨外交新征程

提要

　　習近平總書記在中國共產黨與世界政黨高層對話會發表《攜手建設更加美好世界》主旨演講，高瞻遠矚、內容豐富、意義深刻，體現出前所未有的擔當精神、世界眼光、共贏思維，充分彰顯了世界級領袖的風采；中國共產黨與世界政黨高層對話會機制化，意味着世界各政黨之間有了一個對話交流的平台，中國外交由此進入一個嶄新境界，中國的國際影響力、感召力、塑造力將大大提升。執政黨的能力，決定了國家的前途和命運。「共產黨好，國家好；國家好，香港好」。港人應該認識到這個清晰的邏輯關係。

　　為期 4 天的中國共產黨與世界政黨高層對話會昨日在北京落下帷幕，來自世界 120 個國家、近 300 個政黨和政治組織的 600 多人參加了這次對話會。這是中共十九大後中國舉辦的首場主場多邊外交活動、是中共首次與全球各類政黨舉行高層對話，也是出席人數最多的首次全球政黨領導人對話會。會議的規模之大、受關注的程度之高、與會代表的反響之熱烈，讓人驚異，令人震撼，引人深思！

　　中共中央總書記、國家主席習近平在對話會上發表的主旨演講，連日來成為世界各國主流媒體的頭條，並引發熱烈討論和深入思考：「中國為什麼能？」「中國共產黨為什麼能？」「建設一個什麼樣的世界？」「如何建設這個世界？」……一個個長期困擾各國政黨的深層次問題，因為這次對話會而讓政黨領袖們腦洞大開。無疑，這是中共與世界政黨分享習近平

新思想治國理政經驗的會議，是各政黨交流如何治黨治國的會議，是各政黨探討如何構建人類命運共同體的會議。作為世界最大、在世界第一人口大國長期執政且取得舉世矚目成就的政黨，中共始終站在國際舞台中心。這預示着，十九大後習近平總書記領導的中共大黨外交開啟新征程！

響應國際社會熱切期待

十九大閉幕後，中共按慣例向越南、老撾、朝鮮、古巴等共產黨執政國家派出特使，通報十九大情況。還應日本、韓國、蒙古等多國邀請，派出宣介團到這些國家宣傳介紹。由於習近平總書記和中國的受關注度過於熱烈，中共「朋友圈」的範圍也太廣，各國政黨仍然不解渴，希望深入系統瞭解十九大精神。鑒於此，中國共產黨決定舉辦這次對話會。那麼，世界各政黨關注十九大的哪些內容呢？重點在於以下三個方面：

其一，習近平新時代中國特色社會主義思想。當世界上許多政黨「憂權位甚於憂國運」、陷入內部分裂和政治衰敗之時，他們漸漸認識到中共「思想建黨」的過人之處。由於有指導思想做引領，無論領導人如何更替、內部分歧有多少，都始終能形成強大的凝聚力。那麼，十九大宣示以習近平新時代中國特色社會主義思想為引領，「習思想」有哪些內涵？將給未來中共、未來中國帶來哪些變化？這是各國政黨關注的首要問題。

其二，中國的發展對世界會產生哪些影響。中國已是世界第二大經濟體，對世界經濟增長的貢獻率達到 30% 以上，且科技創新的重大成果不斷湧現，在歐美經濟增長乏力、「逆全球化」現象出現的大背景下，許多國家的發展更加倚重中國。中國的發展不僅僅是中國自己的事情，定會影響到世界經濟的走向。各國政黨迫切需要瞭解中國下一步的發展戰略。

其三，中國構建人類命運共同體的具體內涵。中國正在崛起，這是本世紀最重大的事件。中國一再宣稱要和平崛起，無論多麼強大，都不稱霸世界，而是倡議建設人類命運共同體。那麼，中國所定義的「人類命運共同體」是否符合各國的意願？各政黨也希望瞭解。

由以上三點可以看出，中共的大黨外交是水到渠成、順其自然的事情，中共舉辦這次對話會，是順應了國際社會和世界主要政黨的熱切期盼。

打通政黨之間溝通渠道

在十九大閉幕後的記者見面會上，習近平總書記指出：「我們是世界上最大的政黨，大就要有大的樣子」。什麼是「大的樣子」？大視野、大胸懷、大境界、大影響、大格局、大氣魄、大擔當。作為世界第一大黨，中共需要打通溝通渠道，向世界各政黨闡釋「大」的內涵。

習近平總書記指出：「中國共產黨是為中國人民謀幸福的黨，是為人類進步事業而奮鬥的黨。我們把自己的事情做好，這本身就是為構建人類命運共同體作貢獻。」

習近平總書記又指出：「我們要努力建設一個遠離恐懼、普遍安全的世界，一個遠離貧困、共同繁榮的世界，一個遠離封閉、開放包容的世界，一個山清水秀、清潔美麗的世界。」

習近平總書記還指出：「我們不『輸入』外國模式，也不『輸出』中國模式，不會要求別國『複製』中國的做法。」

當今世界有 2,000 多個政黨，許多政黨代表的是小眾利益，而非大眾利益。政黨對部分要求的關注多於對全體利益的關注，對內政問題的關注多於對外部事務的關注，對短期議題的關注多於對長期發展的關注，「票決政治」則進一步加劇了這種現象。這使西方政治學說基礎上的政黨政治出現庸俗化、娛樂化甚至劣質化傾向。與這些政黨不同，中國共產黨始終把人民大眾利益放在第一位，在中共領導下，中華文明開始從古典政治文明向現代政治文明轉型並走向定型，中國在堅持獨立自主的同時也走向了現代化。特別是最近 5 年來，在習近平總書記設計、倡議、領導下，在國際政黨間的對話平台進行交流，中共的做法和成就，可以並且已經促進許多政黨反思自身在國家建設和構建人類命運共同體中的角色、作用、責任。

香港贏得更好發展環境

習近平總書記倡議，將中國共產黨與世界政黨高層對話會機制化，使之成為具有廣泛代表性和國際影響力的高端政治對話平台。習總書記還表示：未來 5 年，中國共產黨將向世界各國政黨提供 1,500 名人員來華學習

交流的機會。這意味着中共大黨外交將邁出實質性的一步。

中國在崛起的過程中，遇到許多「麻煩製造者」。中國政治的確定性與一些競爭性多黨制國家政治的不確定性，形成越發鮮明對照，使中國外交經常碰到「一對多」的難題，對方國家政黨輪替往往影響雙邊關係。以美國為例，共和黨、民主黨輪流執政，每一次政黨輪替，都會拿「中國問題」說事，指責對方「親中」，驢象相爭，結果讓中國利益受損。

聯合國、以及 G20、APCE 等國際會議，是國與國之間進行對話交流的平台。如果將中國共產黨與世界政黨高層對話會機制化，則意味着世界各政黨之間有了一個對話交流的平台。政黨跟政權密切相關，也跟國家和社會密切相關，但又區別於國家，因此它具有較大的靈活性。一個國家的政策，往往源於政黨的主張。因此，政黨之間的交流對話，有助於國與國之間的交往合作。

中共推動政黨高層對話會機制化，不僅可以為大國外交注入新動力、為中華民族偉大復興創造良好的外部環境，而且，以政黨為紐帶形成的這種框架，可以為構建人類命運共同體發揮更大作用。它所起到的將是更無形、更潛在、更靈活的作用，中國外交由此進入一個嶄新境界，中國的國際影響力、感召力、塑造力將大大提升。

香港中聯辦領導在香港公開宣講十九大精神時，向 2,000 多位各界青年代表語重心長的說：「現在許多朋友都在思考和追問『中國為什麼能、中國共產黨為什麼能』。這裏最重要的就是我們的政治優勢，就是中國道路、中國制度的優勢，就是中國共產黨領導的優勢」。中共開啟大黨外交新征程，對於「一國兩制」下的香港來說，就是一件天大的好事。這意味着未來中國的國際地位將不斷提升、發展的外部環境將越來越好，香港「背靠大樹好乘涼」，一定能找到更多發展機遇，贏得更好發展環境。「共產黨好，國家好；國家好，香港好」。香港廣大市民都應該認識到這個清晰的邏輯關係。

（原載於《大公報》，2017 年 12 月 4 日）

海外僑胞是中華民族偉大復興
不可或缺的重要力量（上）

　　習近平總書記在十九大報告指出：「廣泛團結聯繫海外僑胞和歸僑僑眷，共同致力於中華民族偉大復興。」這是對海外僑胞和歸國僑眷的希望、關愛和鞭策，更說出了包括港澳同胞在內的廣大海外僑胞和歸國僑眷的共同心聲。

　　個人的榮辱始終與國家、民族的命運緊密相連。身在海外的中華兒女，對此體會尤為深刻。國家強、民族興，則海外華人受尊重、有地位；國力弱、民族衰，則海外華人受屈辱、受歧視。歷史事實反覆印證了這個規律。今天，隨着中國國力日益強盛、越來越接近世界舞台中心，海外華人深切感受到：強大的國家是我們每個人堅強的後盾！深刻認識到：在民族復興的偉大征程，包括港澳同胞在內的海外僑胞是一支不可或缺的重要力量。

民族復興，海外僑胞的百年夢想

　　中國人移居海外雖然從 600 年前的鄭和下西洋之後已經開始，但大規模移居海外還是近代以來的事情，大體可以分為兩個階段。第一階段是1840 年鴉片戰爭到 1949 年中華人民共和國成立的百餘年間，約 1,000 萬中國人移居海外，華人離鄉背井，多隨海水漂流，到海外謀求生計，艱難營生，還有許多人是被殖民者掠賣的華工，受盡摧殘折磨。這個階段的關鍵詞是：「受屈辱」。第二階段是 1979 年改革開放至今，打開國門之後，大批中國人到歐美國家和澳洲留學、經商、定居，加入所在國國籍。由於發達國家與中國經濟上的差距、文化上的不同、社會制度的迥異，致使華

人難以躋身當地的主流社會，華人的權益難以完全保障，這個階段的關鍵詞是：「受歧視。」直到最近幾年，隨着中國國力的增強、世界影響力的擴大，海外僑胞在歐美國家的地位才開始逐漸提高。

不離開家，不知道家的溫暖。不經歷磨難，感受不到個體與整體的密切聯繫。沒有誰比漂泊海外的遊子更能體會到國家強盛、民族興旺之於自己的重要性。中華民族一定要站起來、富起來、強起來，這是海外僑胞的百年夢想。

百餘年前，當積貧積弱的中國飽受列強欺凌，海外僑胞希望中國砸碎封建枷鎖，走向民主共和，資助孫中山等革命黨人推翻腐朽的滿清政府。80年前，當日本軍國主義的鐵蹄蹂躪華夏神州，海外僑胞捐資捐物，打破重重封鎖，為國內運送物資，更有無數義勇之士回國抗日，血灑疆場。40年前，當中國開啟改革開放的大門，許多海外僑胞滿懷熱忱，投資內地，形成了一股助推國家經濟發展的強大力量。

中華民族不能沉淪、不能落伍，中華民族一定要重振雄風、再鑄輝煌。「洋裝雖然是穿在身，我心依然是中國心，長江長城，黃山黃河，在我心中重千斤；無論何時，無論何地，心中一樣親」——上世紀80年代，香港歌星張明敏演唱的這首《中國心》風靡內地、港澳和海外華人圈，因為它真切地表達了幾代海外僑胞的夙願，引起全體中華兒女的共鳴。民族復興是海外僑胞的百年夢想！

民族復興，海外僑胞的歷史責任

十九大報告的主題是：「不忘初心，牢記使命，高舉中國特色社會主義偉大旗幟，決勝全面建成小康社會，奪取新時代中國特色社會主義偉大勝利，為實現中華民族偉大復興的中國夢不懈奮鬥。」在這68字的表述中，規劃了近期、中期和遠期三個奮鬥目標。筆者理解，近期奮鬥目標「決勝全面建成小康社會」，責任主體是內地各族人民；中期奮鬥目標「奪取新時代中國特色社會主義偉大勝利」，責任主體是內地各族人民和港澳同胞；遠期奮鬥目標「實現中華民族偉大復興的中國夢」，責任主體是包括內地各族人民、港澳同胞、台灣同胞和海外僑胞在內的全體中華兒女。

致力於民族復興，是海外僑胞義不容辭的責任。

責任，源於割不斷的血脈親情。回顧歷史，許多華人移居海外，當初都是迫不得已的選擇。人在海外，心繫家園。在外漂泊幾十載，故園之戀未減弱；艱苦創業幾代人，血脈親情割不斷。中國人愛國愛家的基因，深植於心，不曾抹去。

責任，源於「家國一體」的文化理念。海外華僑深諳國與家的關係、「大我」與「小我」的關聯。「家和萬事興」、「國強民安寧」，這些理念深深地烙印在頭腦中。在華人聚居的地方，既有有形的家園，比如美國的唐人街，比如華人的祠堂、學校等；也有無形的家園，比如口口相傳的家族創業史，比如做人、做事、持家的箴言。這些都是華人與其他族群的不同之處。

責任，源於「共擔共享」的時代召喚。習近平總書記在十九大報告中指出：「讓香港、澳門同胞同祖國人民共擔民族復興的歷史責任、共享祖國繁榮富強的偉大榮光。」這雖然是對港澳同胞的希望，對海外僑胞同樣適用。民族復興帶來的巨大「紅利」，海外僑胞將會分享；民族復興的歷史責任，海外僑胞理應擔當。走進新時代，踏上新征程，海外僑胞不能缺席！

（原載於《文匯報》，2017 年 12 月 11 日）

海外僑胞是中華民族偉大復興
不可或缺的重要力量（下）

　　中華民族的偉大復興，需要近 14 億中國人共同努力，也需要和諧、穩定、友好的外部環境。幾千萬海外僑胞，遍佈世界五大洲、百餘個國家，在各個領域都不乏佼佼者；在一些國家、一些領域甚至舉足輕重，這是一支非常可貴的重要力量。在民族復興大業中，海外僑胞完全可以發揮更加重要的作用。筆者認為，海外僑胞至少可以發揮好四個作用：

　　當好中華文化的傳播者。習近平總書記在十九大報告中指出：「文化是一個國家、一個民族的靈魂。文化興則國運興，文化強則民族強」。中華文明是迄今唯一沒有斷流的文明。這說明什麼？說明中華文化是世界上最優秀的文化，它有兼容並蓄、海納百川的特性。「和為貴」、「君子和而不同」、「家和萬事興」、「和氣生財」、「協和萬邦」，「和」文化綿延數千年，形成了異乎尋常的凝聚力、吸引力、向心力，這是中華文明不斷流的「密碼」。家庭和睦，社會和諧，國際和平，是中國追求的目標。今天，有些國家對於中國的崛起心存疑慮，擔心中國崛起會搶奪他們的「奶酪」。海外僑胞應該準確把握「和」文化的精髓，廣泛傳播中國的「和」文化。

　　當好「中國故事」的講述者。改革開放近 40 年來，在西方預言家「中國崩潰論」與「中國威脅論」的輪番轟炸中，中國經濟一路攀升、人民生活水平不斷提高、「中國故事」持續演繹精彩。「中國為什麼能？」「中國共產黨為什麼能？」十九大後的首個主場外交活動是中共與世界政黨高層對話會，全世界近 300 個政黨和政治組織的 600 多人齊聚北京，探尋中國共產黨成功帶領中國走向強盛的「密碼」。其實，這個「密碼」就是我們

選擇了適合中國的道路、理論、制度、文化。十九大報告指出:「堅定道路自信、理論自信、制度自信、文化自信」。海外僑胞應該準確認識中國崛起的深層次原因,講好「中國故事」。

民族復興,海外僑胞的重要作用

當好「構建人類命運共同體」的助推者。作為一個越來越接近世界舞台中心的大國,「建設一個什麼樣的世界?」「怎樣建設這個世界?」中國方案是什麼?習近平總書記在十九大報告中指出:「堅持和平發展道路,推動構建人類命運共同體」。「建設持久和平、普遍安全、共同繁榮、開放包容、清潔美麗的世界」。十九大報告還有諸多金句。比如:「沒有哪個國家能夠獨自應對人類面臨的各種挑戰,也沒有哪個國家能夠退回到自我封閉的孤島」、「走對話而不對抗、結伴而不結盟的國與國交往新路」、「以對話解決爭端、以協商化解分歧」、「以文明交流超越文明隔閡、文明互鑒超越文明衝突、文明共存超越文明優越」……. 這些都集中體現了「中國主張」。海外僑胞應該認真領會「中國主張」的深刻內涵,當好「構建人類命運共同體」的助推者。

當好「全面開放新格局」的聯絡者。習近平總書記在十九大報告中指出:「中國開放的大門不會關閉,只會越開越大。要以『一帶一路』建設為重點,堅持引進來和走出去並重,遵循共商共建共享原則,加強創新能力開放合作,形成陸海內外聯動、東西雙向互濟的開放格局。」如果說以往中國開放的重點是「引進來」,那麼,現在步入了「引進來」和「走出去」雙向並重的新開放時代。海外僑胞熟悉在駐國風土人情、經濟運作體系、國際貿易規則等,完全可以發揮好聯絡的作用,為中國「走出去」助一臂之力。

民族復興,我輩有責。致力於中華民族偉大復興,包括港澳同胞在內的海外僑胞永遠在路上!

(原載於《文匯報》,2017 年 12 月 12 日)

習主席會見世界各地華僑華人代表的重要意義

　　昨日，中共中央總書記、國家主席習近平在北京人民大會堂親切會見了出席第九屆世界華僑華人社團聯誼大會和中華海外聯誼會五屆一次理事大會的全體代表，代表黨中央、國務院向大家表示熱烈歡迎和衷心祝賀，向世界各地華僑華人致以誠摯的問候。中共中央政治局常委、全國政協主席汪洋參加會見。中共中央書記處書記、中央統戰部部長、中華海外聯誼會會長尤權，在中華海外聯誼會五屆一次理事大會上作了重要講話。

　　世界華僑華人社團聯誼大會和中華海外聯誼會已經成為凝聚港澳台海外愛國人士的重要平台、聯繫海內外中華兒女的重要橋樑、致力國家統一和民族復興的重要力量。習主席的親切會見具有十分重要的意義，將激勵港澳台同胞和海外華僑華人以更加積極主動的姿態，為中華民族的偉大復興作出新貢獻。

作復興偉業的推動者

　　眼下，隨着中國的經濟規模增大，以及在一些領域從「跟跑者」變為「同跑者」、「領跑者」，一些國家對中國的戒心加重，遏制中國的力度加大，甚至以「莫須有」的罪名壓制中國。世界正迎來百年未有之變局，但中華民族偉大復興的目標不會變！

　　港澳台同胞和海外華僑華人根在祖國、情繫故土，視野開闊，對國情與世情有深刻認識，對世界經濟的發展趨勢能準確把握，對中國經濟有足夠信心，對中國共產黨的執政能力有高度認同，對中華民族偉大復興有無限憧憬，對復興道路上的困難和風險也有足夠思想準備。正如尤權書記在

講話中所說：「港澳台及海外聯誼工作的國內條件更加有利；港澳台及海外聯誼工作的外部空間更加廣闊；港澳台及海外聯誼工作的自身基礎更加堅實」。民族復興是全體中華兒女共同的事業，習主席會見世界各地華僑華人代表，激勵港澳台同胞和海外華僑華人當好民族復興的推動者。

作對外開放的橋樑

習主席多次指出：「改革不停頓，開放不止步。」「中國開放的大門不會關上，只會越開越大。」中共十九大之後，中國的對外開放已經呈現出嶄新格局。京津冀一體化、長江經濟帶建設、粵港澳大灣區建設等重大國家戰略的推進，催生了無限商機，區域經濟的活力日益凸顯。同時，由中國倡導的「一帶一路」建設得到了廣泛響應。這一切，意味着一個「陸海內外聯動、東西雙向互濟」的開放格局正在形成。

港澳台同胞和海外華僑華人對國家社團自身擁有雄厚的經濟實力、廣博的人脈關係和豐富的智力資源，具有「內引外聯」的能力。尤權書記在講話中，希望與會者「為全面深化港澳與內地互利合作，為拓展國家發展格局、擴大對外交流合作貢獻智慧和力量」。習主席會見世界各地華僑華人代表，激勵港澳台同胞和海外華僑華人當好國家對外開放的橋樑，聚焦「走出去」和「引進來」兩個重點，引進的技術、資金、人才服務國家戰略，助力國家拓展發展格局。

作反「獨」促統的中堅

習近平總書記在中共十九大報告指出：「中華民族的偉大復興絕不是輕輕鬆鬆、敲鑼打鼓就能實現的」。這一論斷具有很強的前瞻性和針對性。

「祖國統一」是「民族復興」的題中要義，然而，「台獨」、「藏獨」、「疆獨」、「港獨」勢力並不願意偃旗息鼓，一有風吹草動，便蠢蠢欲動，成為國家統一大業的「絆腳石」。台灣當局拒不承認「九二共識」，離間兩岸人民的感情。香港的「港獨」勢力雖已沉寂，但「明獨」不存，「暗獨」不斷，亂港派、賣港派為了達到其不可告人的目的，罔顧國家利益和香港利益。

一部中國歷史，就是「統一」與「分裂」交替呈現的歷史。大凡分裂之時，百姓遭受外族欺凌，有受不盡的苦難；大凡統一之時，國力強盛，世間太平安寧，人民安居樂業。統一是福，分裂是禍。這是被數千年中國歷史所證明了的規律。尤權書記在講話中指出：「追求國家統一是民族大義，事關中國核心利益和中國人民民族感情」。習主席會見世界各地華僑華人代表，激勵港澳台同胞和海外華僑華人當好反「獨」促統的中堅。

作文明互鑒的使者

習主席在前不久的亞洲文明交流大會上指出：「文明因交流而多彩，文明因互鑒而豐富。文明交流互鑒，是推動人類文明進步和世界和平發展的重要動力。」「人類發展史充分證明，不同文明間的交流互鑒是文明發展的強大動力。面向未來，只有推動文明交流互鑒，人類文明才能進步，世界才能和平發展。」

實現中華民族偉大復興，我們需要不斷擴大「朋友圈」。構建人類命運共同體，我們需要推進文明互鑒。港澳台同胞和海外華僑華人各自身處不同的文明圈，既瞭解中華文明，又瞭解所在地的文明，容易找到文明互鑒的「共振點」，可以積極開展民間外交、公共外交，講好新時代的中國故事，尤權書記向全體與會者提出希望：「拉近與世界各國人民的心理距離，增進國際社會對構建人類命運共同體理念的認識，為世界持久和平與共同繁榮作出積極貢獻」。習主席會見世界各地華僑華人代表，激勵港澳台同胞和海外華僑華人當好文明互鑒的使者。

在昨天的中華海外聯誼會理事大會上，中共中央統戰部常務副部長、中華海外聯誼會副會長張裔炯作了工作報告，受到熱烈反響。

不懼風風雨雨，一路攜手同行。在中華民族的偉大復興的進行曲中，港澳台同胞和海外華僑華人不能缺席、也不會缺席！

（原載於《大公報》，2019 年 5 月 29 日）

習主席 G20 峰會講話
再現人類命運共同體理念

國家主席習近平 26 日晚在北京出席二十國集團領導人應對新冠肺炎特別峰會時指出，國際社會最需要的是堅定信心、齊心協力、團結應對，全面加強國際合作，凝聚起戰勝疫情強大合力。為此，他提出四點倡議：堅決打好新冠肺炎防控全球阻擊戰，有效開展全球聯防聯控，積極支持國際組織發揮作用，加強國際宏觀經濟政策協調。

習主席的講話着眼人類的前途和命運，提出了各國攜手抗擊疫情的「中國方案」，體現了大國擔當，更是人類命運共同體理念的再次彰顯。

團結協作凝聚巨大合力

習主席強調，國際社會應該加緊行動起來，堅決打好新冠肺炎疫情防控全球阻擊戰，遏制疫情蔓延勢頭。中方秉持人類命運共同體理念，願同有關國家分享防控有益做法，開展藥物和疫苗聯合研發，並向出現疫情擴散的國家提供力所能及的援助。

病毒是看不見的敵人，病毒攻擊的不僅僅是武漢人、湖北人、中國人，而是整個人類。時至今日，疫情蔓延至 180 多個國家和地區，全球已經有 55 萬多人確診、兩萬多人死亡。

儘管這個世界不乏聰明的大腦，但令人遺憾的是，過去兩個月裏，當中國民眾與病毒奮力搏鬥時，中國以外的一些國家，有的對潛在的危險滿不在乎，有的自信高貴的血統具有天然免疫力，有的高估了自己醫療體系的承受能力，有的甚至戴着「有色眼鏡」看中國，隔岸觀火，臆想漁翁得

利，錯過了最佳「時間窗口」。

在美國，紐約州幾乎成了兩個月前的武漢；在英國，繼查爾斯王子檢測為陽性後，英國首相約翰遜昨日也被確診。事實證明，病毒並不會自動識別人類的國籍、民族、種族、年齡、意識形態及宗教信仰，任何國家都不能置身事外，任何人亦無法獨善其身。

慘痛的教訓警示人們，只有拋棄冷戰思維、零和博弈的過時理念，樹立人類命運共同體的理念，團結協作，才能戰勝病魔。中國是這一理念的宣導者，也是堅定的踐行者。

聯防聯控遏制疫情蔓延

習主席強調，病毒無國界，疫情是我們的共同敵人。各國必須攜手拉起最嚴密的聯防聯控網絡。中方已經建立新冠肺炎疫情防控網上知識中心，向所有國家開放。

在沒有武器消滅敵人時，最好的辦法就是防止敵人滲透。隨着1月23日武漢「封城」，中國31個省份啟動重大公共衛生一級回應，佔全球五分之一的14億中國人，在春節這個中國最蔚為壯觀的「旅行季」，一齊停下了匆匆的腳步和聚會，而宅家抗疫。過去兩個多月，中國人在兩條戰線上抗疫，一條是醫療衛生系統，「白衣戰士」爭分奪秒地救治病人；另一條是社區，各方合力嚴防死守阻止病毒擴散。兩條戰線都幹得非常出色，眾志成城，築起了銅牆鐵壁。

聯防聯控是一個好辦法，儘管各國國情不同，但完全可以借鑒中國的做法，中國主動向各國分享經驗、提供幫助，這是以實際行動踐行人類命運共同體理念。

世衛組織發揮領導作用

習主席強調，中方支持世界衛生組織發揮領導作用，制定科學合理防控措施，盡力阻止疫情跨境傳播。二十國集團應加強疫情防控資訊共用，推廣全面系統有效的防控指南，適時舉辦全球公共衛生安全高級別會議。中國將同各國一道，加大對相關國際和地區組織的支持

力度。

　　過去兩個多月來，世衛組織官員多次到中國，瞭解抗疫進展，提出建設性意見，對中國的疫情防控舉措給予積極評價。世衛組織的意見得到了中國的尊重；可惜的是，其忠告卻被某些國家當成了「耳邊風」，造成了今天的被動局面。

　　世衛組織是基於科學研究做判斷、下結論、促防疫的專業組織，它可以超越國家、民族、宗教和意識形態之爭，具有超然於任何國家政府之上的領導能力。在人類遭受如此大規模病毒襲擊時，痛定思痛，我們應該反思全球治理結構的短板，改革全球治理機制，支持世衛組織在處理全球公共衛生事件中發揮領導作用。

　　作為聯合國常任理事國和世界第二大經濟體，中國力挺世衛組織發揮領導作用，這是中國參與全球治理、致力於消除「治理赤字」的理性選擇。

各國聯手防止經濟衰退

　　習主席強調，疫情對全球生產和需求造成全面衝擊，各國應該聯手加大宏觀政策對衝力度，防止世界經濟陷入衰退。要實施有力有效的財政和貨幣政策，加強金融監管協調，共同維護全球產業鏈供應鏈穩定。習主席呼籲，二十國集團成員採取共同舉措，減免關稅、取消壁壘、暢通貿易，發出有力信號，提振世界經濟復甦士氣。

　　世界經濟發展到今天，生產要素在全球配置，各國在全球產業鏈上的定位更加清晰，「誰也離不開誰」的格局早就形成。疫情在全球爆發後，許多國家不得不採取「封城」、「封關」、「封國」的極端做法，令世界變成一個個「孤島」。如果人員、貨物長時間不相往來，世界經濟不可避免地陷於停滯，所有國家都會深受其害。

　　G20 國家的 GDP 佔全球經濟的 90%，貿易額佔全球的 80%，經濟衰退的最大受害者是 G20，經濟回暖的最大受益者也是 G20。各國聯手施救，既是救世界，也是救自己。值此危難之際，必須出大招、出硬招，提振世界經濟復甦士氣。中國的呼籲具有前瞻性，在關鍵時刻發出了挽救世

界經濟的最強音！

　　事實已經證明，人類的命運緊緊相連；習主席倡導的「人類命運共同體」的理念一定會深入人心。

（原載於《大公報》，2020 年 3 月 28 日）

習主席論全球治理
增強香港發展信心

　　昨日上午，博鰲亞洲論壇 2021 年年會開幕，本次年會以「世界大變局：共襄全球治理盛舉，合奏『一帶一路』強音」為主題，國家主席習近平以視頻方式發表題為《同舟共濟克時艱，命運與共創未來》的主旨演講。

　　本文作者以博鰲論壇正式受邀代表身份，與來自世界各地的與會者在論壇開幕式現場，親耳聆聽了習主席視頻主旨演講。習主席縱論「四個開創」、暢談「一帶一路」，在全球治理上彰顯了大國風範，在推動可持續發展上表明了中國立場，令香港各界和廣大市民看到了希望和力量，增添了香港的發展信心。

「四個開創」彰顯大國風範

　　人類社會應該向何處去？我們應該為子孫後代創造一個什麼樣的未來？習主席指出，我們要平等協商，開創共贏共享的未來；我們要開放創新，開創發展繁榮的未來；我們要同舟共濟，開創健康安全的未來；我們要堅守正義，開創互尊互鑒的未來。「四個開創」聚焦全球治理赤字、信任赤字、發展赤字、和平赤字，闡明了中國立場，彰顯了大國風範。

　　當今天下，並不太平。某些國家自認為高人一等，將他們制定的規則強加給全球各國；個別國家奉行單邊主義，恃強凌弱，給整個世界「帶節奏」；還有國家以鄰為壑，公然要將核廢水排放到海裏……。凡此種種，都是對以聯合國為核心的國際體系和以國際法為基礎的國際秩序的嚴重破

壞。習主席一針見血地指出：「世界要公道，不要霸道。」「大國要有大國的樣子，要展現更多責任擔當。」此言直擊要害、振聾發聵！

全球化給人類帶來福祉，「逆全球化」不得人心。一些發達國家試圖以非市場手段，打壓中國等新興經濟體，阻撓開放型世界經濟的建設。習主席指出，人為「築牆」、「脫鈎」違背經濟規律和市場規則，損人不利己。此言擲地有聲、字字千鈞！

疫情還在蔓延，抗疫任重道遠。一些發達國家搶奪了全球大部分疫苗，不顧小國窮國弱國的訴求；一些國家在疫苗分配上奉行「白人至上」，不顧亞非裔、拉美裔的死活。這些虛偽做法嚴重背離了其長期標榜的「人權理念」，是全球治理的「毒瘤」。習主席指出：「我們要堅持人民至上、生命至上。」此言坦誠之至！

多樣性是世界的基本特徵，有些國家卻害怕多樣性。一些國家以意識形態劃線，拉小圈子，世界面臨重回「冷戰」時代的危險。習主席指出，國與國相處，要把平等相待、互尊互信挺在前面。要弘揚和平、發展、公平、正義、民主、自由的全人類共同價值，倡導不同文明交流互鑒。此言高瞻遠矚，引人深思！

「一帶一路」提供發展機遇

怎樣在世界各國合奏「一帶一路」強音？習主席指出，我們將建設更緊密的衛生合作夥伴關係，更緊密的互聯互通夥伴關係，更緊密的綠色發展夥伴關係，更緊密的開放包容夥伴關係，為人類走向共同繁榮作出積極貢獻。習主席特別強調，我們將本着開放包容精神，同願意參與的各相關方共同努力，把「一帶一路」建成「減貧之路」、「增長之路」。

「一帶一路」，從習主席提出的那一天起，就是中國向世界貢獻的「全球公共產品」，歡迎任何感興趣的國家參與；然而，某些國家以「小人之心度君子之腹」，千方百計抹黑「一帶一路」，這是極其自私、狹隘、卑劣的做法，令人不齒！習主席強調：「『一帶一路』是大家攜手前進的陽光大道，不是某一方的私家小路，追求的是發展，崇尚的是共贏，傳遞的

是希望。」這句話道出了「一帶一路」的本質特徵。

我們看，「一帶一路」建設將給沿線國家和地區帶來巨大的發展機遇。比如，基礎設施「硬聯通」和規則標準「軟聯通」，將使貿易和投資合作渠道更加暢通，沿線的經濟體無論處於什麼發展階段，均能從中受益；又比如，據世界銀行有關報告，到 2030 年，共建「一帶一路」有望幫助全球 760 萬人擺脫極端貧困、3,200 萬人擺脫中度貧困，將給全球減貧事業做出重大貢獻。

「三者」定位令香港繁榮穩定

習主席指出，中國將繼續做世界和平的建設者、全球發展的貢獻者、國際秩序的維護者。「三者」的定位，為香港繁榮穩定提供了堅強保障。

中國致力於作全球發展的貢獻者，必將為香港提供發展動力。剛剛公佈的數據顯示，今年一季度，中國內地經濟比去年同期增長 18.3%，由於去年一季度中國內地經濟是負增長，可比性不強，但今年一季度與 2019 年一季度相比，也增長 10.3%，兩年平均增長 5.0%。這再次印證了中國經濟韌性強、潛力足、迴旋餘地大的特徵。中國內地經濟佔全球經濟的 17%，以如此高的速度增長，增加的絕對值相當可觀。只要聚焦「國家所需，香港所長」，香港一定能在積極融入粵港澳大灣區、開拓內地市場、攜手參與「一帶一路」建設中找到機遇，分享發展紅利。

中國致力於作世界和平的建設者、國際秩序的維護者，必將為香港發展創造良好的外部環境。香港是國際化大都市，最大優勢在於連通世界。如果世界重回「冷戰」時代，各個經濟體都必須「選邊站」，香港的優勢將被侵蝕殆盡，香港將成為「冷戰」的犧牲品。中國願意為維護世界和平、維護國際秩序出力，將會阻止各國走向對抗、世界重回「冷戰」，這將為香港創造一個有利的發展環境。

習主席最後指出：「儘管有時會遭遇驚濤駭浪和逆流險灘，但只要我們齊心協力、把準航向，人類社會發展的巨輪必將行穩致遠，駛向更加美

好的未來！」

　　在經歷了「黑暴」和疫情雙重襲擊後，香港各界對此感同身受。有中國這樣一個負責任大國的倡導和努力，少數國家試圖給世界「帶節奏」不會達到目的。有日益強大的祖國作後盾，香港必能走出困局、再造輝煌！

（原載於《大公報》，2021 年 4 月 21 日）

習主席 G20 峰會講話
給香港的深刻啟示

　　國家主席習近平前天晚上（北京時間）在 G20 領導人第十六次峰會第一階段會議上發表題為《團結行動　共創未來》講話，提出五點建議：第一，團結合作，攜手抗疫；第二，加強協調，促進復甦；第三，普惠包容，共同發展；第四，創新驅動，挖掘動力；第五，和諧共生，綠色永續。

　　G20 作為國際經濟合作主要論壇，在國際事務中發揮着重要作用。在新冠肺炎疫情持續反覆、世界經濟復甦脆弱、氣候變化挑戰突出、地區熱點問題頻發的大背景下，G20 能否引領全球早日驅散陰霾？全世界充滿期待。習主席闡明 G20 的責任和義務，深刻回答了時代之問，再次為「共同構建人類命運共同體」作出了生動注腳。

　　「一國兩制」下的香港背靠祖國、面向世界，深刻領會習主席 G20 峰會的講話，對於香港走出疫情陰霾、實現經濟復甦、推動長遠發展，同樣具有重要的指導意義。

合作是應急之計，也是長遠之策

　　習主席指出：「面對在全球肆虐的新冠肺炎病毒，誰都無法獨善其身，團結合作是最有力武器。」「我們應該加強宏觀經濟政策協調，保持政策的連續性、穩定性、可持續性。」「我們應該着眼長遠，完善全球經濟治理體系和規則，彌補相關治理赤字。」

　　新冠疫情是本世紀人類遭遇的最大災難；在人類歷史上，類似的瘟疫曾經反覆出現；事實一再證明，正確的做法是團結合作、齊心抗疫；錯誤

的做法是以鄰為壑、只顧自己。中國從一開始，就堅持團結合作的理念抗疫。從分享病毒信息，到提供抗疫經驗；從合作進行疫苗研發，到向發展中國家提供疫苗，中國為抗擊疫情做出了有目共睹的貢獻。為進一步加強全球疫苗合作，習主席此次又提出六點倡議，再次彰顯了大國擔當。同時，習主席還針對加強經濟政策協調、共同促進全球經濟復甦、推進綠色永續發展提出了多條積極建議。

習主席關於團結合作的論述啟示香港：香港雖小，但胸懷和視野不可小。香港的發展難免遇到風風雨雨；面對風險和挑戰，既要腳踏實地解決當下難題，又要登高望遠謀長遠之策；從歷史中汲取智慧，在合作中尋找機遇，才能於危局中突破重圍。

發展需普惠包容，不讓他國掉隊

習主席指出：「我們應該堅持以人民為中心，提升全球發展的公平性、有效性、包容性，努力不讓任何一個國家掉隊。」「二十國集團應該將發展置於宏觀政策協調的突出位置，落實好 2030 年可持續發展行動計劃，落實支持非洲和最不發達國家實現工業化倡議，促進現有發展合作機制協同增效。」

G20 成員的人口佔全球人口的 2/3，國土面積佔全球的 55%，國內生產總值佔全球的 86%，貿易額佔全球的 75%，對人類的發展進步發揮着不可替代的重要作用。大國幫小國，富國幫窮國。這理應是二十國的共同理念。然而，事實不如人意，在疫情肆虐的當下，廣大發展中國家危機重重，饑餓人口總數已達 8 億左右，落實 2030 年可持續發展議程面臨前所未有的挑戰。

中國剛剛實現全面小康，習主席曾經強調：「全面小康，一個民族也不能少」。如今，習主席提出：「努力不讓任何一個國家掉隊。」再次體現了「以人民為中心」的發展理念。世界各國國情不同，但追求富裕的願望是一致的。小國窮國面臨的許多困難，已經超出了其能力範圍，如果大國不出手相助，那裏的民眾永遠無法走出困境。G20 理應擔起責任！

習主席關於共同發展的論述啟示香港：發展必須注重公平性、有效

性、包容性。這些年來，在世界發達經濟體當中，香港的成績單還算亮麗，但香港貧富差距巨大，住房等民生難題至今沒有解決，市民怨氣很大。香港的發展，決不能是小部分人的富裕、大部分人原地踏步，還有一部分人生活質量下降。香港的發展，同樣不能讓任何人、任何群體掉隊！如何提升市民的幸福感、獲得感、安全感，始終是香港管治團隊一個重大課題，需要踏踏實實的去做、去實現。

創新可合力挖掘，杜絕製造隔閡

習主席指出：「創新是推動經濟社會發展、應對人類共同挑戰的決定性因素。二十國集團應該合力挖掘創新增長潛力，在充分參與、廣泛共識基礎上制定規則，為創新驅動發展營造良好生態。人為搞小圈子，甚至以意識形態劃線，只會製造隔閡、增加障礙，對科技創新有百害而無一益。」

G20 成員有發達國家，也有發展中國家。某些發達國家並沒有把發展中國家當成合作的夥伴，而是當成了競爭的對手。在某些立場偏激狹隘的「戰略家」眼中，地球上的資源是有限的，只能為七八億人過上富裕生活提供支持，一旦發展中國家過上好日子，就意味着發達國家的資源被搶佔，就要過窮日子。這個邏輯非常荒謬，卻有很大市場，甚至有些人把發達國家經濟衰退的責任全部歸咎於發展中國家。

習主席指出「創新是推動經濟社會發展、應對人類共同挑戰的決定性因素」。習主席同時指出：「數字經濟是科技創新的重要前沿」，「二十國集團要共擔數字時代的責任」，可謂一語中的！習主席的論述，是向創新要活力和動力，向創新要財富和資源。創新的閘門一旦打開，全球的已知資源的利用率將被放大，未知資源將被挖掘出來，發達國家和發展中國家完全可以共享創新紅利。

習主席關於創新的論述啟示香港：唯有不斷創新，才能立於不敗之地。香港曾有一個雄心勃勃的「數碼港」計劃，但由於各種複雜原因錯失良機。如今，重回正軌再出發的香港，再也不能蹉跎歲月！國家支持香港建設國際創新科技中心，香港必須緊緊抓住機遇，以科技創新推動

發展轉型。

習主席 G20 峰會的重要講話視野宏闊、胸懷天下，字裏行間透射的「以人民為中心」的思想和團結合作的理念，啟迪香港更新管治思維，提升治理水平，推進「一國兩制」行穩致遠。

（原載於《大公報》，2021 年 11 月 11 日）

中美元首視頻會晤令香港捍衛「一國兩制」更有底氣

　　昨日上午，中國國家主席習近平同美國總統拜登舉行首次視頻會晤。雙方就事關中美關係發展的戰略性、全域性、根本性問題以及共同關心的重要問題進行了充分、深入的溝通和交流。

　　習主席強調：「中美兩國是兩艘在大海中航行的巨輪，我們要把穩舵，使中美兩艘巨輪迎着風浪共同前行，不偏航、不失速，更不能相撞。」習主席同時指出：「歷史是公正的，一個政治家的所作所為，無論是非功過，歷史都要記上一筆。希望總統先生發揮政治領導力，推動美國對華政策回歸理性務實的軌道。」拜登總統表示「我贊同習近平主席所講，歷史是公正的，美中關係只能搞好，不能搞砸」……在長達3個多小時的會談中，兩國元首的互動，清晰顯示出中美關係出現回暖跡象。

　　中美關係是當今世界最重要的國與國關係；中美關係回暖不僅造福兩國人民，也將造福世界。「一國兩制」下的香港作為中國不可分割的一部分，長期扮演中美貿易的「中轉站」、中國內地連通世界的「轉換器」角色，中美關係回暖對香港是利好消息，也令香港捍衛「一國兩制」更有底氣。

「三原則」指明中美關係大方向

　　習主席強調：「新時期中美相處應該堅持三點原則：一是相互尊重。尊重彼此社會制度和發展道路，尊重對方核心利益和重大關切，尊重各自

發展權利，平等相待，管控分歧，求同存異。二是和平共處。不衝突不對抗是雙方必須堅守的底線，美方提出中美可『共存』，還可加上兩個字，即和平共處。三是合作共贏。中美利益深度交融，合則兩利、鬥則俱傷。地球足夠大，容得下中美各自和共同發展。要堅持互利互惠，不玩零和博弈，不搞你輸我贏。」

習主席提出的「三原則」充分體現了中國的宏闊視野和坦蕩胸懷。中國的發展從來沒有與美國爭霸的意圖；中國堅持把自己的事情辦好，滿足人民對美好生活的嚮往。這些年來，中美關係遭遇的挫折，是由美國主動挑起的。美國看到中國跑得太快，不是想辦法讓自己跑得更快，而是人為設置障礙，不讓中國快跑。3 年多來的博弈證明，這種做法損人不利己，是行不通的。習主席談及中美關係重提「尊重」、「和平」、「合作」這些關鍵詞，說明中國一如既往的希望中美兩國相向而行。

方向決定未來。習主席指明中美關係大方向，表明了中國的善意，也為元首會晤定下了基調。

「四優先」彰顯中國大格局

習主席指出，中美應該着力推動四個方面的優先事項：一是展現大國的擔當，引領國際社會合作應對突出挑戰。二是本着平等互利精神，推進各層級各領域交往，為中美關係注入更多正能量。三是以建設性方式管控分歧和敏感問題，防止中美關係脫軌失控。四是加強在重大國際和地區熱點問題上的協調和合作，為世界提供更多公共產品。

中美作為世界前兩大經濟體和聯合國安理會常任理事國，不僅應辦好各自國內的事情，還應承擔起應盡的國際責任。習主席「四優先」的闡述，其中有兩項涉及中美之間的互動，另外兩項涉及兩國攜手承擔的國際責任。習主席沒有局限於中美兩國去論中美關係，而是着眼於世界格局、人類命運論中美關係，站位高、視野寬，彰顯了中國的大格局。

格局決定出路。習主席提出的構建人類命運共同體，彰顯了胸懷天下的情懷，引導中美關係沿着正確的軌道發展，也是構建人類命運共同體的題中要義。

中美可以成為大國和平相處典範

拜登總統表示：「我願明確重申，美方不尋求改變中國的體制，不尋求通過強化同盟關係反對中國，無意同中國發生衝突」。他同時指出：「美方願同中方相互尊重、和平共處，加強溝通，減少誤解，以建設性方式妥處分歧，在美中兩國利益一致的領域加強合作，共同應對新冠肺炎、氣候變化等全球性挑戰，讓兩國人民都能過上更美好的生活。」

早在 2013 年 11 月，習近平主席在給中美舉行第四輪人文交流高層磋商發出的賀信中就強調，構建不衝突不對抗、相互尊重、合作共贏的中美新型大國關係。2017 年 11 月，美國前總統特朗普訪華時，習主席重申了這一倡議。但這些年來，在如何與崛起的中國相處這個問題上，美國出現了反反覆覆的變化，表現出「戰略焦慮」。

此次拜登總統闡述的「三不原則」顯示，美方基本接受了中方關於構建中美新型大國關係的倡議，不再以中國為敵。這是一種明智的選擇，說明中美關係的共識開始多起來了。如果美國能夠言行一致，無疑是一大進步，中美兩國可以成為大國之間和平相處的典範。

祖國護佑香港再出發

回想兩年多前，「黑暴」肆虐，港版「顏色革命」令香港陷入動蕩，中央堅決支持香港特區政府依法止暴制亂、恢復秩序；針對美西方的粗暴干涉和制裁，中國出台一系列反制措施，針鋒相對，毫不退讓。當時，不少香港市民憂心忡忡，擔心開罪了洋人，今後的日子不好過。

但事實如何呢？開罪了洋人並沒有想像的那麼可怕。美國的「香港人權法案」如同廢紙一張，美國對香港官員的制裁無關緊要，美國對香港經濟領域的負面影響也沒有想像的那麼大。因為，香港不是單獨在與美國對峙，香港的背後是擁有 14 億人、960 萬平方公里、5,000 年文明史的祖國，是世界第二大經濟體和聯合國常任理事國的祖國。美西方不可輕視中國的存在，儘管他們對中國的快速發展不高興，但無可奈何。他們能夠做的，是在涉港問題上給中國製造麻煩，但沒有與中國全面對抗的膽量。因為他們清楚，那樣做佔不到什麼便宜。

中美關係注定不會一帆風順，而會在波折中前行。兩國元首視頻會晤釋放的中美關係回暖信號，讓香港同胞深刻認識到，日益強大的祖國始終是香港的堅強後盾；捍衛「一國兩制」，香港有足夠的底氣和骨氣。

（原載於《大公報》，2021 年 11 月 17 日）

習主席演講為共創
後疫情時代美好世界注入信心

　　國家主席習近平昨日在北京出席 2022 年世界經濟論壇視頻會議並發表題為《堅定信心　勇毅前行　共創後疫情時代美好世界》的演講。習主席強調，綜觀歷史，人類正是在戰勝一次次考驗中成長、在克服一場場危機中發展。我們要在歷史前進的邏輯中前進、在時代發展的潮流中發展。習主席指出，要善於從歷史長週期比較分析中進行思考，又要善於從細微處洞察事物的變化，在危機中育新機、於變局中開新局，凝聚起戰勝困難和挑戰的強大力量。

　　習主席的演講，高瞻遠矚、透徹入裏，從矛盾運動和歷史發展的規律中汲取智慧，引導人們堅定信心，勇毅前行，為共創後疫情時代美好世界注入了信心和力量。「一國兩制」下的香港是國家的一分子，習主席的演講激勵香港同胞堅定信心，衝出疫情霧霾，走出經濟低谷，開創美好未來。

「雙重疊加」引出「世界課題」

　　習主席強調，當今世界正在經歷百年未有之大變局。這場變局不限於一時一事、一國一域，而是深刻且宏闊的時代之變。時代之變和世紀疫情相互疊加，世界進入新的動盪變革期。如何戰勝疫情？如何建設疫後世界？這是世界各國人民共同關心的重大問題，也是我們必須回答的緊迫的重大課題。

　　正如習主席所言，時代之變與世紀疫情的雙重疊加，令這個世界變得動盪不安。所謂「時代之變」，是世界政治經濟格局「東升西降」的變化，

西方七國經濟總量最高時佔全球 80%，如今只佔 40% 多；以中國為代表的發展中國家，在過去 20 年裏經濟高速增長，在全球經濟中的比重不斷加大。經濟基礎決定上層建築。經濟格局的變化，令美國為首的西方發達國家感到焦躁不安，從而引發各類矛盾和衝突。所謂「世紀疫情」，就是 2019 年底爆發的新冠疫情，已席捲全球 190 多個國家，至今仍然深刻影響着人類社會的發展走向。

繁榮，可以掩蓋諸多問題；危機，必然暴露深層次矛盾。面對「雙重疊加」下的困境，有的國家眾志成城、勇毅前行；有的國家無能為力、聽天由命；有的國家「甩鍋」、「嫁禍」、轉移矛盾……世界由此而進入了本世紀以來最複雜、最混亂，也是最危險的時期。如何戰勝疫情？如何建設疫後世界？習主席高屋建瓴地提出了各國普遍關心、必須回答、非常緊迫的「世界課題」，指出了影響人類發展進步的主要矛盾。

「四點主張」給出「中國答案」

針對「世界難題」，習主席語重心長地提出四點主張：第一，攜手合作，聚力戰勝疫情。第二，化解各類風險，促進世界經濟穩定復甦。第三，跨越發展鴻溝，重振全球發展事業。第四，摒棄冷戰思維，實現和平共處、互利共贏。

第一個關鍵詞是「合作」。習主席說：「各國不是乘坐在 190 多條小船上，而是乘坐在一條命運與共的大船上。小船經不起風浪，巨艦才能頂住驚濤駭浪」。這個非常形象生動的比喻，深刻闡釋了合作的重要性，指明「堅定信心，同舟共濟，是戰勝疫情的唯一正確道路」。

第二個關鍵詞是「化解」。習主席說：「我們要探索常態化疫情防控條件下的經濟增長新動能、社會生活新模式、人員往來新路徑。」這個「三新」的倡議，打開了人們思考的空間。人類在進化的過程，就是一個不斷適應環境變化的過程。疫情破壞了人類原來的生存方式，那麼，人類理應探索新的生存方式，化解風險，走向未來。

第三個關鍵詞是「人民」。習主席說：「不論遇到什麼困難，我們都要堅持以人民為中心的發展思想，把促進發展、保障民生置於全球宏觀政策

的突出位置」。這句話彰顯了以民為本的理念。眼下，疫情導致人類發展指數 30 年來首次下降，一些發展中國家因疫返貧、因疫生亂，發達國家也有很多人陷入生活困境。各國執政者都應為本國人民辦一些實實在在的好事，重振經濟民生，重燃發展希望。

第四個關鍵詞是「和平」。習主席説：「國家之間難免存在矛盾和分歧，但搞你輸我贏的零和博弈是無濟於事的。和平發展、合作共贏才是人間正道。」這是針對某些國家大搞保護主義、單邊主義的批評，是對世界和平的堅定維護。人類今天遇到的困難確實不小，任何一個國家的領導人都能感覺到壓力山大。習主席的「四點主張」給出了「中國答案」，令人信心倍增！

「三個堅定不移」彰顯「大國擔當」

如何建設後疫情時代的美好世界？小國看大國，窮國看富國，世界看中國。中國怎麼辦？習主席斬釘截鐵的強調，中國將堅定不移推動高質量發展，中國將堅定不移推進改革開放，中國將堅定不移推進生態文明建設。「三個堅定不移」彰顯「大國擔當」。

剛剛公佈的統計數據顯示，2021 年，中國 GDP 增長 8.1%，實現了較高增長和較低通脹的雙重目標，中國經濟的質量在穩步提升。中國經濟體量大、涉及面廣，中國堅定不移推進高質量發展，不僅不製造風險，而且還可以讓別國一起搭乘發展快車，這是世界之福！

近年來，中國擴大開放已從區域開放、行業開放，轉向規則、管理、標準等制度型開放。習主席鞭辟入裏地指出：「不論國際形勢發生什麼變化，中國都將高舉改革開放的旗幟。」中國堅定不移推進改革開放，世界各國才有與中國合作的機會，也才能互利共贏，共同發展。近年來，中國淘汰了大量落後產能，降低能耗，經濟的「綠色」含量越來越高。習主席意義深長的指出，中國將全力以赴推進生態文明建設、加強污染防治、改善人民生產生活環境；中國將踐信守諾、堅定推進碳達峰碳中和。可以預見，中國經濟綠色發展，不僅造福本國，也將惠及世界。

習主席鏗鏘激越的聲音，穿越萬水千山，傳向世界各地，給出的「中

國答案」、彰顯的「大國擔當」，讓希望的陽光照亮人類！香港作為一個細小的經濟體，由於背靠祖國而不懼風浪，由於融入國家大局而前景光明。聆聽習主席的演講，香港同胞對未來充滿信心，前行的腳步更加堅定不移、更加堅強有力！

（原載於《大公報》，2022 年 1 月 18 日）

中美元首「雲會晤」
給香港帶來哪些影響？

　　這些天來，中美兩國元首的 3 月 18 日晚視頻通話，引起人們持續關注，熱度不減。因為，這是在中美建交 50 週年、兩國分歧越來越多的大背景下，時隔 4 個月舉行的又一次「雲會晤」。也是歐洲大陸重燃戰火的危急關頭，中國國家主席習近平應約同美國總統拜登舉行的「雲會晤」。

　　從事後雙方發佈的新聞稿來看，都使用了「建設性」的措詞，說明雙方是奔着解決問題來的，能形成多少共識不敢奢望，但至少闡明了底線和原則，以免引起戰略誤判，導致中美兩艘巨輪發生誤撞。

　　美國和中國分別為世界第一、第二大經濟體，是聯合國常任理事國，都擁有核武。這三點足以說明，在當今世界，中美關係是最重要的國際關係。合則兩利，且全球受益；鬥則俱拜，且多方受害。

　　「一國兩制」下的香港，是中國的一個行政區，同時又是一個獨立經濟體。中美元首再次「雲會晤」給香港有哪些影響呢？不妨從以下幾個角度來觀察。

中美不誤撞，香港發展空間大

　　4 個月前的中美元首首次「雲會晤」中，習主席打了一個比喻：「中美兩國是兩艘在大海中航行的巨輪，我們要把穩舵，使中美兩艘巨輪迎着風浪共同前行，不偏航、不失速，更不能相撞。」

　　在這次視頻通話中，習主席分別用「十分重視」和「十分危險」談到兩個重要議題。拜登重申美國的「四不一無意」：美國不尋求同中國打「新

冷戰」，不尋求改變中國體制，不尋求通過強化同盟關係反對中國，不支持「台獨」，無意同中國發生衝突。習主席說，「對於你的這些表態，我是十分重視的」。同時，習主席指出，美方一些人沒有落實我們兩人達成的重要共識，也沒有把總統先生的積極表態落到實處十分危險的，是美國一些人向「台獨」勢力發出錯誤信號。

台灣問題事關中國主權和領土完整，始終是中美關係最核心、最敏感的問題，也是最容易「擦槍走火」的熱點。習主席一針見血的指出美國「不落實」，旨在督促其落實，是為了避免中美誤判誤撞，給各方帶來麻煩。中美之間的分歧很多，只要最高領導人之間保持溝通，明確對方的底線，就有利於為兩艘巨輪把舵定向。

誤撞，對誰也沒有好處。香港作為國際金融、貿易和航運中心，受到中美關係的深刻影響。如果中美惡交，美國必然把制裁大棒砸向香港，香港的許多產業將受到影響。如果中美關係穩定，有利於香港吸引國際資本，有利於香港打造人民幣離岸中心，有利於香港建設國際創科中心，也有利於香港成為中西交流合作的平台。總之，香港在發展中可以放開手腳，少受制約，空間要大得多。

國家有定力，香港前行更自信

眾所周知，拜登這次主動約請與習近平主席視頻通話，是有求於中國，請中國一起制裁俄羅斯。

習主席首先表示，烏克蘭危機是我們不願意看到的。有關事態再次表明，國家關係不能走到兵戎相向這一步，衝突對抗不符合任何人的利益，和平安全才是國際社會最應珍惜的財富。習主席接着說，我們向來從事情本身的是非曲直出發，獨立自主作出判斷，倡導維護國際法和公認的國際關係基本準則，堅持按照聯合國憲章辦事，主張共同、綜合、合作、可持續的安全觀。這些大的原則是中方處理烏克蘭危機的立足點。

以上「看法」和「立足點」，讓拜登碰了一個「軟釘子」。戰爭是一場悲劇，沒有贏家，中國是不原意看到的。這個立場無懈可擊！中國不會

按美國的指揮棒起舞。對於國際爭端，我們有自己的基本判斷和處理原則，美國不能把自己的意圖強加於人。這個立場無可挑剔！

國家有定力，香港更自信。世界正處於百年未有之大變局加速演變的過程中，與內地有「兩制」之別的香港，由於長期受西方的影響，在觀察國際問題時，容易被西方媒體牽着鼻子走，部分人很容易失去判斷問題的基準。習主席的講話，從一個負責任大國的角度出發，站得高，望得遠，令香港有了認識判斷國際問題的「基點」。這對於香港社會維護國家整體利益、維護香港整體利益，具有深刻的啟示作用。

和平有希望，香港經濟受損小

怎樣化解烏克蘭危機？習主席說：「一個巴掌拍不響」，「解鈴還須繫鈴人」。他說，關鍵是當事方要展現政治意願，着眼當下，面向未來，找到妥善解決辦法，其他方面可以也應當為此創造條件。他還指出，美國和北約也應該同俄羅斯開展對話，解開烏克蘭危機的背後癥結，化解俄烏雙方的安全憂慮。

本月 8 日，習主席同法德兩國領導人舉行視頻峰會時提出，我們要共同支持俄烏和談，推動雙方維護談判勢頭，克服困難談下去，談出結果、談出和平。現在，俄烏雙方的談判還在繼續，中國、德國、法國等主要世界大國都在勸和促談，儘管美國還在「火上澆油」，但事態的發展，不一定會按照美國的劇本進行。

和平有希望，香港受損就會小。俄烏戰爭爆發以來，國際油價暴漲，全球供應鏈受到衝擊，「城門失火，殃及魚池」。香港作為一個開放型經濟體，不可避免的遭受損失。而美國等西方國家在對俄羅斯的制裁中，實施了全方位、無差別制裁，連藝術、體育等都統統制裁，丟棄了「契約精神」、「私有財產神聖不可侵犯」原則、「藝術無國界」、「體育無國界」原則，如果世界各國都紛紛效仿，世界豈不亂套？以香港為例，香港具有國際仲裁領域的優勢，如果大家都不講規矩，香港的國際仲裁只會淪為一紙空文。

話不說不明，理不論不透。在此次「雲會晤」中，拜登表示，願同習近平主席保持密切溝通，為美中關係把舵定向。只要對話的渠道暢通，中美兩艘巨輪就有機會避免誤撞。作為「船上人」，香港也會從中受益。

（原載於《信報》，2022 年 3 月 23 日）

習主席演講為世界走出困境指明方向

　　當下，世界之變、時代之變、歷史之變正以前所未有的方式展開，給人類提出了嚴峻挑戰。如何應對挑戰？在昨天舉行的博鰲亞洲論壇 2022 年年會開幕式上，國家主席習近平發表題為《攜手迎接挑戰，合作開創未來》的主旨演講。習主席從共同守護人類生命健康、共同促進經濟復甦、共同維護世界和平安寧、共同應對全球治理挑戰四個方面，闡述了應對全球危機的「中國方案」；從堅定維護亞洲和平、積極推動亞洲合作、共同促進亞洲團結三個方面闡述了發展亞洲、建設亞洲的「中國主張」。

　　習主席的演講，彰顯出深邃的歷史眼光、強烈的責任擔當、宏闊的天下情懷，為世界走出困境指明了方向。香港是中國的一個特別行政區，也是全球獨具特色的一個經濟體，習主席的演講，對於我們認清風險與挑戰的本質、找準前進目標、突破發展瓶頸，都具有十分重要意義。

「四個共同」指明解困路徑

　　人類何去何從？習主席指出：「衝出迷霧走向光明，最強大的力量是同心合力，最有效的方法是和衷共濟。」

　　今天世界面臨的風險挑戰，令不少人感到悲觀失望甚至絕望；特別是在世紀疫情面前，有些國家選擇「躺平」。但對於擁有 5,000 年文明史的中華民族來說，目前的困難只不過是一次小小的波折。人類沒有戰勝不了的困難，關鍵是要找到破解難題的「密碼」。這個「密碼」可以概括為兩個字「合和」。

　　習主席提出「四個共同」正是「合和」理念的體現。面對疫情襲擊，

各國要合作，共同守護人類生命健康；新冠病毒是人類共同的敵人，人類必須放下彼此的歧見，攜手合作，才能打敗病毒。面對經濟衰退的困難，各國要合作，共同促進經濟復甦。中國作為世界最大工業製造國、貨物貿易出口國，在疫情爆發兩年多來保持了經濟平穩持續增長，確保了全球供應鏈沒有中斷，為世界經濟增長做出了巨大貢獻。面對世界許多地方爆發的衝突，各國要合作，共同維護世界和平安寧。中國始終是維護和平的重要力量，向聯合國維和部隊派遣人員最多，在這次俄烏衝突中，中國一直促進雙方和談，扮演了和平使者的角色。面對全球治理赤字，各國要合作，共同應對全球治理挑戰。中國倡導「一帶一路」、向發展中國家提供「中國經驗」，正是期望世界各國提升治理能力和治理水平，讓更多的人過上美好生活。

不同的文明要相互交流借鑒，才能增進人類福祉。而要做到這些，唯有以「合和」理念重構不同文明之間的相處之道，才是根本出路。習主席「四個共同」指明解困路徑，世界應該傾聽這一洪亮的「中國聲音」，領悟這一深邃的「中國智慧」。

「三個要點」闡明「亞洲貢獻」

習主席指出：「亞洲好世界才能更好。我們要繼續把亞洲發展好、建設好，展現亞洲的韌性、智慧、力量，打造世界的和平穩定錨、增長動力源、合作新高地。」

亞洲人口在全球最多，亞洲人民過上幸福生活，這意味着全球有一半以上的人口過上了幸福生活。令人欣慰的是，在世界經濟格局中，亞洲的比重越來越大。但要看到，亞洲有諸多短板，需要不斷補上。

亞洲還存在不穩定因素，有引發地區衝突的「敏感點」。習主席提出堅定維護亞洲和平，着眼於亞洲的長治久安，呼籲亞洲各國遵守和平共處五項原則和「萬隆精神」，共同築牢地區和平基石。習主席提出積極推動亞洲合作，希望亞洲各國深度合作，始終把合作放在國與國關係第一位。亞洲國家擁有數千年的文明史，中華文明、古印度文明、古巴比倫文明源遠流長，亞洲比任何一個地區都更有智慧。習主席強調：「用對話合作取

代零和博弈，用開放包容取代封閉排他，用交流互鑒取代唯我獨尊，這是亞洲應有的襟懷和氣度。」這是以歷史視野觀察現實，站在群峰之巔俯瞰大地，呼籲各國共同促進亞洲團結。

沒有亞洲的繁榮，就沒有世界的繁榮。世界的繁榮，也必然有亞洲貢獻。習主席高瞻遠矚，為亞洲各國消弭隔閡、深化合作劃出了重點。

「三者」彰顯「中國擔當」

習主席指出：「中國將始終不渝堅持走和平發展道路，始終做世界和平的建設者、全球發展的貢獻者、國際秩序的維護者。」

在世界政治經濟格局中，中國的角色日益吃重。中國的經濟總量佔全球 18%，中國對世界經濟增長的貢獻率多年保持 30% 以上，特別是在疫情肆虐的當下，中國是世界經濟增長最快的經濟體。中國作為聯合國常任理事國，在國際事務中具有舉足輕重的地位。世界要走出困境，離不開中國。

中國沒有侵略過別國，中國今後強大了也不會稱霸，因為中華文化中沒有這個基因，做世界和平的建設者，是中國矢志不渝的追求。中國作為全球最大的發展中國家，在走向現代化的過程中，有經驗也有教訓，中國始終以寬廣的胸懷，為後發國家提供幫助，做全球發展的貢獻者，中國在身體力行。中國是二戰後國際秩序的制定者之一，中國始終維護聯合國憲章確立的國際規則，反對任何國家凌駕於國家規則之上。無論是科索沃、伊拉克、阿富汗戰爭和最近爆發的俄烏衝突中，中國都站在維護國際秩序的一方。習主席關於「三者」的闡述，表明了「中國立場」，彰顯了「中國擔當」。

一場疫情，讓不同國家的人民命運緊緊捆在一起。習主席從構建人類命運共同體的大格局，縱論天下大事和大勢，彰顯出智慧、信心和力量，為陰霾中的世界點亮了一把火炬，照亮前行之路。

（原載於《大公報》，2022 年 4 月 22 日）

習主席出訪中亞
彰顯中國發展信心

　　昨天上午，國家主席習近平離京，前往出席在撒馬爾罕舉行的上海合作組織成員國元首理事會第二十二次會議，並對哈薩克斯坦共和國、烏茲別克斯坦共和國進行國事訪問。這是新冠肺炎疫情爆發 2 年 8 個月來，習主席首次出訪；是在中共二十大召開前夕，中共最高領導人的一次重要訪問；也是世界局勢不確定性因素加劇的大背景下，中國元首出席上合組織會議。

　　這些年來，中國發展遇到一路險灘急流，面對外來風險和挑戰，中央要求「疫情要防住、經濟要穩住、發展要安全」，14 億中國民眾團結一心，不懈努力，以最小的代價，取得了最好的效果。中國成為全世界最安全的地方，也成為世界經濟增長的主要引擎。習主席此次出訪彰顯了中國發展信心，也給香港以諸多啟示。

疫情防控效果最佳

　　世界衛生組織近日發佈數據顯示，全球累計新冠確診病例數已超 6 億例，死亡病例數超 647 萬例。專家認為，美國和西方一些國家抗疫「躺平」，是導致全球疫情持續的重要原因。

　　疫情是一次大考，儘管美西方以「自由、人權」的名義掩飾其糟糕的抗疫成績，但有兩點是無法掩飾的。第一，政府抗疫不力，導致那麼多人死亡，卻無人為此負責；第二，為恢復經濟而放寬防疫政策，但經濟至今不見起色，卻陷入了「收緊—放鬆—再收緊—再放鬆」的怪圈。

　　中國的疫情防控堅持人民至上、生命至上的原則，寧可經濟上暫時蒙

受一些損失，也要最大限度的保護人民的生命健康。為此，堅決採取動態清零政策。疫情爆發至今，全國幾十個城市爆疫，在中央的統籌指揮下，「集中力量打殲滅戰」，「一方有難，八方支援」，都很快撲滅疫情。在某些時段疫情雖然「此起彼伏」，但從全國整體來看，疫情始終處於可控範圍內。中國是世界主要大國中新冠肺炎發病率最低、死亡人數最少的國家。正如習主席所言：「如果算總賬，我們的防疫措施是最經濟的、效果是最好的。」

中國內地的抗疫成績啟示香港，保障民眾的生命權就是保障最大的人權。香港第五波疫情中有 9,000 多人染疫身亡，令人心痛！時下，新冠病毒的危害性大大下降，防疫政策最終要放開，但必須是「循序漸進的放開」、「有準備的放開」、「付出最小代價的放開」，不能大起大落、不惜代價。如何做到這一點，考驗着特區政府的治理能力和水平。

經濟發展觸底回升

今年上半年，中國經濟同比增長 2.5%；其中，第二季度同比增長 0.4%；其重要原因是，第二季度上海和深圳先後爆發疫情，兩個重要的「引擎」都出現「停擺」，不僅兩市經濟指標下滑，還波及到全國的產業鏈、供應鏈。

「穩住經濟大盤」是最近幾個月內地的「高頻詞」。聚焦一個「穩」字，中央採取了減稅讓利、改革創新、扶持市場主體等一系列措施。現在看來，這些措施逐步見效。7、8 月份，中國經濟開始恢復增長，預計全年會畫出一個「V」形曲線。

中國「穩住經濟大盤」，對全球經濟是一道福音。中國是世界第二大經濟體、第一大貨物貿易國，對全球經濟增長的貢獻率達到 30% 以上。此外，中國是世界上唯一擁有聯合國產業分類目錄中所有工業門類的國家，在全球 500 多個工業品，中國有 220 個世界第一；中國是全球 120 多個國家和地區的最大貿易夥伴。這說明，「穩住經濟大盤」不僅是穩住中國經濟，也是穩住全球經濟。

習主席曾指出：「綜合判斷，我國發展仍具有諸多戰略性有利條件，

我國經濟韌性強、潛力大、活力足，長期向好的基本面不會改變。」習主席的這一重要論斷為香港注入了信心和動力。香港發展最大的支撐在國家，最大的機遇在內地。內地經濟觸底回升的事實啟示香港，在後疫情時代，香港應做好融入國家發展大局的各項準備工作，一旦對內對外通關問題解決，應迅速抓住機遇，求新求變求發展，走出經濟低谷。

安全「短板」正在彌補

這些年來，中國面對的風險和挑戰不小，中央沉着應對，步步為營，成功化解了安全風險。

最典型的事例，莫過於香港局勢的變化。2019 年，美西方和反中亂港勢力試圖搞一場「港版顏色革命」，把香港變成一個獨立的政治實體。中央出手制定香港國安法，完善香港選舉制度，令「港獨」勢力土崩瓦解，「愛國者治港」落到實處。「一國」的根基更加穩固，「兩制」的空間更加開闊。如今，香港實現了由亂到治，正邁向由治及興的新階段。

另一個典型的事例是，美國挑起的中美貿易戰並沒有按美國的「劇本」發展。一方面，中美貿易戰 3 年間，中美貿易不降反升，從 5,000 多億美元增加到 7,000 多億美元；另一方面，美方對中國高科技實行封鎖，反而激發了中國科技創新的巨大能量，「科技自強自立」成為官方和民間的共識，解決「卡脖子」問題成為諸多領域致力攻克的目標。

來自外部的安全風險在化解，內部的安全隱患也在逐一清除。反壟斷，遏制資本野蠻生長；擠泡沫，促進房地產良性發展；保障糧食安全，讓中國人的飯碗牢牢端在自己手上……習主席多次指出：「要保持戰略定力，堅定做好自己的事」。誠如所言，把自己的事情做好，使自己更強大，是戰勝一切艱難險阻的根本。

面向未來，香港同樣面臨諸多安全領域的風險挑戰。比如，基本法 23 條立法至今沒有完成，「住房難」等深層次矛盾尚未化解，教育領域的撥亂反正還有許多風險點沒有消除，「去殖民化」還未提上議事日程……。國家彌補安全短板的做法，啟示香港也應在這方面主動作為，維護發展安全是特區管治團隊的應有責任，不容懈怠！

不生事，不挑事，堅定做好自己的事。這是對本國人民負責的體現，也是對世界和平與發展的貢獻。在國際形勢深刻變化、新冠肺炎疫情延宕反覆的背景下，習主席出訪中亞，再次體現了中國底氣、中國自信、中國力量！

（原載於《大公報》，2022 年 9 月 16 日）

習主席出訪是行大道、利天下、得人心

　　9月14-16日，國家主席習近平出席在撒馬爾罕舉行的上海合作組織成員國元首理事會第二十二次會議，並應邀對哈薩克斯坦、烏茲別克斯坦進行國事訪問。

　　這是習主席在新冠肺炎疫情發生以來首次出訪，是中央統籌國內國際兩個大局、面向亞歐大陸採取的一次重大外交行動，是在關鍵歷史節點開展的一次具有里程碑意義的重要訪問。習主席此次成功出訪，以上合「朋友圈」破解美對華「包圍圈」，行大道、利天下、得人心。

　　上合組織成員國大都是「一帶一路」沿線國家；習主席此次出訪，為貫通亞歐大陸的絲綢之路增添更多生機活力，為香港參與「一帶一路」建設創造更多有利國際條件，也給「香港之治」帶來諸多啟示。

行大道，站在歷史的正確一邊

　　習主席在此次峰會的講話中，深刻總結上合組織「五個堅持」的成功經驗：堅持政治互信，堅持互利合作，堅持平等相待，堅持開放包容，堅持公平正義。並提出五點建議：加大相互支持，拓展安全合作，深化務實合作，加強人文交流，堅持多邊主義。「五個堅持」和「五點建議」充分體現了大國大黨領袖胸懷天下、引領時代的大格局、大擔當。

　　時下，世界百年變局加速演進，新冠疫情反覆延宕，大國關係深刻調整，地緣衝突蔓延外溢，人類社會面臨諸多難題和挑戰。美國等西方國家，在疫情蔓延兩年多來的危難時刻，不是專心抗疫、關照本國人民的生命健康，卻把主要精力用在了拉小圈子、搞對抗上。美國挑起的俄烏衝

突，令昔日手足自相殘殺，歐洲陷入能源危機，眾多發展中國家出現糧食短缺。除了在歐洲拱火，美國還肆意挑戰一個中國原則，給「台獨」勢力撐腰打氣，企圖令「一中一台」變成事實。

每個國家都有發展的權利，「領跑者」要永遠保持領先地位，唯一正確的做法是跑得更快，而不是排擠、打壓、攻擊「追跑者」。美國處處企圖阻止中國崛起，削弱俄羅斯實力，從骨子裏透射出霸權思維和強盜邏輯。新時代的中國始終把自身發展置於人類發展的宏大坐標系，不斷匯聚中國人民與世界人民利益的最大公約數。行大道，秉公理，站在歷史發展的正確一邊、時代潮流的進步一邊。習主席此次成功出訪，再次說明，中國以天下為公的境界，真心推動構建人類命運共同體。

香港是中國不可分割的一部分，在重大原則問題上應始終站在國家的一邊，深刻領悟「五個堅持」和「五點建議」的內涵，從構建人類命運共同體的高度認識「中國主張」、作出「香港貢獻」。

利天下，為全球人民謀福祉

「構建人類命運共同體」是習主席於 2015 年 9 月出席第七十屆聯合國大會時發表重要講話中提出的，得到了世界上許多國家的積極響應。中國是倡導者，更是踐行者。

此次上合峰會上通過了涵蓋經濟、金融、科技、人文、機制建設、對外交往等領域共 40 餘項成果文件。特別是在中方推動下，成員國元首發表關於維護國際能源安全、維護國際糧食安全、應對氣候變化、維護供應鏈安全穩定多元化等四份重磅聲明。本次峰會中方還宣佈設立中國—上合組織反恐專業人員培訓基地、舉辦產業鏈供應鏈論壇、建立中國—上合組織大數據合作中心以及向有需要的發展中國家提供 15 億元人民幣緊急人道主義糧食援助等。

以上成果和舉措說明，上合組織不僅是一個維護區域安全的組織，還是一個為相關國家人民謀福祉的組織，特別是中國提供的糧食援助，不僅針對上合成員國，而是針對「有需要的發展中國家」，體現了「負責任的大國」。構建人類命運共同體，關鍵是「目中有人」，要為天下蒼生謀福

祉，為那些需要幫助的人們送去溫暖，讓溫暖直達人心。

中國政府的緊急糧食援助，令人聯想到香港的民生問題。任何一個政府，都應特別關照那些最困難、最底層的民眾，香港的「住房難」至今沒有解決，還有 20 多萬人住在劏房和籠屋裏，沒有基本的生存尊嚴，令「東方之珠」黯然失色，特區政府應擔起主體責任，盡快破解難題。

得人心，中國的朋友圈更加牢固

此次峰會前，許多國家申請加入上合組織。中方和上合組織成員國一道，通盤統籌、平等協商，在峰會上接收伊朗為成員國，支持啟動白俄羅斯加入程序，批准埃及、沙特、卡塔爾、同意巴林、馬爾代夫、阿聯酋、科威特、緬甸為新的對話夥伴，上合組織成為涵蓋 26 個國家的新型國際組織。這表明，上合組織不是封閉排他的「小圈子」，而是開放包容的「大家庭」。在國際局勢複雜多變的背景下，互信、互利、平等、協商、尊重多樣文明、謀求共同發展的「上海精神」深得人心。

習主席此次中亞之行，分別訪問了哈薩克斯坦和烏茲別克斯坦。哈薩克斯坦托卡耶夫總統向習主席頒授該國最高榮譽獎章——「金鷹」勳章。烏茲別克共和國總統米爾濟約耶夫向習主席授予首枚該國對外最高榮譽勳章——「最高友誼」勳章。體現了哈、烏兩國人民對習主席的崇高敬意和對中國人民的深厚情誼。此訪期間，中哈、中烏簽署近 30 份雙邊合作文件，其中中吉烏鐵路建設項目合作諒解備忘錄，標誌着亞歐大陸運輸大通道建設取得重要進展。這一切說明，中國的朋友圈越來越大、越來越牢固。

針對個別國家熱衷搞地緣政治博弈、陣營對抗，習主席指出：「我們要堅定維護以聯合國為核心的國際體系和以國際法為基礎的國際秩序，弘揚全人類共同價值，摒棄零和博弈和集團政治。」——這段講話在與會各國領導人當中引起強烈共鳴，也體現了各國的共識。

習主席出席此次出訪取得的豐碩成果，為中國發展創造更多有利國際條件。香港背靠祖國、聯通世界，要實現由治及興，需要把這一優勢做

大。有國家創造的有利環境，香港在「一帶一路」沿線發展的機遇更多、空間更大。

大道不孤，德必有鄰。中華民族偉大復興的進程不可逆轉，「一國兩制」行穩致遠的步伐堅定有力！祖國明天更美好，香港明天更美好！

（原載於《大公報》，2022 年 9 月 19 日）

後記

　　記得 8 年前，當我拿起筆來撰寫政論文章時，我特別留意了香港媒體對中央涉港事務的報道和評論。我發現，香港媒體基本上是關注微觀的多，重視宏觀的少；以香港視角看國家的多，從國家角度觀香港的少；熱衷於人事紛爭的多，專注於長遠發展的少；談論「兩制」之別的多，辨析「一國」之同的少。有些報道和評論明顯偏頗，「只見樹木，不見森林」。

　　畢竟，香港與祖國分離了 156 年了；這期間，國家、民族、內地同胞所經歷的苦難或輝煌，香港同胞未曾經歷，不可能感同身受。因而，對中央大政方針、國家發展戰略、內地的發展變化的觀察與理解，難以精準到位。於是，我試着做一名解讀者、宣傳員，認真學習習近平主席的重要講話精神，並聯繫香港實際撰寫政論文章。這一寫便是 8 年。突然有一天，一位朋友告訴我：「在香港、或是在海外，撰寫學習習主席講話精神的解讀文章，沒有任何一個人比你寫得多！」我查閱了一下，果真如此。朋友鼓勵我，將文章匯編出版，以饗讀者。我聽從建議，於是有了這本書。

　　這 8 年是我思想認識水平和新聞寫作水準不斷提升的 8 年；我得到了許多領導、同事、朋友的關心幫助。我要特別感謝全國政協、中央統戰部、國務院港澳辦、香港中聯辦的領導和朋友們給予我及時到位的指導，令我以更寬的視野、更高的站位，深刻領悟習主席「一國兩制」重要講話精神；我要特別感謝香港大公文匯傳媒集團，特別感謝香港《大公報》，堅持不懈地支持我、帶動我、鼓勵我撰寫學習習主席重要講話的政論文章；我要感謝香港《文匯報》、《紫荊》雜誌、《今日中國》雜誌、《信報》、《經濟日報》、《明報》等香港媒體和中國新聞社、《人民政協報》、《中國

日報》、《光明日報》等中央媒體的各位朋友，總是在第一時間不惜版面編發我的文章，激勵我日復一日地寫下去；我要由衷地感謝香港中國通訊社、香港新聞網，幾乎每天都把我的文章在網絡世界轉發，令這些文章的影響力越來越大；我還要感謝香港和海內外的許多傳統媒體、新媒體，經常轉載我的文章，使我的讀者群、朋友圈不斷擴大。

在這寶貴的頁面和特別的時刻，我要衷心感謝兩所中國一流大學的領導、老師、專家、學者和同事們一直為我的寫作生涯鼓勁加油！這兩所大學是：我現在兼職擔任副院長和客座教授的暨南大學及暨南大學「一國兩制」與基本法研究院，我的母校復旦大學及復旦大學新聞學院。我要感謝中華海外聯誼會、中國經濟社會理事會、全國政協港澳台僑委員會、全國港澳研究會、上海市政協、上海海外聯誼會、上海市僑聯等領導機構，常年累月為我解讀習主席講話精神提供平台和舞台；我還要感謝港區省級政協委員聯誼會等香港許多愛國社團，組織了許多次的專題宣講會、學習會、報告會，讓我一展抱負。

同我之前已經出版的 4 本書一樣，在編輯出版這本書的過程中，香港聯合出版集團和三聯書店的同仁們的敬業精神、專業水準和嚴謹作風，令我十分欽佩！我還要深深感謝大公文匯傳媒集團等新聞媒體提供了十分珍貴的圖片。

這些年來，還有許多默默地關注我、支持我、幫助我、鼓勵我的朋友們，包括全國政協的很多港區委員，在此，我要深情地說：「謝謝在我的寫作路上有您相伴！」

當我在精心準備本書出版時，包括港澳地區在內的全國各地正在學習宣傳貫徹中共二十大精神。習近平總書記在二十大報告中對「一國兩制」的香港實踐指明了方向，我第一時間撰寫發表了 30 多篇學習體會文章，並將部分文章收錄於本書。我將深入認真學習領會習近平總書記講話精神，繼續精神抖擻、充滿感情、全神貫注地當好解讀者、宣講者、傳播者。

2022 年 11 月 7 日於香港

書　　名　「香港發展一直牽動着我的心」

　　　　　 —— 學習習近平主席關於「一國兩制」成功實踐重要講話精神的評論文集

著　　者　屠海鳴

出　　版　三聯書店（香港）有限公司

　　　　　 香港北角英皇道 499 號北角工業大廈 20 樓

香港發行　香港聯合書刊物流有限公司

　　　　　 香港新界荃灣德士古道220-248號16樓

印　　刷　美雅印刷製本有限公司

　　　　　 香港九龍觀塘榮業街 6 號 4 樓 A 室

版　　次　2022 年 11 月香港第一版第一次印刷

規　　格　16 開（170 × 240 mm）880 面

國際書號　ISBN 978-962-04-5089-1

© 2022 三聯書店（香港）有限公司

Published & Printed in Hong Kong, China.